"十二五"国家重点图书出版规划项目

中国经济运行风险研究报告

Research on the Risk of Chinese Macroeconomic Operation 2015

2015

唐海燕　贾德奎等／著

立信会计出版社
LIXIN ACCOUNTING PUBLISHING HOUSE

图书在版编目(CIP)数据

中国经济运行风险研究报告. 2015 / 唐海燕等著. —上海：立信会计出版社，2015. 9
ISBN 978 - 7 - 5429 - 4828 - 1

Ⅰ. ①中… Ⅱ. ①唐… Ⅲ. ①中国经济—经济运行—风险评价—研究报告—2015 Ⅳ. ①F123

中国版本图书馆 CIP 数据核字(2015)第 254895 号

责任编辑　赵新民　李卿
封面设计　周崇文

中国经济运行风险研究报告 2015

出版发行	立信会计出版社		
地　　址	上海市中山西路 2230 号	邮政编码	200235
电　　话	(021)64411389	传　　真	(021)64411325
网　　址	www. lixinaph. com	电子邮箱	lxaph@sh163. net
网上书店	www. shlx. net	电　　话	(021)64411071
经　　销	各地新华书店		
印　　刷	上海中华印刷有限公司		
开　　本	787 毫米×1092 毫米	1/16	
印　　张	21. 25	插　　页	4
字　　数	516 千字		
版　　次	2015 年 9 月第 1 版		
印　　次	2015 年 9 月第 1 次		
书　　号	ISBN 978 - 7 - 5429 - 4828 - 1/F		
定　　价	72. 00 元		

中国经济运行风险研究报告课题组

课题组负责人 唐海燕 贾德奎

课题组成员（按姓氏笔画排序）

王双成 王淑贞 王楚明 邓小洋

朱为华 毕玉江 邵 军 张丕强

张会清 张志谦 张利兵 李延均

赵迎春 贾德奎 曹惠民 黄 波

程新章 裴 瑱

课题组秘书 冯晓楠 周金花

前　言

2014 年 9 月，《中国经济运行风险研究报告 2014》顺利出版发行，这是我们连续出版的第八本年度报告，报告对中国经济运行的总体风险状况的持续性跟踪研究，赢得了较好的社会评价。

从 2015 年前两个季度的实际经济运行状况来看，2014 年的研究报告较好地刻画了中国经济运行中的主要风险因素及其特征。而且，报告对于中国经济运行态势的关键分析和判断，也与后来的实际经济发展状况基本吻合。但是，由于报告的出版周期为一年，因此对全球范围内新出现的可能影响中国经济运行的一些风险因素，难以在研究中及时、全面地作出反映。并且，由于报告的研究和写作时间要早于实际经济运行，因此在研究侧重点的安排、视角的选择以及具体风险因素的识别方面，也可能难以完全反映中国实际经济运行中正在显现的各种新情况、新特点。

为较好地解决上述问题，自 2010 年开始，研究院在年度报告出版的基础上，同时组织研究并按季度出版了《中国经济运行风险指数季报》，通过风险指数季报的发布，一方面尽可能弥补年度报告在时效性上的不足，另一方面也便于重点聚焦某个正在显现中的风险问题，从而努力使研究更为系统和深入。已经出版的风险指数季报，较好地跟踪和预测了中国宏观经济运行中的主要风险因素的动态变化，并对经济运行的总体风险状况和宏观调控政策的可能变化进行了前瞻性把握，持续发布的风险指数季报因其更好的时效性和更准确的预测表现，赢得了良好的社会反响。

《中国经济运行风险研究报告 2015》在研究思路和基本框架上，与上一年的研究基本保持一致。即采用“4＋1＋X”的基本架构，在选取宏观政策调控的四大最终目标作为基本因素（“4＋1＋X”中的“4”）的基础上，根据当年经济运行中的热点问题或重要领域（“4＋1＋X”中的“X”）及微观经济主体运行状况（“4＋1＋X”中的“1”）确定若干有代表性的扩展特征因素，通过深入研究这些因素引致宏观经济运行风险的传导机制和风险水平，以最终反映中国宏观经济运行的总体风险状况。

经过几年的锻炼和磨合，中国立信风险管理研究院围绕年度报告构建了一支稳定的研究团队，即以校内的教授、博士等学术骨干为主体，并通过风险专题研究项目的形式充分整合了国内各大高校中有志于风险管理研究的优秀中青年学者，组建了项目团队以开展研究工作。

具体负责研究和报告撰写的人员为：总论：贾德奎；经济增长风险：程新章、毕玉江、张会清、裴瑱、王双成；通货膨胀风险：贾德奎；就业风险：黄波；国际收支失衡风险：张丕强；金融运行风险：张利兵；财税风险：赵迎春；能源安全风险：何亚群；微观主体运行风险：邵军。

本报告严格遵循风险识别、风险度量和风险管理的基本研究范式，力图全面、准确地回答中国宏观经济运行的风险来源、风险大小及风险管理对策等关乎国计民生的重大现实问题，并期待能够为中国宏观经济运行风险方面的学术研究注入活力，为经济工作者和决策者提供有益参考。

最后需要指出的是，尽管本报告努力以数据为基础、以事实为依据，但部分风险主题的研究却不可避免地存在着主观推理和判断的成分，这有可能会在一定程度上影响本报告研究结果的准确性。除此之外，本研究报告也许还存在着诸多我们尚未意识到的问题或缺陷，希望各位同仁能不吝指正，以便于我们在今后的研究中继续探索、完善和解决。

唐海燕

2015 年 6 月于立信园

目　录

Contents

第一章 总 论

一、绪论

经济运行风险，主要指实际经济运行相比较其正常（或均衡）状态而产生显著偏离的可能性。在实践中，宏观经济各个目标的实现程度通常被用于衡量经济运行的实际状况。因此，经济运行风险的大小程度，也主要表现为反映经济运行质量的各关键经济变量对其正常值的偏离程度。

自从 2013 年宏观经济降速运行以来，中国经济弱势发展的趋势越来越明显。进入 2015 年以来，中国经济趋弱的态势仍未有改善的迹象。国内投资增速的不断下滑，消费增长也缺乏热点和持续动力，外贸出口的短暂回暖也并没有给经济趋暖提供良好支撑。虽然 2015 年上半年股市趋热，但是这一方面是由于房地产投资增速下滑限制了投资渠道，一些资金转入股市，另一方面也是由于货币政策有所宽松，前期资金面吃紧的现象有所缓解，实体经济增长仍显乏力。2015 年中国整体经济运行不容乐观，全年经济增长在 7%左右，通货紧缩风险成为近期各界关注的焦点。

在世界经济运行方面，2015 年对中国经济运行有利的外部因素主要包括全球宽松的货币政策，原油价格持续保持低位以及美国经济有望继续回暖，这些因素对于改善中国外部发展环境是比较有利的。然而，2015 年也存在一些对中国经济增长不利的风险因素：美国可能实行加息措施，国际资本流动风险将会加大；汇率波动加剧将增大经济运行的外部风险；欧元区以及日本经济运行仍处低位，经济复苏迹象不明显；来自地缘政治风险的因素仍未被很好消除。以上这些因素将进一步加大外部经济风险。

整体来看，2015 年世界经济和中国经济运行都存在较大程度的不确定性。中国经济运行面临的风险因素仍占主导地位，经济新常态下宏观调控的难度也将进一步加大。

在接下来对中国经济运行风险进行研究时，本研究将严格遵循风险相关问题的规范研究思路而展开：首先，识别中国经济运行风险的主要引致因素，并探讨这些因素引致风险的传导机制；其次，在对中国经济运行中的风险状况进行定性描述的基础上，通过设计风险衡量指数，尝试对中国经济运行中所面临的风险大小程度进行量化，以提供反映中国经济未来所面临风险大小的数量结果；最后，基于前述风险因素识别及影响机制分析，提出相应的管理中国经济运行风险的政策建议。

本研究的主要内容有中国经济运行中的风险引致因素识别，中国经济运行风险的量化研究以及管理风险的对策建议等。在对经济运行风险的基本概念进行界定后，主要的后续研究内容具体安排如下。

第一部分，通过对 2015 年以来中国的居民消费、固定资产投资、就业状况、各类价格指数、国际收支、货币信贷增长、政府财政收入支出和居民未来预期等方面的变化进行分析，以对中国当前经济运行现状进行描述，并识别和归纳影响经济运行的主要风险因素。

第二部分，筛选衡量经济运行风险的经济指标，并计算不同指标引致经济运行风险的相对权重，以构建经济运行风险的衡量指数。

第三部分，利用所构建的经济运行风险指数，对中国经济运行风险进行预测，并在此基础上对未来的宏观调控政策进行展望。

二、中国经济运行中的风险因素及特征表现

（一）经济增长率延续下滑趋势

进入 2015 年，中国经济延续了 2013 年以来的下行运行态势。截至 2015 年第一季度，经济增长率下滑至 7.0%左右，并在此附近小幅波动。在深入调整经济结构的大背景下，中国宏观经济已经基本告别了高速增长时代，而转向完善经济结构和追求经济发展质量，从而进一步提升人民生活质量的新时代。总体来看，新常态下的中国经济仍处于较为健康稳定的发展态势，消费、投资和进出口均呈现出比较稳定的增长态势。但需要注意的是，从统计数据上也可以看出，在总体保持稳定的情况下，中国经济的运行环境仍然复杂多变，面临的不确定性依然较大。

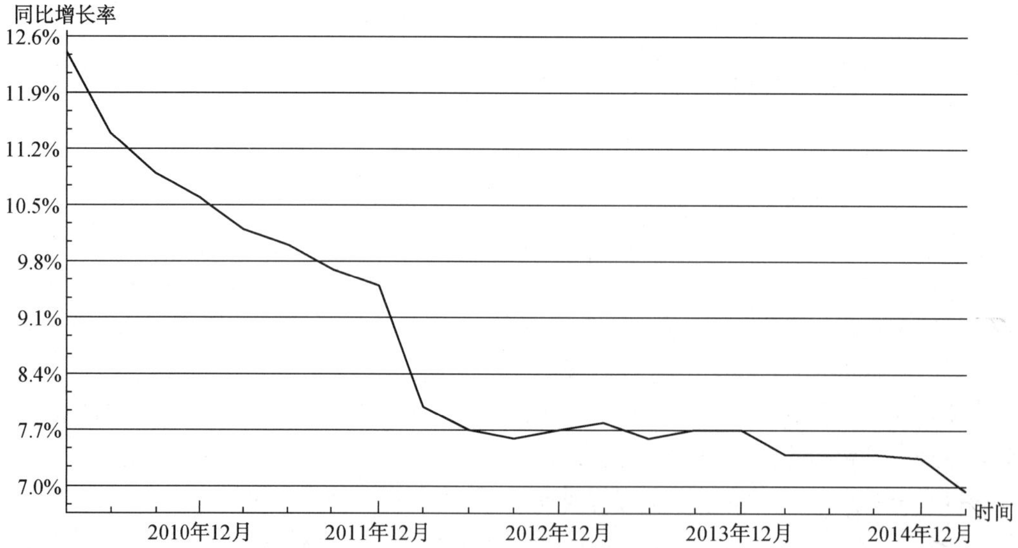

图 1-1　中国 GDP 同比增长率

数据来源：Wind 资讯。

如图 1-1 所示，中国 2015 年第一季度的国内生产总值（以下简称 GDP）增长率为 6.95%，出现了较明显的回落。从图 1-2 也可以看出，中国工业增加值同比增长率持续下滑的态势仍在进一步延续。与此相对应，中国第二产业对 GDP 的贡献率也延续了 2010 年以来的明显下降态势，如图1-3 所示，自 2013 年开始，第三产业对 GDP 的贡献率开始超过第二产业，并且这一趋势自 2014 年以来更加明显，这意味着中国经济转型的效应正在逐渐凸显。

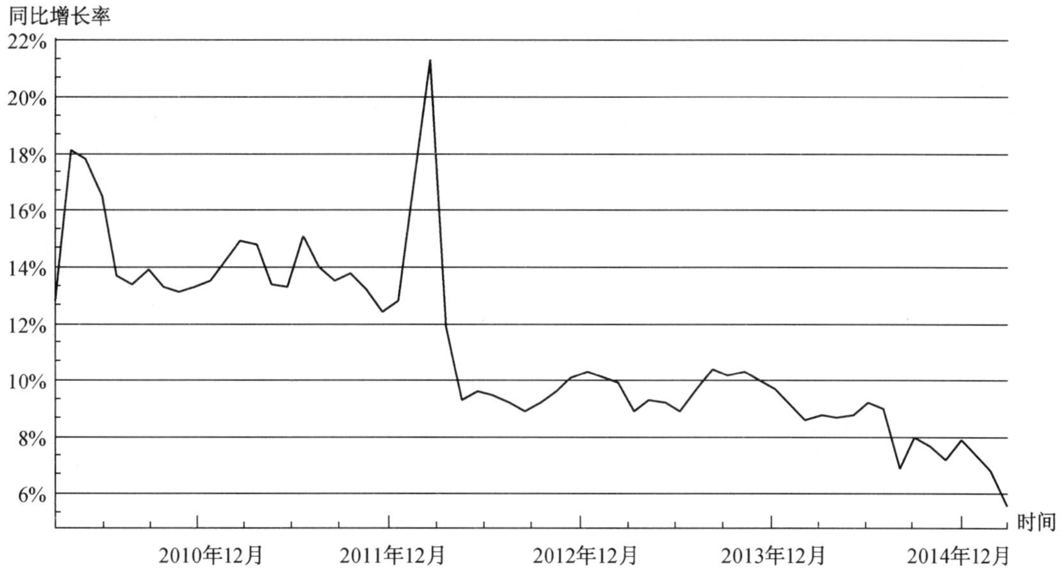

图 1-2 中国工业增加值同比增长率

数据来源:Wind 资讯。

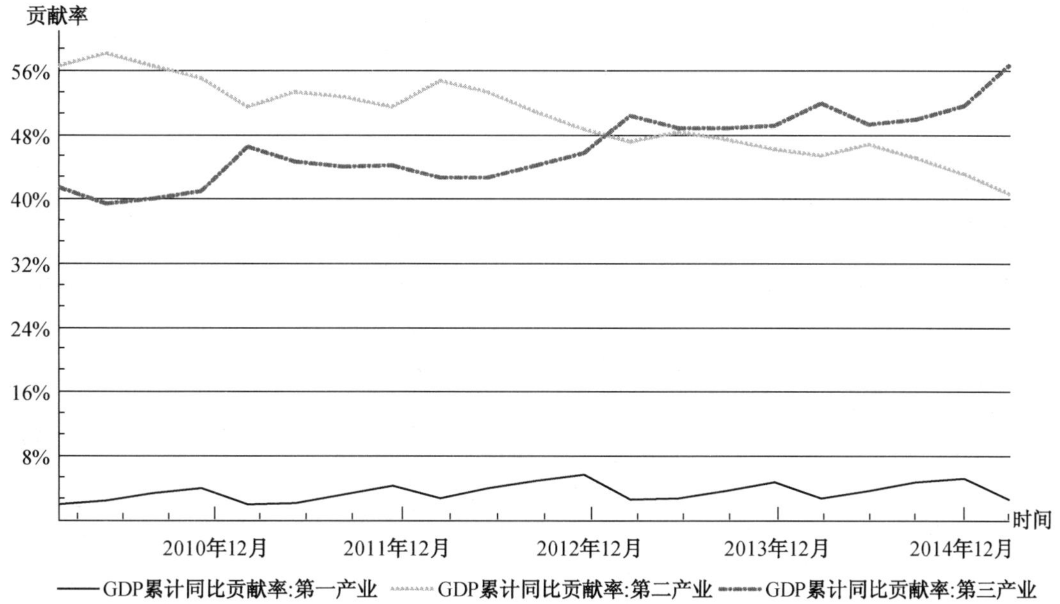

图 1-3 三大产业对 GDP 的贡献率

数据来源:Wind 资讯。

2015 年以来,中国国内消费增长总体上保持稳定,但相比之前有所下降。如图 1-4 所示,2015 年第一季度社会消费品零售总额同比增长不到 11%,与此相比较,2014 年同期的这一数据约为12%。其中,2015年第一季度,中国城镇消费品零售总额增长率约为10.5%,低于乡村消费品零售总额增长率(约为11.5%)。

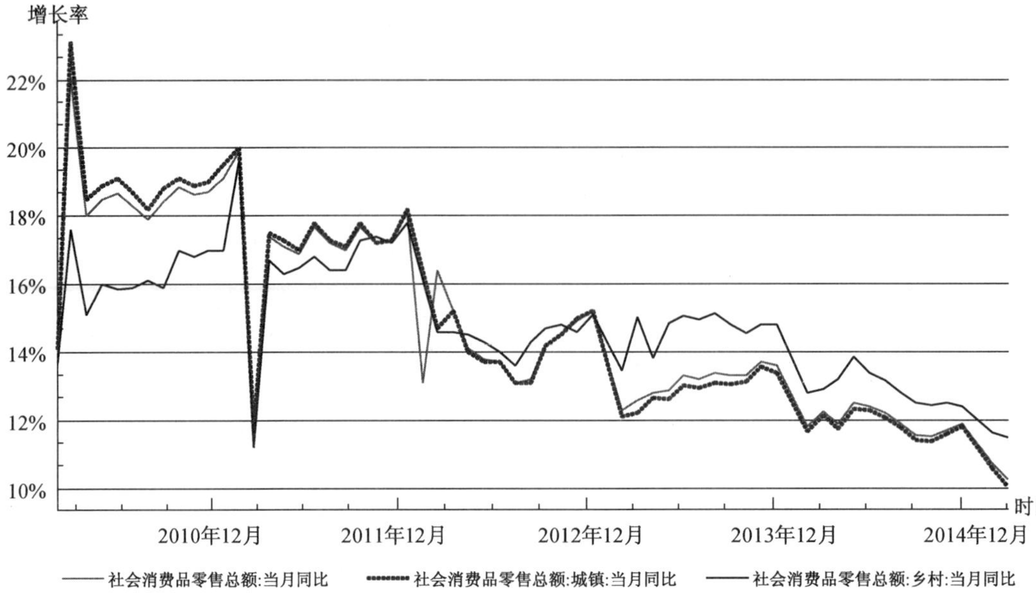

图1-4　中国社会消费品零售总额增长状况

数据来源:Wind资讯。

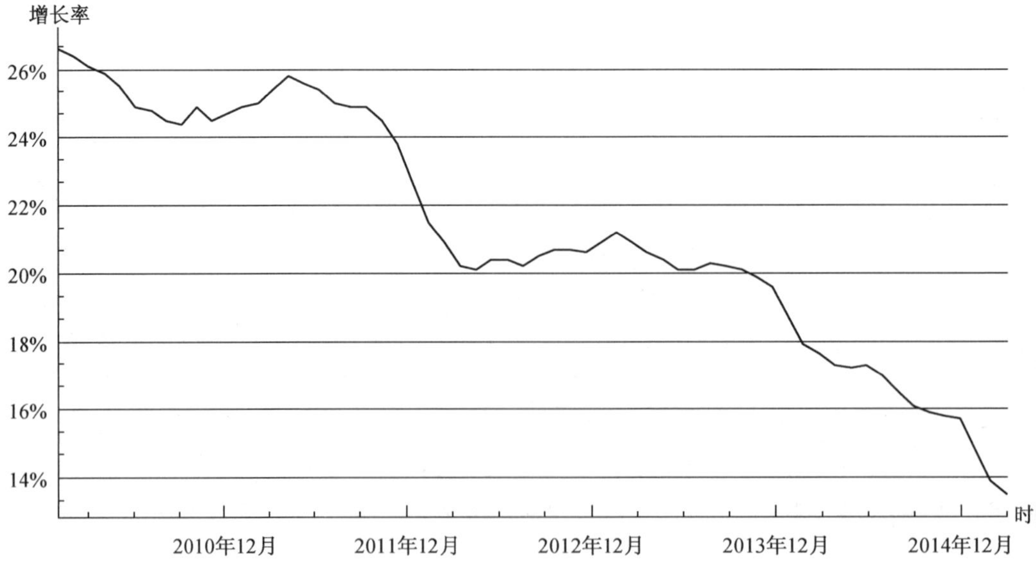

图1-5　中国国内固定资产投资完成额增长状况

数据来源:Wind资讯。

2015年以来,中国国内固定资产投资完成额增长仍基本保持稳定,但同比增速出现持续下降态势,如图 1-5 所示,2015 年第一季度固定资产投资完成额为 7.75 万亿元,同比增长 13.5%,比 2014 年同期降低约 4.1 个百分点;分地区看,中部和西部投资增速仍然要明显快于东部。

2015 年以来,中国进出口贸易与 2014 年同期相比都表现出较明显的下滑态势。如图 1-6 所示,2015 年的 1～4 月,中国的出口贸易与 2014 年同期相比有增有减,其中 2 月份同比上升 48%,3 月份则下降了 15%;相比较出口,进口增长则出现了持续下滑,其中 2 月份同比下降了 20.5%,3 月份和 4 月份的进口则分别同比下降了 12.7%和 16.2%。从总体贸易额上来看,2014 年全年中国货物进出口总额为 264 334 亿元,比上年增长 2.3%,贸易顺差为 23 489 亿元。其中,出口为 143 912 亿元,增长 4.9%;进口为 120 423 亿元,下降 0.6%。进出口差额为 23 489 亿元,比上年增加 7 395 亿元。中国出现了进出口双降趋势下的顺差增长现象。

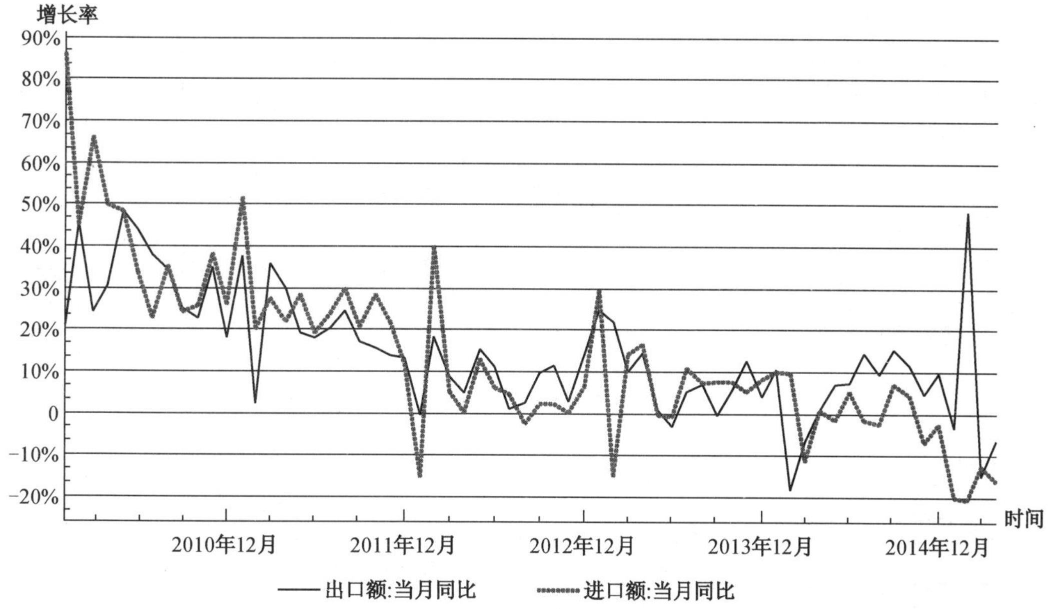

图 1-6 中国进出口贸易额增长状况

数据来源:Wind 资讯。

(二) 结构性就业风险仍然存在

如图 1-7 所示,中国国内就业状况总体稳定,城镇失业人数变化不大,与经济增速有所放缓相比较,中国的就业形势总体上仍表现平稳,就业市场并没有显现出随着经济增长而明显下降的态势。

如图 1-8 所示,进入 2015 年以来,全国职业供求总体保持平衡。但不容忽视的是,就业市场上的"就业难"和"招工难"现象并存,这说明中国国内的就业风险主要表现为结构性风险,即经济结构调整使得不同产业或行业的就业出现结构性波动;不仅如此,2015 年高校毕业生的规模突破 750 万人,就业需求与岗位供给的缺口进一步放大,这些都是中国国内就业风险的主要来源。

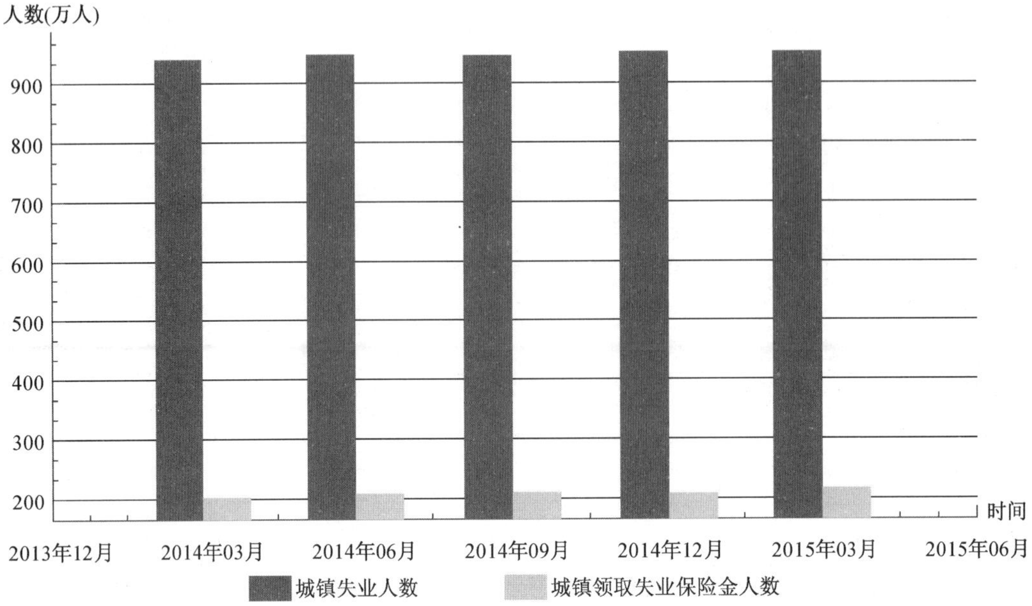

图 1-7　中国城镇失业人数变化

数据来源：Wind 资讯。

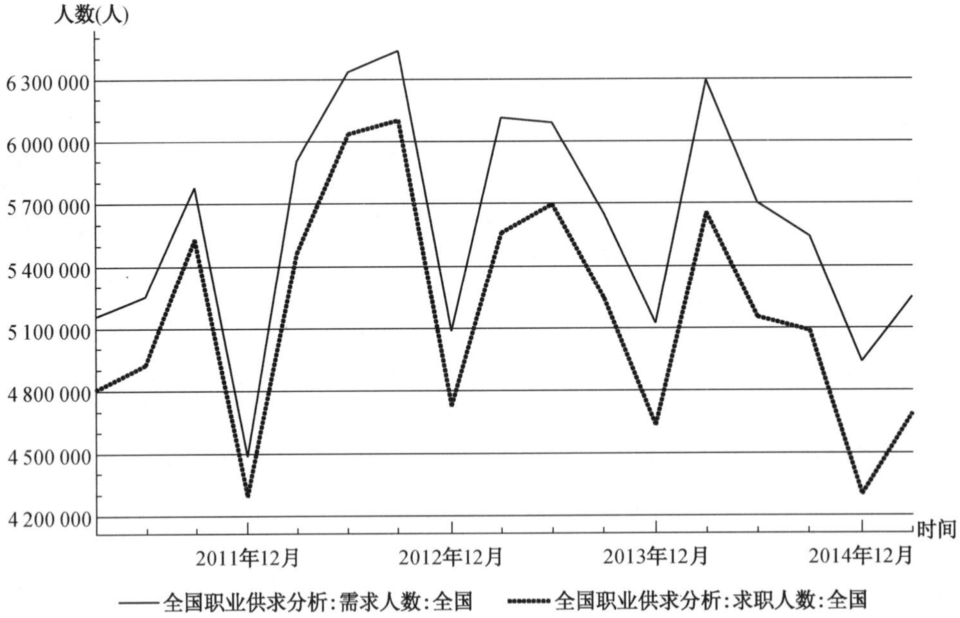

图 1-8　全国职业供求状况变化

数据来源：Wind 资讯。

（三）物价指数持续走低

如图 1-9 所示，2015 年以来，随着经济增长速度的回落，中国主要价格指标延续了 2014

年的小幅波动态势,居民消费价格指数CPI基本稳定在1.5%左右,并且经济主体普遍预期中国的GDP增幅会有进一步减缓,来自供求方面的压力将有所减轻,有利于减缓物价上涨的压力。因此,2015年中国出现全局性较大通货膨胀风险的可能性不大,国内会延续2013年以来的低通货膨胀水平。

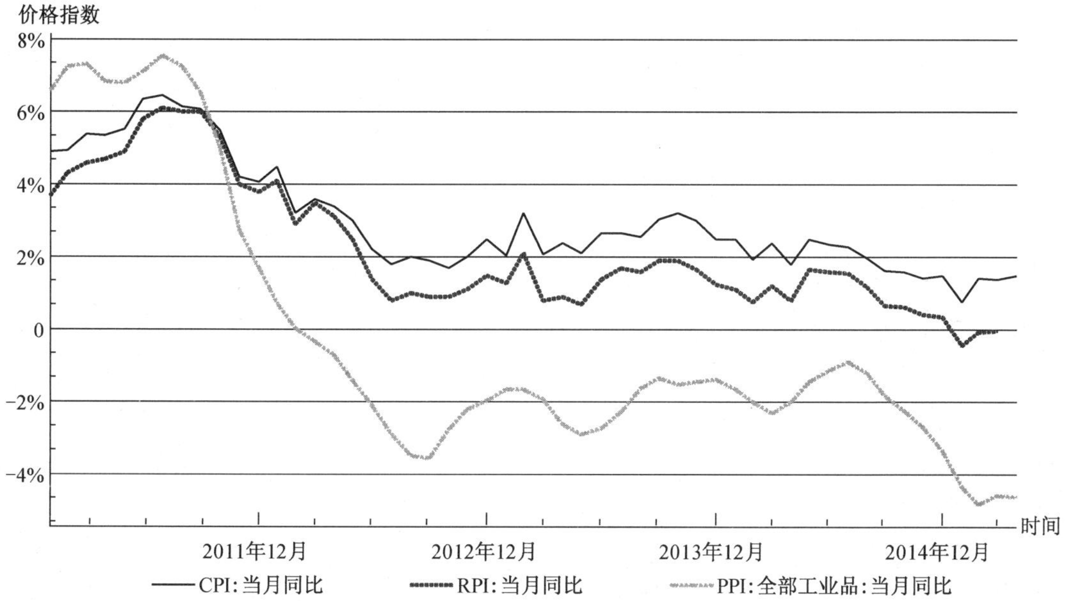

图1-9 中国各种价格指数变化

数据来源:Wind资讯。

但需要注意的是,在物价水平总体上保持稳定的同时,受气候等自然条件影响较大的食品价格仍有可能发生较大的波动。并且,国内劳动力价格和水、天然气等资源类产品价格仍有较大上升压力,再加上国内较为宽松的流动性因素和居民通胀预期的不确定性,这些都将可能是推动物价水平波动的主要风险因素;由于PPI的持续负增长,以及居民消费价格持续走弱,2015年中国的物价波动风险主要来自通货紧缩方面,而非通货膨胀。

(四)货币信贷增速持续放缓

近几年中国各层次的货币供应量增长速度都有所放缓,如图1-10所示,自2013年以来的M2同比增速出现较明显的下降趋势。进入2015年以来,在通货膨胀上涨得到有效控制的情况下,面对实体经济出现的下滑趋势,中国货币当局在继续实施稳健货币政策的基础上,根据经济形势的变化进行前瞻性的预调微调。总体而言,2015年以来,中国国内银行体系流动性较为充裕,货币信贷和社会融资增长较为稳定,金融市场运行总体平稳。

在货币供应及信贷数据方面,2015年3月末,中国广义货币供应量(M2)余额为127.5万亿元,同比增长11.6%,增速比上年同期低0.5个百分点;狭义货币供应量(M1)余额为33.7万亿元,同比增长2.9%,增速比上年同期低2.5个百分点;流通中货币(M0)余额为7.29万亿元,同比增长6.2%,增速比上年同期高1.0个百分点。2015年3月末,中国全部金融机构人民币贷款余额为85.9万亿元,同比增长14%。

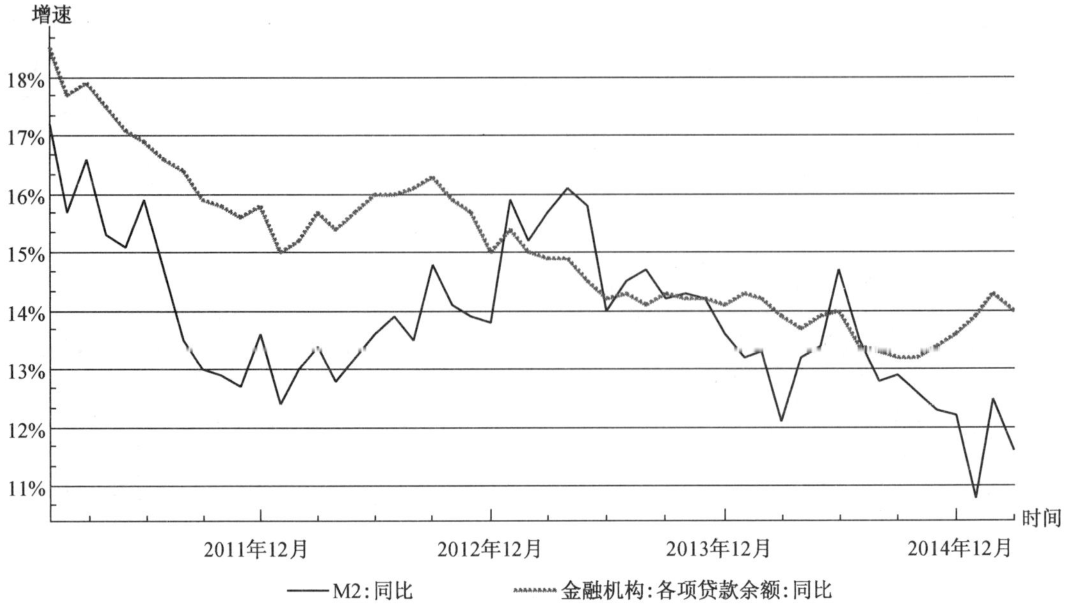

图 1-10　中国货币信贷变化状况

数据来源:Wind 资讯。

总体来看,中国国内中长期贷款的增长速度比较平稳,但银行系统乃至金融市场仍面临三个方面的潜在风险:其一是与影子银行相关的各种风险;其二是房地产市场下滑可能带来的金融风险;其三是地方政府融资平台可能引发的金融风险。上述三个风险来源都是影响中国金融市场持续健康发展的巨大不确定性。

(五) 外汇储备风险有所下降

自 2014 年 6 月份以来,中国外汇储备余额出现了下降趋势,如图 1-11 所示,截至 2015 年第一季度末,中国外汇储备余额约为 3.73 万亿美元,相比较 2014 年同期下降了 0.22 万亿美元,但目前就总体规模而言,中国外汇储备总量仍然相当大。中国外汇储备规模过大,一方面在投资回报率偏低的情况下造成很大的机会成本;另一方面巨额的外汇储备客观上导致人民币基础货币的被动投放,再加上货币乘数作用,不但会潜在地形成通货膨胀压力,而且会干扰货币政策的制定和实施,不利于中央银行对国内的宏观经济进行有效调控。

在影响未来中国外汇储备增长的各主要因素中,由于中国规划了"一带一路"建设,势必进一步扩大对外投资,而外资进行全球配置的意愿会使得流入中国的外商直接投资增速趋缓,2014 年至 2015 年第一季度,中国吸引的外资和对外投资的金额就已经十分接近了。因而,未来外商直接投资对储备总量的贡献会有所下降。虽然 2014 年中国商品贸易顺差大幅度增长,但这是在进出口增速双双下降的趋势下出现的,其中一个重要原因是全球大宗商品价格尤其是石油价格暴跌,导致进口支付下降。由于未来出口增长乏力,商品贸易顺差是否能够持续增长还未可知,但是收入不断增长会提升中国居民的境外消费需求,中国服务贸易逆差有着不断增加的趋势。综合以上判断,未来中国外汇储备不会出现快速增长的局面。外汇储备与 GDP 的比值会不断下降,来自外汇储备的风险将有所减缓。

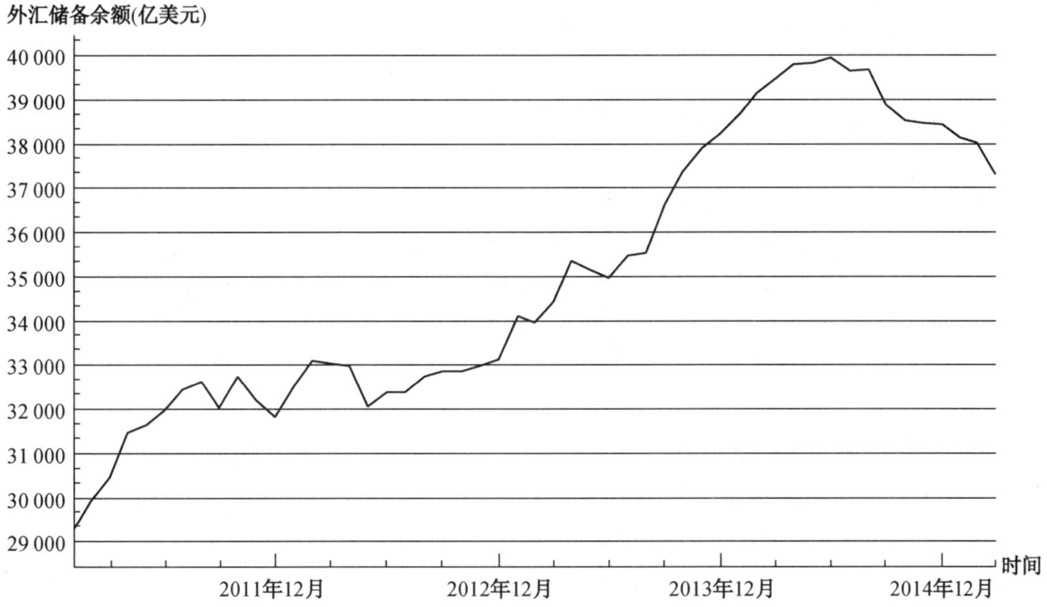

图 1-11　中国外汇储备余额变化状况

数据来源：Wind 资讯。

（六）财政收入增长持续下滑

在财政支出方面，2014 年中国一般公共财政支出 151 662 亿元，比上年增加 11 449 亿元，增长 8.2%。其中，中央本级支出 22 570 亿元，比上年增加 2 098 亿元，增长 10.2%；地方财政支出 129 092 亿元，比上年增加 9 351 亿元，增长 7.8%。在财政支出构成中，增幅较大的有：

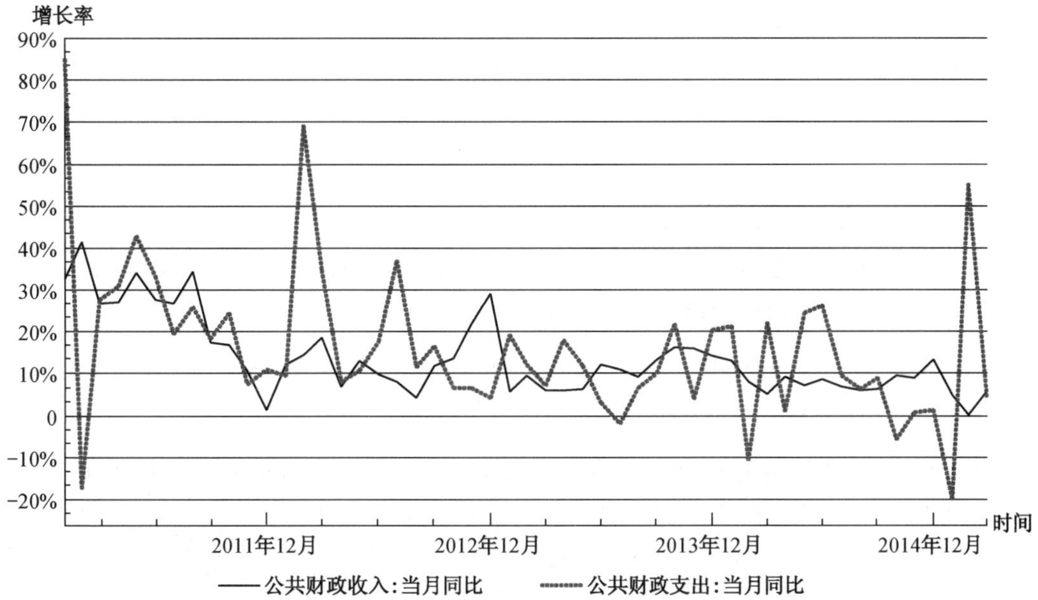

图 1-12　中国财政收支变化状况

数据来源：Wind 资讯。

医疗卫生与计划生育支出 10 086 亿元,增长 9.8%;社会保障和就业支出 15 913 亿元,增长 9.8%;住房保障支出 4 968 亿元,增长 10.9%;城乡社区支出 12 884 亿元,增长 15.4%;交通运输支出 10 371 亿元,增长 10.9%。

进入 2015 年,中国公共财政收入月同比增长率已经下滑至 5%左右,相对应而言,财政支出增长呈现出较强的刚性特征,并且由于 2015 年社会普遍预期经济不容乐观,需要一定程度的积极财政政策支持经济增长,财政支出的压力不断加大,所以随之而来的财政赤字风险值得关注。从目前经济运行发展态势来看,宏观经济走势趋弱将削弱财政收入增长的基础,而未来利用财政政策调控宏观经济稳定增长的压力将持续上升,整体财政风险也将有所增加。

(七)居民未来预期有所好转

2015 年以来,中国居民的收入感受和收入信心指数呈现出不同的变化趋势。如图 1-13 所示,2015 年第一季度,中国居民的收入感受指数和未来的收入信心指数分别为 50.8 和 51.4,指数值相比较上年同期分别上升 0.1 和下降 1.6。由于居民收入的增长与经济增长水平、就业水平以及企业的盈利水平有着密切的关系,考虑到中国经济增长速度可能会有所回落,就业市场和企业盈利增长均存在较大不确定性。因此,居民对未来收入增长的信心相对有所不足,这很有可能会进一步导致居民消费支出的回落。

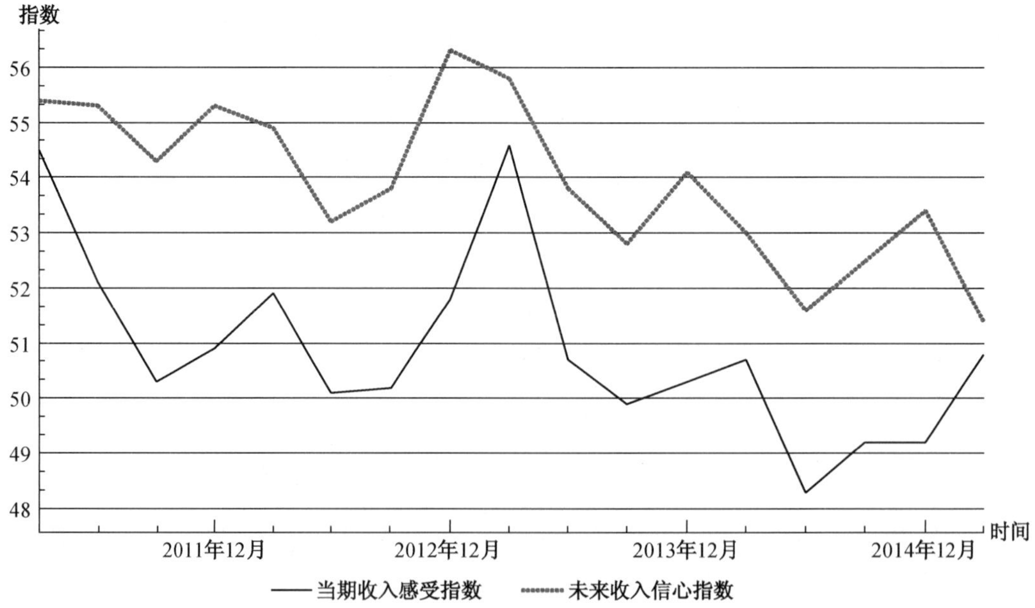

图 1-13 中国居民收入感受和收入信心指数变化状况

数据来源:Wind 资讯。

2015 年以来,中国国内的物价水平相对比较平稳。前 4 个月的 CPI 数据显示,经济运行中的物价水平非常稳定,总体物价水平的上涨幅度非常有限,完全处于普通居民可接受的范围。如图 1-14 所示,中国居民的物价预期指数有所下降,而对当前物价的满意指数有所上升。

总体来看,如果中国经济能够顺利实现结构转型,长期积累下来的制度弊病能够得到有效根治,无论是居民还是企业的未来预期都将有所好转,从而有助于降低经济运行风险。

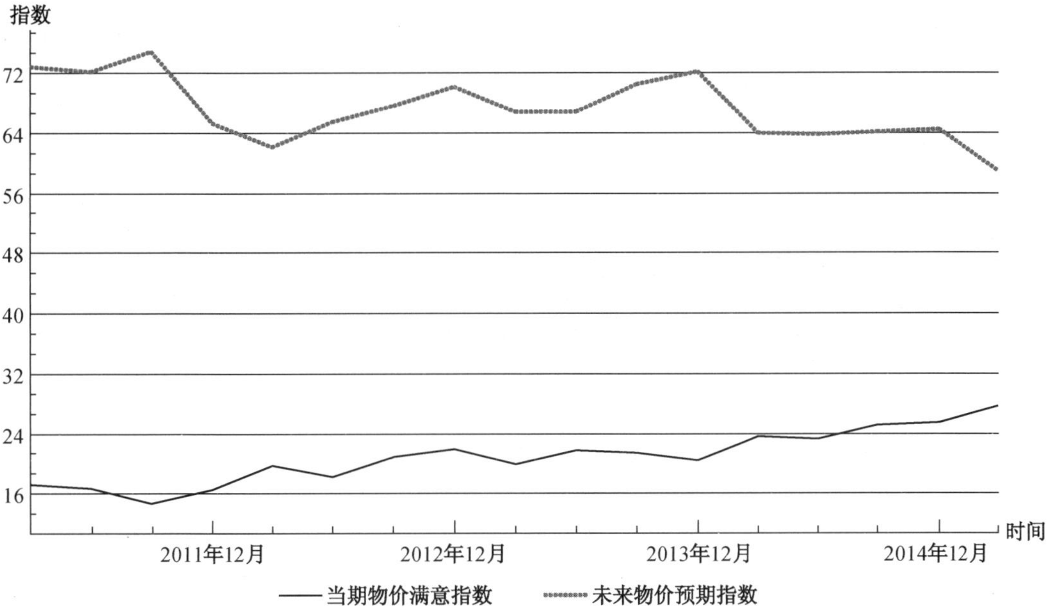

图 1-14　中国居民物价预期和物价满意指数变化状况

数据来源：Wind 资讯。

进入 2015 年以来，宏观经济继续走弱的趋势仍为市场主流的预期，无论是政府还是市场主体，在对经济运行新常态的认识趋于一致的情况下，各方对 2015 年宏观经济增长的预期不会高于 2014 年，这在 2014 年 12 月初中央政治局召开的经济工作会议中已经有所表露；不仅如此，2015 年第一季度 GDP 增长率为 6.95%，这一数据甚至已经低于市场主体 7%的普遍预期。

在中国政府深化改革和加快转变经济结构的大背景下，国内投资增速的不断下滑，消费增长也缺乏热点和持续动力，外贸出口的短暂回暖也并没有给经济趋暖提供良好支撑。虽然在政策的持续支持和引导下，2014 年下半年以来中国资本市场迅速升温，但是这一方面是由于房地产市场的投资风险加大限制了投资渠道，从而迫使一些资金转入股市；另一方面则是市场流动性仍呈现出结构性宽松，股市上涨的赚钱效应吸引大批资金进入股市逐利，这使得宽松的货币政策并没有让实体经济感受到多少暖意，企业的融资成本依然较高，资本市场的火热上升与实体经济的持续下滑形成了鲜明的对比。综合上述信息判断，2015 年及之后一段时间内，中国经济将整体趋弱，宏观经济运行风险将继续有所上升。

三、中国经济运行风险指数构建

本研究尝试在 2014 年研究的基础上，继续通过构建中国经济运行风险指数（Risk Index of Economic Operation，RIEO），以对中国经济的总体运行态势进行前瞻性把握。经济运行风险指数的编制过程如下：首先，筛选一组能够较好地反映经济运行态势的代表性指标，以构建风险测度模型；其次，利用上述模型考察宏观经济在一定时间范围内的变动趋势，得到风险测度结果；再次，对测度结果及相应的风险区间进行标准化处理；最后，得到风险指数值，以反映宏观经济在未来一段时间内的可能运行状况。

（一）指标选取

由于本研究所涉及的风险测度实际上是一种对经济运行态势的综合评价，因此所建立的风险测度指标体系要遵循相关性、全面性、可测性、稳定性、重要性和独立性等原则。经济运行风险指数的构建是否具有科学性，以及在实际应用中能否有较好的风险指示和预警功能，其首要的决定因素就是合适的指标选择。然而，指标体系的全面性不可避免地会影响指标的相互独立，造成指标间的信息重叠。指标的个数越多，指标间信息重叠的程度就可能越高；反之，指标个数越少，虽然可以提高指标的独立性，但会影响指标的全面性。因此，需要在指标体系的全面性和独立性之间求得一种平衡，这也是本研究选择风险测度指标的基本原则。

对于经济运行风险测度指标选取而言，上述原则中的相关性是指所选取的指标，其变动状况在很大程度上能够直接反映出宏观经济在未来一段时间内的变化趋势；全面性是指测度指标的选取尽可能做到不遗漏各种能够影响或反映宏观经济运行态势的因素；可测性是指所选的指标必须是可以量化的，并且相对应的数据是现行统计核算体系中可以获取的；稳定性是指对所选指标变化幅度进行不同状态划分后，划分的标准能够保持相对的稳定；重要性是指选择尽量少的关键指标来反映经济运行的风险状况，而不刻意追求指标选择的全面性和系统性；独立性是指所选取的各指标之间尽可能没有显著的相关关系或因果关系。

在实际经济发展过程中，对经济运行状况的评价，很大程度上反映为宏观政策、调控目标的实现程度。而根据宏观经济学的一般原理，宏观政策调控的主要目标是经济增长、物价稳定、充分就业和国际收支平衡。除此之外，现实的政策实践中，一国内部的财政收支平衡、金融系统的稳定以及经济主体的未来预期也常常是政策当局所重点关注的目标。因此，在具体构建经济运行风险指数时，用于反映经济运行状况的指标应当涵盖以上几个方面的内容。

根据上述经济运行状况的评价目标，初步选择的指标如表 1-1 所示。

表 1-1　　**构建经济运行风险指数的指标初选结果**

经济增长	固定资产投资增长率（$X1$）
	消费品零售增长率（$X2$）
	出口增长率（$X3$）
物价稳定	居民消费价格指数（$X4$）
	工业品出厂价格指数（$X5$）
充分就业	城镇登记失业率（$X6$）
	城镇单位就业增长率（$X7$）
国际收支平衡	进出口商品差额（$X8$）
	外汇储备/GDP（$X9$）
财政收支平衡	各项税收完成比率（$X10$）
	财政赤字/GDP（$X11$）
金融稳定	金融机构各项贷款增长率（$X12$）
	广义货币供应量 $M2$ 增长率（$X13$）
	股票市值/GDP（$X14$）
经济主体预期	企业家信心指数（$X15$）
	居民消费意愿指数（$X16$）

与2014年的研究成果相同的是,2015年的研究保留了反映经济主体预期的指标,这样能够更为全面地刻画宏观经济运行的潜在风险状况。并且,在反映就业状况的指标初步选择上,2015年的研究将继续用城镇登记失业率①和城镇单位就业增长率指标来反映就业状况。

接下来进行指标筛选,分析所用数据来源均为Wind宏观经济数据库,时间范围为2001年1月至2015年3月。即首先对上述16个指标进行相关分析,从相关系数较大的指标中选取相对更重要的指标;接下来进行Granger因果关系检验分析以进一步精简指标,选择作为Granger成因的指标。如果指标间互为Granger成因或不存在因果关系,则依据定性分析来选取指标;一些与其他指标相关系数较小的指标则直接作为暂时的评价指标。

对初选指标进行相关分析、筛选后的指标包括:消费品零售增长率(X2)、出口增长率(X3)、居民消费价格指数(X4)、城镇单位就业增长率(X7)、外汇储备/GDP(X9)、各项税收完成比率(X10)、财政赤字/GDP(X11)、金融机构各项贷款增长率(X12)、股票市值/GDP(X14)和企业家信心指数(X15)。

对上述指标进行Granger因果关系检验分析,并选择有显著Granger因果关系的成因指标,最后筛选出的9个指标包括:消费品零售增长率(X2)、出口增长率(X3)、居民消费价格指数(X4)、城镇单位就业增长率(X7)、外汇储备/GDP(X9)、财政赤字/GDP(X11)、金融机构各项贷款增长率(X12)、股票市值/GDP(X14)和企业家信心指数(X15)。

消费品零售增长率进入指标体系,其原因在于:在拉动经济增长的3个最主要的因素中,消费支出的变化更能够真实地反映经济主体对未来经济发展趋势的预期,并且消费拉动经济增长的贡献率要比投资和进出口的贡献率更大。由于中国目前的经济增长在很大程度上仍依赖于对外贸易的增长,并且外贸企业,尤其是出口企业的经营状况会直接影响劳动力的就业水平,因此出口增长率能够直接反映宏观经济的运行状况。基于此,出口增长率被选为风险指数构建的一个重要指标。固定资产投资增长率从指标体系中被剔除,这在理论上可以作如下解释:中国长期以来为保持经济增长速度的稳定,在消费和进出口受到各种冲击时,政府就会通过促进固定资产投资增长来避免外来冲击造成的经济下滑或恶化,据此可以推知,固定资产投资增长率在某一时期的迅速上升(或下降),在某种程度上,可间接反映出消费增长和进出口增长在此时期有较大波动,所以为避免因素重叠,可将固定资产投资增长率指标剔除。

在反映物价水平的变动状况方面,居民消费价格指数(CPI)被认为是最具有代表性的指标,并且实际统计分析也证实了这一点。因此,居民消费价格指数将成为构建风险指数的另一个重要指标。

另外,在反映就业状况的指标中,由于城镇登记失业率的可靠性较差,因此需选择其他指标来替代就业率指标。而在劳动力稳定供给的情况下,城镇单位就业增长率如果出现较大的波动,则在很大程度上可以反映出宏观经济中的就业变化。因此,城镇单位就业增长率可选为反映就业状况的指标。

在中国目前的国际经济往来和外汇管制制度下,国际收支状况的变化会直接反映为外汇储备的增长变动。不仅如此,在中国目前的财政收支预算体系下,经济正常运行情况下财政赤字会相对较小并且稳定,如果经济过热(或过冷),则会表现为财政收入增长速度加快(或降低

① 由于中国失业率数据一直具有争议,因此此处在RIEO指数的编制时暂时放弃城镇登记失业率指标,而参考城镇单位就业人数、就业增长率等数据以估计失业状况。

甚至负增长)，因此财政赤字的变动及大小能够间接反映经济运行的变化状况。基于此，外汇储备/GDP 和财政赤字/GDP 可作为构建风险指数的指标选择。

在现代经济发展中，金融系统的运行状况会对经济运行产生重要影响，而在反映金融稳定状况的指标中，金融机构各项贷款的变动有以下几点影响:一方面，贷款的变动会在未来一段时间内直接反映为实体经济的变化;另一方面，由于长期以来，中国政策当局会根据经济调控需要来对金融机构的贷款发放施加影响，因此金融机构各项贷款的变化能够反映出政府对未来经济运行态势的判断。除此之外，由于股票市场一般被认为是经济运行状况的“晴雨表”，并且随着股票交易价格的波动，相应发生变化的股票市值能够较好地反映市场主体的未来经济预期。基于此，金融机构各项贷款增长率和股票市值/GDP 被选为风险指数构建的另外两个指标。

企业家信心指数反映了经济主体对未来经济运行的预期，这种预期将直接影响到投资增长乃至实体经济的运行状况，因此可用于反映宏观经济运行的风险状况，最后得到用于经济运行风险指数计算的指标体系。重新编号的指标选取结果如表 1-2 所示。

表 1-2 **指标选取结果**

对应的经济调控目标	指 标 选 取
经济增长	消费品零售增长率(S_1)
	出口增长率(S_2)
物价稳定	居民消费价格指数(S_3)
充分就业	城镇单位就业增长率(S_4)
国际收支平衡	外汇储备/GDP(S_5)
财政收支平衡	财政赤字/GDP(S_6)
金融稳定	金融机构各项贷款增长率(S_7)
	股票市值/GDP(S_8)
经济主体预期	企业家信心指数(S_9)

(二) 指标权重确定

由于上面所选取的 9 个指标对经济运行风险影响的重要性和代表性不尽相同，这需要确定各因素对经济运行风险影响的相对权重。下面采用层次分析法(AHP)进行权重计算。在具体确定不同指标之间相对重要程度时，主要参考中国政策当局公开的官方表述及货币当局政策实施中对不同政策目标的倾向性。按上述原则无法确定相对重要程度的指标间的关系时，则采用德尔菲法(Delphi Method)来进行确定。最终采用层次分析法算出的各指标权重系数如表 1-3 所示。

表 1-3 **经济运行风险指数中各指标的权重系数**

构 成 指 标	权 重 系 数
消费品零售增长率(S_1)	0.188 9
出口增长率(S_2)	0.187 5
居民消费价格指数(S_3)	0.217 3
城镇单位就业增长率(S_4)	0.122 4

（续表）

构成指标	权重系数
外汇储备/GDP(S_5)	0.070 2
财政赤字/GDP(S_6)	0.025 6
金融机构各项贷款增长率(S_7)	0.103 3
股票市值/GDP(S_8)	0.046 2
企业家信心指数(S_9)	0.038 6

（三）模型构建及风险区间设定

将各个指标与其权重相乘再求和便可得到经济运行风险的加权评价模型，根据前面的指标确定及权重计算结果，最后得出的评价经济运行状况的风险指数模型为：

$$RIEO = 0.188\,9S_1 + 0.187\,5S_2 + 0.217\,3S_3 + 0.122\,4S_4 + 0.070\,2S_5 + 0.025\,6S_6 + 0.103\,3S_7 + 0.046\,2S_8 + 0.038\,6S_9 \tag{1-1}$$

利用上述模型进行经济运行风险的评价，对模型中每一个指标都将根据其预测值进行评分和划分风险状态，以便对经济运行风险作标准化处理，方便最终进行综合评价。

本研究中单个指标的评分将采用百分制，并拟将风险状况划分为“无风险”(0～20 分)、“风险关注”(20～50 分)、“有风险”(50～70 分)、“较高风险”(70～90 分)和“高风险”(90～100 分)五个级别。各个划分级别界限值的确定主要参照国际上通用的警戒值设置及现有的研究成果，对于目前尚没有可参考界限值的指标，则结合中国实际情况按近期的经济预测目标值的平均数调整而得。为综合衡量经济运行风险，需要对指标进行标准化处理，指标对应的风险状态是由区间表示的，因此可采用映射法将指标原始数据还原成分数值。

由于不同的指标有不同的性质且取得原始数据的方式不一，故映射的原理虽然一样但方法上有差异。在评价指标中，基本上分为正取向(指标值越大，对应区间显示的风险越大)、逆取向(指标值越小，对应区间显示的风险越大)和中性(指标值对应某一区间风险最小，偏离该区间程度越大，风险越大)指标三大类。对于正取向和中性评价指标，在数据处理时，首先找出指标值对应的风险状态区间，根据该风险状态区间的警戒上限和下限的相对位置，按照相同的比例把原始指标值映射到分值上限和下限的对应百分位位置。对于逆取向指标评分使用的原理与前者相同，只是在映射时初始对应区间需要从上限开始对应。对于单个指标的风险临界值的确定，将分两种情况而定：其一，在国际上有可参考警戒值的指标，将参考已有标准，并结合中国实际情况进行适当调整后确定(如居民消费价格指数、外汇储备/GDP、财政赤字/GDP 和股票市值/GDP 等指标)；其二，对于没有可参考标准的指标，将根据这些指标在近年来的实际波动与其平均值的离差状况进行确定(如消费品零售增长率、出口增长率、城镇单位就业增长率、金融机构各项贷款增长率和企业家信心指数等)。具体映射及赋值结果如表 1-4 所示。

表 1-4　　**经济运行风险指数所选指标的风险状态界定**

指标名称	无风险	风险关注	有风险	较高风险	高风险
消费品零售增长率(S_1)	13%～18%	10%～13% 18%～22%	5%～10% 22%～25%	0～5% 25%～30%	0 以下 30%以上

（续表）

指 标 名 称	无 风 险	风险关注	有 风 险	较高风险	高 风 险
出口增长率（S_2）	10%～25%	0～10% 25%～30%	−10%～0 30%～35%	−10%～−20% 35%～40%	−20%以下 40%以上
居民消费价格指数（S_3）	1%～3%	3%～5% 0～−1%	5%～7% −1%～−3%	7%～10% −3%～−5%	10%以上 −5%以下
城镇单位就业增长率（S_4）	2.5%以上	1.5%～2.5%	0.5%～1.5%	−0.5%～0.5%	−0.5%以下
外汇储备/*GDP*（S_5）	10%～30%	30%～40% 8%～10%	40%～50% 5%～8%	50%～60% 3%～5%	60%以上 3%以下
财政赤字/*GDP*（S_6）	2%以下	2%～4%	4%～7%	7%～10%	10%以上
金融机构各项贷款增长率（S_7）	13%～15%	10%～13% 15%～18%	8%～10% 18%～23%	5%～8% 23%～28%	5%以下 28%以上
股票市值/*GDP*（S_8）	20%～30%	15%～20% 30%～50%	10%～15% 50%～70%	5%～10% 70%～100%	5%以下 100%以上
企业家信心指数（S_9）	125 以上	100～125	90～100	70～90	70 以下
指标评分	0～20 分	20～50 分	50～70 分	70～90 分	90～100 分

上述指标体系中，某个指标变量 S_i 达到一定程度后，将可能对整体经济运行起到决定性作用，从而引发系统性风险。因此，本研究拟以“高风险”状态的中间值为界，构造经济运行风险指数的函数表达式如下。

$$\begin{cases} RIEO = \sum S_i W_i, & \text{任何 } S_i < 90 \text{ 时} \\ RIEO = S_i, & \text{任何 } S_i \geqslant 90 \text{ 时} \end{cases} \tag{1-2}$$

通过各个指标的预测值及其对应的风险状态评分，并利用上面的函数解析式，就可以直接计算出经济运行风险指数值。

四、经济运行风险预测及宏观调控政策前瞻

（一）风险预测

进入 2015 年以来，中国实体经济增长出现较明显的下滑趋势，主要宏观经济指标的表现都不容乐观。2015 年 4 月底，中央政治局会议提出要坚持以提高经济发展质量和效益为中心，高度重视应对经济下行压力。这表明政府高层对经济增长趋缓已经开始高度关注。此外，会议还提出要加快改革开放步伐，保持稳增长、促改革、调结构、惠民生、防风险综合平衡的政策导向。

2015 年 5 月 11 日，中国人民银行又宣布新的降息政策，同时扩大利率浮动区间，中央银行在半年内的多次降息降准已经明确向市场透露出实施宽松货币政策的信号。但是，宽松货币政策所增加的流动性大多并没有进入实体经济，因此依靠货币政策来刺激经济增长的实际效果并不佳。基于此，未来财政政策很有可能也会加入到稳增长的政策工具箱中来。如果实行财政政策和货币政策的“双宽”，那么一方面可能会加大资本市场的波动风险，另一方面也会

带来较大的财政风险。

从 2015 年外部环境来看，发达经济体中，美国的经济仍处于弱势复苏阶段，而欧洲和日本是否能够顺利进入复苏通道，前景仍不明朗，因而外部需求对中国宏观经济增长不会产生较大的促进作用。由于国际大宗商品价格保持低位，中国进口需求本身也较为疲弱，近期中国基本上不存在通货膨胀风险上升的可能性。相比较而言，政府可能更需要关注的是潜在的通货紧缩压力。

就 2015 年的中国经济走势来看，第二季度经济企稳的迹象并不明显，是否能够在第三季度或第四季度恢复增长还要看宏观政策的后续效果。不过，2015 年中国股市风险急剧变化，这也需要政策层面加以关注。实体经济发展除了需要低成本的资金来源以外，良好的环境与鼓励创新的体制机制也是必不可少的条件。除此之外，中国经济结构调整仍然任重而道远，未来一段时间宏观经济风险将可能持续上升。

基于前述的中国经济运行风险指数的计算思路，根据各分指标计算，如图 1-15 所示：2015 年第二季度中国宏观经济运行风险值为 46.36，位于“风险关注”区间；2015 年第三季度宏观经济运行风险值为 50.04；第四季度经济运行风险值为 53.95，总体经济运行进入“有风险”区间。

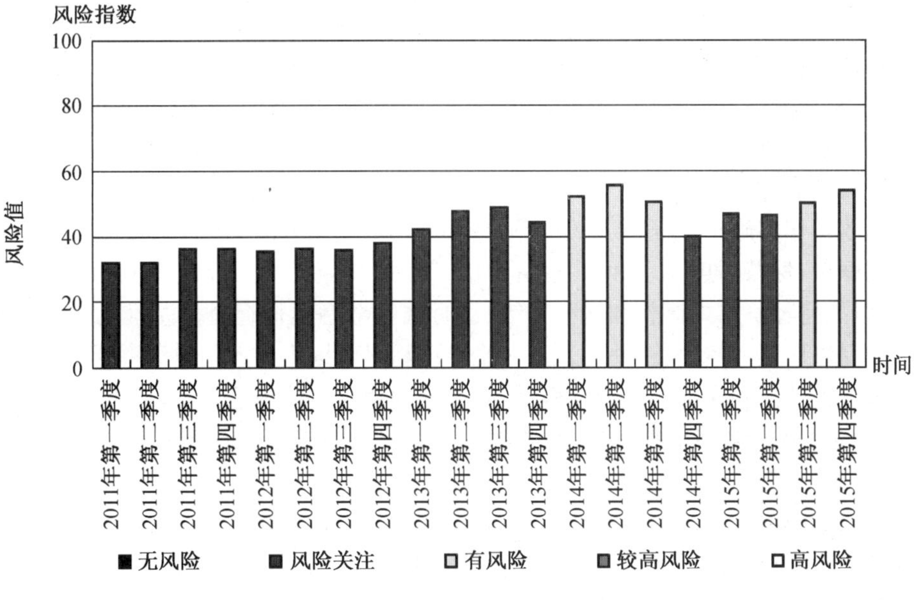

图 1-15 中国经济运行风险指数变化状况

（二）宏观调控政策前瞻

进入 2015 年第一季度以来，中国国内的宏观经济政策仍紧紧围绕稳增长、促改革、调结构、惠民生、防风险展开，主要集中于平衡稳定增长、调整结构和促进改革之间的关系，并在此基础上，中央政府竭力持续推动国内经济体制的深化改革和民生的不断改善。但不容忽视的是，由于宏观经济运行仍呈现下行趋势，因此政策当局的宏观调控目标已经逐渐转向稳定经济增长。

在财政政策方面，根据中国财政部的官方口径：2015 年的财政政策坚持以提高经济发展质量和效益为中心，主动适应经济发展新常态，深入推进财税体制改革，继续实施积极的财政政策并适当加大力度，保持经济运行在合理区间，加快推动转方式调结构，强化风险防控；盘活存量，用好增量，优化财政支出结构，有保有压，确保重点领域特别是民生支出；坚持依法理财，加强财政管理，提高财政资金使用效益，促进经济持续健康发展和社会和谐稳定。具体而言，就是将充分发挥财政政策的宏观调控功能，促进“三驾马车”更均衡地拉动增长。政府主要通过适当扩大财政赤字和国债规模，以继续加大对城乡基础设施等重点建设项目、“三农”、教育、科技、医疗卫生、社会保障和就业、环境保护和节能环保等经济社会发展薄弱环节的投入；通过进一步调整财政支出结构，加强长期内影响国计民生的重大工程的资金支持力度，同时严格控制对高耗能、高排放行业和产能过剩行业进行投资；进一步深化财税改革，加强中央和地方政府转移支付的清理和整合，推进和完善“营改增”试点改革，并推进房产税改革和完善消费税制度，通过稳步推进收入分配改革以提高城乡居民特别是中低收入者收入，逐步建立完善地方政府债务融资机制以规范地方政府举债权限，并对地方政府性债务实行限额管理以防范风险。

在货币政策方面，根据中国人民银行连续发布的《货币政策执行报告》可以看出，中国人民银行坚持稳中求进、改革创新，继续实施稳健的货币政策，保持政策的连续性和稳定性。坚持“总量稳定、结构优化”的取向，保持定力，主动作为，适时适度预调微调，增强调控的预见性、针对性和有效性，统筹稳增长、促改革、调结构、惠民生和防风险的关系，继续为经济结构调整与转型升级营造稳定的货币金融环境。同时，寓改革于调控之中，把货币政策调控与深化改革紧密结合起来，更充分地发挥市场在资源配置中的决定性作用。针对金融深化和创新发展，进一步完善调控模式，疏通传导机制，通过增加供给和竞争改善金融服务，提高金融运行效率和服务实体经济的能力。

而在具体操作实施中，中国人民银行则综合运用数量、价格等多种货币政策工具，健全宏观审慎政策框架，保持适度流动性，实现货币信贷和社会融资规模合理增长；通过盘活存量和优化增量，以支持经济结构调整和转型升级；适时调整金融机构存贷款基准利率，以降低企业融资成本和促进居民消费增长，并通过进一步推进利率市场化和人民币汇率形成机制改革，提高金融资源配置效率和完善金融调控机制；继续推动金融市场规范发展，加大直接融资支持力度，拓宽小微企业融资渠道；深化金融机构尤其是大型商业银行的改革；有效防范系统性金融风险和切实维护金融体系稳定。

基于前面对国内外经济形势的判断，在未来宏观经济政策的变化方面，本研究认为，今后一段时间的宏观调控政策仍将保持连续性和稳定性，政策着力点将主要集中于保持宏观经济运行的持续稳定，但在具体的政策取向上，政策目标将更倾向于稳定经济增长，并在此基础上努力改善和优化消费环境、促进投资合理增长和结构优化。基于此，宏观调控政策将会在保持连续性的基础上，适时针对经济运行中出现的新情况和新问题而进行适度预调微调。

具体而言，在财政政策方面，今后一段时期内的财政政策将保持积极稳健态势，继续以提高经济增长质量和效益为中心，围绕加快经济发展方式转变这一重要战略部署，适当扩大财政赤字和国债规模以支持民生工程及重大项目的建设，进一步完善结构性减税政策和调整财政支出结构以着力保障和改善民生，同时通过进一步深化财税改革以促进经济转型升级和增强经济内生增长动力。

在货币政策方面，本研究认为，在国内经济增长维持调整态势和通货膨胀没有大的上涨压力的情况下,再考虑西方主要发达经济体能够继续保持复苏势头的潜在影响等因素,中国人民银行仍将坚持政策的稳定性和连续性,实施稳健的货币政策,并将主要利用公开市场操作及短期流动性调节工具来管理市场上的流动性和提高金融资源配置效率。除此之外,中央银行也将根据对经济运行走势的判断,在必要的情况下对法定存款准备金率进行定向调整。

考虑到 2015 年第一季度的 GDP 增速为 7%,并且,2015 年下半年宏观经济继续走弱的趋势仍为市场主流的预期,无论是政府还是市场主体,在对经济运行新常态的认识趋于一致的情况下,各方对 2015 年宏观经济增长的预期不会高于 2014 年,这在 2014 年 12 月初中央政治局召开的经济工作会议中已经有所表露,本研究推断政府及市场都有可能将 2015 年 GDP 的预期增长率确定为 7%左右。考虑到中国目前的通货膨胀水平处在低位运行阶段,总体物价水平的上涨压力较小;另外从银行间同业拆借利率的走势看,银行间资金面总体上仍较宽裕,并不存在明显的流动性短缺;再考虑到 2014 年 11 月以来,中央银行已经前后两次下调了人民币存贷款基准利率,并且在此期间也对法定存款准备金率进行了定向下调,本研究认为,中国近期继续下调存贷款利率和法定存款准备金率的可能性较小。但如果经济下滑趋势在今后仍没有好转的迹象,则可以预计,下调人民币存贷款利率和法定存款准备金率的可能性将会逐渐变大。

参考文献

[1] 唐海燕,贾德奎. 中国经济运行风险研究报告 2014[M]. 上海:立信会计出版社,2014.

[2] 唐海燕,贾德奎. 中国经济运行风险指数[M]. 上海:上海人民出版社,2014.

[3] 中国人民银行货币政策分析小组. 中国货币政策执行报告[M]. 北京:中国金融出版社,2014.

第二章　投资与经济增长风险

一、2014 年投资与经济增长风险研究回顾

在 2014 年的投资与经济增长风险研究中，我们认为：从投资资金来源看，2013 年投资名义增长率为 19.6%，导致 2014 年 GDP 名义增长率达到 11.26%，扣除通货膨胀因素，2014 年 GDP 实际增长率达到 8%左右；从投资资金去向看，2013 年服务投资增长率为 31.87%，导致 2014 年名义 GDP 增长率达到 9.78%，扣除通货膨胀因素，实际增长率达到 7.5%左右。这说明我们的预测至少是部分准确地表述了中国经济增长的客观实际，说明我们的模型精度还是可信的。

《中国经济运行风险研究报告 2014》从以下视角阐述了投资引致经济增长的风险：首先，市场力量难以支持短期内投资快速增长；其次，政策增量空间缩小决定了短期内投资难以大幅扩张；再次，产能过剩、地方债务风险、房地产等三大难题将继续困扰投资前景。综上所述，2014 年固定资产投资能够保持平稳态势，但增速略有下降，在 19%左右。从主要投资领域看，制造业投资难以大幅回升，基础设施建设投资高位回落，房地产投资有所减速。

为此，我们提出，2014 年投资与经济增长的风险管理要从如下方面入手：首先，从推动投融资体制改革、加大对重点领域和薄弱环节的投资支持力度入手，利用好政府投资的引导和带动作用，鼓励和促进民间投资健康发展，保证 2014 年投资增速平稳；其次，遏制过快的地方债务膨胀，同时让地方担负起化解存量债务风险的责任；再次，加强房地产宏观管理和建立风险预警体系，防止房地产泡沫的破灭。与此同时，我们特别提出了 PPP 项目是化解 2014 年投资增长风险的重要举措之一。实践证明，我们的判断在总体上是符合中国实际情况的。

二、2014 年中国投资的总体特征

2014 年，中国国内生产总值为 636 463 亿元，按可比价格计算同比增长 7.4%。中国 GDP 总量首次突破 10 万亿美元，稳居世界第二。中国固定资产投资为 50.20 万亿元，达到历史最高位。同时，固定资产投资/GDP 的比值一直持续攀升，至 2014 年达到 78.87%的高位。从增速变化趋势来看，固定资产投资增速从 2003 年以来连续多年下行，但是，2008 年年底推出的“四万亿”政策打破了这一趋势，使固定资产投资在 2009 年达到 21 世纪最高增速 30.40%。但这样的高增速带来了严重的产能过剩。投资增速在达到高点后逐年回落，至 2014 年，创下 12 年来的最低增速，只有 2009 年的一半左右，为 15.7%。

固定资产投资增幅下滑的主要原因是制造业和房地产业两大权重板块投资增速的双双大幅回落。同时，交通运输业、仓储和邮政业增速逆势上扬，成为稳定投资增速的重要力量。2015 年，前两者增速下行的趋势还将继续，稳投资的关键在于提升包含交通运输业在内的基建等行业的投资。

1. 东部地区小幅回暖,中西部投资呈现一定幅度的回落

分地区看,东部地区投资为227 452亿元,同比增长14.6%,增速比1～11月份提高0.1个百分点;中部地区投资为141 644亿元,同比增长17.2%,增速回落0.2个百分点;西部地区投资为125 980亿元,同比增长17.5%,增速回落0.2个百分点。东部地区投资小幅回暖,中西部投资呈现一定程度的回落。对比各区域可以发现,东部地区尽管增速最慢,投资力度远低于中部和西部地区,但东部投资基数最大,未来固定资产投资的重点会呈现逐渐从东部向中西部倾斜,一线、二线城市向三线、四线中小城市基础设施建设转移的趋势。

2. 三大产业均回落,制造业投资维持在低位,房地产投资下滑严重

与2013年相比,第一产业投资增速回升了4个百分点,第二产业回落了0.1个百分点至13.2%,第三产业回落了0.3个百分点至16.8%。制造业投资继续维持在低位。其中,纺织业、食品制造业等轻工业投资增速出现下滑;铁路、船舶、航空航天、汽车制造和其他运输设备制造业行业增速也出现下滑。而计算机、通信和其他电子设备制造业、通用设备制造业投资增速有所回升。

在基础设施方面,第二产业中的电力、热力、燃气及水生产和供应业投资增速小幅下降,投资增速降至17.1%;第三产业中基础设施投资为(不含电力)8.67万亿元,同比增长21.5%,增速比2013年回落了0.3个百分点。

作为支柱产业的房地产投资增速下滑幅度更大。2014年,全国房地产开发投资为9.5万亿元,比上年名义增长10.5%(扣除价格因素实际增长9.9%),增速比1～11月回落1.4个百分点,比2013年回落9.3个百分点。

3. 国家预算资金回升,国内贷款、自筹资金回落

从到位资金情况看,固定资产投资到位资金530 833亿元,同比增长10.6%,增速比2013年回落0.9个百分点。其中,国家预算资金增长14.1%,增速提高0.1个百分点;国内贷款增长8.6%,增速回落2.6个百分点;自筹资金增长14.4%,增速回落0.4个百分点;利用外资下降6.3%,降幅缩小1.3个百分点;其他资金下降5.1%,降幅扩大1.4个百分点。从资金结构看,2014年除了国家预算资金增速回升外,国内贷款、自筹资金增速在逐渐回落,利用外资和其他资金来源则呈现不同幅度的下降。由此可见,银行再次增加了对建筑行业的贷款门槛,若增加自筹与其他资金来源比例,无疑在财务费用上再次增加了建筑企业的负担,2015年国内建筑业资金形势依旧紧张。

4. 基础设施投资基本稳定

2014年,基础设施投资保持了较高的增速,同比增长20.3%,对于稳定固定资产投资增长发挥了重要作用。尽管如此,基础设施投资相比上年还是下降了0.9个百分点,即基础设施投资放缓也是固定资产投资增速下降的原因之一,只是其下拉作用相对较小。2015年,与努力保持经济稳定增长相适应,"一带一路""京津冀一体化"和"长江经济带"三大新战略全面推进,这会催生大量的基础设施投资需求。同时,各部委都已提出了各行业的投资建设规划,各省市也相继提出了要扩大投资的工作目标。在政府政策发力、中央地方合力、社会资本参与的积极推动下,2015年基础设施投资增长稳步加快。

5. 固定资产投资价格小幅回升,人工费价格上涨较快

固定资产投资价格是反映固定资产投资活动中所涉及的建筑安装工程投资价格、设备和工器具投资价格以及其他费用投资价格水平变动趋势和程度的相对数。数据显示,2014年固

定资产投资价格较上年同期增长了 0.5 个百分点。其中，建筑安装工程成本、材料费、人工费、机械使用费、设备和工器具购置费分别同比增长 0.6%，−1.5%，6.1%，1.7%，−0.3%。

总之，2014 年固定资产投资增速明显回落，制造业投资增长放缓是其重要原因之一，而房地产业投资增长下滑则是其另一重要原因，其下拉作用甚至大于制造业。从增速来看，2014 年房地产业固定资产投资仅增长 11.1%，增速比上年大幅回落 9.2 个百分点。这一回落幅度也创下近些年之最，既超过了 2008 年的 7.1 个百分点，也超过了 2012 年的 7.6 个百分点。2015 年，房地产市场短期内供大于求的局面还在持续，去库存的压力依然较大，房地产业投资增速继续下滑。

三、2015 年上半年投资特征

2015 年 1～6 月份，全国固定资产投资（不含农户）为 237 132 亿元，同比名义增长 11.4%（扣除价格因素实际增长 12.5%），增速与 1～5 月份持平。从环比速度看，6 月份固定资产投资（不含农户）增长 0.88%。

分产业看，1～6 月份，第一产业投资为 6 159 亿元，同比增长 27.8%，增速与 1～5 月份持平；第二产业投资为 97 446 亿元，同比增长 9.3%，增速回落了 0.3 个百分点；第三产业投资为 133 527 亿元，同比增长 12.4%，增速提高 0.3 个百分点。

第二产业中，工业投资为 95 620 亿元，同比增长 9.3%，增速比 1～5 月份回落 0.4 个百分点。其中，采矿业投资为 5 261 亿元，下降 7.7%，降幅缩小 1.4 个百分点；制造业投资为 79 663 亿元，同比增长 9.7%，增速回落 0.3 个百分点；电力、热力、燃气及水生产和供应业投资为 10 697 亿元，同比增长 17.1%，增速回落 1.7 个百分点。

第三产业中，基础设施投资（不含电力）为 40 601 亿元，同比增长 19.1%，增速比 1～5 月份提高 1 个百分点。其中，水利管理业投资同比增长 14.5%，增速回落 1.6 个百分点；公共设施管理业投资同比增长 19.1%，增速提高 3.1 个百分点；道路运输业投资同比增长 22.2%，增速提高 0.6 个百分点；铁路运输业投资同比增长 18.9%，增速回落 5.3 个百分点。

从地区分布看，1～6 月份，东部地区投资为 111 127 亿元，同比增长 10.1%，增速比 1～5 月份回落 0.1 个百分点；中部地区投资为 67 037 亿元，同比增长 14.9%，增速回落 0.1 个百分点；西部地区投资为 57 581 亿元，同比增长 9.9%，增速提高 0.7 个百分点。

从登记注册类型看，1～6 月份，内资企业投资为 225 568 亿元，同比增长 11.8%，增速比 1～5 月份提高 0.1 个百分点；中国港、澳、台商投资为 5 627 亿元，同比增长 9.1%，增速提高 0.2 个百分点；外商投资为 5 129 亿元，同比增长 3.3%，增速提高 2.4 个百分点。

从项目隶属关系看，1～6 月份，中央项目投资为 9 653 亿元，同比增长 1%，增速比 1～5 月份回落 5.9 个百分点；地方项目投资为 227 478 亿元，同比增长 11.9%，增速提高 0.3 个百分点。

从施工和新开工项目情况看，1～6 月份，施工项目计划总投资 766 316 亿元，同比增长 3.7%，增速比 1～5 月份回落 1.2 个百分点；新开工项目计划总投资 191 936 亿元，同比增长 1.6%，增速提高 1.1 个百分点。

从到位资金情况看，1～6 月份，固定资产投资到位资金为 261 507 亿元，同比增长 6.3%，增速比 1～5 月份提高 0.3 个百分点。其中，国家预算资金同比增长 18.6%，增速提高 8.3 个百分点；国内贷款下降 4.8%，降幅缩小 1.5 个百分点；自筹资金同比增长 8.6%，增速回落 1 个百分点；利用外资下降 30.9%，降幅扩大了 4.8 个百分点；其他资金同比增长 2.4%，增速提高 2.3 个百分点。

四、风险因素识别

我们在《中国经济运行风险研究报告 2014》中提出 PPP 项目融资是解决中国目前投资困境的重要手段之一,但由于中国目前 PPP 项目中存在诸多问题,因而它依然成为制约中国投资增长的主要因素。

2014 年,中国固定资产投资形势总体上相对平稳,但也存在诸多短期和中长期的矛盾。这些矛盾的产生既有外部经济环境影响的因素,也有内部经济发展方式尚未顺利转型的制约因素;既有固定资产投资的整体增长放缓原因,又有固定资产投资内部结构失衡导致的制约因素;既有财政金融体系不够完善的问题,又有实体企业自身公司治理结构有缺陷的原因。我们认为,导致 2015 年投资与经济增长的风险因素主要包括以下几个方面:PPP 项目尚不成熟,投资增长速度缓慢;企业融资成本居高不下;产能过剩、地方政府性债务风险、房地产市场周期性调整持续发酵;投资项目储备不足。

(一) PPP 项目尚不成熟,投资增长速度缓慢

从金融市场的角度来看,PPP 项目融资不是传统的信用融资,而是以项目前景为基础的项目融资。PPP 项目多是一些利润薄、利润回报预期低、投资成本回收时间比较长的项目。例如,供水厂、污水处理、生活垃圾焚烧发电、城市捷运系统、城市公共自行车出租等项目。这些项目不仅投资期比较长、投资回报率比较低,而且与人们的日常生活紧密关联,又涉及国家公共保障义务的兑现等基本国家义务问题。其所需要的制度保障建设跟不上融资运营中的风险处理,经营失败的风险就在所难免;虽然盈利预期较低,但项目未来收益是投资方的主要保障,借款人接受收益监管和项目资产抵押、质押,融资方具有更全面的尽职调查义务和项目参与权。

PPP 模式通过成立特殊目的公司(SPV),实现了项目和投融资主体之间的风险隔离。同时,PPP 模式以完整的契约体系和完备的法律架构维系并协调项目各方利益,未来还款主要依靠项目预期收益,这是严格意义上的项目融资。财政只提供有限担保、政府信用有限介入或不介入融资安排,这是 PPP 模式的关键特征。因此,PPP 模式有效控制了中央政府信用、地方政府信用与项目之间的关系,控制了隐性债务风险。

PPP 模式以政府与私人部门间的特许权协议为基础,公共部门通过特许权安排掌握项目主动权,并有效借助私人部门的专业能力,同时实现向私人资本的风险分散;私人部门对项目评估、决策、投融资、建设和运营全程参与,其获益途径可以来自项目运营和特许权,也可以是其他附带收益,如税收优惠、沿线优先开发权、其他业务牌照等。因此,PPP 模式有效解决了财政直接投资效率方面的先天劣势,同时在公、私两部门间建立紧密的利益联系,规避了私人部门道德风险。

1. 中国 PPP 模式结构的特征

综合最近一两年有关部门精神,可以大致勾勒出中国 PPP 模式在结构上的几大特点。

(1) 合作形式以特许经营类为主。财政部部长楼继伟在《推广 PPP:贯彻十八届三中全会精神的一次体制机制变革》一文中指出:“广义 PPP 是指政府与私人部门为提供公共产品或服务而建立的合作关系,以授予特许经营权为特征,主要包括 BOT、BOO、PFI 等模式。”《国务院关于加强地方政府性债务管理的意见》(以下简称“43 号文”)指出:“鼓励社会资本通过特许经营等方式,参与城市基础设施等有一定收益的公益性事业投资和运营。”财政部在财金

〔2014〕113号关于印发政府和社会资本合作模式操作指南(试行)的通知中提到的项目运作主要方式是特许经营类,也包含了外包类中的委托运营和管理合同。从目前的政策动向看,在PPP项目经营中,政府和社会资本的合作链比较长,双方共担风险、共享收益,而且项目最终要交还政府。因此,可以预计,政府和社会资本的合作形式主要是特许经营类。外包和私有化类,都不是PPP的主要模式。

(2) 以特殊目的公司为载体。国务院43号文提出,"投资者按照市场化原则出资,按约定规则独自或与政府共同成立特别目的公司建设和运营合作项目。"财政部解答43号文中提到,"对供水供气、垃圾处理等可以吸引社会资本参与的公益性项目,要积极推广PPP模式,其债务由项目公司按照市场化原则举借和偿还,政府按照事先约定,承担特许经营权给予、财政补贴、合理定价等责任,不承担偿债责任。"据此推断,国内PPP项目将主要由SPV为载体来实现。SPV是政府与社会资本组成的一个特殊目的机构,共同承担风险,全过程合作,期满后将项目移交给政府。

(3) 政府部门和社会资本分工明确。政府职能主要体现在以下几个方面:招投标和质量监管、特许经营权授予、价格监督、部分政府付费(含补贴)、融资支持基金(包括股权、债权、担保等形式的支持)。社会资本则需承担包括设计、建设、运营、维护、融资的大部分职能,项目公司可以按商业化原则举借债务,但政府不承担项目公司的偿债责任。

2. 中国PPP项目融资存在的主要问题

本属于政府所承担的公共服务职能范围内的公益项目应当由国家公共财政提供支持。但在当前的经济发展模式中,地方政府早就已经变成了市场竞争的一方特殊主体,它将地方公益项目包装成盈利项目,依次吸引私营资本进入,从而将政府的利益需求最大化。本应由政府通过转移支付方式予以补贴的公益项目,在换了"马甲"之后,不仅省掉了公共开支,而且还成为地方政府的摇钱树,可以源源不断地给地方政府输送必需的财政支持。

信息不对称带来经营风险。既然要将本应由公共财政的转移支付作为保障的公益项目包装成盈利项目推到市场,吸引资本投资,那么夸大该项目的市场规模和盈利能力,也就是自然而然的事。这类公益项目的规模本就具有很强的地方属性,受制于地方人口规模、收入水平、消费支出结构、地方经济发展水平,每一个因素都成为该项目的市场前景和投资回报的制约因素。PPP模式遭遇失败的地方基本上都有一个共同特点,即都属于人口净流出的地区,户籍人口和实际人口之间的悬殊,意味着这类项目的市场前景本就不大。而且更重要的是,在人口净流出地区,留下来的实际人口,又多是收入水平较低、消费结构单一的低收入群体,他们的实际消费能力,更是进一步压缩了这类本由公共财政支持的公益项目的市场回报空间。地方政府为了圈住民营企业的投资,往往在这些关键因素上作与事实不符的虚假陈述,提供虚假资料。而外来投资的民营企业由于信息不对称的缘故,往往无法具体核实这类关键信息的真伪。信息不对称的市场运作,只会将运营风险进一步拉高,在没有更好的风险控制机制跟进的情况下,很难保证这类融资模式最终不落个惨淡收场的结局。

投资和运营的分切,导致后续运营成本一路高攀。即便地方政府引入资本参与公共设施建设的初衷是好的,其所提供的信息也是真实的,但PPP模式仍然面临一个巨大的挑战:公共设施领域的关键不仅仅在于投资,更重要的是其日常运营的成本很高,这也是这类项目需要公共财政补贴的原因。投资和运营在公共项目上不合在一起,必然导致后续运营成本一路高攀,运营的风险也频频出现。又由于实际承担项目运营的地方政府将运营成本全部外化为投资者的投资成本，当运营成本远远高过投资回报预期的时候，投资方选择弃资也就在情理之中了。

PPP 项目融资存在的问题主要有以下几点：

(1) 缺乏专门的适用于 PPP 模式的法律、法规。PPP 项目实际上是在一系列政策法规文件和合约的约束下运行的。但现阶段中国尚没有成文的关于 PPP 应用的法律、法规。中国相关的法律、法规出台较早，其中大部分内容是针对项目 BOT 而不是针对 PPP 模式制定的，而且多为部委规章或地方性管理条例，这种开放式的架构不利于国家对 PPP 项目的统一管理，而过多的管理办法也可能出现相互矛盾。同时，中国现有的法律、法规对于 PPP 项目运作过程中的诸多具体问题等均未涉足，客观上造成国际上 PPP 项目融资的一些惯例和做法与中国现行的法律、法规是相冲突的。法律不健全、不完善是制约 PPP 模式在中国发展的主要障碍。

(2) 政府在公共设施建设中占主导角色，在公共设施建设过程中低效与寻租现象普遍。目前，在中国城市公共设施建设运营过程中，政府部门身兼直接投资者、直接经营者和直接监管者的三项职能，很容易在具体的工作中产生混淆。政府的职能混淆为公共事业发展带来许多不利。

由于政府自身的运行以及向公众提供公共产品存在交易成本，且政府系统缺乏明确的绩效评估体系，因此在公共设施建设过程中，常会出现“政府失灵”的现象。政府官员也是理性的经济人，公共产品在政府作为投资主体时也难免存在特殊利益集团的“寻租”现象。例如，由于现在还没有一套统一的流程规范，因此，政府官员有时会为了获取更多的利益而为 PPP 模式在应用过程中设置繁多的名目以获取更多利益，从而造成社会公共设施建设的低效。

(3) 私人部门融资存在障碍。相对于其他投资主体而言，私人部门在融资上表现出融资渠道窄、融资成本高以及融资规模小的缺陷，使其在参与公共事业建设中处于不利地位。私人部门的融资困难，严重地制约了私人资本投资于公共事业项目。另外，PPP 项目风险的分配难以达成一致。PPP 模式在实际应用中公共部门和私人部门往往就项目中风险的分配问题难以达成一致，大大延长了双方谈判的时间，增加了交易成本。

(4) 政府与市场的职能界限不清。目前社会对 PPP 模式的认知存在明显的误区，不论是社会资本、专家学者，还是一部分政府部门，都把 PPP 单纯地诠释为一种新的城乡基建融资模式。特别是在 4 月份宏观数据显示经济持续回落势头未被有效扭转时，PPP 模式更被误导为一种投资刺激工具和政策安排。鉴于当前正在经历前期刺激消化和阵痛，加之上一轮刺激计划中许多投资项目因缺乏严格的可行性研究而仓促上马，这更加重了社会资本对 PPP 项目投资的可行性与有效性的疑虑。

(二) 企业融资成本居高不下

目前，“融资难、融资贵”仍然是经济运行和企业生产中面临的突出问题。产能过剩行业、地方政府融资平台等部门缺乏利率弹性，高杠杆率和资金需求旺盛拉高了资金成本；房地产市场周期性调整下行和部分理财产品违约风险上升，导致金融机构和企业流动性偏好提高；银行理财、电子金融等金融产品及影子银行等市场化融资渠道分流了部分资金；金融资本“避实就虚”，货币市场短期利率水平降低不能有效传导到资本市场。这些因素相互交织，导致企业融资成本居高不下，严重影响民间投资意愿与中小企业的生产经营活动。

(三) 产能过剩、地方政府性债务风险、房地产市场周期性调整持续发酵

2015 年投资仍然受到产能过剩、地方政府性债务风险、房地产市场周期性调整三大矛盾

的拖累。外需缓慢复苏低于预期，内需依旧低迷，工业领域产能过剩状况难以有效缓解。受经济下行的影响，公共财政收入增速降低，地方政府债券融资模式有待成熟，加上正值债务偿还高峰期，地方政府性债务风险不容忽视。新增住房需求已经从峰值回落，房地产行业去库存压力较大，2014 年以来，房屋新开工面积、商品房销售面积、商品房销售额均累计负增长，2015 年房地产市场周期性调整的态势基本明朗。

（四）投资项目储备不足

尽管大批的投资项目审批权限已经下放，但受制于融资成本较高、经济下行风险较大等因素的影响，具备可行性的投资项目仍然较少。一般来说，固定资产投资项目通常在两年半的时间内完成。2014 年以来，固定资产投资新开工项目计划总投资额处在较低水平，反映出投资项目储备不足，这不仅直接影响 2014 年的投资增速，也将间接影响 2015 年的投资增速。

五、风险度量

我们可以从两个不同的视角度量投资引致经济增长风险：一是从投资的资金来源（即投资是国家预算内资金、银行贷款、国外投资、自有资金及其他资金来源）；二是从投资的资金流向（即投资投向的行业，如农业、服务业和制造业等）。

（一）投资资金来源导致的经济增长风险度量

国家投资资金来源不合理，往往导致经济增长大起大落的风险。从中国的实际情况来看，短期内政府资本每增加 1%，产出将会增加 0.80%，而民间投资对产出的贡献并不明显，它每增加 1%将带来产出增加 0.11%。也就是说，政府投资在短期可以暂时替代民间投资来扩大总需求，拉动经济的增长。尤其是在经济紧缩阶段民间投资将仅仅维持在自发投资的水平上，此时增加政府投资可以弥补民间投资的不足，启动需求，很好地发挥经济增长效应。但是从长期来看，政府投资的效率是远低于民间投资的，过多的政府投资会对民间投资产生挤出效应。实证分析结果表明：长期政府资本的产出弹性为负，其每增加 1%将引起产出降低 0.99%；民间资本的产出弹性为正，每增加 1%的民间资本将引起产出同方向增长 0.48%。因此，在长期，政府投资对经济增长并没有促进作用，拉动经济增长的原动力应该是民间投资，只有民间投资得到持续适度的增长，才能保证一个更高的经济增长水平。

本研究引用前述的中国经济增长风险状况，鉴于预算内资金增长率、国内贷款增长率、利用外资增长率和自筹资金增长率指标中的数据都是名义数据（即不考虑物价指数），因此，*GDP* 增长率数据也采用名义数据。本研究以预算内资金增长率作为政府投资的度量指标。

表 2-1 **1982—2012 年年度 *GDP* 风险、资金来源增长率**

年份	*GDP* 风险	名义 *GDP* 增长率	投资增长率	预算内资金增长率	国内贷款增长率	利用外资增长率	自筹资金增长率
1982	1%	9%	28.03%	3.5%	44.4%	66.4%	34.1%
1983	1%	12.3%	16.23%	21.6%	−0.4%	10%	18.7%
1984	3%	21%	28.17%	23.9%	47.3%	6.2%	27.6%
1985	4%	24.8%	38.75%	−3.1%	97.4%	29.5%	41.6%
1986	1%	13.6%	22.7%	11.7%	29%	50.1%	21.9%
1987	1%	17.3%	21.51%	9%	32.4%	32.5%	19.9%

（续表）

年份	GDP 风险	名义 GDP 增长率	投资增长率	预算内资金增长率	国内贷款增长率	利用外资增长率	自筹资金增长率
1988	2%	24.8%	22.74%	−13%	12.1%	51.3%	32.5%
1989	4%	13.1%	−5.23%	−15.3%	−22%	5.7%	0.7%
1990	3%	10.1%	2.43%	7.4%	16.1%	−2.2%	−1.2%
1991	2%	16.6%	23.84%	−3.2%	48.5%	12%	21.2%
1992	3%	23.4%	44.43%	−8.7%	68.4%	47%	41%
1993	3%	30.9%	61.78%	39.2%	38.8%	103.6%	69.6%
1994	2%	36.4%	36.37%	9.5%	30.1%	85.4%	34.7%
1995	1%	24.3%	15.13%	17.3%	5%	29.8%	16.3%
1996	1%	17.3%	13.81%	0.8%	8.9%	19.6%	14.9%
1997	1%	11.3%	8.14%	11.3%	4.6%	−2.3%	10.9%
1998	2%	6.4%	13.69%	71.9%	15.9%	−2.5%	13.2%
1999	2%	6.6%	3.61%	54.7%	3.3%	−23.3%	4.2%
2000	2%	10.8%	11.28%	13.9%	17.5%	−15.5%	11.9%
2001	2%	10.3%	14.73%	20.7%	7.6%	2%	17.2%
2002	2%	10.2%	18.59%	24.1%	22.4%	20.5%	16.9%
2003	1%	13.5%	30.12%	−15%	36%	24.7%	33.4%
2004	1%	18.1%	27.21%	21.1%	14.5%	26.4%	31.4%
2005	1%	15.4%	26.86%	27.6%	18.4%	21.1%	29.3%
2006	2%	15.8%	25.76%	12.5%	20%	8.9%	28.8%
2007	2%	18%	26.77%	25.4%	17.6%	18.4%	29.2%
2008	2%	16.8%	25.85%	35.8%	14.8%	3.5%	25.7%
2009	1%	8.4%	29.95%	59.5%	48.6%	−12.96%	35.2%
2010	2%	17.7%	23.83%	2.6%	12%	1.7%	16.4%
2011	2%	17.8%	12%	10.54%	5.30%	7.60%	28.30%
2012	1%	9.69%	20.29%	25.56%	11.33%	−11.72%	19.63%
2013	1%	10.09%	19.11%	17.65%	15.89%	−3.34%	24.47%
2014	1%	7.88%	15.7%	13.92%	7.82%	−6.42%	10.69%

1. 经济增长风险高的年份投资资金来源特征

从表 2-1 中可以看出，1985 年和 1989 年 *GDP* 风险都高达 4%，从这两年投资的当年基本特征看，1985 年投资过快增长（达到了 38.5%），1989 年投资减少（减少了 5.23%），这是引致经济增长风险的关键因素。从预算内资金增长率看，两者都为负值，预算内资金（政府投资）的减少可能是经济增长高风险的原因之一。

1984 年、1990 年、1992 年和 1993 年的 *GDP* 风险都较高，经济增长风险为 3%，处于有风险状态。从这几年当年投资增幅的基本特征看，1990 年投资过慢增长，增长率仅为 2.43%，这是导致经济增长率下滑的关键。1984 年、1992 年和 1993 年的经济增长风险较高的关键原因在于投资过快增长。从预算内资金增长率看，1992 年预算内资金增长率为负，1993 年预算内资金增长率过高，这可能是经济增长高风险的原因之一。

2. 度量投资资金来源与经济增长风险间的关系

1）格兰杰因果关系检验

为了判断经济增长风险与各项投资之间的关系，我们对变量进行格兰杰因果关系分析。主要看 *Prob* 的值。设定显著性水平为 5％，如果可能性的值大于 5％，则接受原假设，即一变量不是另一变量的格兰杰原因；反之亦然。例如，对应 *CAP* 并不是 *GDP* 变化的原因。

表 2-2 **滞后 1 期结果**

配对格兰杰因果关系检验

日期：05/24/2015 时间：11:25

数据来源：1982—2014 年

滞后：1

空位假设	观察量	*F* 统计	可能性
CAP 不是 *GDP* 的格兰杰原因	32	0.253 48	0.618 7
GDP 不是 *CAP* 的格兰杰原因		0.265 78	0.610 4
FDI 不是 *GDP* 变化的原因	32	1.896 51	0.180 2
GDP 不是 *FDI* 变化的原因		1.583 75	0.219 4
INV 不是 *GDP* 变化的原因	32	11.193 7	0.002 4
GDP 不是 *INV* 变化的原因		1.833 02	0.187 0
LOAD 不是 *GDP* 变化的原因	32	4.182 76	0.050 7
GDP 不是 *LOAD* 变化的原因		0.272 87	0.605 7

表 2-3 **滞后 2 期结果**

配对格兰杰因果关系检验

日期：05/24/2015 时间：11:27

数据来源：1982—2012 年

滞后：2

空位假设	观察量	*F* 统计	可能性
CAP 不是 *GDP* 变化的原因	31	1.365 52	0.274 4
GDP 不是 *CAP* 变化的原因		0.096 15	0.908 7
FDI 不是 *GDP* 变化的原因	31	2.862 25	0.077 6
GDP 不是 *FDI* 变化的原因			0.581 1
INV 不是 *GDP* 变化的原因	31	4.047 40	0.030 6
GDP 不是 *INV* 变化的原因			0.840 4
LOAD 不是 *GDP* 变化的原因	31	2.341 98	0.117 7
GDP 不是 *LOAD* 变化的原因			0.681 0

从上述格兰杰因果关系分析的结果(表 2-2 和表 2-3)来看,无论是滞后 1 期,还是滞后 2 期,投资增长率是 *GDP* 变化的格兰杰原因,而 *GDP* 并不是投资增长率变化的格兰杰原因。国内贷款增长率滞后 1 期是 *GDP* 变化的格兰杰原因,而国外直接投资滞后 2 期是 *GDP* 变化的原因,在其他情况下,这些变量都不是 *GDP* 变化的原因。

2) 相关关系检验

通过相关关系检验,我们发现,只有在投资增长率滞后 1 期的情况下,相关关系才是显著的。得到如表 2-4 的关系。

表 2-4 **投资增长率与 *GDP* 增长率之间的相关关系表**

因变量:*GDP*

方法:最小二乘法

日期:05/24/2015 时间:14:11

数据来源:1983—2014 年

累计观察值:30

Variable	*Coefficient*	*Std. Error*	*t-Statistic*	*Prob.*
C	6.071 090	1.813 707	3.336 311	0.002 5
INV	0.201 158	0.077 499	2.595 634	0.015 1
INV(−1)	0.248 222	0.077 262	3.445 722	0.001 9

R-平方值	0.606 174	自变量平均值	16.423 00
调整的 *R*-平方值	0.577 002	自变量的均方差	6.992 430
回归的标准误差	4.547 759	阿凯克信息标准	5.961 786
总平方剩余	558.417 1	*Schwarz* 标准	6.101 906
对数似然	−86.426 79	*Hannan-Quinn* 标准	6.006 611
F 统计	20.779 09	*Durbin-Watson* 统计	1.362 510
可能性(*F* 统计)	0.000 003		

由此,我们可以得到如下关系式:

$$GDP = 6.07 + 0.248INV(-1) \tag{2-1}$$

投资每增长 1 个百分点,导致下一年度经济增长 0.248 个百分点。2014 年投资名义增长率为 15.7%,导致 2015 年 *GDP* 名义增长率估算会达到 9.96%,扣除通货膨胀因素,2015 年 *GDP* 实际增长率估算会达到 7%左右。

(二) 投资资金流向导致的经济增长风险度量

投资资金流向不合理,往往会导致经济不可持续增长的风险。

1. 高经济增长风险年份的投资资金流向特征

经济增长风险最高的年份是 1992 年和 1993 年,从这两年的投资资金流向看,非常显著的特征是建筑业和服务业投资的大幅度增加,特别是 1993 年,建筑业增幅高达 394.71%,服务业增幅高达 64.68%。

表 2-5　**GDP 增长风险、投资流向增长率**

年份	GDP 风险	名义 GDP 增长率	投资增长率	农、林、牧、渔业	采掘业	制造业	水的生产和供应业	建筑业	服务业
	GDPD	*GDP*	*INV*	*RT*	*DIG*	*MAKE*	*W*	*CON*	*SER*
1990	2	9.86%	2.43%	31.53%	19.9%	5.71%	26.01%	−24.78%	2.74%
1991	2	16.68%	23.84%	25.93%	18.9%	25.11%	16.4%	21.04%	29.16%
1992	3	23.61%	44.43%	30.04%	24.62%	25.39%	30.48%	84.52%	61.25%
1993	3	31.24%	61.78%	6.23%	15.86%	47.50%	38.20%	304.71%	64.68%
1994	2	36.41%	36.37%	22.83%	12.31%	37.51%	49.72%	20.28%	42.05%
1995	1	26.13%	15.13%	34.91%	10.95%	26.62%	9.36%	5.2%	13.37%
1996	1	17.08%	13.81%	42.84%	13.89%	9.07%	22.84%	25.98%	15.43%
1997	1	10.95%	8.14%	40.66%	30.09%	−8.79%	25.42%	−17.68%	20.62%
1998	2	6.87%	13.69%	46.46%	−16.66%	−3.13%	10.61%	4.86%	34.06%
1999	2	6.25%	3.61%	32.67%	−12.27%	−20.31%	2.27%	41.3%	9.76%
2000	2	10.64%	11.28%	20.7%	24.29%	−0.64%	13.07%	−11.7%	6.71%
2001	2	10.52%	14.73%	20.41%	9.37%	28.42%	−11.43%	−4.17%	14.17%
2002	2	9.74%	18.59%	35.26%	5.49%	39.02%	11.94%	42.13%	17.54%
2003	1	12.87%	30.12%	−29.1%	31.51%	73.48%	20.59%	41.8%	26.26%
2004	1	17.71%	27.21%	14.43%	34.96%	33.33%	46.25%	4.28%	22.37%
2005	1	15.67%	26.86%	22.9%	49.73%	35.69%	30.36%	16.08%	19.5%
2006	2	16.97%	25.76%	18.34%	30.41%	28.27%	13.65%	0.58%	23.43%
2007	2	22.88%	26.77%	23.77%	25.66%	30.55%	10.27%	15.7%	23.82%
2008	2	18.15%	25.85%	48.8%	31.08%	27.41%	16.16%	19.48%	24.79%
2009	1	8.55%	29.95%	36.14%	19.53%	24.53%	31.26%	28.06%	33.76%
2010	2	17.69%	23.83%	14.91%	19.43%	25.5%	8.63%	40.64%	25.23%
2011	2	17.77%	12%	10.54%	6.78%	15.90%	−6.51%	19.80%	11.94%
2012	1	9.69%	20.29%	25.56%	13.23%	21.26%	13.73%	11.37%	31.87%
2013	1	10.09%	19.11%	29.97%	10.15%	18.63%	27.04%	−4.15%	21.04%
2014	1	7.88%	15.7%	28.91%	0.22%	13.10%	13.49%	29.97%	21.25%

2. 度量投资资金来源与经济增长风险间的关系

1）格兰杰因果关系检验

表 2-6　　**滞后 1 期结果**

配对格兰杰因果关系检验(滞后 1 期检验)

空位假设	观察量	F统计	可能性
CON 不是 GDP 变化的格兰杰原因	24	7.242 85	0.014 5
GDP 不是 CON 变化的格兰杰原因		0.328 66	0.573 2
DIG 不是 GDP 变化的格兰杰原因	24	0.413 05	0.528 1
GDP 不是 DIG 变化的格兰杰原因		0.001 00	0.975 1
MAKE 不是 GDP 变化的格兰杰原因	24	2.191 56	0.155 2
GDP 不是 MAKE 变化的格兰杰原因		0.446 92	0.511 8
RT 不是 GDP 变化的格兰杰原因	24	2.321 86	0.144 0
GDP 不是 RT 变化的格兰杰原因		1.790 61	0.196 6
SER 不是 GDP 变化的格兰杰原因	24	10.757 4	0.003 9
GDP 不是 SER 变化的格兰杰原因		0.084 33	0.774 7
W 不是 GGDP 变化的格兰杰原因	24	2.433 01	0.135 3
GGDP 不是 W 变化的格兰杰原因		1.272 02	0.273 4

表 2-7　　**滞后 2 期结果**

配对格兰杰因果关系检验(滞后 2 期检验)

空位假设	观察量	F统计	可能性
CON 不是 GDP 变化的格兰杰原因	23	3.105 63	0.072 5
GDP 不是 CON 变化的格兰杰原因		1.359 21	0.285 0
DIG 不是 GDP 变化的格兰杰原因	23	0.385 88	0.686 0
GDP 不是 DIG 变化的格兰杰原因		0.115 59	0.891 6
MAKE 不是 GDP 变化的格兰杰原因	23	0.935 41	0.412 9
GDP 不是 MAKE 变化的格兰杰原因		1.357 23	0.285 5
RT 不是 GDP 变化的格兰杰原因	23	1.502 23	0.252 4
GDP 不是 RT 变化的格兰杰原因		1.603 23	0.231 9
SER 不是 GDP 变化的格兰杰原因	23	6.323 96	0.009 5
GDP 不是 SER 变化的格兰杰原因		2.791 54	0.091 2
W 不是 GGDP 变化的格兰杰原因	23	1.487 01	0.255 7
GGDP 不是 W 变化的格兰杰原因		1.050 59	0.372 7

结果表明，*SER*(服务投资增长率)和 *CON*(建筑业投资增长率)滞后 1 期和滞后 2 期是 *GDP* 变化的格兰杰原因。其他变量都不是 *GDP* 变化的格兰杰原因。所以，我们只需要做 *SER* 和 *CON* 与 *GDP* 的相关关系。

2) 相关关系检验

通过相关关系检验，我们发现，在服务投资增长率滞后 2 期的情况下，相关关系才是显著的，由此得到表 2-8 的关系。

表 2-8　　投资增长率与 *GDP* 增长率之间的相关关系表

因变量：*GDP*

方法：最小二乘法

日期：05/24/2015　时间：17:11

数据来源：1983—2014 年

累计观察值：30

Variable	*Coefficient*	*Std. Error*	*t-Statistic*	*Prob.*
C	3.571 768	2.914 391	0.487 844	0.001 9
SER	0.183 326	0.103 670	1.768 361	0.019 5
SER (−2)	0.230 906	0.099 078	2.027 762	0.018 6

R-平方值	0.705 383	自变量平均值	16.542 38
调整的 *R*-平方值	0.653 391	自变量的均方差	7.978 873
回归的标准误差	4.697 439	阿凯克信息标准	6.101 555
总平方剩余	375.120 9	*Schwarz* 标准	6.300 512
对数似然	−60.066 33	*Hannan-Quinn* 标准	6.144 734
F 统计	13.567 33	*Durbin-Watson* 统计	1.397 977
可能性(*F* 统计)	0.000 091		

由此，我们可以得到如下相关关系等式：

$$GDP = 3.57 + 0.23SER(-2) \tag{2-2}$$

从上述等式中，我们可以发现，当年服务业投资每增长 1%，会导致第三年经济增长率增长 0.23%；2013 年服务投资增长率为 21.04%，导致 2014 年名义 GDP 增长率为 8.4%，扣除通货膨胀因素，2015 年 GDP 实际增长率预计会达到 7%左右。

六、风险管理

2015 年，投资增长的有利因素主要有如下方面：首先，改革红利激发投资动力。今年以来，投资领域的主要改革措施包括：扩大小微企业所得税优惠政策实施范围，扩大“营改增”试点范围，暂免征收部分小微企业增值税和营业税，完善固定资产加速折旧政策，再次修订政府核准的投资项目目录，创新重点领域投融资机制，削减前置审批和推行投资项目网上核准等。十八届三中全会就未来中国全面深化改革作出顶层设计，行政审批、财税、金融、价格、城镇化等诸多领域改革步伐明显加快。改革红利持续释放，这有利于优化投资环境、释放投资潜力、提高投资回报率，激发全社会投资动力。其次，基建投资仍将发挥支撑作用。中国城镇化进程处在快速发展阶段，城镇化率年均提高1个百分点左右。城镇化建设将催生巨大的基础设施建设需求。重大水利工程建设，粮食仓储设施，高速铁路、机场、公路、地铁等交通基础设施，城市地下管网等公共设施，以及养老、教育、医疗等公用事业设施，仍有巨大的投资需求空间。随着地方政府债券发行以及民间资本进入基建领域的操作模式日益成熟，城镇化建设的资金约束将得到有效缓解，基建投资仍能保持高速增长，支撑投资增速稳定增长。再次，服务业投资有望实现较快增长。中国产能过剩矛盾主要集中在制造业领域，服务业领域则供给不足，有较大的发展空间，其中养老、医疗、金融、教育等服务业的投资空间更为广阔。国家正努力将服务业打造成为经济社会可持续发展的新引擎，并开始着力引导服务业的快速发展。一方面陆续出台优惠政策鼓励民间资本进入服务业，如鼓励民间资本进入养老服务业、鼓励发起设立自担风险的民营银行等；另一方面积极推动服务业对外开放，吸引外资加大对金融、教育、医疗、文化、体育等领域的投资。

2015年固定资产投资仍保持平稳态势，但增速略有下降。从主要投资领域看，制造业投资没有大幅回升，基础设施建设投资高位回落，房地产投资有所减速。

为此，我们认为，2015年投资与经济增长的风险管理要从如下方面入手：首先是落实推广基础设施及公共服务领域的PPP模式；其次是充分发挥政府投资“惠民生、调结构”的关键作用，用好积极的财税优惠政策；再次是防范房地产开发投资骤降。

(一) 落实推广基础设施及公共服务领域的PPP模式

1. 发达国家PPP项目开发的借鉴

基于PPP模式的投资项目已经贯穿英国政府活动的各个领域。按照英国的经验，适用于PPP模式的市政工程的范围被确定为交通(公路、铁路、机场、港口)、卫生(医院)、公共安全(监狱)、国防、教育(学校)、公共不动产管理等部门。这项划分对于PPP模式在世界范围内的应用都起到了指导作用。美国是一个法制比较健全的国家，各项名目众多的法律条款是美国社会各项生产活动的前提和保障，也是美国运用PPP模式进行城市公共设施建设的一个亮点。美国政府将建设城市公共设施的有关项目通过合同承包给私人部门，由私人部门进行生产与经营，其产品由政府购买。合同贯穿PPP模式施行的整个过程，通过合同来确定利益相关方的权责划分以及利益分配，将各方的诉求以清晰的合同条款加以明确，这样可以减少纷争，简化流程，从而具有法律保障效力。这些经验对于中国在完善合同法等方面都有借鉴意义。

日本积极发展第三方部门，引入了市场竞争，提高建设城市公共设施的效率，对完善发展中介组织有很好的指导意义。同时，其PFI法案中对于事前的风险评价以及公共部门与私人部门的权责划分，极大地推动了PPP模式的成功运用，也值得中国学习。

2. PPP模式在中国公共设施建设中应用的改进建议

结合目前PPP模式在中国应用中存在的问题和国外的先进经验，PPP模式的应用应该从以下几个方面进行改进。

(1) 建立健全法律体系。健全的法律制度环境是PPP模式赖以生存的基础，也是增强投资者信心、降低项目风险的有效措施。PPP模式涉及担保、税收、外汇、合同、特许权等诸多方面，内容复杂，文件繁多。作为项目运作的监督者和指导者，中国政府应从保护和促进公共利益的立场出发，有必要建立一套执行PPP项目的规范化、标准化交易流程，对项目的具体运作提供技术指导和相关政策支持，确保项目运作全过程公开与公正。中国政府部门与企业部门对在项目中需要承担的责任、义务和风险进行明确界定，保护双方利益。

(2) 转变政府角色定位，合理界定公私作业边界。在公共服务领域，民间资本多受歧视，常常遭遇不切合实际的技术条件、人员资格、注册资金等进入这些领域的实际门槛。即使在为数不多的 PPP 模式实践中，也多把机会给予外国投资者，严重制约了中国国内民间资本参与 PPP 项目的意愿和可能性。中国政府应由过去在公共基础设施建设中的主导角色，变为与私人企业合作提供公共服务中的监督、指导以及合作者的角色。在这个过程中，中国政府应对公共基础设施建设的投融资体制进行改革，对管理制度进行创新，以便更好地发挥其监督指导以及合作者的角色。

(3) 形成有效的监管体系。政府监管是一套行之有效的监管体系中最主要的组成部分，发挥着极为重要的作用。当然，通常一个基础设施的投资需要较长的时间才能收回，所以政府也必须建立一个适合项目长期发展的程序，并有一个相应的监管规则。值得注意的是，在运用 PPP 模式进行中国城市公共设施建设的过程中，所有涉及的利益相关方都必须纳入监管的范围。因此，应该确立一套良好的审计、监督体系和方法，对建设项目实施过程中灰色地带加以监控，确保 PPP 模式能够健康有效地应用实施。

(4) 完善投资市场。采用 PPP 模式，需要长时间评估，进行复杂的合同谈判，实现合理的风险分担，并实行有效的监管。因此，政府推进 PPP 模式非常需要专业机构的支持。一方面要求政策规定参与方应制定规范化、标准化的 PPP 交易流程，对项目的运作提供技术和相关政策支持；另一方面需要专业化的中介机构提供具体专业化的服务。

(5) 建立有效的风险分担机制 。风险转移和风险分担是 PPP 模式的核心环节。在项目所处的不同阶段会遇到不同的风险。原则上，风险应由最能控制风险发生的一方承担，属于经营活动自身产生的，由投资者承担，而超出投资者控制范围的风险，如法律风险、利率风险等，则应由公共部门独立承担，或由公私双方通过平等协商共同分担。

(6) 放宽政府扶持政策 。PPP 模式的推广并不意味着政府完全退出基础设施领域，不是简单“国退民进”。在公共基础设施建设中，不仅要欢迎国际大型的私营部门和财团参与，也鼓励国内一些有实力的私营部门参与进来。政府应出台优惠的特许权政策，如允许投资者进行广告、商业及房地产的开发，让投资者确实感到有利可图，这样才能真正吸引外资。政府部门作为 PPP 模式的一方，其管理方式和运行机制要适应这种变化。对建设项目，应注重采用合同管理这种与市场经济要求相适应、符合国际通行做法的经济手段。通过合同管理，控制工程质量、进度和投资规模，获得最优的投资效益和社会效益。当经济活动各方出现问题或纠纷时，应主要依靠经济或法律手段而不是行政干预来解决。增强服务意识，建立各相关部门之间并联式的项目管理模式，超前做好项目选址、投融资方案、规划设计条件、土地供应方等方面的工作，对项目起导向作用，使改革的成果落到实处。

在公用事业领域中加强推广应用公私合作制，是已经得到学界认可并被实践证明了的成功做法。然而，对于公私合作制在哪些具体性质的项目上适宜采用，对具体项目应该使用何种类型的合作方式，在实行公私合作制之后如何保障广大人民群众的利益不受损害，实行公私合作制的项目当中如何防止私营企业的垄断行为，如何在公私合作制当中保证政府的高信用度，政府在一定程度和一定范围内采取怎样的监管形式参与运营，如何构建一个合理有效的监管体制等问题，都没有得到深入的研究和解决，法律、法规的建立健全依然任重道远。

总之，当前中央决策层大力推广 PPP，并不是把其单纯作为一项政府融资工具和稳增长的工具，而是寄希望于它能引发一场公共服务变革。因此，各级政府唯有摒弃认识偏误，立足改革创新的政府行政理念，据此推出的 PPP 才能真正适销对路，激发起社会资本的参与热情。

（二）充分发挥政府投资“惠民生、调结构”的关键作用，用好积极的财税优惠政策

调整优化政府投资结构，将政府投资集中用于市场机制难以发挥作用的重要领域和薄弱环节，重点支持保障性安居工程、“三农”建设、重大基础设施、社会管理和社会事业、“老少边穷”地区发展、节能环保和生态建设以及自主创新和结构调整等领域，充分发挥政府投资“惠民生、调结构”的关键作用。

首先，支持企业进行创新投资，推广并落实科研项目经费管理改革、非上市中小企业通过股份转让代办系统进行股权融资、扩大税前加计扣除的研发费用范围、股权和分红激励、职工教育经费税前扣除、科技成果使用处置和收益管理改革六项政策；其次，继续推进“营改增”改革试点工作，促进服务业投资，试点范围要逐步扩大至生活服务业、建筑业、房地产业、金融业等；再次，建立和实施涉企收费目录清单制度，推进清费减负工作，降低企业投资成本；最后，加大对小微企业税收优惠政策的落实力度，通过利用增值税、营业税、企业所得税等税收优惠政策，扶持小微企业发展，激活民间投资活力。

（三）防范房地产开发投资骤降

第一，落实好央行“认贷不认房”新政，完善房地产信贷政策，优先满足居民家庭购买首套自住和改善型住房贷款需求；第二，适度提高住房公积金贷款额度，放宽贷款条件，充分发挥住房公积金作用；第三，支持政府、民间投资收储存量商品住房，作为租赁房源向市场租赁或向保障对象配租；第四，在房地产风险较大的地区，适当降低和减免住房交易的契税、营业税等相关税费；第五，尽快落实住宅政策性金融机构对棚户区改造、保障性住房建设等的金融支持力度；第六，鼓励和引导房地产企业转型发展，调整开发类型结构，因地制宜发展商业、工业、旅游、养老等产业地产。

总之，从投资的视角看，2015 年中国经济增长风险得到了有效的管理，如果 PPP 项目进展顺利，政府投资能发挥关键的引导作用，财政政策能促成创新、创业的发展，房地产投资不出现骤降，2015 年中国经济增长即保持 7%的增速。

参 考 文 献

［1］钞小静，任保平. 中国经济增长质量的时序变化与地区差异分析[J]. 经济研究，2011(4).
［2］郝颖，辛清泉，刘星. 地区差异、企业投资与经济增长质量[J]. 经济研究，2014(3).
［3］王成勇，柯蓉. 城镇固定资产投资周期与经济增长的关系研究[J]. 统计与决策，2015(8).
［4］尹希果，许岩. 中国金融抑制问题的政治经济学[J]. 当代经济科学，2011(5).
［5］吴亚平. 投融资体制改革：何去何从[M]. 1 版. 北京：经济管理出版社，2013.

第三章　消费与经济增长风险

一、绪论

长期以来，中国的经济增长主要是依靠投资和外贸，在投资、外贸、内需这三驾拉动经济增长的马车中，内需是最易被忽视的。然而，从目前情况来看，内需增长却是未来中国经济平稳增长、有效缓解经济失速风险的重要依靠力量。自从2008年美国金融危机引发全球经济衰退以来，各国都在加紧提升内需，促进消费增长，以此来重振本国经济增长的动力。从中国宏观经济发展状况来看，2014年投资增速显著下降，固定资产投资实际增速由2013年的18.9%大幅下降至2014年的14.7%，而货物进出口增速在2014年也只达到2.3%，进口则是下降了0.6%。统计数据显示，2014年中国社会消费品零售总额的增长速度也是持续下降。显然，内需不振将对中国宏观经济平稳增长产生显著不利影响，加大宏观经济运行风险。近期影响消费增长的因素除了收入增速以外，居民对未来经济运行走势的预期也是其中一个重要的原因。

（一）2014年消费概况

2014年全年中国社会消费品零售总额为262 394亿元，比2013年增长12%，扣除价格因素后，实际增长为10.9%，比2013年增速下滑0.6个百分点。统计数据显示，其中，城镇消费品零售额为226 368亿元，增长11.8%；乡村消费品零售额为36 027亿元，增长12.9%。乡村消费增速明显快于城镇消费，但两者增速均低于2013年的水平。按照消费类型统计，商品零售额为234 534亿元，增长12.2%，低于2013年增长13.6%的水平；餐饮收入额为27 860亿元，增长9.7%，高于2013年增速9%的水平。从销售渠道来看，2014年全年网上零售额为27 898亿元，比2013年增长49.7%，电子商务销售渠道将成为未来中国消费增长的重要助推力量。

从2014年中国消费结构变化来看，改善型和享受型消费占比有所提高，消费表现出较强的升级趋势。在居民人均消费支出中，交通通信和医疗保健支出占比分别比2013年提高0.6个百分点和0.3个百分点。旅游消费增长较快，全年国内游客人次比2013年增长10.7%，国内居民出境游人次增长18.7%。

随着收入分配的不断优化，居民可支配收入提高是维持经济长期平稳增长的主要力量。2014年居民人均可支配收入比上年名义增长10.1%，扣除价格因素实际增长8.0%，比人均GDP增速高1.2个百分点。但由于当时中国宏观经济运行仍不乐观，居民未来收入增长预期与通货膨胀发展存在较大不确定性，未来消费可能仍将继续保持弱势平稳增长的势头。

（二）2014年中国消费变化的基本特征

1. 内需仍然不振，消费整体增速继续下降

从消费变动趋势来看，2014年中国商品零售增速持续下降，内需趋弱的迹象十分明显。图3-1显示，中国社会消费品零售总额的年度增速在2003—2009年间平稳增长，随后开始下降，在2009—2011年间降幅较大，2012年虽有所回升，但是随后又开始下降。2014年消费品零售总额的增速基本已经回到了2004年的水平。

图 3-1　中国社会消费品零售总额变动趋势

数据来源：Wind 资讯。

2. 除通讯器材类商品上升外，其余商品类别的零售增速均有所下降

中国国家统计局发布的统计公报显示，2014 年中国社会消费品零售总额为 262 394 亿元，在限额以上企业商品零售额中，粮油类零售额比上年增长 11.1%，服装类增长 10.9%，化妆品类增长 10.0%，金银珠宝类与上年持平，日用品类增长 11.6%，家用电器和音像器材类增长 9.1%，中西药品类增长 15.0%，文化办公用品类增长 11.6%，家具类增长 13.9%，通讯器材类增长 32.7%，石油及制品类增长 6.6%，建筑及装潢材料类增长 13.9%，汽车类增长 7.7%。2014 年全年中国网上零售额为 27 898 亿元，比上年增长 49.7%，其中限额以上单位网上零售

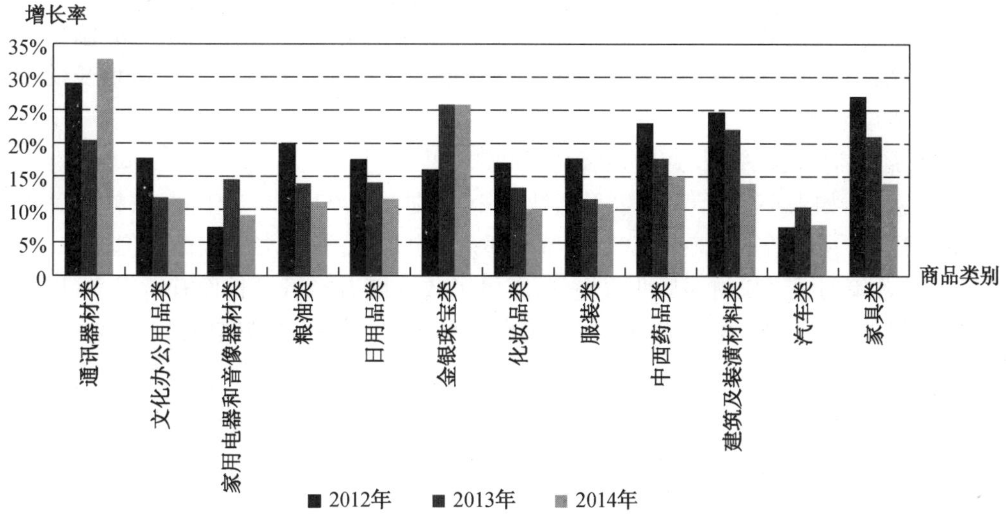

图 3-2　主要商品类别增长率变化情况

数据来源：中国国家统计局统计公报。

额为 4 400 亿元，增长 56.2％。

由图 3-2 中数据可以看到，2014 年中国限额以上企业商品零售额增长率中，只有通讯器材类商品的增速较高，超过了 2013 年和 2012 年的增速。其他各主要商品零售增长率均比 2013 年有所降低。有些商品零售增幅的下降程度比较大，例如，建筑及装潢材料类、家具类等，零售降幅超过了 7 个百分点。这可能与 2014 年中国房地产市场不景气有较大关系。

3. 消费支出对 GDP 增长的拉动率有所下降

表 3-1　**消费支出对 GDP 增长的贡献率和拉动程度**

指标名称 年份	GDP 增长贡献率：最终消费支出	对 GDP 增长的拉动：最终消费支出
2004	43.50％	4.40％
2005	56.00％	6.40％
2006	42.70％	5.40％
2007	46.10％	6.50％
2008	44.70％	4.30％
2009	57.70％	5.30％
2010	46.90％	5.00％
2011	62.70％	6.00％
2012	56.70％	4.40％
2013	48.20％	3.70％
2014	50.20％	3.70％

数据来源：Wind 资讯。

由表 3-1 统计数据可以看到，2014 年，中国消费支出对 GDP 增长的贡献率为 50.2％，比 2013 年略高，但是显著低于 2011 年和 2012 年。2014 年消费支出拉动中国 GDP 增长 3.7 个百分点，这一数据与 2013 年持平，但是低于以往年份。这说明消费对中国经济增长的带动作用仍需进一步增强。

4. 农村居民消费水平增长速度显著高于城镇居民

图 3-3 显示，如果 1978 年消费水平指数为 100，则在 2000—2003 年间，农村居民消费水平高于城镇居民，在随后的 2004—2010 年间，都是城镇居民消费水平较高。但是在 2011 年后，随着政府政策向提高农村居民收入倾斜，农民工收入随着经济增长而有所提高，以及农村基础设施建设的不断完善，中国农村居民的消费水平指数开始超过城镇居民，且这一差距有不断扩大的趋势。

二、风险因素识别

（一）影响消费变动的主要因素

1. 收入水平变化始终是影响居民消费支出的基本因素

收入是居民消费支出的前提与基础。居民收入上升，加之收入分配趋向公平化，将有助于

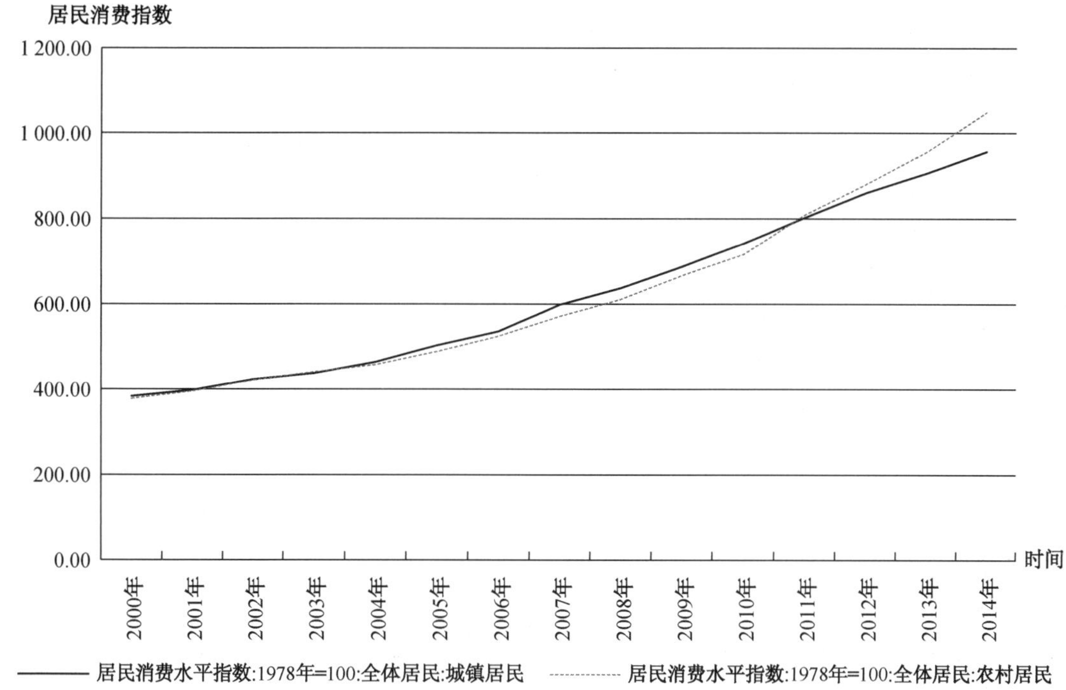

图 3-3　居民消费水平变动情况

数据来源：Wind 资讯。

提升消费率，也有助于宏观消费的平稳增长。卢建新(2015)利用中国家庭金融调查数据分析了我国农村家庭收入、金融资产、住房和非住房资产对消费的影响及其差异性。结果表明：首先收入是影响农村家庭消费的最主要因素，其次是金融资产、住房资产和非住房资产，但非住房资产对消费有显著的负向影响。无风险金融资产、风险金融资产和社保金融资产对农村家庭消费有显著的正向影响。住户年龄特征、家庭所处地区以及家庭收入高低对农村家庭消费的差异性有一定解释力。杨洋(2015)使用趋势周期分解模型的实证研究也表明：收入增加是导致消费需求膨胀的重要原因。为了拉动我国消费需求，最重要的是要提高我国居民的实际可支配收入，并加强社会保障体系的建设。

然而，近年来，我国居民收入增速有下降趋势，尤其是城镇居民可支配收入，自 2013 年年末以来降幅明显，这对未来消费增长来说是不利因素。

图 3-4 显示了 2006 年第二季度至 2014 年第四季度期间农村居民和城镇居民收入累计同比增长状况。从其变动趋势上可以看出，在 2008—2010 年间，居民收入增速显著下降，虽然随后有所增长，但是从 2012 年以来，累计收入增速又出现下降趋势。

除了收入水平增长，收入差距也是影响消费的重要因素。李广泳和张世晴(2015)分析了中国城乡收入差距、行业收入差距以及区域收入差距对居民消费率的影响。结果表明：中东部城乡收入差距和行业收入差距对居民消费率有显著的负向影响，西部地区该两项因素对居民消费率影响为正向。分时期来看，1994 年之前城乡收入差距和区域收入差距对居民消费率有负向影响，而 1994 年之后，城乡收入差距对居民消费率的影响为正向，区域收入差距对居民消

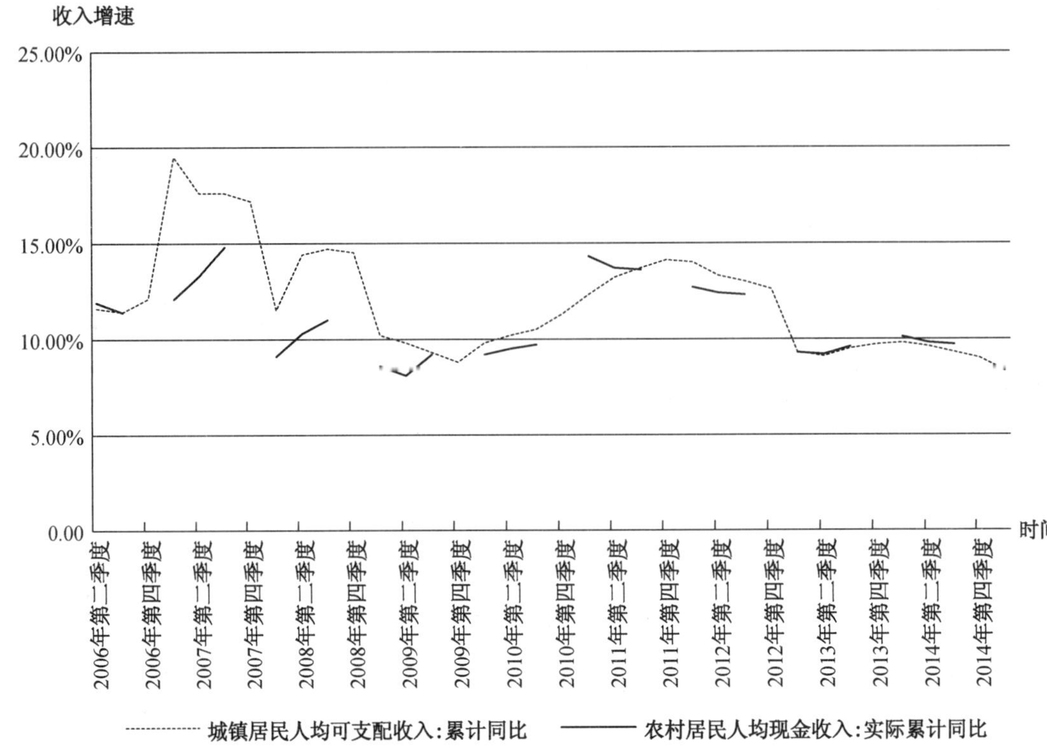

图 3-4 城镇居民和农村居民收入增速

数据来源:Wind 资讯。

费率的影响为负向。

2. 城镇化进程将是影响中国消费增长的长期因素

当前,中国的城镇化进程正在经历着深刻的变化。农民工群体已经成为缩小城乡差距、影响经济结构的重要力量。在身份转变的过程中,中国广大农村地区居民的消费习惯、消费需求构成将向城镇居民看齐,在总量消费增长的前提下,消费结构也将发生变化,这会影响中国整体消费的增长速度与结构调整进程。肖忠意(2015)分析了城镇化进程与金融深化对农村居民消费及结构的影响和作用。研究表明:城镇化水平与农村金融深化对农村居民消费增长呈正相关关系,但是其影响作用存在一定滞后性。

从图 3-5 城乡居民消费水平对比可以看到,1993—2010 年间,城镇居民消费水平基本都在农村居民的 3.5 倍上下,这表明在此期间城乡消费差距很大。自 2011 年起,城乡居民消费水平的差距逐渐下降,消费重新出现平均化趋势。

3. 居民支出结构的变化会影响消费结构的调整

图 3-6 表明,在 2000—2013 年间,中国城镇居民家庭的恩格尔系数由 39.4 下降到 35,而农村居民家庭的恩格尔系数则由 49.1 下降到 37.7。恩格尔系数的显著下降,表明中国居民消费的构成发生显著变化。这一点在农村居民群体上体现得更加明显,其恩格尔系数下降幅度达到了 23.2%。在居民消费结构发生变化的过程中,需要供给方不断提供有效供给,才能满足居民对更高质量、更高层次商品及劳务的需求。

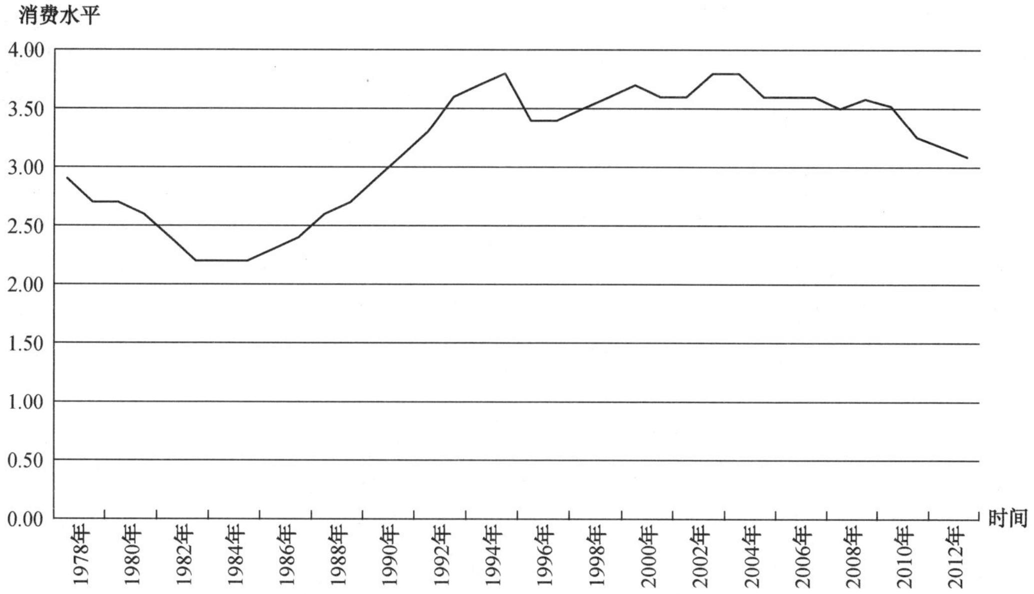

图 3-5 城乡居民消费水平对比

数据来源:Wind 资讯。

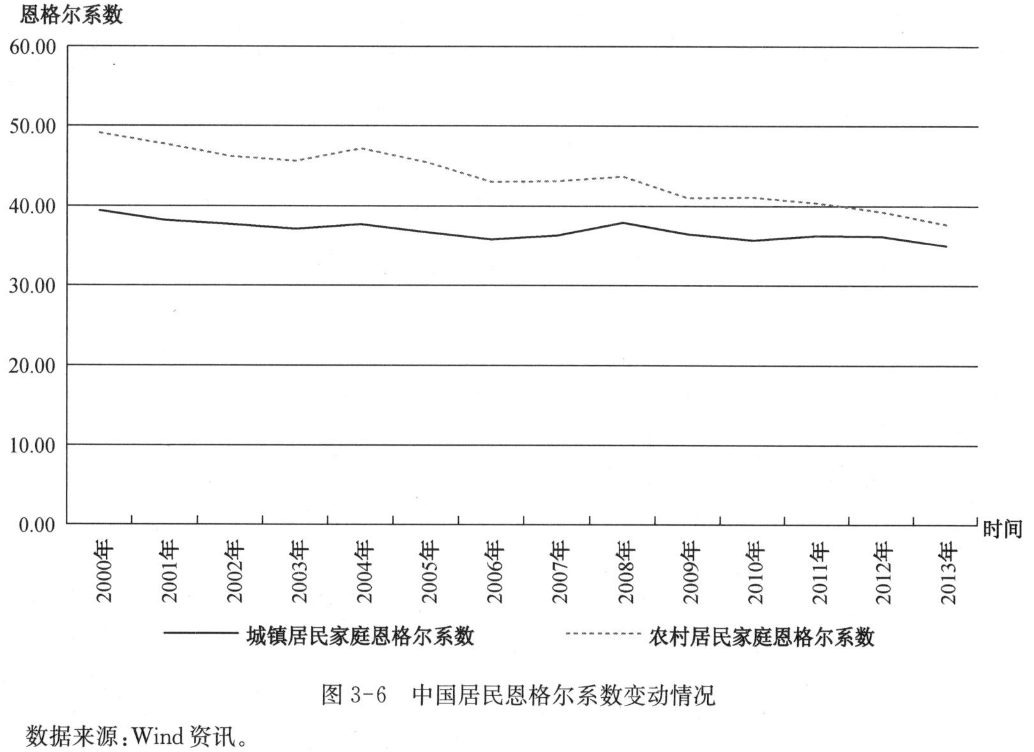

图 3-6 中国居民恩格尔系数变动情况

数据来源:Wind 资讯。

4. 宏观经济政策的变动也会对家庭消费支出产生显著影响

自从 2008 年美国金融危机爆发引起全球金融海啸以来,各国都在使用扩张性财政货币政策促进经济恢复增长。中国宏观经济运行也开始进入中低速增长的新常态。自从 2014 年下半年以来，中央银行持续使用扩张性货币政策放松银根。根据学术界的研究，此类政策也会通过多种途径影响居民消费支出。徐小君(2015)在动态一般均衡框架内构建了企业的营运资本模型，货币扩张通过银行向企业提供的营运资本信贷影响整体经济。其分析框架指出：如果家庭支出中只有消费受到流动性约束，货币扩张对消费支出产生负向效应。而如果家庭的消费和投资支出都受到流动性约束，并且投资存在实际摩擦，则货币扩张对消费产生正向效应。该文使用中国的季度数据进行了实证研究，结果表明，中国经济中的扩张性货币政策冲击促进了家庭的消费支出。王勇(2015)使用 DSGE 模型研究了利率变动对中国居民消费的影响。结果表明：利率下降会通过两种传导渠道提高居民消费，存贷款利率冲击对消费影响更显著，但拆借利率冲击的影响效应更持久。肖建华等人(2015)实证分析了中国社会性基本公共服务财政支出对居民消费的影响。结果发现，2007—2012 年间，中国社会性基本公共服务财政支出构成中，教育支出对农村居民消费有一定的挤入效应，社会保障和就业支出对居民消费有一定的挤出效应，医疗卫生支出对居民消费具有一定的挤入效应。

（二）影响消费波动的其他因素

1. 人口结构变化会对中国消费结构及消费增长产生深远影响

随着中国逐步进入老龄化社会，老年人消费逐步下降，其消费构成也会发生变化，这会显著影响整个社会的消费倾向与消费需求。而且，老年人通常已经形成了较为固定的消费习惯，不会轻易改变其消费行为。这在某种程度上会影响中国的整体消费结构高级化进程。张艳(2015)通过分析消费心理和参照群体对老龄消费者行为的影响，辨明了老龄文化产业存在的问题，并提出了促进中国老龄文化产业发展的对策。张冲等人(2015)则分析了中国农村人口老龄化加剧对居民医疗保健消费的影响。结果表明：农村老年抚养比和老年人口比重均对医疗保健消费存在正向的显著影响，这说明当前农村人口老龄化推动了农村居民医疗保健消费的提升。于洋等人(2015)的研究则发现：农村人口老年抚养比和少儿抚养比对农村居民消费均具有显著影响，少儿抚养比的下降促使农村居民消费提升，老年抚养比的上升则抑制了农村居民的消费。

2. 财政及税收政策会影响消费及经济增长，但是存在结构性差异

通常所说的财政税收政策其实包含了很多不同的政策实施方式，同样的扩张性财政政策，对居民消费的影响效应可能存在差异。比如，王玉凤和刘树林(2015)将财政支出分为生产性财政支出和消费性财政支出，分别纳入生产函数和居民消费函数，然后分别建立不考虑消费习惯和考虑消费习惯的动态随机一般均衡模型。分析结果表明：财政支出对居民消费的总效应取决于两类财政支出冲击作用的相对大小。若生产性财政支出冲击的强度大于消费性财政支出，则财政支出挤入居民消费；反之，则挤出居民消费。类似的，“中国季度宏观经济模型(CQMM)”课题组(2015)模拟了调整直接税与间接税比例的宏观经济效应，结果显示：调整税制结构，尤其是在降低间接税比重的同时，降低国民经济总税负，将有力地促进中国投资，扩大消费，提高经济增长率。课题组认为：2015 年应当把总量减税作为财政体制改革的一个重要选项，强调税种之间的有增有减，主动下调间接税，加快“营改增”，完善消费税制度。刘建民等人(2015)使用分位数回归的实证研究发现：税收负担挤入居民消费水平，而税收不确定性则挤出居民消费水平。在中国低税收地区，商品税、所得税、财产税对居民消费水平具有正向的引致作用，在高税收地区则具有反向的抑制作用。杨宜勇和池振合(2015)也提出要通过逐步降低流转税在税收体系中的比重，提高收入税和财产税等税种的地位，形成更加合理的税收体系

来促进居民消费增长。

三、消费波动与经济增长风险:基于实证研究的分析

(一) 2015 年学术界关于消费研究的简单回顾

消费与经济增长之间的关系一直是学术界关注的重要主题。作为经济循环的最终环节,消费是全部生产活动的最终目的,也是维持经济社会良性运转必不可少的因素。学术界对消费的关注,比较多的是分析消费对经济增长的作用机制(如蔡德容、张鑫,2015);还有一些学者的分析着眼于各类宏观经济政策或其他因素对消费的潜在影响(如于文超、殷华,2015;肖忠意,2015;杨宜勇、池振合,2015;王勇,2015;于洋等人,2015),也有一些学者从微观层面分析消费者的行为(如卢建新,2015;李晓嘉、蒋承,2015),寻求改善消费环境的政策举措。

此外,李建伟(2015)模拟分析了中国经济增速周期波动及其动态均衡增长状态,结果表明:中国居民消费需求实际增速动态均衡值呈周期性下降趋势,而居民消费实际增速的短期波动是影响 GDP 增速短期波动走势最重要的需求因素。短期内居民收入增速的提高能够有效刺激居民消费增长,因而增加居民收入以刺激经济增长的短期调控政策是有效的。此外,改善居民保障、减少居民支出,即增加财政支出中的教科文卫支出等政策,均能有效地提升居民消费增速。蔡德容和张鑫(2015)基于中国 27 个省份 1978—2012 年这 35 年的面板数据,使用面板门限模型分析了中国最终消费率与经济增长率之间的非线性关系。研究表明:中国消费率与经济增长率之间存在单一门限效果,最终消费率与经济增长率之间呈现倒 V 形的关系。

上述只是 2015 年中国学者关于消费与经济增长或其他因素之间相关关系的部分研究回顾。由于各相关研究的主要内容已经在其他部分做了介绍,因此本部分只是做一下简要梳理总结。本部分将使用中国消费波动与经济增长数据,分析消费的波动变化与经济增长波动变化之间的相互影响关系。

(二) 数据处理

本部分将使用协整分析方法,实证研究消费增速与经济增长率之间的量化关系。考虑到外贸波动和投资波动同时会影响经济增长波动,因此,在实证分析时也添加了上述两个变量的影响。

本部分使用的分析数据是基于 1995—2014 年的季度数据。具体而言,选取上述数据期间各季度 GDP 同比增长率来衡量经济增长。由于最终消费支出的数据只有年度值,为此,使用二次平滑但均值相同的插值方法,获得相应年份的季度数值。对于投资波动,使用的是月度固定资产投资完成额同比增长率,计算季度平均值来代替季度值。由于外贸进出口均会对经济增长产生影响,因此,在实证分析时外贸波动使用的是月度进出口总额同比增长数据的季度平均值。

上述所有数据均来自 Wind 数据库。在实证研究时,消费增速以 RC 表示,投资增速以 RI 表示,外贸增速变量以 RF 表示,经济增长率以 RGDP 表示。

(三) 实证分析

经济研究中使用的时间序列多数都是非平稳序列,对于一阶单整的时间序列,可以采用 Johansen 的向量误差修正模型分析框架进行协整检验。向量误差修正模型是包含协整约束条件的向量自回归模型,是应用于具有协整关系的非平稳时间序列建模。首先,我们进行向量误差修正模型的特征值轨迹检验,以确定各变量之间是否存在协整关系及存在几种关系,如果有,则进一步确认这种长期均衡关系的形式。

1. 变量的平稳性检验及协整检验

1) 变量的平稳性检验

应用传统回归分析方法对各经济变量的关系进行估计与检验的前提条件是各变量必须具有平稳的特征，否则容易产生伪回归现象。由于现实中各经济变量时间序列可能具有非平稳性。因此，首先应对各变量进行单位根平稳性检验，如果变量是非平稳的，那么就采用协整检验分析各变量之间的关系。

我们首先通过单位根检验确定上述变量的单整阶数（见表 3-2）。为确保结果的正确性，对每个变量序列我们都使用 ADF 和 PP 两种检验确定其稳定性和单整阶数，在滞后期数的选择上，参照赤池信息准则 AIC(Akaike Info Criterion)和施瓦茨准则 SC(Schwarz Criterion)。

表 3-2 **变量单位根检验结果**

变量	*ADF* 统计量	检验方程形式	临界值 1%	临界值 5%	*AIC*	*SC*
RC	−2.868 885	(*C*, 0, 5)	−3.521 579	−2.901 217	1.232 589	1.450 541
RF	−4.196 585	(*C*, 0, 0)	−3.515 536	−2.898 623	7.596 215	7.656 201
RI	−5.604 653	(*C*, 0, 0)	−3.515 536	−2.898 623	5.666 52	5.726 506
*RGDP**	−2.566 927	(*C*, 0, 0)	−3.515 536	−2.898 623	2.947 048	3.007 034

注：检验方程形式(*C*, *T*, *d*)中 *C* 表明检验方程带有常数项，*T* 表明带趋势项，*d* 为滞后期数。选择标准是 *AIC* 和 *SC* 准则。计量软件为 *EViews*6.0。

*：*RC* 单位根检验结果中 10%的临界值是−2.587 981。*RGDP* 单位根检验 10%的临界值是−2.586 605，对应概率值是 0.104 2。

从检验结果可知，上述数据序列的水平值基本可在 10%的显著性水平上认为都是平稳序列。

2) 协整检验

这一部分我们在前文关于变量的平稳性检验的基础上，使用 Johansen 方法对变量进行协整分析。通过建立迹统计量和最大特征值似然比统计量来确定各变量之间的协整关系。在确定 VAR 协整检验的滞后阶数时，我们进行了滞后长度判别检验(Lag Length Criteria)，同时考虑到有效估计的残差应该具有正态分布特征，结合以上这些因素我们确定 VAR 模型的滞后期数为 2。

选取带截距项、无趋势项的检验模型对上述两变量进行协整检验。协整关系检验的结果如表 3-3 所示。

表 3-3 **协整关系检验结果**

原假设 协整方程数目	迹统计量 (*Trace Statistic*)	迹统计临界值 5%	迹统计临界值 *p*-值	最大特征值 (*MaxEigen*)	最大特征值统计临界值 5%	最大特征值统计临界值 *p*-值
没有	66.900 78	47.856 13	0.000 3	28.790 19	27.584 34	0.034 9
至多 1 个	38.110 59	29.797 07	0.004 4	20.060 78	21.131 62	0.07
至多 2 个	18.049 81	15.494 71	0.020 2	13.260 02	14.264 6	0.071 6
至多 3 个	4.789 784	3.841 466	0.028 6	4.789 784	3.841 466	0.028 6

注：*p*-值是 *MacKinnon-Haug-Michelis* (1999) *p-values*。

可以看到，最大特征值检验表明，在 5%的显著性水平上，上述各变量之间存在 1 个协整方程。

正规化后的协整方程系数如表 3-4 所示。

表 3-4　　正规化后的协整方程系数

RGDP	*RC*	*RI*	*RF*
1	3.387 72	1.429 42	−0.687 748
	(−1.244 09)	(−0.453 17)	(−0.165 28)

注：括号为相应系数变量的标准误差。

协整检验结果表明：从长期关系上来看，投资增速和消费增长对经济增长率具有正向的影响作用，这与我们在现实中看到的宏观调控政策措施也是吻合的。在 2008 年我国受到金融危机冲击后，政府迅速实施扩张性财政政策增加投资，有效稳定了经济增长，止住了经济下滑趋势，而同期更加注重内需、改善民生的一系列政策，也从消费角度为经济企稳提供了支撑。

2. 向量误差修正模型(VECM)的分析

1) VECM 实证模型框架

基于 VECM 方法的实证检验可以分析各变量之间的相互影响，还可以通过冲击的 Cholesky 分解识别特定的"结构化"冲击对系统变量的影响。

基于以上分析，我们确定差分形式的向量误差修正模型方程如下：

$$drgdp_t=\sum_{i=1}^{k-1}\alpha_{1i}drgdp_{t-i}+\sum_{i=1}^{k-1}\alpha_{2i}drc_{t-i}+\sum_{i=1}^{k-1}\alpha_{3i}drf_{t-i}+\sum_{i=1}^{k-1}\alpha_{4i}dri_{t-i}+\delta VECM_{t-1}+\varepsilon_t$$

$$drc_t=\sum_{i=1}^{k-1}\alpha_{1i}drgdp_{t-i}+\sum_{i=1}^{k-1}\alpha_{2i}drc_{t-i}+\sum_{i=1}^{k-1}\alpha_{3i}drf_{t-i}+\sum_{i=1}^{k-1}\alpha_{4i}dri_{t-i}+\varphi VECM_{t-1}+\upsilon_t$$

$$drf_t=\sum_{i=1}^{k-1}\alpha_{1i}drgdp_{t-i}+\sum_{i=1}^{k-1}\alpha_{2i}drc_{t-i}+\sum_{i=1}^{k-1}\alpha_{3i}drf_{t-i}+\sum_{i=1}^{k-1}\alpha_{4i}dri_{t-i}+\rho VECM_{t-1}+\zeta_t$$

$$dri_t=\sum_{i=1}^{k-1}\alpha_{1i}drgdp_{t-i}+\sum_{i=1}^{k-1}\alpha_{2i}drc_{t-i}+\sum_{i=1}^{k-1}\alpha_{3i}drf_{t-i}+\sum_{i=1}^{k-1}\alpha_{4i}dri_{t-i}+\tau VECM_{t-1}+\mu_i$$

其中 VECM 为误差修正项，其系数用来反映相应变量对其长期稳定关系的偏离及调整程度。VECM 模型的滞后期选择是参考调整后的可决系数($\overline{R}^2$)、AIC 和 SC 等标准，此外，我们还对误差修正模型的残差进行了 Jarque-Bera 正态性检验，表明残差满足正态分布要求。序列相关 LM 检验和 ARCH LM 检验表明模型残差不存在自相关和 ARCH 效应。

2) 基于 VECM 的脉冲响应分析

基于 VAR 模型的脉冲响应函数(IRF，impulse response function)可用于度量来自随机扰动项的一个标准差冲击对各变量当前和将来取值的影响。它可以用来分析 VAR 模型中任意一个变量的扰动如何通过模型影响到其他变量，最终又反馈到自身的过程。如果模型中随机扰动项是相关的，它们将包含一个不与任何特定变量相联系的共同成分。通常，将共同成分的效应归属于 VAR 系统中第一个出现的变量。

VECM 是含有协整约束的 VAR 模型，一般多应用于具有协整关系的非平稳时间序列建模。此外，通常 VAR 模型的动态分析一般多采用"正交"脉冲响应函数实现，而正交化最常用的是 Cholesky 分解,但是这种分解的结果严格依赖于模型中变量的次序。这一部分我们使用一般化的脉冲响应分析(generalized impulse responses),该方法由 Koop,Pesaran 和 Potter(1996),Pesaran 和 Shin(1998)创建,其主要作用是对传统 VAR 方法脉冲响应分析时的正交化过程提供更加稳健的方案。一般化的脉冲响应分析的主要价值在于它不要求冲击的正交性,而且对变量的顺序安排无关,因而可以提供更加稳健的结论。

图 3-7 显示了我们定义的 VECM 模型的脉冲响应结果。考虑到这里主要关注的是消费与经济增长波动之间的关系,因此我们只给出了相关的结果。

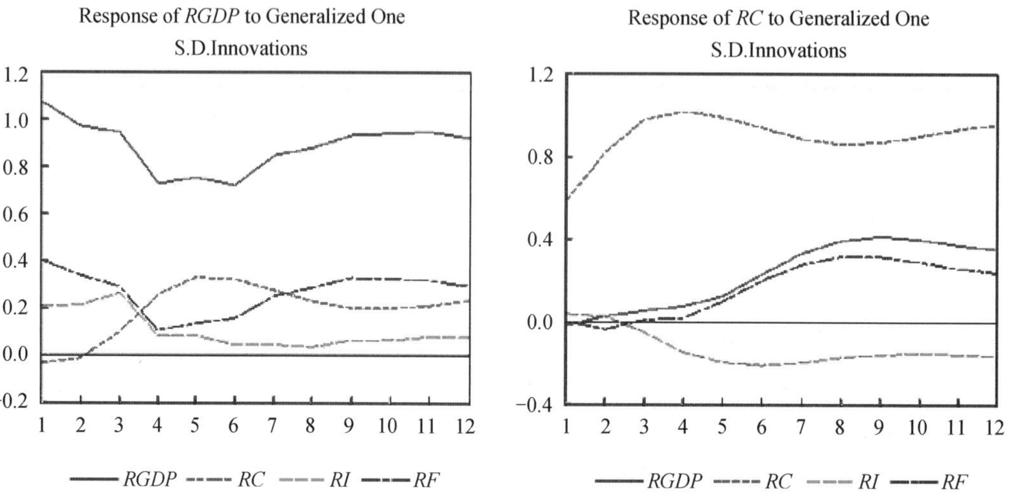

图 3-7 各变量对一个标准差随机冲击的响应

从图 3-7 中的结果可以看到,当在本期给消费增长率一个标准差的正向冲击后,其对 GDP 增长率的即期影响是负向的,但是在 2 期之后转为正向影响,在第 5 期达到最大值,约为 0.33,随后基本稳定在 0.2 的影响水平上。投资和外贸增速的正向冲击会对经济增长产生正向影响。其中,投资增长率正向冲击的即期影响约为 0.2,但持续时间较短,大约在 4 期之后就很小了。外贸增长率正向冲击对经济增长的即期影响大约为 0.4,随后下降,在第 4 期时达到最低点,然后又开始增加,大约在第 9 期达到最大值。

如果对经济增长、投资和外贸增长率施加一个单位标准差的冲击,在前 4 期,这些冲击对消费增长率的影响都不大。但是经济增长和外贸增长波动的长期影响为正向,而投资冲击对消费增长的长期影响为负向。因此,从长远来看,增加消费还是主要依靠经济增长来实现,而寻求促进宏观经济平稳增长的投资和消费政策存在此消彼长的权衡问题。

(四)实证研究结论

基于以上实证研究,我们基本可以认为,从长期来看,消费具有重要的促进经济增长的作用。使用协整分析得出的实证结果表明:消费增长对经济增长率的长期影响为正向,即消费增速上升时,其对经济增长率的影响是正向的。而且在我们选取的协整模型变量中,从绝对值来看,消费增速变量对经济增长率的影响系数最大。从协整分析结果可以看到,消费增速上升 1%,可引起经济增长率上升约 3.39%。基于脉冲响应的分析表明:虽然当各变量增长率发生正向冲击后,短期内消费波动对经济增长率波动的影响为负向,但是其在 4 个季度内就迅速转为正向影响,且影响程度会超过投资和外贸的作用。这一结果表明:长期内必须将提升消费增长速度作为稳定经济增长、降低宏观经济波动风险的重要目标。

四、风险度量

(一) 风险度量方法

按照本研究一直使用的方法,对历年社会消费品零售总额使用当年 CPI 进行调整得到实际值,根据实际值计算其当年实际增长率,再以各年实际消费增长率对均值的偏差绝对值作为当年消费风险等级划分的基数。分级方法显示在表 3-5 当中。

表 3-5 消费增长风险评级

绝对值偏离程度	风险级别	风险评级
≤2%	1	无风险
≤5%	2	低风险
≤8%	3	中等风险
>8%	4	高风险

2014 年,社会消费品零售总额的实际增长率比 2013 年下降 0.6 个百分点,近 3 年都保持下降趋势;2014 年名义增幅下降 1.1 个百分点,消费品零售总额增长率继续走弱,持续出现对长期趋势的负向偏离。在宏观经济运行不振的影响下,消费增长明显乏力。消费风险维持在级别为 2 级的低风险区间内。

对于宏观经济增长风险,仍然按照已有方法进行 4 个等级的划分。进入 2015 年,世界经济继续保持了小幅复苏的迹象,美国经济相对较好,但是欧盟和日本经济复苏乏力,全球经济活动有所增强。但是,由于受内外宏观经济环境的影响,中国宏观经济增长逐步进入新常态下的中低增速区间,经济增速明显减缓。根据宏观经济增长风险评级规则,2015 年宏观经济增长风险评级与 2014 年持平,维持在级别为 2 的低风险等级,但是未来经济增速进一步减缓的可能性非常大,宏观经济运行的风险将会有所增加。

(二) 2015 年消费波动风险评级

进入 2015 年,影响中国消费增长的主要有以下因素。

(1) 宏观经济运行态势。自从 2010 年以来,中国宏观经济运行呈现明显的下行趋势,经济运行进入新常态通道。中低速增长的宏观经济必然会从各个方面影响居民消费需求,因而 2015 年消费整体增长率不高。

(2) 居民对未来收入增长的预期。2015 年前两个季度中国宏观经济运行结果显示:主要的宏观经济指标尚未有好转的迹象,就业形势依然严峻,居民对未来收入的预期不会非常乐观,这是影响消费支出的重要影响因素。

(3) 价格变化趋势。自 2014 年以来,中国通货膨胀水平持续下降,CPI 涨幅明显回落,宏观经济运行似乎已经进入通货紧缩的通道。PPI 也持续在负增长区间运行。如果价格走势继续这一趋势,则未来企业生产积极性将进一步下降。受到要素价格上涨、产品价格下降双重挤压的企业会出现经营困境,在宏观层面将影响就业增长及居民收入增长,最终会对消费增长产生显著的负面影响。

(4) 宏观政策的影响。自从 2014 年 11 月以来,中央银行不断利用宽松货币政策工具,以期能够有效释放流动性，为企业融资减负，增强企业投资信心。但是从 2015 年上半年宏观经济运行情况来看，在 2015 年年末宏观经济企稳的困难还是比较大的。除了货币政策以外，需要更加有效的财政政策加以配合才能够有效地激发市场活力，促进居民消费需求增长。

(5) 中国居民的消费已经进入结构转型的重要阶段。这主要表现在：随着前期经济增长累积的收入效应不断显现，当前居民消费结构调整效应较为明显，居民对于休闲型、改善型的商品及服务消费需求表现出较为显著的上升。此外，居民消费模式也发生了较大的变化。统计数据显示，传统消费模式正在受到新兴模式的替代与冲击。2015 年 1～4 月份，中国网上商品零售额同比增长 40.3%，高于社会消费品零售总额增速 29.9 个百分点。居民消费的结构也显示出调整的迹象。2015 年 4 月份，限额以上单位体育与娱乐用品类同比增长 14.9%，增速比上月提高 6.5 个百分点；通讯器材类增速虽比上月略有回落，但仍保持 30%以上的较高增速；书报杂志类增长 11.6%，增速比上月提高 0.5 个百分点。

中国改革开放进入攻坚期，上述各因素发展呈现分化特征。随着政府不断推进保障民生的政策，未来居民收入能够保持稳步增长；2015 年总体价格涨幅一直保持低位，而且未来一段时间并不存在显著的价格上涨压力。这两项国内因素对于促进总体消费增长具有正面效应。从外部影响因素来看，近期美国经济持续维持弱势复苏态势，日本和欧洲开始实行各自的量化宽松政策，未来的经济运行状况应该会有所改善，这对改善国内居民的经济预期会有较大帮助。

经过前期 30 多年的高速增长，中国宏观经济将进入中低速增长的轨道。如何有效提升居民对经济稳定增长的信心，仍是未来一段时间影响消费增长的主要因素。2015 年中国整体消费增长的幅度在 10.5%左右，消费风险为 2 级，继续维持在低风险区间。在投资增速不断下滑、通货紧缩风险不断增加的宏观经济形势下，中国消费增速继续放缓的风险仍然存在。

五、风险管理

(一) 继续增加居民收入增速，使居民真正获得经济增长带来的益处

在任何时间段，收入水平始终是决定居民消费支出决策的根本因素。如果要有效提升居民的消费支出与消费能力，根本上还是要提高居民收入。我们认为，在制定提高居民收入的各类政策时，特别要考虑到提高低收入者与农村居民的收入水平在促进消费增长上的作用。农村居民与低收入者往往具有较高的边际消费倾向，而且其消费支出会随着收入的提升产生结构变动的影响。李晓嘉和蒋承(2015)采用中国 2010 年和 2012 年家庭动态跟踪调查的微观数据，考察城镇家庭消费行为的影响因素。研究发现：持久性收入对家庭消费正效应要大于暂时性收入和家庭资产，不确定性收入对家庭的消费具有显著的负向效应。参加医疗保险和失业保险对家庭消费具有正向效应，而现阶段参加养老保险对家庭消费却有显著的负向效应。此外，研究还发现：中国中低消费家庭的消费支出对于收入变动的敏感程度高于高消费家庭，不确定性收入对低消费家庭的消费支出的负向效应要大于中高消费家庭。医疗保险对中高消费家庭的消费支出的正效应要大于低消费家庭，而失业保险则正好相反。养老保险对中国中高消费城镇家庭的消费支出负向效应要高于低消费家庭。杨勇(2015)的研究认为，城镇居民的收入与消费之间存在着动态均衡机制的内部关系，城镇居民的前期收入将直接影响到当期或者后期的消费水平，且后期消费对当期消费在一定程度上产生正向影响。张屹山等人(2015)

认为，中国居民消费率低的主要原因是储蓄率高以及财产性收入较低。为提高中国居民财产性收入并扩大消费需求，需要在增加居民财富积累的同时，让居民拥有多元化的投资与金融理财工具，优化风险性金融资产供给结构，为居民持有的金融资产提供稳定收益率。因此，除了改善消费环境、提高农村居民整体收入水平以外，提高城镇低收入者的收入水平，通过转移支付、农民工市民化、提高社会保障程度、拓展居民投资渠道以增加财产性收入等方式，结合城镇化进程，缩小城乡收入差距，有效提升居民收入水平，是促进消费增长的根本动力。

（二）进一步改善消费环境，增强居民消费信心

居民消费支出与消费信心的强弱还与消费环境密切相关。近年来，在居民日常消费领域，商家违规的现象屡禁不止，严重影响了居民的消费信心。另外，政策层面还要关注通过供给调整，为不同类别的居民提供相应的消费商品和劳务。例如，对于东部发达省份，要重点鼓励文化消费、低碳消费、旅游休闲、医疗保健消费等高层次的商品与劳务供给，对于中西部地区，尤其是农村地区，则主要应促进与农业生产性消费有关的商品及劳务供给，改善消费环境，增强居民消费信心。毛军和王蓓(2015)的研究发现：不同财政功能的地方政府支出对居民消费具有不同的影响效应。中国地方政府的民生性支出对居民消费具有挤入效应，因此，应该加大地方政府支出的力度并优化支出结构，减少投资性经济建设支出和消费性公共服务支出，增加民生公共事业投入力度，让地方政府投资能够强化和提升其自身公共产品和公共服务的能力，逐步实现经济增长方式从依靠外需向依靠刺激国内消费和内需升级的转变。另外，消费金融也是影响消费增长的重要因素。黄倩和尹志超(2015)研究了信贷约束对家庭消费行为的影响。结果发现：信贷约束阻碍了家庭消费，使中国家庭的实际消费低于理论上的最优消费水平。而家庭总资产、总收入、家庭规模、学历、房产数量对家庭消费有显著的正向影响。因此，他们的研究认为，改善金融环境和提高家庭可支配收入是促进家庭消费的重要措施。

（三）适度采取鼓励消费的政策，维持消费平稳增长

消费平稳增长是促进经济持续增长的重要动力，在制定消费激励政策时，需要关注当前消费与将来消费的平衡。如果过度透支当前消费，则一旦取消激励政策，其后果可能是消费增速的补偿性下降。例如，于文超和殷华(2015)的研究表明：家电下乡政策使试点省份山东、河南两省农村居民人均消费支出增长率分别提高了2.21%和3.41%。但是经过进一步分析发现，这种促进效应源于农村居民提前购买了家电产品，当前消费的增加只是未来总消费提前的结果，长期而言，家电下乡未必能提高总消费。这表明，在制定消费激励政策时，着眼点应该是激发居民的主动消费需求，而不是将未来的消费提前。在当前宏观经济不振，居民对未来经济增长和收入增长信心不足的情况下，一方面要通过收入提升政策来增加居民收入，另一方面是使用产业政策应对居民不断调整升级的消费需求，同时还要关注城镇和农村居民存在的差异化消费，在制定政策时要给予适当的差别化对待。

（四）继续完善社会保障体系，引导居民转变消费理念

除了增加居民收入为消费提供动力之外，结合中国人口老龄化趋势，需要继续完善社会保障体系。例如，推动医疗卫生事业的统筹发展、为老年人提供更加完善的医疗服务、继续增加老年常见病的防治投入、改善老年人的医疗条件、提高医疗补助水平等。谢邦昌和韩静舒(2015)的研究表明：医保政策对于居民消费具有促进作用，医保带动农村消费的同时也加重了农村家庭医疗支出负担，而且，医保对于农村低收入家庭的消费支出正向影响显著且大于城镇低收入家庭。

（五）改善供给结构，着力解决有效需求供给不足的问题

经过改革开放30多年的快速发展，在前期积累的社会保障水平、居民收入增长的基础上，目前中国居民在消费方面正在进入结构转换的调整期。然而，受以往过度依靠投资、外贸出口拉动经济增长思维的影响，供给方对国内需求的满足程度并不高。尽管当前整体上来看中国存在突出的供给过剩现象，但是过剩产品的主体是中间投入品，而非最终产品。这一点可以从近期持续在负增长区间运行的PPI指数上反映出来。当前，居民对消费品的需求正在转向服务型、改善型、享受型，而相应的商品及劳务供给却跟不上，这也是制约消费增长的重要因素。因此，未来政策层面需要结合现有过剩产能的结构调整进程，在“大众创业、万众创新”战略的引导下，着重解决居民有效需求的供给不足问题，通过管理体制创新、运行机制创新，增加政府在公共产品上的供给，同时鼓励那些能够满足消费者多样化需求的创新活动，真正激发出市场活力，使需求成为推动经济平稳增长的持久动力。

参考文献

[1] 蔡德容，张鑫．基于面板门限模型的最终消费率与经济增长关系的实证研究[J]．消费经济，2015(2).

[2] 黄倩，尹志超．信贷约束对家庭消费的影响——基于中国家庭金融调查数据的实证分析[J]．云南财经大学学报，2015(2).

[3] 李广泳，张世晴．人均收入差距对居民消费率的影响研究——基于我国省际动态面板数据和EG两步法的实证分析[J]．上海经济研究，2015(2).

[4] 李建伟．我国经济增速周期性波动与趋势判断[J]．改革，2015(4).

[5] 李晓嘉，蒋承．生命周期视角下的城镇居民消费行为——基于全国微观数据的实证分析[J]．浙江社会科学，2015(2).

[6] 刘建民，毛军，王蓓．税收政策影响居民消费水平的区域效应研究——基于省级面板数据的分位数回归分析[J]．财经理论与实践，2015(3).

[7] 卢建新．农村家庭资产与消费：来自微观调查数据的证据[J]．农业技术经济，2015(1).

[8] 毛军，王蓓．我国地方政府支出影响居民消费：正向传导还是反向倒逼[J]．财政研究，2015(2).

[9] 王玉凤，刘树林．财政支出结构对居民消费的动态影响——基于DSGE的实证分析[J]．系统工程理论与实践，2015(2).

[10] 王勇．利率变动对我国居民消费的影响——基于DSGE模型的研究[J]．消费经济，2015(4).

[11] 肖建华，黄蕾，肖文军．社会性基本公共服务财政支出与居民消费关系的实证分析——基于2007—2012年省级面板数据[J]．财政理论与实践，2015(3).

[12] 肖忠意．城镇化、农村金融深化对农村居民消费及结构的影响[J]．统计与决策，2015(6).

[13] 谢邦昌，韩静舒．社会基本医疗保险对家庭消费的影响[J]．商业经济与管理，2015(5).

[14] 徐小君. 货币扩张、投资约束与家庭消费:理论模型与中国经验[J]. 经济评论,2015(3).

[15] 杨洋. 我国经济增长和三大需求的共同周期变化[J]. 中国经济问题,2015(1).

[16] 杨勇. 我国城镇化背景下居民收入差距对消费的影响研究——基于动态面板数据模型的估计[J]. 天津大学学报(社会科学版),2015(3).

[17] 杨宜勇,池振合. 充分发挥税收对居民消费的促进作用[J]. 税务研究,2015(3).

[18] 于文超,殷华. 财政补贴对农村居民消费的影响研究——基于"家电下乡"政策的反事实分析[J]. 农业技术经济,2015(3).

[19] 于洋,钱强,王雅彤. 人口老龄化对农村居民消费的影响研究[J]. 消费经济,2015(4).

[20] 张冲,王学义,孙炜红. 农村人口老龄化对居民医疗保健消费的影响——基于中国2002—2012年的省级面板数据[J]. 财经论丛,2015(1).

[21] "中国季度宏观经济模型(CQMM)"课题组. 2015—2016年中国宏观经济预测与分析[J]. 厦门大学学报(哲学社会科学版),2015(3).

[22] 张屹山,华淑蕊,赵文胜. 中国居民家庭收入结构、金融资产配置与消费[J]. 华东经济管理,2015(3).

[23] 张艳. 老龄消费趋势与老龄文化产业发展研究[J]. 财经问题研究,2015(4).

第四章　对外贸易与经济增长风险

一、绪论

(一) 2014年中国外贸发展的总体情况

在全球经济复苏动力不足和国内经济增速趋于放缓的总体背景下，中国政府及时出台了促进外贸稳定发展的政策措施，力保外贸增速企稳回升和质量效益提高。中国的对外贸易增速在2013年实现小幅反弹之后，2014年再度显现下滑态势，全年进出口贸易总值为43 030.4亿美元，较2013年增长3.5%，增速回落4个百分点(见图4-1)。据商务部统计，在剔除2013年套利贸易垫高基数因素后，全国进出口同比实际增长6.1%，虽然与政府工作报告中7.5%的目标增速还存在一定的差距，但明显高于全球货物贸易2%的增速，第一货物贸易大国的地位进一步巩固。面对全球贸易持续低迷的大环境，中国外贸能有如此表现也算是难能可贵了。世界贸易组织(WTO)的报告显示，2014年中国货物贸易出口占全球份额的12.4%左右，较2013年提高0.7个百分点，出口竞争优势进一步强化。

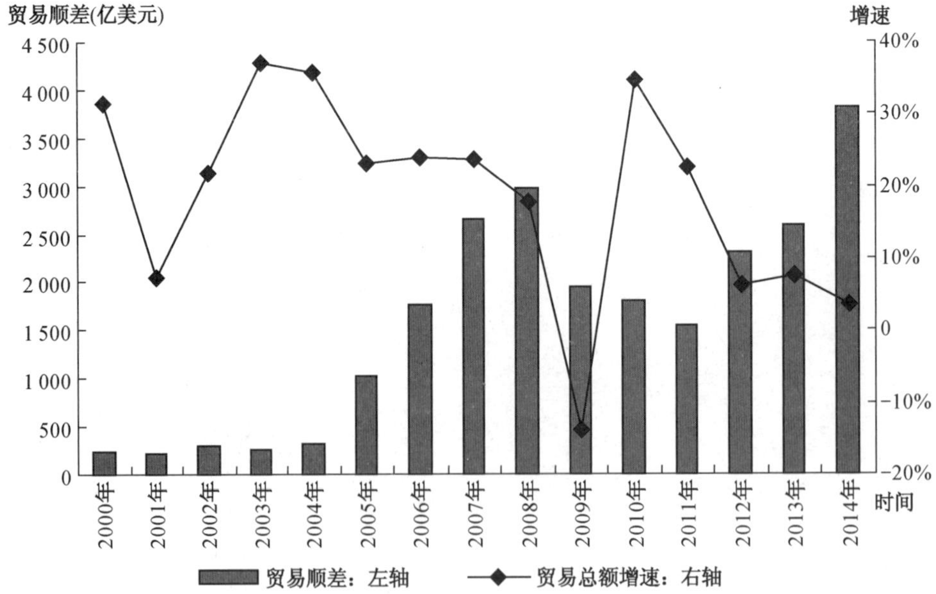

图4-1　2000年以来中国的对外贸易增速与贸易顺差

为帮助外贸企业抵御外需下降、成本上升的不利形势，中国政府及时出台支持外贸稳定增长的政策措施，着力优化外贸结构，改善贸易环境，增强企业竞争力，推动了进出口增速逐步企稳回升、质量效益进一步提高。2014年出口值为23 427.5亿美元，同比增长6.1%，增速较上年回落1.7个百分点。尽管政策导向致力于扩大进口，但受到国内经济减速的限制,进口贸易增速出现较大幅度的下降。2014 年进口值为 19 602.9 亿美元,同比微增 0.5%,较上年下滑了 6.7 个百分点。进出口增速的剪刀差明显放大,导致贸易顺差大幅上升。2014 年贸易顺差为 3 824.6 亿美元,同比扩大 47.6%,贸易顺差与进出口总值的比例出现小幅反弹,从 2013 年的 6.2%上升至 2014 年的 8.9%,这也充分说明外贸"促平衡"依然任重而道远。

(二) 2014 年中国外贸发展的主要特点

1. 对外贸易起落较大,月度增速呈现"W"形走势

如图 4-2 所示,2014 年第一季度,受国际市场需求不振和基数效应的影响,中国的进出口贸易增速持续下滑,2 月、3 月的外贸同比增速均为负值,这是 2009 年以来首次出现连续两个月外贸同比负增长的情况。面对经济减速和外贸萎缩的不利形势,国务院通过放权、减税等政策激发市场活力,通过加快中西部铁路建设和棚户区改造等措施刺激国内经济,海关总署也出台了"关于支持外贸稳定增长的若干措施",通过"抓改革、减负担、促升级、优环境"的 20 条具体举措,促进中国对外贸易的稳定增长,有效抑制了外贸下滑态势。随着第二、第三季度外部需求趋于改善,稳外贸政策的各项措施逐步落实,进出口贸易开始企稳回升,外贸同比增速从 3 月份的－9.1%升至 9 月份的 11.3%。其中,出口贸易的强劲反弹是促使外贸恢复的主要动力,进口贸易虽趋于稳定,但增长乏力,导致贸易顺差持续扩大。

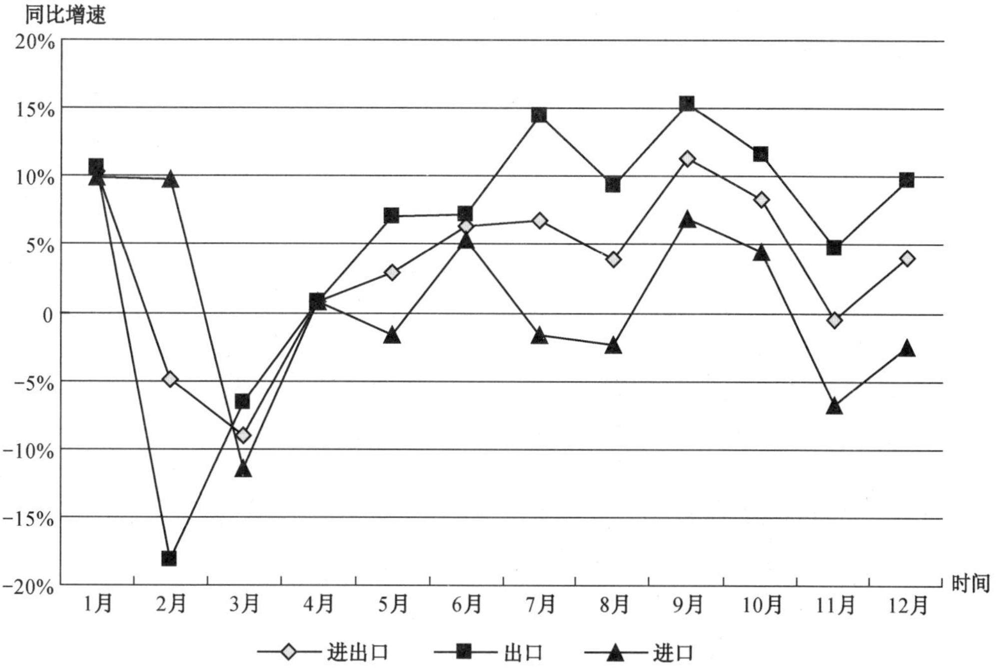

图 4-2　2014 年对外贸易额的当月同比增速

进入第四季度,受发达经济体增速趋缓、国内经济下行压力加大以及 2013 年同期外贸高基数的影响,外贸增长再次显露下滑苗头,同比增速从 9 月份的年内高点连续降至 11 月份的－0.5%,并且进口和出口贸易增速均呈现下行态势。在此情况下,国务院推进简政放权、鼓励社会投资、扩大消费需求、培育外贸竞争新优势等六大举措,力保经济中高速增长。同时《国务

院办公厅关于加强进口的若干意见》出台，此文件通过继续鼓励先进技术设备和关键零部件等进口，进一步提高进口贸易便利化水平等措施稳定进口贸易。12月份外贸增长重拾升势，进出口贸易同比增速回升至4%，但进口贸易仍然处于负增长状态。

2. 出口贸易结构趋于低端化，但进口贸易结构趋于高端化

从出口贸易的商品构成来看，因国际市场需求疲弱，机电产品和高新技术产品的出口增速明显放缓，2014年机电产品的出口贸易与2013年持平，高新技术产品的出口增速也仅为3.6%，明显低于出口贸易的整体增速，两类产品占出口贸易的比重分别下降1.7个百分点和1.3个百分点(见表4-1)。相比之下，劳动密集型的鞋类产品出口增长相对较快，2014年出口增速为10.8%。因国内产能严重过剩，钢企纷纷将销售重心转向国际市场，2014年钢材出口增速高达33%，远远高于出口贸易的总体水平，占出口贸易的比重上升0.6个百分点。

表4-1 **2014年进出口贸易额中代表性商品的比重及与上年对比**

代表性商品	出口贸易		代表性商品	进口贸易	
	2013年	2014年		2013年	2014年
机电产品	29.9%	28.2%	机电产品	28.6%	28.1%
高新技术产品	57.3%	56.0%	高新技术产品	43.1%	43.6%
纺织品	4.8%	4.8%	大豆	1.9%	2.1%
服装	8.0%	8.0%	铁矿砂	5.4%	4.8%
鞋	2.3%	2.4%	原油	11.3%	11.6%
钢材	2.4%	3.0%	钢材	0.9%	0.9%

从进口贸易的商品构成来看，在发挥进口引领国内技术进步的指导思想下，尽管进口贸易遇到了非常大的困难，但高新技术产品的进口贸易仍然维持了正增长，2014年此类产品的进口增速为1.7%，占进口贸易的比重上升了0.5个百分点，为国内经济的提质增效引入了宝贵的外部资源。与此同时，受国内需求减少和进口价格下降的影响，铁矿砂进口贸易大幅萎缩，2014年此类产品的进口增速为－11.4%，占进口贸易比重下降了0.6个百分点。

3. 对外贸易的价格条件明显改善，主要缘于矿产品的贡献

受需求减少、大宗商品价格下跌等因素的影响，2014年中国的进出口贸易价格均有不同程度的下降。其中，进口价格的降幅相对较大，同比降幅为1.5%，而出口贸易的平均价格保持稳定。对外贸易的价格条件指数为102.8，较2013年上升了1.5%(见图4-3)。这就意味着，以价格水平来衡量的对外贸易经济效益有所提高。

价格条件的改善主要缘于矿产品的进出口贸易，2014年矿产品对外贸易的价格条件指数为106.9，较2013年大幅上升了8.1%。其中，矿产品的出口价格指数从2013年的95.3小幅升至2014年的96.5，但同期进口价格指数却从96.4大幅降至90.3，主要是进口价格下降引起矿产品的贸易条件改善，并带动整体贸易价格指数大幅提升。与此同时，工业制成品的贸易条件指数与2013年持平，农产品的贸易条件指数甚至下降了3.8%。

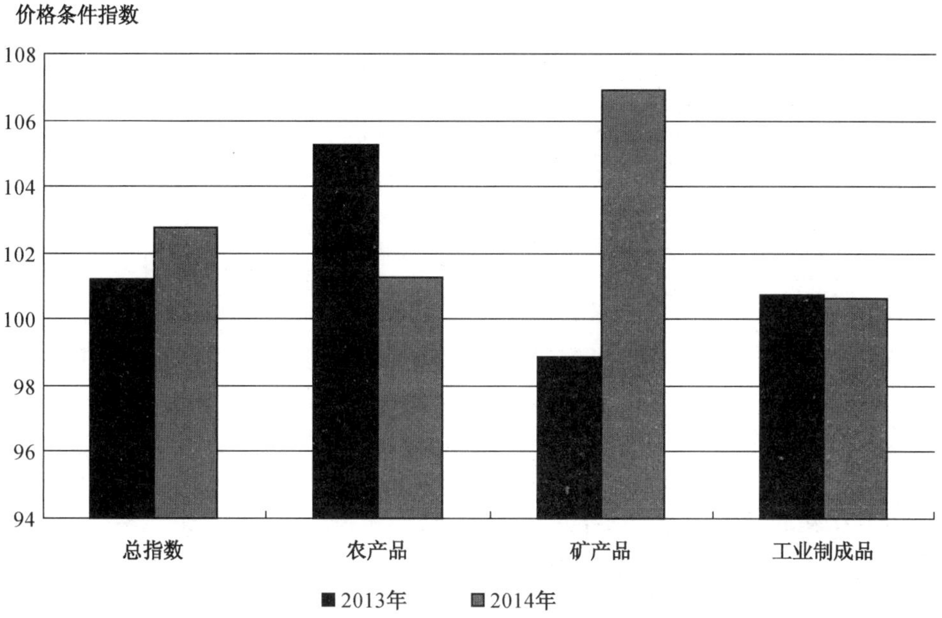

图 4-3　2014 年对外贸易的价格条件指数及与上年对比

4. 民营企业的贸易地位稳步提升，海关特殊监管区的重要性有所弱化

在贸易主体方面，2014 年民营企业进出口贸易的增长势头明显放缓，同比增速从 2013 年的 22.2%降至 5.3%，但依然高于国有和外资企业（见表 4-2），在中国外贸主体构成中的比重较 2013 年小幅提升了 0.6 个百分点，占外贸总量的比重已超过三成。相比之下，国有企业和外资企业的表现虽然有所改善，但仍逊色于外贸整体水平，2014 年两大主体的外贸增速分别只有 0.1%和 3.4%，前者占外贸总量的比重下降 0.6 个百分点，后者所占比重维持不变。

表 4-2　**2014 年主要贸易企业与贸易方式的比重和增速及与上年对比**

项目	类型	占进出口贸易比重		进出口贸易增速	
		2013 年	2014 年	2013 年	2014 年
企业类型	国有企业	18.0%	17.4%	−0.5%	0.1%
	外资企业	46.1%	46.1%	1.3%	3.4%
	民营企业	35.9%	36.5%	22.2%	5.3%
贸易方式	一般贸易	52.8%	53.8%	9.3%	5.3%
	加工贸易	32.6%	32.7%	1.0%	3.8%
	海关特殊监管区	8.7%	6.9%	28.7%	−17.6%

在主要贸易方式中，受融资性贸易整顿等因素的影响，海关特殊监管区的外贸增速大幅下降，在中国外贸总量中的比重也有所减少。海关特殊监管区的进出口贸易增速从 2013 年的 28.7%降至 2014 年的−17.6%，占进出口贸易总量的比重则由 8.7%降至 6.9%。相比之下，一般贸易的增速虽然下降了 4 个百分点，但仍高于进出口贸易的整体水平，占贸易总量的比重也上升了 1 个百分点。

5. 中西部地区的对外贸易保持稳定增长，在中国外贸格局中的比重继续增加

2014 年中国对外贸易的省市构成变化较大，东部地区的 8 个省和直辖市的外贸增速为 1.5%，较 2013 年下降了 5 个百分点（见表 4-3），占中国外贸总量的比重为 72.6%，较 2013 年下降了 0.7 个百分点。其中，外贸重镇广东省的表现不佳，拖累了东部地区的外贸总体水平，2014 年广东省的外贸增速仅为−1.4%，较 2013 年大幅下降 12.4 个百分点，占中国外贸总量的比重也下降了 0.9 个百分点。

2014 年中西部地区的外贸增速为 5.2%，虽然较 2013 年 5.5%的增速有所放缓，但在极为不利的经济环境下，取得如此成绩已属难能可贵。中西部地区占中国外贸总量的比重从 2013 年的 26.7%稳步升至 2014 年的 27.4%，成为稳定外贸形势的生力军。其中，重庆、贵州、陕西、宁夏等地的外贸发展逆势增长，进出口贸易增速较 2013 年均有不同程度的提升。重庆市的外贸增速从 2013 年的 29.1%升至 2014 年的 38.9%，宁夏回族自治区的外贸增速更是大幅上升 23.7 个百分点。从目前情况来看，东部地区虽然外贸总量较大，但发展空间有限，而中西部地区作为后起之秀，外贸发展的潜力巨大，应当作为稳外贸的重点抓手。

表 4-3 **2014 年主要省份的进出口贸易占比和增速及与上年对比**

地区	各省市	占进出口贸易比重		进出口贸易增速	
		2013 年	2014 年	2013 年	2014 年
东部地区	北京	9.2%	8.7%	5.2%	−3.1%
	天津	2.8%	2.8%	11.2%	4.2%
	上海	9.5%	9.8%	1.1%	5.7%
	江苏	11.8%	11.8%	0.5%	2.3%
	浙江	7.2%	7.4%	7.6%	5.8%
	福建	3.6%	3.7%	8.6%	4.8%
	山东	5.7%	5.8%	8.8%	3.7%
	广东	23.4%	22.5%	11.0%	−1.4%
中西部地区	重庆	1.5%	2.0%	29.1%	38.9%
	贵州	0.2%	0.2%	25.0%	30.4%
	陕西	0.4%	0.6%	36.0%	36.2%
	宁夏	0.1%	0.1%	45.2%	68.9%

6. 欧美传统市场的主导地位有所强化，与新兴市场的贸易联系出现分化

如图 4-4 所示，欧盟和美国这两个传统市场仍然是中国对外贸易的主要地区，由于美国经济持续复苏，欧盟经济也企稳回升，这些传统市场在中国对外贸易的地区分布中所占比重明显上升。2014 年中国与欧盟、美国的双边贸易占中国外贸总量的比重分别为 14.3%、12.9%，分别较 2013 年上升了 1.3 个百分点、0.8 个百分点。由于日本自身经济问题和政治因素的阻碍，中日双边贸易停滞不前，2014 年中国与日本的进出口贸易维持在 2013 年的水平，贸易占比也没有发生变化，仍然稳定在 7.3%的水平。

由于新兴市场的经济发展出现明显分化，中国与不同国家的双边贸易也呈现分化态势。

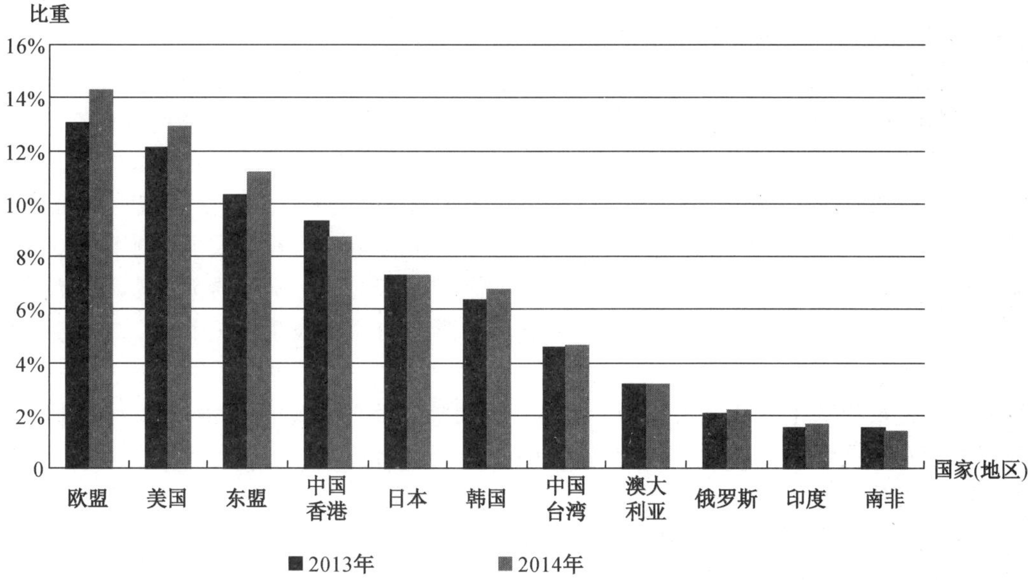

图 4-4　2014 年主要贸易伙伴在中国进出口总额中的比重及与上年对比

2014 年中国与东盟、印度、韩国的双边贸易增速分别为 8.3%、7.8%、5.9%，这些地区在中国外贸市场分布中所占的比重分别提升了 0.9 个百分点、0.1 个百分点、0.4 个百分点。然而，中国与南非、中国香港地区的双边贸易分别萎缩了 7.5%、6.2%，在中国外贸总量中所占的比重分别下降了 0.1 个百分点、0.6 个百分点。

二、风险因素识别

前一部分对 2014 年中国对外贸易的总体情况和主要特点进行了阐述，本部分将从出口和进口两个方面详细分析影响中国外贸增长的风险因素。

(一) 出口

1. 主要经济体复苏力度弱于预期，新兴经济体增长普遍疲软

2014 年主要经济体经济运行分化加剧，新兴经济体增长放缓，世界经济复苏依旧艰难曲折。据世界银行 2015 年 1 月份的预测显示：2014 年世界经济将增长 2.6%，增速比 2013 年小幅加快 0.1 个百分点，但比 2014 年 6 月份的预测值下调 0.2 个百分点，显示世界经济的恢复程度弱于预期。

从主要经济体来看，美国经济 2014 年全年增长 2.4%，创 4 年来最大增幅，其中消费者支出攀升 2.5%，创 2006 年以来最大增幅。与此同时，美国失业率也稳步下降，12 月失业率为 5.6%，创 2008 年 6 月以来的新低，就业形势正明显改善。欧元区在 2014 年前三个季度的 GDP 环比增长率分别为 0.2%、0、0.2%，第四季度在油价走低、欧元走软和欧央行刺激措施的提振作用下，欧元区经济增速开始加快，但 GDP 环比增速仍然只有 0.3%。并且成员国之间经济增速差异较大，德国经济开始稳健回升，但法国、意大利的复苏之路依然漫长。日本因消费税上调引发提前消费潮，第一季度 GDP 环比增长 1.4%，但第二、第三季度环比分别下降 1.7%和 0.5%，经济出现技术性衰退。第四季度实际 GDP 经季调后环比增长 0.6%，结束了

第二季度以来连续两个季度的下跌，但不及预期的0.9%。由于消费者信心疲软以及全球经济增长不均衡施压出口，日本经济复苏依然脆弱。

从新兴经济体来看，除印度、马来西亚以外的多数经济体经济增长放缓。金砖国家方面，在西方国家制裁以及原油价格下跌的压力之下，2014年俄罗斯GDP增速只有0.6%，较2013年下降0.7个百分点。南非和巴西的经济表现也令人失望，2014年两国的GDP增速分别为1.5%和0.1%，较2013年分别下降0.4个百分点和2.2个百分点。亚洲方面，2014年印度尼西亚的GDP增速为5%，较2013年下降接近0.6个百分点，创下2009年以来的最低水平。同期菲律宾的GDP增速为6.1%，不仅低于2013年的7.2%，也低于政府制定的6.5%的底限目标。相比之下，印度和马来西亚的经济表现要好得多。由于制造业的强劲表现和公共开支的激增，印度经济出现强劲增长，2014年第四季度增速高达7.5%，成为经济增速最快的主要新兴经济体，经过算法调整之后的全年经济增速达到7.4%。马来西亚在消费和投资的带动下，经济在波动中保持较快增长，2014年经济增速达到6%，是过去4年的最快增速。

2. 贸易保护主义回潮，阻碍国内产能的对外输出

由于全球经济仍不景气，多数国家和地区为了使国内企业和就业免受外来产品的冲击，纷纷加强贸易保护措施的力度。中国作为全球最大的出口国，受此影响尤为突出。

2014年以来，全球针对中国发起的贸易“双反”调查和贸易争端接二连三，不仅美欧等发达国家不断加大对中国产品的贸易壁垒，包括印度、巴西、墨西哥在内的新兴经济体对中国的贸易保护措施也呈现增长趋势。仅在1月的前10天，商务部就对此连续发布14条贸易预警。2013年有19个国家和地区对中国发起了贸易救济调查，总共有92起。2014年共有22个国家和地区对中国出口产品发起贸易救济调查97起，涉案金额104.9亿美元。此外，中国产品在2014年还遭受美国“337”调查12起，欧盟发起的反规避调查和反吸收调查各1起。

2014年中国遭遇的贸易摩擦有两大特点：一是高科技产品成为摩擦的新热点。中国输出光伏产品、风力发电机组、手机等高科技产品相继遭到贸易救济调查。例如，美国、加拿大、澳大利亚都对中国光伏产品发起“双反”调查。二是影响产业范围很广。五金矿产、化工、机电、轻工、纺织、医药保健、食品土畜类产品遭受调查案件分别为38起、23起、17起、13起、3起、2起和1起，其中，涉及钢铁和钢铁类产品案件是最多的，有27起，涉案金额23.2亿美元①。

3. 企业经营的综合成本上升，出口竞争优势持续弱化

《进出口经理人》杂志社和德国莱茵TüV集团联合完成的“2014年外贸企业生存现状调查”结果显示：成本上升超过国际市场、订单减少、国际竞争压力等因素，成为影响企业出口的最大因素，在1 300家被调查企业中，有25%的企业将成本问题列为影响出口的最大障碍②。

劳动力成本是多数企业最主要的成本，尤其是在加工制造业领域，利润本来就低，劳动成本上升的影响更为明显。国家规定了最低工资和基本福利待遇，并且标准年年提高，还有相关保险和缴纳社保，企业感觉负担较重。而外国客户不会考虑中国企业劳动成本增加的问题，还是按原来的要价原则来要求商品价格。成本不断上升使涉及出口的私营企业利润越来越薄，

① 商务部.关于2014年应对贸易摩擦的情况[EB/OL].新华网，2015-02-06.

② 李璐.2014年外贸企业生存现状调查报告[J].中国对外贸易，2014(10).

要维持一定的利润就要提价，导致其竞争力下降，一些企业不怎么赚钱就不再做外贸了①。

除了劳动力成本压力之外，出口企业还面临其他方面的综合成本压力。以东莞的玩具出口企业为例，人民币持续升值和国内原材料价格上涨使出口企业面对双重压力，而和玩具相关的原材料，如塑料、油漆、电镀材料等的价格一路上升，有些涨幅甚至达到 5%～10%；原材料采购价上升和成品售价下降，挤占了企业利润。另外，为满足国外技术法规要求，玩具企业必须加大设计和产品检测成本，以确保产品符合国外技术法规要求。以东莞地区输欧玩具占比较大的电动玩具为例，按照欧盟相关标准要求测试费用就高达上万元。玩具的设计、生产和检测成本大幅上升，对东莞地区出口玩具生产企业造成不小冲击。在国外客户不愿意提高报价的前提下，玩具企业或不敢接单，或寻求廉价替代材料等，增加了质量风险②。

4. 虚假出口现象有所抬头，影响经贸形势的正常判断

国家外汇管理局相关负责人曾表示："国内有大量企业利用伪造、变造商业单据、重复使用物权单证或者套用已报关进口的一般货物贸易单证等手法构造虚假贸易。这种做法使得转口贸易成为投机套利的工具，甚至演变为热钱乃至违法犯罪跨境资金流动的通道。"自 2013 年 4 月以来，外汇管理部门已查明 100 亿美元的虚假跨境贸易，并已将 15 起案件移送警方，沉重打击了虚假出口行为③。

然而，2014 年虚假出口贸易又有卷土重来的迹象。从商品角度来看，2014 年 1～10 月，贵金属和包贵金属的首饰出口 386.3 亿美元，同比增长 67.6%。7～10 月单月出口金额同比分别增长 136%、126%、678%和 187%，月度出口单价分别增长 114%、162%、243%和 91%。这种价格走势与国际市场黄金价格下跌趋势明显相悖，不排除存在虚假贸易的可能。从地区角度来看，2014 年 1～8 月，内地与香港地区贸易同比减少 17.9%。而 9 月份，内地与香港地区双边贸易总值和出口总值均意外地强势回暖。当月内地与香港地区的进出口贸易总值为 2 405.3亿元，同比增长 32.1%，出口值为 2 315.7 亿元，同比增长 34.6%。相比之下，内地从香港地区的进口值仅为 89.6 亿元，同比下降 10.4%。对此现象，多家机构分析认为，可能由于"沪港通"推出在即，吸引了海外资金流入国内，导致对港出口的虚假贸易抬头④。

（二）进口

1. 国内经济下行压力持续加大，进口需求难以提振

目前，中国正处于"增长速度换挡期""结构调整阵痛期"和"前期刺激政策消化期"的"三期叠加"阶段。在国内外经济环境不断变化和经济转型、结构调整的共同作用下，中国经济下行压力逐步加大。2014 年进入第三季度特别是 8 月份后，国内经济下行压力有所加大，主要经济指标出现整体下滑。

2014 年四个季度的国内生产总值同比增速分别为 7.4%、7.5%、7.3%和 7.3%，拉动经济增长的"三驾马车"动力明显不足。投资方面，全年固定资产投资回落至 15.7%，其中，房地产投资同比增速大幅回落至 10.5%；制造业在经济总需求不足和产能过剩的共同作用下，增

---

① 宋晓亮. 用工成本提升使出口企业利润变薄[EB/OL]. 中国经济新闻网，2014-06-17.

② 柯建明、陈华. 增长背后的忧虑——东莞地区出口玩具 2014 年面临 5 大挑战[EB/OL]. 东莞市口岸局网站，2014-04-08.

③ 加布里尔维尔道. 中国查明 100 亿美元虚假跨境贸易[EB/OL]. FT 中文网，2014-09-26.

④ 彭大伟. 内地对港贸易激增，再引热钱流入虚假贸易怀疑[EB/OL]. 中国新闻网，2014-10-14.

速仅在 13.5%低位徘徊。尽管自第二季度起，经济政策转向稳增长，基建投资力度虽维持高位，但尚不足以抵销房地产、制造业投资回落的合力。消费方面，2014 年社会消费品零售总额名义同比继续回落至 11.7%，经济增长疲软仍在一段周期内影响居民消费增长。出口方面，由于劳动力成本不断攀升和融资成本高企，出口增速虽有好转，但实际内生动力仍然不足。

从工业部门来看，2014 年工业增加值增速月降幅达 2.1 个百分点，创 2008 年国际金融危机以来的新低；工程机械、发电量、化肥、原煤等工业产品产量负增长，汽车、集成电路、钢铁、水泥等增幅出现明显下降。与此同时，工业部门的通缩形势仍然较为严峻，产能过剩风险依然突出。2014 年中国 PPI 累计同比下降 1.9%，12 月当月同比下降 3.3%，连续 34 个月负增长。中国工业产能过剩仍然是拉低 PPI 的主要原因，尤其是重化工业负增长情况较为明显。此外，受风险控制和市场预期影响，银行惜贷与部分企业贷款需求收缩并存，新增贷款规模和贷款余额增速均出现回落①。

2. 国际市场大宗商品价格大幅下跌，拖累进口贸易额的增长

由于全球经济持续不景气，国际大宗商品价格在近几年不断下跌，2014 年仍然延续了这一趋势。受市场供大于求和美元走强打压价格的影响，2014 年下半年，纽约、伦敦两地原油期货价格累计下跌均接近 50%，年底纽交所油价和伦敦布伦特油价分别跌至 54.73 美元/桶和 59.45 美元/桶。与此同时，国际铁矿石价格也一路大跌，基准铁矿石合约价格已经从 2013 年的每吨 135 美元跌至目前的不到 70 美元，跌幅高达 50%。天然气、黄金、玉米等多种关键性大宗商品的价格也接连出现跳水式下跌，这是继 2008 年大宗商品崩盘之后的最大跌幅。

得益于不断走低的商品价格，中国在 2014 年进口了创纪录规模的多种大宗商品，在国内经济总体增长有所放缓之际，继续维持了全球资源大买家的地位。2014 年期间的铁矿石、原油、铜以及大豆的进口量都创下了新的纪录。年底发货量的飙升也使得 2014 年 12 月的铁矿石、原油以及大豆进口规模创下了纪录。持续走低的商品价格虽然带来了进口成本的大幅节约，却也拉低了进口贸易额的增速。根据海关总署的数据，虽然 2014 年中国铁矿石的进口规模增长了 13.8%，但是以美元计算进口价值却下降了 12.8%。另据商务部分析，2014 年占中国进口额大概 1/4 的原油、铁矿石、铜精矿、铜材、化肥、橡胶、谷物和大豆八类产品进口量增价跌，由此导致进口付汇减少了 458 亿美元，拉低进口增速 2.4 个百分点②。

3. 融资性进口贸易依然存在，冲击国内市场且存在违约风险

《中国经济运行风险研究报告 2014》提示了融资铜进口贸易的风险，2014 年受监管部门打击、大宗商品价格下跌、人民币汇率贬值等因素的影响，这种融资性进口贸易有所收敛，但部分商品的进口贸易仍然带有融资属性，不仅冲击国内市场，而且潜伏违约风险，此处主要介绍大豆融资性进口贸易的情况。

大豆融资性进口贸易与铜、铁矿石融资性进口贸易的原理相类似，都是通过进口贸易来进行融资套利活动。通过大豆贸易不仅可以使国内油厂得到相应数量的压榨大豆，而且还可以谋取一定数额的利润。中国企业主要利用 90～180 天的进口信用证，留出 50～135 天的资金空档时间，把资金发放到利率相对较高的民间借贷市场上，这样可以赚取更多利润以及人民币升值的收益。据估算，2013 年中国的大豆融资性进口约占进口总量的 17%，达到 1 100 万吨。

---

① 国务院发展研究中心. 2014 年经济形势分析及 2015 年展望[N]. 中国经济时报，2014-12-15.

② 曹慧敏. 我国 2014 年进口不尽如人意，大宗商品价格下跌是主因[EB/OL]. 中国网，2015-01-21.

2014 年 1 月、2 月晨曦集团(中国最大的大豆进口企业)大豆进口量达到创纪录的 109 万吨。尽管在 3 月份曾传出大豆船货毁约的信息,但 3～10 月份晨曦集团的大豆进口量一直维持在 70～80 万吨①。

融资性大豆进口扭曲了中国大豆及其制品市场。中国国内大豆制品市场疲软,大豆压榨企业普遍亏损;国内经济形势不乐观,如果大豆融资性进口难以弥补大豆过量进口带来的亏损,就会出现违约。2014 年以来的人民币贬值导致大豆贸易融资的套利空间被压缩,作为融资抵押品的大豆,面临被银行追加保证金和强制变现的风险。

三、风险度量

(一)服务贸易结构与经济增长的关系

2014 年的风险研究报告对服务贸易总量与经济增长的关系进行了实证研究,这部分我们将研究视角拓展到服务贸易的结构层面,衡量不同类型服务贸易与中国经济增长之间的关系,为中国更好地发展服务贸易提供政策依据。

1. 服务贸易结构与经济增长关系的理论分析与相关文献

关于生产者服务贸易与经济增长的关系。Markusen(1989)研究发现,不论是资本密集型的中间投入制造品,还是知识密集型的生产者服务,它们都能够带来报酬递增。虽然服务市场开放以后,服务业外商直接投资会对国内服务企业产生部分的"挤出效应",但该服务部门的竞争导致了国内对该服务的更大需求,因而外资提供的服务对国内相应服务的替代效应小于因竞争产生的规模效应。同时,由于服务差异化的特性,使得外商提供的服务成为国内提供中间投入品的有益补充。因此,Markusen 认为,生产者服务的自由化有可能对一国的社会福利带来显著的正面效应。Hoekman(2006)认为,服务可能成为一些国家经济增长的发动机,在服务市场开放条件下,服务将成为国内企业竞争力的关键因素,企业竞争力在很大程度上取决于是否能够获得低成本、高质量的生产者服务,如金融、电信、运输、分销服务等。因此,进口生产者服务可以带动国内相关服务业的快速发展,从而提高该国的经济绩效。Francois et al(1996)研究也都认为,生产者服务贸易的进口对于一国的经济增长有着积极的影响,主要表现为生产者服务通过提高整个经济部门生产率带动经济发展,而且生产者服务贸易与其他服务贸易以及商品贸易是一种互补关系而不是替代关系。

关于电信、金融服务贸易与经济增长的关系。Goldsmith(1969)认为,金融服务业通过将金融资本投资于最有生产效率的部门,使得一国产出和收入增长。King 和 Levine(1993)指出:金融服务通过提高资本积累和技术创新带动行业增长,在控制其他影响长期增长因素的前提下,采用金融系统负债/GDP、金融系统对私人部门贷款/GDP 这两个比例来解释金融业自身的增长,并得到了显著正的回归结果。Francois 和 Schuknecht(2000)发现金融业开放与贸易和经济增长之间存在着正向关系。Khoury 和 Savvides(2006)的研究结果表明:服务市场开放对低收入国家和高收入国家的经济增长效应具有显著的差异,具体服务部门开放对经济增长的影响与该国的经济发展水平有关。

中国国内学者的相关研究集中在服务贸易总量对经济增长的影响分析上,对于服务贸易

① 傅真真.人民币贬值压力大,大豆融资性进口将受到抑制[EB/OL].中华商务网,2015-01-29.

结构与经济增长的关系的研究较少。尹忠民和姚星(2009)考察了中国服务贸易结构和经济增长的长期动态影响特征,发现传统服务贸易出口对中国的经济增长具有显著的促进作用和较长的持续效应,而传统服务贸易进口具有显著的抑制作用。从短期来看,经济增长对传统服务贸易出口和进口具有微弱的正效应,但长期而言,经济增长对两者具有显著的负效应。刘丽慧等(2013)的实证检验结果表明:劳动和资源密集型服务贸易、资本密集型服务贸易的出口增加促进了中国经济的发展,知识、技术密集型服务贸易进口的增加也促进了中国经济的发展。为全面揭示服务贸易结构与中国经济增长的关系,我们利用最新的年度数据,在概述服务贸易结构演变的基础上,计量分析各类服务贸易对经济增长的影响。

2. 中国服务贸易结构演变的特征分析

根据联合国贸发会议(UNCTAD)的统计口径,服务贸易分为三大类,即运输、旅游、其他服务。其中,运输和旅游服务属于劳动密集型和资源密集型的传统服务贸易,其他服务主要包括通讯、保险、金融、计算机和信息服务、专利许可和技术转让、电影等音像制品、会计、法律、咨询和广告等服务,属于技术密集型和知识密集型的现代服务贸易。

从出口角度来看,如图4-5显示,1982—1990年,传统服务贸易在中国的服务贸易构成中占有主导地位,运输服务出口占比接近50%,旅游服务次之,出口占比在30%~40%之间;1991—2002年间,旅游服务出口持续、快速增长,占服务出口总量的比例超过50%。现代服务出口也在稳步增长,占服务出口总量的比例从之前的不到30%上升至接近40%的水平;而运输服务出口则大幅萎缩,占服务出口总量的比例降至20%以下,最低时甚至不到10%。2003年以来,现代服务取代旅游服务成为中国服务出口的主力,占服务出口总量的比重接近60%,而运输和旅游服务出口所占比重分别降至20%和30%以下。与中国信息产业高速成长相对应的是,计算机和信息服务的出口迅速增长,2003—2013年间的出口额飙升了13倍,占服务出口总量的比重从2.36%升至7.49%。

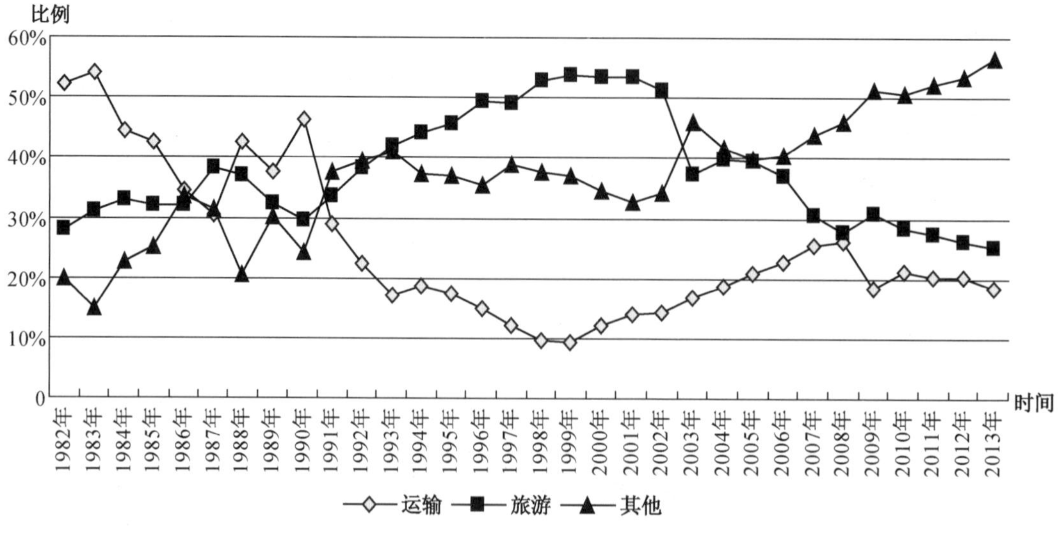

图4-5　各类服务贸易占服务出口总额的比例

从进口角度来看,如图4-6显示,1994年之前运输服务长期占据主导地位,占服务进口总量的比重长期维持在50%以上的水平,最高时曾达到75%。由于中国国内居民受收入条件的限制，出国旅游尚未成气候，旅游服务的进口占比长期处在 20%以下的较低水平；2000—2008 年间，得益于中国加入 WTO 和世界经济的稳定增长，中国国内经济对于现代服务的需求快速上升，其他服务的进口额在短短 8 年内便增长了 5 倍，占服务进口总量的比重也从 34.7%升至 45.6%。在其他服务当中，专利许可和技术转让的进口额更是增长了 7 倍，占服务进口总量的比重从 3.5%升至 6.5%，为国内的技术进步起到了重要的推动作用。与此同时，在经济增长和商品出口的带动下，运输服务的进口贸易也有所扩张，占服务进口总量的比重稳步提升至 30%以上；2009 年以来，受国际金融危机的影响，国内外经济持续不景气，其他服务的进口贸易增速明显放缓，2009—2013 年间占服务进口总量的比重从 43.2%大幅降至 32.5%。然而，由于国内居民收入的提高和旅游管理制度的改善，国内居民的出境旅游呈现爆发性增长。旅游服务的进口额从 2009 年的 437 亿美元快速增至 2013 年的 1 286.5 亿美元，占服务进口总量的比例从 27.5%升至 38.9%，在服务进口构成中处于主导地位。

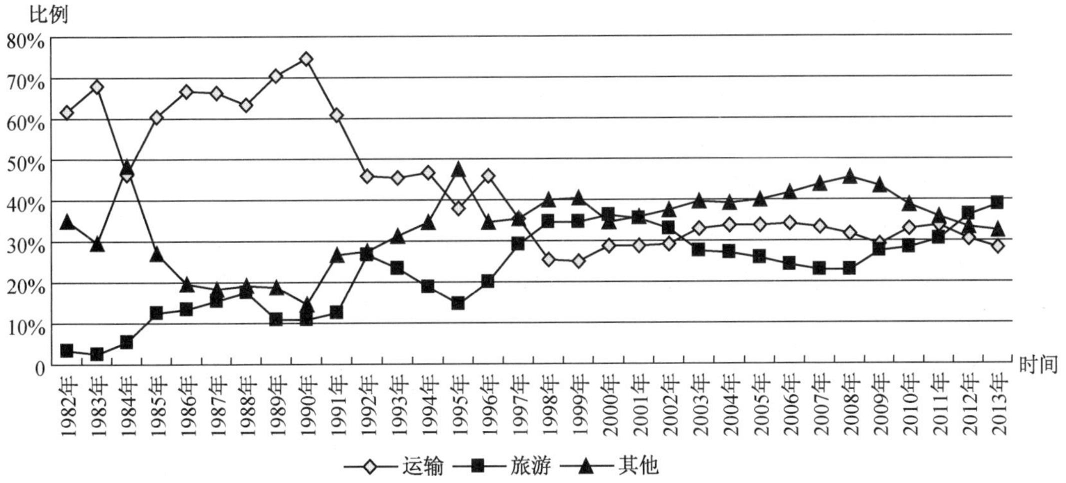

图 4-6 各类服务贸易占服务进口总额的比例

3. 服务贸易结构对经济增长影响的计量研究

基于前述服务贸易结构特征的分析，此处以相关文献的常用做法，VAR 模型和格兰杰因果检验法(Granger Causality)，来验证不同类型的服务贸易是否对中国经济增长产生了显著的差异性作用，并揭示发挥作用的传导机制。

根据前述的服务贸易分类标准，我们考虑传统服务贸易和现代服务贸易对于经济增长的作用，并且区分进口和出口贸易，建立四个 VAR 模型，分别为(*Y*, *A*, *TSEX*)、(*Y*, *A*, *TSIM*)、(*Y*, *A*, *MSEX*)、(*Y*, *A*, *MSIM*)。其中，*Y* 是中国的国内生产总值(百万美元)，反映经济增长情况；*A* 是中国工业部门的全员劳动生产率(元/人)，反映技术效率水平；*TSEX* 是传统服务贸易出口值，*TSIM* 是传统服务贸易进口值，*MSEX* 是现代服务贸易出口值，*MSIM* 是现代服务贸易进口值，单位均为百万美元。所有数据均取自然对数后进入 VAR 模型。数据年份为 1992—2013 年，数据来源分别为 UNCTAD 和中经网。

Augmented Dickey-Fuller、Phillips-Perron 等信息准则的单位根检验结果显示，VAR 模型中各变量均为 1 阶单整变量。根据主要信息准则的评判结果，以及为确保计量结果的可比性，所有 VAR 模型的滞后阶数均为 2 阶。Johansen 协整检验的结果表明，四个 VAR 模型中的变量间存在一个或两个协整关系，长期协整关系式如下所示：

$$Y = 1.682A + 6.737TSEX + 1.482t \quad (4\text{-}1)$$
$$(0..415^{***})\ (1.595^{***})\ (0.527^{**})$$

$$Y = 5.631A + 1.414TSIM + 0.439t \quad (4\text{-}2)$$
$$(0..789^{***})\ (1.243)\quad (0.075^{***})$$

$$Y = 0.395A + 1.102MSEX + 0.268 \quad (4\text{-}3)$$
$$(0..108^{***})\ (0.058^{*})\ (0.039^{***})$$

$$Y = 5.436A + 4.392MSIM + 0.599 \quad (4\text{-}4)$$
$$(0..846^{***})\ (0.056^{***})\ (0.017^{***})$$

$$A = 0.572MSEX + 0.157 \quad (4\text{-}5)$$
$$(0..027^{***})\ (0.013^{***})$$

$$A = 0.632MSIM + 0.255 \quad (4\text{-}6)$$
$$(0..018^{***})\ (0.026^{***})$$

注意：(4-1)式和(4-2)式中的 t 为趋势项，括号内数字为系数估计值的标准差，*** 、** 、* 分别表示通过 1%、5%、10%的显著性检验。

比较(4-1)式至(4-4)式的回归结果可以看出，不同类型的服务贸易对于经济增长的影响并不相同。*TSEX* 的系数值最大且高度显著，说明传统服务的出口贸易对于经济增长的拉动作用最强；*MSIM* 的系数值次之且同样显著，说明现代服务的进口贸易也有力地支持了中国的经济增长；*MSEX* 的系数值最小，说明现代服务的出口贸易对于经济增长也有重要意义，但拉动作用较前两者要弱得多；*TSIM* 的系数虽然为正值，但未能通过显著性检验，说明传统服务的进口贸易并不具有积极的经济促进作用。

由于变量 *A* 和 *TSEX*、*TSIM* 均不存在协整关系，说明传统服务贸易与国内生产效率之间并不存在显著的关联性。而(4-5)式至(4-6)式中解释变量的系数均为高度显著的正值，说明长期来看，以专利许可和技术转让为代表的现代服务贸易将会促进国内技术进步，进而间接支持经济增长，并且这种经济拉动作用有利于实现集约型增长目标。比较 *MSEX* 和 *MSIM* 的系数值可以发现，现代服务的进口贸易对于生产效率的贡献度要强于出口贸易，这也符合中国技术要素的禀赋特征，引进国外先进技术有助于填补国内技术空白，更有助于快速提升技术水平，是实现技术赶超目标的有效途径。

前述的协整分析揭示了服务贸易对于经济增长和技术进步的长期作用，我们通过方差分解技术进一步考察服务贸易的短期作用。表 4-4 显示，在 8 年的模拟期间内，只有 *TSEX* 对于经济增长的贡献度是持续上升的，其他服务贸易变量对于经济增长的贡献度均趋于下降，并且 *TSEX* 对于经济增长变动的影响力明显超过其他服务贸易变量，这充分说明中国的经济增长主要依赖于传统服务出口，具有粗放型增长模式的显著特征。然而，*MSIM* 对于经济增长的变动也有着较强的影响力，说明现代服务的进口贸易能够有力支持中国经济增长，合理利用外部的服务资源可以较快地促进经济发展。

表 4-4 **VAR 模型中经济增长变量的方差分解结果**

模拟年份	*TSEX*	*TSIM*	*MSEX*	*MSIM*
2	17.132	3.910	12.779	12.182
4	26.462	3.937	18.277	29.677
6	30.320	2.837	17.602	29.386
8	33.428	2.311	17.533	27.718

表 4-5 显示，除了变量 *TSIM* 之外，其他服务贸易变量对于劳动生产率的短期作用均趋于增强，突出表现在现代服务贸易方面。在 8 年的模拟期内，现代服务的进口贸易能够解释 14.7%的技术进步，现代服务的出口贸易对于技术进步的贡献度也达到了 12.9%的较高水平，现代服务贸易的技术带动作用明显强于传统服务贸易。

表 4-5 **VAR 模型中劳动生产率变量的方差分解结果**

模拟年份	*TSEX*	*TSIM*	*MSEX*	*MSIM*
2	0.007	0.009	0.002	4.674
4	0.099	1.331	1.046	4.821
6	1.635	1.089	6.925	8.113
8	4.171	0.943	12.959	14.711

根据计量研究的结果，我们发现：1992 年以来服务贸易总体上促进了中国国内经济增长，但就不同类型的服务贸易而言，这种积极作用存在显著的差别，应当有选择地发展相关的服务贸易。从经济增长的外延角度来看，传统服务的出口贸易与国内经济发展的关联性最强，适合粗放型经济发展模式。但从经济增长的内涵角度来看，现代服务贸易尤其是进口贸易可以在较短时期内推动国内技术进步，进而间接实现集约型增长的目标，这也是可持续发展的有效路径。相比之下，传统服务贸易对于技术进步乃至集约型经济增长的关联性和贡献度则要弱得多。基于这一结论，我们认为：中国应当加快服务贸易自由化的进程，放松金融服务、商业咨询等方面的管制约束，允许国际知名的服务供应商进入国内市场，在竞争和合作中提升中国现代服务业的发展水平，为经济可持续发展提供必要的高效服务支持。

（二）对外贸易风险的度量

1. 总体评价

与往年研究所采用的风险评级方法一样，我们根据进口与出口年度增长率对其长期趋势（也即潜在的进口增速与出口增速）的偏离度来评定对外贸易的风险等级。在估算进口与出口增长率的长期趋势时，以 1979—2014 年间进口和出口增长率的算术平均数作为长期趋势值，测算长期趋势值时没有纳入 2009 年的数据，以避免金融危机这类偶然性事件对长期趋势的扭曲，更真实地反映潜在贸易水平。

从图 4-7 进口和出口历年的风险等级中可以看出，2014 年进出口风险等级与 2013 年持平。进出口贸易增速延续了 2013 年的下行态势，进出口增速较 2013 年进一步降低，与长期趋势值的差距高达 16.9 个百分点和 12 个百分点。虽然风险等级仍然维持在低风险状态，但已

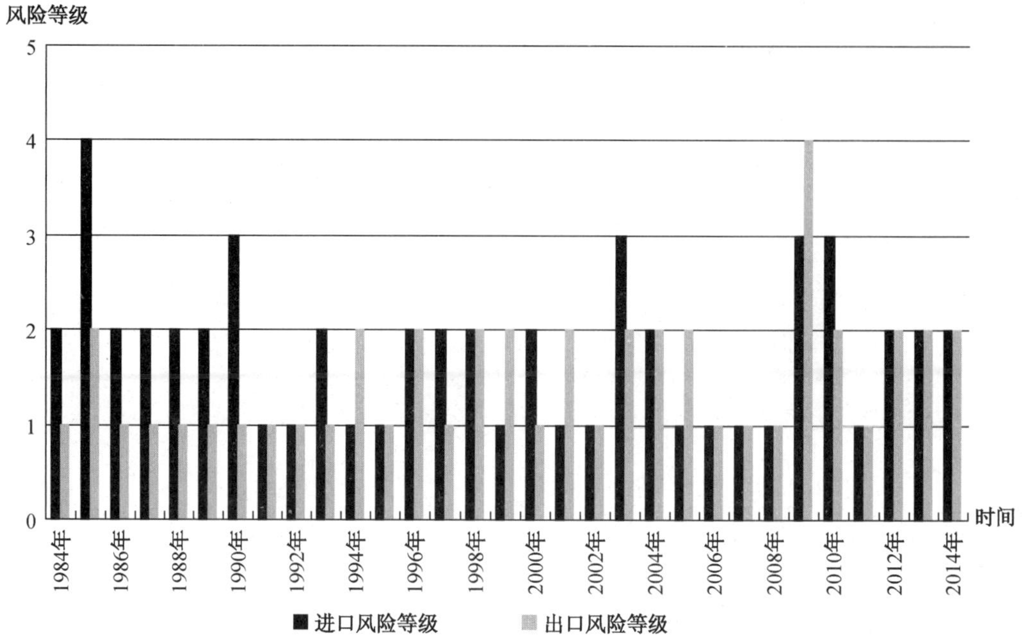

图 4-7　进出口风险等级评价

经接近中等风险状态。这一结果也符合我们对 2014 年的研究“中国的对外贸易形势依然艰难，预计 2014 年中国的对外贸易增速难有明显起色，风险等级很可能继续持平”的预测。尽管 2014 年美国经济展现出较强韧性，复苏态势进一步确立，但全球经济活动总体弱于预期，IMF、世界银行等国际组织和机构不断下调世界经济增速预期。欧元区和日本经济基本陷入停滞状态，新兴经济体增速则进一步放缓。在国家政策引导和市场需求转变的双重作用下，传统重化工业增速放缓，同时国内产能过剩和房地产市场调整导致投资增速开始回落，再加上国内消费增长乏力，内外部因素的多重作用使得中国的进出口贸易增速降至 5%以下的低水平。考虑到美国在 2015 年仍保持较强的复苏态势，欧元区国家为了避免经济衰退可能会采取更为积极的经济政策，日本提高消费税率政策的负面影响逐渐弱化，新兴经济体也有望企稳回升，2015 年世界经济表现会趋于好转，中国有机会扭转持续下行的对外贸易形势。但美联储逐步退出量化宽松货币政策可能成为世界经济的不确定因素，尤其是可能对新兴经济体和发展中国家造成较大冲击。考虑到主要经济体居高不下的债务率，欧美国家利用财政手段支持经济增长的能力非常有限，需求不足引发的通缩风险可能抑制发达国家刺激经济的政策成效。与此同时，中国继续推动经济结构的优化调整，加快淘汰过剩产能。地方政府债务受到监管政策收紧和平台融资的限制，基建投资增速可能略有回落。因此，中国 2015 年的对外贸易形势虽然总体向好，进出口贸易增速回升，但不会出现大的反弹，风险等级继续持平。

2. 人民币汇率对中国出口商品价格的非对称影响与风险度量

随着人民币汇率形成机制改革的逐步推进，汇率变动对进出口贸易的影响力日益凸显，汇率政策也由此成为中国宏观调控与结构调整的重要工具。汇率因素对于国际贸易和国内经济的影响主要通过价格传递效应来显现，即汇率变动首先影响进出口企业的定价决策，再经由价格杠杆的作用调节贸易总额和贸易结构，进而引起一国经济总量和产业结构的变化。深入研究汇率传递效应的作用机理与效果，有助于决策部门更好地利用汇率工具来实现开放环境下的多元化政策目标。

在前几年的风险研究中，我们评估了人民币升值的“促平衡”效应和“商品结构调整”效应，我们在此重点考察汇率变动对出口商品价格的非对称传递效应，以中国的20种主要出口商品作为研究对象，研究人民币汇率变动对于出口价格的非对称传递特征。

1）文献回顾

国外已有大量文献探讨了汇率传递效应的理论基础，重点是揭示汇率不完全传递的成因及影响，施建淮和傅雄广(2010)就此做过较为详细的文献整理，指出汇率传递率取决于市场结构、产品替代性、内部交易等因素。中国国内的相关研究主要是对人民币汇率的价格传递效应进行实证评估。陈学彬等(2007)、王晋斌等(2009)分别测算了出口和进口价格的汇率传递率，发现中国的进出口价格都存在汇率不完全传递的现象，并且不同类型商品的汇率传递率具有显著差异。国内外相关文献大多假定汇率传递效应具有线性的对称影响，即汇率因素与贸易品价格之间存在线性关系，汇率传递率不随时间、环境的变化而发生动态变迁，并且其在汇率变动方向与变动幅度上具有对称性，即汇率升值1个百分点与贬值1个百分点的价格传递率完全相同，汇率变动10个百分点与变动1个百分点的价格传递率也完全相同。然而，这种假定条件很可能不符合经济实际，由此也会导致实证结果存在偏差。

在前人研究的基础上，Pollard和Coughlin(2004)归纳分析了汇率传递非对称性的四种成因，即市场份额、生产转换(production switching)、数量限制(binding quantity constraints)、菜单成本，前三种成因解释了汇率升值和贬值条件下的非对称传递效应，第四种成因解释了汇率大幅变动和小幅变动条件下的非对称传递效应。该书基于进口价格的汇率传递模型，认为外国出口商在市场份额和生产投入品转换上的考虑，将导致进口国货币升值的价格传递效应强于贬值的情形。但在外国出口商的产能受限而无法增加出口数量的情况下，进口国货币贬值的价格传递效应更强。另外，汇率波动幅度会影响外国出口商调价的菜单成本和调价意愿，从而导致进口国货币大幅变动时的价格传递效应强于小幅变动的情形。Bussiere(2013)扩展了前述分析框架，全面考察了汇率变动对进出口价格的非对称传递效应，并在此基础上进一步探讨了与之相关的非线性传递问题，认为市场份额、数量限制等因素不仅导致汇率传递的非对称性，还会导致汇率传递的非线性，但不同成因引发的非对称和非线性传递特征存在差异，要视研究对象的具体情况而定。

关于汇率传递效应非对称性的实证研究并未得出一致的结论。Feinberg(1989)并未发现美国进口价格存在汇率传递非对称性的证据，而Goldberg(1995)发现美国汽车进口价格的汇率传递效应具有显著的非对称性，并且美元贬值时期的价格传递效应更强，这支持了数量限制理论的推断。Yang(2007)的研究表明，美国进口价格的汇率传递效应是否存在非对称性，取决于样本商品的统计口径。商品的细分程度越高，汇率传递的非对称性越明显，同时非对称性的方向和程度也越趋多样化。Gil-Pareja(2000)以一组欧洲国家在多个行业的贸易数据为样本，发现不同国家和行业的汇率传递效应在非对称性的方向和程度上差异较大。Ohno(1989)、Ghosh和Wolf(2001)的研究发现本币大幅变动时期的汇率传递效应明显强于小幅变动时期，从而支持了菜单成本的推断。近年来，中国国内也有少量文献开始研究人民币汇率传递的非对称性问题。曹伟和倪克勤(2010)利用加总的进口贸易数据，考察了人民币汇率变动对进口价格的传递效应，发现人民币汇率的价格传递效应总体呈现动态下降趋势，并且进口价格的汇率传递效应存在非对称性，人民币贬值的价格传递效应强于升值情形。王胜和田涛(2013)同样利用加总的样本数据，考察人民币汇率变动对国内价格水平的非对称传递效应，发现人民币贬值会促进中国国内价格上涨，并且贬值幅度越大，价格传递作用越强，而人民币升值却没有对中国国内物价产生抑制作用。

总体而言，国内外研究汇率传递非对称性的文献还很少，并且存在以下几个问题：一是研究对象集中于发达国家，对发展中国家的研究较少。由于两类经济体的进出口企业在定价模式上有着较大区别，汇率传递的非对称性特征也会有所不同。二是研究的内容偏重于进口贸易，较少研究出口贸易汇率传递的非对称性。进口贸易与出口贸易的定价机制和影响因素并不等同，缺少出口方面的研究，不利于我们全面认识汇率传递的非对称性。三是研究样本多为加总数据，细分行业甚至细分产品的非加总数据较少。加总数据忽视行业或产品属性上的差异，不仅容易出现"合成谬误"，也难以通过比较分析来得出完整的结论。为弥补现有文献的不足，本研究以中国的 20 种主要出口商品作为研究对象，考察 1996 年第四季度至 2014 年第二季度期间，人民币汇率变动对于细分商品出口价格的非对称传递特征。

2) 理论分析与假说

沿循 Pollard 和 Coughlin(2004)、Bussiere(2013)的分析框架，我们探讨本币汇率对于出口价格非对称传递效应的作用机理，提出若干理论假说。在此基础上，我们考虑商品的异质性特征，进一步延伸分析内容，探讨异质性商品在非对称汇率传递效应上的差异化特征。

假定代表性出口企业的商品价格 XP 以外币标价，汇率 ER 也以单位本币所能兑换的外币数量来表示($ER\uparrow$说明本币升值)，出口企业调整商品价格抵销本币汇率变动的影响：$\Delta XP=\alpha\Delta ER$。其中，$\Delta$ 为差分符号，α ($0\leqslant\alpha\leqslant1$)为汇率传递系数。在本币升值($\Delta ER>0$)时，出口企业相应提高外币标价的商品价格($\Delta XP>0$)，以此减少汇兑损失；反之，则降低商品价格。传统理论假设汇率传递具有对称性影响，即 α 为固定值，图 4-8 直观反映了在该假设条件下，出口价格对于汇率变动的响应情况。然而，该假设并不一定符合出口企业的实际定价策略。根据微观经济学的基本理论，我们可以得出以下几种非对称汇率传递的假说。

假说 1：在出口价格刚性上行的情况下，本币升值的汇率传递效应强于本币贬值。Peltzman(2000)的研究发现，短期内商品价格具有刚性(rigidity)特征，且生产投入品调整成本(adjustment cost)的非对称性(即增加投入品的成本高于减少等量投入品的成本)导致企业定价的非对称性，价格上行倾向较下行倾向更强。Meyer 和 Cramon-Taubadel(2004)的研究也证明了这一点。这就意味着，本币升值引致出口价格上涨的程度可能高于本币贬值引致出口价格下跌的程度，也即本币升值的汇率传递效应强于本币贬值，此时出口价格对于汇率变动的响应情况如图 4-9 所示。

假说 2：在出口供应能力受限的情况下，本币升值的汇率传递效应强于本币贬值。本币升值时期，出口企业上调价格导致需求减少，被迫压缩部分产能。但在本币贬值时期，出口企业并不一定等幅(即与升值时期的汇率传递系数相等)下调价格和扩张产能。由于招聘熟练工人、增加合格投入品等活动需要耗费大量时间成本，出口企业的产能调整存在非对称性，短期内企业压缩产能较扩张产能容易得多。供应能力的限制使得出口企业在本币贬值时期，不太可能通过大幅降价来提振需求，而是更倾向于小幅降价甚至维持价格不变来获取更多的汇兑收益，从而导致汇率传递效应弱于本币升值的情形，此时出口价格对于汇率变动的响应情况同样如图 4-9 所示。

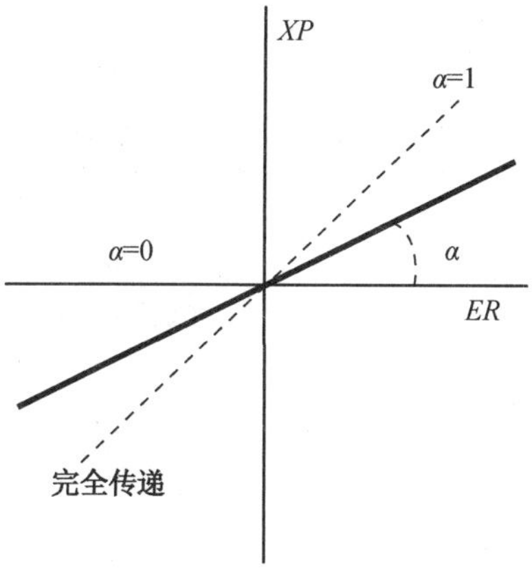

图 4-8　传统理论的对称性汇率传递效应

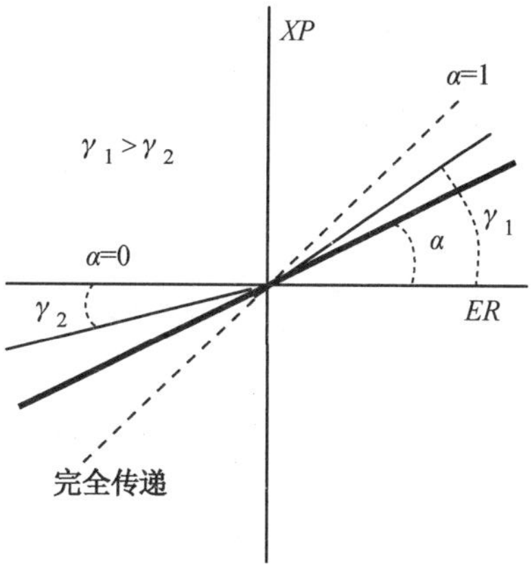

图 4-9　假说 1 和假说 2 的非对称汇率传递效应

注:图 4-8 中价格响应函数的斜率即为汇率传递系数 α，$\alpha = 1$ 时的夹角为 45 度。图 4-9 中 γ_1 是本币升值期间的汇率传递系数，γ_2 是本币贬值期间的汇率传递系数。

假说 3:在优先争取市场份额的竞争策略下,本币升值的汇率传递效应弱于本币贬值。对于那些旨在拓展国际市场的出口企业而言,其定价策略并不一定过分看重短期的盈利指标,而是着眼于争取长期的市场份额,以及与之相关的垄断红利。基于这一竞争策略,出口企业在本币升值时期,很可能仅仅小幅提高价格甚至维持价格不变,通过牺牲短期出口利润来争取长期市场份额。在本币贬值时期,出口企业则会通过大幅降价来刺激需求,进而快速抢占市场份额,由此导致本币贬值的汇率传递效应强于本币升值的情形。

假说 4:在调价菜单成本较高的情况下,汇率大幅变动的价格传递效应强于汇率小幅变动。出口企业调整商品价格涉及重订出口合同、重制价格标签等菜单成本,菜单成本的支出和价格调整的收益在一定程度上决定了企业调价意愿和调价幅度。在汇率大幅变动时,价格大幅调整的收益相对更高,汇率小幅变动时,价格等幅(即与汇率大幅变动时期的汇率传递系数相等)调整的收益相对较低,而两者的菜单成本相差并不大。这就导致出口企业更倾向于在汇率大幅变动时期调整商品价格,产生更强的价格传递效应。如果价格小幅调整的收益低于菜单成本的门槛,出口企业在汇率小幅变动时甚至不会改变商品价格。

不难看出,上述假说是以同质性商品作为考察对象,仅仅揭示了汇率传递非对称性的可能成因,却并未考虑出口商品在技术含量、投入品构成等方面的异质性特征,以及由此而来的差异化的非对称传递特征。汇率传递理论认为,汇率传递系数主要取决于贸易品的需求价格弹性和边际生产成本。而商品的技术含量决定了出口商品的需求价格弹性和出口企业的垄断定价能力,进口投入品比例则决定了边际生产成本。这些因素不仅导致异质性商品之间的汇率传递效应存在差异化特征,而且导致非对称汇率传递效应也存在差异化特征。

在假说 1 和假说 2 的两种情况下,高技术产品的需求价格弹性相对较低,出口企业更易于上调价格,形成更为悬殊的非对称汇率传递效应。然而,加工贸易产品的进口投入品比例相对较高,本币升值降低了边际生产成本,本币贬值增加了边际生产成本,非对称汇率传递效应的差距则要小得多,甚至不存在显著差距。图 4-10 和图 4-11 反映了此时异质性商品在非对称汇率传递效应上的差异化特征。

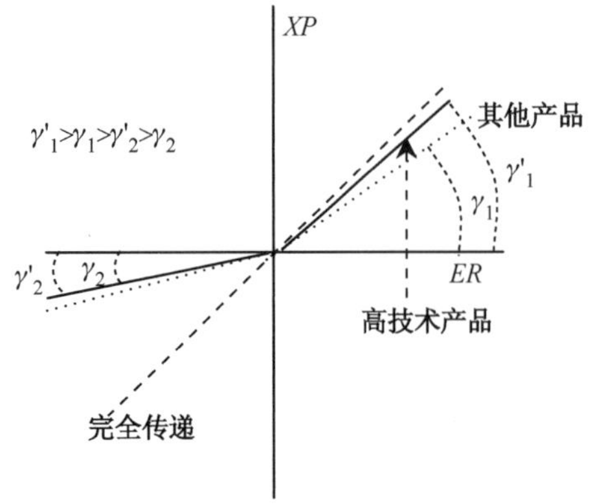

图 4-10　高技术产品的非对称汇率传递效应

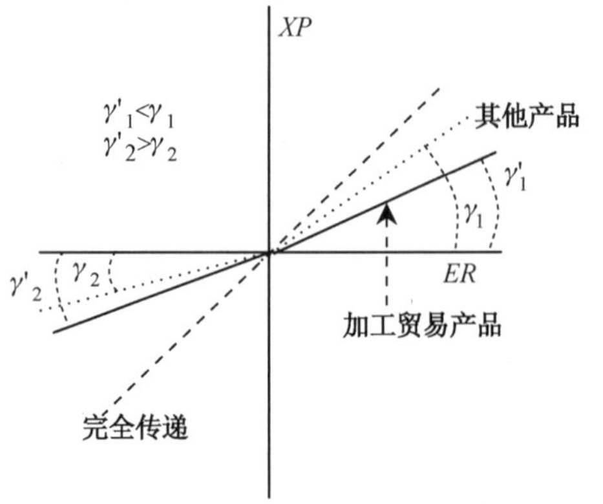

图 4-11　加工贸易产品的非对称汇率传递效应

注:图 4-10 中 γ' 是高技术产品的汇率传递系数,γ 是其他技术含量产品的汇率传递系数。图 4-11 中 γ' 是加工贸易产品的汇率传递系数,γ 是其他贸易类型产品的汇率传递系数。

在假说 3 的情况下,高技术产品的替代性相对较低,出口企业通常具有寡头垄断地位,更倾向于采取市场份额的竞争策略,容易形成更为悬殊的非对称汇率传递效应。加工贸易产品的出口企业得益于较高的进口投入品比例,更能承受本币升值的冲击,同样易于形成更为悬殊的非对称汇率传递效应。

在假说 4 的情况下,与高技术产品生产企业的高额垄断利润相比,低技术产品生产企业的利润率要低得多,经常处于盈亏相抵的平衡点,对于出口收益率的变动非常敏感,汇率小幅变动也会迫使企业在价格方面作出强烈的反应,故而非对称汇率传递效应的差距相对较小,甚至不存在显著差距。加工贸易产品由于进口投入品比例较高,汇率变动幅度对于出口收益率的影响明显弱于一般贸易产品,故而出口价格对于汇率变动幅度的响应程度相对较低,非对称汇率传递效应的差距也相对较小。

3) 计量模型与方法说明

我们以中国作为研究对象,采用面板数据的计量模型对理论分析中的若干假说进行实证检验,并对异质性商品的汇率传递效应进行比较分析。我们的研究目标要求在较长的时间跨度内分析汇率传递效应的动态特征和非对称特征,但中国在 2005 年才开始编制分行业和分类商品的月度出口价格指数,时间跨度较短,不能满足我们的研究需要。我们只能在海关统计数据库中,选择时间跨度较长、出口规模较大、属性差异明显的 20 种有代表性的出口商品进行研究(见表 4-6),样本区间为 1996 年第四季度至 2014 年第二季度。

表 4-6　**20 种有代表性出口商品的基本情况**

商品名称	海关代码	所属行业	技术含量	商品名称	海关代码	所属行业	技术含量
蘑菇罐头	2003	食品制造	资源品	皮革手套	4203	皮革制品	中低技术
啤酒	2203	饮料制造	资源品	地毯	6301	纺织业	中低技术
煤	2701	煤炭开采和洗选业	资源品	不锈钢厨具、餐具	7323	金属制品	中低技术
原油	2709	石油和天然气开采	资源品	自行车	8712	交通运输设备制造	中低技术

（续表）

商品名称	海关代码	所属行业	技术含量	商品名称	海关代码	所属行业	技术含量
塑料制品	39	塑料制品	中低技术	足篮排球	9506	文体用品制造业	中低技术
纸及纸板	48	纸制品业	中低技术	医药制品	30	医药制造	高技术
合成短纤棉纺机物	55	化纤制造	中低技术	自动数据处理设备及其部件	8471	电子通信设备制造	高技术
钢材	72	黑色金属冶炼加工	中低技术	电动机及发电机	8501	电气机械制造	高技术
铝材	76	有色金属冶炼加工	中低技术	二极管及半导体	8541	电子通信设备制造	高技术
充气橡胶轮胎条	4011	橡胶制品	中低技术	照相机	9006	仪器仪表制造业	高技术

注：出口商品技术含量的分类依据是 Lall(2000)的分类标准。海关代码是国际贸易协调编码制度(HS)编码。

根据基本经济理论和数据可得性，在纳入汇率、供给、需求、竞争等因素后，确定如下的基准模型①：

$$\Delta EPI_{i,t} = \beta_0 + \beta_1 \Delta ERI_{i,t} + \beta_2 \Delta PPI_{i,t} + \beta_3 \Delta WPI_{i,t} + \beta_4 REFORM + \varepsilon_{i,t} \tag{4-7}$$

式中 i——出口商品；

t——季度时间序列；

Δ——一阶差分符号；

β——解释变量系数；

ε——模型残差项；

EPI——出口价格指数。出口价格以单位商品的美元出口额来衡量，再对照基期数据进行指数化处理来消除计量单位的影响②；

PPI——生产者价格指数。因缺少分类商品的生产者价格指数，此处以商品 i 所属行业的生产者价格指数来反映，衡量出口商品的生产成本③；

WPI——世界价格指数。以美国市场中商品 i 的进口价格指数来近似反映，衡量中国出口品面对的国际价格竞争压力④；

$REFORM$——人民币汇率制度改革的虚拟变量。2005 年第三季度之前的 $REFORM$ 取值为 0，2005 年第三季度及其后的 $REFORM$ 取值为 1。

ERI——汇率指数。为规避价格因素的同期相关性扰动，我们以名义汇率而非实际汇

① 我们曾纳入市场需求指数来衡量需求因素的影响，因缺少分类商品的消费数据，只能以经合组织(OECD)成员国的国内生产总值指数来反映总体需求状况，但该变量未能通过显著性检验，故被剔除出基准模型。

②③ 数据来源：中经网统计数据库。

④ 数据来源：美联储官方网站。

率来度量汇率冲击。

参照国际清算银行的名义有效汇率指数的计算方法如下：

$$ERI_{i,t}=\prod_{k=1}^{n}\left(\frac{ER_{k,t}}{ER_{k,0}}\right)^{\mu_{i,kt}}$$

式中　$ER_{k,t}$——t 期单位人民币所能兑换的外币 k 数量；

$ER_{k,0}$——基期单位人民币所能兑换的外币 k 数量，根据各出口市场货币对美元的季度平均汇率进行换算，ERI 值上升意味着人民币升值；

$\mu_{i,kt}$——t 期当年的出口贸易权重，指的是样本期内各年中国对 k 市场的商品 i 出口额占中国商品 i 出口总额的比重。

我们选择 26 个主要出口国和地区进行研究（$n=26$）①，基本覆盖了样本商品的绝大部分出口市场，人民币对这些目标市场货币的汇率变动能够反映出口商品所面对的真实汇率冲击②。

所有指数变量的基期均为 2010 年。对于计算出的指数时间序列变量，首先利用一阶差分来处理潜在的单位根问题，然后采用 X-11 方法消除各变量的季节性影响，最后取自然对数进入(4-7)式。考虑到样本数据的时间跨度较长，且商品属性差异较大，可能存在组内自相关问题和组间异方差问题，普通回归方法容易产生偏差。为此，我们采用可行的广义最小二乘法(FGLS)来进行计量分析，同时设定组内一阶自相关（各组的自相关参数不同）和组间异方差的回归条件。

(4-7)式的估计结果能够得出总体的汇率传递系数 β_1，在此基础上引入汇率变量与虚拟变量的交互项便可分析汇率传递效应的非对称性，扩展模型如下所示：

$$\Delta EPI_{i,t}=\gamma_0+\gamma_1 D^A\Delta ERI_{i,t}+\gamma_2 D^D\Delta ERI_{i,t}+\gamma_3\Delta PPI_{i,t}+\gamma_4\Delta WPI_{i,t}+\gamma_5 REFORM+\sigma_{i,t} \quad (4\text{-}8)$$

$$\Delta EPI_{i,t}=\theta_0+\theta_1 D^L\Delta ERI_{i,t}+\theta_2 D^S\Delta ERI_{i,t}+\theta_3\Delta PPI_{i,t}+\theta_4\Delta WPI_{i,t}+\theta_5 REFORM+\upsilon_{i,t} \quad (4\text{-}9)$$

式中　D^A——汇率升值；

D^D——汇率贬值；

D^L——汇率大幅变动；

D^S——汇率小幅变动的虚拟变量。

$$D^A=\begin{cases}1 & \Delta ERI_{i,t}>0\\0 & \Delta ERI_{i,t}<0\end{cases},\ D^D=\begin{cases}1 & \Delta ERI_{i,t}<0\\0 & \Delta ERI_{i,t}>0\end{cases},\ D^L=\begin{cases}1 & |\Delta ERI_{i,t}|>T\\0 & |\Delta ERI_{i,t}|<T\end{cases},\ D^S=\begin{cases}1 & |\Delta ERI_{i,t}|<T\\0 & |\Delta ERI_{i,t}|>T\end{cases}$$

T 是汇率变动幅度的临界值，该值的选取并无严格的理论依据，主要基于样本数据统计特征和研究对象经济实际的判断。Pollard 和 Coughlin(2004)曾以 3%作为临界值，而 Bussiere(2013)则以一单位的标准差作为临界值。考虑到人民币汇率小幅渐进调整的特征，单季 3%

① 这些国家和地区包括美国、日本、韩国、德国、荷兰、英国、俄罗斯、印度、新加坡、中国台湾等。尽管中国香港在中国出口贸易中占有很大比例，但大部分是转口贸易，并非中国香港的真实需求，故将中国香港排除在外。

② 数据来源：中经网统计数据库、UN Comtrade。

的临界值明显偏高，后者的做法更为合适，故本章以每种商品在样本期内 $\Delta ERI_{i,t}$ 的一单位标准差作为临界值，临界值最高的为 0.97%（啤酒），最低的为 0.17%（塑料制品），平均约为 0.55%。

(4-8)式中 γ_1 和 γ_2 分别为升值和贬值时期的汇率传递系数，(4-9)式中 θ_1 和 θ_2 分别为汇率大幅变动和汇率小幅变动时期的汇率传递系数，比较这些交互项系数的大小和显著性水平即可验证理论分析中的四种假说是否成立。进一步地，为考察异质性商品在汇率传递效应上的差异化特征，可按照出口商品的属性特征将总体样本划分为若干个子样本，再根据(4-8)式和(4-9)式进行 FGLS 回归，比较子样本中交互项系数的大小和显著性水平即可验证异质性商品的非对称汇率传递效应是否存在显著差异，并分析具体的差异化特征。

首先，我们根据(4-7)式考察总体的汇率传递效应，为下文的比较分析提供参照基准，表 4-7 给出了 FGLS 方法的估计结果。第 2 列中的全样本结果显示：出口价格的汇率传递系数为 0.276，并且在 1%的水平上高度显著。这说明中国的出口价格存在显著的汇率传递效应，样本期内人民币升值 10%，外币标价的出口价格上涨 2.76%。然而，第 3 至第 5 列中的子样本结果显示：汇率传递效应主要存在于资源性产品和中低技术制成品中，而高技术产品的子样本中，包括汇率变量在内的所有解释变量均未通过显著性检验。

表 4-7　**回归方程式(4-7)的 FGLS 估计结果**

项　目	全样本	子样本		
		资源性产品	中低技术制成品	高技术产品
ΔERI	0.276***	0.287*	0.285***	0.170
ΔPPI	0.377***	0.612***	0.281***	0.146
ΔWPI	0.285***	0.176**	0.380***	0.416
REFORM	0.012***	0.008	0.014***	0.012
Obs	1 400	280	770	350

注：表中数据为解释变量的回归系数，***、**、* 分别表示系数通过 1%、5%、10%的显著性检验。*Obs* 为样本观察值数量。

子样本结果的对比反映出异质性商品的定价模式存在较大差异，资源性产品和中低技术制成品的出口定价与经济理论基本相符，而高技术产品的出口定价却有其特殊性。我们认为，这种差异性主要是由国际分工特征所造成的。中国的资源性产品和中低技术制成品是以内资企业为主导，且多以一般贸易模式参与国际分工①，出口企业可以根据供需状况和货币因素自主定价。相比之下，中国的高技术产品是以外资企业为主导，且多以加工贸易模式参与国际分工，出口企业仅仅是跨国公司全球生产体系中的组成部分，出口贸易也往往表现为跨国公司内部贸易，中国境内的出口企业并不具有定价权，多数时候只能被动接受跨国公司给出的订单，这种内部贸易定价经常涉及跨国避税等方面的考虑，旨在实现全球收益最大化的战略目标，传统经济理论难以解释此种定价模式。

① 以矿采选业、食品饮料制造业、纺织皮革制品业为例，2009 年中国出口此类商品的国内增加值比例分别为 72.%、74.9%、79.3%，符合一般贸易的基本特征。数据来源于 OECD-WTO 的 TiVA 数据库。

然后，我们根据(4-8)式和(4-9)式来检验汇率传递效应的非对称性，表4-8给出了汇率交互项变量的系数估计结果。全样本的估计结果显示：(4-8)式中交互项 $D^A\Delta ERI$ 的系数与理论预期相符，且通过了1%的显著性检验，而 $D^D\Delta ERI$ 的系数远小于 $D^A\Delta ERI$，且不具显著性。这说明人民币升值对出口价格产生了显著影响，而人民币贬值的汇率传递效应并不显著，由此证实假说1和假说2符合中国的出口贸易实际状况。这种汇率变动方向上的非对称传递效应意味着人民币升值对出口贸易的负面冲击远强于人民币贬值对出口贸易的促进作用。(4-9)式中交互项 $D^L\Delta ERI$ 的系数与理论预期相符，且通过了1%的显著性检验，而 $D^S\Delta ERI$ 的系数则小得多且不显著，这说明人民币汇率的大幅变动对出口价格产生了显著影响，而人民币汇率的小幅变动并未产生显著的价格传递效应，由此证实假说4符合中国的出口贸易实际状况。汇率变动幅度上的非对称传递效应意味着人民币汇率波幅的扩大不利于出口贸易的稳定，以小幅、渐进方式来调整人民币汇率更符合中国利益。

表4-8 **回归方程式(4-8)和式(4-9)中汇率交互项系数的估计结果**

项目		全样本	子样本		
			资源性产品	中低技术制成品	高技术产品
(Ⅱ)	$D^A\Delta ERI$	0.505***	0.661**	0.548***	0.129
	$D^D\Delta ERI$	−0.106	−0.294	−0.153	0.239
(Ⅲ)	$D^L\Delta ERI$	0.448***	0.665***	0.472***	0.089
	$D^S\Delta ERI$	0.056	−0.201	0.046	0.274

注：为节约篇幅，表中未列出其他解释变量的系数估计结果。***、**分别表示系数通过1%、5%的显著性检验。

表4-8中子样本的估计结果证实了理论分析的推断，异质性商品在非对称汇率传递效应上确实存在差异化特征。(4-8)式中资源性产品和中低技术制成品在汇率变动方向上表现出显著的非对称传递效应，且出口价格都只受人民币升值的影响，而高技术产品的出口价格在人民币升值和贬值期间都不受汇率因素的影响，谈不上汇率传递效应的非对称性。与(4-8)式的结果相类似，(4-9)式中资源性产品和中低技术制成品在汇率变动幅度上同样表现出显著的非对称传递效应，且出口价格都只受人民币大幅变动的影响，而高技术产品在汇率波幅的两种状态下依然没有表现出显著的价格传递效应①。

出现这种差异化特征的主要原因在于，样本中选取的"高技术产品"实际上包含了技术含量较高的核心零部件产品和技术含量较低的最终组装产成品。从产品内国际分工的角度来看，核心零部件属于附加值较高的技术密集型产品，生产环节集中于美国、日本等技术要素禀赋占优的发达经济体。中国及东南亚等劳动和资源要素禀赋占优的新兴经济体，通过加工贸易的方式从发达经济体进口这些核心零部件，再利用廉价劳动力将其组装成最终产品对全世界出口，这些最终产成品本质上属于附加值较低的劳动密集型产品，只是囿于现有的统计口径而将其归于"高技术产品"。以电子及光学设备制造业为例，2005年美国和日本出口此类产品的国内增加值比例分别为91.6%和83.7%，而中国只有49.5%②。因

① 我们还曾以0.5倍标准差和1.5倍标准差作为临界值进行稳健性检验，实证结论并未因此而改变。

② 数据来源于OECD-WTO的TiVA数据库。

此,中国的"高技术产品"在商品属性上更偏向于技术含量较低的加工贸易产品,而非真正意义上的高技术产品,在汇率变动方向上的非对称传递效应与图 4-11 相一致,却与图 4-10 相悖。在汇率变动幅度上的非对称传递效应符合加工贸易产品的理论推断,却不符合高技术产品的理论推断。

最后,考虑到 2005 年人民币汇率制度改革以来,汇率水平渐进升值,汇率波幅逐步放宽,汇率传递效应有可能在汇改前后表现出动态的非对称性。为此,我们根据(4-7)式来检验汇改前后的汇率传递效应是否存在非对称性,表 4-9 给出了对应的估计结果。比较汇改前后的两个子样本结果可以看出,汇率传递效应确实随着时间和环境的变化显现出动态非对称性。汇改前的汇率传递系数仅为 0.038,且不具有显著性,而汇改后的汇率传递系数增至 0.497,且在 1%的水平上高度显著,这说明汇率因素对出口价格的影响是在汇改之后才开始显现,汇制改革使人民币汇率走势改变了以往的固化形态,从而为汇率作用的发挥提供了必要的制度环境,由此汇率因素逐渐成为出口企业的重要决策变量。从分类商品的估计结果来看,汇率传递效应的动态非对称性主要来源于资源性产品和中低技术制成品的贡献,高技术产品的出口价格在汇改前后均不受汇率因素的影响。这种差异化特征同样是因为投入品构成的异质性所致,由前文的逻辑分析不难推断其原理,此处不再赘述。

表 4-9　**汇改前后(4-7)式中汇率传递系数的对比**

项目		全部商品	分类商品		
			资源性产品	中低技术制成品	高技术产品
汇改前子样本	ΔERI	0.038	−0.055	0.117	−0.161
	Obs	680	136	374	170
汇改后子样本	ΔERI	0.497***	0.465**	0.447***	0.408
	Obs	720	144	396	180

注:为节约篇幅,表中未列出其他解释变量的系数估计结果。***、** 分别表示系数通过 1%、5%的显著性检验。*Obs* 为样本观察值数量。

值得一提的是,动态非对称性的差异化特征对于出口商品结构乃至国内产业结构调整有着重要的意义。汇改以来,人民币汇率水平的持续升值和汇率波幅的逐步扩大,迫使资源性产品和中低技术制成品的出口价格趋于走高,价格竞争力的弱化对这两类商品的出口贸易造成较大的负面冲击,而高技术产品得益于投入品构成上的优势,有效缓解了汇率因素的不利影响,由此导致中国的出口商品结构朝着"高级化"方向发展,进而带动国内产业结构的"升级"。不过,鉴于中国在高技术产品的全球生产体系中仍处于附属位置,这种"出口结构高级化"和"产业结构升级"并不像统计数据显示的那么乐观,不宜高估汇制改革和人民币升值在结构调整方面的积极作用。

4) 结论与启示

基于细分商品数据的实证研究表明,人民币汇率变动对出口价格的传递效应具有显著的非对称性。人民币升值和汇率大幅变动对出口价格产生了显著影响,而人民币贬值和汇率小幅变动的汇率传递效应并不显著。这种非对称的汇率传递效应仅限于资源性产品和中低技术制成品,而高技术产品的加工贸易特征,使其得以规避汇率因素的影响。2005 年的汇制改革使得汇率传递效应在汇改前后表现出动态的非对称性,汇率因素对出口价格的影响在汇改之后才开始显现，这种动态非对称性同样仅限于资源性产品和中低技术制成品。

本章的实证分析结论对于相关问题的理论研究和政策实践有着重要的启示。在理论研究方面，传统汇率传递理论中的线性、对称性假设条件需要加以修正，在融合价格刚性、博弈定价、菜单成本、国际分工等经济理论的基础上，充分考虑汇率传递效应的非对称性和商品异质性特征，使得理论模型更符合经济实际。实证研究也应当区分汇率升值和汇率贬值、汇率大幅变动和小幅变动对于出口贸易的非对称影响，以及商品属性对于汇率传递效应的差异化影响，以便得出更可靠的结论，全面、准确地评估汇率因素的贸易影响。在政策实践方面，汇制改革已经部分达到预期目标，汇率变动显著影响了许多出口企业的定价决策，能够促进出口商品结构优化和引导资源要素合理配置。在具体的政策操作上，应当继续维持小幅、渐进调整的汇率政策，在进一步推动汇率市场化改革的过程中，尽可能减轻汇率因素对于出口贸易的负面冲击。

（三）对外贸易风险与经济增长风险：综合评价

基于前文关于对外贸易的风险评价，本部分结合经济增长的风险等级，综合评价进出口贸易风险与经济增长风险之间的联系。与以往研究的评价方法一致，在评定经济增长风险等级时，根据实际 GDP 增长率与长期趋势值相偏离的程度予以判定，以 1979—2014 年间实际 GDP 增长率的算术平均值作为长期趋势。为便于观察，图 4-12 中绘出了 2000 年以来对外贸易风险与经济增长风险的等级评定情况。

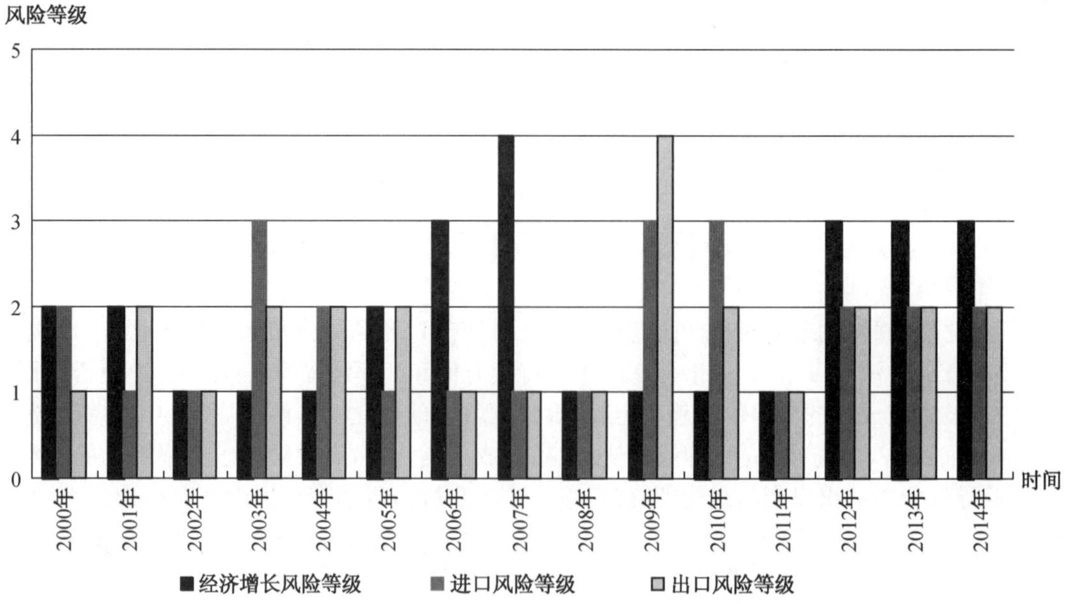

图 4-12　对外贸易风险与经济增长风险的等级评定

自 2012 年以来，中国的对外贸易与经济增长进入了一个新的发展阶段，两者都进入了相对低速增长的周期，并且经济增长与长期趋势值的偏离度大于对外贸易与长期趋势值的偏离度。2014 年延续了 2013 年的低速增长特征，对外贸易与经济增长的风险等级分别维持在低等风险和中等风险的水平。从经济增长的内部构成来看，进出口贸易对经济增长的影响从 2013 年的负向牵制转为 2014 年的正向促进。2014 年货物和服务净出口因素对国内生产总值增速的贡献率为 0.2 个百分点，而 2013 年为－4.4 个百分点。与此同时，经济增长呈现从投资主导的模式转为消费主导的模式，资本形成因素对国内生产总值增长的贡献率为 48.6%，较 2013 年大幅下降 5.8 个百分点，而最终消费因素的贡献率却稳步上升 1.2 个百分点，达到 51.2%。由此可见，尽管经济增速持续降低，已经显现出一定的减速风险，但在中央政府“促改革调结构”的坚定决心之下，经济增长的结构风险趋于缓解，传统的粗放型投资驱动模式得到有效抑制，消费驱动的内需增长模式正在逐步形成。

在 2014 年的风险研究中，我们曾预测“预计 2014 年经济增速可能与 2013 年持平，进出口贸易增速也不会有大的变化，对外贸易与经济增长的风险等级保持不变的概率很大，但贸易顺差高企的局面短期内难有明显改观”，实际数据与预测情况基本相符。尽管出口增速仅小幅回落 1.7 个百分点，但进口增速大幅下降了 6.7 个百分点，这导致贸易顺差进一步扩大，较 2013 年大幅上升了 47.6%，增速较 2013 年加快了 35 个百分点，创下新的顺差纪录。这种贸易萎缩环境下的高顺差，一方面反映了中国的进出口贸易面临非常大的内外部压力，另一方面反映了中国的高顺差有其内在的根源，特殊的国际分工模式决定了进口和出口贸易相互关联，单方面的“促进口”或“抑出口”都难以从根本上降低贸易顺差。鉴于 2015 年中央政府工作会议已明确表示，将国内生产总值的目标增速定在 7%的相对低位，并且预期 2015 年的进出口总额只增长 6%，较之前 3 年 10%、8%、7.5%的外贸发展目标进一步下调。这些都表明中国政府不再追求绝对的经济增速和外贸增速，而是要提高经济增长和出口贸易的质量，实现中国经济提质增效升级。2015 年经济增速略低于 2014 年，进出口贸易增速将会进一步下降，很可能出现负增长，经济增长的风险等级保持不变的概率很大，但对外贸易的风险等级可能上调，衰退式顺差高企的局面短期内仍将延续。

四、风险预测与管理

（一）对外贸易风险预测

随着商业投资和国内需求的快速增长，美国在 2014 年已经走上稳健复苏的轨道。而欧元区受投资不足、出口不振以及财政负担过重等因素的影响，经济陷入停滞不前的低迷状态。新兴经济体受自身经济结构的影响，经济增长出现分化态势。从近期的经济运行情况来看，2015 年发达国家经济延续复苏向好的态势，带动全球经济小幅回升。国际货币基金组织在 2015 年 1 月份发布的报告中，预计 2015 年世界经济将增长 3.5%，较 2014 年提高 0.2 个百分点；世界银行 2015 年 1 月份的预测显示，按汇率法 GDP 加权汇总，2015 年世界经济将增长 3.0%，增速比上年加快 0.4 个百分点。外部经济环境的持续好转将会加快中国的外贸恢复进程，但国内产能过剩问题依然突出，经济运行的下行压力可能继续加大。因此，2015 年中国的外贸形势仍不乐观。

次贷危机之后，奥巴马的一系列经济改革及刺激政策逐渐释放出效果。从 2010 年 1 月份开始，美国工业开始恢复增长，截至 2014 年 9 月，已实现持续 57 个月同比增长，且从 2013 年 8 月份开始持续 1 年超过危机前水平，实体经济发展对推动美国经济增长起到了至关重要的作用。在强劲内需的带动下，美国经济在 2014 年加快了复苏步伐。2014 年第二季度 GDP 增长 4.6%，创 2013 年第三季度以来最快的扩张速度，第三季度 GDP 增速大幅上升至 5%，更是创下过去 11 年以来的最高纪录。在就业增加、股市繁荣、房市向好等因素的刺激下，美国投资信心指数回升、经济景气先行指数走高，2015 年工业生产进一步扩张，固定资产投资稳健增长，住房信贷市场回暖，美国经济基本面更加稳健，内生增长动力持续强劲。随着劳动力市场持续改善以及消费者信心指数的回升，消费者的消费能力和意愿都得到增强，这推动了美国经济增长提速，经济运行呈现出“高增速、低通胀、低失业”的特点。

受高失业、低通胀以及财政问题等因素的牵制，欧元区经济复苏乏力。欧元区在 2014 年前三个季度的 GDP 环比增速分别为 0.3%、0.1%、0.2%，始终在停滞的边缘徘徊。随着经济货币联盟制度性改革举措逐步实施，欧元区已度过债务危机的最危险阶段，但仍深陷经济低增长的泥潭。地缘政治风波带来的欧俄经济制裁不仅拖累了东欧国家，而且对整个欧洲经济发展造成负面影响。欧洲经济复苏需要更多政治支持，但欧元区国家之间存在隐性的政治博弈，使得财政政策难以统一并缺乏有效性。在德、法等核心国家的带动下，欧元区经济基本面能够缓慢改善，2015 年欧元区经济继续维持 1%左右的低速增长。

日本经济走势与美国恰恰相反，2014 年第一季度 GDP 增长 1.5%，折合成年率为增长 6%；第二季度 GDP 环比萎缩 1.8%，折合成年率为萎缩 7.1%，创 2009 年第一季度以来的最大降幅；第三季度继续下滑 1.6%。内需变化是日本经济大幅波动的主要原因，2014 年 4 月 1 日消费税上调前，消费的大幅增长带动经济强劲反弹，第一季度国内消费环比增长 2%，第二季度则大幅下滑 5.1%。在内需疲弱和外需不景气的双重作用下，工业生产和投资随之下滑，由此形成的连锁反应导致日本经济陷入停滞甚至衰退的泥潭。新增长动力的缺乏导致日本经济潜在增长率较低，与此同时政府背负高额债务，给宏观经济和财政政策带来严峻挑战。日本央行在 2015 年加大量宽力度，进一步弱化日元，消费税再次上调的时间点也推迟，再加上一系列增长及改革措施的实施能给日本经济形成利好，但增速突破 1%的难度较大。

2014 年以来新兴市场和发展中国家经济增速普遍放慢，不仅低于危机前的繁荣期水平，也低于危机后复苏初期的水平。与此同时，新兴市场两极分化明显。制造业主导型国家受益于美国复苏和全球市场回暖的带动，依然保持中高速增长；但资源主导型国家受国际市场动荡和地缘政治风险的冲击，经济增长普遍疲软。受发达经济体需求带动，2015 年新兴市场的经济增速将略有回升，但由于自身潜在增长率和大宗商品价格下降，以及资金外流等影响，回升势头仍然较为脆弱。另外，美国的加息政策对国际资本流动的影响、欧元区量化宽松的实际规模和效应以及乌克兰、中东等地缘政治危机的演变等，都是我们需要高度关注的外部不确定因素。

从中国国内经济来看，既有消化过剩产能、经济结构调整的不利因素，也有金融支持力度加强、外贸便利化改革的利好因素，2015 年经济增速继续小幅回落，投资继续下行，消费稳中略降。在投资方面，受房地产政策放宽、货币环境继续宽松等影响，2015 年房地产投资趋于平稳，前低后升。但制造业部门受产能过剩的制约，投资仍有所放慢。但是，考虑到加速折旧、税收优惠等政策，以及设备更新、新兴产业带动和出口趋稳等因素，制造业投资降幅不大。地方政府在债务监管政策收紧的约束下，政府平台融资渠道受限，基建投资增速略有回落；在消费方面，城镇居民实际收入增长放缓制约未来消费支出，但上半年股市回暖带来居民财产性收入增加，对消费增长提供资金来源。网络购物、信息消费、文化体育、家政养老以及各种服务消费等新的消费市场正在形成，未来发展空间巨大。在消费刚性和“调结构、促内需”的政策推动下，国内消费增速小幅提升。

综上所述，2015 年中国外贸发展面临的外部环境总体向好，但内部不利因素会对外贸增长形成制约，国内外的一些不确定因素也要引起我们高度重视。除了美国经济复苏有利于拉动中国出口之外，中国与贸易伙伴国签署了一系列自由贸易协定，稳步推进亚太自贸区建设，以及“一带一路”专项规划出台，将开拓对外经贸新空间，推动出口贸易持续平稳增长。但欧盟和日本经济仍面临衰退的风险，美联储有可能提前加息，进而对全球金融市场造成短期冲击。另外，中国外贸竞争优势减弱、贸易摩擦形势严峻复杂等问题依然存在，甚至进一步恶化，工业与制造业领域的“通缩”风险也会对外贸发展造成不小的阻碍。2015年中国的外贸增速进一步回落，可能会在－2%～2%的区间内变动。由于外部需求条件好于内部需求条件，出口增速与进口增速的落差继续拉大，这也使得贸易顺差问题进一步凸显。考虑到世界各国的分化增长趋势，中国的外贸重心进一步偏向美国以及周边的韩国、东盟等新兴经济体。

（二）对外贸易引致经济增长风险的管理对策

鉴于2015年的国内外经济形势仍然不容乐观，对于外贸增长的数量目标不应有过高的期待。政策重心应当抓住“一带一路”的战略机遇，以制度创新引领对外经济发展方式的转变，在经济发展新常态下培育出口竞争新优势。同时，要注意对外贸易的均衡发展，更好地发挥进口贸易在结构调整和产业升级方面的积极作用。具体的管理对策包括以下几方面。

1. 稳步推进“一带一路”战略，拓展国际合作空间

“一带一路”的战略构想和倡议，本质上就是要通过政策沟通、道路联通、贸易畅通、货币流通、民心相通的“五通”方式，加强多边、区域和双边不同层面上的互利合作，营造一个良好的国际环境，创造发展新机遇①。“一带一路”的合作涉及60多个国家、44亿人口，合作领域涉及基础设施、经贸、科技人文、海洋等多个领域，必然会带来很多贸易投资机会。“一带一路”沿线国家之间经济结构互补，贸易发展潜力大。“一带一路”是个长期战略，但必须尽快建设示范项目，早见成效，以坚定各方信心。中国可选择合适对象国，采取多种融资方式，率先建成具有示范性的基础设施项目，如电力项目、电信项目、交通项目等。选择一两个发展中国家，建设出口加工园区，引导一些国内的劳动密集型项目入驻，充分发挥东道国的劳动力优势，争取在较短时期内形成规模，在缓解国内企业成本压力的同时，为东道国创造就业机会和增强出口创汇能力。

2. 积极探索制度创新，着力构建开放经济新体制

十八届三中全会提出了构建开放型经济新体制的决策部署，为中国外贸发展增添了新动力。我们要按照十八届三中全会精神，以上海自贸试验区和新批准设立的三个自贸试验区为抓手，以服务业对外开放为重点，进一步探索负面清单加准入前国民待遇的外资管理新模式，打造开放透明可预期的国际化、法治化营商环境，吸引跨国公司高端产业活动。加快改革对外投资体制，实行备案制，建立海外利益保护机制。由于服务业涉及的行业多，且都有相应的行业主管部门和管理制度、体制和法律，扩大服务业开放，涉及进一步放宽服务业的外商投资市场准入，需要服务业相关行业的管理体制、条例、法律、法规等作相应的改革和调整，充分发挥协同效应。当前，在中国的涉外经济体制中，外贸体制改革更深入一些，但利用外资和对外投资体制改革却相对滞后。为此，要放宽投资准入，加快利用外资和对外投资体制改革，改变利用外资和对外投资体制改革相对滞后的局面②。

3. 及时转换发展思路，努力培育出口竞争新优势

中国出口的传统竞争优势在于成本优势，主要体现在劳动力、土地、资源能源、环保等生产

---

① 隆国强. 新常态下对外开放战略需新目标[N]中国经济时报，2015-02-02.

② 赵福军. 构建开放型经济新体制需系统推进[N]中国经济时报，2014-12-04.

要素的低成本上。但因“刘易斯拐点”到来、新《劳动法》实施、土地制度改革推进、新《环境保护法》实施等因素，企业成本不断上升。中国出口必须尽快告别传统竞争优势，培育出口竞争新优势。这种新型竞争优势包括技术含量、增值链条、品牌价值、生产效率等多个方面的内容，目的在于提高出口附加值。对企业来说，一定要认清新形势，大力推进产品转型升级，痛下决心，淘汰落后产能和过时产品；加大研发投入，开发高附加值产品，精心塑造企业和产品品牌。对政府来说，要积极推进传统劳动密集型制造业和加工贸易的转型发展，在其传统比较优势中注入更多的技术、品牌、质量和服务含量；努力培育一批组织化程度高、国际竞争能力强的跨国公司，推动企业从数量价格竞争向质量品牌竞争转变；加强知识产权保护，鼓励创新，为创新者消除后顾之忧；规范“走出去”秩序，为企业提供金融、法律等服务①。

4. 发挥进口贸易的积极作用，推动外贸均衡发展

进口与出口犹如国民经济发展的“左右手”，必须坚持进口与出口并重，坚持两者协调有序发展。而目前国内对进口领域的重视程度远远不及出口，进口对国民经济的作用未能得到充分发挥，所以中国长期处于贸易失衡的状态。今后必须充分重视进口的作用，通过消化吸收和创新，提升出口产品的国际竞争力，大幅度增强对外投资实力。根据当前国内产业转型升级的要求，鼓励进口应着重体现在先进技术设备、关键零部件以及高端生产性服务等方面。例如，目前中国数控机床的制造水平仍然位于世界第二梯队，与以德国为代表的世界第一梯队有相当大的差距。通过引进先进技术、进口发达国家先进设备和零部件，我们可以学习模仿，进而创新。早年，中国华中、哈尔滨、内蒙古数控机床企业均是通过引进国外先进技术设备，不断发展壮大而成为国内排头兵的。与此同时，国内市场对消费类进口商品也有着强劲需求，通过合理增加与群众生活密切相关的一般消费品进口，可以极大地丰富市场供应，也将同时起到稳定市场价格的作用。此外，通过更多大宗食品的进口，中国一定程度上也可有效节约耕地、保证食品安全，在有利于新型城镇化的建设与发展的同时，也有效地保护了资源环境。

五、结论

在对外贸易与经济增长风险这部分的内容中，我们首先回顾了2014年中国对外贸易的主要特征，揭示了进出口贸易中的一些风险因素。中国的对外贸易形势极为严峻，外贸发展水平和面临的困难超出预期。外部需求难以提振、成本压力持续加大是中国出口面临的主要风险，国内经济趋于下行、进口需求扩张动力不足是进口面临的主要风险。

然后，我们实证研究了服务贸易结构与经济增长之间的联系，并就人民币升值对中国出口价格的非对称传递问题进行了量化评估。研究表明：传统服务的出口贸易与国内经济发展的关联性最强，适合粗放型经济发展模式。但是，现代服务贸易尤其是进口贸易可以在较短时期内推动国内技术进步，进而间接实现集约型增长的目标，这也是可持续发展的有效路径。中国应当加快服务贸易自由化的进程，放松金融服务、商业咨询等方面的管制约束，为经济可持续发展提供必要的高效的服务支持。2014年进出口贸易的风险等级仍然维持在低风险状态，但已经接近中等风险状态。人民币升值对中国出口价格非对称传递效应的评估结果显示：人民币汇率变动对出口价格的传递效应具有显著的非对称性。人民币升值和汇率大幅变动对出口价格产生了显著影响，而人民币贬值和汇率小幅变动的汇率传递效应并不显著。这种非对称

① 李佐军. 只有“物美”，出口才有优势[N]环球时报，2015-01-15.

的汇率传递效应仅限于资源性产品和中低技术制成品，而高技术产品的加工贸易特征，使其得以规避汇率因素的影响。2005 年的汇制改革使得汇率传递效应在汇改前后表现出动态的非对称性，汇率因素对出口价格的影响在汇改之后才开始凸显，这种动态非对称性同样仅限于资源性产品和中低技术制成品。

最后，我们分析了 2015 年的对外贸易风险，并就如何管理外贸风险提出了几点对策。2015 年世界经济表现趋于好转，但美联储逐步退出量化宽松货币政策成为世界经济的不确定因素，尤其是对新兴经济体和发展中国家造成了较大冲击。中国很难扭转下行的对外贸易形势，进出口贸易增速将进一步回落，风险等级很可能调高。为减少外贸引致经济增长的风险，2015 年的政策重心应当稳步推进"一带一路"战略，拓展国际合作空间。积极探索制度创新，着力构建开放经济新体制。及时转换发展思路，努力培育出口竞争新优势。发挥进口贸易的积极作用，推动外贸均衡发展。

参考文献

[1] 北京大学中国经济研究中心课题组. 垂直专门化、产业内贸易与中国贸易关系[R]. CCER 讨论稿系列，2005(5).

[2] 曹伟，倪克勤. 人民币汇率变动的不完全传递——基于非对称性视角的研究[J]. 数量经济与技术经济研究，2010(7).

[3] 陈学彬，李世刚，芦东. 中国出口汇率传递率和盯市能力的实证研究[J]. 经济研究，2007(12).

[4] 刘丽慧，蒋庚华，郭沛. 中国服务贸易商品结构与经济增长关系的实证检验[J]. 统计与决策，2013(3).

[5] 施建淮，傅雄广. 汇率传递理论文献综述[J]. 世界经济，2010(5).

[6] 王晋斌，李南. 中国汇率传递效应的实证分析[J]. 经济研究，2009(4).

[7] 王胜，田涛. 人民币汇率变动的不完全传递——基于非对称视角[J]. 上海金融，2013(9).

[8] 尹忠民，姚星. 中国服务贸易结构与经济增长的关系研究：基于 VAR 模型的动态效应分析[J]. 云南财经大学学报，2009(5).

[9] BUSSIERE M. Exchange rate pass-through to trade prices: the role of nonlinearities and asymmetries[J]. Oxford Bulletin of Economics and Statistics, 2013(5).

[10] FEINBERG R M. The effects of foreign exchange movements on U. S. domestic prices[J]. Review of Economics and Statistics, 1989(3).

[11] FRANCOIS J, KENNETH R. The role of services in the structure of production and trade: stylized facts from cross-country analysis[J]. Asia-Pacific Economic Review, 1996(2).

[12] FRANCOIS J, SCHUKNECHT L. International trade in financial services, competition, and growth performance[R]. Centre for International Economic Studies, No. 6, 2000.

[13] GHOSH A, WOLF H. Imperfect exchange rate pass through: strategic pricing

and menu costs[R]. CESifo Working Paper, 2001.

[14] GIL-PAREJA S. Exchange rates and European countries export prices: an empirical test for asymmetries in pricing to market behavior [J]. Weltwirtschaftliches Archiv, 2000(1).

[15] GOLDBERG L. Industry-specific exchange rates for the United States[J]. Federal Reserve Bank of New York Economic Policy Review, 2004(1).

[16] GOLDSMITH R W. Financial structure and development[M]. Yale University Press, New Haven, 1969.

[17] HOEKMAN B. Trade agreements and economic development: a survey of the literature[R]. CEPR Discussion Paper, 2006.

[18] KHOURY E L, SAVVIDES A. Openness in services trade and economic growth [J]. Economic Letters, 2006(92).

[19] KING R G, LEVINE R. Finance, entrepreneurship, and growth: theory and evidence[J]. Journal of Monetary Economics, 1993(32).

[20] LALL S. The technological structure and performance of developing country manufactured exports: 1985-98[J]. Oxford Development Studies, 2000(28).

[21] MARKUSEN J. Trade in producer services and in other specialized intermediate inputs[J]. American Economic Review, 1989(79).

[22] MEYER J, STEPHAN C T. Asymmetric price transmission: a survey[J]. Journal of Agricultural Economics, 2004(55).

[23] OHNO K. Export pricing behavior of manufacturing: a U. S.-Japan comparison [R]. IMF Staff Papers, 1989.

[24] PELTZMAN S. Prices rise faster than they fall[J]. Journal of Political Economy, 2000(108).

[25] POLLARD P S, COUGHLIN C C. Size matters: asymmetric exchange rate pass-through at the industry level[R]. Federal Reserve Bank of ST. Louis Working Paper, 2004.

[26] YANG J. Exchange rate pass-through in U. S. manufacturing industries [J]. Review of Economics and Statistics, 1997(79).

第五章　宏观经济运行中的通货膨胀风险

一、绪论

对于一个经济体而言，物价稳定无疑是宏观经济健康运行的重要表现和内在要求，并且物价波动也直接影响着普通民众的日常生活和经济福利。因此，保持物价稳定是世界各国所竭力实现的重要宏观调控目标。为实现这一目标，世界上有相当一部分国家已经实行了通货膨胀目标制，从而将稳定物价水平或降低通货膨胀率作为中央银行货币政策调控的首要目标。

中国自改革开放以来的30多年间，在经济建设方面所取得的巨大成就令世人瞩目，但与此同时，经济高速增长也伴随着较为频繁的物价水平波动，从而对民生及政府公信力都产生了较大的影响。基于此，有效地预测通货膨胀风险并提出具有前瞻性的宏观调控政策建议，将具有重大的理论和现实意义。

下面将对通货膨胀风险进行明确界定。本研究认为，如果按照涉及对象（或经济层面），通货膨胀风险有宏观角度与微观角度之分。其中，宏观层面的通货膨胀风险，是指由于物价变动的不确定性给宏观经济目标实现所造成的可能影响；微观层面的通货膨胀风险，则指由于物价变动的不确定性给微观经济主体造成的损失可能性。基于宏观视角的通货膨胀风险，广义上则指由于物价变动的不确定性所造成的宏观经济方面的福利损失，强调的是通货膨胀导致的经济后果；狭义上则指宏观经济未来所面临的通货膨胀变动的不确定性，主要强调了宏观经济所面临的通货膨胀波动压力。

本章在研究和预测中国的通货膨胀风险时，将暂不考虑通货膨胀所导致的经济后果，而仅将视角集中于宏观经济未来面临的通货膨胀的可能变动。基于此，我们将对所要讨论的通货膨胀风险作如下界定：即未来通货膨胀相比较其适度区间的可能偏差。假定经济持续稳定运行所需要的通货膨胀适度区间为$[\pi_{\min}, \pi_{\max}]$，则当未来的通货膨胀预测值π_{pre}高于适度区间的上限$\pi_{\max}$或低于适度区间的下限$\pi_{\min}$时，则认为经济运行过程中会出现通货膨胀（或紧缩）风险；并且，如果未来通货膨胀率偏离适度区间越大（后面会给出我们所界定的中国通货膨胀的适度区间），则意味着风险越高。

2015年以来，随着经济增长速度下滑的压力持续增大，中国经济运行中的主要价格指数不断走低，并且自2014年下半年以来，居民消费价格指数CPI逐渐回落至2%以内，并呈现出小幅波动态势。中国国家统计局2015年已经发布的宏观经济运行数据显示，2015年1～4月份全国居民消费价格总水平同比上涨0.76%、1.43%、1.38%和1.5%；相比之下，工业生产者出厂价格指数PPI更是一路走低并呈现出持续负增长的态势，2015年全国1～4月份工业生产者出厂价格同比下降4.32%、4.80%、4.56%和4.60%。从历史数据来看，中国国内的CPI自2011年下半年就开始逐步回落，经济主体普遍预期中国的GDP增幅会进一步减缓，来自供求方面的压力将有所减轻，从而有利于减缓物价上涨的压力。并且，中国工业生产领域产能过剩的问题仍持续存在，再加上绝大多数消费品市场上存在着激烈的市场竞争，这都将抑制物价水平的上涨。不仅如此，由于世界各主要经济体的复苏缓慢，来自国际市场上的外部需求很难在短期内出现明显的增长，这也将有利于通货膨胀风险的下降。基于此，2015年中国出现全局性的通货膨胀风险的可能性很小，国内将有望延续2013年以来的低通货膨胀水平。

在价格指数持续下降的背景下，国内关于中国目前已经进入通货紧缩的争论开始不绝于耳。但是，根据2015年上半年的物价走势，我们认为，目前就断定中国经济已经进入通货紧缩还言之过早。从PPI的跌幅及其持续的时间来看，可以印证中国短期经济基本面并未改善，产能过剩的矛盾和需求不足的程度依然比较严重，对经济前景预期的悲观情绪已成常态，这将加剧中国经济运行中的通货紧缩压力。但从CPI的变化来看，虽然近期CPI同比数据相比较几年前明显偏低，但2%左右的居民消费价格水平的增长率仍处于正常（或健康）范围之内。如果未来几期CPI没有继续走低甚至为负，并且国内就业市场也没有出现明显恶化，那么尚没有必要担心在此范围之内的消费价格指数波动就意味着中国经济进入全面通货紧缩状态。

仍需要引起注意的是，在物价水平总体上保持低位稳定的同时，受气候等自然条件影响较大的食品，其价格仍有可能发生较大的波动。并且，国内劳动力价格和水、天然气等资源类产品价格仍有较大上升压力，再加上国内较为宽松的流动性因素和居民物价预期的不确定性，这些都将可能成为影响物价水平波动的主要风险因素。除此之外，国际大宗商品价格的波动也有可能引致国内物价水平的波动风险。基于此，下面将对2015年以来中国经济运行中影响物价水平的潜在因素进行分析，然后测度并判断2015年度经济运行中通货膨胀风险指数的大小，最后提出预控和管理物价波动的政策建议。

二、风险因素识别

（一）不同价格指标的表现特征

1. 居民消费价格指数低位小幅波动

如图5-1所示，2013年以来，中国居民消费价格指数持续走低，进入2015年，在1.5%的低水平处小幅波动。尤其自2013年12月以来，中国国内的消费物价指数一直低于3%，甚至在春节期间，商品价格也总体保持稳定，节假日期间的消费高峰并没有明显地导致物价走高。从图5-2的商品零售价格指数的变化中也能明确地看出，近年来，中国国内的零售物价水平也在低位表现得较为稳定，从而表明经济运行中暂时没有通货膨胀压力。

2. 食品价格分类指数变动各异

从图5-3的中国居民消费价格分类指数月同比数据中可以看出，自2013年以来，在构成居民消费价格指数的8大类商品中，食品价格总体上出现了下滑。并且，从图5-4中可以看出，在食品构成中，鲜果和鲜菜等食品的价格波动幅度较大。而自2014年以来，牛奶及奶制品、水产品等二类食品的价格则出现了持续下滑。由于食品价格在居民消费价格指数构成中占比较高，因此食品价格的整体回落，是引致CPI整体下滑的主要原因之一。并且在未来一段时间内，可以预期食品价格仍将极有可能维持在较低水平，这势必会明显降低普通民众的生活支出成本。

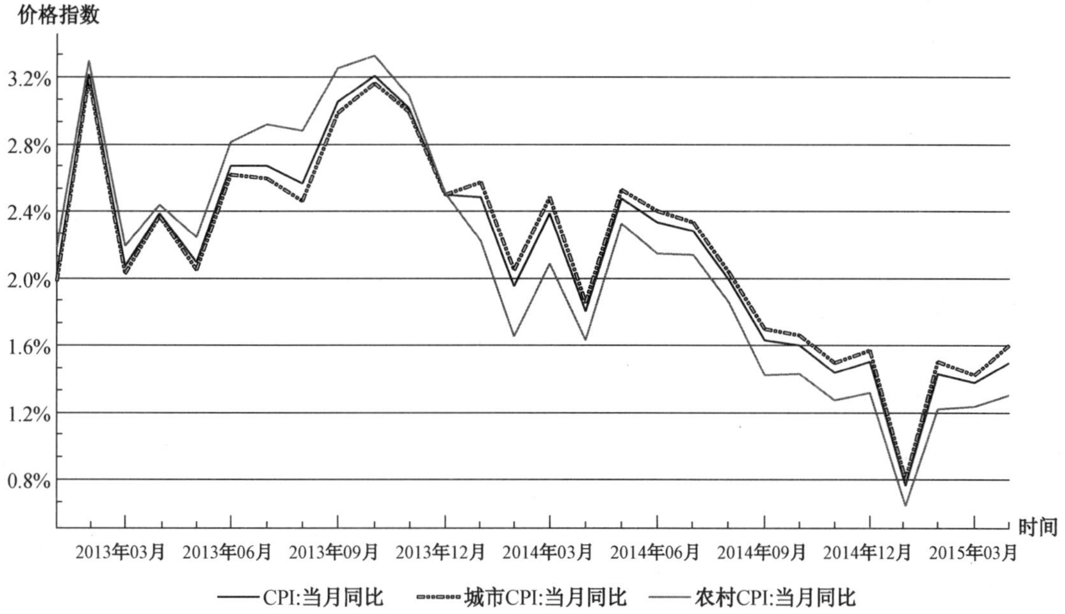

图 5-1 中国居民消费价格指数变化

数据来源:Wind 资讯。

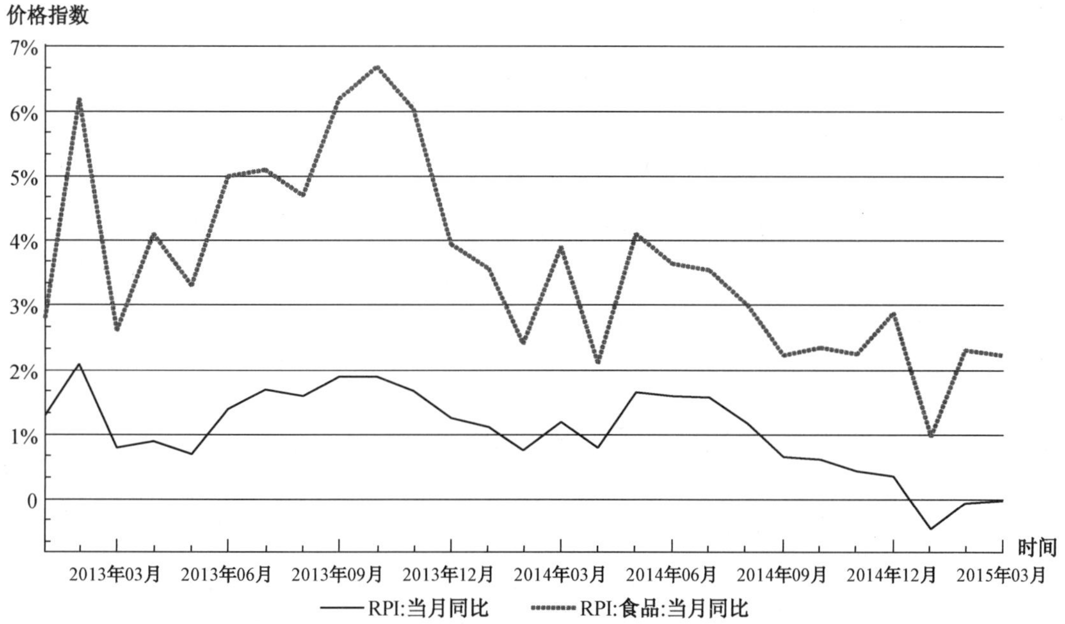

图 5-2 中国商品零售价格指数变化

数据来源:Wind 资讯。

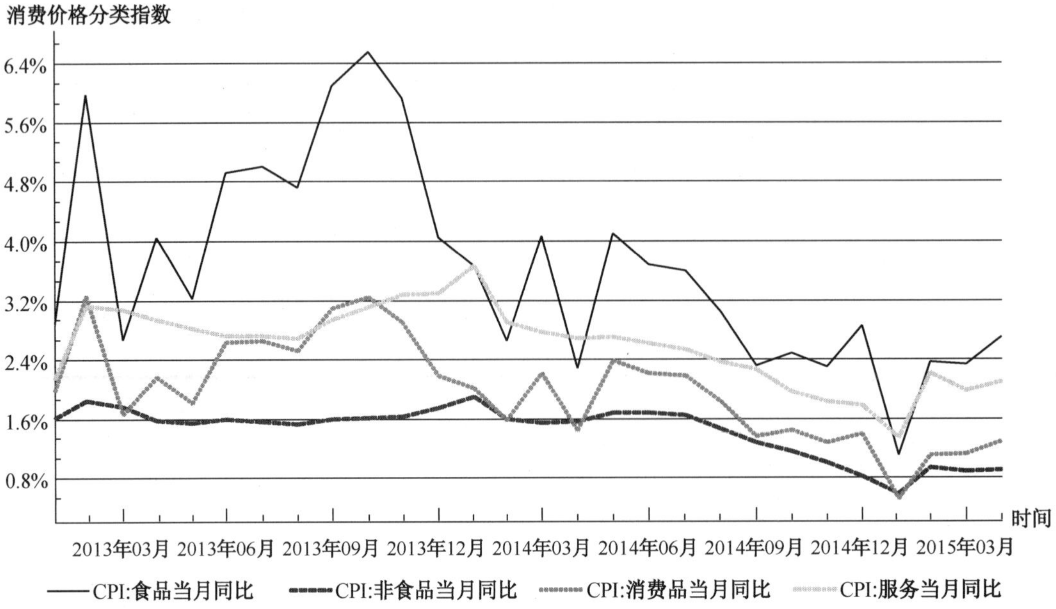

图 5-3 中国居民消费价格分类指数变化

数据来源：Wind 资讯。

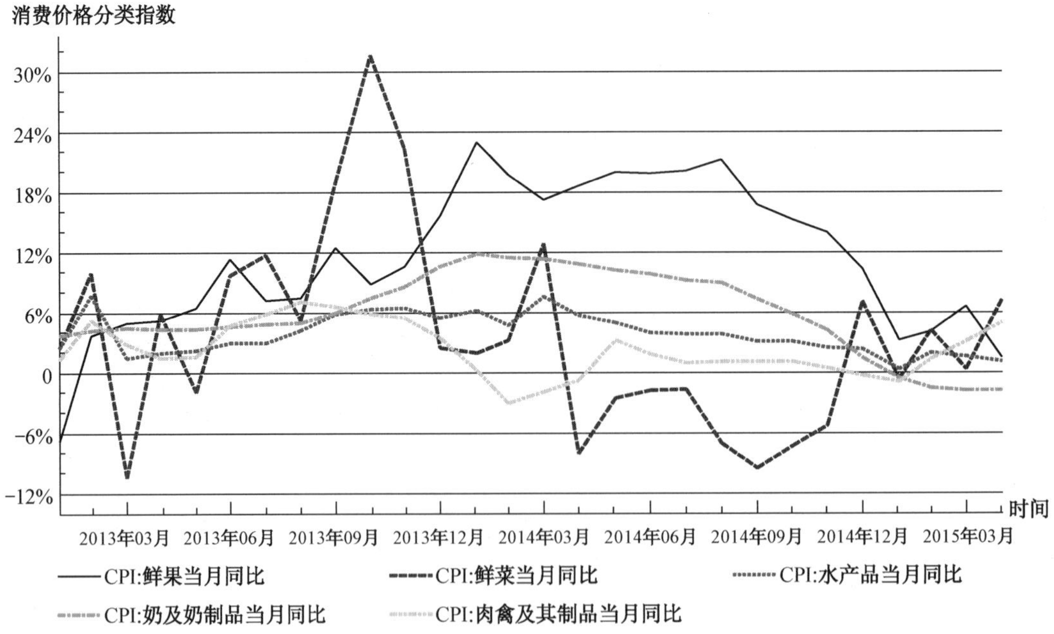

图 5-4 中国食品消费价格分类指数变化

数据来源：Wind 资讯。

3. 汽柴油价格触底反弹

自 2013 年以来，国际原油价格开始持续下滑。如图 5-5 所示，中国国内的成品汽柴油价格经过了近两年的明显下降,在 2015 年 1 月触底并开始反弹,即使在中国国内多次上调成品油消费税的情况下,目前汽柴油价格也仍处于近几年的相对低位,并持续小幅震荡。由于燃料费用是大多数工业品和几乎所有消费品价格的重要构成,因此汽柴油价格的明显下降势必会降低商品流通环节中的运输成本,进而推动消费品价格下降。从图 5-5 可以看出,目前中国国内与家用汽车最相关的 93 号(现 92 号)汽油,折合每升的零售价从两年前的 8 元左右下降至 6 元左右,0 号柴油价格也比 2013 年前后有了明显的下降,其直接影响结果为:降低了居民交通成本和商品运输成本,从而减轻了经济运行中的通货膨胀压力。

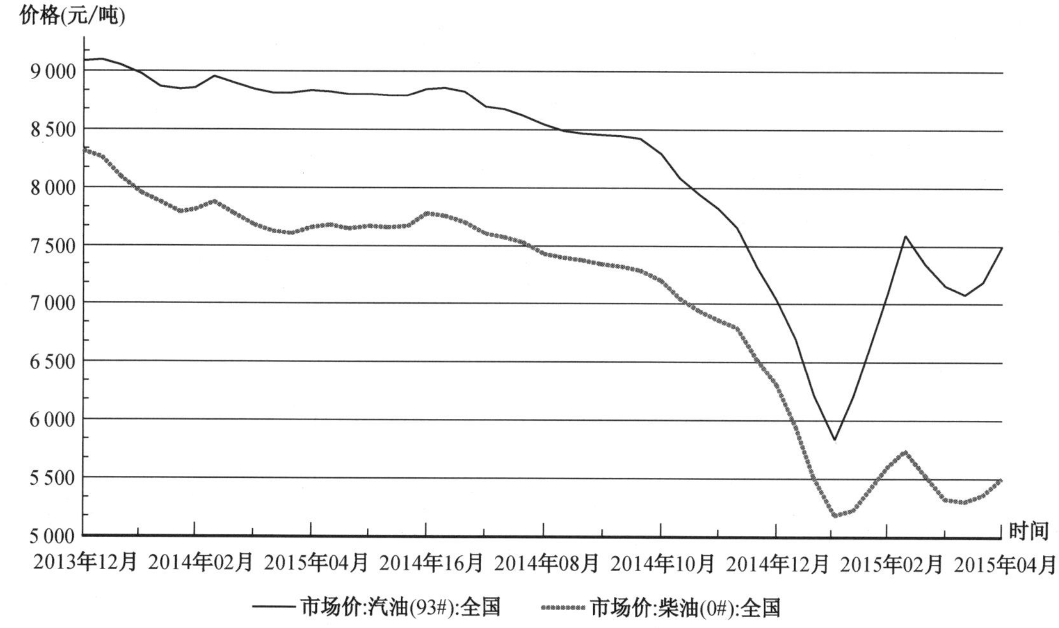

图 5-5 中国汽柴油平均零售价格变化

数据来源:Wind 资讯。

4. 居民住宅销售价格指数持续下降

自 2014 年第一季度以来,中国国内的新建住宅价格指数及二手住宅价格指数都呈现出明显的下降态势;与此相对应,居民租房的价格则相对比较稳定(如图 5-6 所示)。近两年房地产市场的低迷源于中国国内严厉的房地产调控政策,在调控政策的影响下,房地产行业的投资增速开始逐步下滑,房地产市场景气程度的下降态势开始由局部地区调整蔓延到全国,甚至国内一线、二线城市也开始进入调整状态,房地产销售额和销售面积均呈现出负增长的态势,房价下降趋势也不断从三线、四线城市扩展到一线、二线城市,从新建住宅扩展到二手房。值得注意的是,在国内经济增长压力持续增大的背景下,各级政府开始逐步放松针对房地产市场的紧缩调控政策,这种调控意图的明显转变,对刚性需求较大的一线城市的住宅销售及房价水平都产生了明显的刺激作用。

与上面提到的指标相比较,近 1 年来家庭设备及服务、交通通讯及服务、娱乐教育文化用品及服务和医疗保健及个人用品等分类指标都较为稳定,部分指标甚至出现了下降的趋势,从而对总体的价格指数产生了较明显的抑制作用。

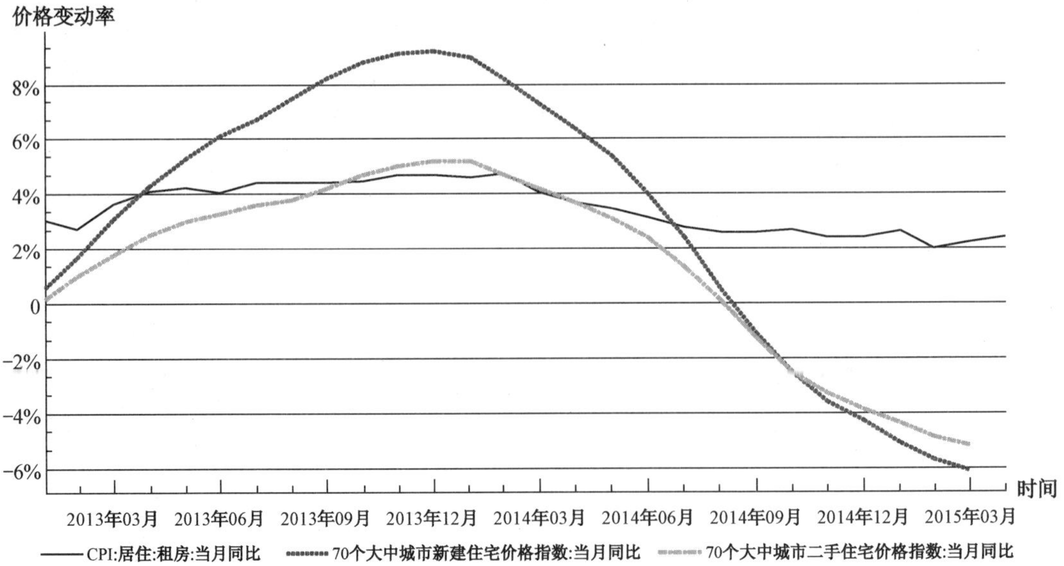

图 5-6　中国居民住房租售价格变化

数据来源：Wind 资讯。

（二）风险引致因素

2015 年及未来较长一段时间内，国内货币供应及流动性宽松仍是中国通货膨胀风险的主要引致因素，部分食品价格及资源品价格的波动有可能会推高总体物价水平；另外，国际大宗商品价格如果出现较大幅度的上升，也有可能向中国输入通货膨胀压力。但是，与前几年相比较，固定资产投资增速过快、通货膨胀预期上升以及人民币升值预期下的热钱流入等因素，不大可能成为引致通货膨胀风险的重要原因。

1. 货币供应量

与前几年相比较，中国的货币供应增长速度自 2013 年以来有所下降，但从总量来看，经济运行中仍存在着结构性的流动性宽松现象，货币存量及信贷规模也相对较大。如图 5-7 所示，自 2014 年以来，中国的 M2 供应增长率在 12%上下波动。截至 2015 年 3 月底，中国广义货币供应量 M2 余额约为 127.5 万亿元，平均增长率约为 12%；狭义货币供应量 M1 余额约为 33.7 万亿元，流通中的现金 M0 约为 6.2 万亿元。

除此之外，如图 5-8 所示，中国金融机构各期限的贷款余额呈现稳步上升态势。截至 2015 年 3 月底，中国金融机构人民币贷款余额约为 85.9 万亿元。其中，金融机构各项短期贷款余额约为 32.67 万亿元，中长期贷款余额约为 48.11 万亿元。由此可以看出，经济运行中的流动性就总体而言仍比较宽松，这在一定条件下将会成为推动物价上涨的潜在因素。

2. 固定资产投资

固定资产投资增长过快会导致能源或原材料的需求上升，从而引致或加剧通货膨胀压力。与 2009 年前后 35%左右的增长速度相比较，中国固定资产投资增长率自 2012 年以来逐步回落至 20%以下。如图 5-9 所示，自 2014 年年底以来，这一速度已经降至 15%以下，并且新增

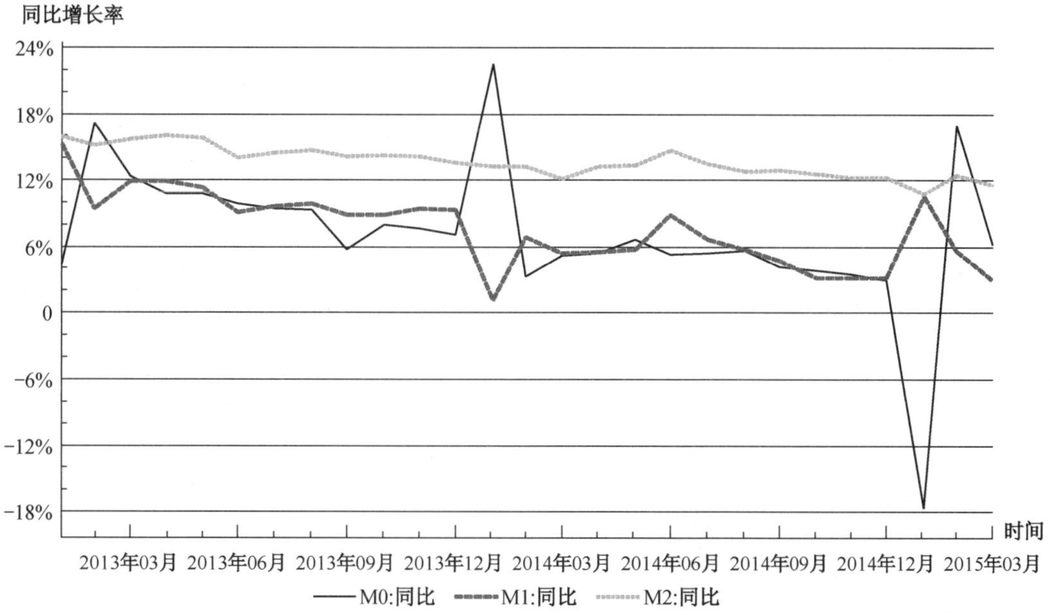

图 5-7　中国不同层次的货币供应量同比增长率

数据来源：Wind 资讯。

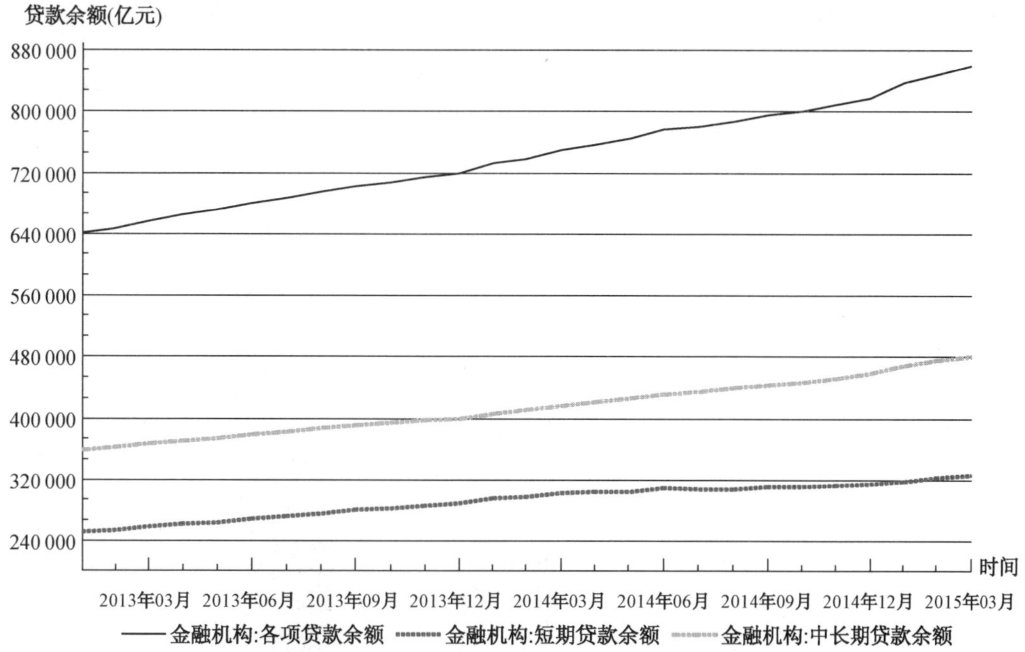

图 5-8　中国金融机构人民币贷款余额变动

数据来源：Wind 资讯。

固定资产投资的增长回落更为明显，因此在政府没有大的刺激政策的情况下，预计固定资产投资增长将逐渐不再成为引致中国国内通货膨胀压力上升的重要风险因素。

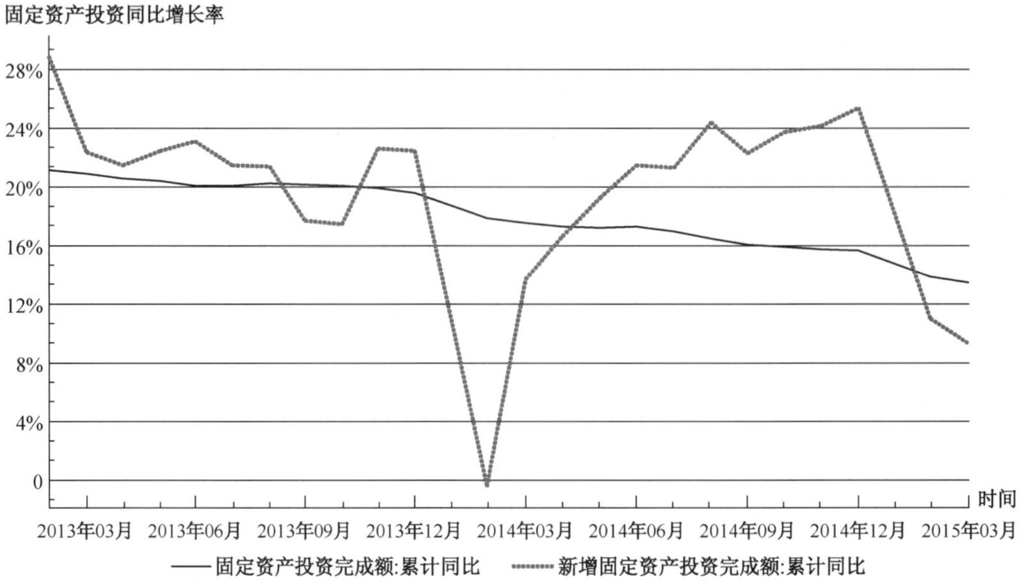

图 5-9　中国固定资产投资同比增长率变动

数据来源：Wind 资讯。

3. 劳动力成本

近几年来，中国各地不断调高月最低工资标准，这有可能会导致企业用工成本的上升和部分服务消费价格的上涨。如图 5-10 所示，2013—2015 年，北京的月最低工资标准从 1 400 元上调至 1 720 元，上海的月最低工资标准则从 1 620 元上调至 2 020 元，两地的月最低工资标准在 3 年间分别上调了 320 元和 400 元。

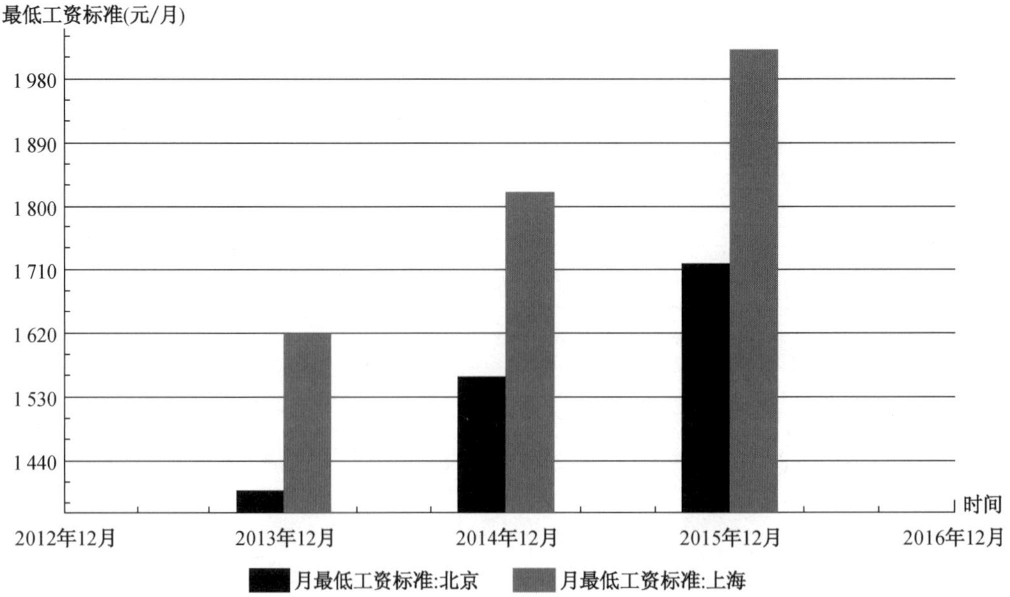

图 5-10　中国两大城市的月最低工资标准变化

数据来源：Wind 资讯。

4. 通货膨胀预期

通货膨胀预期是指公众对后一段时期内可能发生的通货膨胀及其幅度大小的事前估计。预期行为本身具有主观性，但人们进行预期所依据的却是客观事实，中国国内居民通货膨胀预期的强化，直接体现为投资或消费行为的变化，由此会推动通货膨胀进一步上升；相反，如果公众的通货膨胀预期指数下降，则会对通货膨胀压力有抑制作用。如图 5-11 和图 5-12 所示，中

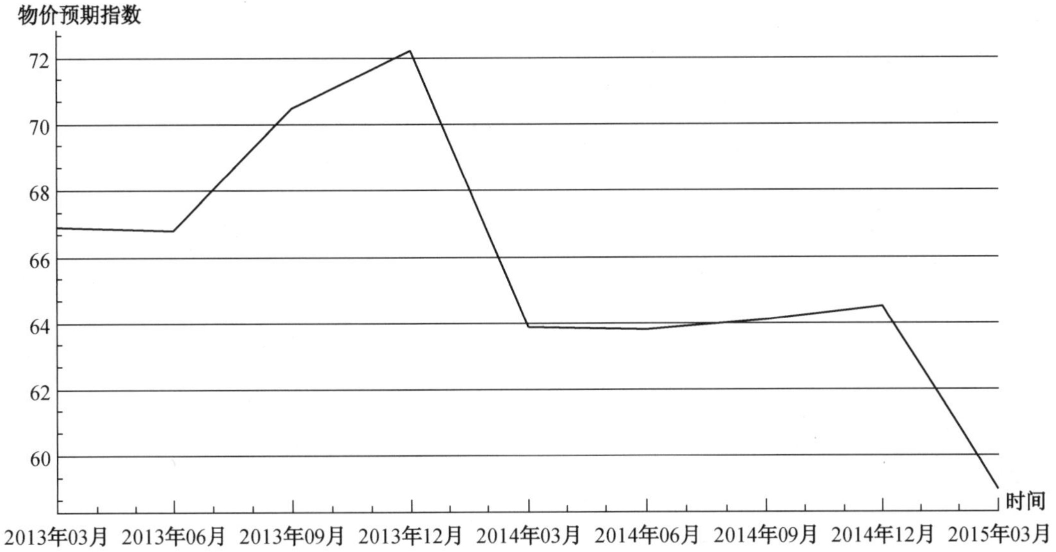

图 5-11 中国未来物价预期指数变动

数据来源：Wind 资讯。

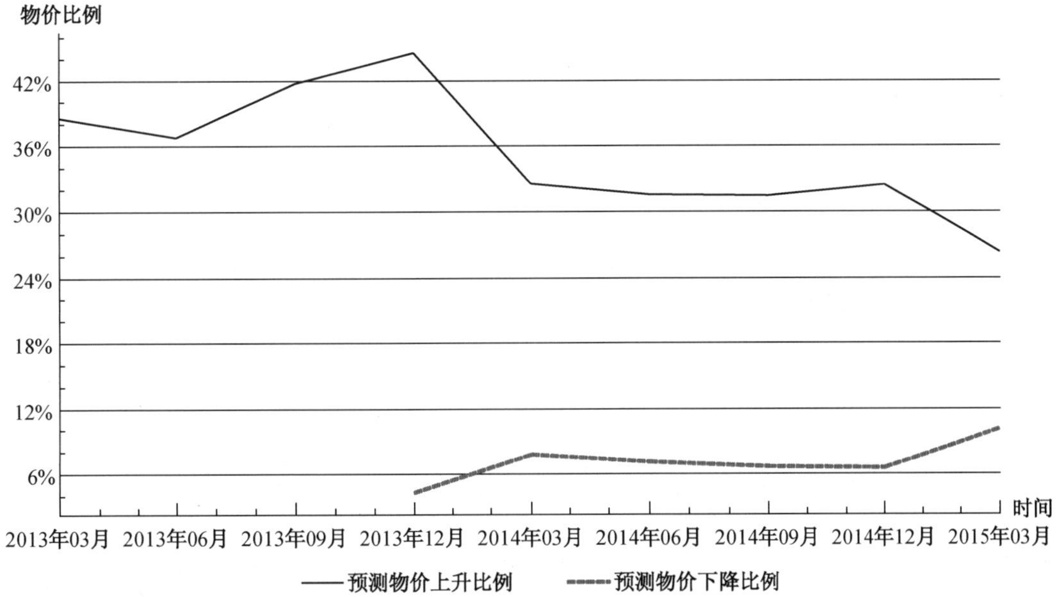

图 5-12 中国预测物价上升、下降比例变动

数据来源：Wind 资讯。

国全国储户问卷调查结果显示，与 2013 年以前相比较，自 2013 年年底以来，公众未来物价预期指数和预测物价上涨的比例均呈现了下降的态势，这将在一定程度上减小中国国内的通货膨胀压力。

5. 食品价格波动

就中国过去几十年的通货膨胀率变化来看，在构成 CPI 的主要分类指标中，食品价格的波动最为频繁，并且食品价格指数对猪肉价格的变化极为敏感，这也是导致 CPI 上升的主要因素之一。如图 5-13 所示，自 2013 年以来，与非食品类的商品或服务价格指数的稳定相比较，食品价格指数的波动频率和波动幅度都更为明显，并且近两年呈现出较明显的下降态势。但不容忽视的是，猪肉价格在持续走低一段时间后，开始出现较明显的上涨，并且食品价格指数也开始有了温和的上涨态势。因此，2015 年及之后的时间内，受气候等自然条件影响更大的食品价格波动的不确定性仍然较大，这成为引致通货膨胀风险的潜在因素。

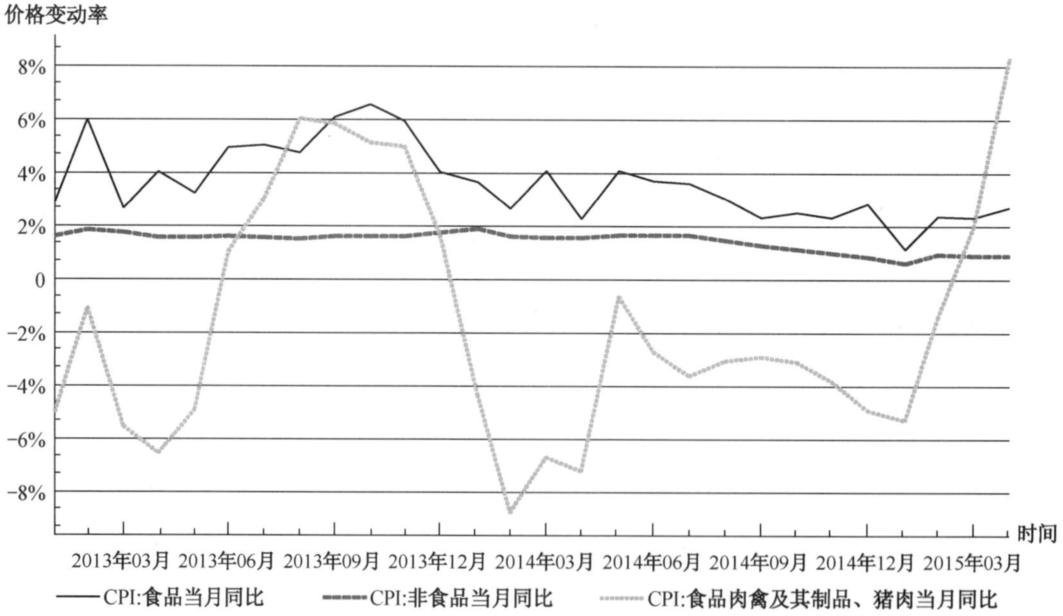

图 5-13　中国食品和非食品价格变动

数据来源：Wind 资讯。

6. 人民币升值预期

从 2005 年人民币汇率形成机制改革到 2013 年年底之前的较长时间内，中国国内相对于发达国家的较高利率水平，以及汇率形成机制改革以来国际金融市场上的人民币升值预期强烈，导致国际投机资本（即热钱）的大量流入，这些热钱在赌人民币升值的同时，也会在房地产市场、债券市场、股票市场以及其他市场不断寻找套利机会，从而进一步加大中国的通货膨胀压力。但是，这一趋势自 2014 年以来有了较大改观。如图 5-14 所示，进入 2014 年之后，人民币对美元已经从过去以升值为主转变为双向波动，并且在 2015 年前 3 个月里出现了较明显的贬值态势，这在一定程度上改善了市场对人民币进一步升值的预期，从而减小中国国内的通货膨胀压力。

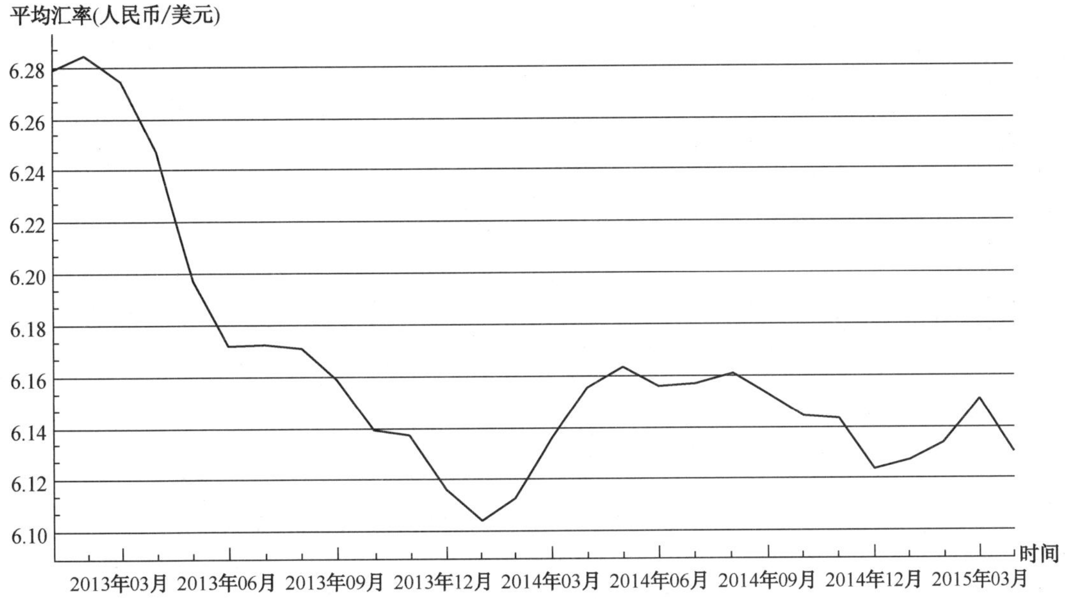

图 5-14　人民币对美元汇率变化

数据来源：Wind 资讯。

7. 经济增长预期

改革开放以来，中国经济超过潜在增长能力的高速增长，总是伴随着较高的通货膨胀率，因此，经济增长速度与通货膨胀风险之间有着紧密的联系。从目前中国的宏观经济运行来看，告别高速增长的经济发展态势对于缓解通货膨胀压力将较为有利。如图 5-15 和图 5-16 所

图 5-15　企业家信心指数变化

数据来源：Wind 资讯。

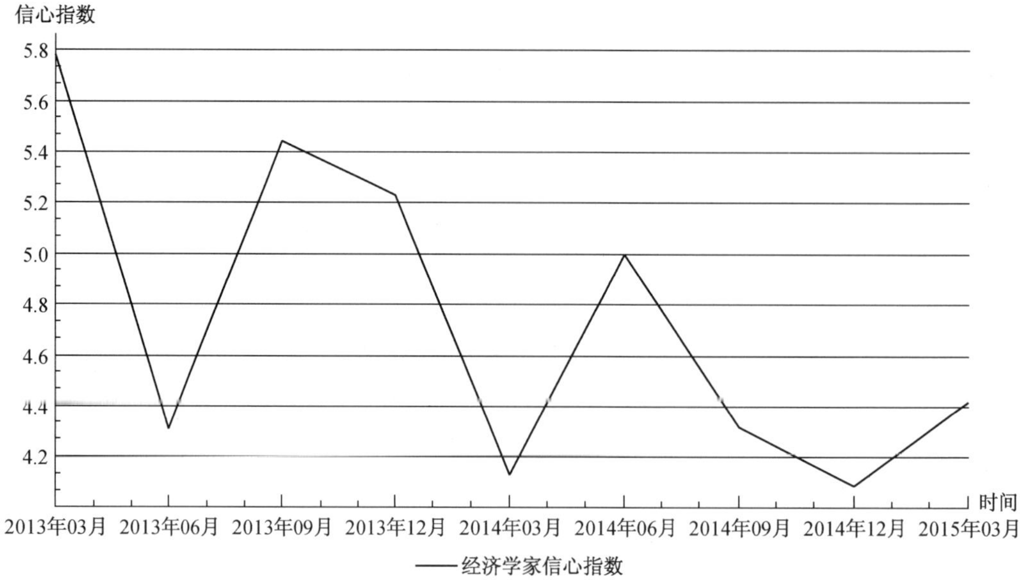

图 5-16　经济学家信心指数变化

数据来源：Wind 资讯。

示，自 2013 年下半年以来，中国的企业家信心指数和经济学家信心指数都出现了下降态势，这表明市场主体和学者们都对中国未来的经济增长状况持谨慎态度。换言之，相比过去，中国经济将很有可能进入新的增长模式，即告别追求高增长而转向提高经济发展质量，这种转变意味着中国出现全面通货膨胀风险的可能性将大大降低。

三、风险度量

（一）通货膨胀风险指数界定

基于前面对通货膨胀风险内涵的界定，下面将划分通货膨胀风险等级，并在此基础上，针对未来通货膨胀率所属的风险等级来定义通货膨胀风险指数。在一般经济学理论中，通货膨胀可以按严重程度作不同的划分①。由于这种划分比较粗，界定的区间过大，因此并不属于本研究所需要的通货膨胀风险等级划分。

目前学术界基本形成共识的经济学含义较明确的通货膨胀区间概念有两个：一个是通货膨胀目标制国家所锚定的最优通货膨胀目标区间；另一个是我国学者陈东琪（1998）最早提出的通货膨胀的“可容忍区间”。最优通货膨胀目标区间是指理论上对宏观经济福利影响不为负的通货膨胀率的上下波动范围，目前市场经济发展较成熟（或采用通货膨胀目标制）的西方国家，一般把这一通货膨胀目标区间设定为 1%～3%。殷波（2011）基于长期社会经济福利考虑，利用动态随机一般均衡（DSGE）模型计算出我国的最优通货膨胀目标区间为 0.5%～3%②；白仲林和

① 爬行的通货膨胀（0～3%），温和的通货膨胀（3%～9%），严重的通货膨胀（10%～99%）和恶性通货膨胀（100%及以上）。

② 殷波（2011）估算了在各种不同的货币政策规则下，中国经济所应选择的最优通胀目标。研究结果表明，从短期看 3%左右的通胀目标是最优的，而从中长期看低通胀目标（0.5%～1%）是最优的。

赵亮(2011)的研究则表明中国通货膨胀的最优目标区间为0～3.2%。但是,与发达经济体有所区别的是,对于发展中或新兴市场经济体而言,追求经济增长在较长时期内仍是货币政策调控的重要目标之一。因此,在目前乃至未来较长的一段时间内,最优通货膨胀目标区间的设定并不完全适用于中国的现实情况。

通货膨胀的可容忍区间,是指对应于某个国家经济发展的特定阶段,一个相对可接受的通货膨胀变动范围,在此范围内不仅社会公众能够承受通货膨胀率波动带来的购买力变化,而且政府在不明显变动宏观调控政策的情况下,也能保证国民经济的持续健康运行。考虑到可容忍区间的内涵解释较符合中国转型经济的客观事实,本研究将主要据此来划分通货膨胀风险等级对应的区间。通货膨胀的可容忍区间是一个动态概念,即理论上同一国家在不同经济发展时段的可容忍区间应当有所不同。

考虑到中共十八大以后中国正在加快调整经济结构,新的增长模式更注重经济发展质量,经济增长更主要依靠国内消费的健康平稳增长,经济发展状况不再主要表现在GDP的增长数据上,而是体现在普通民众的福利增进和生活状况改善方面,因此本年度的研究将继续沿用2014年的研究中对不同通货膨胀风险区间的界定数值,即本研究拟将中国通货膨胀的可容忍区间界定为−0.9%～4.0%①,而把在此范围之外的通货膨胀波动区间界定为不可容忍区间或风险区间。

表5-1　**中国通货膨胀风险衡量指数**

风险等级	无风险	风险关注	有风险	高风险	很高风险
通货膨胀率	0～3.0% 0	3.1%～4.0% −0.1%～−0.9%	4.1%～6.0% −1.0%～−2.9%	6.1%～9.9% −3.0%～−4.9%	10%及以上 −5.0%及以下
风险指数	1	2	3	4	5

对不同的通货膨胀率波动区间,相应调整为对应的风险指数(指数分为1、2、3、4、5五级)。其中,指数数值越小,代表风险程度越低;反之,则风险程度越高,具体的指数化结果可见表5-1。其中,"无风险"等级表示此范围内的通货膨胀水平对经济运行而言是良性的,抑或有利于经济长期的健康发展;"风险关注"等级表示此范围内的通货膨胀水平不会对经济运行产生明显的负面影响,但需要引起政策当局的密切关注;"有风险"等级表示此范围内的通货膨胀水平会对经济运行产生明显的负面影响,并造成较明显的社会福利损失,政策当局需要实施相应的调控操作以将通货膨胀控制在适宜范围内;"高风险"等级表示此范围内的通货膨胀水平不但会对经济运行产生十分显著的负面影响,并且会造成显著的社会福利损失,政府需将政策调控目标完全集中于通货膨胀抑制上;"很高风险"等级表示此范围内通货膨胀水平会严重影响经济运行,政府必须采取强有力的措施加以整治,否则会引发严重的社会经济危机。

(二)通货膨胀风险预测

1. 模型建立

由于货币供应和产出增长是引致中国通货膨胀风险的主要因素,并且由于通货膨胀存在

---

① 本区间的确定有较大的主观性,并且本研究所涉及的风险区间划分无法做到十分精确。所以,此处给出的仅是一个可供参考的结果。

惯性，因此历史通货膨胀水平也会影响未来通货膨胀水平的变化，据此可以建立通货膨胀、产出增长和货币供应之间的数学关系式，所建立的模型如式(5-1)所示。

$$\pi_t = \sum_{k=1}^{p}\alpha_k y_{t-k} + \sum_{k=1}^{p}\beta_k m_{t-k} + \sum_{k=1}^{p}\gamma_k \pi_{t-k} + \varepsilon_t \tag{5-1}$$

式中 π_t ——t 时期的通货膨胀率；

y_t ——t 时期的产出增长缺口；

m_t ——t 时期的货币供应增长率；

ε_t ——扰动项。

(5-1)式的经济学含义为：当期的通货膨胀水平受过去的通货膨胀水平、产出增长缺口及货币供应增长率的影响，即产出水平和货币供应增长水平是影响通货膨胀水平的重要因素。除此之外，由于经济主体的预期及价格黏性等因素，通货膨胀还具有惯性特征。对于(5-1)式，可以通过滞后项阶数的选择，以区分不同经济条件下产出水平、货币供应增长和通货膨胀对下一期通胀施加影响的惯性效应。

2. 数据选取及计量分析

计量分析时，模型中的通货膨胀率、产出增长缺口和货币供应增长率分别用 CPI、实际 GDP 增长率缺口(经 HP 滤波得到)和广义货币供应量 M2 增长率作为替代变量，所用的 CPI、GDP 和 M2 数据均为季度数据，数据来源为 Wind 宏观经济专题数据库。为避免伪回归，首先，对通货膨胀率 CPI、GDP 增长率缺口和 M2 增长率的时间序列分别进行单位根检验，结果发现三个序列均为一阶差分平稳变量，方程中的滞后阶选择遵循 AIC 和 SC 取值最小原则；然后 CPI 和 GDP 增长率缺口取二阶滞后项，M2 增长率取四阶滞后项；最后，使用最小二乘法(OLS)进行回归分析，结果如(5-2)式所示。

$$\begin{aligned}\pi_t = {} & 1.2379\pi_{t-1} - 0.4305\pi_{t-2} + 0.167y_{t-1} + 0.2862y_{t-2} + 0.178m_{t-1} - 0.0619m_{t-2} \\ & + 0.0711m_{t-3} - 0.0308m_{t-4} - 2.3576\end{aligned} \tag{5-2}$$

利用(5-2)式对中国 2015 年第二季度的通货膨胀率进行预测，结果可参见表 5-2；在此基础上，通过趋势平滑对 GDP 增长率及货币供应增长率指标进行预测，并利用(5-2)式得到 2015 年第三季度到 2016 年第一季度的通货膨胀率预测值，结果如表 5-2 所示。

表 5-2 **中国通货膨胀风险预测**

时　　间	2015 年第二季度	2015 年第三季度	2015 年第四季度	2016 年第一季度
通货膨胀率预测值	1.5%	1.7%	2.0%	2.2%
通货膨胀风险指数	1	1	1	1

从表 5-2 中的预测数据可以看出，在政府调整经济结构过程中，在中国经济增长速度放缓的大背景下，中国的通货膨胀上涨趋势在近两年得到了很好的控制，CPI 整体出现低位震荡的趋势，2015 年全年的通货膨胀率基本稳定在 1.5%～2.0%；而根据前面按通货膨胀容忍度划分的风险指数来判断，中国 2015 年第四季度到 2016 年第一季度的通货膨胀风险都将可能处于"无风险"区间。图 5-17 为 Wind 资讯数据库中关于中国 CPI 的预测平均值，可以看出，在 2015—2016 年的绝大部分时间内，预测数据都在 2%左右小幅波动。

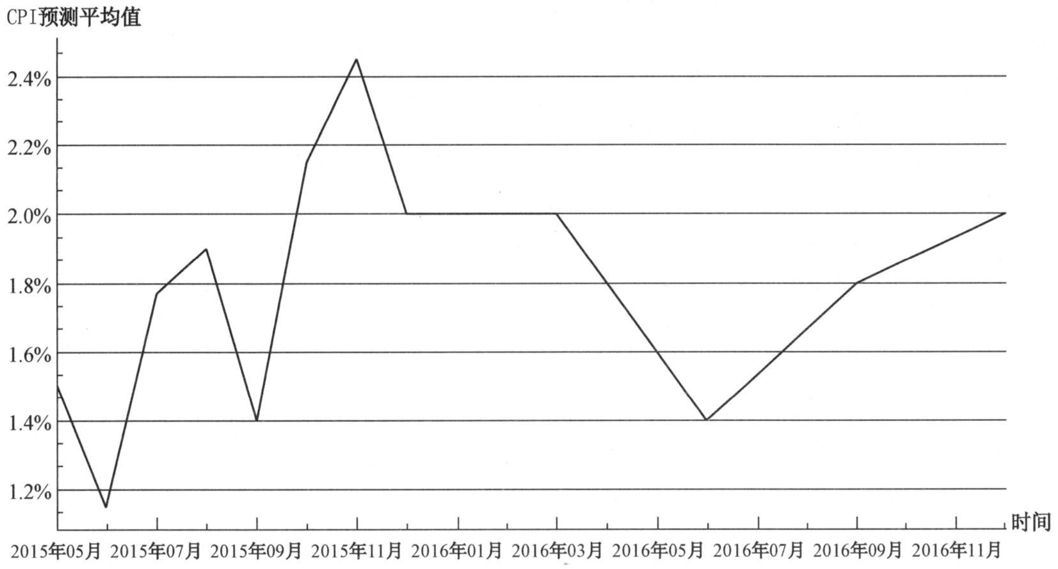

图 5-17　中国 CPI 预测平均值

数据来源：Wind 资讯。

根据图 5-17 的预测结果可以看出，目前国内的 CPI 流动性仍然有过剩之虞，受气候和季节等因素影响，中国国内的食品价格仍存在较大幅度波动的可能性，汽柴油价格及资源品、公用事业费等均可能进一步上涨，劳动力成本的上升也会形成推高物价上升的压力，国际市场上大宗商品价格的波动也有可能产生输入型通货膨胀风险，虽然这些因素都有可能是引致中国国内物价波动的潜在因素，但是考虑到与中国有密切经济往来的其他经济体的全面复苏步伐仍旧迟缓，并且中国经济正处在结构转型的关键期，固定资产投资规模再次大幅上升的可能性较小，政府推出大规模量化宽松政策以刺激经济的可能性不大，这使得中国经济增长放缓的趋势在短期内将难以改变。所以综合考虑上述因素，本研究将延续上一年研究的判断，即在可预期的一段时间内(2015 年下半年到 2016 年上半年)，中国出现全面通货膨胀的可能性较小。

与此同时，根据 2015 年上半年的物价走势，本研究认为，目前断定中国经济已经进入通货紧缩还言之过早。从 PPI 的跌幅及其持续的时间来看，中国短期经济基本面并未改善，产能过剩的矛盾和需求不足的程度依然比较严重，经济前景预期悲观情绪已成常态，这将加剧中国经济运行中的通货紧缩压力。但从 CPI 的变化来看，虽然近期 CPI 同比数据相比几年前明显偏低，但 2%左右的居民消费价格水平的增长率仍处于正常(或健康)的范围之内。如果未来几期 CPI 没有继续走低甚至为负，国内就业市场也没有出现明显恶化，那么尚没有必要担心在此范围之内的消费价格指数波动就意味着中国经济进入全面通货紧缩状态。

四、结论

到此为止，本研究对中国 2014 年前后可能出现的通货膨胀风险的表现特征及风险引致因素进行了总结和分析，并利用计量模型对 2015 年第二季度至 2016 年第一季度的通货膨胀水平及风险指数进行了量化研究。

可以看出，中国国内物价总水平自 2011 年第二季度开始逐步回落，居民消费价格指数 CPI 在 2015 年最初的 4 个月中，都在 2%的较低水平之下小幅波动。考虑到中国经济运行的实际状况，本研究认为：2015 年及未来较长的一段时间内，货币供应量增长相对较快或流动性相对宽松仍将是中国通货膨胀风险的主要引致因素；除此之外，食品价格较大幅度的波动、汽柴油及资源品价格的可能上调、劳动力成本的上升以及国际市场上大宗商品价格的波动等因素，都有可能是引致中国国内通货膨胀风险的潜在因素。

基于计量模型的通货膨胀风险预测结果表明：在政府调整经济结构过程中经济增长速度放缓的大背景下，中国国内的物价水平开始呈现出低位震荡的态势，2015 年全年的通货膨胀率都基本稳定在 2.0%左右；而根据前面按通货膨胀容忍度划分的风险指数来判断，中国 2015 年第四季度至 2016 年第一季度的通货膨胀风险都将可能处于“无风险”区间。综合而言，在可预期的一段时间内(2015 年下半年至 2016 年上半年)，中国明显出现全面通货膨胀的可能性较小，但以食品为主导的结构性物价上涨压力仍将持续存在。

基于上述研究结论，本研究认为：中国政策当局需要继续加强流动性管理，控制银行信贷的投放速度和货币供应量的增长速度，主动引导固定资产的投资方向，并尽量避免应对经济下滑的刺激政策措施成为未来通货膨胀压力上升的原因。另外，政策当局需要把货币信贷和流动性管理的总量调节与强化宏观审慎管理结合起来，根据宏观形势变化及银行体系稳健性状况等进行适度调整，继续实施好差别准备金动态调整措施，引导并激励金融机构自我保持稳健和调整信贷投放，从而在管理通货膨胀风险的同时能够提升金融机构风险防范能力。除此之外，通过有效管理公众的通货膨胀预期，以实现物价总水平的持续稳定，也应当被政策当局长期纳入宏观调控的“工具箱”中。

参 考 文 献

[1] 白仲林，赵亮. 我国通货膨胀率的最优目标区间几何[J]. 统计研究，2011(6).

[2] 陈东琪. 通货膨胀和通货紧缩交互换位时代的政策操作——兼论中央银行如何用微调方式稳定经济增长[J]. 财贸经济，1998(8).

[3] 殷波. 中国经济的最优通货膨胀[J]. 经济学(季刊)，2001(3).

第六章 就业风险

一、绪论

国家统计局《2014 年国民经济和社会发展统计公报》显示，2014 年中国 GDP 增速进一步放缓，但就业形势仍然相对较好：截至 2014 年年末，全国就业人员为 77 253 万人，较上年增长 0.72%。从城镇就业情况来看：就业人员总计 39 310 万人，较上年增长 2.80%；全年城镇新增就业达到了 1 322 万人，较上年增长 0.92%，且近年来呈现稳步增长趋势，这为城镇化推进提供了有力的支撑；另外，2014 年年末城镇登记失业率为 4.09%，略高于上年年末 4.05%的水平。从农村就业来看：全国农民工总量为 27 395 万人，比上年增长 1.9%，其中，外出农民工 16 821 万人，增长 1.3%；本地农民工 10 574 万人，增长 2.8%。

尽管如此，当前及今后一段时期内中国劳动力的总趋势仍是供大于求，就业形势依然非常严峻，主要体现在以下几个方面：①从劳动力供给来看，根据人力资源和社会保障部预测数据，虽然中国劳动年龄人口于 2012 年年底达到顶峰，之后开始出现下降，但 20～59 岁就业年龄人口仍在增加，并将在 2020 年达到 8.31 亿峰值。②从新增就业人员来看，2015 年中国普通高校应届毕业生规模达 749 万人，较上年增加 22 万人，为历史最高水平；另据相关估计，未来 5 年，高校毕业生就业规模将保持在年均 700 万人左右，约占每年新进人力资源市场劳动力的一半。③随着中国工业化、城镇化进程的推进，农村劳动力的转移也对促进城镇就业提出了新的要求。④2014 年 GDP 计划增长率为 7.5%，但实际完成增长率为 7.4%，经济下行以及经济结构与就业结构的调整也将为就业带来较大压力。

由此，国务院总理李克强在 2015 年年初的第十二届全国人民代表大会第三次会议上作政府工作报告时指出，2015 年仍将继续“推动增长、增加就业、调整结构”，政府的经济增长和就业目标分别为：GDP 增长 7%，城镇新增就业 1 000 万人以上，城镇登记失业率 4.5%以内。

由于就业关系民生，对就业风险的研究就显得尤其重要。与既往就业风险研究的逻辑思路一致，本章有关就业风险的研究仍将持续关注城镇的长、短期失业状况。为体现经济结构调整、体制改革、次贷危机等因素冲击而导致就业风险的趋势突变，本章仍将选用带结构突变的时间序列模型来分离城镇调查失业率，并以此作为就业风险识别与预测的基础。

后续安排如下：首先分析近期国内外就业状况，然后结合国内近期宏观数据，识别就业风险因素，并运用带结构突变的时间序列模型来分离城镇调查失业率，得到城镇长期、短期失业率，进而界定长期、短期就业风险等级并以此作为因变量，同时选取显著影响长期、短期失业率的宏观经济因子作为自变量，采用排序 Probit/Logit 模型进行城镇长期、短期就业风险度量与预测。

二、近期国内外就业状况分析

本部分将对近期国内外就业情况进行简要分析，主要包括：首先根据中国城市公共就业服务机构所提供的就业供求调查信息并结合其他数据，分析2014年度国内大中城市的就业市场状况；进而基于国际货币基金组织（IMF）、国际劳工组织（ILO）、美国劳工部/商务部（U. S. Department of Labor/Commerce）和经济合作与发展组织（OECD）的相关数据，分析全球及重点区域，特别是分析美国、欧洲和日本的就业和经济发展状况。

（一）中国城镇就业状况分析

1. 全国及各区域劳动力市场供需状况

据中国人力资源市场信息监测中心对全国100多个城市的公共就业服务机构市场供求信息统计（见表6-1），2013年第一季度至2015年第一季度，中国大中城市劳动力市场呈现如下特征：①从进入人才服务机构市场招聘的单位数及提供的岗位数量来看，大致呈现下降趋势：2015年第一季度用人单位数和提供岗位数分别为17.8万家和347.4万个，尽管较上一季度环比分别增长11.95%和29.14%，但相比2014年第一季度，分别下降7.29%和15.21%；相比2013年第一季度，分别下降25.52%和16.69%。②从求职人数来看，2015年第一季度求职人数为684.4万人，较上一季度环比增长28.55%，较2014年第一季度和2013年第一季度分别下降16.33%和17.38%。③就人才供求比来看，2015年第一季度为1.97，较上一季度环比下降0.51%，较2014年第一季度和2013年第一季度分别下降1.50%和1.01%，表明近期就业压力有所缓解。

表6-1 **2013年第一季度至2015年第一季度全国主要城市人才市场供求情况**

季　度	用人单位数（万家）	提供岗位（万个）	求职人数（万人）	人才供求比
2015年第一季度	17.8	347.4	684.4	1.97
2014年第四季度	15.9	269.0	532.4	1.98
2014年第三季度	18.4	319.0	638.0	2.00
2014年第二季度	19.0	372.5	747.6	2.01
2014年第一季度	19.2	409.7	818.0	2.00
2013年第四季度	17.5	358.7	712.3	1.99
2013年第三季度	20.6	361.2	720.6	2.00
2013年第二季度	21.6	418.4	840.3	2.01
2013年第一季度	23.9	417.0	828.4	1.99

数据来源与说明：“人才供求比”为“求职人数/提供岗位数”，因而该指标越小表明就业压力也相对越小。数据来源于中国人力资源市场信息监测中心，表6-2至表6-6、图6-2、图6-3同。

上述中国人力资源市场信息监测中心对近期就业状况的总体判断与中国人民大学中国就业研究所研发的CIER就业竞争指数走势是一致的，如图6-1所示。

据图6-1可知，尽管CIER指数在2012年第一、第二季度处于较高水平，但自2011年第一季度以来大致呈现下降趋势。特别是，2015年第一季度CIER指数的季节性反弹趋势变弱，指数还处在下行通道，这表明近期的就业压力并没有回升。

图6-2进一步给出了一个时期分区域的人才供求比状况。

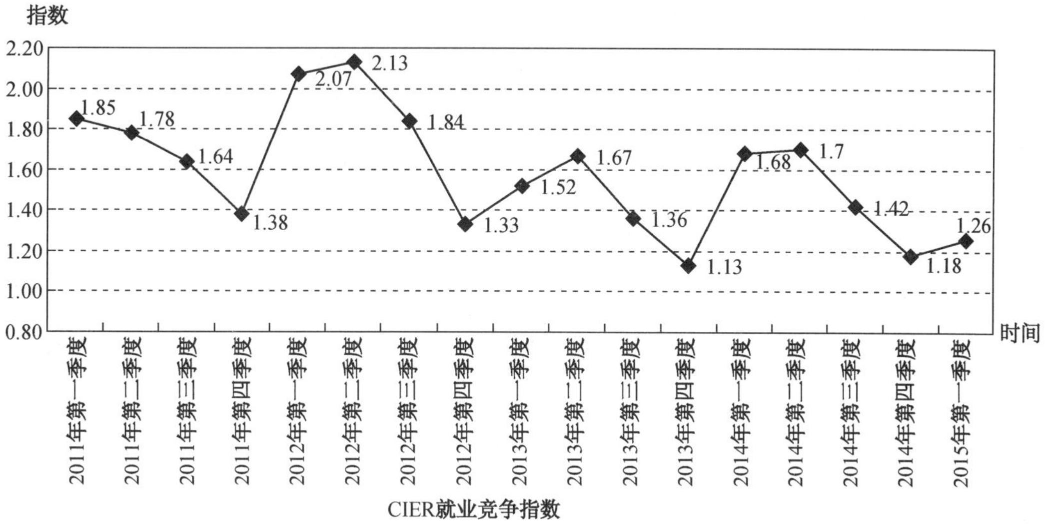

图 6-1　CIER 就业竞争指数走势(2011 年第一季度至 2015 年第一季度)

数据来源与说明:数据源自中国人民大学中国就业研究所。据智联招聘和苏州工业园区人力资源开发公司等提供的第一手数据,将 CIER 指数定义为"求职申请人数/招聘需求人数"(数据经季度调整),该指数以 2008—2013 年经济普查数据的法人单位数年均变动率为基准,调整了智联数据中企业数量的增长。另外,该指数已被证明和主要宏观经济指标如 CPI、GDP 具有显著的负相关性(丁大建、耿林、崔鈺雪,2012)。

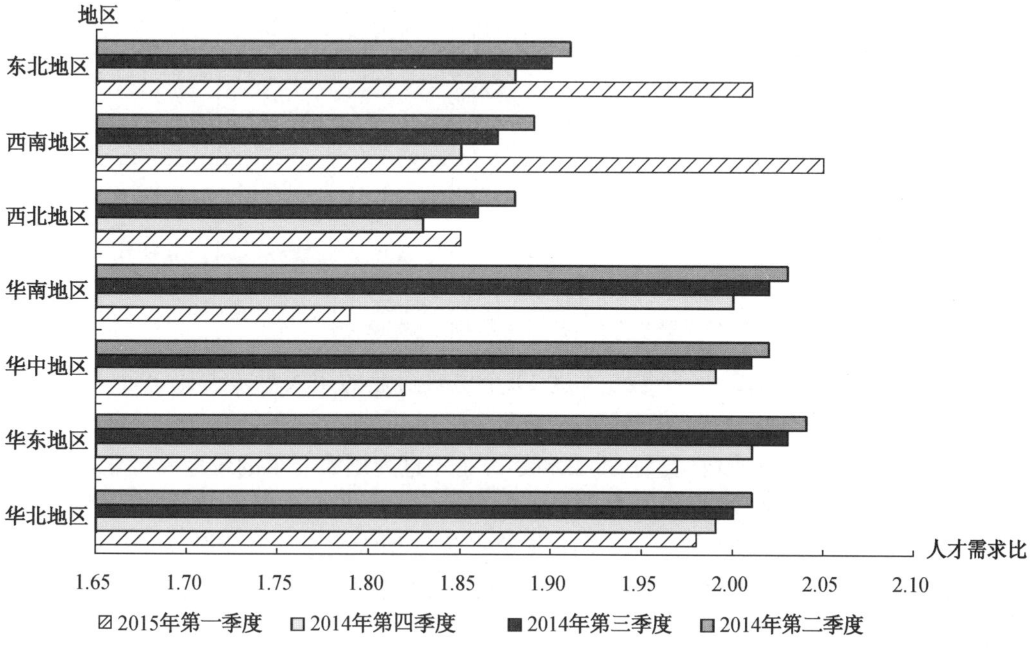

图 6-2　2014 年第二季度至 2015 年第一季度分区域的人才供求比状况

由图 6-2 可见,2014 年第二季度至 2015 年第一季度,全国 7 大区域的人才供求比走势呈现如下规律:①华南、华中、华东、华北 4 个地区的人才供求比均呈现逐步下降趋势,表明就业压力逐渐降低;②东北、西南、西北 3 个地区的人才供求比在前三个季度逐减(就业压力降低),但在 2015 年第一季度则呈现上升趋势,东北、西南地区尤为明显(就业压力骤增);③2015 年第一季度的人才供求比表明，西南、东北地区的就业压力最为明显，人才供求比分别为 2.05 和 2.01；华北、华东地区的人才供求比与全国基本持平，分别为 1.98 和 1.97；西北、华中、华南地区的就业压力相对较低，人才供求比分别为 1.85、1.82 和 1.79。由此可见，就业状况存在区域与趋势差异。

2. 用人单位的行业和企业属性分析

表 6-2 列示了 2015 年第一季度主要行业的用人需求状况，并进行了简单的对比。

表 6-2　**2015 年第一季度主要行业的用人需求占比及比较**

时间 主要行业	2015 年第一季度	2014 年第四季度	2014 年第一季度	2013 年第一季度	2015 年第一季度变化		
					较上季度	较 2014 年同期	较 2013 年同期
制造业	21.18%	19.17%	20.77%	22.5%	2.01%	0.41%	−1.32%
贸易、批发和零售业	12.21%	12.72%	13.55%	15.36%	−0.51%	−1.34%	−3.15%
信息传输、计算机服务和软件业	7.93%	7.17%	8.79%	11.19%	0.76%	−0.86%	−3.26%
建筑业	7.21%	6.78%	7.59%	7.71%	0.43%	−0.38%	−0.5%
房地产业	5.53%	5.25%	6.11%	5.81%	0.28%	−0.58%	−0.28%
金融业	4.35%	4.74%	3.9%	4.51%	−0.39%	0.45%	−0.16%
住宿和餐饮业	4.41%	4.14%	3.44%	3.94%	0.27%	0.97%	0.47%
交通运输、仓储和邮政业	3.45%	3.99%	3.76%	3.21%	−0.54%	−0.31%	0.24%
教育	3.19%	3.35%	2.92%	3.16%	−0.16%	0.27%	0.03%
租赁和商业服务业	3.62%	4.07%	3.67%	2.82%	−0.45%	−0.05%	0.8%
卫生、社会保障和社会福利业	3.09%	3.52%	2.3%	2.14%	−0.43%	0.79%	0.95%
总计	76.17%	74.9%	76.8%	82.35%	1.27%	−0.63%	−6.18%

由表 6-2 中数据可知，2015 年第一季度 11 个主要行业的用人需求占比总计为 76.17%，较 2014 年第四季度增加 1.27%，但较 2014 年和 2013 年同期分别降低 0.63%和 6.18%。

(1) 从各行业来看，制造业，贸易、批发和零售业一直为用人需求的最重要行业，2015 年第一季度用人需求占比分别为 21.18%和 12.21%；信息传输、计算机服务和软件业，建筑业，房地产业 3 大行业也是用人需求的主体，2015 年第一季度用人需求占比分别为 7.93%、7.21%和 5.53%；金融业、住宿和餐饮业等其他 6 个行业的用人需求占比尽管在 5%以下，但 2015 年第一季度用人需求累计占比也达到了 22.11%。

(2) 与 2014 年第四季度相比，2015 年第一季度用人需求在制造业，信息传输、计算机服务和软件业，建筑业，房地产业，住宿和餐饮业等 5 个行业有所增加(累计增加 3.75%)；在贸易与批发零售业，租赁和商业服务业等其他 6 个行业则有所减少(累计降低 2.48%)。

(3) 与 2013 年度和 2014 年度同期相比，2015 年第一季度在制造业、贸易与批发零售业 2 个行业的用人需求占比累计分别降低 4.47%和 0.93%，在信息传输、计算机服务和软件业，建筑业，房地产业等 3 大行业的用人需求占比累计分别降低 4.04%和 1.82%，在其他 6 个行业的用人需求累计占比则分别增加 2.33%和 2.12%。表 6-3 列示了 2015 年第一季度用人单位的分布情况。

表 6-3　**2015 年第一季度不同性质的单位用人占比分布及比较**

企业类型＼时间	2015 年第一季度	2014 年第四季度	2014 年第一季度	2013 年第一季度	2015 年第一季度变化		
					较上季度	较 2014 年同期	较 2013 年同期
私营企业	70.10%	68.44%	70.68%	68.64%	1.66%	−0.58%	2.04%
个体经营	11.65%	10.93%	9.73%	11.84%	0.72%	1.92%	−2.11%
港、澳、台商投资企业	7.34%	8.48%	7.38%	6.17%	−1.14%	−0.04%	1.21%
外商投资企业	5.65%	6.62%	6.08%	5.56%	−0.97%	−0.43%	0.52%
国有企业	3.99%	4.30%	4.96%	5.36%	−0.31%	−0.97%	−0.40%
行政事业单位	1.27%	1.23%	1.16%	2.43%	0.04%	0.11%	−1.27%

由表 6-3 中数据可知，2015 年第一季度的用人单位属性有如下规律。

首先，私营企业和个体经营企业一直是用人单位的主体，2015 年第一季度，这两种类型的企业用人占比分别为 70.10%和 11.65%，较上季度分别增长 1.66%和 0.72%，较 2014 年同期分别增长−0.58%和 1.92%，较 2013 年同期分别增长 2.04%和−2.11%。

其次，中国港、澳、台商投资企业和外商投资企业的用人需求占比在 2015 年第一季度分别为 7.34%和 5.65%，较上季度分别下降 1.14%和 0.97%，较 2014 年同期分别下降 0.04%和 0.43%，较 2013 年同期分别增长 1.21%和 0.52%。

最后，囿于体制的原因，国有企业、行政事业单位通过劳动力市场满足用人需求的比例较低，2015 年第一季度用人占比分别为 3.99%和 1.27%，较上季度分别增长−0.31%和 0.04%，较 2014 年同期分别增长−0.97%和 0.11%，较 2013 年同期分别下降 0.40%和 1.27%。

图 6-3 则从直观上表明，国有企业、行政事业单位，以及外商投资企业求职人员的求职意向更高。

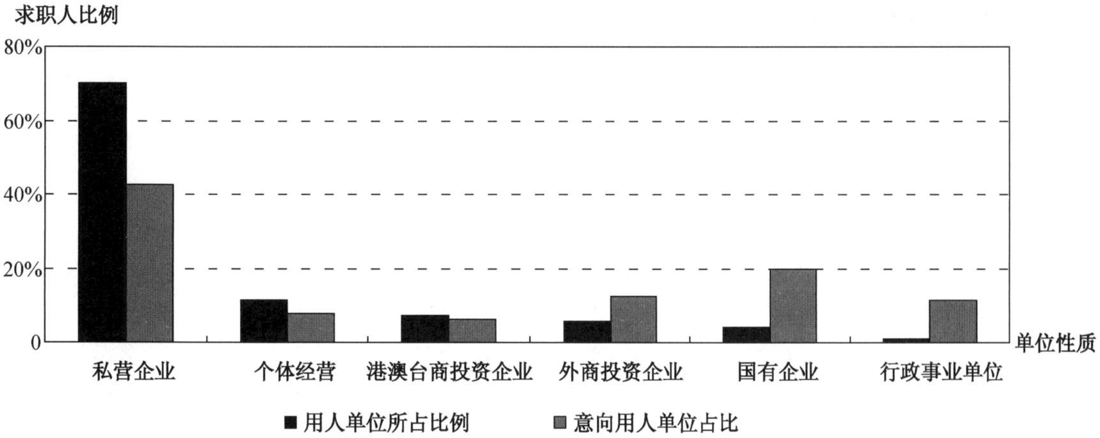

图 6-3　2015 年第一季度用人单位性质与求职人员意向单位性质对比

3. 求职人员的专业、学历和工作经验及匹配情况

表 6-4 给出了 2015 年第一季度求职人员专业排名前 10 名，用人单位需求专业排名前 10 名的情况，并进行了上季度环比和上年当季同比分析。

表 6-4 **2015 年第一季度求职人员与用人单位需求的专业属性分析**

求职人员专业排名前 10 名的情况				用人单位需求专业排名前 10 名的情况			
专业类型	2015 年第一季度占比	上季度环比	上年当期同比	专业类型	2015 年第一季度占比	上季度环比	上年当期同比
机械类	8.67%	1.53%	−1.20%	机械类	10.07%	0.59%	−0.84%
计算机科学与技术类	7.22%	0.09%	−0.74%	工商管理类	7.99%	−0.89%	−1.12%
工商管理类	7.20%	0.60%	−1.17%	电子信息类	7.94%	0.43%	0.02%
土建类	7.08%	1.03%	−0.20%	计算机科学与技术类	7.64%	−0.40%	0.28%
经济学类	6.44%	0.50%	−0.13%	经济学类	6.81%	0.20%	−0.04%
电子信息类	6.37%	0.12%	−0.21%	土建类	6.51%	0.20%	0.20%
化工与制药类	3.63%	0.54%	1.51%	管理科学与工程类	4.27%	0.51%	−0.57%
管理科学与工程类	3.17%	0.14%	−0.29%	轻工纺织食品类	3.78%	1.93%	0.68%
医学类	2.93%	−0.33%	0.50%	材料类	2.78%	1.22%	0.61%
公共管理类	2.39%	−0.24%	−0.05%	化工与制药类	2.74%	−0.55%	−0.51%
占登记求职人员总数	55.09%	3.98%	−1.99%	占职位总数	60.53%	3.24%	−1.29%

由表 6-4 中数据可知，在 2015 年第一季度，求职人员排名前 10 名的专业累计占比为 55.09%，其环比增长 3.98%、同比下降 1.99%；用人单位需求排名前 10 名的专业累计占比为 60.53%，其环比增长 3.24%，同比下降 1.29%。具体而言，劳动力供需的专业状况还存在以下规律。

首先，从求职人员的专业类别来看，机械类、计算机科学与技术类、工商管理类、土建类、经济学类、电子信息类 6 个专业类别的求职人员相对较多，占比均在 5%以上，累计占比为 42.98%；对排名前 10 名的其他 4 个专业，求职人员累计占比为 12.12%。

其次，从专业需求来看，求职人员占比靠前的 6 个专业类别同样也为用人单位所急需，其累计占比为 46.96%；对排名前 10 名的其他 4 个专业，用人单位需求的累计占比为 13.57%。

最后，值得注意的是，医学类、公共管理类分别列求职人员专业类别的第 9、第 10 位，但并未进入用人单位需求专业排名的前 10 位；而轻工纺织食品类、材料类两个专业排名分列用人单位需求专业排名的第 8、第 9 位，却未列入求职人员专业排名的前 10 位。此外，尽管排名前 6 名的专业在供需方面是一致的，但除机械类、经济学类的排名相同外，其他专业排名并不一样，均说明劳动力供给与需求的专业匹配度存在一定的错位。

表 6-5 给出了 2015 年第一季度求职人员的学历状况，以及用人单位需求对学历的需求状况，并进行了上季度环比和上年当季同比分析。

表 6-5　　2015 年第一季度求职人员与用人单位需求的学历状况分析

学历层次	求职人员学历分布情况			用人单位所需学历情况		
	2015 年第一季度占比	上季度环比	上年当期同比	2015 年第一季度占比	上季度环比	上年当期同比
高中及以下	7.10%	−0.08%	4.24%	14.05%	−0.73%	−1.03%
中专	11.85%	−2.73%	6.27%	14.06%	1.00%	−2.82%
大专	42.47%	2.87%	−32.30%	40.29%	2.47%	1.38%
本科	34.13%	1.75%	19.41%	21.21%	0.58%	2.77%
硕士	3.71%	−1.50%	2.04%	2.50%	−0.49%	0.21%
博士	0.74%	−0.31%	0.35%	0.64%	−0.07%	−0.10%
无要求	—	—	—	7.26%	−2.76%	−0.38%

由表 6-5 数据可见，2015 年第一季度：

(1) 劳动力市场的供给与需求在学历方面结构较为一致，供需占比排名依次为：大专＞本科＞中专＞高中及以下＞硕士＞博士，即大专和本科生仍为劳动力市场的供需主体，两项求职人员学历占比为 76.6%(42.47%＋34.13%)，两项用人单位学历占比为 61.5%(40.29%＋21.21%)。

(2) 从相对占比而言，用人单位对大专、本科、硕士、博士等学历人员的需求相对求职人员偏低，但在中专、高中及以下、无学历要求等相对偏低的学历人群方面的需求较高，一定程度上凸显了学历教育的供需错位。

(3) 求职人员占比在大专、本科两个学历层次的环比有所增加，“高—低”两端学历求职人员占比的环比则有所降低，这从侧面反映了高校毕业生的就业压力仍在持续；从上年同比来看，除大专层次学历求职人员显著下降外，其他学历求职人员占比均有所上升。

(4) 用人单位所需学历结构的变化表明，“高—低”两端学历人员的需求占比出现环比下降，而所需中专至本科层面的人员占比却环比增加，这在一定程度上满足了中间学历层次求职人员的需求。从上年同期同比状况来看，用人需求也呈现大致相同的变化规律。

表 6-6 为 2015 年第一季度求职人员的工作经验状况及用人单位对此的需求。

表 6-6　　2015 年第一季度求职人员与用人单位需求的工作经验分析

工作经验	求职人员工作经验情况			用人单位所需工作经验情况		
	2015 年第一季度占比	上季度环比	上年当期同比	2015 年第一季度占比	上季度环比	上年当期同比
应届毕业生	28.50%	−5.66%	0.48%	22.17%	−1.68%	−3.40%
1 年以内	19.54%	−0.15%	3.59%	22.59%	−2.02%	0.08%
1～2 年	23.11%	0.19%	−8.19%	27.56%	1.00%	1.92%
3～5 年	15.99%	2.69%	0.99%	14.73%	1.89%	0.67%
6～10 年	9.73%	2.53%	2.58%	3.58%	0.17%	0.29%
10 年以上	3.13%	0.40%	0.55%	1.21%	0.04%	0.03%
无要求	—	—	—	8.16%	0.60%	0.42%

根据表 6-6 数据可见，2015 年第一季度：①工作经验越低的求职人员，其占比相对越大。其中，应届毕业生、1 年内、1～2 年、3～5 年工作经验的求职人员占比分别为 28.50%、19.54%、23.11%和 15.99%。②不同工作经验的求职人员占比变化表明，应届毕业生、1 年以内工作经验人员占比出现环比下降、其他类型求职人员占比的环比则均有所上升，1～2 年工作经验求职人员占比出现环比下降、其他类型求职人员的占比较上年同期则均有所上升。③就各类人员的工作经验占比来看，用人单位的需求及其环比变化和求职人员本身的情况表现出类似规律，对应届毕业生的需求占比之环比下降，对其他类型人员的需求占比之同比均上升。

（二）国外就业状况分析

本部分将集中分析近期全球及重点区域（美国、欧元区和日本）的就业状况。

1. 全球就业与经济发展概况

1）全球经济展望：IMF

IMF 于 2015 年年初发布的“全球经济展望更新”（World Economic Outlook Update）题为“Cross Currents”（各种相左的趋势），认为全球经济发展因各种有利和不利因素交织而充满变数。一方面，供给增加导致的油价下跌会有利于全球增长，且美国经济发展好于预期。另一方面，不利因素似乎更为突出，表现为：中国、俄罗斯、欧元区和日本等多数新兴市场和发达经济体，经济发展不及预期，投资疲软并导致对中期增长预期减弱；在欧元区和日本，经济停滞和低通胀也值得持续关注；石油供给冲击的持续性仍不确定，油价的下跌已经导致其中的石油出口国面临外部和资产负债等方面的脆弱性开始显现。由此，IMF 预期 2015—2016 年的全球增长为 3.5%和 3.7%，相比 2014 年 10 月的“全球经济展望”预测下调了 0.3%。

IMF 于 2015 年 4 月发布的题为“Uneven Growth：Short-and Long-Term Factors”（增长道路仍不平坦：短期和长期影响因素）的“全球经济展望”（WEO）再次认为，全球经济将保持温和增长，主要国家和地区的经济增长前景仍不均衡。IMF 认为，相比 2014 年，发达经济体的前景在改善，而新兴市场和发展中经济体的增长预计将放缓。

全球及主要区域的经济增长预期如表 6-7 所示，据表中数据，全球及主要发达、新兴市场的经济前景具体表现为以下几个方面。

首先，从全球来看，在 2013 年、2014 年连续经济增长 3.4%的基础上，2015 年全球经济增长率将达到 3.5%，这一结果与 2014 年 10 月、2015 年年初的预测基本一致。此外，预期 2016 年全球经济增速将进一步提升为 3.8%。

其次，发达经济体普遍从油价下跌中受益，2015 年、2016 年的经济增长预期为 2.4%，与 2014 年 10 月、2015 年年初的预测基本一致，较前两年的 1.4%和 1.8%的增长率有明显提升。

具体而言：加拿大经济增长在 2015 年、2016 年预期分别达到 2.2%和 2.0%，较 2015 年年初预测有所下调；鉴于油价下跌、财政调整步伐放慢、宽松的货币政策等利好因素，美国经济增长在 2015 年、2016 年预期将达到 3.1%，分别与 2014 年 10 月预测持平和略有提升，但较 2015 年年初预测有所下降；英国经济增长预期在 2015 年、2016 年分别为 2.7%和 2.3%，分别与 2015 年年初预测持平和略微下降；得益于油价下跌、低利率和欧元趋弱，欧元区经济增长在 2015、2016 年分别为 1.5%和 1.6%，较 2015 年年初预测有所上升；此外，2015 年和 2016 年，德国、法国、意大利和日本预期将表现出与欧元区类似的经济增长趋势。

最后，新兴和发展中经济体的经济增长在 2013 年和 2014 年持续减速后，2015 年和 2016

年预期分别为4.3%和4.7%，与2015年年初预测基本持平，但低于2014年10月预测水平。

表6-7 “全球经济展望(WEO)”有关全球GDP增长的预测

区域 \ 年份	2013	2014	预测值		较2015年1月预测		2014年10月预测	
			2015	2016	2015	2016	2015	2016
全球	3.4%	3.4%	3.5%	3.8%	0.0%	0.1%	3.5%	3.7%
发达经济体	1.4%	1.8%	2.4%	2.4%	0.0%	0.0%	2.5%	2.3%
美国	2.2%	2.4%	3.1%	3.1%	−0.5%	−0.2%	3.1%	2.8%
加拿大	2.0%	2.5%	2.2%	2.0%	−0.1%	−0.1%	1.8%	2.0%
欧元区	−0.5%	0.9%	1.5%	1.6%	0.3%	0.2%	1.7%	1.6%
英国	1.7%	2.6%	2.7%	2.3%	0.0%	−0.1%	2.7%	2.2%
德国	0.2%	1.6%	1.6%	1.7%	0.3%	0.2%	1.7%	1.7%
法国	0.3%	0.4%	1.2%	1.5%	0.3%	0.2%	1.6%	1.3%
意大利	−1.7%	−0.4%	0.5%	1.1%	0.1%	0.3%	1.0%	1.1%
日本	1.6%	−0.1%	1.0%	1.2%	0.4%	0.4%	2.4%	0.5%
新兴和发展中经济体	5.0%	4.6%	4.3%	4.7%	0.0%	0.0%	4.4%	5.0%
巴西	2.7%	0.1%	−1.0%	1.0%	−1.3%	−0.5%	−1.4%	2.3%
俄罗斯	1.3%	0.6%	−3.8%	−1.1%	−0.8%	−0.1%	−6.4%	2.0%
印度	6.9%	7.2%	7.5%	7.5%	1.2%	1.0%	7.9%	7.5%
中国	7.8%	7.4%	6.8%	6.3%	0.0%	0.0%	6.8%	6.3%

数据来源：IMF，2015年4月。

就“金砖四国”而言，巴西和俄罗斯的状况堪忧：预计巴西经济增长在2015年和2016年分别为−1.0%和1.0%，较2015年年初预测出现大幅下滑，这在一定程度上可归因于2015年这一时期的干旱、宏观经济政策收紧以及私人部门情绪低落(可能与对巴西国家石油公司的调查有关)；俄罗斯的增长预测则反映了油价急剧下跌和地缘政治紧张局势加剧造成的影响，预计2015年和2016年经济增长分别为−3.8%和−1.1%，同样较2015年年初预测出现下滑。印度的经济增长相对较好，预期2015年和2016年均为7.5%，且较2015年年初预测有较大幅度上升。在预期投资(特别是房地产投资)进一步减缓的前提下，中国经济增长预期自2013年以来进一步下调，2015年和2016年预测分别为6.8%和6.3%，且与2015年年初和2014年10月预测持平。

2) 全球就业展望：ILO

国际劳工组织(ILO)发布的“全球就业与社会展望2015”(World Employment and Social Outlook: Trends 2015)显示，在未来5年内，全球就业形势将持续恶化(见图6-4)。

2014年全球失业人口约为2.01亿人，较次贷危机前净增3 100万人；预计2015年全球新增失业人口300万人，且在随后的4年内继续增加800万人，至2019年全球失业人口将达到2.12亿人。与此同时，全球失业率在2009年达到6.3%，随后将持续下降，2013年为6%，预计2014—2019年将稳定在5.9%的水平。

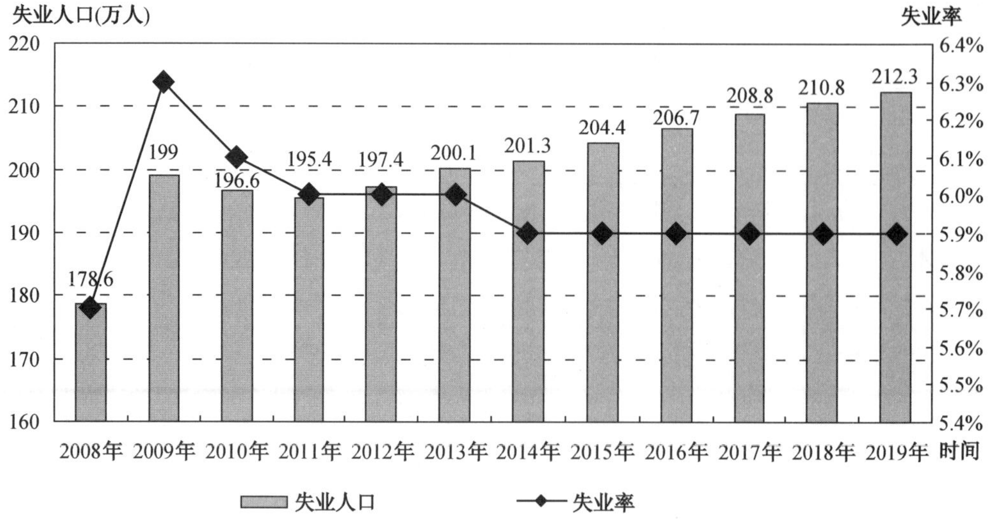

图 6-4 2008—2019 年全球失业人口和失业率

数据来源：ILO,“全球就业与社会展望 2015”,2014 年 10 月预测数据,表 6-8 同。

另外,就全球年均就业增长率而言,1991—2007 年为 1.7%, 2007—2014 年则下降为 1.2%,由此造成失业人口持续增加。全球就业缺口,即次贷危机以来失业数量已达到 6 100 万人,加上未来 5 年新增进入劳动力市场人数,到 2019 年为止还需额外增加 2.8 亿个工作岗位。值得关注的是,年轻人(特别是年轻女性)的失业状况更是堪忧,2014 年,全球找寻工作的年轻人(15～24 岁)累计达到 7 400 万人,年轻人失业率要比成年人高出 3 倍。

分区域和国家来看,一些发达经济体的就业状况有所改善,但在欧洲部分国家形势依然严峻,在新兴市场和发展中经济体中,就业形势甚至进一步恶化,具体见表 6-8。

表 6-8 **全球分区域(国家)的失业率预测**

国家/地区	2007 年	2013 年	2014 年	2015 年	2016 年	2017 年
全球	5.5%	6.0%	5.9%	5.9%	5.9%	5.9%
G20	5.0%	5.7%	5.6%	5.6%	5.6%	5.6%
G20：发达经济体	5.7%	8.4%	7.7%	7.4%	7.2%	7.0%
G20：新兴经济体	4.8%	4.9%	5.0%	5.1%	5.1%	5.2%
发达经济体与欧盟	5.8%	8.5%	7.8%	7.5%	7.3%	7.1%
澳大利亚	4.4%	5.7%	6.0%	5.9%	5.7%	5.6%
加拿大	6.0%	7.1%	6.9%	6.7%	6.6%	6.6%
日本	3.9%	4.0%	3.7%	3.6%	3.6%	3.7%
美国	4.7%	7.4%	6.2%	5.9%	5.5%	5.2%
欧盟	7.2%	10.9%	10.2%	9.9%	9.7%	9.5%
法国	8.0%	10.4%	9.9%	10.0%	10.0%	9.9%

（续表）

国家/地区	2007年	2013年	2014年	2015年	2016年	2017年
德国	8.6%	5.3%	5.0%	4.7%	4.9%	5.0%
意大利	6.1%	12.2%	12.5%	12.6%	12.5%	12.3%
英国	5.4%	7.5%	6.3%	5.9%	5.7%	5.5%
中欧、东南欧和独联体	8.2%	7.8%	7.7%	7.8%	7.8%	7.8%
俄罗斯	6.0%	5.5%	5.1%	5.3%	5.4%	5.4%
土耳其	10.3%	9.7%	9.2%	9.2%	8.9%	9.0%
中东	10.2%	10.9%	11.0%	11.0%	10.9%	10.8%
北非	11.4%	12.4%	12.5%	12.5%	12.5%	12.5%
撒哈拉以南非洲	7.8%	7.7%	7.7%	7.7%	7.7%	7.7%
南非	22.3%	24.6%	25.1%	25.0%	24.9%	24.8%
拉丁美洲和加勒比海地区	6.9%	6.3%	6.6%	6.8%	6.9%	6.8%
巴西	8.1%	6.5%	6.8%	7.1%	7.3%	7.3%
墨西哥	3.4%	4.9%	4.9%	4.8%	4.5%	4.3%
东亚	3.8%	4.5%	4.6%	4.8%	4.9%	4.9%
韩国	3.2%	3.1%	3.5%	3.5%	3.5%	3.5%
东南亚和太平洋地区	5.5%	4.3%	4.3%	4.3%	4.2%	4.2%
印尼	9.1%	6.2%	6.2%	6.1%	5.9%	5.8%
南亚	4.0%	3.9%	3.9%	3.9%	4.0%	4.0%

由表6-8数据可知，2014年，多数区域和国家的失业率高于2007年即次贷危机发生前水平。

分区域来看：2014年失业率在欧盟、中东和北非都很高，分别为10.2%、11%和12.5%，预计2015—2017年会下降或基本与2014年持平。G20中的发达经济体、中欧及东南欧和独联体地区、撒哈拉以南非洲在2014年的失业率均为7.7%，拉丁美洲和加勒比海地区的失业率为6.6%，均高于全球平均水平，预计2015—2017年失业率会下降或大致与2014年持平；G20中的新兴经济体、东亚、东南亚与太平洋地区、南亚在2014年的失业率分别为5%、4.6%、4.3%和3.9%；另外，G20中的新兴经济体、东亚的失业率在2015—2017年预期会上升，而东南亚与太平洋地区、南亚的失业率在2015—2017年会下降或基本与2014年持平。

分国别来看：2014年，日本、德国、俄罗斯、墨西哥和韩国5个国家的失业率水平较低，分别为3.7%、5%、5.1%、4.9%和3.5%，且除俄罗斯在2015—2017年失业率有所上升外，其他4国的失业率均预期会下降或与2014年基本持平。南非、意大利、法国、土耳其4个国家在2014年的失业率分别高达25.1%、12.5%、9.9%和9.2%，但预期在2015—2017年均有所下降或与2014年略微持平。澳大利亚、加拿大、美国、英国、巴西和印尼6个国家在2014年的失业率分别为6%、6.9%、6.2%、6.3%、6.8%和6.2%，预期巴西在2015—2017年失业率会出现上升,其余 5 个国家的失业率则较 2014 年下降或基本持平。

2. 美国就业与经济发展概况

随着美国经济的稳步恢复,其就业状况也有所好转,但仍未恢复到次贷危机前水平。

图 6-5 为 2000 年以来的美国国内失业率走势。在次贷危机爆发前,美国失业率相对平稳且处于较低水平:2000 年 1 月仅为 4%,随后有所上升,在次贷危机爆发前即 2007 年 6 月为 4.6%,其失业率因次贷危机而迅速攀升;2009 年 10 月高达 10%,随后又开始逐步回落;2015 年 5 月为 5.5%,仍然高于次贷危机爆发前的水平。

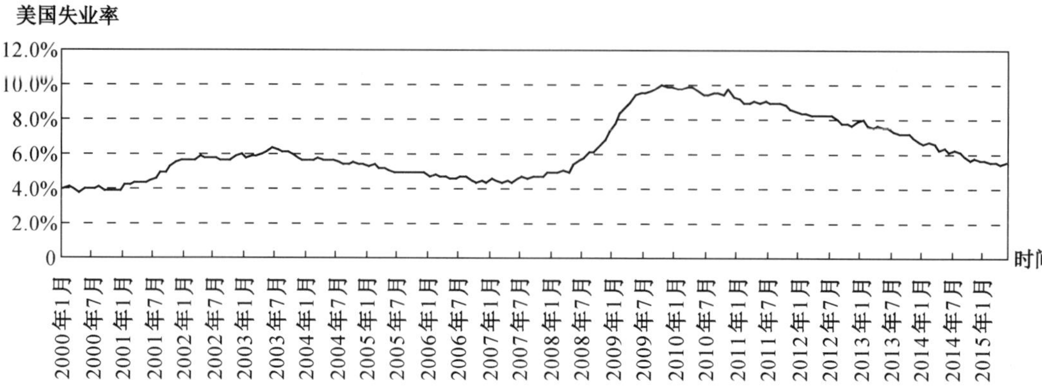

图 6-5 2000 年以来美国失业率状况

数据来源与说明:U. S. Bureau of Labor Statistics,经季度调整;图 6-6 至图 6-8 同。

失业人口也表现出和失业率完全一致的走势(未列示,数据来源相同)。具体为:2000 年 1 月,全美失业人口规模为 570.8 万人,次贷危机爆发前相对平稳;2007 年 6 月为 697.9 万人;2009 年 10 月则攀升至 1 535.2 万人,为危机爆发前的 2.2 倍;随后趋于回落,但 2015 年 5 月仍为 867.4 万人,约为 2007 年 6 月的 1.76 倍。

图 6-6 列示的平均失业周期[Average (Mean) Duration of Unemployment,季度调整]和图 6-5 的走势也大致相同。

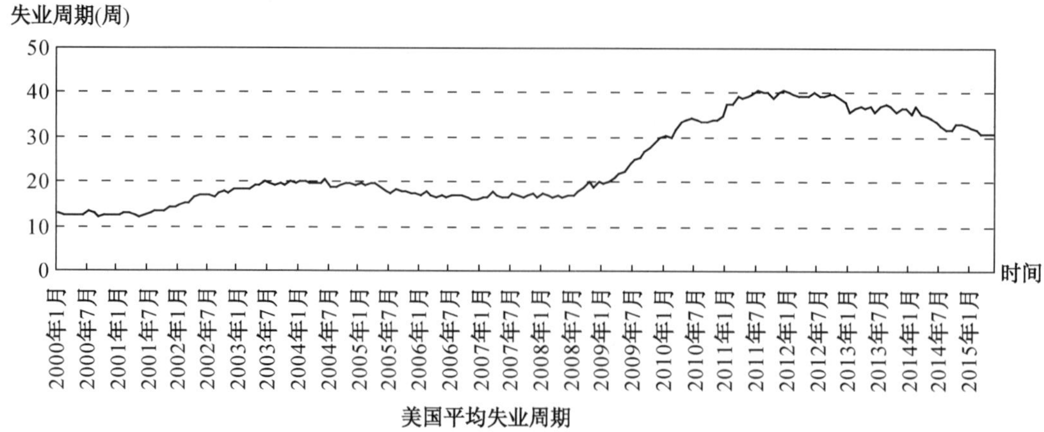

图 6-6 2000 年以来美国平均失业周期走势

由图 6-6 可知:2000 年 1 月,美国平均失业周期为 13.1 周;2007 年 6 月为 16.5 周;2011 年 6 月至 2012 年年初则维持在 40 周左右,其中,2011 年 7 月高达 40.6 周;随后该指标趋于回落,2015 年 5 月为 30.7 周,但仍大大高于次贷危机爆发前的水平。

图 6-7 列示了 2000 年 1 月以来美国"非农就业人数"(All Employees: Total nonfarm)的月度数据走势。

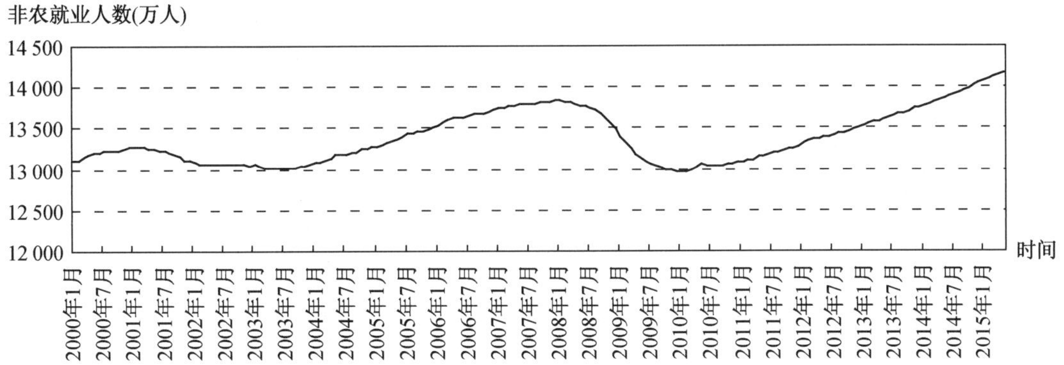

图 6-7 2000 年以来美国非农就业状况

从非农就业人数来看,2000 年年初至 2015 年 5 月呈现"升—降—升"的趋势:2000 年年初为 13 100.9 万人;随后缓慢上升,2007 年 6 月为 13 801.8 万人、2008 年 1 月为 13 836.5 万人;此后又因次贷危机冲击而趋于回落,2009 年 12 月仅为 12 968.5 万人;而后开始强劲回升,2015 年 5 月为 14 167.9 万人,达到 2000 年以来的最高值。

图 6-8 为 2006 年以来美国"私人部门周总工时指数"(Indexes of Aggregate Weekly Hours of All Employees: Total private;基期即 2007 年,指数为 100)走势。

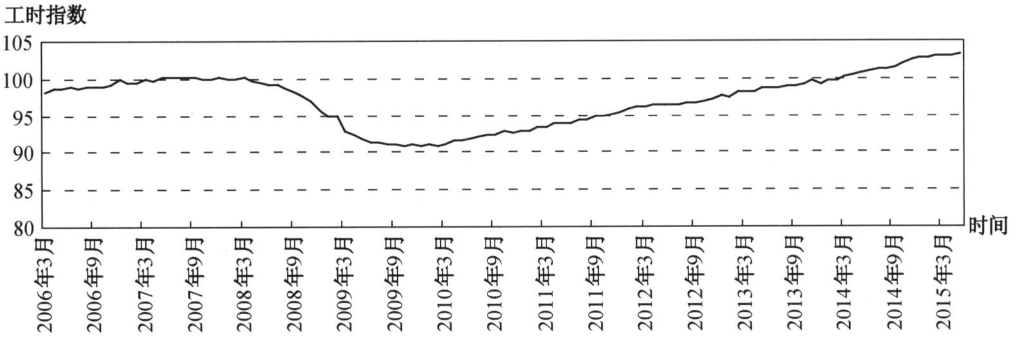

图 6-8 美国近期私人部门周总工时指数走势

据图 6-8 可知,"私人部门周总工时指数"也呈现与上述"非农就业人数"类似的规律:该指数 2008 年之前在 100 左右,2009 年 1 月至 2011 年 5 月位居 95 以下(最低为 2010 年 2 月的 88.5),2011 年 6 月开始重回 95 以上且稳步回升, 2015 年 1～5 月份分别为 102.8、103.1、102.9、103.0 和 103.3,超过次贷危机前水平。

图 6-9 为 2000 年以来美国真实 GDP 及其同比增长率走势。

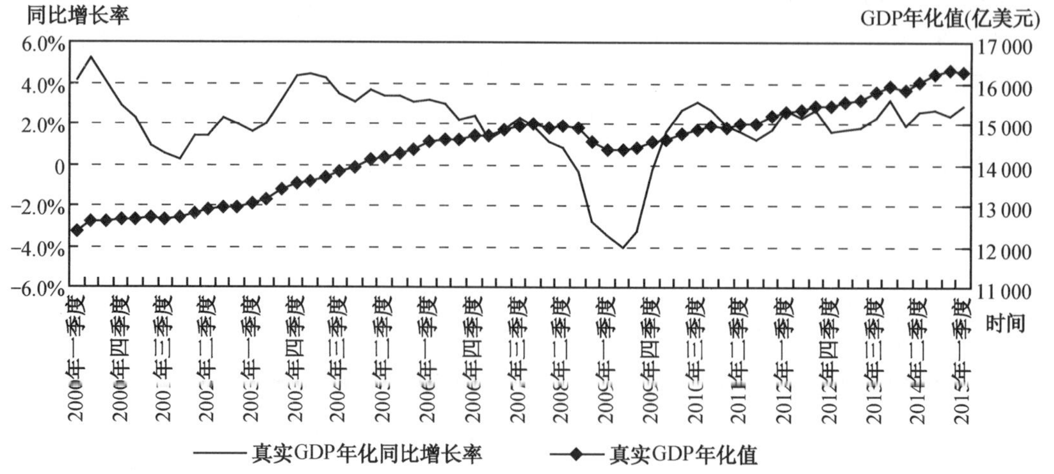

图 6-9　近期美国真实 GDP 及其增长走势

数据来源与说明：U. S. Bureau of Economic Analysis，均为经季节调整的年化值。

如图 6-9 所示，受 2000 年前后网络股泡沫影响，真实 GDP 同比增长率自 2000 年第一季度开始下滑，2001 年第四季度仅为 0.2%；随后开始上升，2003 年第四季度、2004 年第一季度达到 4.4%，随后又开始缓慢下降。因次贷危机影响，2008 年第三季度开始出现连续 6 个季度的负增长（最低为 2009 年第二季度的－4.1%）；2010 年第一季度开始，增长率回归 1%之上且随后开始缓慢地震荡上行，2014 年第一至第四季度分别为 1.9%、2.6%、2.7%和 2.4%，2015 年第一季度为 2.9%，大致回归到次贷危机前（如 2007 年第二季度）水平。

真实 GDP 也表现出类似规律，2000 年第一季度开始上升，自 2008 年第二季度开始下滑，至 2009 年第二季度达到低位，随后开始一路攀升，2015 年第一季度为 16.287 7 万亿美元。

Baker、Bloom 和 Davis（2013）提出的美国经济政策不确定性指数（EPU：Economic Policy Uncertainty Index）大致趋势如图 6-10 所示。

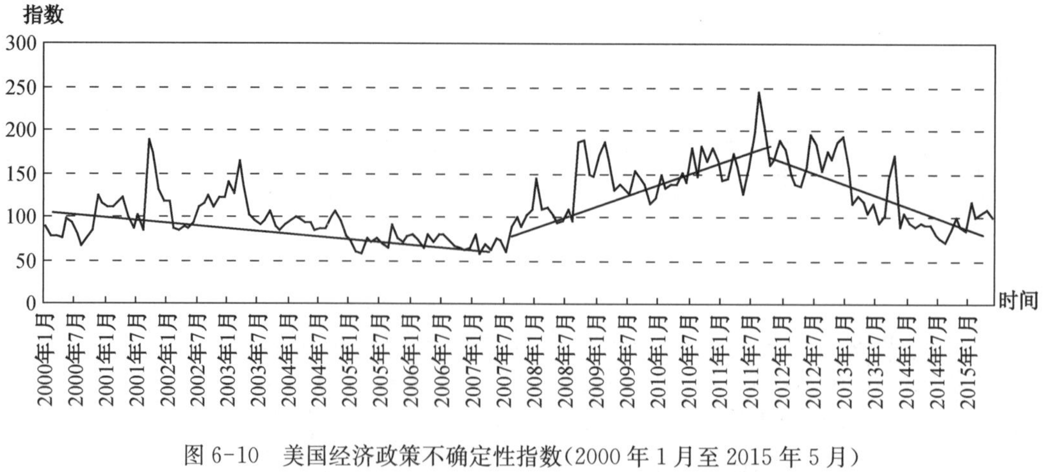

图 6-10　美国经济政策不确定性指数（2000 年 1 月至 2015 年 5 月）

数据来源：http://www. policyuncertainty. com。

2000年年初至2002年年底，以2001年“9.11”事件为中心，伴随着小布什选举和第二次海湾战争，不确定性指数处于高位，随后趋于下降；2003—2007年年底次贷危机爆发之前，不确定指数又回归低位；随后因受次贷危机影响不确定指数开始大幅攀升，2007年年底以来基本上都在100以上，2011年8月的“债务上限”危机更是使得不确定性指数达到了245.13的最高值；2013年之后不确定性指数有所下降；近期因经济发展持续向好，政策不确定性指数较低，2015年1～5月份分别为117.16，100.32，105.22，109.67和100.61。

3. 欧洲与日本的就业与经济发展概况

1) 欧洲主权债务危机国家的失业率与经济增长情况

图6-11给出了受欧债危机影响较大的5国，即葡萄牙、爱尔兰、意大利、希腊和西班牙5个国家的“修正失业率”(Harmonised Unemployment Rates)走势。

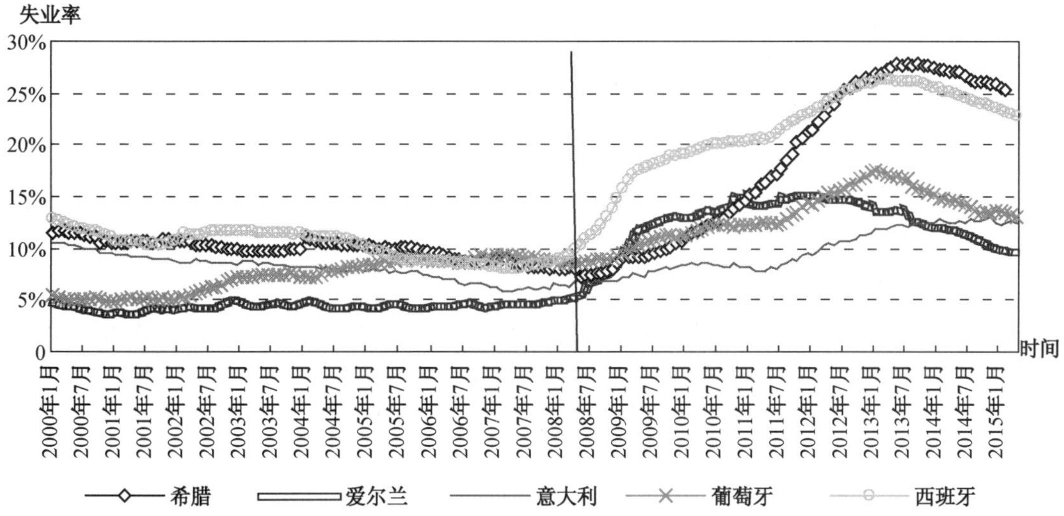

图6-11　受欧债危机影响较大的欧洲5国之失业率状况

数据来源：OECD；其中失业率为“修正失业率”；数据为经季节调整值，图6-13、图6-15同。

由图6-11可见，葡萄牙、爱尔兰、意大利、希腊和西班牙5个国家的失业率从2008年中期开始攀升，此后，希腊自2013年7月至9月，失业率高达27.9%，2015年1月、2月仍分别维持在25.6%和25.4%的水平；西班牙自2013年2月至4月，失业率分别高达26.3%，2015年1～4月仍分别为23.3%、23.1%、22.9%和22.7；葡萄牙的失业率在2013年1月高达17.5%，2015年1～4月分别为13.7%、13.5%、13.2%和13%；意大利的失业率在2014年11月高达13%，2015年1～4月仍分别为12.3%、12.4%、12.6%和12.4%；爱尔兰自2011年10月至2012年2月的失业率高达15.1%，2015年1～4月分别为10%、9.9%、9.8%和9.7%。

总体而言，上述5国尽管因主权债务危机而导致失业率攀升，但近些年均出现不同程度的回落，且葡萄牙和爱尔兰的就业改善情况相对较好。但仍需说明的是：希腊和西班牙的失业率仍然高企(22%～25%)，意大利的失业率折返的情况也不甚明朗，均值得特别关注。

图6-12给出了上述欧洲5国在次贷危机前后至2014年年底的真实GDP增长率，并给出了2015年、2016年和2020年的预测值。

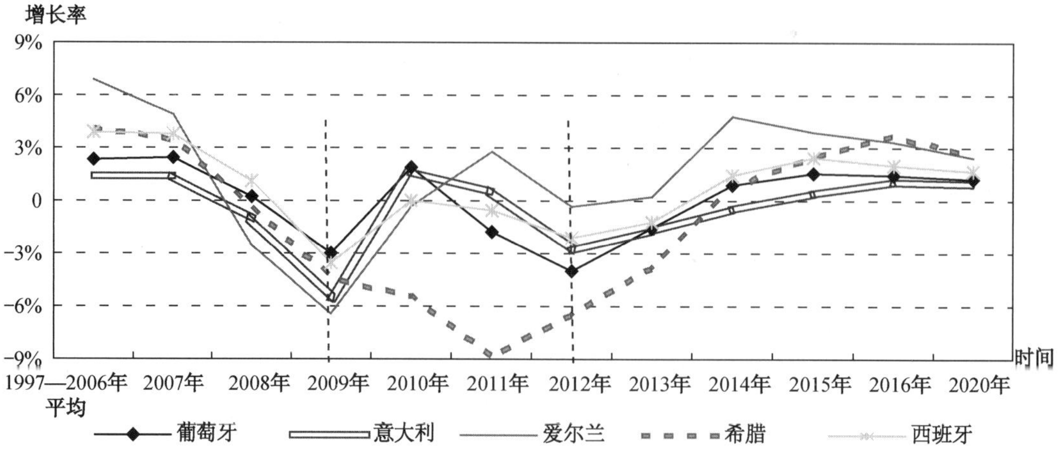

图 6-12 受欧债危机影响较大的欧洲 5 国之真实 GDP 增长率

数据来源:IMF,图 6-14、6-16 同。

由图 6-12 可知,上述欧洲 5 国因受次贷危机影响,2007 年开始普遍出现经济增长下滑,并于 2009 年达到低谷,尽管出现短暂的回调,但 2009—2012 年期间又复而陷入主权债危机,经济增长再次下滑。其中,尤以希腊受到次贷危机、主权债务危机的影响最大。2012 年之后,上述 5 国的 GDP 增长开始恢复,2014 年爱尔兰、西班牙、葡萄牙、希腊和意大利的真实 GDP 增长率分别为 4.8%、1.4%、0.9%、0.8 和-0.4%,2015 年其增长率会分别达到 3.9%、2.5%、1.6%、2.5%和 0.5%,2020 年可能分别为 2.5%、1.7%、1.2%、2.6%和 1%。

2) 德国、法国和英国的失业率和经济增长状况

图 6-13 给出了德国、法国和英国的"修正失业率"走势。

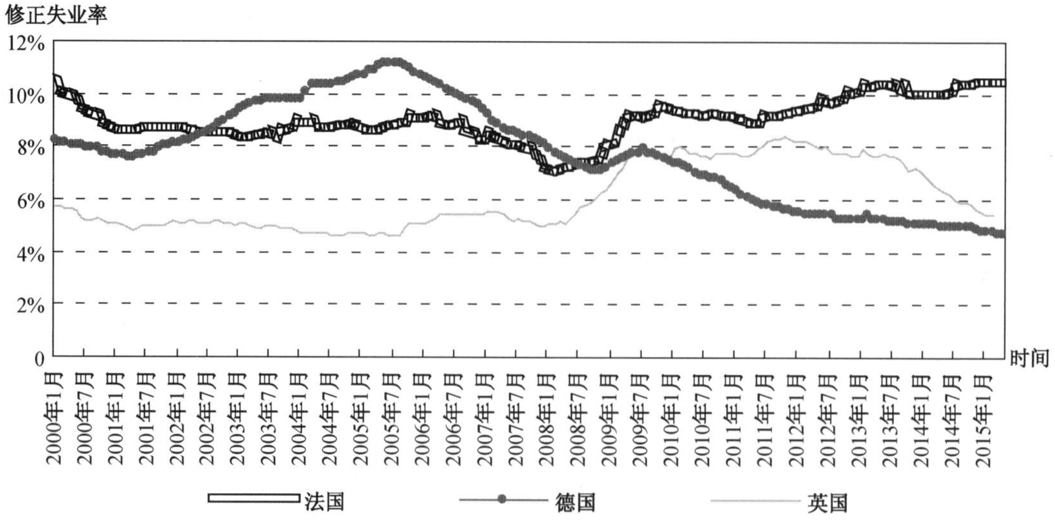

图 6-13 德国、法国和英国的失业率状况

由图 6-13 可见：德国失业率自 2000 年年初开始上升，在 2005 年 5～8 月达到 11.2%，随后回落，且即便是次贷危机也未改变其趋势，2015 年 1～4 月分别为 4.8%、4.8%、4.7%和 4.7%；英国失业率在 2000—2008 年年初基本稳定在 5%左右，但随后因次贷危机而上升，2009 年 4 月至 2013 年 8 月期间基本维持在 8%左右的高位，随后开始下滑，2015 年 1 月、2 月均为 5.4%；法国的失业率在 2000 年年初至 2008 年年初缓慢下滑，随后因次贷危机而缓慢上升，2015 年 1～4 月均稳定在 10.5%。总体而言，就失业率而言，近期德国表现最好，法国则有一定压力。

图 6-14 为德国、法国和英国在次贷危机前后及近期的真实 GDP 增长率走势。

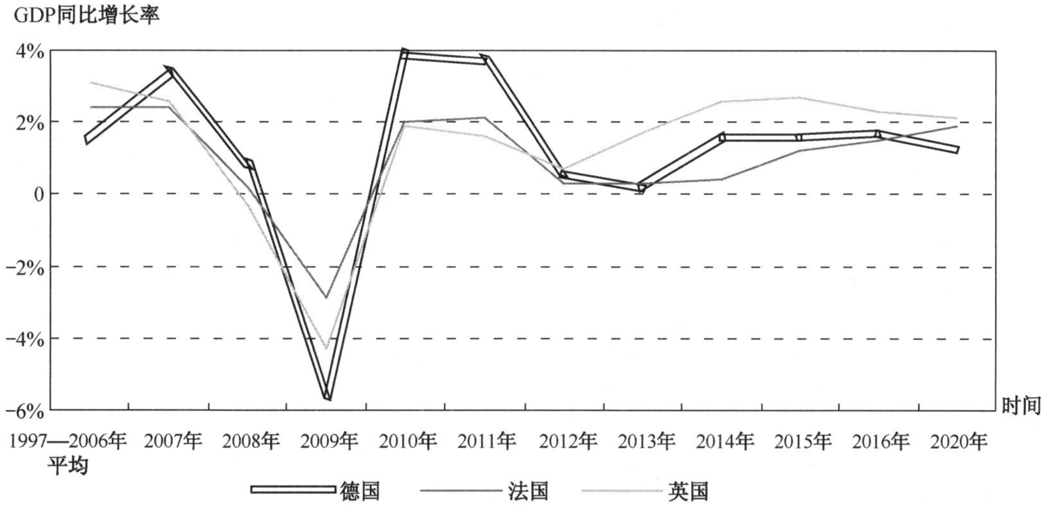

图 6-14　德国、法国和英国的真实 GDP 同比增长率状况

由图 6-14 可见：德国、英国和法国的经济增长在次贷危机前后的表现大致相似。其中：德国在次贷危机后的经济恢复势头较好，2010、2011 年的 GDP 增长率分别达到 3.9%和 3.7%，甚至大大超过次贷危机前水平，但随后有所回落，2014 年为 1.6%（与次贷危机前平均水平相当），预计 2015 年、2020 年分别为 1.6%和 1.3%；英国也在 2010 年之后 GDP 恢复为正增长，2014 年 GDP 增长率为 2.6%，预期 2015 年和 2020 年分别为 2.7%和 2.1%；法国也于 2010 年 GDP 出现正增长，但 2014 年 GDP 增长率仅为 0.4%，预计 2015 年和 2020 年分别为 1.2%和 1.9%。

3）日本的失业率和经济增长状况

图 6-15 给出了日本的"修正失业率"走势。

由图 6-15 可见：2000 年年初至 2003 年年初，日本失业率出现攀升，但随后开始下降，至 2008 年年初仅略高于 3.5%，随后因次贷危机而急速攀升，由 2008 年 10 月的 3.8%上升到 2009 年 7 月的 5.5%；之后失业率趋势一路下降，2015 年 1～4 月分别为 3.6%、3.5%、3.4%和 3.3%。

图 6-15 为日本在次贷危机前后及近期的真实 GDP 增长率走势。

由图 6-16 可见：日本的真实 GDP 增长率在 1997—2006 年平均仅为 0.9%，且因次贷危机，2008 年、2009 年分别为－1%和－5.5%的负增长，随后虽然在 2010 年强劲反弹（为

4.7%)，但随即下滑，2014 年 GDP 增长率为－0.1%，预计 2015 年和 2020 年分别为 1% 和 0.7%。

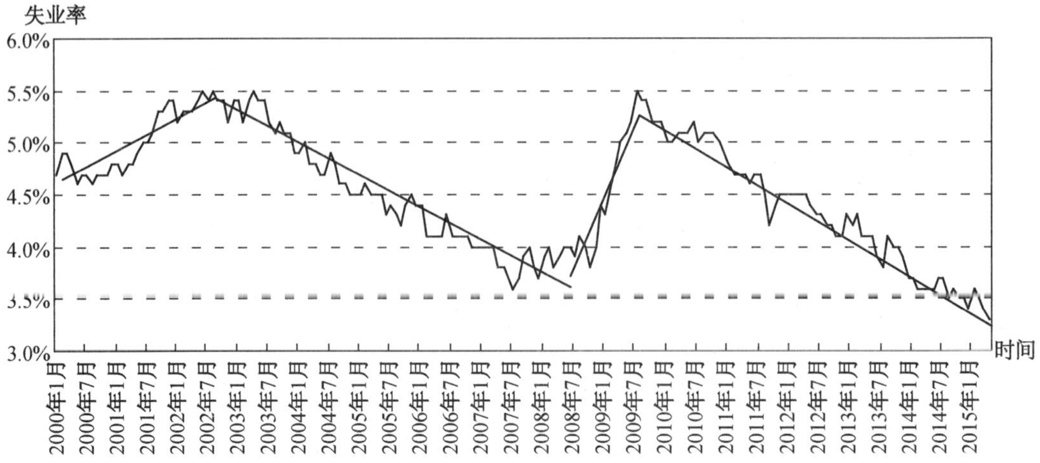

图 6-15 日本的失业率状况

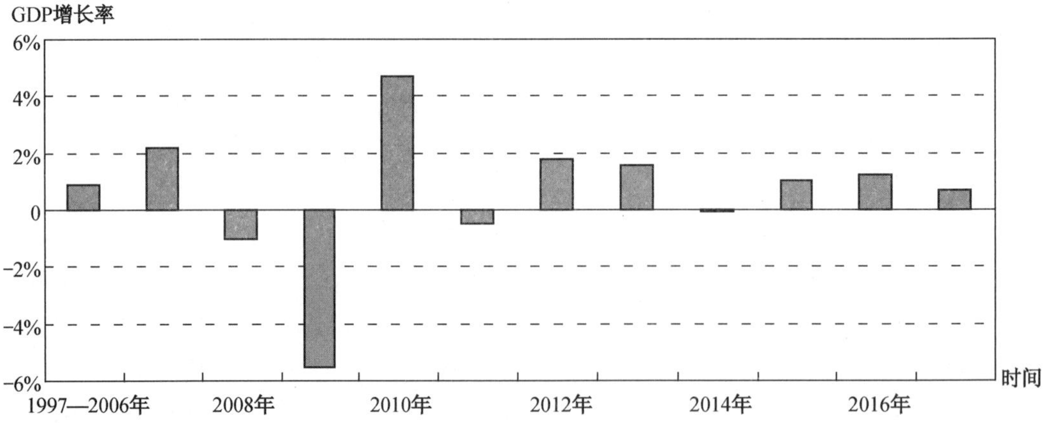

图 6-16 日本的真实 GDP 同比增长率状况

三、风险因素识别

劳动力表现为经济增长的引致性需求，且劳动力市场“供大于求”即为失业(就业风险)。基于这一逻辑，唐海燕(2011)从社会再生产角度，基于劳动力市场的供给与需求，分析了就业风险影响因素。本部分将沿用该分析框架，结合宏观经济数据进行就业风险分析。

(一) 劳动力供给对就业的影响

1. 人口抚养比与劳动参与率

从劳动力供给来看，我们主要关注人口抚养比、适龄劳动力比重、劳动参与率等指标走势，表 6-9 列示了 2005—2013 年相关数据。

表 6-9 **2005—2013 年中国人口抚养比和劳动参与率情况**

年份	总抚养比	少儿抚养比	老年抚养比	适龄劳动力比重	劳动参与率
2005	38.8%	28.1%	10.7%	72.0%	70.14%
2006	38.3%	27.3%	11.0%	72.3%	70.31%
2007	37.9%	26.8%	11.1%	72.5%	70.41%
2008	37.4%	26.0%	11.3%	72.7%	70.76%
2009	36.9%	25.3%	11.6%	73.0%	70.76%
2010	34.2%	22.3%	11.9%	74.5%	69.49%
2011	34.4%	22.1%	12.3%	74.4%	69.88%
2012	34.9%	22.2%	12.7%	74.1%	70.34%
2013	35.3%	22.2%	13.1%	73.9%	70.78%

数据来源：据《中国统计年鉴》整理，界定“15～64 岁人口”为“工作年龄段人口”，用以计算劳动参与率。

由表 6-9 中数据，从抚养比来看：少儿抚养比的下降和老年抚养比的上升自 2005 年以来表现为稳定的趋势，两者的交互作用导致总抚养比呈现 V 形趋势；少儿抚养比的下降在 2010 年以前占优，导致总抚养比由 2005 年的 38.8%下降为 2010 年的 34.2%；2010 年之后，老年抚养比的上升更为明显，并导致总抚养比逐步上升，2013 年为 35.3%。

与总人口抚养比对应，适龄劳动人口呈现先曾后减倒 V 形趋势，转折点同样在 2010 年，2013 年为 73.9%。从劳动参与率来看，2005—2009 年缓慢上升，此后则突变下降，2009、2010 年分别为 70.76%和 69.49%，而近年来有所上升，2013 年为 70.78%。

可以预见的是，随着我国逐渐步入老龄化社会，社会总抚养比会不断上升、适龄劳动力不断减少，人口红利也会逐渐消失，这在一定程度上缓解了就业压力。但这一趋势不利于劳动力供给，加之劳动参与率也仅维持在 70%左右，故加大了就业人员的抚养负担。

2. 城镇化与城乡差距对比

城镇化进程将加大城镇就业压力，图 6-17 给出了 2000 年以来的城镇化率，即城镇人口所占比例的走势。通过观察易知该指标逐年递增：2000 年城镇化率仅为 36.22%，而 2011 年突破 50%（为 51.27%），2013 年则达到了 53.73%。

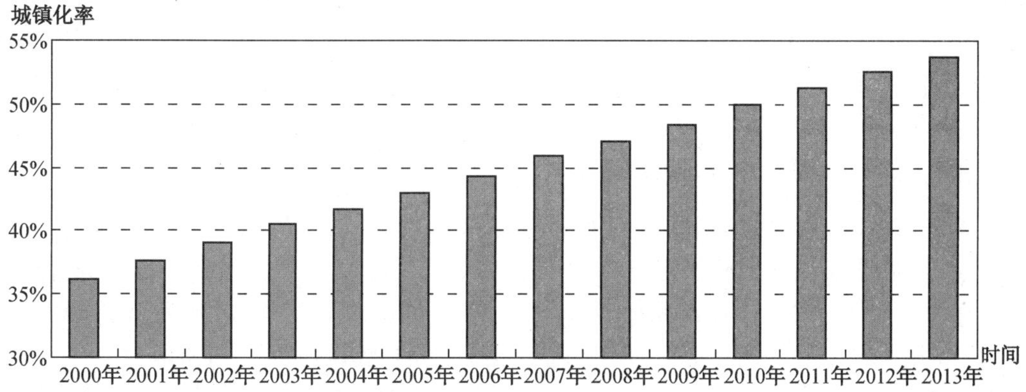

图 6-17 2000 年以来的城镇化水平状况

数据来源：根据《中国统计年鉴》各年度数据整理计算，图 6-18 至图 6-22 同。

图 6-18 为 2000 年以来中国非农业劳动生产率及其与农业生产率的对比状况。

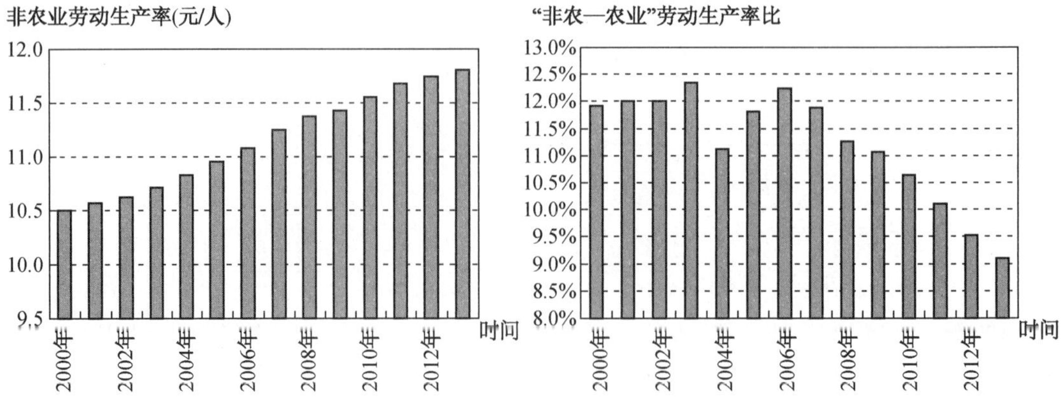

图 6-18　2000 年以来的非农业劳动生产率及其与农业生产率的对比

由图 6-18 可见：非农业劳动生产率(对数值)逐年递增，2013 年该指标为 11.80，这在一定程度上吸引了更多农村劳动力流入城市，增大了就业压力；另一方面，“非农—农业”劳动生产率的对比则大致呈现先增后减趋势，2000 年为 11.92，2003 年为 12.34，2013 年则下降为 9.10，这说明近年来农村就业的报酬上升相对较快，这在一定程度上可解释农民工返乡的现象。

图 6-19 给出了 2000 年以来的城乡收入比和城乡 Gini 系数走势，其中：城乡 Gini 系数根据陈建东、侯文轩、邹高禄(2009)方法进行测算。

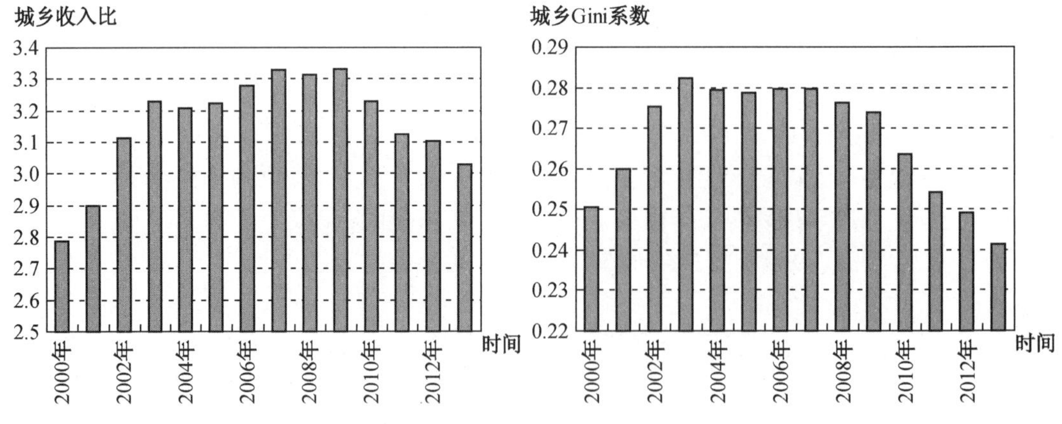

图 6-19　2000 年以来的城乡收入比与城乡 Gini 系数状况

据图 6-19 可见：城乡收入比、城乡 Gini 系数和“非农—农业”劳动生产率的走势大致相当，趋势都是先增后减：城乡收入比在 2000 年为 2.79 倍，在 2007 年、2009 年为 3.32 倍，2013 年则下降为 3.03 倍；对城乡 Gini 系数而言，2000 年为 0.25，2002—2008 年为 0.28，此后开始回落，2013 年为 0.24。这两个指标的走势表明，近年来的城镇就业压力有所减少。

综合图 6-17 至图 6-19 的 5 个指标可知：城镇化、非农业生产率的上升表明城镇就业压力在一定程度内仍将存在，但城乡收入比、城乡 Gini 系数和“非农-农业”劳动生产率则表明这一就业压力在近期有所缓和。

（二）产出与产业结构对就业的影响

奥肯定律表明：经济增长和失业率之间存在反向关系。但有关该定律在中国的适用性并未得到普遍认同（谭菊华，2013；石昶和宋德勇，2012）。即便如此，对政策制定者而言，通过稳增长来促就业已达成普遍共识。此外，也有研究认为，不同产业经济增长的就业效应存在差异（黄波，2012），这也为经济结构调整的就业导向找到了一定的依据。

图 6-20 给出了 2000 年以来中国经济增长的总体就业弹性趋势。

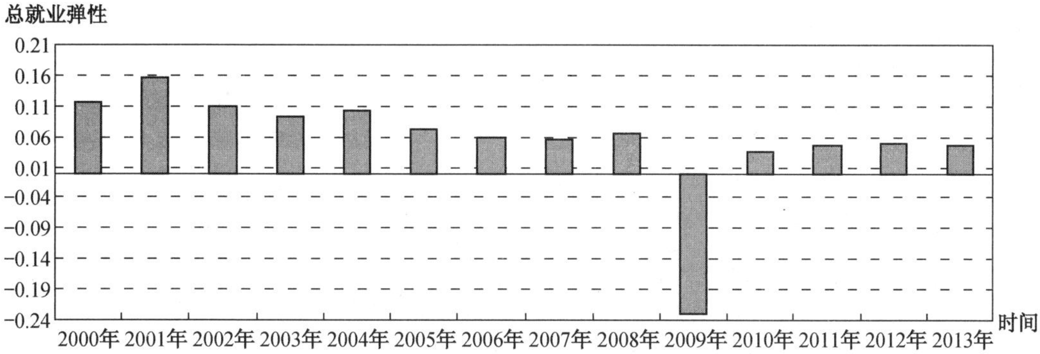

图 6-20 2000 年以来中国经济增长的总就业弹性

由图 6-20 可知：中国经济增长的总体就业弹性偏低，自 2000 年以来，最高点为 2001 年的 0.16，最低点为 2009 年的－0.23，其他年份普遍在 0.05 左右。这说明经济增长的总体就业效应并不明显，也似乎并未达到政策制定和实施者的预期效果，更是与中国近年来就业形势相对较好的事实不符。

接下来进一步分析不同产业的就业弹性。图 6-21 列示了 2000 年以来中国三大产业的就业弹性，由图 6-21 可见：①从绝对值来看，三大产业的就业弹性较总产出就业弹性有了

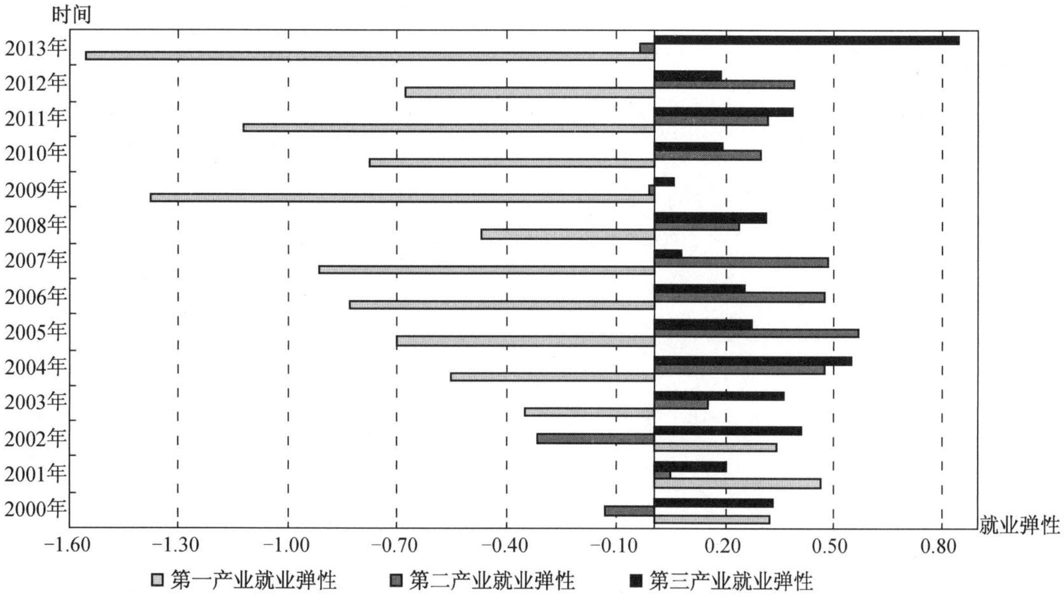

图 6-21 2000 年以来中国第一、第二、第三产业的就业弹性

显著提升，说明考察经济增长的就业效应时应区分不同产业；②除 2000—2002 年以外，其他年份第一产业就业弹性均为较大的负值，说明农业发展并未很好吸纳就业，这也与中国城镇化趋势进程，以及农民工就业市场的表现一致；③第二产业发展的就业效应不太稳定，在 2000 年、2002 年、2009 年和 2013 年均表现为负弹性，分别为－0.13、－0.31、－0.01 和－0.04，在其他多数年份则表现为较显著的正值；④第三产业发展对就业一直存在显著的正效应，在 2013 年甚至达到 0.85，这说明在新常态下发展第三产业不仅能“稳增长”，更能有效地“促就业”。

图 6-22 列示了 2000 年以来中国第一、第二、第三产业的就业偏差（该指标定义为：产业 GDP 比重/产业就业比重－1）走势。

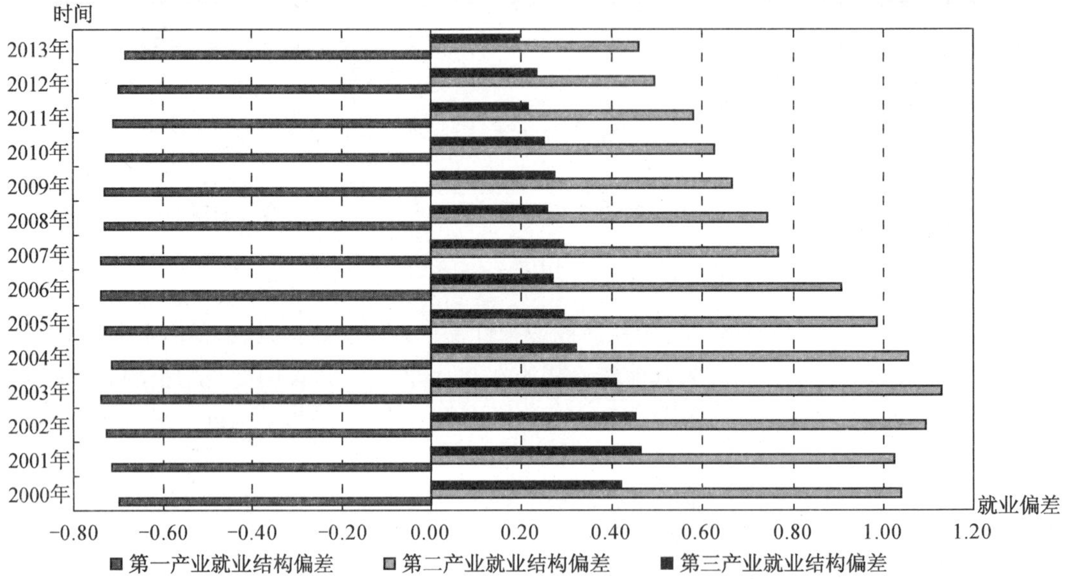

图 6-22 2000 年以来中国第一、第二、第三产业的就业偏差

图 6-22 表明：第一产业的就业结构偏差持续为负，说明相对产出而言就业人口相对偏高；第二、第三产业的就业结构偏差为正，且第二产业尤为突出，说明第二产业为资本和技术密集型产业，对劳动力的要求少而精；第三产业的就业结构偏差相对较小且有下降趋势，与其就业弹性显著为正一致，说明第三产业吸纳就业仍有一定空间。

在证实第二、第三产业，特别是后者在促就业方面具有重要作用的基础上，接下来进一步分析近期总体经济发展环境与发展状况，以及各产业经济增长的趋势表现。

首先来看 Baker、Bloom、Davis 和 Wang（2013）构造的中国经济政策不确定性指数（EPU：Economic Policy Uncertainty Index for China），图 6-23 列示了其 2000 年 1 月以来的走势。

由图 6-23 可见：次贷危机前后，中国经济政策不确定性指数在 2008 年 9 月和 2011 年 11 月分别有 2 个高点，指标值分别为 298.4 和 363.5。其中：前一个高点可解释为次贷危机冲击导致的不确定性增加；而 2011 年 11 月的高点发生在 2011 年 12 月中央经济工作会议前，当时中国经济在经历 2010 年 10.4%的增速后，已确定趋于下滑通道，因而不确定性也增大。相对

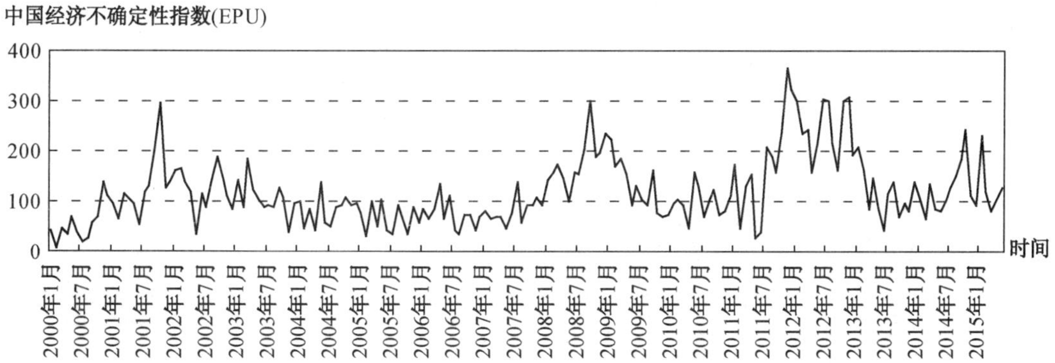

图 6-23　2000 年以来中国经济政策不确定性指数走势

数据来源：http://www.policyuncertainty.com。

而言，近期中国经济政策不确信指数值相对较低，2005 年 3～5 月分别为 82.1、105.3 和 127.6。

再来看 2000 年以来中国 GDP 季度增长率的走势(见图 6-24)。

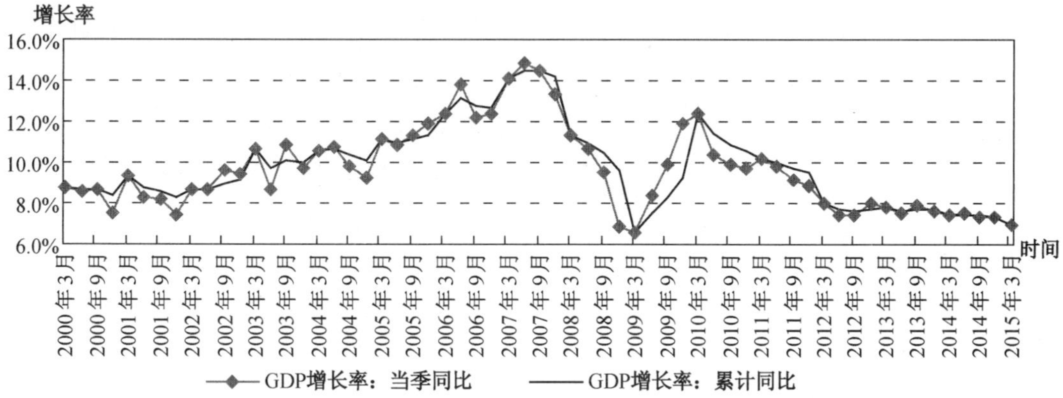

图 6-24　2000 年以来中国经济增长走势

数据来源：据 Wind 咨询数据整理，图 6-25 至图 6-30 同。

由图 6-24 可见：因受次贷危机影响，中国经济增长(无论是 GDP 当季同比增长还是累计同比增长)在 2007 年年中之后趋于下降，并经由短暂探底之后反弹，并于 2010 年年初确立了“高中速增长”的新常态趋势，2015 年第一季度 GDP 当季同比和累计同比增长率分别为 7%和 6.95%，低于次贷危机前平均水平。由此可见，经济增长的持续走低为就业带来了严峻考验。

图 6-25 列示了 2000 年以来，三大产业 GDP 累计同比增长的走势，由此可见：①第一产业增长相对平稳，且在次贷危机前后差别不大，2014 年第四季度、2015 年第一季度分别为 4.06%和 3.17%；②第二产业经济增长与总体经济增长趋势大致类似，在次贷危机前即 2007 年两度达到 15.3%，并于 2009 年第一季度跌至 6%，在 2010 年第一季度冲高至 15%后再次下滑，2014 年第四季度和 2015 年第一季度分别为 7.26%和 6.37%；③第三产业增长走势在次贷危机前即 2007 年第三季度高达 16.2%，但随即下跌至 2009 年第一季度的 7.8%，而后开始反弹并稳定在较低水平，2014 年第四季度和 2015 年第一季度分别为 8.08%

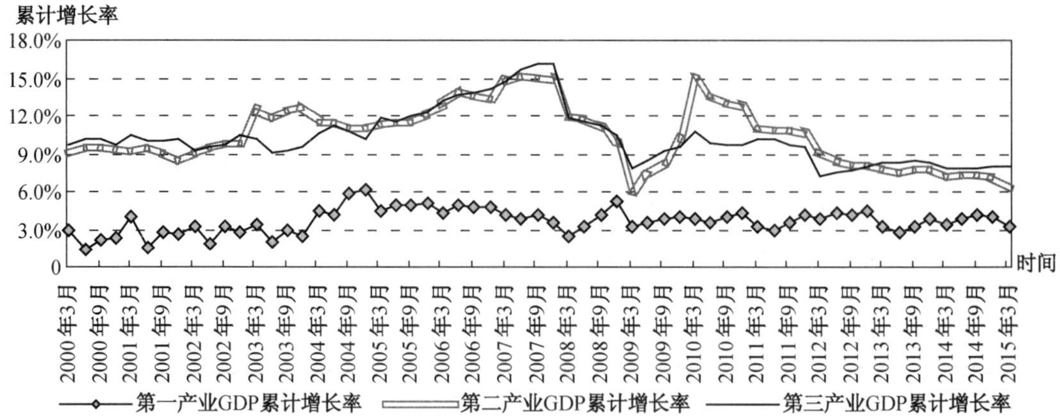

图 6-25 2000 年以来中国三大产业的 GDP 累计同比增长走势

和 7.95%；④第三产业增长水平相对较高，且弹性最大(见图 6-21)，对新常态下促就业有一定的积极效应。

（三）消费、投资和出口对就业的影响

从产出分配的角度来看，消费、投资和净出口通过拉动经济增长对就业均具有促进作用。图 6-26 列示了 2003 年 1 月以来社会消费品零售总额的同比增长趋势。

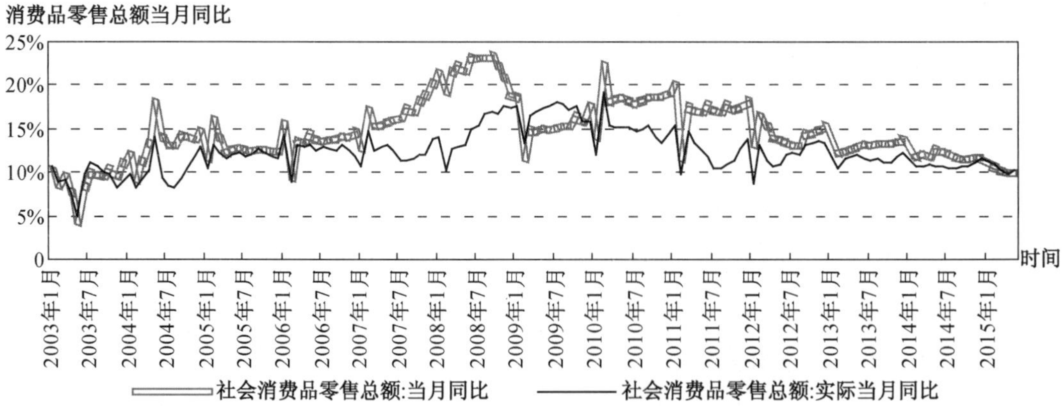

图 6-26 2003 年以来中国社会消费品零售总额同比增长走势

由图 6-26 可见：社会消费品零售总额的名义同比增长率在次贷危机前有较为显著的上升趋势，并因次贷危机而深度下滑，2008 年 7 月一度达到 23.3%，但随后因次贷危机而深度下滑，2009 年 2 月仅为 11.2%，尽管随后有所上升(2010 年 2 月曾达到 22.1%)，但基本处于长期下降态势，2015 年 3～5 月分别仅为 10.24%、10%和 10.13%。社会消费品零售总额的实际同比增长和名义同比增长趋势较为一致，稍微有别的是，实际增长率受次贷危机冲击的表现并不明显，2003 年年初以来呈现较为一致的“升—降”趋势，2015 年 3～5 月分别为 10.20%、9.90 %和 10.20%。上述社会消费品零售总额增长率的趋势表现和新常态下经济增长乏力是吻合的，也为促就业带来了不利影响。

图 6-27 为 2003 年年底以来固定资产投资完成额累计同比，以及房地产投资完成额累计同比增长率走势：固定资产投资完成额在 2003 年年末、2004 年年初出现较大增幅(增长率分别为 29.10%和 53.0%)，之后迅速趋于回落；2007 年 6 月增长率为 26.7%，随后因次贷危机刺激政策而升高；2009 年 6 月增幅为 33.6%，但后继再次下跌；2015 年 3～5 月仅分别为 13.50%、12.00%和 11.40%。房地产投资累计完成额的表现和总体经济增长趋势较为一致，2008 年 6 月增幅曾达到 33.5%，但随后深度下调；2009 年 2 月仅增长 1%；而后出现快速回升，2010 年 6 月曾达到 38.1%的增长水平，而后再次下滑；2015 年 3～5 月仅分别为 8.50%、6.0%和 5.10%。因此，固定资产投资的上述表现对经济增长和就业存在较为不利的影响。

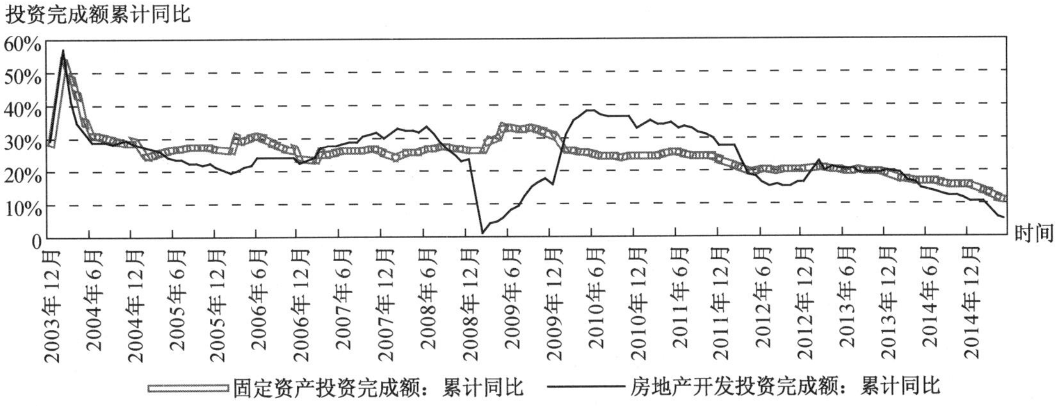

图 6-27 2003 年年底以来中国固定资产累计完成额同比增长走势

图 6-28 为新增固定资产投资完成额的累计同比增长率走势，在次贷危机之后，也呈现下滑趋势，2015 年 2～4 月分别为 11.0%、9.3%和 10.9%，同样不容乐观。

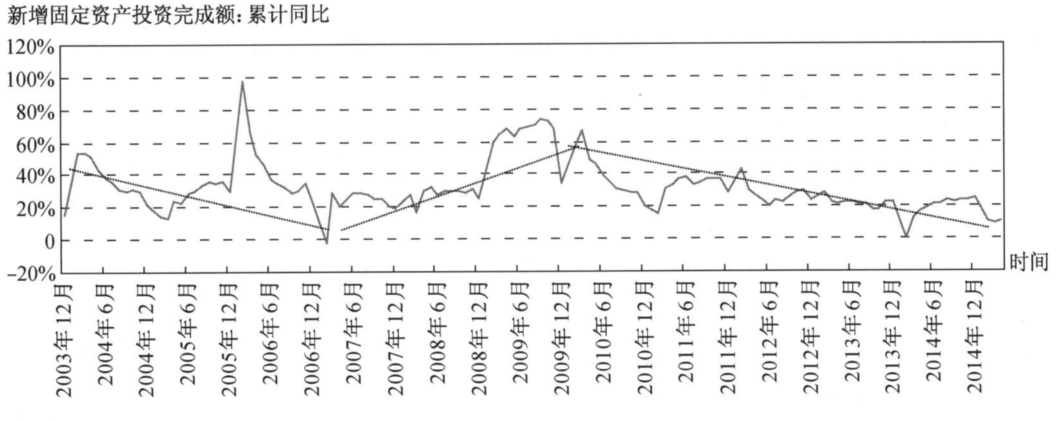

图 6-28 2003 年年底以来中国新增固定资产的累计完成额同比增长走势

图 6-29 为 2000 年以来月度进出口额、贸易差额的走势。

由图 6-29 可见，从 2000 年年初至 2009 年年初，月度进出口金额均呈上升趋势，但因受次贷危机影响，在 2008 年 9 月左右开始双双下降，并于 2009 年 2 月左右跌入谷底：2000 年 1 月

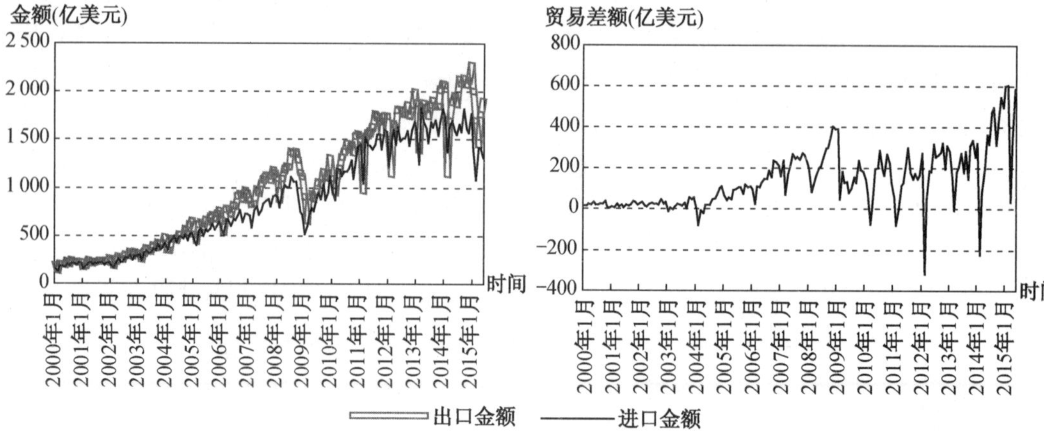

图 6-29　2000 年年底以来中国月度进出口总额、贸易差额走势

的出口、进口和贸易顺差额分别为 167.81 亿美元、152.58 亿美元和 15.23 亿美元；2008 年 9 月分别为 1 367.59 亿美元、1 067.92 亿美元和 299.67 亿美元；2009 年 2 月则分别下降到 648.66 亿美元、600.59 亿美元和 48.07 亿美元。

2009 年 2 月之后，出口和进口又开始震荡上行，即贸易出口尽管呈上升态势但波动和不确定性加大，且贸易顺差出现间或为负的情形，如 2012 年 2 月、2014 年 2 月的贸易顺差分别为－320.02 亿美元和－225.69 亿美元。

此外，2015 年 3～5 月，出口金额分别为 1 445.42 亿美元、1 762.22 亿美元和 1 900.58 亿美元，进口金额分别为 1 414.32 亿美元、1 422.03 亿美元和 1 311.90 亿美元，贸易差额则分别为 31.11 亿美元、340.19 亿美元和 588.67 亿美元。

而图 6-30 所示的人民币对美元汇率走势则表明，自 2005 年 7 月汇改以来，人民币对美元基本上处于持续升值状态，近期人民币升值趋势有所缓和，2015 年 3～5 月分别为 6.150 7、6.130 2 和 6.114 3。人民币对美元的持续升值不利于出口和经济增长，对就业也有间接负效应。

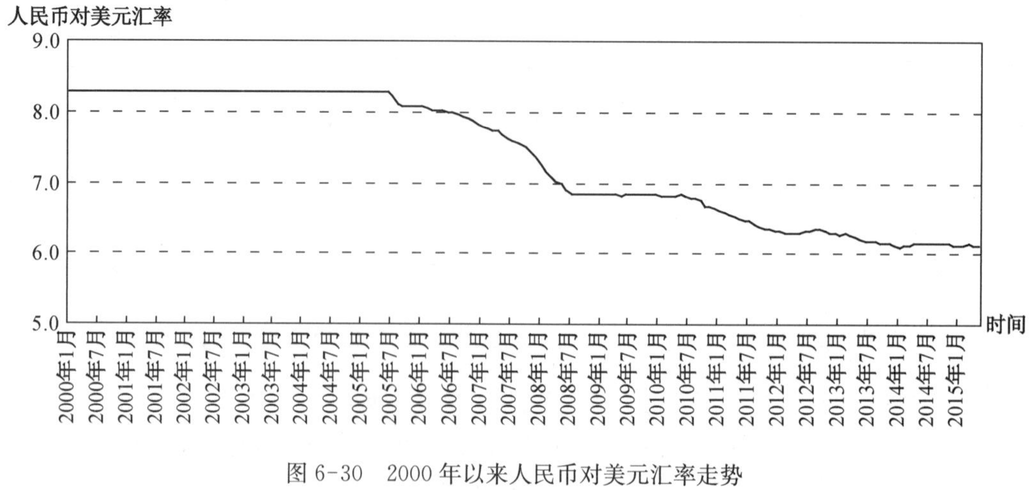

图 6-30　2000 年以来人民币对美元汇率走势

四、风险度量与预测

新常态下，经济结构转型将带来表征长期就业风险的自然失业率上升，与此同时，国内外经济发展不确定性的存在，也将使得表征短期就业风险的周期性失业率产生较大波动。

本年度研究将结合结构突变检验方法进行长期、短期城镇就业风险分离并据此划分长期、短期就业风险等级，进而选取影响就业的系列宏观经济变量，采用排序 Logit/ Probit 模型对就业风险进行测度，并利用宏观经济预测数据对 2015 年、2016 年的长期、短期就业风险进行预测。

(一) 长期、短期就业风险度量与预测：方法与数据

1. 指标与数据

由于中国城镇调查失业率数据尚未连续公布，而城镇登记失业率并不能很好地反映真实失业状况，故本研究仍借鉴蔡昉等(2004)的方法计算我国城镇调查失业率。

采用带结构突变的计量模型分离城镇调查失业率，将趋势成分定义为长期失业率，对应残差定义为短期失业率。分别将长期、短期失业率定义为长期、短期就业风险指标，根据历史数据，按 5 分位数进行风险等级划分，得到长期、短期就业风险等级。

对于影响城镇就业的宏观经济指标而言，依据既往研究选取 14 个指标。

(1) 考察城镇劳动力供给对就业的影响，选取城市化率、城乡收入比、城乡 Gini 系数、“非农业—农业”劳动生产率对比、城镇劳动生产率 5 个指标。

(2) 考察产出及产业结构对就业的影响，选取 GDP 增长率、第二产业比重、第三产业比重 3 个指标。

(3) 考察产出结构对就业的影响，选取资本形成率、最终消费率、出口占 GDP 比重、人民币对美元汇率 4 个指标。

(4) 为纳入宏观财政和货币政策对就业影响的指标，选取国家财政支出占 GDP 比例、M2 占 GDP 比例两个指标。

具体指标选取如表 6-10 所示。

表 6-10 **就业风险影响因素的宏观指标选取情况**

代码	指标说明	代 码	指标说明
N_unemp	长期就业风险等级	Secind_GDP	第二产业比重
C_unemp	短期就业风险等级	Thirdind_GDP	第三产业比重
Urb_R	城市化率	Cap_GDP	资本形成率(按支出法核算 GDP)
Inc_UR	城乡收入比	Cons_GDP	最终消费率(按支出法核算 GDP)
Gini_UR	城乡 Gini 系数	Export_GDP	出口占 GDP 比重
Prod_UR	“非农业—农业”劳动生产率对比	Lnexch_R	人民币对美元汇率(对数值)
Prod_Urb	城镇劳动生产率	Fics_GDP	国家财政支出占 GDP 比例
Gr_GDP	GDP 增长率	M2_GDP	M2 占 GDP 比例

相关指标数据区间为 1978—2013 年度，主要源于《中国统计年鉴》，城乡 Gini 系数按照陈建东(2009)的方法测算，具体数据集可参阅本章附录。

2. 城镇调查失业率的结构突变点检验方法

选取 Bai 和 Perron(1998，2003，2004)等提出的方法，并借鉴其提供的 GAUSS 程序检验城镇调查失业率的内生结构突变点。该方法由 Bai 和 Perron(1998)提出，模型如下：

对已知的 T 个时间序列观测值（y_t，x_t，z_t)，构造如下对含 m 个结构突变点的线性模型：

$$y_t = x_t'\beta + z_t'\delta_j + u_t,\ t = T_{j-1}+1,\ \cdots,\ T_j$$

且 $j = 1,\ \cdots,\ m+1$，并设定 $T_0 = 0,\ T_{m+1} = T$

式中 x_t，z_t ——分别为 p 阶和 q 阶列向量；

β，$\delta_j(j = 1,\ \cdots,\ m+1)$ ——待估系数；

u_t ——扰动项。

与一般线性回归模型不同，m 个突变点对应的划分（T_1，…，T_m）需要同时被估计。

由于 β 在整个样本区间无变化，该模型也被称为"部分结构突变模型(partial structural change model)"，当 $p = 0$ 时，则退化为"纯结构突变模型(pure structural change model)"。

通过全局最小化残差平方和估计得到可能的多个突变点，然后根据以下统计量加以检验：F 统计量的上确界检验(Sup$F$)、双极大值检验(UDmax 和 WDmax)、序贯检验(Sup$F(l+1|l)$)等。Bai 和 Perron(2003，2004)还考察了这一方法的实际运用问题，并认为：当样本容量不大时，截断参数(trimming parameter) ε 选取较小会导致规模扭曲(size distortion)；序贯统计量 Sup$F(l+1|l)$的检验势最高，但存在多个突变点时，对 Sup$F(1|0)$的检验往往难以拒绝原假设。因此，在实际应用时，可考虑如下策略：先用 UDmax 或 WDmax 检验是否至少存在 1 个突变点，若是，再用 Sup$F(l+1|l)$ 依次检验是否存在 2 个以上突变点。

（二）长期、短期就业风险的估计与预测结果

1. 基于结构突变模型分离长期、短期失业率

按照上述方法，对城镇调查失业率进行含多个结构突变点的判别，鉴于城镇调查失业率具有明显的时间趋势，由此选取 $p = 0$、$q = 2$（含常数项和时间趋势项)；同时考虑到城镇调查失业率时间序列总共 36 个观测值，为此将截断参数 ε 选取为 0.2，并设置最大结构突变点数目 $M = 3$。根据 GAUSS 程序运行结果，多个结构突变点判别的统计量值如表 6-11 所示。

表 6-11 **对城镇调查失业率序列的结构突变点判别统计量**

统计量	统计量值	10%临界值	5%临界值	1%临界值
supF(0 VS 1)	20.020	9.370	10.980	14.920
supF(0 VS 2)	131.382	7.910	8.980	11.300
supF(0 VS 3)	181.184	6.430	7.130	8.950
UDmax	181.184	9.660	11.160	14.920
WDmax at 10%	264.027	10.460	—	—
WDmax at 5%	279.019	—	12.150	—
WDmax at 1%	288.018 8	—	—	16.520
supF(2|1)	311.844	10.920	12.550	16.690
supF(3|2)	43.697	11.900	13.460	17.410

根据表 6-11 数据：按照 supF 统计量值，突变点数目 $m=1\sim3$ 在 1%显著性水平下通过检验；UDmax、WDmax 在最大突变点数目为 3 时，也在 1%显著性水平下通过检验；根据序贯检测结果，supF(2|1)、supF(3|2)均在 1%显著性水平下通过检验。根据程序给出的信息准则统计量 BIC 和 LWZ，也应选取 3 个突变点。综上，城镇调查失业率序列存在 3 个突变点。

接下来判别突变点位置：按照全局最优的估计结果，以及序贯统计量检验、BIC 和 LWZ 准则检验，所得 3 个突变点位置分别为 1984 年、1997 年和 2005 年。

表 6-12 列示了序贯统计量检验所确定的 3 个突变点的置信区间及相应参数估计。

表 6-12 **选取 3 个突变点时的模型参数估计结果(5%的显著性水平)**

	δ'_{11}	δ'_{21}	δ'_{12}	δ'_{22}	δ'_{13}	δ'_{23}	δ'_{14}	δ'_{24}
估计值	6.407	−0.646	−0.053	0.222	−5.253	0.524	−4.249	0.286
校正标准差	0.379	0.085	0.481	0.033	1.701	0.069	2.252	0.069
t 值	16.927	−7.637	−0.110	6.693	−3.089	7.586	−1.887	4.143
P 值	0.000	0.000	0.913	0.000	0.005	0.000	0.070	0.000
突变点的 95%置信区间：T1(1983，1985)；T2(1996，1998)；T3(2004，2006)								

由表 6-12 中数据可知：各参数估计效果相对较好，从 3 个突变点的置信区间来看，第 1～3 个突变点的估计均相对精准。

图 6-31 给出了城镇调查失业率，根据上述突变点模型拟合的长期、短期失业率的走势。

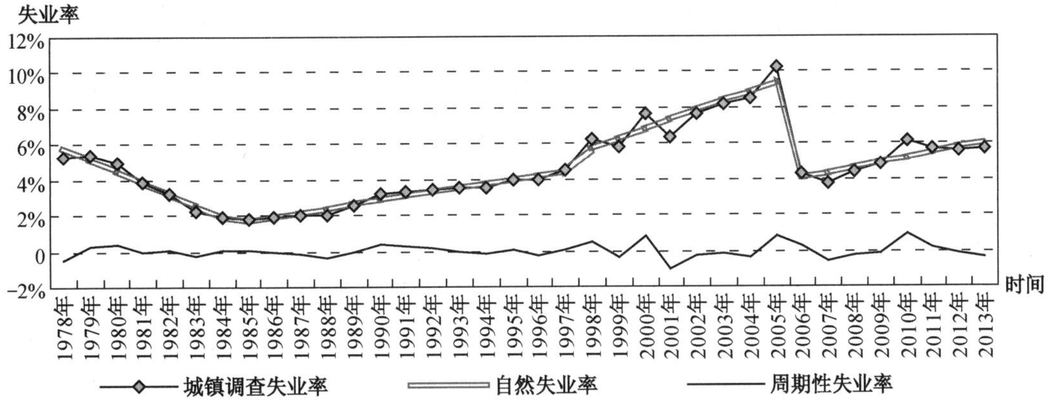

图 6-31 1978—2013 年间的城镇调查失业率及其潜在趋势

由图 6-31 可见，所得 3 个突变点将城镇失业率序列划分为 4 个不同的区间，对应的长期失业率(失业率趋势)呈现如下规律：①1978—1984 年，长期失业率呈现下降趋势，这是因为改革开放带来了生产力和劳动力释放；②1984—1997 年，长期失业率呈现上升态势，这与改革开放进一步推进，经济发展在 20 世纪 90 年代出现过热及相应调整的形势相一致；③1997—2005 年，长期失业率"跳跃"攀升到较高水平，但增势非常平缓，这与 1997 年亚洲金融危机、1998 年国企改革释放大量隐形失业的情况相吻合；④2005—2013 年，长期失业率重返相对低位后重新开始攀升，原因是 2005 年之后，经济进入新一轮的繁荣并导致失业率下降，但随后的次贷危机后经济结构调整导致了长期失业率的继续爬升。

基于上述趋势分解所得，1978—2013 年间短期失业率和长期失业率数值作为划分短期和长期失业风险的标准，按 5 分位数得到城镇长期、短期就业风险 5 类等级标准如表 6-13 所示。

表 6-13　**1978—2013 年间长期、短期就业风险分类**

安全等级	高度安全	安全	值得关注	危险	高度危险
风险等级	1	2	3	4	5
长期就业风险：基于城镇自然失业率 5 分位数	2.702 以下	2.702～3.921	3.921～4.953	4.953～6.192	6.192 以上
短期就业风险：基于周期性失业率绝对值 5 分位数	0.075 以下	0.075～0.199	0.199～0.266	0.266～0.462	0.462 以上

需要说明的是：由于失业率缺口（短期失业，或周期性失业）为负对应于通胀、为正对应于紧缩，即短期失业率的绝对值过大是不利的。因此，对基于短期失业率 5 分位数划分的短期就业风险等级是按照其绝对值来进行确定的。

2. 影响长期、短期就业风险的经济因素分析

首先用逐步回归法（向后剔除法，显著性水平为 10%）来剔除对长期、短期失业率影响并不显著的变量，结果分别如表 6-14、表 6-15 所示。

表 6-14　**运用向后剔除法多元回归分析影响自然失业率的因素**

变量	系数	标准差	*T* 值	*P* 值	95%的置信区间	
Urb_r	−0.989 4	0.141 2	−7.010 0	0.000 0	−1.278 5	−0.700 2
Cons_gdp	0.303 4	0.100 9	3.010 0	0.006 0	0.096 7	0.510 0
Export_gdp	0.236 1	0.055 4	4.260 0	0.000 0	0.122 6	0.349 6
Lnexch_r	−3.597 6	1.805 0	−1.990 0	0.056 0	−7.295 0	0.099 9
Prod_urb	5.457 3	1.366 4	3.990 0	0.000 0	2.658 5	8.256 2
Fics_gdp	0.355 1	0.094 4	3.760 0	0.001 0	0.161 7	0.548 5
M2_gdp	0.135 8	0.026 5	5.120 0	0.000 0	0.081 5	0.190 1
常数项	−54.650 1	14.848 1	−3.680 0	0.001 0	−85.065 0	−24.235 1
F(7，28)＝ 22.240 0；*Prob*>*F*＝0.000 0；调整 R^2＝ 0.809 5						

表 6-15　**运用向后剔除法多元回归分析影响周期性失业率（绝对值）的因素**

变量	系数	标准差	*T* 值	*P* 值	95%的置信区间	
Thirdind_gdp	0.035 5	0.009 8	3.630 0	0.001 0	0.015 5	0.055 4
Fics_gdp	0.018 6	0.009 0	2.060 0	0.048 0	0.000 2	0.036 9
Secind_gdp	0.042 4	0.022 2	1.910 0	0.065 0	−0.002 8	0.087 7
Cap_gdp	−0.044 8	0.015 8	−2.840 0	0.008 0	−0.076 9	−0.012 7
常数项	−1.461 5	0.948 5	−1.540 0	0.133 0	−3.395 9	0.472 9
F(4，31)＝3.880 0；*Prob*>*F*＝0.011 4；调整 R^2＝0.247 6						

由表 6-14、表 6-15 可知：与劳动力供给相关的 2 个指标（Urb_r 和 Prod_urb）、与产出分配相关的 3 个指标（Cons_gdp、Export_gdp、Lnexch_r），以及与宏观政策相关的 2 个指标（Fics_gdp、M2_gdp）累计 7 个指标显著影响长期性、失业率；第二产业占比、第三产业占比、财政政策、资本形成 4 个指标显著影响短期失业率（绝对值）。

3. 长期、短期就业风险的度量与预测

以上述显著影响长期、短期失业风险的宏观经济指标为自变量，以表 6-13 界定的长期、短期就业风险等级为因变量，采用排序 Logit/Probit 模型进行参数估计，结果分别见表 6-16、表 6-17。

表 6-16　**依据排序 Logit/Probit 模型估计长期失业率等级的参数结果**

变量	排序 Logit 模型估计				排序 Probit 模型估计			
	系数	标准差	*Z* 值	*P* 值	系数	标准差	*Z* 值	*P* 值
Urb_r	−4.240	1.250	−3.390	0.001	−2.356	0.647	−3.640	0.000
Cons_gdp	1.131	0.421	2.680	0.007	0.621	0.214	2.900	0.004
Export_gdp	0.723	0.232	3.120	0.002	0.386	0.112	3.450	0.001
Lnexch_r	−11.830	6.973	−1.700	0.090	−5.936	3.591	−1.650	0.098
Prod_urb	28.341	9.572	2.960	0.003	15.459	4.775	3.240	0.001
Fics_gdp	1.761	0.495	3.550	0.000	1.010	0.269	3.760	0.000
M2_gdp	0.444	0.133	3.330	0.001	0.251	0.073	3.450	0.001
断点 1	274.668	84.593	模型估计效果：似然函数值（*LL*）＝－19.59；似然比（*LR*）＝76.60，对应 *P* 值＝0.00；伪 R^2＝0.662		151.081	41.783	模型估计效果：似然函数值（*LL*）＝－19.48；似然比（*LR*）＝76.82，对应 *P* 值＝0.00；伪 R^2＝0.664	
断点 2	280.722	86.372			154.471	42.753		
断点 3	285.960	87.494			157.541	43.315		
断点 4	289.710	87.986			159.657	43.540		

表 6-17　**依据排序 Logit/Probit 模型估计城镇短期失业率等级的参数结果**

变量	排序 Logit 模型估计				排序 Probit 模型估计			
	系数	标准差	*Z* 值	*P* 值	系数	标准差	*Z* 值	*P* 值
Thirdind_gdp	0.258	0.088	2.940	0.003	0.163	0.051	3.170	0.002
Fics_gdp	0.146	0.075	1.950	0.051	0.092	0.045	2.070	0.038
Secind_gdp	0.333	0.180	1.850	0.064	0.212	0.106	2.000	0.045
Cap_gdp	−0.363	0.141	−2.580	0.010	−0.219	0.082	−2.670	0.008
断点 1	10.993	7.638	模型估计效果：似然函数值（*LL*）＝－52.28；似然比（*LR*）＝11.22，对应 *P* 值＝0.024；伪 R^2＝0.097		7.402	4.472	模型估计效果：似然函数值（*LL*）＝－51.54；似然比（*LR*）＝12.69，对应 *P* 值＝0.013；伪 R^2＝0.110	
断点 2	12.142	7.676			8.109	4.492		
断点 3	13.185	7.704			8.753	4.501		
断点 4	14.349	7.751			9.460	4.529		

由表 6-16、表 6-17 可知：长期、短期失业率等级的模型估计效果均较好，但短期失业率等级的模型估计效果相对较弱（如，伪 R^2 偏低）。

以各长期、短期就业风险等级影响因素的近 3 年移动平均值为基础，对 2015—2016 年我国城镇长期、短期就业风险进行预测，所得结果由表 6-18 给出。

表 6-18　**2015—2016 年我国城镇长期、短期就业风险预测**

长期风险等级			1	2	3	4	5
对应长期失业率			2.702 以下	2.702～3.921	3.921～4.953	4.953～6.192	6.192 以上
长期就业风险预测（基于自然失业率 5 分位数分类）	排序 Logit	2015 年	0.000	0.001	0.108	0.730	0.161
		2016 年	0.000	0.001	0.089	0.717	0.194
	排序 Probit	2015 年	0.000	0.000	0.120	0.707	0.174
		2016 年	0.000	0.000	0.097	0.696	0.206
短期风险等级			1	2	3	4	5
对应短期失业率			0.075 以下	0.075～0.199	0.199～0.266	0.266～0.462	0.462 以上
短期就业风险预测（基于周期性失业率绝对值 5 分位数分类）	排序 Logit	2015 年	0.147	0.205	0.255	0.225	0.169
		2016 年	0.148	0.206	0.255	0.224	0.167
	排序 Probit	2015 年	0.121	0.201	0.250	0.241	0.188
		2016 年	0.123	0.202	0.251	0.240	0.185

据表 6-18 可知，其结果与依据排序 Logit 和 Probit 模型预测所得结果完全相同：2015 年和 2016 年，长期失业率处于 4.953%～6.192%（4 级，历史较高位置）的概率最大，在 70%～73%；同期短期失业率的绝对值在 0.199%～0.266%（3 级，值得关注）的概率相对较大，但也仅在 25%左右，即在 2～4 级（安全～危险）之间的可能性均存在。

五、结论

本章研究表明，近期及未来 1～2 年内，国内外的就业风险状况可总结如下。

（1）从中国国内大中城市劳动力市场调查数据来看：①就市场总体状况而言，2015 年第一季度，人才供需同比双双下降，但环比均呈现上升趋势；综合供需双方数据，人才供求比出现环比和同比下降，表明近期就业压力不大。②分区域来看，华南、华中、华东、华北 4 个地区近年来的就业压力逐渐降低，东北、西南地区 2015 年第一季度的就业压力则明显上升。③近期来看，制造业，贸易、批发零售业，信息传输、计算机服务和软件业，建筑业，房地产业等行业仍保持旺盛的用人需求，但用人需求的同比和环比变化则表现出一定的行业差异。④私营企业、个体经营企业、中国港澳台商投资企业和外商投资企业的用人需求较大，国有企业和行政事业单位的用人需求相对偏低且严重供不应求。⑤分专业来看，机械类、计算机科学与技术类、工商管理类、土建类、经济学类、电子信息类6个专业的人才供需均占较大比例，但劳动力供需的专业匹配度存在一定的错位。⑥从学历结构来看，大专和本科生仍为劳动力市场供需主体，但用人单位对大专以上学历人员的需求相对求职人员偏低，在一定程度上凸显了学历教育的供需错位。⑦工作经验偏低的求职人员为劳动力市场的主体，而用人单位对其也有较大需求，在一定程度上缓解了新进劳动力市场人员的就业压力。

(2) 从全球及重点区域的就业(失业)与经济发展态势来看：从全球经济发展来看，受益于油价持续下跌，美国等发达经济体的经济增长好于预期；但巴西、俄罗斯等多数新兴市场，以及日本、欧元区等部分发达经济体的表现欠佳，全球总体表现为温和的经济增长，2015年增长率为3.5%，略高于2014年3.4%的水平。

全球就业(失业)状况表明：次贷危机对就业的不利影响仍将持续，2014年全球失业人口超过2亿人，且在未来5年内会持续增加，2019年全球失业人口预计将达到2.12亿人，且青年人(特别是青年女性)的失业状况恶化程度更为明显。2014年，全球失业率为5.9%(仍高于2007年5.5%的水平)，预期2015—2019年全球失业率与之持平。

分区域和国别来看，2014年，欧盟、中东和北非的失业率都在10%以上，南非、意大利、法国、土耳其4个国家的失业率也很高，而俄罗斯和巴西的失业率预期在2015—2017年上升。分国别来看：①美国的失业率、失业人口、平均失业周期等指标均持续回落，但仍高于危机爆发前水平；另外，其非农就业人口、周总工时指数和GDP增速均稳步上升，经济发展不确定性指数持续下降，总体表现出良好态势。②从欧洲来看，除意大利外，希腊、西班牙、葡萄牙、爱尔兰等其他债务危机国家的失业率均有所下降，但希腊、西班牙的失业率仍在22%～25%，形势堪忧；从意大利、希腊、西班牙、葡萄牙、爱尔兰5国的GDP增长来看，均有缓慢上升趋势。此外，德国、英国的失业率下降，但法国失业率仍在缓慢上升；就经济增长来看，近期德国GDP增长有所回落，法国和英国的形势相对尚可。③日本的失业率持续下降，2015年4月仅为3.3%，但其经济增长下滑明显，2014年GDP增长率仅为－0.1%，未来表现不容乐观。

(3) 影响近期中国国内就业的宏观风险因素识别：①从劳动力供给来看，适龄劳动力占比的下降、人口抚养比(特别是老年抚养比)的上升均有利于缓解就业压力，但同时也加大了社会保险压力；此外，尽管城镇化进程加快、非农劳动生产率上升不利于城镇就业，但城乡收入比、城乡Gini系数等指标近期趋于下滑，对城镇就业则有正效应。②从产出与产业结构来看，总产出，以及第二、第三产业增长趋缓不利于就业，但产业结构的优化特别是第三产业的快速发展则有利于就业。③从产出分配来看，消费、投资的下滑，人民币升值与外贸顺差的波动频繁等均不利于经济增长和促进就业。

(4) 就业风险度量与预测：①采用含结构突变点的计量模型对城镇失业率进行长期、短期分解，发现结构断点分别位于1984年、1997年和2005年，且近期自然失业率一直处于阶段性上升，隐含着较大的长期就业风险。②按照分解所得长期、短期失业率界定就业风险等级，以影响就业的宏观经济指标为自变量，综合采取逐步回归和排序Logit/Probit模型进行参数估计与长期、短期就业风险预测，结果认为，2015年和2016年：长期失业率处于4.953%～6.192%的概率在70%～73%，属于历史相对高位；同期短期失业率(绝对值)处于0.199%～0.266%区间(即“关注”级)的可能性相对较高。③以上结论的政策含义是：新常态的确立使得就业的周期性波动即短期就业风险相对较小，但与结构调整和“中高速增长”对应的自然失业率攀升在未来一段时间内会长期存在，政策制定与实施者应对此予以密切关注。

附录

长期、短期就业风险度量与预测所用数据（1978—2013 年）

Year	N_unem	C_unem	Urb_R	Inc_UR	Gini_UR	Prod_UR	Prod_Urb	Gr_GDP	Secind _GDP	Thirdind _GDP	Cap _GDP	Cons _GDP	Export _GDP	Lnexch _R	Fics _GDP	M2 _GDP
1978	5.760 7	-0.483 9	17.920 0	2.570 4	0.180 3	8.204 2	7.919 9	11.669 9	47.876 7	23.935 6	38.200 0	62.100 0	4.597 8	0.402 9	30.782 7	31.798 0
1979	5.114 3	0.260 9	18.961 1	2.528 1	0.182 1	6.821 2	7.934 8	7.572 9	47.100 4	21.633 9	36.100 0	64.400 0	5.210 9	0.398 8	31.551 0	35.890 8
1980	4.467 9	0.429 6	19.390 0	2.496 6	0.181 3	6.999 6	8.011 6	7.841 4	48.222 5	21.603 3	34.800 0	65.500 0	5.966 2	0.405 5	27.033 4	40.542 5
1981	3.821 4	0.007 0	20.156 5	2.239 9	0.159 6	6.315 8	8.011 2	5.243 1	46.109 7	22.009 2	32.500 0	67.100 0	7.514 9	0.533 6	23.272 8	45.680 3
1982	3.175 0	0.035 0	21.130 5	1.981 9	0.135 5	5.912 3	8.040 1	9.056 9	44.764 6	21.846 9	31.900 0	66.500 0	7.773 2	0.638 0	23.105 2	48.649 4
1983	2.528 6	-0.273 4	21.623 6	1.822 5	0.118 3	5.947 7	8.129 2	10.853 0	44.379 2	22.441 2	32.800 0	66.400 0	7.350 7	0.680 9	23.639 0	51.570 6
1984	1.882 1	0.011 2	23.014 3	1.835 4	0.124 1	6.212 3	8.294 1	15.176 0	43.086 3	24.781 8	34.200 0	65.800 0	8.053 4	0.844 6	23.598 7	57.522 8
1985	1.724 5	0.107 3	23.710 0	1.858 9	0.129 1	7.280 6	8.524 6	13.466 2	42.886 0	28.671 3	38.100 0	66.000 0	8.971 8	1.077 3	22.229 9	57.663 0
1986	1.946 7	0.000 8	24.524 9	2.122 6	0.162 9	7.672 8	8.636 3	8.846 4	43.723 7	29.136 2	37.500 0	64.900 0	10.531 2	1.239 2	21.458 6	65.408 9
1987	2.168 9	-0.198 8	25.319 3	2.164 1	0.170 0	7.724 3	8.764 6	11.583 3	43.550 7	29.638 6	36.300 0	63.600 0	12.190 5	1.314 3	18.759 9	69.242 7
1988	2.391 1	-0.358 5	25.814 7	2.167 0	0.171 7	8.120 9	8.966 3	11.280 6	43.789 7	30.514 9	37.000 0	63.900 0	11.744 5	1.314 3	16.560 8	67.140 4
1989	2.613 3	-0.053 7	26.210 2	2.289 5	0.186 4	8.487 3	9.087 5	4.063 2	42.831 2	32.063 9	36.600 0	64.500 0	11.511 7	1.326 0	16.618 0	70.323 6
1990	2.835 5	0.423 1	26.410 0	2.201 2	0.177 2	7.524 9	8.985 2	3.839 0	41.340 7	31.543 1	34.900 0	62.500 0	15.994 4	1.565 2	16.518 2	81.924 0
1991	3.057 7	0.263 6	26.940 0	2.399 2	0.200 0	8.462 0	9.149 8	9.178 9	41.788 7	33.685 0	34.800 0	62.400 0	17.570 4	1.672 0	15.548 1	88.836 4
1992	3.279 9	0.127 2	27.460 0	2.585 5	0.220 0	9.704 4	9.374 9	14.240 7	43.454 6	34.755 5	36.600 0	62.400 0	17.368 8	1.707 5	13.899 4	94.349 5
1993	3.502 1	-0.014 1	27.990 0	2.795 0	0.240 8	10.829 8	9.650 9	13.964 3	46.568 3	33.723 1	42.600 0	59.300 0	14.956 7	1.751 3	13.138 4	98.714 8
1994	3.724 3	-0.207 0	28.510 0	2.863 2	0.248 0	10.556 6	9.938 2	13.080 7	46.569 2	33.569 5	40.500 0	58.200 0	21.622 9	2.153 9	12.018 4	97.355 9

（续表）

Year	N_unem	C_unem	Urb_R	Inc_UR	Gini_UR	Prod_UR	Prod_Urb	Gr_GDP	Secind_GDP	Thirdind_GDP	Cap_GDP	Cons_GDP	Export_GDP	Lnexch_R	Fics_GDP	M2_GDP
1995	3.946 5	0.037 4	29.040 0	2.714 2	0.235 8	10.323 7	10.148 6	10.925 0	47.175 1	32.862 8	40.300 0	58.100 0	20.482 1	2.122 3	11.224 4	99.928 9
1996	4.168 7	−0.238 5	30.480 0	2.512 5	0.219 4	10.037 1	10.264 4	10.008 5	47.536 7	32.772 3	38.800 0	59.200 0	17.669 3	2.118 0	11.151 9	106.910 0
1997	4.390 9	0.112 6	31.910 0	2.468 9	0.217 3	10.544 4	10.343 4	9.297 0	47.539 0	34.173 8	36.700 0	59.000 0	19.197 3	2.115 0	11.692 0	115.223 3
1998	5.757 5	0.528 8	33.350 0	2.509 3	0.223 2	10.649 8	10.379 5	7.833 3	46.212 2	36.231 8	36.200 0	59.600 0	18.036 9	2.113 7	12.793 7	123.810 0
1999	6.281 8	−0.414 3	34.780 0	2.648 9	0.237 7	11.084 0	10.417 0	7.619 8	45.757 1	37.772 6	36.200 0	61.100 0	18.020 0	2.113 6	14.705 7	133.699 6
2000	6.806 1	0.804 3	36.220 0	2.787 4	0.250 6	11.918 6	10.502 3	8.431 3	45.916 5	39.020 5	35.300 0	62.300 0	20.797 7	2.113 6	16.012 3	135.676 0
2001	7.330 4	−0.982 8	37.660 0	2.899 4	0.260 0	12.002 4	10.569 1	8.300 3	45.152 7	40.455 5	36.476 3	61.391 5	20.085 1	2.113 5	17.238 2	144.363 4
2002	7.854 7	−0.218 5	39.089 8	3.111 1	0.275 4	12.005 0	10.627 5	9.082 1	44.789 8	41.467 5	37.820 9	59.610 8	22.394 5	2.113 5	18.326 8	153.746 3
2003	8.378 9	−0.191 7	40.530 2	3.231 1	0.282 4	12.341 3	10.717 9	10.025 4	45.969 0	41.233 7	40.958 1	56.856 3	26.717 1	2.113 5	18.148 6	162.876 1
2004	8.903 2	−0.330 9	41.760 0	3.209 1	0.279 5	11.128 8	10.834 3	10.085 0	46.225 3	40.381 5	43.015 2	54.448 1	30.712 9	2.113 5	17.817 9	158.937 7
2005	9.427 5	0.787 9	42.990 0	3.223 7	0.278 6	11.811 4	10.955 1	11.310 0	47.366 4	40.510 6	41.537 5	53.008 4	33.875 3	2.103 1	18.346 9	161.544 3
2006	4.053 9	0.263 6	44.342 9	3.278 2	0.279 7	12.240 9	11.080 5	12.676 5	47.948 5	40.938 0	41.737 4	50.784 8	35.872 4	2.075 9	18.687 0	159.769 1
2007	4.340 1	−0.578 1	45.889 0	3.330 0	0.279 6	11.876 1	11.246 7	14.162 4	47.338 8	41.891 5	41.620 9	49.607 8	35.199 4	2.028 7	18.728 1	151.778 2
2008	4.626 4	−0.213 8	46.989 1	3.314 6	0.276 2	11.261 3	11.377 4	9.634 7	47.446 5	41.822 0	43.777 0	48.554 9	31.968 3	1.938 0	19.931 1	151.305 1
2009	4.912 7	−0.107 6	48.342 0	3.332 8	0.273 8	11.069 3	11.426 7	9.214 2	46.241 6	43.425 3	47.155 0	48.534 6	24.062 5	1.921 5	22.381 7	177.829 3
2010	5.199 0	0.976 3	49.950 0	3.228 5	0.263 6	10.633 8	11.552 8	10.447 0	46.669 3	43.235 5	48.062 6	48.189 4	26.654 9	1.912 4	22.383 9	180.779 2
2011	5.485 3	0.185 4	51.270 0	3.125 8	0.254 1	10.109 0	11.682 8	9.299 9	46.588 7	43.374 2	48.314 6	49.111 8	26.049 4	1.865 4	23.091 7	180.000 8
2012	5.771 6	−0.197 9	52.570 0	3.102 9	0.249 0	9.519 5	11.743 2	7.652 4	45.269 6	44.648 3	47.747 2	49.488 9	24.902 2	1.842 5	24.246 4	187.527 4
2013	6.057 9	−0.331 0	53.730 0	3.030 1	0.241 4	9.104 1	11.804 6	7.700 0	43.893 2	46.094 0	47.787 5	49.800 4	24.107 0	1.823 5	24.648 6	194.521 3

参考文献

[1] 蔡昉，都阳，高文书. 就业弹性、自然失业和宏观经济政策——为什么经济增长没有带来显性就业[J]. 经济研究，2004(9).

[2] 陈建东，侯文轩，邹高禄. 1978—2008年我国城乡居民之间收入基尼系数的演化趋势[D]. 西南财经大学工作论文，2009.

[3] 丁大建，耿林，崔鈺雪. 劳动力市场的自然观察与CIER指数研究[J]. 就业与劳动关系季刊(台湾)，2012(9).

[4] 黄波. 后危机时代中国城镇长短期就业风险的度量与预测[J]. 中国人口科学，2012(5).

[5] 石昶，宋德勇. 隐性失业影响中国就业增长与经济增长的关系吗[J]. 经济学家，2012(5).

[6] 谭菊华. 经济增长、产业发展与劳动就业：来自中国的证据检验[J]. 经济问题，2013(6).

[7] 唐海燕等. 中国经济运行风险研究报告2011[M]. 上海：立信会计出版社，2011.

[8] BAI J, PERRON P. Estimating and testing linear models with multiple structural changes [J]. Econometrica, 1998, 66(1).

[9] BAI J, PERRON P. Computation and analysis of multiple structural change models [J]. Journal of Applied Econometrics, 2003, 18(1).

[10] BAI J, PERRON P. Multiple structure change models: a simulation analysis [Z]. Working Paper, Boston College & Boston University, 2004.

[11] BAKER S R, BLOOM N, DAVIS S J. Measuring economic policy uncertainty [D]. Working Paper, University of Chicago, May 2013.

[12] BAKER S R, BLOOM N, DAVIS S J, Wang X. A measure of economic policy uncertainty for China [D]. Working Paper, University of Chicago, 2013.

[13] ILO. World Employment and Social Outlook: Trends 2015 [EB/OL]. http://www.ilo.org/ global/ research/ global-reports/weso/2015/lang—en/index.htm.

[14] IMF. World Economic Outlook (WEO) Update, January 2015: Cross Currents [EB/OL]. http://www.imf.org/external/ pubs/ft/weo/2015/update/01.

[15] IMF. World economic outlook (WEO), April 2015: Recovery Strengthens, Remains Uneven [EB/OL]. http://www.imf.org/external/pubs/ft/weo/2015/01/.

第七章　国际收支失衡风险

一、绪论

国际收支是指一个经济体(通常指一个国家或者地区)在一定时期内(通常为 1 年)全部对外经济往来的系统的货币记录。它是一个流量的概念,通常以复式会计报表的形式记载和反映出来。

国际收支失衡风险是指一国国际收支在失衡状态下对一国经济发展、各种经济指标和经济变量的相互作用与影响。一国国际收支失衡对外的经济影响主要是国际收支失衡造成汇率、资源配置、福利提高的困难;一国国际收支失衡对内的经济影响主要是国际收支失衡造成经济增长与经济发展的困难,即对外的失衡影响到国内经济的均衡发展。国际收支政策是一国宏观经济政策的重要组成部分,要维系好一国经济的内部均衡和外部均衡,必须要运用多种工具和手段来综合调整和管理一国经济的总体均衡。

(一) 中国国际收支运行的国际经济环境分析

2014 年以来,中国面临的国际国内环境依然复杂严峻,世界经济增长继续相对低迷,全年增资 2.6%,复苏温和而曲折,复苏格局分化明显,但艰难中出现了诸多积极信号:一是美国经济复苏势头依然较为强劲,同比增长 2.4%,美联储于 2014 年 10 月份正式结束量化宽松货币政策;二是欧洲经济依然低位徘徊,整体趋稳,领头羊德国开始复苏,但整个欧元区经济复苏依然艰难,特

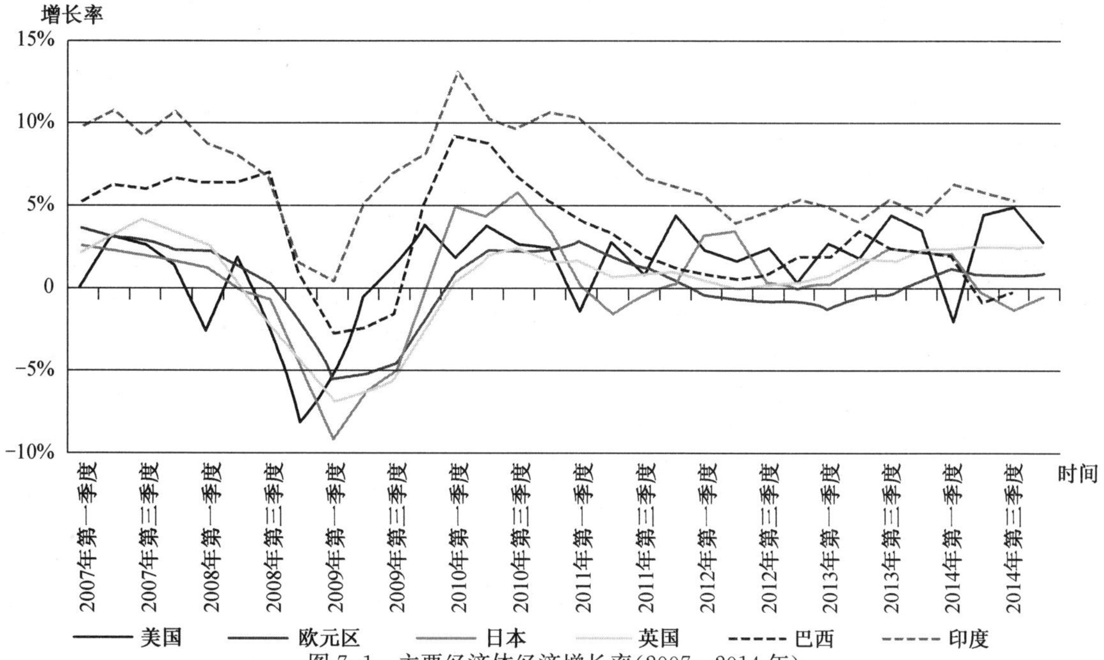

图 7-1　主要经济体经济增长率(2007—2014 年)

数据来源:国际货币基金组织、环亚经济数据库。

别是希腊债务危机问题依然悬而未决。三是新兴经济体经济格局差异较大,部分新兴经济体面临内生增长动力不足、资产价格下跌甚至资本外流等多重困难,特别是国际原油价格大幅下跌使这些经济体面临重大危机和挑战(见图 7-1)。四是各经济体货币政策分化加剧。2008 年国际金融危机之后,国际组织的政策协调成效并不明显,特别在维护金融稳定、恢复金融秩序与保持经济增长方面更是如此。在 2014 年 11 月举行的二十国集团(G20)首脑峰会上,各方承诺在未来 5 年内将 G20 整体 GDP 由目前预测水平提高 2%以上。但总体来说,具体实施效果不容乐观,IMF 和世界银行等国际经济组织倡导的改革则一拖再拖。各国货币政策措施分化严重:美国于 2014 年 10 月完全退出量化宽松;欧元区和日本 2014 年年中以后仍在加大宽松政策力度;俄罗斯和巴西分别升息 6 次和 5 次,累计升息幅度全年达 1 150 个和 125 个基点;罗马尼亚和韩国分别降息 3 次和 2 次,累计降息 100 个和 50 个基点(见表 7-1 和表 7-2)。

表 7-1 **2014 年全球降息经济体**

经济体	降息次数	累计幅度(基点)	当前利率水平
匈牙利	7	90	2.10%
智利	5	125	3.00%
罗马尼亚	4	100	3.00%
土耳其	3	175	8.25%
以色列	3	75	0.25%
欧洲央行	2	20	0.05%
秘鲁	2	50	3.50%
韩国	2	50	2.00%
瑞典	2	75	0.00%
冰岛	2	75	5.25%
中国	1	25	2.75%
波兰	1	50	2.00%
泰国	1	25	2.00%
越南	1	50	6.50%
墨西哥	1	50	3.00%

数据来源:国际货币基金组织、相关国家央行网站。

表 7-2 **2014 年全球升息经济体**

经济体	升息次数(次)	累计幅度(基点)	当前利率水平
俄罗斯	6	1 150	17.00%
巴西	5	175	11.75%
新西兰	4	100	3.50%
乌克兰	3	750	14.00%
菲律宾	2	50	4.00%
南非	2	75	5.75%
马来西亚	1	25	3.25%

（续表）

经济体	升息次数(次)	累计幅度(基点)	当前利率水平
加纳	1	200	21.0%
印度尼西亚	1	25	7.75%
马拉维	1	250	25.0%
印度	1	25	8.00%
土耳其(隔夜贷款利息)	1	425	12.00%

数据来源：国际货币基金组织、相关国家央行网站。

从整体来看，在美国经济强劲复苏势头引领下，全球经济2015年触底回升，但经济复苏格局分化明显，复苏的不确定因素依然存在，经济运行风险下行依然没有被完全解除，特别是新经济体国家经济去杠杆依旧艰辛，发达经济体经过危机重新洗牌后有望率先走出低谷，新的一轮全球竞争格局将重新演绎。

（二）中国国际收支运行的国内经济环境分析

2014年，中国所面临的国内外形势依然错综复杂。国内生产总值保持了中高速增长，居民消费价格涨幅较低(见图7-2)。中国经济增长放缓、结构性矛盾凸显。深化经济结构、转变经济方式，以创新驱动和转型发展成为经济发展的新思维和新常态。

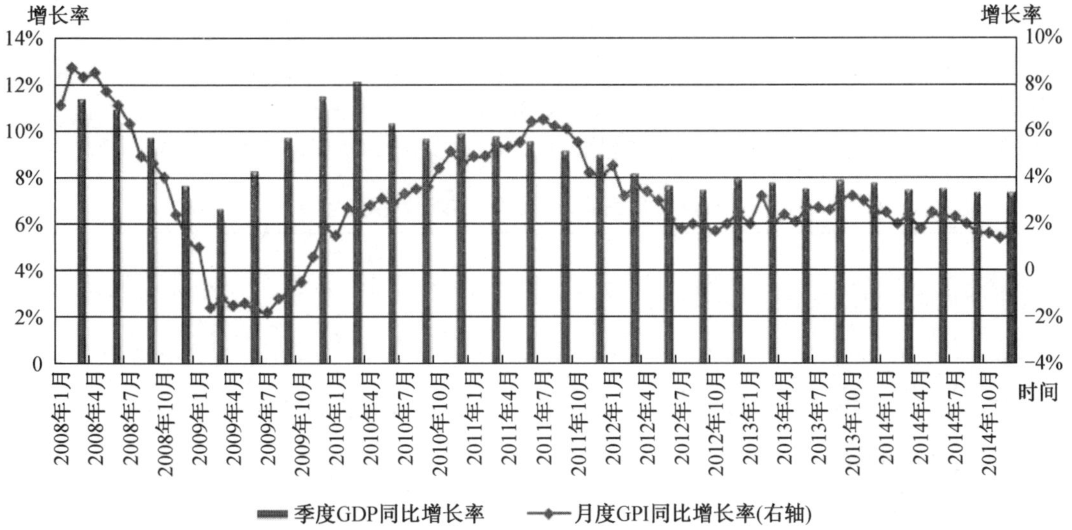

图7-2 中国季度GDP和月度CPI增长率(2008—2014年)

数据来源：国际货币基金组织、环亚经济数据库。

2014年，中国国内生产总值636 463亿元①，比上年增长7.4%(见图7-3)。其中：第一产业增加值58 332亿元，增长4.1%；第二产业增加值271 392亿元，增长7.3%；第三产业增加值306 739亿元，增长8.1%。第一产业增加值占国内生产总值的比重(下称增加值的比重)为9.2%，第二产业增加值的比重为42.6%，第三产业增加值的比重为48.2%。

① 此处指人民币元为计价货币单位，本文凡是没有表明具体货币单位名称的数据都指人民币元。

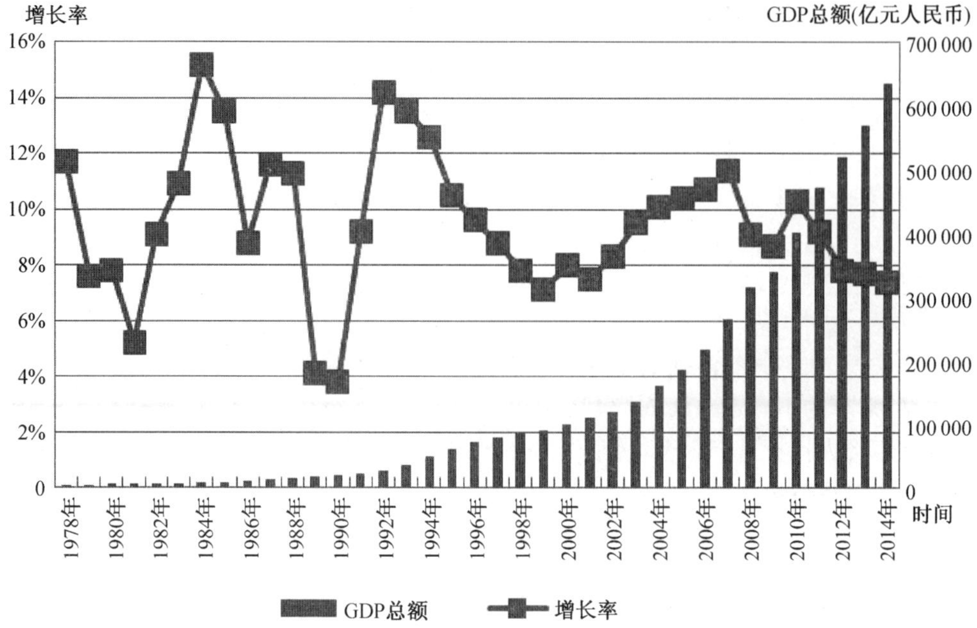

图 7-3　中国 GDP 总额与 GDP 增长速度(1978—2014 年)

数据来源:中国国家统计局。

2014 年,中国居民消费价格比 2013 年上涨 2.0%(见表 7-3),整体上居民消费价格稳中有降,其中食品价格上涨 3.1%。2014 年,固定资产投资价格上涨 0.5%。工业生产者出厂价格下降 1.9%。工业生产者购进价格下降 2.2%。农产品生产者价格下降 0.2%。

表 7-3　**2014 年居民消费价格比上年涨跌幅度**

指　标	全　国	城　市	农　村
居民消费价格	2.0%	2.1%	1.8%
其中:食　品	3.1%	3.3%	2.6%
烟酒及用品	−0.6%	−0.7%	−0.5%
衣着	2.4%	2.4%	2.4%
家庭设备用品及维修服务	1.2%	1.2%	1.2%
医疗保健和个人用品	1.3%	1.2%	1.5%
交通和通信	−0.1%	−0.2%	0.0%
娱乐教育文化用品及服务	1.9%	1.9%	1.7%
居住①	2.0%	2.1%	1.9%

数据来源:中国国家统计局。

2014 年全年中国一般公共财政收入 140 350 亿元,比上年增加 11 140 亿元,增长 8.6%,其中税收收入 119 158 亿元,增加 8 627 亿元,增长 7.8%。

金融市场运行总体平稳。2014 年年末广义货币供应量(M2)余额为 122.8 万亿元,比上

① 居住类价格包括建房及装修材料、住房租金、自有住房和水电燃料等价格。

年年末增长 12.2%；狭义货币供应量(M1)余额为 34.8 万亿元，比上年年末增长 3.2%；流通中货币(M0)余额为 6.0 万亿元，比上年年末增长 2.9%。

2014 年年末中国国家外汇储备小幅增加，外汇储备余额 38 430 亿美元，比上年年末增加 217 亿美元。全年人民币平均汇率为 1 美元兑 6.142 8 元人民币，比上年升值 0.8%。

二、中国国际收支运行状况分析

(一) 中国国际收支运行状况与特征分析

1. 2014 年中国国际收支运行状况分析①

2014 年，中国国际收支在振荡中趋向基本平衡，依然保持多年以来的“双顺差”。全年中国国际收支总顺差 2 579 亿美元，较 2013 年下降 48%。其中，经常项目顺差 2 197 亿美元，较上年增长 48%，与 GDP 之比为 2.1%，仍处于国际公认的合理水平之内；资本和金融项目顺差 382 亿美元，下降 89%，跨境资本流动的波动性明显增强。2014 年，中国新增储备资产1 178亿美元，较上年下降 73%，相当于国内生产总值的 1.1%，较上年回落 3.4 个百分点(见表 7-4)。

表 7-4　**2006—2014 年中国国际收支顺差结构**　单位：亿美元

年份 项目	2006 年	2007 年	2008 年	2009 年	2010 年	2011 年	2012 年	2013 年②	2014 年
国际收支总差额	2 811	4 474	4 607	4 417	5 247	4 016	1 836	4 943	2 579
经常项目差额	2 318	3 532	4 206	2 433	2 378	1 361	2 154	1 482	2 197
占国际收支总差额比重	82%	79%	91%	55%	45%	34%	117%	30%	85%
与 GDP 之比	8.5%	10.1%	9.3%	4.9%	4.0%	1.9%	2.6%	1.6%	2.1%
资本和金融项目差额	493	942	401	1 985	2 869	2 655	−318	3 461	382
占国际收支总差额比重	18%	21%	9%	45%	55%	66%	−17%	70%	15%
与 GDP 之比	1.8%	2.7%	0.9%	4.0%	4.8%	3.6%	−0.4%	3.6%	0.4%

数据来源：中国国家外汇管理局、中国国家统计局。

(1) 2014 年，中国国际收支交易总规模为 10.486 4 万亿美元，较 2013 年的 8.272 6 万亿美元增加 2.21 万亿美元，增幅为 27%；2014 年中国国际收支交易规模若按人民币计价则交易总规模相当于 64.414 9 万亿元，2014 年中国国内生产总值为 63.646 3 万亿元，与同期 GDP 之比为 101%，较 2013 年明显增加。

(2) 货物贸易维持稳定增长，货物贸易顺差继续扩大。2014 年中国货物贸易出口 23 541 亿美元，进口 18 782 亿美元，分别较上年增长 6%和 1%，顺差 4 760 亿美元，增长 32%(见图7-4)。

2014 年中国进出口增速明显下滑。2014 年中国进出口总额同比增长 3.4%，低于上年 7.6%的增幅，其中，出口和进口分别增长 6.1%和 0.4%。内需疲软、大宗商品价格下跌和上年套利贸易垫高基数是 2014 年进出口增速放缓的重要因素。据商务部测算，剔除 2013 年套利贸易垫高基数因素后，2014 年中国进出口同比实际增长 6.1%，其中出口和进口分别实际增

① 参见中国国家外汇管理局，2014 年中国国际收支报告。

② 2013 年数据为国家外汇管理局修正后重新公布的数据。

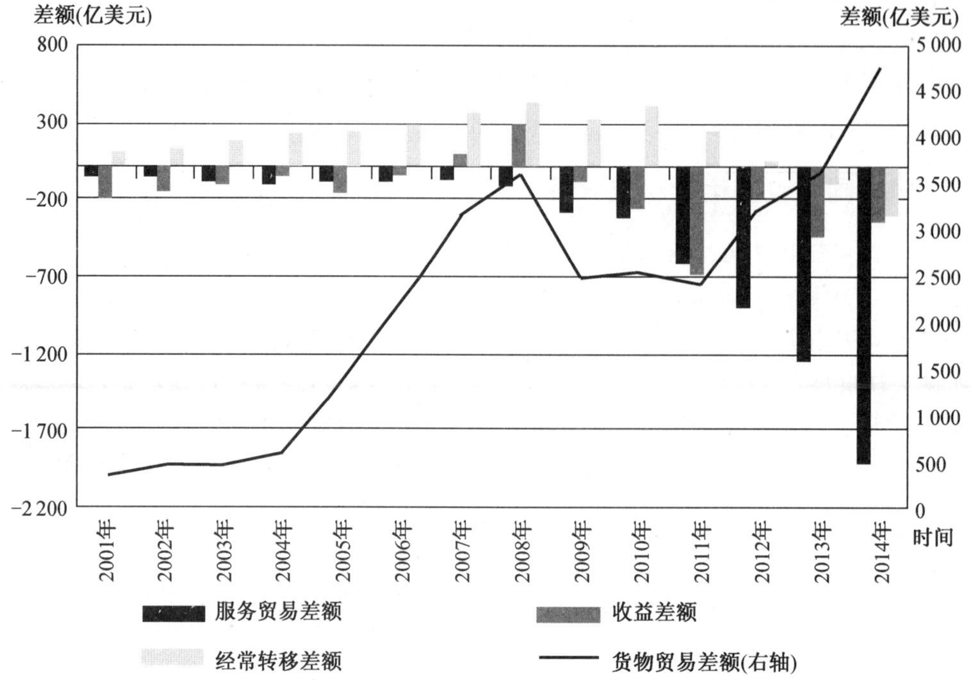

图 7-4　经常项目主要子项目的收支状况(2001—2014 年)

数据来源:中国国家外汇管理局。

长 8.7%和 3.3%。同时,外贸依存度(即进出口总额/GDP)进一步降至 42%,较上年回落 3 个百分点,较 2006 年历史最高点回落 23 个百分点(见图 7-5),这显示中国经济增长的内生性进一步增强。

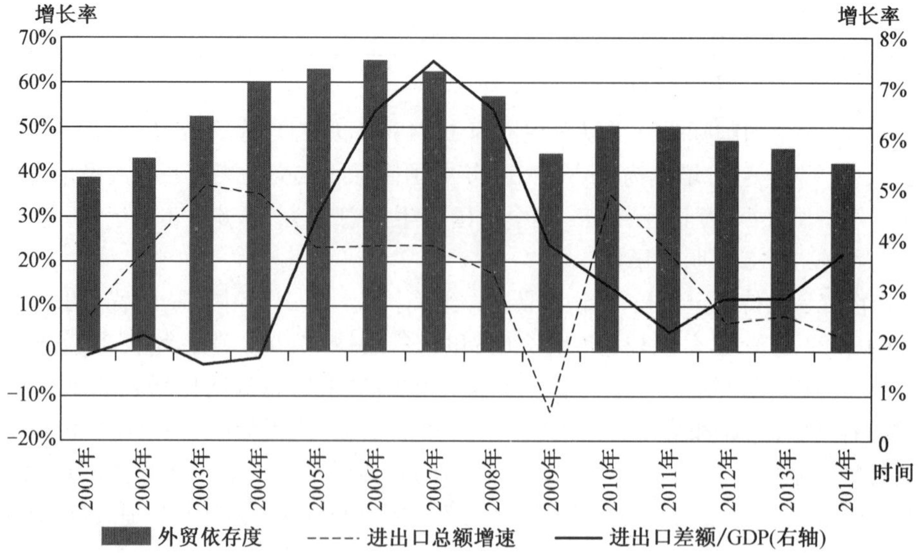

图 7-5　中国进出口总体情况与外贸依存度(2000—2014 年)

数据来源:中国海关总署、中国国家统计局。

进出口顺差继续扩大。2014 年,中国进出口顺差 3 825 亿美元,同比扩大 47.3%。进口价格回落是造成进出口顺差扩大的重要原因。在国内工业品和国际大宗商品价格普遍下跌的情况下,全年进口商品价格指数下降 3.3%(见表 7-5)。

表 7-5　**2014 年货物进出口总额及其增长速度**

指　　标	金额(亿元)	比上年增长
货物进出口总额	264 334	2.3%
货物出口额	143 912	4.9%
其中:一般贸易	73 944	9.6%
加工贸易	54 320	1.8%
其中:机电产品	80 527	2.6%
高新技术产品	40 570	−1.0%
货物进口额	120 423	−0.6%
其中:一般贸易	68 162	−1.0%
加工贸易	32 211	4.5%
其中:机电产品	52 509	0.7%
高新技术产品	33 876	−2.2%
进出口差额(出口减进口)	23 489	—

数据来源:中国国家统计局。

进出口市场结构更趋平衡。对发达国家进出口保持稳定,2014 年对欧盟和美国进出口分别增长 9.9%和 6.6%。进出口企业开拓新兴市场取得新成效,对东盟、印度、俄罗斯、非洲和中、东欧国家进出口增速均快于整体增速。自贸区战略促进出口的效果明显,对自贸伙伴(不含中国港、澳、台地区)出口增长 10.6%,占出口总额的比重为 13.4%,较 2013 年上升 0.6 个百分点(见表 7-6)。

表 7-6　**2014 年对主要国家和地区货物进出口额及其增长速度**

国家和地区	出口额(亿元)	比上年增长	进口额(亿元)	比上年增长
欧盟	22 787	8.3%	15 031	9.7%
美国	24 328	6.4%	9 764	3.1%
东盟	16 712	10.3%	12 794	3.3%
中国香港	22 307	−6.6%	792	−21.5%
日本	9 187	−1.4%	10 027	−0.5%
韩国	6 162	8.9%	11 677	2.8%
中国台湾	2 843	12.7%	9 337	−3.9%
俄罗斯	3 297	7.2%	2 555	3.7%
印度	3 331	10.7%	1 005	−4.6%

数据来源:中国国家统计局。

(3) 2014 年中国服务贸易收支总额达到 5 738 亿美元,增速较货物贸易高 3 个百分点,相当于货物贸易总额的 14%,占比较上年略增 0.4 个百分点(见图 7-6)。服务贸易逆差继续扩大。

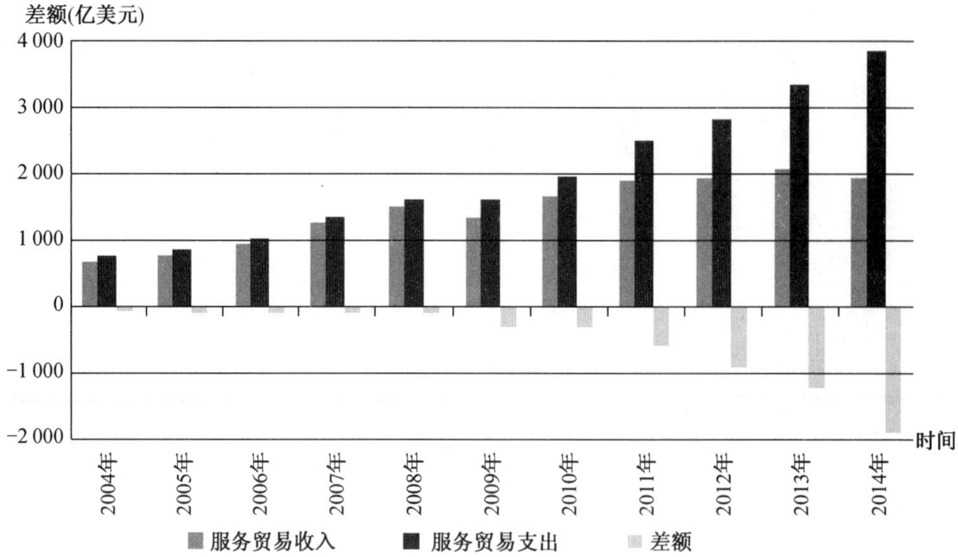

图 7-6 中国服务贸易收支情况（2004—2014 年）

数据来源：中国国家外汇管理局。

2014 年服务贸易收入 1 909 亿美元，较上年下降 7%；支出 3 829 亿美元，较上年增长 16%；逆差 1 920 亿美元，较上年扩大 54%，其中运输项目逆差较上年微增 2%，旅游项目逆差延续扩大态势，增长 40%(见图 7-7)。

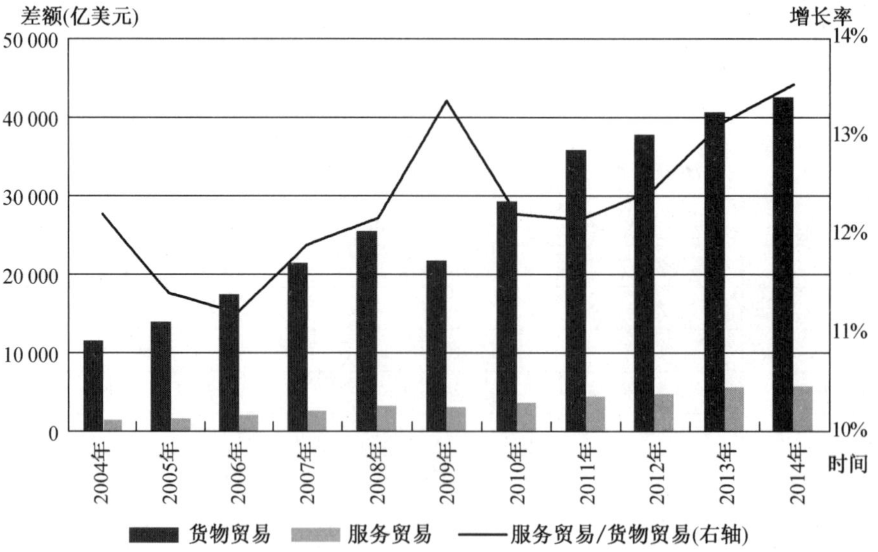

图 7-7 中国货物和服务贸易比较(2004—2014 年)

数据来源：中国国家外汇管理局。

服务贸易逆差继续扩大，旅游逆差快速增长是主因。2014 年服务贸易逆差 1 920 亿美元，增长 54%，其中在服务贸易额中占比近四成的旅游项目是服务贸易整体逆差扩大的主要原因(见图 7-8)。由于居民可支配收入提高，出境旅游、留学人数和人均花费均有较快增加。2014

年旅游项目支出 1 649 亿美元，增长 28%；收入 569 亿美元，增长 10%；逆差 1 079 亿美元，增长 40%，对当期服务贸易逆差的贡献度为 56%。

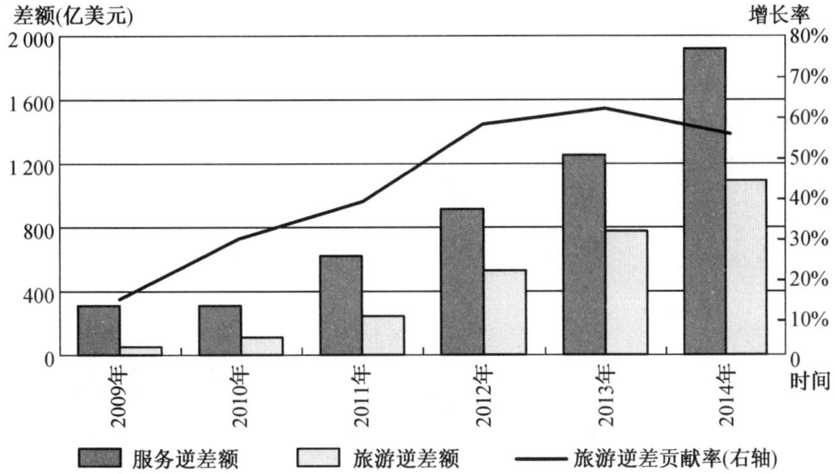

图 7-8　中国旅游逆差对服务贸易逆差贡献度(2009—2014 年)

数据来源：中国国家外汇管理局、中国国家统计局。

(4) 收益项目逆差有所缩小。2014 年收益项目收入 2 130 亿美元，较上年增长 16%；支出 2 471 亿美元，下降 6%；逆差 341 亿美元，缩小 57%。其中，职工报酬顺差 258 亿美元，扩大 60%；投资收益逆差 599 亿美元，下降 37%(见图 7-9)。投资收益为负不代表中国对外投资损失，实际上，当年中国对外投资收益 1 831 亿美元，较上年增长 10%；外来投资利润利息、股息红利支出 2 429 亿美元，较上年下降 7%。

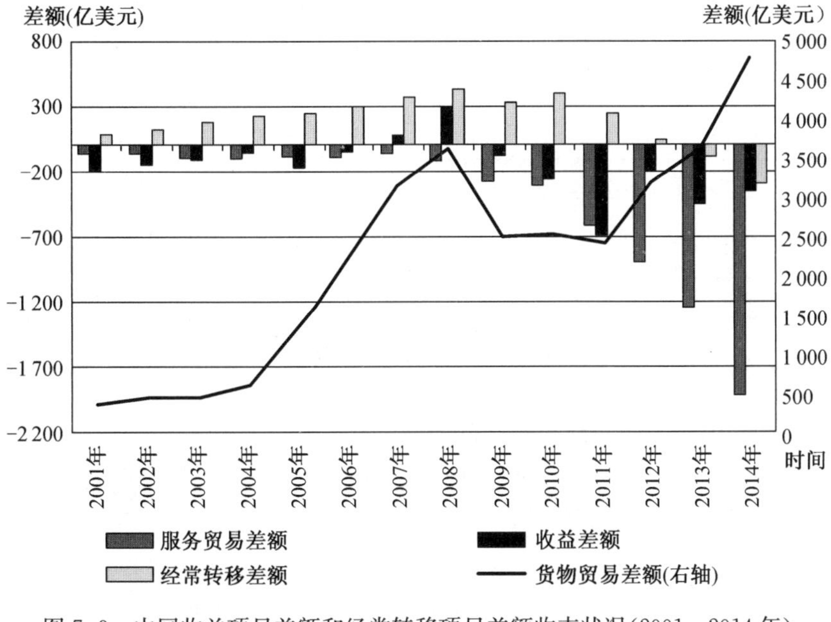

图 7-9　中国收益项目差额和经常转移项目差额收支状况(2001—2014 年)

数据来源：中国国家外汇管理局。

经常转移逆差大幅增长。2014 年经常转移收入 411 亿美元，较上年下降 23%；支出 714 亿美元，增长 15%；逆差 302 亿美元，增长 2.5 倍(见图 7-9)。经常转移主要包括捐赠、赔偿、社会保障、税收、罚款以及博彩等。自 2013 年起，经常转移由顺差转为逆差，这反映了随着居民收入提高，境内对境外的捐赠逐渐增多。

(5) 直接投资净流入小幅下降。按国际收支统计口径计算，2014 年直接投资顺差 2 087 亿美元，较上年下降 4%(见图 7-10)。

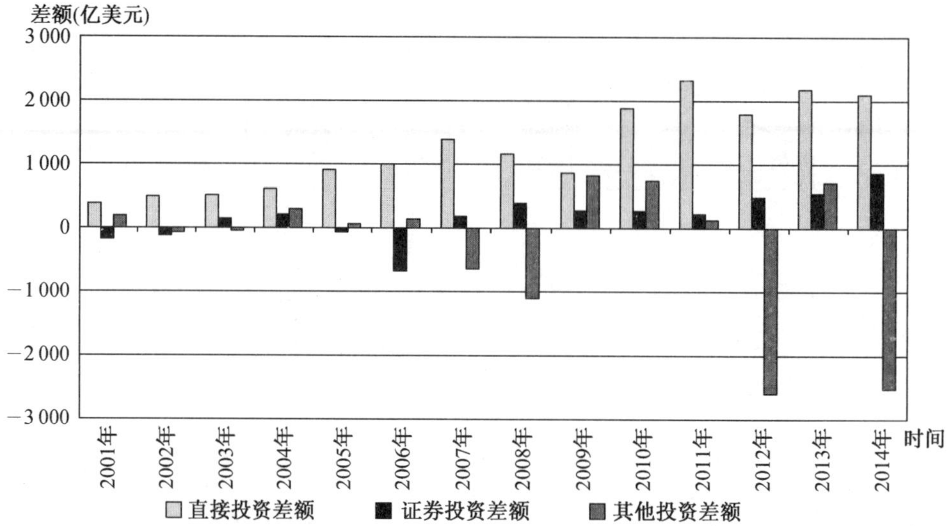

图 7-10 中国资本和金融项目主要子项目的收支状况(2001—2014 年)

数据来源：中国国家外汇管理局。

2014 年外国来华直接投资流入 2 250 亿美元，较上年增长 17%；流出 776 亿美元，较上年增长 44%；净流入 1 474 亿美元，较上年增长 7%(见图 7-11)。中国仍是外国直接投资的重要目的地。

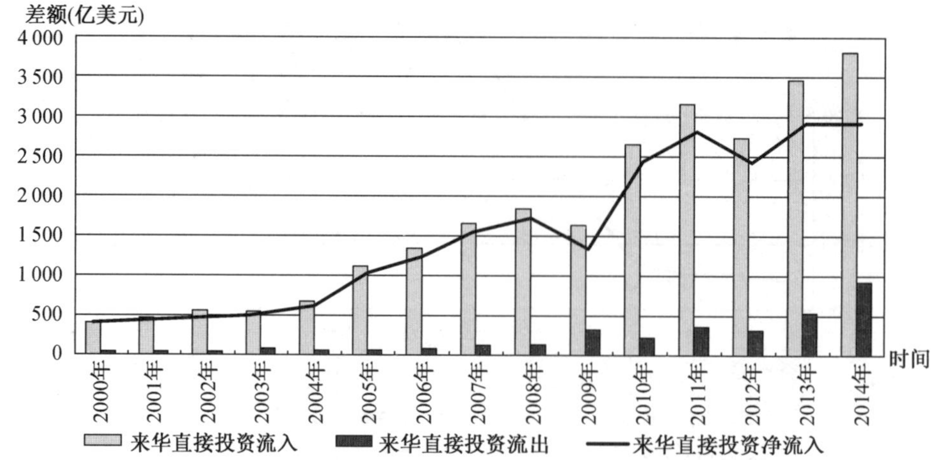

图 7-11 外国来华直接投资(FDI)状况(2000—2014 年)

数据来源：中国国家外汇管理局。

中国对外直接投资(ODI)继续快速增长。2014 年,中国 ODI 流出 1 359 亿美元,回流 555 亿美元,净流出 804 亿美元,同比分别增长 24%、53%和 10%(见图 7-12)。

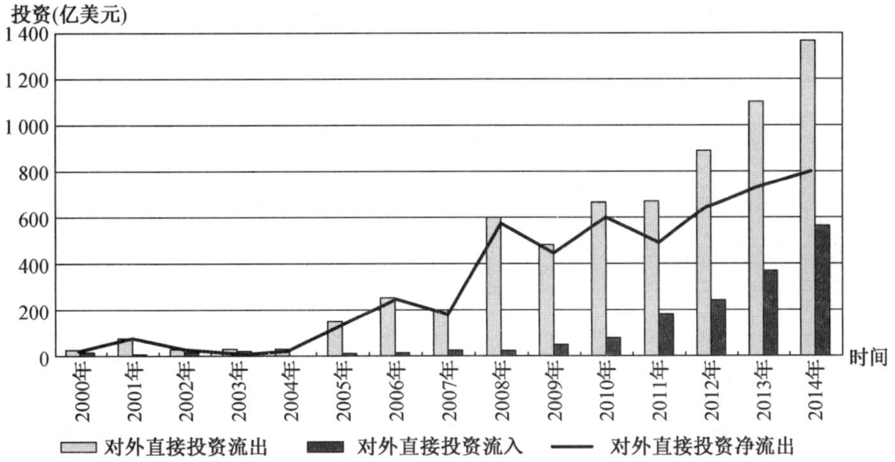

图 7-12　中国对外直接投资状况(2000—2014 年)

数据来源:中国国家外汇管理局。

(6) 证券投资净流入快速增长。2014 年,证券投资项下净流入 824 亿美元,较上年增长 56%(见图 7-13)。其中,中国对外证券投资净流出 108 亿美元,扩大 102%;境外对中国证券投资净流入 932 亿美元,增长 60%。

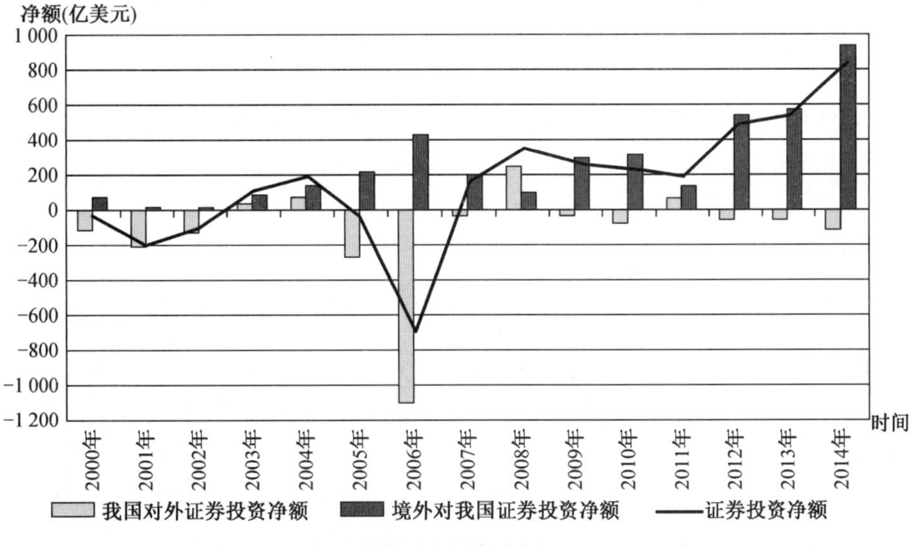

图 7-13　中国跨境证券投资净额(2000—2014 年)

数据来源:中国国家外汇管理局。

(7) 其他投资。其他投资由净流入转为净流出。2014 年其他投资项下净流出 2 528 亿美元,而上年为净流入 722 亿美元(见图 7-14)。其中,中国对外的贷款、贸易信贷和资金存放等资产净增加 3 030 亿美元,较上年增长 113%;境外对中国的贷款、贸易信贷和资金存放等负债净增加 502 亿美元,较上年下降 77%。

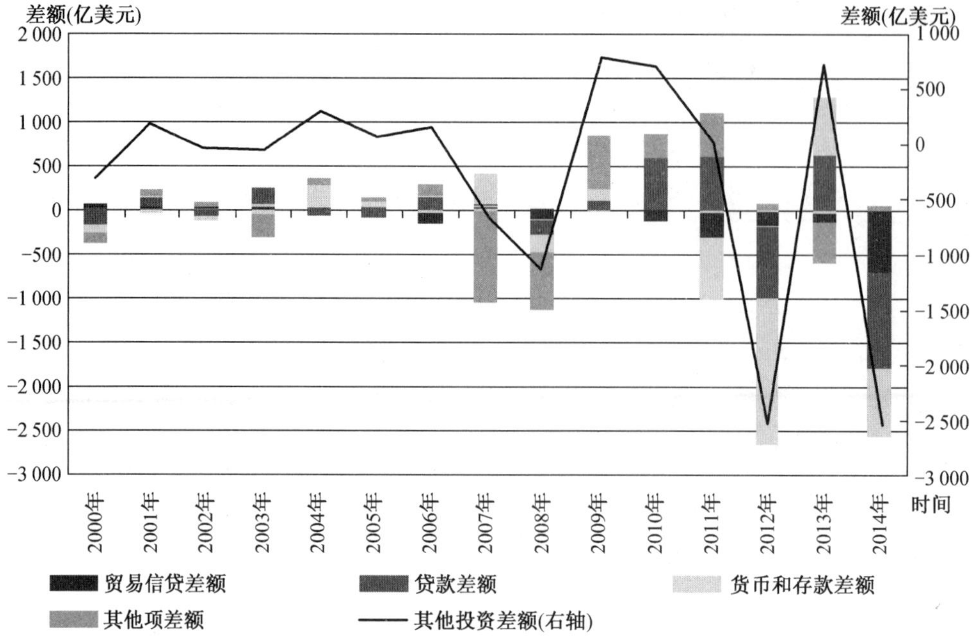

图 7-14 中国资本与金融项目其他投资各组成部分净额(2000—2014 年)

数据来源:中国国家外汇管理局。

(8) 储备资产增幅放缓。2014 年,中国新增储备资产(剔除汇率、价格等非交易价值变动影响,下同)1 178 亿美元,较上年下降 73%,其中,外汇储备资产增加 1 188 亿美元,下降 73%。截至 2014 年年末,中国外汇储备余额达 38 430 亿美元(见图 7-15),较上年年末增加 217 亿美元,同比少增加 4 880 亿美元。外汇储备余额增幅小于外汇储备资产 971 亿美元,这主要反映了国际市场上主要货币汇率和资产价格变化带来账面估值的波动,并没有实际的跨境资金流动。

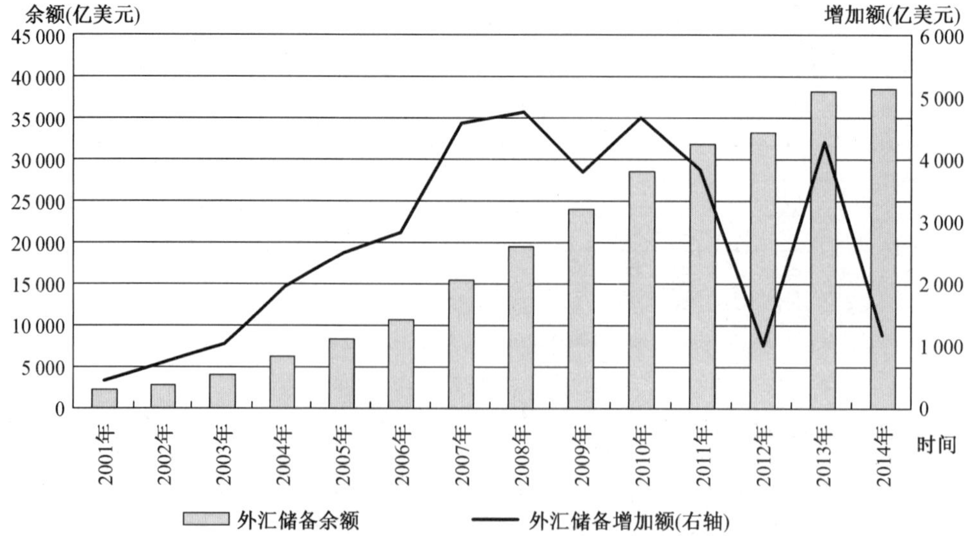

图 7-15 中国外汇储备增加额与外汇储备余额(2001—2014 年)

数据来源:中国国家外汇管理局。

(9) 净误差与遗漏额为负。中国在国际收支平衡中误差与遗漏规模一直在合理范围内。根据国际惯例,平衡表中净误差与遗漏占同期货物进出口额的比重一般不宜超过正负 5%。随着国际收支交易规模扩大,净误差与遗漏绝对数也会相应增加,高频数据比低频数据误差会更大。2008—2013 年,中国国际收支平衡表中的该比例每年基本在 2%左右;2014 年第三、第四季度该比例较高,分别为 5.6%和 5.9%,但全年合计只有 3.3%。

表 7-7　**2014 年中国国际收支平衡**　单位:亿美元

项　　目	差　额	贷　方	借　方
一、经常项目	2 197	27 992	25 795
A. 货物和服务	2 840	25 451	22 611
a. 货物	4 760	23 541	18 782
b. 服务	−1 920	1 909	3 829
1. 运输	−579	382	962
2. 旅游	−1 079	569	1 649
3. 通讯服务	−5	18	23
4. 建筑服务	105	154	49
5. 保险服务	−179	46	225
6. 金融服务	−4	45	49
7. 计算机和信息服务	99	184	85
8. 专有权利使用费和特许费	−219	7	226
9. 咨询	164	429	265
10. 广告、宣传	12	50	38
11. 电影、音像	−7	2	9
12. 其他商业服务	−217	14	231
13. 别处未提及的政府服务	−10	11	20
B. 收益	−341	2 130	2 471
1. 职工报酬	258	299	42
2. 投资收益	−599	1 831	2 429
C. 经常转移	−302	411	714
1. 各级政府	−29	16	46
2. 其他部门	−273	395	668

（续表）

项　　目	差　额	贷　方	借　方
二、资本和金融项目	382	25 730	25 347
A. 资本项目	0[①]	19	20
B. 金融项目	383	25 710	25 328
1. 直接投资	2 087	4 352	2 266
1.1　中国在外直接投资	－804	555	1 359
1.2　外国在华直接投资	2 801	3 707	006
2. 证券投资	824	1 664	840
2.1　资产	－108	293	401
2.1.1　股本证券	－14	170	184
2.1.2　债务证券	－94	123	217
2.1.2.1　(中)长期债券	－92	123	215
2.1.2.2　货币市场工具	－2	0	2
2.2　负债	932	1 371	439
2.2.1　股本证券	519	777	258
2.2.2　债务证券	413	594	181
2.2.2.1　(中)长期债券	410	497	88
2.2.2.2　货币市场工具	4	97	94
3. 其他投资	－2 528	19 694	22 222
3.1　资产	－3 030	995	4 025
3.1.1　贸易信贷	－688	282	970
长期	－14	6	19
短期	－674	276	950
3.1.2　贷款	－738	177	915
长期	－455	0	455
短期	－282	177	459
3.1.3　货币和存款	－1 597	514	2 111

① 资本项目差额此处存在误差，但目前无法确认误差是在贷方还是在借方，待国家外汇管理局修正数据公布后再补充。

（续表）

项　　目	差　额	贷　方	借　方
3.1.4　其他资产	－8	22	29
长期	0	0	0
短期	－8	22	29
3.2　负债	502	18 699	18 197
3.2.1　贸易信贷	－21	154	174
长期	0	3	3
短期	－20	151	171
3.2.2　贷款	－343	17 464	17 807
长期	－57	511	569
短期	－286	16 953	17 239
3.2.3　货币和存款	814	994	180
3.2.4　其他负债	52	87	35
长期	58	64	6
短期	－6	23	29
三、储备资产	－1 178	312	1 490
3.1　货币黄金	0	0	0
3.2　特别提款权	1	1	1
3.3　在基金组织的储备头寸	10	13	4
3.4　外汇	－1 188	298	1 486
3.5　其他债权	0	0	0
四、净误差与遗漏	－1 401	0	1 401

数据来源：中国国家外汇管理局。

2. 2014 年中国国际收支运行特征

2014 年，中国继续加快转变经济发展方式，对外经济的发展方式转型也取得积极成效，涉外经济规模平稳增长，国际收支状况继续改善，国际收支平衡新格局初步形成，跨境资本流动短期变化明显和频繁。

（1）2014 年，中国国际收支交易总规模为 10.486 4 万亿美元，较 2013 年的 8.272 6 万亿美元增加 2.21 万亿美元，增幅为 27%；1982—2014 年，中国国际收支交易总规模由 540 亿美元升至 10.486 4 万亿美元，占 GDP 的比重由 19%升至 101%。

（2）2014 年，中国经常项目顺差与 GDP 之比为 2.1%，较上年增加 0.5 个百分点，仍处于国际公认的合理水平之内(见图 7-16);国际收支口径的储备资产增加 1 178 亿美元,相当于 GDP 的 1.1%,较上年回落 3.4 个百分点。中国政府努力促进国际收支平衡取得新进展。

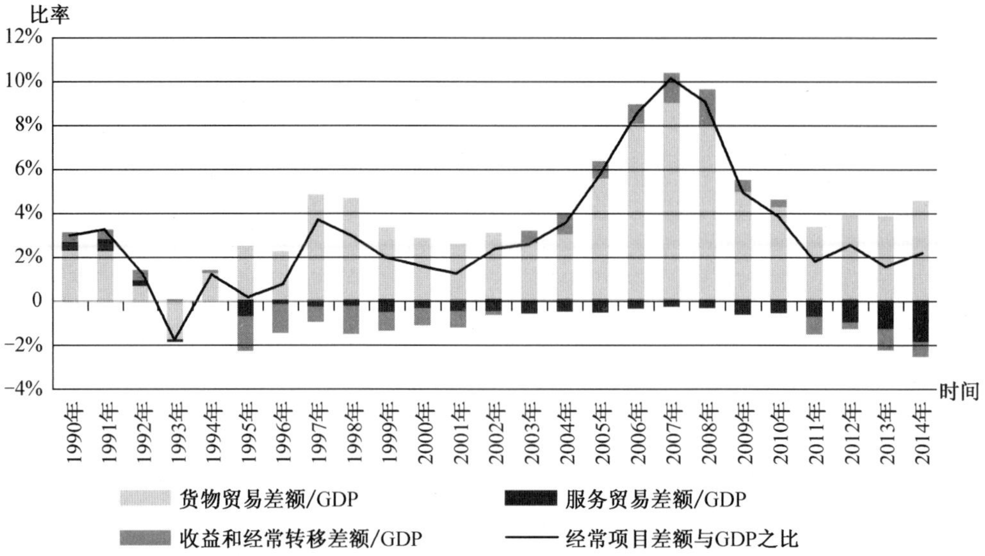

图 7-16 中国经常项目差额与 GDP 之比及其结构(1990—2014 年)

数据来源:中国国家外汇管理局。

(3) 2014 年,中国跨境资本流动的波动性加强,全年跨境资本流动的顺逆差转换加快。2014 年全年中国国际收支呈现经常项目与资本项目"双顺差",但分季度看,顺差和逆差交替互现。其中,第一季度资本和金融项目顺差 940 亿美元。第二季度以来,跨境资本呈现流出压力,结果出现"经常项目顺差、资本和金融项目逆差"。2014 年最后 1 个季度,经常项目顺差增加,但资本和金融项目出现逆差。

(4) 中国已是高度开放的经济大国,为全球第二大经济体。人民币国际使用的领域和范围逐步扩大,为全球金融市场发展注入了新活力,境外主体持有人民币资产的需求明显上升,人民币国际地位不断提升。这既是对中国经济发展有信心的体现,也是对中国改革开放成效的肯定,在实质上也反映了人民币国际化的加快发展。

自 2009 年 7 月人民币国际化启动以来,人民币跨境结算规模持续高速增长,结算额从 2009 年的 36 亿元人民币扩大到 2014 年的近 10 万亿元人民币,人民币已成为中国第二大跨境收付货币。据环球银行金融电信协会(SWIFT)统计,2015 年 5 月,人民币稳居全球第 5 大支付货币,较 2012 年年初排名提高 14 位;市场占有率达到 2.18%,是 2012 年年初的 8.7 倍;同时,人民币稳居第二大贸易融资货币。

(5) 中国国际收支不平衡矛盾依然突出,但仍然属于预期的可承受的调整范围内。随着人民币汇率形成机制市场化改革的推进,央行逐步退出常态式外汇市场干预,其后果必然是贸易顺差越大、资本流出越多。"藏汇于民"体现了市场主体的持汇意愿增强,符合调控目标和改革方向,有利于外汇供求平衡、改善宏观调控。"债务去杠杆化"也有利于企业部门减少货币错配,更好地应对资本流动冲击。

3. 2015年第一季度中国国际收支状况

2015年第一季度，中国经常账户顺差756亿美元。其中，货物贸易顺差1 189亿美元，服务贸易逆差451亿美元，初次收入顺差17亿美元，二次收入基本均衡。资本和金融账户逆差179亿美元。其中，资本账户顺差2亿美元，非储备性质的金融账户逆差983亿美元，储备资产减少802亿美元(见表7-8)。

表7-8 **2015年第一季度中国国际收支平衡表**

项目	行次	2015年第一季度(亿元人民币)	2015年第一季度(亿美元)
1. 经常账户	1	4 638	756
贷方	2	37 649	6 134
借方	3	−33 010	−5 378
1.A 货物和服务	4	4 531	738
贷方	5	33 068	5 387
借方	6	−28 537	−4 649
1.A.a 货物	7	7 297	1 189
贷方	8	29 685	4 836
借方	9	−22 388	−3 647
1.A.b 服务	10	−2 766	−451
贷方	11	3 383	551
借方	12	−6 149	−1 002
1.B 初次收入	13	106	17
贷方	14	3 997	651
借方	15	−3 890	−634
1.C 二次收入	16	1	0
贷方	17	584	95
借方	18	−583	−95
2. 资本和金融账户	19	−1 099	−179
2.1 资本账户	20	11	2
贷方	21	14	2
借方	22	−3	−1
2.2 金融账户	23	−1 110	−181
资产	24	477	78
负债	25	−1 587	−259

（续表）

项　　目	行次	2015 年第一季度(亿元人民币)	2015 年第一季度(亿美元)
2.2.1　非储备性质的金融账户	26	−6 035	−983
2.2.1.1　直接投资	27	3 098	505
资产	28	−1 447	−236
负债	29	4 545	740
2.2.1.2　证券投资	30	−499	−81
资产	31	−1 545	−252
负债	32	1 046	170
2.2.1.3　金融衍生工具	33	−51	−8
资产	34	−62	−10
负债	35	11	2
2.2.1.4　其他投资	36	−8 583	−1 398
资产	37	−1 394	−227
负债	38	−7 189	−1 171
2.2.2　储备资产	39	4 925	802
3. 净误差与遗漏	40	−3 539	−577

数据来源：中国国家外汇管理局。

（二）中国国际收支运行的历史轨迹探析

以上我们重点分析了 2014 年中国国际收支运行状况和面临的问题与挑战。一国国际收支失衡和失衡风险是各种因素长期综合作用的结果，仅仅依据对 2014 年和当前中国国际收支运行状况的分析是难以评价的，以下将深入探讨分析中国国际收支在过去 30 多年的历史运行轨迹，通过历史梳理和现状归纳来探寻和商讨中国国际收支长期以来失衡的原因和对策。根据国际收支的账户特性，以下主要从中国国际收支经常项目差额失衡情况、资本与金融项目差额失衡情况以及总差额失衡情况三个方面探析中国国际收支在改革开放 30 多年的运行轨迹与特征及失衡原因等问题。

1. 中国国际收支经常项目差额失衡轨迹探析

经常项目差额是国际收支平衡表中最重要的收支差额。在开放宏观经济中，经常项目的差额概括了一国的净债务人或债权人的地位，能够清楚地反映出一国对外部经济的依赖程度。

1) 中国国际收支经常项目交易规模状况分析

从 2001 年至 2014 年期间，中国国际收支经常项目差额累计达到 26 643.6 亿美元，同期国内生产总值总计为 653 792.89 亿美元，经常项目顺差占 GDP 的比重平均为 4.07%。把时间再拉长到 1990—2013 年这 24 年的区间来看，中国国际收支经常项目差额累计达到 25 913 亿美元，同期国内生产总值为 628 957 亿美元，经常项目顺差占 GDP 的比重平均为 4.1%。在 2008 年以前，中国经常项目差额与中国 GDP 基本上同步增长和上升(见图 7-17)，但从 2008 年开始两者之间的走向发生逆转，中国 GDP 增长继续向上，但经常项目差额开始下降。

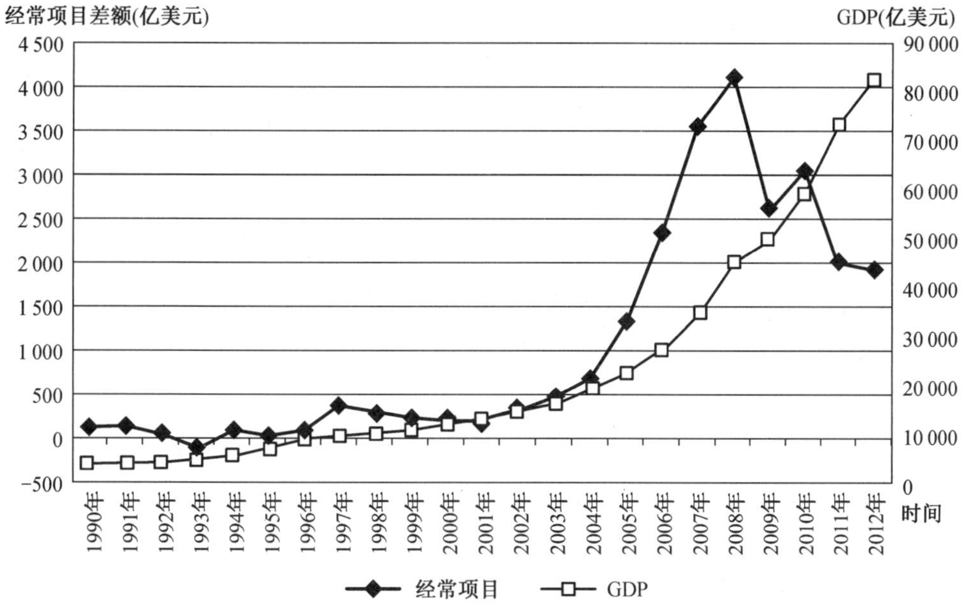

图 7-17　中国国际收支经常项目差额及 GDP 增长轨迹

数据来源:中国国家外汇管理局、中国国家统计局、国际货币基金组织。

中国国际收支经常项目差额与 GDP 之比由 2001 年的 1.3%上升到 2007 年的 10.1%,但随后开始下降,至 2012 年下降到 2%(见图 7-18),总体呈现缩小趋势,但资本与金融项目差额与 GDP 之比却总体呈现扩大趋势(见表 7-9)。这一方面反映了中国对外出口较快增长,另一方面也反映了各种投资资本流入以及流出的频繁和波幅的加剧。

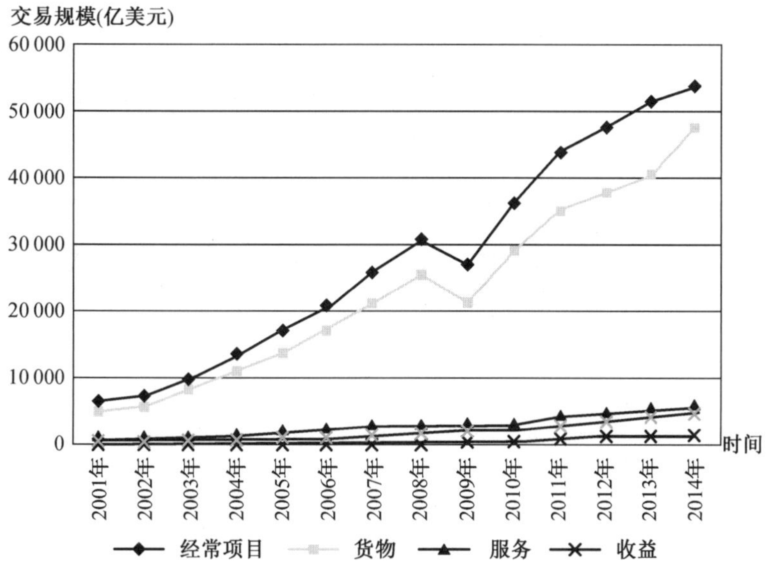

图 7-18　中国国际收支经常项目及其子项目交易规模(2001—2014 年)

数据来源:中国国家外汇管理局。

表 7-9 **中国国际收支经常项目及其子项目交易规模(2001—2014 年)** 单位:亿美元

年份	经常项目	货物	服务	收益	经常转移
2001	6 184	4 981	726	379	97
2002	7 396	6 071	862	316	146
2003	9 932	8 318	1 020	400	193
2004	13 327	11 278	1 346	446	257
2005	16 731	13 908	1 582	941	300
2006	20 631	17 216	1 928	1 146	340
2007	25 818	21 246	2 523	1 582	446
2008	30 594	25 081	3 060	1 855	594
2009	27 081	21 591	2 884	2 099	515
2010	35 882	29 086	3 111	2 588	562
2011	43 719	35 641	4 209	3 011	859
2012	47 267	37 922	4 726	3 630	989
2013	51 446	40 781	5 365	4 148	1 151
2014	53 787	48 062	5 738	4 601	1 125

数据来源:中国国家外汇管理局。

2) 中国国际收支经常项目差额失衡的时间分布分析

从 1982 年正式发布国际收支报告以来,中国国际收支经常项目差额除 1984 年、1985 年、1988 年、1989 年和 1993 年这 5 年外(见图 7-19),绝大部分时间保持顺差结构。

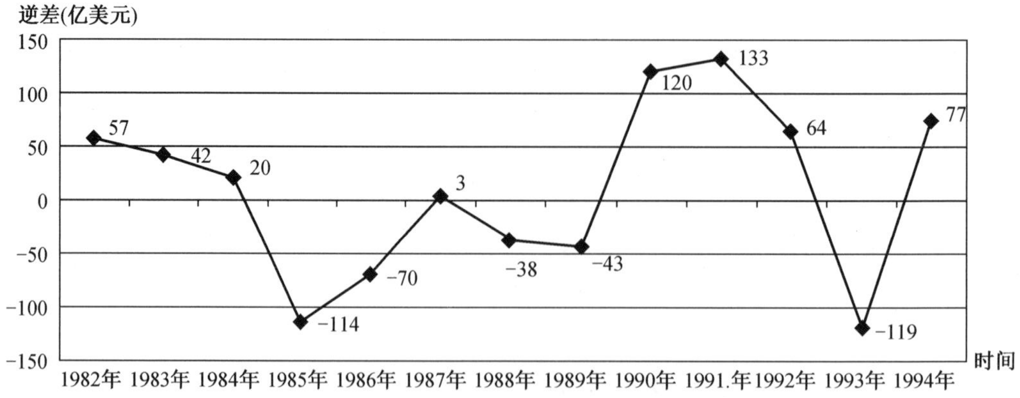

图 7-19 中国国际收支经常项目主要逆差年份分布

数据来源:中国国家外汇管理局。

1994 年以来,随着中国经济的持续改革和开放,国民经济总量和国内生产总值快速上升,中国已经成为全球第二大经济体和第二大贸易国,中国连续 19 年保持经常项目顺差,经常项目顺差额也不断持续扩大和上升。在 2008 年，中国经常项目差额达到创纪录的峰值 4 206 亿美元。随着中国经济发展方式和经济结构的调整和转变，经常项目差额近年来有所放缓和收窄，但仍保持着较大顺差规模，至 2014 年年底，中国经常项目差额为 2 197 亿美元（见图 7-20、图 7-21）。

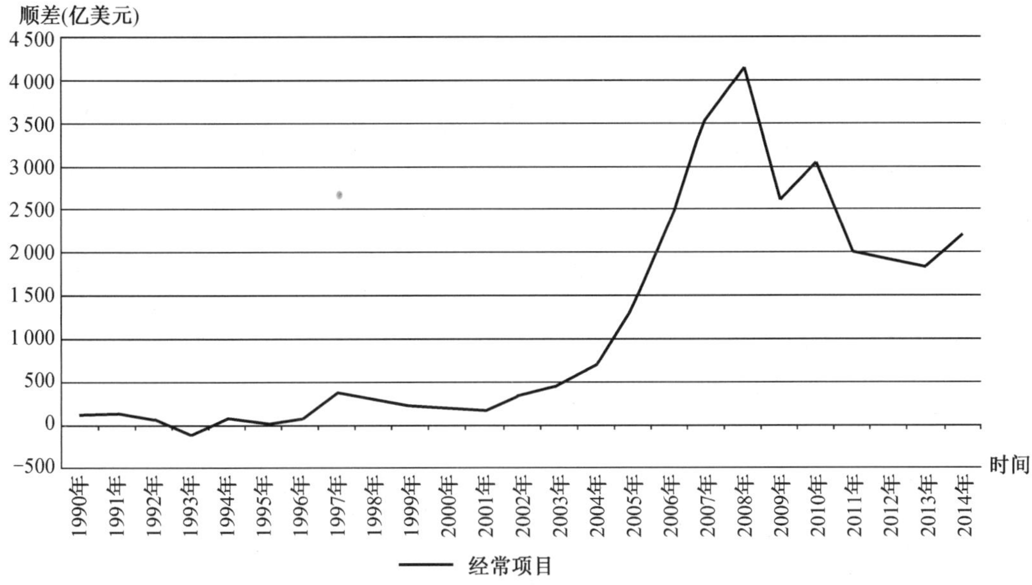

图 7-20　中国国际收支经常项目主要顺差年份分布（1994—2014 年）

数据来源：中国国家外汇管理局。

2010—2014 年中国经常项目顺差占比的下降，主要体现了国内经济发展中的一些结构性变化。2010 年以来，全球经济触底后缓慢复苏，中国出口增速回升，服务贸易出口、收益和经常转移收入也重拾升势，成为拉升中国经常项目顺差占比的因素，但结构性等其他因素的压低作用更明显，使得经常项目顺差占比总体上继续下降。

总的来看，自 1981 年以来的 32 年间，中国国际收支经常项目有 28 年保持顺差，5 年为逆差，且顺差额远远大于逆差额（见表 7-10），这种保持多年的顺差失衡状况标志着中国经济改革开放的巨大成就，但同时也对今后经济发展埋下了隐患和风险。

3）中国国际收支经常项目差额结构失衡分析

中国国际收支经常项目结构失衡主要表现为多年来中国货物项目基本上为贸易顺差且顺差差额巨大，而中国国际收支服务项目贸易多年来一直保持逆差，且逆差规模不断扩大和上升。

货物贸易一直是中国经济快速发展的重要引擎，从 2001—2014 年中国进出口货物平均增长速度保持在 20%左右，而同期中国 GDP 的平均增速超过 10%，货物出口高于同期 GDP 增长率 10 个百分点。从 1981—2014 年的 33 年间中国进出口货物累计总额达 355 101.7 亿美元，累计出口货物达到 191 375.7 亿美元，累计进口货物 163 726 亿美元，累计实现顺差 26 766.7 亿美元（见表 7-10 和图 7-22），占中国外汇储备总额的 58%。这表明多年来的巨额外汇储备累积主要依赖货物出口而获得。

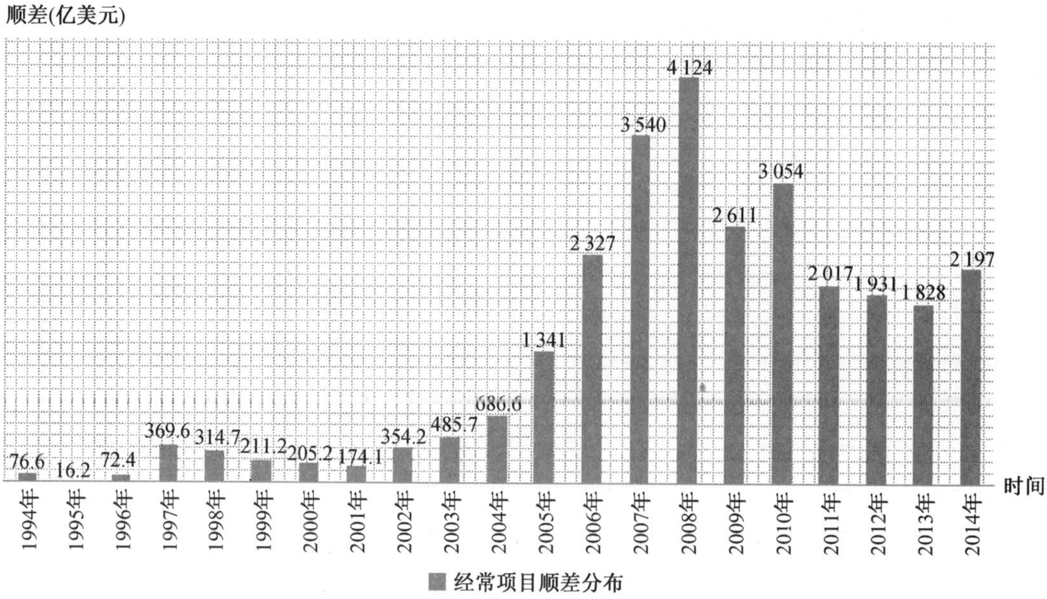

图 7-21　中国国际收支经常项目差额总体分布情况(1994—2014 年)

数据来源:中国国家外汇管理局。

表 7-10　　**中国进出口额和贸易顺差变化情况(1981—2014 年)**

单位:亿美元

年份	出口额	进口额	进出口额	贸易顺差
1981	220.1	220.2	440.3	−0.1
1982	223.2	192.9	416.1	30.3
1983	222.3	213.9	436.2	8.4
1984	261.4	274.1	535.5	−12.7
1985	273.5	422.5	696	−149
1986	309.4	429	738.4	−119.6
1987	394.4	432.2	826.6	−37.8
1988	475.2	552.7	1 027.9	−77.5
1989	525.4	591.4	1 116.8	−66
1990	620.9	533.5	1 154.4	87.4
1991	719.1	637.9	1 357	81.2
1992	849.4	805.9	1 655.3	43.5
1993	917.4	1 039.6	1957	−122.2
1994	1 210.1	1 156.2	2 366.3	53.9
1995	1 487.8	1 320.8	2 808.6	167
1996	1 510.5	1 388.3	2 898.8	122.2
1997	1 827.9	1 423.7	3 251.6	404.2
1998	1 837.1	1 402.4	3 239.5	434.7

（续表）

年份	出口额	进口额	进出口额	贸易顺差
1999	1 949.3	1 657	3 606.3	292.3
2000	2 492	2 250.9	4 742.9	241.1
2001	2 661	2 435.5	5 096.5	225.5
2002	3 256	2 951.7	6 207.7	304.3
2003	4 382.3	4 127.6	8 509.9	254.7
2004	5 933.6	5 613.8	11 547.4	319.8
2005	7 620	6 601.2	14 221.2	1 018.8
2006	9 690.8	7 916.1	17 606.9	1 774.7
2007	12 180.2	9 558.2	21 738.4	2 622
2008	14 285.5	11 330.9	25 616.4	2 954.6
2009	12 016.6	10 055.6	22 072.2	1961
2010	15 779.3	13 948.3	29 727.6	1 831
2011	19 038	16 603	35 641	1 551
2012	20 569	17 353	37 922	3 216
2013	22 096	19 504	41 600	2 592
2014	23 541	18 782	42 323	4 760

数据来源：中国国家统计局。

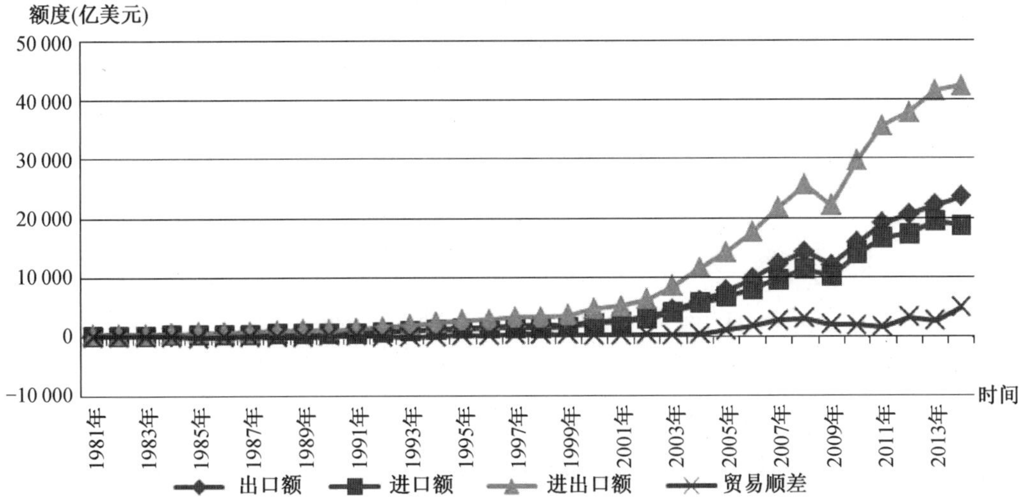

图 7-22　中国货物贸易进出口额与差额(1981—2014 年)

数据来源：中国商务部。

数据显示：中国货物进出口增长除受 2008 年金融危机影响而在 2009 年出现大幅下降外，其他大部分时间大大快于经济增长速度，同时中国经济增长速度波动幅度远远小于外贸增长速度，这表明在经济发展中过度依赖国际经济将会对中国经济产生较为严重的影响和制约。中国外贸发展不仅在国内经济社会发展中发挥着重要作用，也为全球贸易增长和经济复苏作出了积极贡献。

相对于货物贸易的持续顺差，中国国际收支服务贸易多年来持续逆差。在中国国际收支经常项目中货物贸易占全部经常项目差额过高，而服务和收益以及经常转移项目差额占经常项目差额的比例则过低。这反映了中国经常项目差额过分依赖货物贸易，虽然服务项目绝对数在持续增长，但多年来中国服务项目一直处于逆差状况，且逆差一直呈持续不断扩大趋势（见图 7-4）。

总的来看，从 1982—2013 年的 32 年间的绝大多数年份，中国出口增长速度远大于收入增长水平和居民消费水平，而居民对收入增长的低预期和谨慎的消费行为又导致居民储蓄规模不断扩大和上升。储蓄大于国内投资，而投资又过度依赖政府刺激，进而造成国内市场需求不足。积极出口，扩大外需等导致经常项目持续高额顺差的出现，中国的 GDP 增长在过去主要依赖出口拉动和政府投资，2008 年国际金融危机爆发后，政府扩大 4 万亿元人民币投资又再次扮演了投资拉动经济增长的发动机。中国经济过去 30 多年的发展轨迹清晰地显示了出口和投资与国内生产总值的高度关联度（见图 7-23）。

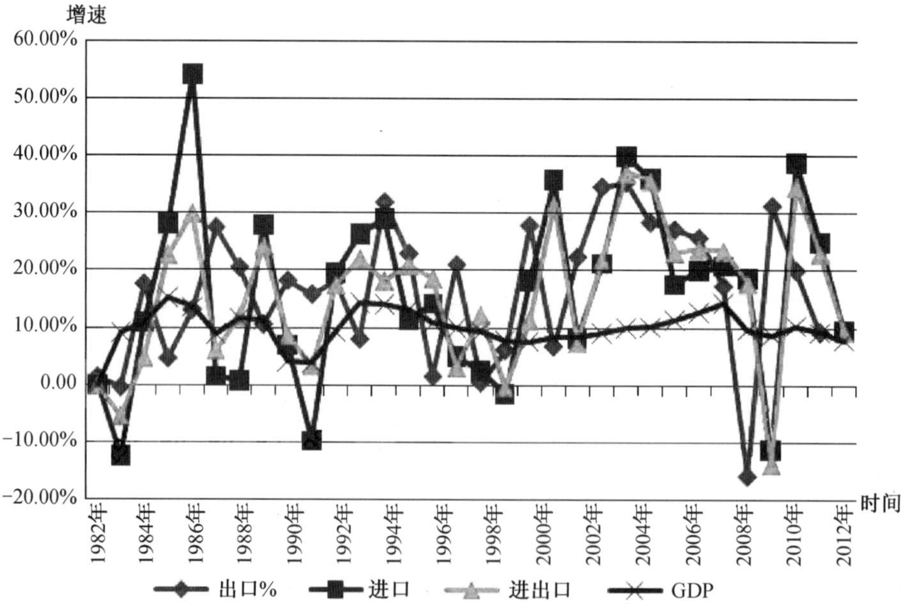

图 7-23 中国货物出口、进口和进出口增速与 GDP 增速（1982—2014 年）

数据来源：中国商务部、中国国家统计局。

2. 中国国际收支资本与金融项目差额失衡轨迹分析

随着经济全球化和金融自由化的迅猛发展，金融作为现代经济核心的地位和功能愈加凸显和重要。作为反映国际经济和国际金融发展状况和程度的国际收支状况成为反映一国对外经济交易总规模和发展水平的重要标尺和风向标。国际收支资本和金融项目全面系统地记录了一国资本与金融项目的总交易规模和平衡状况，是一国经济重要的晴雨表和预警器。

1）中国国际收支资本和金融项目交易规模分析

进入 21 世纪以来，中国已经基本完成了现代金融体系架构的搭建，以银行为核心，证券、保险、信托和基金等为主体的金融体系结构和市场结构得以初步建立和完善,金融市场得到空前发展和壮大。经济总量和金融资产总量稳步增加,截至 2015 年 1 月末,中国银行业金融机构国内总资产为 169.7 万亿元人民币,同比增加 13.9%;中国银行业金融机构 1 月末国内总负债为 157.2 万亿元人民币,同比增加 13.4%。截至 2015 年第二季度末,中国广义货币供应量 M2 余额达 133.34 万亿元,同比增长 11.8%。

与中国金融市场同步发展的是中国国际收支资本和金融项目,较为稳定的直接投资主导中国国际资本和金融收支结构阶段已经结束,资本和金融项目开始受到国际金融投机显著影响,表现出诸多的不稳定性和风险性。资本和金融项目交易规模由 2001 年的 1 642 亿美元增加到 2014 年的 51 077 亿美元,2001—2014 年这 14 年间资本与金融项目交易总规模为 238 087亿美元,平均年交易规模为 17 006 亿美元(见图 7-24)。

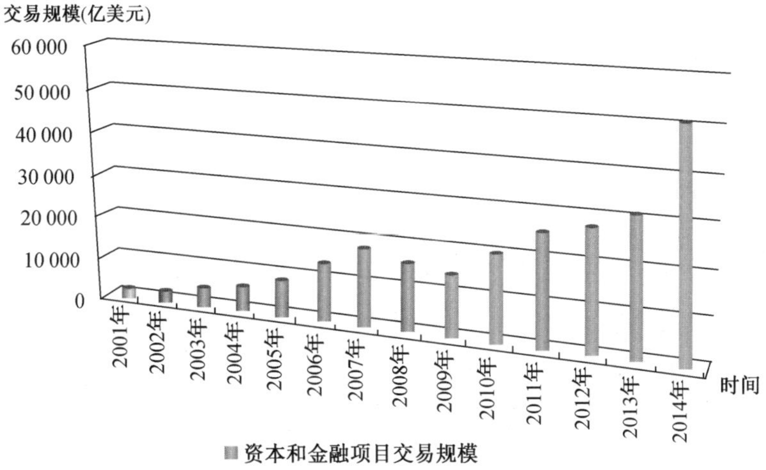

图 7-24 中国国际收支资本与金融项目交易规模(2001—2014 年)

数据来源:中国国家外汇管理局。

在资本和金融项目中,各个子项目交易规模在 2012 年均创历史新高,其中直接投资交易规模 4 247 亿美元,占比最大。近年来随着全球金融市场的宽松量化政策,证券投资和其他投资大量增加且波动加剧,尤其是其他投资,其在 2001—2014 年的大部分年份出现较大规模的资本净流出,特别是 2012 年全年净流出 2 600 亿美元,创该项目资本流出历史新高(见表 7-11)。

表 7-11 **中国国际收支资本和金融项目交易规模与差额(2001—2014 年)**

单位:亿美元

年份	资本和金融项目(差额)	直接投资(差额)	证券投资(差额)	其他投资(差额)
2001	1 642(348)	567(374)	242(−194)	832(169)
2002	2 243(323)	593(468)	149(−103)	1 500(−41)
2003	3 865(527)	638(472)	132(114)	3 095(−59)
2004	5 760(1 107)	689(531)	208(197)	4 864(379)

（续表）

年份	资本和金融项目(差额)	直接投资(差额)	证券投资(差额)	其他投资(差额)
2005	8 130(1 010)	1 425(1 059)	489(−49)	6 175(−40)
2006	13 459(526)	1 637(1 029)	1 588(−676)	10 193(133)
2007	17 921(951)	2 033(1 431)	1 093(187)	14 759(−697)
2008	15 481(463)	2 591(1 217)	927(427)	11 927(−1 211)
2009	13 841(1 808)	2 301(703)	1 575(387)	9 919(679)
2010	19 900(2 260)	3 038(1 249)	1 031(240)	15 781(724)
2011	25 754 (2 211)	2 698(1 704)	842(196)	21 125(255)
2012	27 734(−168)	4 247(1911)	1 181(478)	22 258(−2 600)
2013	31 280(3 262)	5 107(1 850)	1 477(605)	24 637(776)
2014	51 077(382)	6 618(2 807)	2 504(824)	41 916(−2 528)

数据来源：中国国家外汇管理局。

2）中国国际收支资本与金融项目失衡时间分析

从1982年中国正式发布国际收支报告以来，中国国际收支资本与金融项目差额只有在1983年、1984年、1992年、1998年和2012年这5年间出现逆差（见图7-25），其他年份均保持顺差，其差额基本特征是逆差额度较小，顺差额度较大。从长期分布来说，中国国际收支资本与金融项目的失衡主要表现为顺差结构较大，即资本流入较多而流出较少。

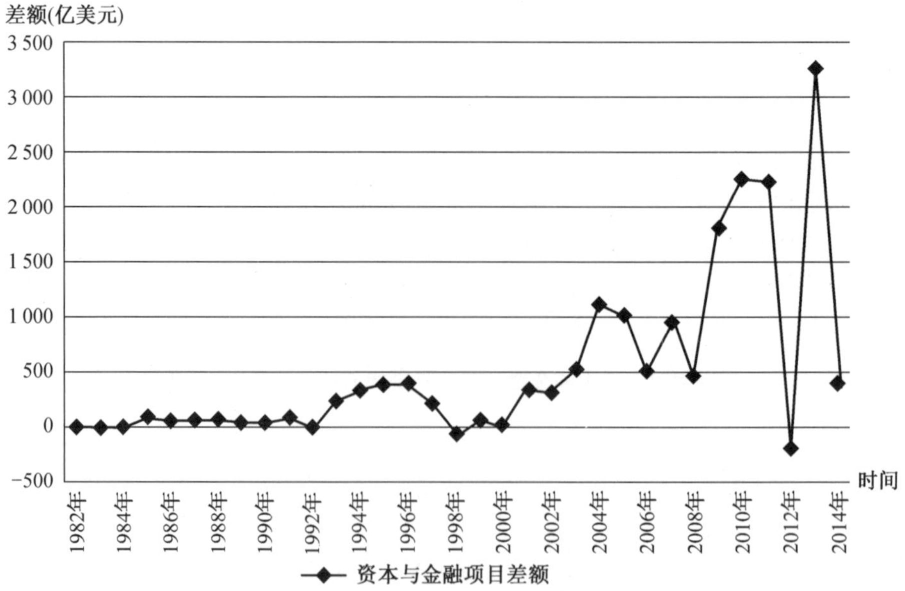

图7-25　中国国际收支资本与金融项目失衡时间分布情况

数据来源：中国国家外汇管理局。

与经常项目失衡相比，中国国际收支资本与金融项目失衡分布时间基本相同或相近，两个项目在 33 年间都出现过 5 次失衡年份，其基本特征是逆差失衡主要发生在中国国内经济紧缩调整时期以及国际经济和国际金融危机时期，且受国际金融危机影响较大，特别是资本与金融项目更易受到国际金融危机的影响(见图 7-26)。

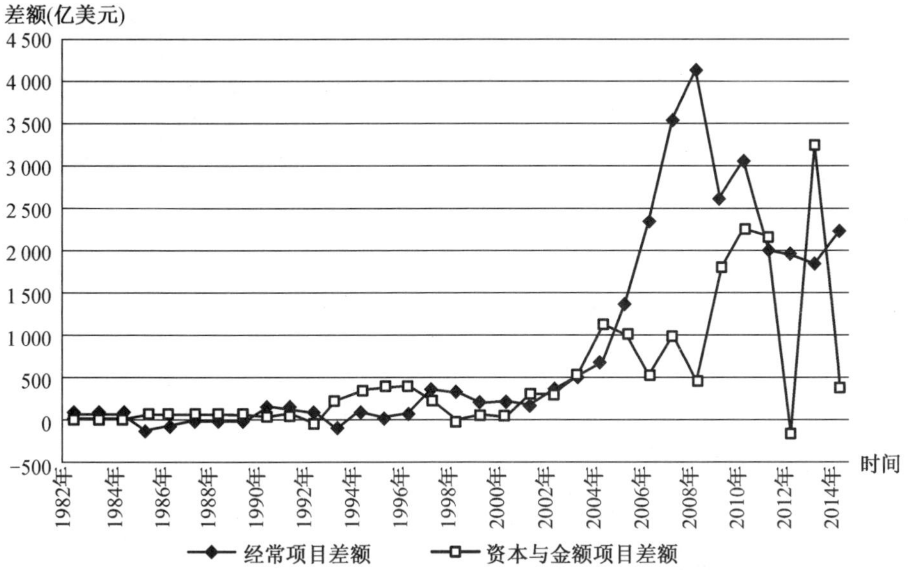

图 7-26 中国国际收支经常项目和资本与金融项目差额失衡情况

数据来源：中国国家外汇管理局。

3）中国国际收支资本与金融项目结构失衡分析

在中国国际收支资本与金融项目中，直接投资是中国传统的顺差项目，证券投资和其他投资差额受短期跨境资本流动影响起伏较大，这种格局同样与结构性、政策性因素密切相关。

从政策结构来看，自改革开放以来，中国各级政府大力鼓励和吸引外国直接投资，1994 年以后，随着金融、财税和外贸改革的进一步深入，大量外国资本流入中国市场，中国国际收支资本与金融项目彻底扭转了逆差，并且连续多年持续顺差。当时，中国为调整产业结构，在市场化技术发展的思路下，不断改善投资环境，同时利用具有比较优势的劳动力成本和一系列优惠政策来吸引外商直接投资。中国经济的高速增长和良好的市场经营环境，使外商直接投资企业获得了丰厚的利润，在这种情况下，外商直接投资的增长是理所当然的。由于“两头在外”，加工贸易条件下的出口额必然大于进口额，贸易顺差即为加工生产带来的增加值，这必然带来国际收支经常项目顺差。反映在中国国际收支资本与金融项目方面就是中国的资本与金融项目呈现为资本净流入(见图 7-27)。

从资本流向结构来看，加入世界贸易组织后，中国的市场更加全面开放，中国国际收支资本与金融项目的交易规模更是迅速上升和扩大，中国积极参与国际要素市场资源配置，大量资本进入中国内地市场，同时，中国金融机构和企业也积极走向国际市场，资本双向流动和交易规模急剧扩大。从 1982 到 2014 年年底，中国国际收支资本与金融项目累计实现顺差17 013.6 亿美元，同期中国国际收支经常项目累计实现顺差 27 966.8 亿美元。

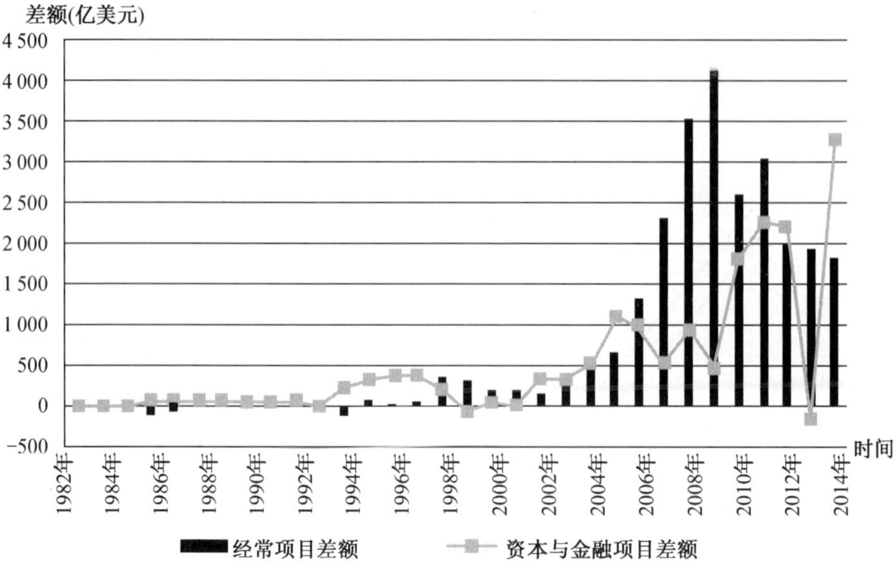

图 7-27　中国国际收支资本与金融项目和经常项目差额对比(1994—2014 年)

数据来源:中国国家外汇管理局。

3. 中国国际收支总差额失衡轨迹探析

1) 中国国际收支总差额失衡比例与规模分析

一国国际收支平衡是绝对的,而失衡则是相对的。一般来讲,一国国际收支很难做到绝对平衡,不是顺差就是逆差,只不过是顺差和逆差的程度大小而已。

从国际收支交易总规模来看,1982—2014 年,中国国际收支交易总规模由 540 亿美元升至 10.486 4 万亿美元,占 GDP 的比重由 19%升至 101%。其中,2014 年中国国际收支交易总规模为 10.486 4 万亿美元,较 2013 年的 8.272 6 万亿美元增长 2.21 万亿美元,增幅为 27%;2013 年,中国国际收支交易总规模为 8.272 6 万亿美元,较 2012 年的 7.453 4 万亿美元增长 0.82 万亿美元,增幅为 11%;2013 年,中国国际收支交易规模若按人民币计价,则交易总规模相当于 655 960 亿元人民币,与同期 GDP 之比为 87%,较 2012 年略降 4 个百分点。伴随着中国经济进一步发展和开放,中国国际收支交易总规模在未来仍会保持持续扩大和上升态势,特别是在服务等项目的交易规模将会持续放大。中国国际收支交易规模的快速增长只是反映了中国与世界其他经济体经济交往的总量和程度,它说明了中国经济与世界其他国家的政治经济等交易往来愈加密切和繁荣,相互间的依赖程度更加紧密,但并不能反映中国国际收支的失衡程度和风险。

2) 中国国际收支总差额失衡时间与结构分布分析

自 1978 年改革开放以来的大部分年份,中国国际收支总差额处于顺差状况,这当中只有 1985 年、1986 年和 1989 年发生逆差,逆差额分别为 24.5 亿美元、10.9 亿美元和 6 亿美元。中国国际收支在较长时期保持了经常项目和资本与金融项目的双顺差情况在 2012 年出现了明显转化,多年来一直处于顺差的资本与金融项目在 2012 年发生 168 亿美元的逆差。这可能也预示着中国长期以来保持的国际收支双顺差格局就此结束,中国在今后将交替出现国际收支资本与金融项目的顺差和逆差。

自 1994 年中国外汇体制改革以来,中国国际收支持续顺差,特别是 2001 年中国加入世界贸易组织以来，国际收支不但延续“双顺差”格局，而且顺差规模持续急剧扩大。2014 年，中国国际收支状况在总体上相对改善，国际收支总顺差为 2 561 亿美元(见图 7-28)。

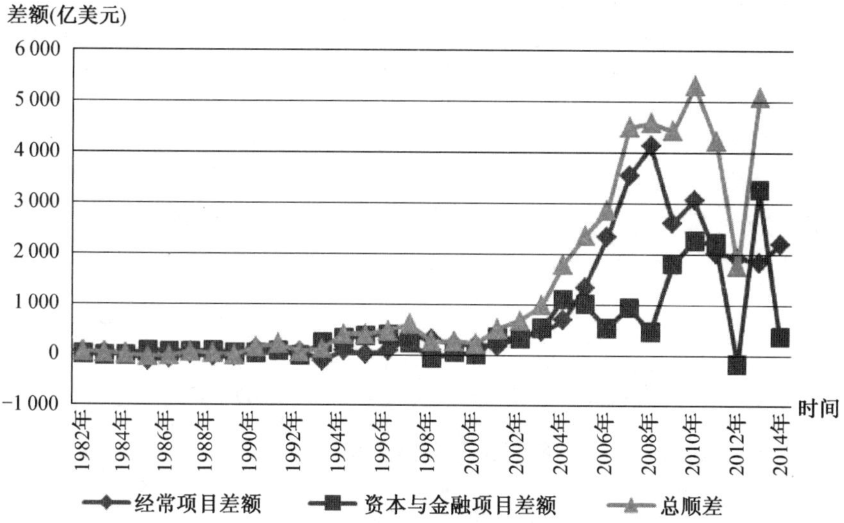

图 7-28　中国国际收支长期失衡结构分布图(1982—2014 年)

数据来源：中国国家外汇管理局。

关于净误差和遗漏。在 1982—2014 年间，中国国际收支净误差和遗漏呈不规则变化，从 2003 年开始中国国际收支净误差和遗漏项目上下波动幅度加剧，2003—2008 年年初呈现净流入状态。从 2008 年年中开始，由于美国次贷危机和欧洲债务危机的持续干扰与影响，中国国际收支净误差和遗漏项目连续出现资本净流出现象，且流出规模迅速扩大和上升，2013 年流出额为 776 亿美元，而 2014 年这一数字更是达到了 1 401 亿美元。这被归结为统计误差、货币折算问题以及可能存在的洗钱行为(见图 7-29)。

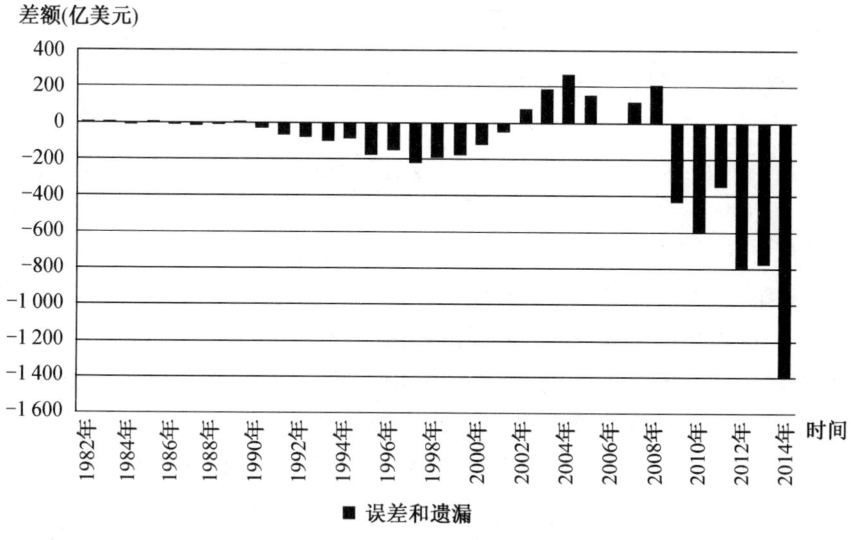

图 7-29　中国国际收支净误差和遗漏(1982—2014 年)

数据来源：中国国家外汇管理局。

从整体结构与比例来看，中国国际收支误差与遗漏项目在全部国际收支交易规模中只占非常微小的部分，并未超过国际公认的临界线（见图 7-30）。但由于中国金融监管体系还有诸多不完善之处，统计误差和遗漏也存在不规则变化，随着中国持续不断的经济增长和国际收支交易规模不断扩大，未来中国国际收支的误差和遗漏项目余额将会进一步扩大，对此产生的风险和不确定性需密切观察和跟踪。

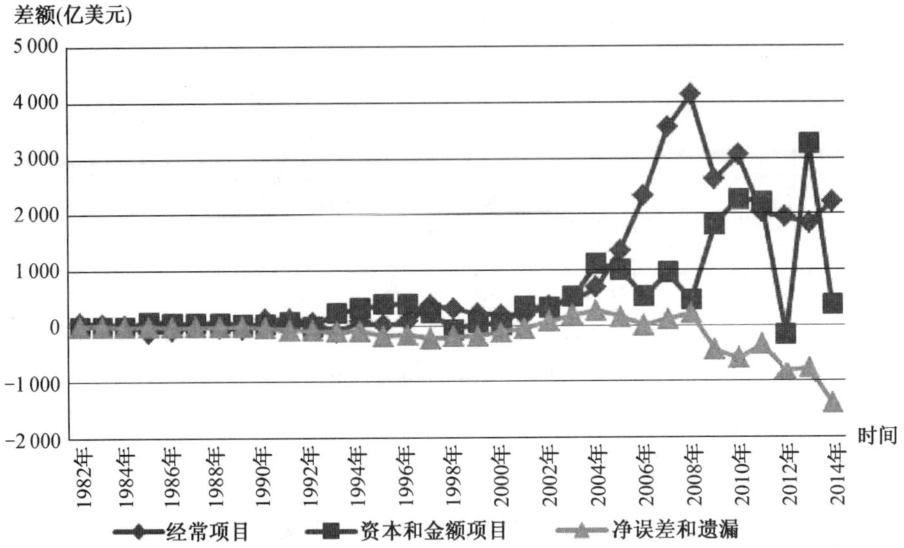

图 7-30　中国国际收支经常项目、资本与金融项目和误差与遗漏项目差额

数据来源：中国国家外汇管理局。

3）中国国际收支失衡原因分析

中国国际收支长期顺差失衡主要是由长期以来的政策导向所造成的，中国经济的改革开放是经济市场化的过程，但由于长期以来受计划经济思想影响，在中国经济市场化的过程中包裹了过多政府干预的思想与行为。中国长期以来过度重视与依赖投资和出口对经济的拉动作用，忽视了消费对经济的拉动效应，扭曲了市场经济规律和消费的真谛。如果早在 10 年前就刺激消费，平衡投资和出口，转变经济发展方式，则中国国际收支状况所反映的外部均衡就会更加健康。而如果外部均衡更加健康的话，国内经济矛盾也会相应大大降低。

从理论视角来看中国国际收支长期失衡的原因，首先，是在经济全球化背景下，中国参与国际分工的必然结果，中国良好的投资环境、低廉的劳动力等生产要素价格，促使跨国公司在全球分工布局中，逐步将加工制造环节向中国转移，带动了中国外资的流入和进出口顺差的增长。其次，是中国经济处于工业化、城镇化和国际化进程中的阶段性特征。再次，是中国储蓄持续大于投资，是国内需求不足的外在表现；内在表现是政府收税太多，花钱太多，没有把钱花到应该花的地方，造成居民预防性储蓄过多，影响了国内需求和消费水平提升到更高层次。总而言之，以“双顺差”格局为特征的单边性国际收支失衡已经成为中国经济运行的突出问题和深层次矛盾之一，虽然“双顺差”格局今后会发生变化，但中国国际收支失衡造成的矛盾和问题将长期影响中国内外经济均衡发展。

三、风险度量与预测

随着中国经济转型的深入发展，中国经济与世界其他国家的关系越来越紧密，经济的开放程度日益扩大，对中国宏观经济分析也应该纳入全球一体化的环境之中，应突破传统经济的分析框架，以促使中国实现内部与外部的双重均衡。中国国际收支失衡与国际收支风险是多方面的，对中国宏观经济增长潜在的不确定性风险也是多方面的。

（一）中国国际收支风险度量

1. 国际收支的贸易收支项目失衡风险度量

1）国际收支账户分析基础

国际收支是一国在一定时期内全部对外经济交易的系统的货币记录。国际收支账户是国际收支记录的基础，与此相关联的是国民收入账户。国民收入账户记录了与一个国家的收入和产出有关的全部交易。影响一国国民收入账户变化的因素主要有四个：第一，消费（C），指私人部门为满足日常的需要而用于生活的支出。第二，投资或储蓄（I 或 S），指私人部门的收入除消费外剩余部分。从供给角度看，它表现为储蓄（S）；从需求角度看，它表现为投资（I）。私人部门的投资和消费的区分是，一般将企业的购买视为投资，个人或家庭的购买归为消费。第三，政府支出（G），包括军费开支、公共福利费开支和行政事业费开支。第四，商品和劳务的进出口净额。

封闭经济的国民收入均衡，可用如下关系式表示：

$$Y=C+I+G \tag{7-1}$$

式中 Y——国民收入；

C——消费；

I——投资；

G——政府支出。

这个关系式中不涉及国际收支。

开放经济的国民收入均衡，可用如下关系式表示：

$$Y=C+I+G+X-M \tag{7-2}$$

式中 X——商品和劳务出口；

M——商品和劳务进口。

这个关系式说明在开放经济中，国际收支与国民收入有着密切的联系，商品和劳务进出口额所占的比重越大，内外经济相互作用的程度就越深。在西方发达国家的经济中，贸易总额常占国民生产总值较高的比重。

国际收支与货币供给。国际收支是国际经济社会中的一种货币现象，它与一国货币供给有紧密联系。货币供给的变化对国民收入、利息率、投资等都有影响。一般来说，货币供应量 M 增加⟶利息率（i）下降⟶投资（I）增加⟶国民收入（Y）增加；货币供应量减少⟶利息率上升⟶投资减少⟶国民收入减少。

在封闭经济中，货币供给基本上等于本国信贷量（D）。开放经济中的货币供给包括两部分：国内信贷量、国际货币与国内货币的交换量。后者即为国际储备（U）与汇率（E）之积。国际收支差额就意味着国际储备的变化，在汇率不变的条件下，国际储备的变化必然引起货币供给的变化，其关系式可以表示为：

$$M = D + R \cdot E \tag{7-3}$$

上述这些基本的关系式表明了国际收支与宏观经济变量投资、消费、出口以及货币政策之间的基本关系，是国际收支失衡分析的基础。

2）贸易收支决定模型

贸易收支为出口与进口之差，影响出口的因素包括世界经济活动水平、出口价格水平和出口供给能力；影响进口的因素包括国内经济活动水平、进口价格水平和进口替代能力。因此，当我们在仅考虑汇率变动对出口价格水平和进口价格水平的影响时，从贸易收支的决定模型可知，中国贸易收支在理论上由世界总出口水平、国内产出水平、汇率水平以及出口供给能力、进口替代能力等决定。即：

$$TB = EX - IM = f(+EXW, -IGDP, +REX, +S, -K) \tag{7-4}$$

式中 EXW——世界总出口水平；

$IGDP$——本国总需求；

REX——人民币兑美元汇率水平；

S——本国对出口的供给能力；

K——本国对进口的替代能力。

中国转型经济时期所取得的一个显著成就是通过不断实施对外开放政策使得外商的直接投资持续流入中国，这不但提高了进口替代能力，而且增强了出口供给能力。由于三资企业生产了大量以前需要进口的商品，使中国的进口替代能力大大提高，因此在实际估计工业制成品进口时采用累计直接投资作为反映进口替代能力的解释变量。在此采用累计外商直接投资，KDI 同时表示出口供给能力 S 和进口替代能力 K，随着外商直接投资的增加，出口供给能力上升，意味着出口增加；进口替代能力也上升，意味着进口减少，因而贸易收支上升。引入累计外商直接投资之后，贸易收支决定模型为：

$$TB = EX - IM = f(+EXW, -IGDP, +REX, +KXDI-1) \tag{7-5}$$

表 7-12 给出了关于中国贸易收支决定模型的计量分析结果，模型采用 1980—2014 年的数据，因变量 TB 为贸易收支，自变量包括世界总出口水平 EXW、中国国内生产总值指数 $IGDP$(2000 年=100)、累计外商直接投资 $KXDI$ 以及人民币兑美元汇率水平。

表 7-12 **贸易收支决定模型**

自变量	因变量 TB			
	模型 1 1980—1994 年	模型 2 1980—2002 年	模型 3 1980—2007 年	模型 4 1980—2014 年
EXW	0.013(3.5)	0.016(3.3)	0.049(7.1)	0.055(8.6)
$IGDP$	−7.45(−4.2)	−4.8(−2.6)	−14.6(−4.6)	−15.2(−5.1)
$KXDI(-1)$[①]	—	0.220(3.6)	0.368(2.8)	0.346 7(2.7)

① 括号内数字为 t-统计值。

（续表）

自变量	因变量 *TB*			
	模型 1 1980—1994 年	模型 2 1980—2002 年	模型 3 1980—2007 年	模型 4 1980—2014 年
REX	79.9(2.9)	—	—	—
常系数	−97.4(−1.9)	−145.6(−2.3)	−468.6(−2.8)	−474.3(−2.9)
调整后 *R*2	0.587	0.861	0.912	0.938
D. W.	1.279	1.369	1.010	1.152

模型结果显示，中国贸易收支的影响因素在 1994 年前后发生了显著变化，模型 1 给出了 1980－1994 年之前的实证结果，以世界总出口额表示的外部总需求，以国内生产总值指数表示的国内总需求和以人民币兑美元汇率表示的汇率水平对贸易收支产生的显著影响。模型 2 至模型 4 将实证区间延伸到 1994 年之后，实证结果显示，由于人民币兑美元汇率自 1994 年之后长期保持稳定，汇率水平对贸易收支的影响并不显著，但是，随着外商直接投资不断进入中国，以累计外商直接投资表示的出口供给能力和进口替代能力对贸易收支产生了显著影响。

模型 2 给出了 1980—2002 年之间的实证结果，与模型 1 相比，在加入 WTO 之前，以世界总出口额表示的外部总需求对贸易收支的影响并未发生显著变化。但是，如果进一步考虑加入 WTO 之后的近几年时间，在一个更长的样本区间里，外部总需求对贸易收支的影响效果显著上升，从模型 3 和模型 4 的实证结果可以看出，贸易收支对世界总出口的反应系数已经从加入 WTO 之前的 0.016 上升到 0.055。累计外商直接投资对贸易收支的影响也如此。随着实证区间的延伸，考虑加入 WTO 之后的近几年间的模型 3 和模型 4 与仅考虑加入 WTO 之前的模型相比较，累计外商直接投资对贸易收支的影响效果也显著上升了。

根据模型 4 的结果，世界总出口水平每增长 1 亿美元，将使贸易收支增加 0.055 亿美元；而中国的产出水平每增长 1 个百分点，将使贸易收支下降 15.2 亿美元。也就是说，实证结果表明：中国贸易收支顺差随着外部总需求的增加而增加，而中国自身的经济增长对其则表现出抑制作用。实证结果还进一步表明：累计外商投资所表现出的三资企业的出口供给能力和进口替代能力不断加强，累计外商直接投资增加 1 亿美元，贸易收支增加 0.352 亿美元。

2. 国际收支失衡的货币因素分析与度量

2015 年 6 月末，中国国家外汇储备余额为 3.693 8 万亿美元（见图 7-31），比上年同期有所下降，居全球第一。巨额外汇储备是中国多年来改革开放和市场经济发展的显著成果，有力地支持和保证了强大的国家信用和经济发展。但同时，多年来外汇储备单边增长的无休无止，也的确成为中国宏观经济稳定运行的一大隐患，巨额外汇储备又成了中国的软肋，美国动辄就要进行货币超发和贬值，中国老百姓的血汗钱，就这样被其宽松量化货币政策和乱发国债所糟蹋。西方通过债务和货币贬值来赖债，巨额外汇储备本身就成为烫手的山芋和“核武器”。可喜的是，随着人民币国际化的不断加深，人民币作为结算和交易货币的使用范围越来越广，中国长期以来外汇储备快速上升的势头已经开始扭转。

在现行人民币汇率制度和保持人民币币值稳定的货币政策目标下，中国货币当局不得不持续买入因国际收支顺差带来的外汇资产，这导致与国际储备相对应的货币当局对外净资产快速增加。货币当局的主要资产包括国外净资产 FS、对政府债权 LG、对其他存款性公司债权

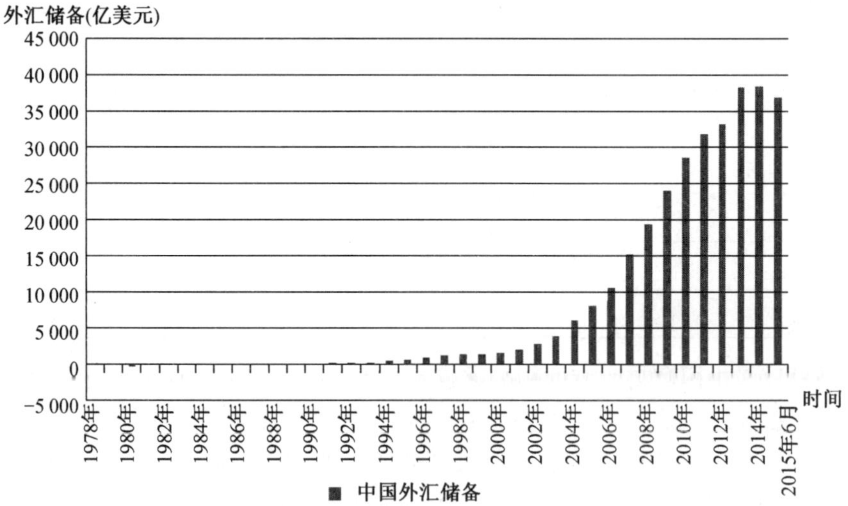

图 7-31　中国外汇储备余额变化情况(1978—2015.6)

LB 和对其他金融性公司债权 lnMF 等;主要负债包括基础货币 MB、政府存款 DG 和发行债券 DB 等。货币当局的国外净资产 FS 与其他各项资产和负债共同决定了基础货币,而不断增加的国外净资产主要是由持续上升的外汇储备形成的。

中国多年来实行的外汇结售汇制度和近年来的人民币升值预期是中国国际收支顺差持续增长的重要因素,持续的国际收支顺差必然引起基础货币投放的被动增加,货币供应量也必然出现乘数倍增。2015 年 6 月末中国广义货币供应量 M2 余额为 1 333 375.36 亿元(见图 7-32)。

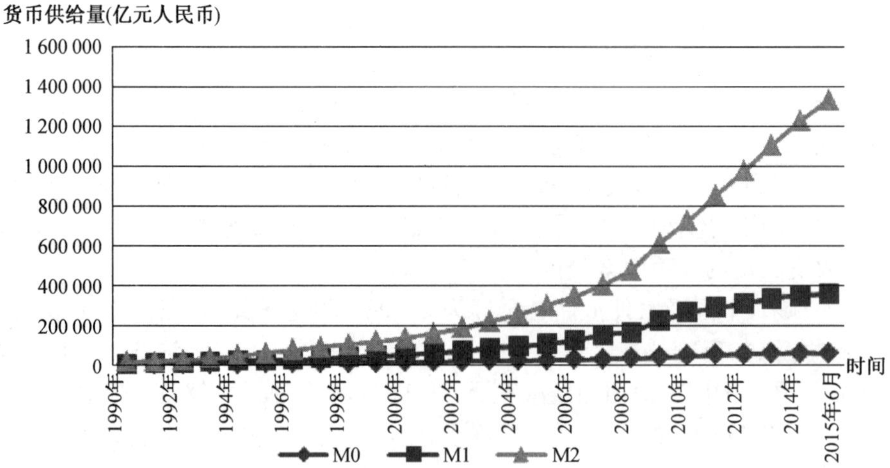

图 7-32　中国货币供给量变化情况(1990—2015.6)

数据来源:中国人民银行。

根据费雪交易方程式:$V=PT$,在一定时期内货币流通速度 V 和社会总交易量 T 稳定的情况下,货币供应量 M 的大幅度增长必然引起物价水平的上涨。2009 年以来中国货币供给量持续快速增长引起物价水平的持续上升,政府的调控政策使得货币供给增速明显下降,物价上涨也得到明显控制。当前中国货币政策调控面临着对内经济转型和稳定经济增长的重任与对外实现国际收支平衡的艰难抉择。在此，我们从外汇储备与 $M0$，$M1$ 及 $M2$ 之间关系分析内外均衡联系与制约情况（见表 7-13）。

表 7-13 **中国货币供应量（1990—2015.6）** 单位：亿元人民币

年份	$M0$	$M1$	$M2$
1990	2 644.4	6 950.7	15 293.40
1991	3 177.8	8 633.3	19 349.90
1992	4 336	11 731.5	25 402.20
1993	5 864.7	16 280.4	34 879.80
1994	7 288.6	20 540.7	46 923.50
1995	7 885.3	23 987.1	60 750.50
1996	8 802	28 514.8	76 094.90
1997	10 177.6	34 826.3	90 995.30
1998	11 204.2	38 953.7	104 498.50
1999	13 455.5	45 837.3	119 897.90
2000	14 652.65	53 147.15	134 610.26
2001	15 688.8	59 871.59	158 301.92
2002	17 278.03	70 881.79	185 006.97
2003	19 745.99	84 118.57	221 222.82
2004	21 468.3	95 970.82	253 207.70
2005	24 031.67	107 278.76	298 755.67
2006	27 072.62	126 035.13	345 603.59
2007	30 334.32	152 519.17	403 401.30
2008	34 218.96	166 217.13	475 166.60
2009	38 246.97	221 445.81	610 224.52
2010	44 628.17	266 621.54	725 851.79
2011	50 748.50	289 847.73	851 590.94
2012	54 659.77	308 664.23	974 148.8
2013	58 574.44	337 291.05	1 106 524.98
2014	60 259.53	348 056.41	1 228 374.81
2015.6	58 604.26	356 082.85	1 333 375.36

数据来源：中国人民银行。

在此，把外汇储备(*RE*)、*M*0，*M*1 及 *M*2 等数据作图，结果发现其大致呈正相关，然而增长率即斜率是不同的(见图 7-33)。

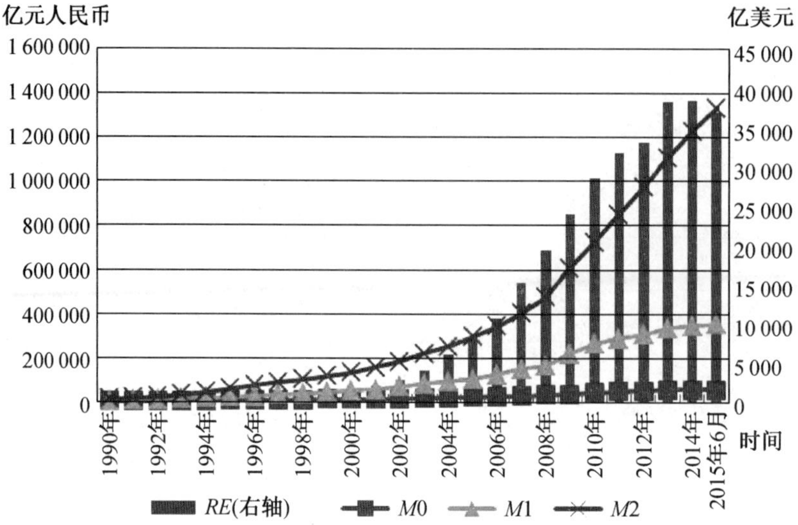

图 7-33 中国外汇储备 RE 与 M0、M1 及 M2 关系图(1990—2015.06)

对 *RE* 与 *M*0/*M*1/*M*2 进行相关性检验得出下列结论(见表 7-14)。

表 7-14 **RE 和 M0/M1/M2 相关性检验**

		RE	*M*0	*M*1	*M*2
RE	Pearson 相关性	1	.975**	.993**	.995**①
	显著性(双侧)		.000	.000	.000
	N	23	23	23	23
*M*0	Pearson 相关性	.974**	1	.995**	.994**
	显著性(双侧)	.000		.000	.000
	N	23	23	23	23
*M*1	Pearson 相关性	.990**	.994**	1	.999**
	显著性(双侧)	.000	.000		.000
	N	23	23	23	23
*M*2	Pearson 相关性	.992**	.993**	.999**	1
	显著性(双侧)	.000	.000	.000	
	N	23	23	23	23

检验表明，*RE* 与 *M*0/*M*1/*M*2 各数据之间均存在较强的相关性，接下来我们对外汇储备额与各因素之间关系进行进一步探讨。取对数并检验其平稳性(见表 7-15)。

① ** 表示在 .01 水平(双侧)上显著相关。

表 7-15 外汇储备额与货币供给平稳性检验

变量	检验方法	t-Statistic	Prob	平稳度
ln *M*0	Augmented Dickey-Fuller test statistic	−3.465 615	0.819 4	平稳***
ln *M*1	Augmented Dickey-Fuller test statistic	−3.163 290	0.869 5	平稳***
ln *M*2	Augmented Dickey-Fuller test statistic	−2.453 239	0.784 9	平稳***

注:平稳 *** 表示在 1% level 上可信。

从表 7-5 可以看出,以上数据都是一阶平稳的,先来对 ln*M*0, ln*M*1, ln*M*2 和 ln*RE* 进行估计并分析其关系,可得结果:

$$\ln M0 = 0.303\,052 \ln RE - 0.194\,482 \ln RE(-1) + 0.331\,625 \ln RE(-2) + 6.293\,765C$$

(3.804 303)　(−1.784 017)　(4.504 054)　(70.095 08)

(0.879 661)　(0.709 014)　(0.773 629)　(0.789 790)

R-squared=0.991 884

Durbin-Watson stat=1.167 565

$$\ln M1 = 0.376\,434 \ln RE - 0.148\,746 \ln RE(-1) + 0.366\,514 \ln RE(-2) + 6.460\,553C$$

(3.803 276)　(−1.098 182)　(4.006 434)　(57.910 55)

(0.098 977)　(0.135 448)　(0.091 482)　(0.111 562)

R-squared=0.993 071

Durbin-Watson stat= 1.948 014

$$\ln M2 = 0.411\,998 \ln RE - 0.096\,649 \ln RE(-1) + 0.323\,258 \ln RE(-2) + 7.049\,264C$$

4.219 700　−0.723 341　3.582 075　64.054 5

0.097 638　0.133 615　0.090 244　0.110 052

R-squared=0.994 121

Durbin-Watson stat= 1.826 103

对比上述三个关系,可以认为外汇储备变动对货币投放有着明显的影响,然而影响程度却不同,当期 *M*2 对于当期外汇储备最为敏感,M1, M0 影响则会依次递减。虽然从目前来看,外汇占款进入流通领域是不完全的,然而,它的影响却是长期存在的,中国人民银行近年来多次频繁调整存款准备金利率,至 2011 年 6 月 20 日,存款准备金最高调整到 21.50%,其中一个重要目的就是为了冲销外汇占款问题。2014 年以来,中国人民银行又多次降低存款准备金率,外汇占款下降也是其中原因之一。

3. 国际收支失衡的对外净资产风险度量

对外净资产(Net Foreign Asset, NFA)是一国国际投资头寸表中对外资产与对外负债之差,也称净头寸。中国在 1992—2002 年间的对外净资产连续 11 年为负,为对外净债务国。自 2003 年起,中国的对外净资产开始为正,成为对外净债权国。中国对外净资产为正,主要是高比例的储备资产,以及 1998 年开始为正的债务型净资产,2004 年以来呈较快上升的趋势,主要是中国持有外国中长期债券数量的上升。2013 年年末,中国对外净资产增幅较上年下降

4.9 个百分点(见图7-34)。2004—2013 年,中国对外净资产从 2 764 亿美元增长至 19 716 亿美元,年均增速为 27%。其中,2004—2007 年间年均增速高达 63%。2008 年以来,中国对外金融负债增速超过对外资产,对外净资产增速逐步放缓。这一方面反映了危机以来,中国经常项目收支逐渐趋向基本平衡,对外资产积累速度放缓;另一方面也反映了在发达国家实施量化宽松货币政策背景下,全球低利率、宽流动性,以及中国境内企业普遍采取"资产本币化、负债外币化"的财务运作倾向。

2014 年年末,中国对外金融资产 664 087 亿美元,对外负债 46 323 亿美元,分别较上年年末增长 7%和 16%,对外金融开放度(即对外金融资产与负债之和/国内生产总值)为 107%,较上年上升 1.5 个百分点;对外净资产为 17 764 亿美元,较上年年末减少 2 196 亿美元,与国内生产总值之比为 17%,较上年下降 3.9 个百分点(见图 7-34)。对外净资产缩减 7%,这主要是由于汇率和价格等非交易原因,以储备资产为主的对外金融资产出现较大的账面价值波动。

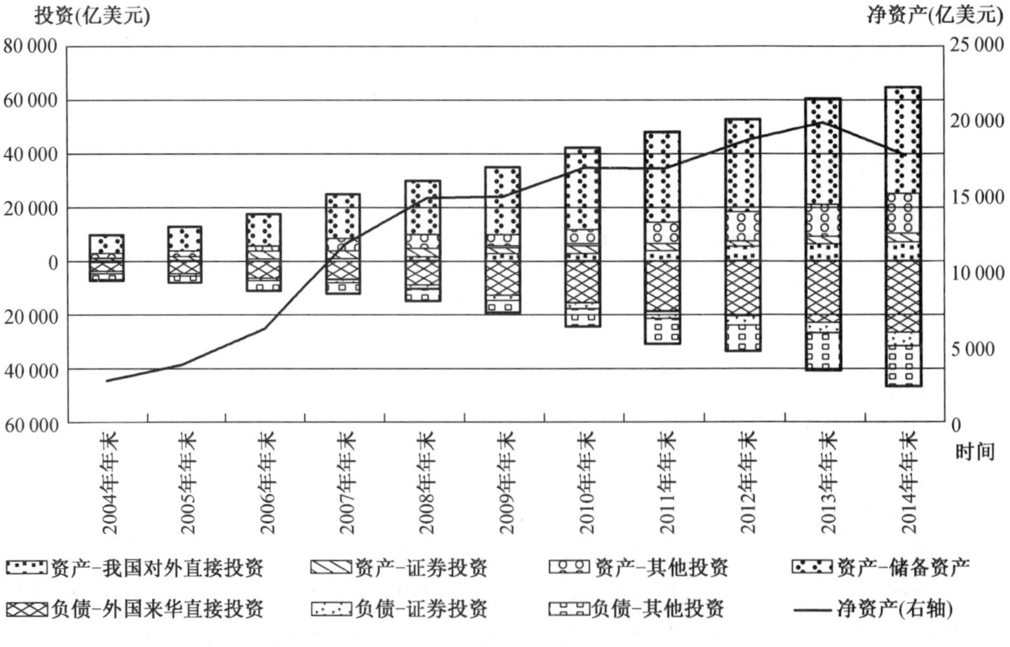

图 7-34　中国对外金融资产、负债及净资产状况(2004—2014 年)

数据来源:中国国家外汇管理局。

中国对外金融开放度(即对外金融资产负债总额/GDP)为 108%,较上年提高 4 个百分点;对外金融净资产与 GDP 之比为 21%,较上年略降 1 个百分点。但与主要发达经济体相比,中国对外金融开放度仍存在一定差距(见图 7-35)。

世界银行发布的《全球发展融资 2012》和《外债数据小手册 2012》显示,2010 年中等收入国家的平均债务率、负债率、偿债率、外汇储备与短期外债的比例分别为 69%、21%、10%和 137%,而中国 2014 年的数据分别为 35%、8.6%、1.9%和 562%,说明用上述指标衡量的中国外债可持续水平较高,总体风险不大(见表 7-16 和表 7-17)。

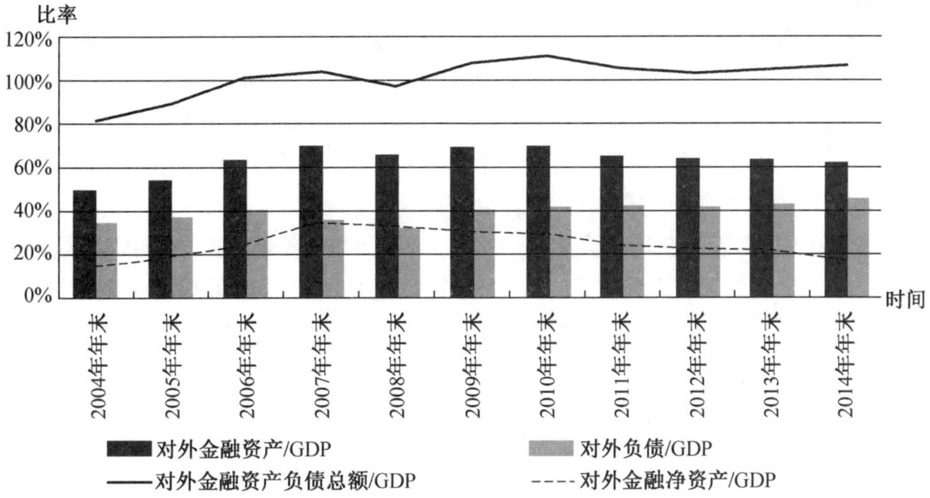

图 7-35　中国对外金融开放度(2004—2014 年)

数据来源:中国国家外汇管理局、中国国家统计局。

表 7-16　**2014 年年末中国主要外债风险指标**

项　　目	指标数
负债率(外债余额/GDP)	8.64%
负债率(外债余额/外汇收入)	35.19%
偿债率(外债偿还/外汇收入)	1.91%
外汇余额与短期负债比例	562.43%

数据来源:中国国家外汇管理局。

表 7-17　**2013 年年末中国外债警戒指标情况**

外债警戒指标	中国情况(2013 年年末)	国际安全线
债务率 7	35.6%	100%
负债率 8	9.1%	20%
偿债率 9	1.6%	20%
短期外债与外汇储备的比例	17.7%	100%

数据来源:中国国家外汇管理局。

截至 2015 年 3 月末,中国全口径外债余额为 102 768 亿元人民币(等值 16 732 亿美元),这主要是由于外债统计口径调整引起的。其中,首次纳入统计范围的人民币外债余额为 49 424亿元人民币(等值 8 047 亿美元),占全口径外债余额的 48.1%。若按调整前口径(外币外债)计算,中国外债余额较 2014 年年末减少 3%。

按照债务期限划分,2015 年 3 月末,中国短期外债占比超过 70%,但在这部分 1 年期以下的债务中,一半以上是与贸易有关的信贷。这是由于中国一直以来是对外贸易大国。但在中国的短期外债中,这部分外债有真实的贸易背景,偿付风险有限。另外,中国短期外债与对外贸易和外汇储备相比规模不大，短期外债风险可控。

2014 年年末，国际储备资产余额为 38 993 亿美元，继续占据对外金融资产首位，占资产总值的比重为 61%，占比较上年年末减少 4.0 个百分点，为 2004 年以来的最低。民间部门正在加快“走出去”，因风险偏好较低，更青睐传统投资渠道，对外直接投资和存贷款等其他投资资产共计 22 469 亿美元，占资产总值的比重升至历年最高值(35%)；而对外证券投资资产 2 625 亿美元，占比 4%，较上年年末略降 0.2 个百分点。

对外金融资产主要集中在货币当局。以外汇储备为主，高额的储备资产主要来源于经常项目和资本项目“双顺差”的多年累积。一方面，保持充足的外汇储备对确保国际清偿能力，维护国家经济金融安全具有重大意义。但另一方面，其他形式的外汇资金运用占比较低，这也显示中国扩大对外投资渠道尚有较大潜力。数据还显示，至 2014 年年底，中国持有国外证券投资比例持续增大，其中持有美国国债 12 028 亿美元，为美国国债第一大债权国(见表 7-18)。

表 7-18　**中国外汇储备与中国持有美国国债数量**　单位:亿美元

年份	外汇储备	美国国债
2000	1 655.74	603
2001	2 121.65	786
2002	2 864.07	1 184
2003	4 032.51	1 590
2004	6 099.32	2 229
2005	8 188.72	3 100
2006	10 663.40	3 969
2007	15 282.49	4 776
2008	19 460.3	7 274
2009	23 991.52	8 948
2010	28 473.3	11 601
2011	31 811.48	11 519
2012	33 115.89	12 028
2013	38 213.15	12 670
2014	38 430.18	12 443

数据来源:中国国家外汇管理局、美国财政部。

随着中国外汇储备的日渐增加，外汇储备的保值与增值压力日益增大，因而造成国家对外投资冲动加大，这往往会造成风险的过多积累。在缺乏更好的投资手段时，对外投资的结果表现为对外净资产的增加，其中以对美国国债的购买最为明显。

从表 7-18 中可以看出，外汇储备的增长伴随着美国国债持有数的增加。这说明在中国外汇储备投资选择中，美国国债一直是外汇储备投资的重要选择，虽然随着外汇储备规模的不断增加，中国购买美国国债的数量也不断增加，但美国国债占中国外汇储备的比例基本保持稳定。2000—2014 年，中国持有美国国债占外汇储备的比重最高为 2002 年，占 41%，最低为 2007 年，占 31%，大部分年份占比为 35%～38%；最高持有美国国债占外汇储备的年平均比重为 37%。截至 2014 年 12 月中国持有美国国债 1.244 3 万亿美元，较之前有小幅下降（见图 7-36）。

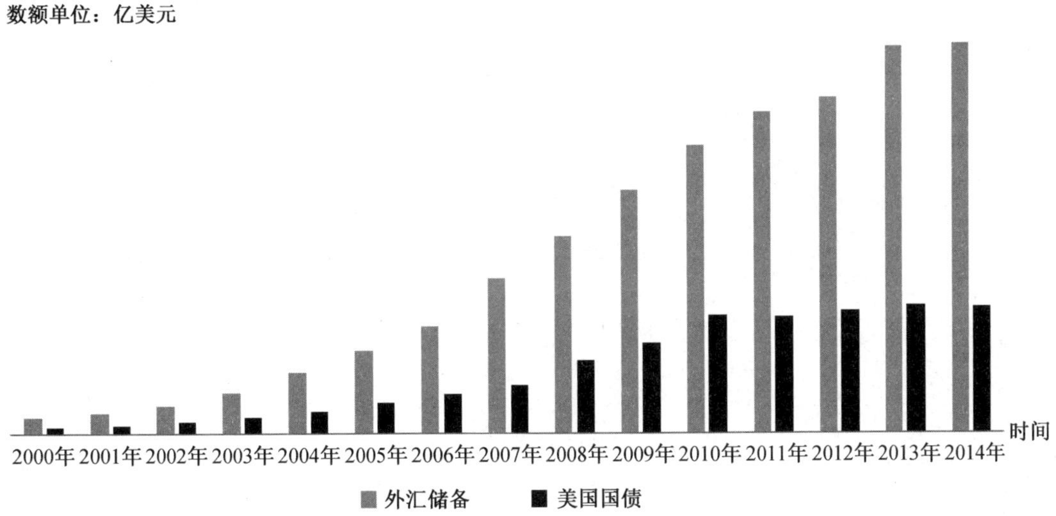

图 7-36 中国持有美国国债与外汇储备对比（2000—2014 年）

数据来源：中国国家外汇管理局、美国财政部。

对上述数据变量进行 Pairwise Granger Causality Tests。

Pairwise Granger Causality Tests

Date：07/03/14 Time：11:36

Sample：2000—2013

Lags：2

Null Hypothesis	Obs	F-Statistic	Probability
RE does not Granger Cause AD	11	10.021 6	0.012 24
AD does not Granger Cause RE		0.348 17	0.719 39

可以看出，在 alpha=0.05 的显著性水平下，外汇储备是持有美国国债的格兰杰原因，由此证实了外汇储备的增加是购买美国国债的推动力，进行回归找出它们之间的关系。

ATS=0.152 277RE+0.581 686RE(−1)−0.229 67RE(−2)+ −0.398 207RE(−3) +11.222 83 C

R-squared=0.990 541

Durbin-Watson stat=2.033 845

美国国债数量与上期外汇储备呈现强烈正相关关系，上期外汇储备增加将导致购买更多国债。

热钱流入是中国外汇收支失衡的另一影响因素，热钱流入对外汇储备积累和经济增长有增加作用，而热钱流出则有减少作用。热钱由贸易顺差、直投净流入、境外投资收益、境外上市融资和外汇储备增量计算得出。2001—2013 年，中国热钱流动占外汇储备增加额和占 GDP 增加额的年平均比重分别为−27.39%和−8.11%。2012 年，热钱净流出占外汇储备增加额的比重高达 134.88%，占 GDP 增加额的比重也达到 19.44%，是较长时期以来少有的异常水平。热钱流出对外汇储备和经济增长的抵减作用增强，这反映出民间或企业及个人对外汇持有的偏好不断增强，进而形成外汇资金从更多由官方海外持有向更多由非官方海外持有变化的格局。2013年上半年，中国跨境资本流动一举改变上年度大量流出的状况，而呈现急剧流入态势，下半年这一态势有所缓和(见表7-19)。

表7-19 **中国热钱流入与流出估算值及其指标** 单位:亿美元

年份	净直接投资流入增加	外债增加	经常账户顺差	境外上市融资	外汇储备增加	热钱估算	热钱估算/外汇储备增加	热钱估算/GDP增加
2001	451.00	575.76	174	9	466	−743.76	−159.61%	−58.97%
2002	500.43	−6.70	354	23	742	−128.73	−17.35%	−9.98%
2003	506.60	167.27	431	65	1 060	−109.87	−10.37%	−5.87%
2004	551.30	436.32	689	78	1 904	149.38	7.85%	5.14%
2005	601.46	335.53	1 324	206	2 526	59.01	2.34%	2.02%
2006	515.55	420.43	2 318	394	2 853	−794.98	−27.87%	−22.59%
2007	570.11	506.30	3 532	127	4 609	−126.41	−2.74%	−2.12%
2008	524.02	9.43	4 206	46	4 783	−2.45	−0.05%	−0.03%
2009	384.70	384.86	2 433	157	3 821	461.44	12.08%	11.74%
2010	369.25	1 202.91	2 378	354	4 696	391.84	8.34%	4.65%
2011	493.35	1 460.59	2017	113	3 848	−235.94	−6.13%	−1.64%
2012	344.96	419.89	2 138	160	1 304	−1 758.85	−134.88%	−19.44%
2013	460.78	760.82	2 859	159	1 571	668.67	42.56%	38.43%

数据来源:中国国家统计局、中国国家外汇管理局、国际货币基金组织。

2014年，中国交易形成的外汇储备增加1 188亿美元。其中，稳定性较高、与实体经济关系较大的跨境资金净流入4 123亿美元，波动性较大的跨境资金净流出达2 945亿美元，与同期GDP之比为2.8%(见表7-20和图7-37)。总体来看，波动性较大的资金流动净额与GDP之比并不高，这说明中国随着经济实力的不断提升，对跨境资金波动的承受力越来越强。

表7-20 **中国跨境资金流动中的稳定性和波动性因素(2001—2014年)** 单位:亿美元

稳定性较高的资本流动	波动性较大的资本流动		外汇储备变动		
年份	规模	对外汇储备贡献率	规模	对外汇储备贡献率	外汇储备增加
2001	548	118%	−74	−16%	466
2002	822	111%	−67	−9%	742
2003	925	87%	137	13%	1 060
2004	1 291	68%	610	32%	1 904
2005	2 228	88%	238	9%	2 526
2006	3 320	116%	−512	−18%	2 853
2007	4 923	107%	−347	−8%	4 609

（续表）

年份	规模	对外汇储备贡献率	规模	对外汇储备贡献率	外汇储备增加
2008	5 354	112%	−589	−12%	4 783
2009	3 304	86%	660	17%	3 821
2010	4 236	90%	435	9%	4 696
2011	3 677	96%	146	4%	3 848
2012	3 916	397%	−2 994	−303%	987
2013	3 678	85%	605	14%	4 327
2014	4 123	347%	−2 945	−248%	1 188
合　计	42 344	112%	−4 695	−12%	37 810

数据来源：中国国家外汇管理局。

2014 年，波动性较大的跨境资金净流动规模相当于外汇储备变动额的 248%。但这并未改变从 2001—2014 年的较长时期来看而得出的中国外汇储备增长主要来源于与实体经济相关的贸易投资活动的结论。外汇储备增长基本可以用经常项目与直接投资差额来解释。2014 年，波动性较大的跨境资金净流出与 2012 年的净流出规模大体相当，但与同期 GDP 之比为 2.8%，较 2012 年下降了 0.8 个百分点，这显示中国随着经济体量扩大，抵御资本流动冲击的能力进一步增强（见图 7-37）。

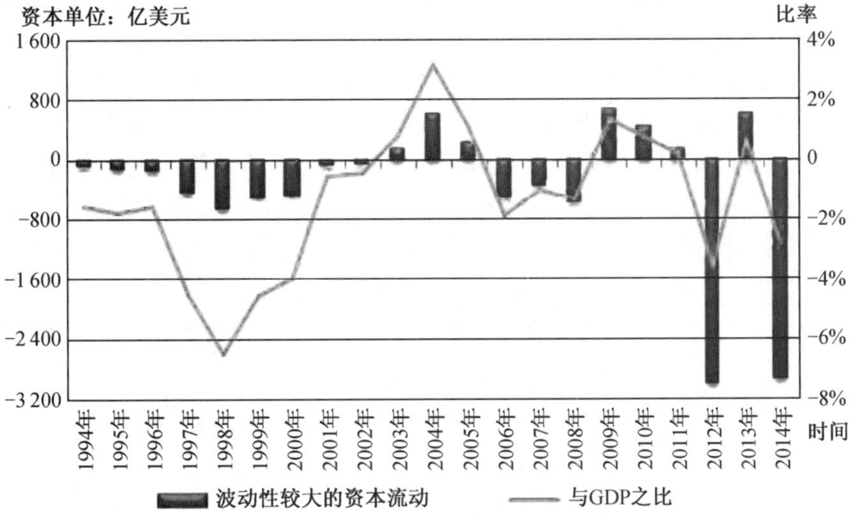

图 7-37　中国波动较大的跨境资金流动净额与 GDP 之比（1994—2014 年）

（二）中国国际收支风险预测

国际收支风险是在国际收支状况可能恶化的情况下出现的风险，其包括国际收支自身存在的风险和可能对宏观经济运行产生的不利影响以及宏观经济失衡本身对国际收支失衡的反作用。国际收支风险具有客观性，其伴随着国际经济活动和国际贸易与资本流动而产生，是一种常态。国际收支风险具有扩散性，其不是某种孤立的系统内风险，可以通过某些传导机制进行扩散。国际收支风险具有可识性，其可以通过一些国际经济金融指标被认知。尽管在实践中准确预测国际收支风险存在较大难度，但国际收支风险在一定程度上是可测的。

基于上述中国国际收支结构分析和数量分析，在发掘和论证检验中国国际收支失衡各个变量之间的相互关系和相互影响的作用机理下，以此来设计国际收支风险监测与预警指标，建立中国国际收支风险指数，对中国面临的国际收支风险进行预测。

1. 国际收支失衡风险指标的筛选

根据相关的风险监测和预警理论，国际收支风险预测最基本的要素是确定相关的国际收支风险指标，通过观测这些指标对国际收支出现的异常变动进行分析和监测，进而预测可能发生的国际收支风险及其对宏观经济运行产生的不确定性。然而，影响国际经济金融稳定的因素十分复杂，而且各种因素的相对重要性及相互作用也因一国的发展水平、开放程度、经济周期、经济结构以及政府干预程度的不同而大相径庭。

我们在借鉴和吸收相关风险监测和预警系统的研究成果，并基于对中国国际收支失衡风险的传导机制进行理论和实证研究之上，制定了 7 项国际收支风险指标。其中，反映国际收支自身风险的 4 项指标为出口增长率、FDI 增长率、贸易收支/GDP 和(FDI＋经常收支)/GDP，反映国际收支对宏观经济不利影响的 3 项指标为对外开放度、国际储备变动/GDP 和国际储备变动/基础货币变动。

2. 国际收支失衡风险度量指数

国际收支风险指标体系确定后，要进一步对每一个指标确定不同风险状态的临界值。确定国际收支风险指标临界值较为困难，国际上有公认标准的，临界值的确定将根据国际标准来确定，没有国际标准的，将根据中国经济不同发展阶段的特征，结合国际收支运行的特点计算出该指标的最高、最低和平均值，并确定上下浮动比例，或者采用自回归移动平均 ARMA 模型，利用时间序列过去值的加权求和来建立一个平稳的时间序列模型，以确定单个指标的临界值(见表 7-21)。在此基础上根据风险指标所处安全状态的不同给出具体得分。处于安全状态的得 0；处于关注状态的得 1 分；处于风险状态的得 2 分；处于预警状态的得 3 分。然后，将各风险指标得分进行加总，得到国际收支风险指标体系的综合得分。

表 7-21 **国际收支风险指标及其临界值**

风险指标	风险状态			
	安全	关注	风险	预警
出口增长率	5%～10%	−5%～5%，10%～20%	−15%～−5%，20%～30%	−15%以下，30%以上
FDI 增长率	5%～10%	−5%～5%，10%～20%	−15%～−5%，20%～30%	−15%以下，30%以上
贸易收支/*GDP*	−2%～+3%	−3%～−2%，3%～6%	−5%～−3%，6%～8%	−5%以下，8%以上
(*FDI*+经常收支)/*GDP*	0～+5%	−2%～0，5%～8%	−3%～−2%，8%～10%	−3%以下，10%以上

（续表）

风险指标	风险状态			
	安全	关注	风险	预警
对外开放度	30%以下	30%～50%	50%～70%	70%以上
国际储备变动/*GDP*	−1%～+3%	−2%～−1%，3%～6%	−3%～−2%，6%～9%	−3%以下，9%以上
国际储备变动/基础货币变动	25%以下	25%～40%	40%～60%	60%以上

基于国际收支风险指标体系的综合得分，在此对国际收支风险指数进行分级。国际收支风险共分5个等级：安全、较安全、一般、较危险和危险，其相关的国际收支风险指数为1～5，而所对应的综合得分区间根据表7-22给出。国际收支风险指数从低到高，意味着国际收支风险不断加大。

表7-22　**国际收支风险指数分级**

风险等级	风险指数	综合得分	含　义
安　全	1	0～4	收支适度
较安全	2	5～8	收支相对适度，不会有大的风险
一　般	3	9～12	收支有一定风险，出现各种对宏观经济不利的影响
较危险	4	13～16	须立即重视收支风险的存在，施行各种措施进行调节
危　险	5	17～21	收支风险极大，须采取紧急措施纠正

3. 2015年中国国际收支风险指数预测

2015年全球经济复苏的力度和强度有所增强，美国经济仍保持率先复苏势头，德国经济领衔欧洲经济企稳复苏，但发达经济体和新兴经济体的表现仍有差异。发达经济体经过金融危机的彻底疗休开始脱茧而出，而新兴经济体依然处于缓慢转型当中，体态依然虚弱，步履依然蹒跚，面临的经济发展风险依然扑朔迷离。在此国际、国内背景下，我们给出了2015年各项国际收支风险指标的预测区间。

2015年中国经济整体仍将继续保持较高增长态势，经济增长目标为7%左右，居民消费价格指数(CPI)涨幅大约在2%。2015年，中国央行将继续实施稳健的货币政策，全年M2增速将保持在12%左右。根据可获得的信息和数据，我们预测2015年中国出口增长率大约在5%～8%，FDI增长率在6%～9%。尽管近年来全球大宗商品出现了供过于求，大宗商品价格特别是石油价格不断走低，2015年中国贸易收支/GDP将保持相对平稳，预计在3%～4.5%。由于外商直接投资稳步增长，经常收支也因贸易收支等有所回升，(FDI+经常收支)/GDP将相对平稳，2015年这一指标为6%～8%。2015年中国对外开放度[(出口+进口)/GDP]为48%～58%。另外，由于大宗商品和资源品价格的走低导致经常收支小幅下降，而FDI回稳和对外投资增加而导致资本收支下降，中国国际储备增速将存在很大不确定性。2015年中国国际储备变动/GDP将基本维持在2.5%～3.5%；中国国际储备变动/基础货币变动也将回落到31%～39%(见表7-23)。

表7-23 **2015年国际收支风险指标预测区间及其风险状态**

风 险 指 标	预测区间	风险状态	各项得分
出口增长率	5%～8%	关注	1分
FDI 增长率	6%～9%	关注	1分
贸易收支/*GDP*	3%～4.5%	关注	1分
(*FDI*+经常收支)/*GDP*	6%～8%	关注	1分
对外开放度	48%～58%	关注	1分
国际储备变动/*GDP*	3%～4%	关注	1分
国际储备变动/基础货币变动	31%～39%	关注	1分

根据表7-23数据,我们可以判断各项国际收支风险指标所处的风险状态及其相应得分。出口增长率于2015年所处的风险状态为“关注”区间,得1分;FDI增长率于2015年所处的风险状态为“关注”区间,得1分;贸易收支/GDP于2014年所处的风险状态为“关注”,得1分;(FDI+经常收支)/GDP于2015年所处的风险状态为“关注”,得1分;对外开放度于2015年所处的风险状态为“关注”,得1分;国际储备变动/GDP于2015年所处的风险状态为 “关注”区间,得1分;国际储备变动/基础货币变动2015年所处的风险状态为“关注”,得1分。

将上述7项国际收支风险指标的得分进行加总,并按照表7-20给出的国际收支风险分级标准,我们得到2015年中国国际收支风险体系的综合得分区间为7分,与此相对应的国际收支风险指数等级为较安全区。根据我们对风险程度的定义,较安全是指“收支相对适度,不会有大的风险”,这就意味着中国国际收支在2015年虽然相对安全,不会存在较大的风险,但遭遇风险的可能性比以往大大提高了,这是近年来中国国际收支风险评价这一指标唯一开始转向较为不利的1年。由于当前国内经济仍处于经济转型和结构调整的攻坚阶段,面临的国内、国际各种矛盾和问题依然棘手和艰巨,中国国际收支依然面临着比以往更为艰巨的挑战。

四、风险管理

(一) 中国国际收支管理形势展望

2015年,世界经济延续温和复苏态势,不稳定不确定因素依然较多,各经济体之间的博弈与国际竞争愈加激烈。中国经济在结构调整、战略转型和创新驱动的新常态思维下虽然存在着很好的机遇,但同时也存在很多不确定性和艰难挑战,经济去杠杆背景下的下行压力依然严重和紧迫。

从全球来看,世界经济持续低速增长,风险因素有所增多,形势更加错综复杂。世界经济仍处于国际金融危机后的深度调整期,增长动力有限,各国差异明显。美国酝酿启动加息进程,国际市场大宗商品价格特别是石油和黄金的价格持续下跌,地缘政治动荡和地区冲突加剧,给世界经济增加了新的风险。一是主要经济体走势分化。美国经济修复资产负债表取得进展,内生动力逐步恢复,劳动力市场、金融市场持续向好,经济进入稳步增长轨道。欧元区仍深受失业高企和财政整固的困扰,希腊债务危机依然是欧盟经济复苏的一大隐患,欧盟经济增长难有明显反弹。在中国“一带一路”战略推动下,新兴经济体特别是“一带一路”沿线和受益地区经济增长出现较快复苏与发展，金砖国家特别是印度推行改革取得成效，经济增长较快。二是美元升值扰动国际金融市场资本流动和价格波动。随着美国彻底退出量化宽松货币政策以及加息预期的愈加明显和强烈，国际资本和热钱蠢蠢欲动，资本回流美国市场已经愈加明显，促使美元持续升值，美元资产的相对收益率大幅提高，导致全球金融市场风险溢价上升，冲击国际金融市场稳定，短期资金流入和热炒的新兴经济体遭遇资金集中外流的寒冬，冷热不均的国别经济给这些国家经济带来新一轮考验。三是大宗商品价格下跌进一步延缓全球经济复苏的步伐。石油和黄金价格在 2014 年下半年和 2015 年以来的大幅下跌，引发了新一轮其他大宗商品价格的大幅波动和下跌。在经济增长乏力的背景下，大宗商品价格大幅下跌增加全球性通缩风险，能源资源出口国更是深受其害，一些国家经济陷入停滞甚至衰退，企业、居民和财政收入大幅缩水，金融风险显著上升。

从中国国内看，中国经济长期向好的基本面没有发生根本改变，经济改革以及转型的压力和困难不但没有减少反而有所增加，新常态下的去杠杆面临诸多挑战和困难，经济发生危机和动荡的风险概率比 2014 年明显上升。综合考虑国际、国内环境，2015 年中国经济形势突出体现在以下几个方面：一是外部需求仍不稳固，导致进出口贸易不稳定，国内难以通过外部经济有效带动。世界经济的缓慢复苏为中国提供一定的外部需求。但就中国国内来说，多年来累积形成的粗放型发展为中国经济结构转型制造了诸多困境和难题。三驾马车无论哪一驾马车都难以抬头激昂，政府在稳增长、保通胀和促就业之间艰难抉择。二是国内需求不足，工业产能过剩矛盾突出，企业融资难融资贵问题加剧，物价持续下跌。三是美国推出量化宽松货币政策和加息预期，引发对中国资本外流的担忧和行动，这对中国金融市场和货币政策操作带来难度，或递减和削弱中国政策的效果。短期跨境资本流动加剧和“资产本币化、负债外币化”资本运作模式将会引起人民币币值的波动和投机风险，甚至可能引发阶段性的资本集中流出以及国内金融市场波动和动荡加剧的风险。四是金融运行充满变数，经济去杠杆遇到挫折。2015 年证券市场政策调整失手和不当造成股票市场大幅波动，在面临系统性金融风险引爆的情况下，政府出台了前所未有的各种救市政策，暂且不说救市效果如何，这一救市行为和动用资源等就已经极大地打乱了经济改革以及发展转型的节奏和部署，为今后经济改革和人民币国际化等带来了麻烦和困扰。

（二）中国国际收支风险管理政策取向

2015 年是中国深入贯彻落实中共十八大精神，着手筹划下一个“五年”计划的重要机遇期，是继续坚持稳中求进、改革创新、转型驱动和创新发展的关键一年。要处理好新常态下“稳增长”与“调结构”两者之间的关系。2015 年中国国际收支将继续保持较大顺差格局，但顺差仍将继续缓慢下降，资本流动波幅将扩大。随着发达经济体经济的复苏和需求的增加，中国仍将保持一定的贸易顺差，在 2014 年美国量化宽松政策的成功退出和 2015 年下半年加息预期升温环境下将继续引起部分热钱回流，中国国际收支资本和金融项目资金波幅将加大。

2015 年，预计中国国际收支仍将保持“经常项目顺差、资本和金融项目双向波动”的格局。外汇管理部门将主动适应国际收支形势的新常态，以促进国际收支平衡为目标，以防范跨境资本冲击为前提，继续促进贸易投资便利化，积极推动外汇市场发展，稳步推进人民币资本项目可兑换等关键改革，加快构建宏观审慎管理框架下的外债和资本流动管理体系，完善外汇储备经营管理。在此情景下，促进国际收支基本平衡、防范跨境资本冲击风险仍是未来的主要政策方向。

(1) 从国际视野来看,观察当前和今后世界经济形势,必须联系国际金融危机的大背景。国际金融危机影响具有长期性,国际市场争夺更趋激烈,必须顺势而为、转变思路。要冷静、扎实办好自己的事,大力推进改革创新,把发展的强大动力和内需的巨大潜力释放出来,以转变经济发展方式的主动、调整经济结构的主动、改革开放的主动,赢得在经济发展上的主动和国际竞争中的主动,努力创造和维护政治关系友好、经贸规则有利、发展空间广阔的良好环境。

(2) 从中国国内宏观经济全局来看,坚持稳中求进、改革创新,必须继续实施积极的财政政策和稳健的货币政策。要进一步调整和改革财政支出结构,厉行节约,提高资金使用效率,完善税收政策和体制改革。要保持货币信贷及社会融资规模合理增长,改善和优化融资结构和信贷结构,提高直接融资比重,推进利率市场化和人民币汇率形成机制改革,增强金融运行效率和服务实体经济能力。

(3) 从中国国际收支风险管理层面来看,要按照"扩内需、调结构、减顺差、促平衡"的思路,建立、健全可持续的国际收支平衡机制:加快转变经济发展方式和调整经济结构,坚定不移地把扩大内需作为经济发展的长期战略方针;着力推动外汇管理改革创新,继续简政放权;促进贸易投资便利化;发挥市场在外汇资源配置中的决定性作用;充分发挥消费的基础作用;把稳定出口和扩大进口结合起来,推动对外贸易平衡发展;要努力释放有效需求,充分发挥消费的基础作用、投资的关键作用、出口的支撑作用,把拉动增长的消费、投资、外需这"三驾马车"掌控好。

(4) 从国际收支运行微观监管来看,要探索建立宏观审慎管理框架下的外债和资本流动管理体系,防范跨境资金双向流动风险,进一步增强外汇管理服务实体经济和防范金融风险的能力。要加快推进外汇管理体制改革创新,转变外汇管理职能,完善外汇储备经营管理体制。要密切注视和监管短期跨境资本流动,不断完善跨境资金流动监管体系,充实和完善政策预案,抑制投机性热钱频繁和过度流入、流出,防范跨境资本双向流动冲击,减少其对中国经济的冲击和影响。

经济全球化和一体化趋势在长期还会继续深化,在未来很长时期内经济全球化和一体化对全球经济带来的变化和起伏波动将是剧烈和显著的。中国经济有望保持稳定增长,但增长速度相对稳步趋缓是不可改变的,中国国际收支长期顺差失衡状况未来在总体上也会逐步缓解,相应风险也会逐步微微释放。国际经济运行中的各种风险和不确定性将会明显增加,国内经济也将面临一定挑战,中国国际收支形势的复杂性将会增加。随着人民币国际化进程的加快,中国国际收支的结构性风险将会更加凸显。

附表 1 中国国际收支年度平衡表(1982—1997 年)

单位:亿美元

项 目	1982 年	1983 年	1984 年	1985 年	1986 年	1987 年	1988 年	1989 年	1990 年	1991 年	1992 年	1993 年	1994 年	1995 年	1996 年	1997 年
一、经常账户差额	57	42	20	−114	−70	3	−38	−43	120	133	64	−119	77	16	72	370
贷方	254	254	293	301	312	405	479	502	608	705	856	922	1 264	1 543	1 814	2 184
借方	197	211	273	415	382	402	518	545	488	572	792	1 041	1 188	1 526	1 741	1 815
A. 货物和服务差额	48	26	1	−125	−74	3	−41	−49	107	116	50	−118	74	120	176	428
贷方	237	233	268	283	298	392	459	478	574	659	788	866	1 189	1 472	1 717	2 072
借方	189	207	267	408	372	389	500	528	467	543	738	983	1 116	1 353	1 541	1 644
a. 货物差额	42	20	0	−131	−91	−17	−53	−56	92	87	52	−107	73	181	195	462
贷方	211	207	239	251	258	347	411	432	515	589	696	757	1 026	1 281	1 511	1 827
借方	169	187	239	382	349	364	464	488	424	502	644	863	953	1 101	1 315	1 364
b. 服务差额	6	6	0	6	18	20	13	7	15	29	−2	−11	1	−61	−20	−34
贷方	26	26	29	31	40	44	49	46	59	70	92	109	164	191	206	246
借方	20	20	29	25	23	25	36	39	44	41	94	120	163	252	226	280
B. 收益差额	4	12	15	8	0	−2	−2	2	11	8	2	−13	−10	−118	−124	−110
贷方	10	15	19	14	9	10	15	19	30	37	56	44	57	52	73	57
借方	6	3	4	5	9	12	16	17	20	29	53	57	68	170	198	167
C. 经常转移差额	5	5	4	2	4	2	4	4	3	8	12	12	13	14	21	51
贷方	7	6	6	4	5	4	6	5	4	9	12	13	18	18	24	55
借方	2	1	2	2	1	2	1	1	1	1	1	1	4	4	2	3
二、资本和金融账户差额	−17	−14	−38	85	65	27	53	64	−28	46	−3	235	326	387	400	210
贷方	36	30	45	212	213	192	203	212	204	203	302	508	618	677	710	926
借方	53	44	83	127	148	164	150	148	232	157	305	274	291	290	310	716
A. 资本账户差额	0	0	0	0	0	0	0	0	0	0	0	0	0	0	0	0
贷方	0	0	0	0	0	0	0	0	0	0	0	0	0	0	0	0
借方	0	0	0	0	0	0	0	0	0	0	0	0	0	0	0	0

（续表）

项　　目	1982 年	1983 年	1984 年	1985 年	1986 年	1987 年	1988 年	1989 年	1990 年	1991 年	1992 年	1993 年	1994 年	1995 年	1996 年	1997 年
B. 金融账户差额	−17	−14	−38	85	65	27	53	64	−28	46	−3	235	326	387	400	210
贷方	36	30	45	212	213	192	203	212	204	203	302	508	618	677	710	926
借方	53	44	83	127	148	164	150	148	232	157	305	274	291	290	310	716
1. 直接投资差额	4	8	13	13	18	17	23	26	27	35	72	231	318	338	381	417
贷方	4	9	14	20	22	23	32	34	35	44	112	275	338	377	424	454
借方	0	1	1	6	5	6	9	8	8	9	40	44	20	39	43	38
1.1 中国在外直接投资差额	0	−1	−1	−6	−5	−6	−9	−8	−8	−9	−40	−44	−20	−20	−21	−26
贷方	0	0	0	0	0	0	0	0	0	0	0	0	0	0	0	2
借方	0	1	1	6	5	6	9	8	8	9	40	44	20	20	21	27
1.2 外国在华直接投资差额	4	9	14	20	22	23	32	34	35	44	112	275	338	358	402	442
贷方	4	9	14	20	22	23	32	34	35	44	112	275	338	377	424	453
借方	0	0	0	0	0	0	0	0	0	0	0	0	0	19	22	10
2. 证券投资差额	0	−6	−16	30	16	11	9	−2	−2	2	−1	31	35	8	17	69
贷方	0	2	9	30	16	12	12	1	0	6	9	50	45	18	34	92
借方	0	8	26	0	0	1	3	3	2	3	9	20	10	10	16	23
3. 其他投资差额	−21	−16	−34	41	32	0	20	40	−52	9	−74	−27	−27	40	2	−276
贷方	31	20	22	162	175	157	159	177	169	154	182	183	235	282	253	380
借方	52	35	56	120	143	157	138	137	221	145	256	210	262	241	251	655
三、储备资产变动额	−42	−27	5	54	17	−17	−5	−22	−61	−111	21	−18	−305	−225	−317	−357
贷方	1	0	7	56	19	0	1	1	0	0	24	1	0	0	0	0
借方	43	27	2	2	1	17	5	23	61	111	3	18	305	225	317	357
四、净误差与遗漏	3	−2	12	−25	−12	−14	−10	1	−31	−68	−83	−98	−98	−178	−155	−223
贷方	3	0	12	0	0	0	0	1	0	0	0	0	0	0	0	0
借方	0	2	0	25	12	14	10	0	31	68	83	98	98	178	155	223

附表 2 中国国际收支平年度衡表(1998—2014 年)

单位:亿美元

项 目	1998 年	1999 年	2000 年	2001 年	2002 年	2003 年	2004 年	2005 年	2006 年	2007 年	2008 年	2009 年	2010 年	2011 年	2012 年	2013 年	2014 年
一、经常账户差额	315	211	205	174	354	431	689	1 324	2 318	3 532	4 206	2 433	2 378	1 361	2 154	1 828	2 197
贷方	2 177	2 347	2 990	3 179	3 875	5 196	7 032	9 039	11 478	14 684	17 462	14 842	19 355	22 897	24 665	26 637	27 992
借方	1 862	2 135	2 785	3 005	3 521	4 766	6 342	7 715	9 160	11 152	13 256	12 409	16 977	21 536	22 511	24 809	25 795
A. 货物和服务差额	438	306	289	281	374	358	512	1 246	2 089	3 080	3 488	2 201	2 230	1 819	2 318	2 354	2 840
贷方	2 074	2 210	2 796	2 994	3 654	4 850	6 583	8 369	10 617	13 423	15 818	13 333	17 436	20 898	22 483	24 250	25 451
借方	1 636	1 903	2 507	2 713	3 280	4 492	6 071	7 123	8 528	10 342	12 330	11 131	15 206	19 079	20 165	21 896	22 611
a. 货物差额	466	360	345	340	442	444	590	1 342	2 177	3 159	3 606	2 495	2 542	2 435	3 216	3 599	4 760
贷方	1 835	1 947	2 491	2 661	3 257	4 383	5 934	7 625	9 697	12 201	14 347	12 038	15 814	19 038	20 569	22 190	23 541
借方	1 369	1 587	2 147	2 321	2 815	3 939	5 344	6 283	7 519	9 041	10 741	9 543	13 272	16 603	17 353	18 591	18 782
b. 服务差额	−28	−53	−56	−59	−68	−85	−78	−96	−88	−79	−118	−294	−312	−616	−897	−1 245	−1 920
贷方	239	262	304	333	397	468	649	744	920	1 222	1 471	1 295	1 622	1 860	1 914	2 060	1 909
借方	267	316	360	393	465	553	727	840	1 008	1 301	1 589	1 589	1 933	2 477	2 812	3 305	3 829
B. 收益差额	−166	−145	−147	−192	−149	−102	−51	−161	−51	80	286	−85	−259	−703	−199	−438	−341
贷方	56	83	126	94	83	161	206	393	546	835	1 118	1 083	1 424	1 443	1 670	1 855	2 130
借方	222	228	272	286	233	263	257	554	597	754	832	1 168	1 683	2 146	1 869	2 293	2 471
C. 经常转移差额	43	49	63	85	130	174	229	239	281	371	432	317	407	245	34	−87	−302
贷方	47	54	69	91	138	185	243	277	316	426	526	426	495	556	512	532	411
借方	4	4	5	6	8	10	14	39	35	55	94	110	88	311	477	619	714
二、资本和金融账户差额	−63	52	19	348	323	549	1 082	953	493	942	401	1 985	2 869	2 655	−318	3 262	382
贷方	893	918	920	995	1 283	2 432	3 984	4 851	7 346	9 936	9 845	8 634	11 667	14 495	13 520	17 271	25 730
借方	956	866	901	648	960	1 883	2 903	3 897	6 853	8 994	9 444	6 649	8 798	11 840	13 838	14 009	25 347
A. 资本账户差额	0	0	0	−1	0	0	−1	41	40	31	31	39	46	54	43	31	0
贷方	0	0	0	0	0	0	0	42	41	33	33	42	48	56	45	45	19
借方	0	0	0	1	0	0	1	1	1	2	3	3	2	2	3	14	20

（续表）

项　目	1998年	1999年	2000年	2001年	2002年	2003年	2004年	2005年	2006年	2007年	2008年	2009年	2010年	2011年	2012年	2013年	2014年
B. 金融账户差额	−63	52	20	348	323	549	1 082	912	453	911	371	1 945	2 822	2 600	−360	3 232	383
贷方	893	918	920	995	1 283	2 432	3 984	4 809	7 305	9 903	9 812	8 592	11 618	14 439	13 475	17 226	25 710
借方	956	865	900	647	960	1 883	2 902	3 897	6 852	8 992	9 441	6 647	8 796	11 838	13 835	13 995	25 328
1. 直接投资差额	411	370	375	374	468	494	601	904	1 001	1 391	1 148	872	1 857	2 317	1 763	1 850	2 087
贷方	456	410	421	471	531	579	681	1 112	1 333	1 694	1 868	1 671	2 730	3 316	2 956	3 478	4 352
借方	45	40	46	97	63	85	80	208	331	303	720	799	872	999	1 194	1 629	2 266
1.1 中国在外直接投资差额	−26	−18	−9	−69	−25	0	−20	−137	−239	−172	−567	−439	−580	−484	−650	−732	−804
贷方	4	6	13	2	3	20	3	6	7	19	22	42	76	174	234	364	555
借方	30	24	22	71	28	20	23	143	246	191	589	481	656	658	883	1 096	1 359
1.2 外国在华直接投资差额	438	388	384	442	493	495	621	1 041	1 241	1 562	1 715	1 311	2 437	2 801	2 412	2 582	2 891
贷方	455	404	408	468	527	559	678	1 106	1 326	1 675	1 846	1 629	2 654	3 142	2 723	3 114	3 797
借方	17	17	24	26	34	64	57	65	85	112	131	318	217	341	311	532	906
2. 证券投资差额	−37	−112	−40	−194	−103	114	197	−47	−684	164	349	271	240	196	478	605	824
贷方	19	18	78	91	23	173	347	261	497	771	872	1 102	636	519	829	1 041	1 664
借方	56	130	118	285	126	59	150	308	1 181	606	524	831	395	323	352	436	840
3. 其他投资差额	−437	−205	−315	169	−41	−60	283	56	136	−644	−1 126	803	724	87	−2 601	776	−2 528
贷方	418	489	421	695	730	1 680	2 956	3 437	5 475	7 439	7 072	5 820	8 253	10 603	9 689	12 707	19 694
借方	854	695	736	526	771	1 739	2 672	3 381	5 340	8 083	8 198	5 017	7 528	10 516	12 290	11 930	22 222
三、储备资产变动额	−64	−85	−105	−473	−755	−1 061	−1 901	−2 506	−2 848	−4 607	−4 795	−4 003	−4 717	−3 878	−966	−4 314	−1 178
贷方	1	13	6	0	2	3	5	19	6	5	1	1	0	10	136	13	312
借方	65	98	111	473	757	1 064	1 905	2 526	2 854	4 612	4 796	4 005	4 717	3 888	1 101	4 327	1 490
四、净误差与遗漏	−187	−178	−119	−49	78	82	130	229	36	133	188	−414	−529	−138	−871	−776	−1 401
贷方	0	0	0	0	78	82	130	229	36	133	188	0	0	0	0	0	0
借方	187	178	119	49	0	0	0	0	0	0	0	414	529	138	871	776	1 401

资料来源：中国国家外汇管理局。

参 考 文 献

［1］中国国家外汇管理局. 2014 年中国国际收支报告[EB/OL]. http://www. safe. gov. cn/model_safe.

［2］中国国家外汇管理局. 中国国家外汇管理局年报(2014)[EB/OL]. http://www. safe. gov. cn/model_safe.

［3］中国国家外汇管理局. 中国跨境资金流动监测报告(2010—2014)[EB/OL]. http://www. safe. gov. cn/model_safe.

［4］中国国家统计局. 中华人民共和国 2014 年国民经济和社会发展统计公报[EB/OL]. http://www. stats. gov. cn/.

［5］余永定，覃东海. 中国的双顺差性质、根源和解决办法[J]. 世界经济，2006(3).

［6］李治国. 货币需求弹性、有效货币供给与货币市场非均衡模型——解析“中国之谜”与长期流动性过剩[J]. 经济理论与经济管理，2007(11).

［7］方先明，裴平，张谊浩. 外汇储备增加的通货膨胀效应和货币冲销政策的有效性——基于中国统计数据的实证检验[J]. 金融研究，2006(7).

第八章　金融运行风险

一、绪论

金融运行风险是影响宏观经济运行风险的关键因素，因此，对金融运行风险进行分析、度量和预测，是经济运行风险管理的重要内容。金融运行风险既影响宏观经济运行，同时也受宏观经济中各种冲击的影响，它们之间形成一种相互交替影响的动态效应。因此，把金融系统作为宏观经济的一部分，既研究源于其自身和实体经济冲击因素导致的金融运行风险，又研究金融运行风险对实体经济波动的传递效应，才能厘清金融运行风险的影响。

在研究思路上，一方面，我们通过金融运行对实体经济波动的影响来对金融运行风险进行评价或度量；另一方面，我们通过对包括实体经济冲击等因素的分析来对未来的金融运行进行预测。这种思路如图 8-1 所示。

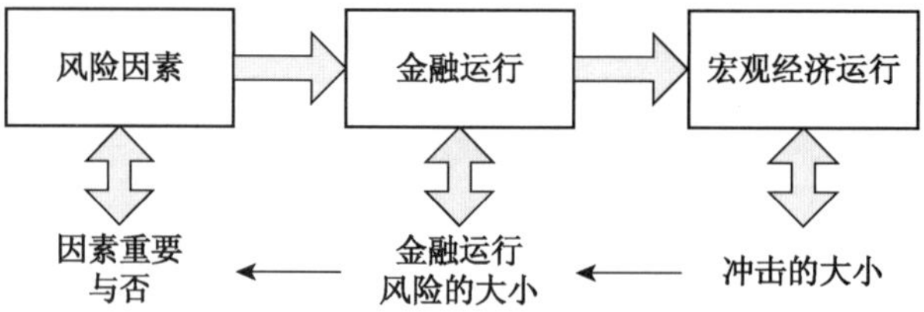

图 8-1　金融运行风险研究思路

自 2013 年以来，中国经济逐步进入新常态，传统的经济发展方式在逐渐发生改变，大力投资（甚至重复建设）的势头有所抑制，依靠技术和组织创新的态势得到加强。尽管如此，经济下行风险压力仍然比较大，CPI 和 PPI 近年仍然处于低位，因此对利用金融支持实体经济具有需求（如货币适度宽松）。但是，经过多年特别是过去 10 年的发展，金融系统本身已经积累了不少问题，成为引发金融风险的因素，如较高的货币存量、地方政府债务、房地产泡沫、人民币汇率贬值压力、股市的投机性以及不利于中国经济稳定的外部环境等因素，因此中国金融运行依然存在较大风险。金融自身的风险与实体经济之间相互影响，其政策目标之间往往交叉制约，这也增大了风险度量和政策建议的难度。

为了刻画金融运行与宏观经济运行之间的关系进而分析金融运行风险，我们采用动态随机一般均衡模型（DSGE）方法，实证研究采用贝叶斯（Bayes）估计方法，采用月度数据（对非月度的 GDP 等数据，采用 Chow-Lin 法转换成月度数据），具体如下。

理论模型包括居民、企业、政府、金融、世界经济等主要部分，以此构建新凯恩斯模型，中间品厂商的定价策略使价格水平呈现黏性，名义工资的决定也具有相似特征；实证研究方面，出于金融风险“短期”性质和数据规模的考虑，采用月度数据，对各数据进行去趋，计算其各期缺口对当期趋势的比例，用于反映对趋势的偏离程度。理论模型的有关参数采用 Bayes 方法估计，采用 MCMC 方法，估计出模型中各参数的统计分布，以及各参数间的相关性，用于甄别影响金融运行风险的主要因子。模型参数估计所需要的计算程序采用 Matlab 编写。估计出参数以后，以金融运行对宏观经济的冲击的大小来度量金融运行风险。基本逻辑是：对产出的负向冲击越大、持续时间越长，则金融运行风险越大。通过历史数据，将金融运行风险的各影响因素的分布进行区域划分，给出不同区域及其概率，利用模型（及估计参数的均值）计算各影响因素在不同情况下对产出的影响，从而对金融运行风险进行评估与预测。

二、风险因素识别

金融运行风险是一个宏观概念，是从总体上评估各种金融交易的集合是否稳定，若不稳定，将为宏观经济带来多大的冲击。由此，研究金融运行风险，需从金融总量结构框架出发，分析各种总量关系的稳定性和影响，如图 8-2 所示。

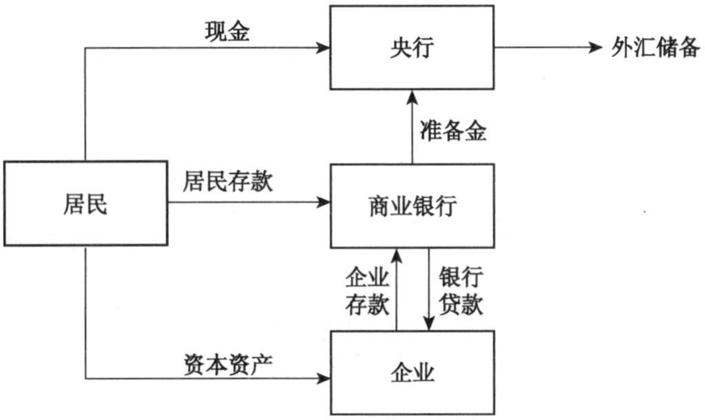

图 8-2 金融运行风险的基本机理

参与金融运行的基本主体包括居民、央行、商行、企业，联系它们之间的是现金、居民存款、资本资产、准备金、银行贷款、企业存款、外汇储备等基本的跨期交易合约。这些交易合约稳定，则金融系统相对稳定；反之，若这些交易合约中任何一类发生了突然、显著的变化，则必然导致其他所有交易合约发生变化，从而使得金融系统不再稳定，产生金融运行风险。

从金融系统的主体来看，商业银行构成的子系统处于中心地位，这是因为：一方面，中国的融资结构仍以银行贷款为代表的间接融资为主；另一方面，商业银行在货币创造过程中起到关键作用。从金融交易本身来看，所有的跨期交易（零和博弈的衍生品交易除外）都涉及资金供给与资金需求，这种交易契约的稳定性的影响因素就成为金融运行风险的来源，我们对此进行详细分析。

（一）资金需求方的风险因素

1. 贷款者的经营环境和经营绩效

从目前来看，贷款者面临的国外环境尚不稳定。从国内经济来看，自 2010 年以来，中国 GDP 增长率持续下降，从 12.1%下跌到 2015 年前两季度的 7%，增速下跌幅度达到 40%。从世界经济环境来看，欧元区 GDP 增速从 2010 年以来持续下降（2012 年一度出现负增长），2013 年出现回升，2014 年四个季度 GDP 同比分别为 0.9%、0.7%、0.2%、0.1%，2015 年第一季度则为 0.4%，而其 CPI 则从 2014 年 8 月以来出现持续下滑，到 2015 年 5 月才有所好转。美国的失业率状况好转趋势明显，但年化 CPI 从 2014 年年末开始下滑，2015 年基本在 0 附近徘徊，GDP 则从 2014 年第二季度后持续下行。受“安倍经济学”的刺激，日本的失业率也持续下降，但其 CPI 从 2014 年 5 月以来出现持续下滑，2015 年 4 月更是出现显著下跌，6 月仅为 4%。由此可以看出，全球主要经济体的经济虽然处于复苏的通道，但各项指标尚有冲突，复苏的道路并不平坦。因此，以企业为主的贷款者面临的国外环境还存在各种不确定性。

从国内经营环境来看，由于中国经济已经进入了新常态，在追求质量、优化结构和产业升级的过程中，新的增长动力不足，发展速度有较明显的下降。在这种情况下，企业的经营绩效很难得到提高。例如，在中国企业 500 强中，2014 年全年盈利前四位的“工建农中”四大国有银行，利润率增幅均从 2013 年的 2 位数下降为 1 位数。由此可见国内经营环境和利润空间都不理想。

2. 国内投资与贷款需求

由于国内制造业产能过剩，在新的经济增长动力尚未真正建立起来时，企业自发的投资需求相对低迷，在这种情况下，企业因自发投资对贷款的需求有所下降。这实际上是国际、国内经济环境以及企业本身对未来经济走势的预期造成的，这会在一定程度上抑制贷款余额增速。尽管如此，由于多年来的经济飞速发展，银行系统的贷款余额已经有了较大规模，即使增速下降，余额增加绝对值仍然较高。

3. 贷款流向

截至 2015 年 6 月，银行的各类信贷余额近 120 万亿元。其中，非金融部门（各类企业）贷款近 98 万亿元，其他金融机构贷款余额约 16 万亿元。从投向特点看，企业短期贷款和票据融资增速上升、小微企业贷款增速高于同期各项贷款、服务业中长期贷款增速高位回落、“三农”贷款增长减缓、房地产贷款平稳较快增长、住户消费性贷款增速回升等比较明显。其中，银行对其他金融机构贷款余额的增长速度较快，可能有一部分资金流入投机性领域。

（二）资金供给方的主要风险因素

1. 货币供给

从货币余额增速来看，2015 年 M2 同比增速比较平稳。但一个重要的风险因素是外汇储备增速下降，甚至有进一步下降的可能。由于多年来中国的基础货币投放是由于外汇储备的增加、维持汇率的相对稳定而投放的，这样，当外汇储备不像过去那样持续增长时，则基础货币投放渠道就受到了一定限制，由此，需要我们在法定准备金、逆回购等方面采取措施。

2. 准备金

法定准备金率对货币乘数产生重要影响，上调法定准备金率说明货币调控从紧；反之，则说明货币供给有所放松。2013 年出现了“钱荒”现象，在 2014 年和 2015 年，法定准备金已经有了数次下调，目前来看，准备金率仍然相对偏高，还有下降的空间，但前提是从银行系统释放的货币都得到了充分的利用。

3. 信用创造中的其他影响因素

（1）流通现金比例。居民的现金变动反映了其流动性需求的变化，当居民愿意持有现金时，必然对银行存款和股权等金融资产带来负向冲击。从信用创造角度来说，居民持币意愿增强，银行的流动性会变弱，必然对信用创造造成不利影响，如果这种状况是长期性的，则对实体经济也会造成不利冲击。

（2）投机性货币需求。自 2014 年下半年以来，中国股市发生了持续的上涨，即使 6 月下旬到 7 月底指数有了一定幅度的下跌，但在近 1 年时间内，流入股市的投机性货币需求也有了很大的提升，这从交易结算金余额中即可看出。2014 年 6 月末，股票交易结算金余额为 6 180 亿元，到 2015 年 5 月末已达到 28 604 亿元，涨幅近 4 倍。

流入二级市场的资金出于投机性盈利的目的，实际上流出了货币（信用）创造的过程。再考虑到有一部分资金还来自银行贷款，因此这部分资金若积累过多，则流入实体经济的资金就会受到挤压。

(3) 银行的放贷意愿。银行通过吸收存款等形式筹集的资金，上缴足额法定准备金后剩余的部分用来放贷。出于对风险和收益的考虑，当预期经济处于繁荣阶段时，银行的放贷意愿会比较强，而当预期经济相对疲软时，银行的放贷意愿就会下降。银行放贷意愿的波动会直接影响到当期信贷余额增速的相对扩张或紧缩，从而影响流入实体经济的资金。

4. 价格性因素

2015 年第一季度以来利率水平有所下降，这既有政策方面的因素，更有供需方面的因素①。从汇率上看，美元兑人民币汇率在 2015 年基本上在 6.2 左右波动，5 日均线非常稳定，但这并不能说人民币汇率水平已经稳定了。从每日波动来看，维持相对稳定可能更多是政策努力的结果，否则人民币贬值的压力会比较大。此外，从物价水平上看，2015 年上半年 CPI 持续低迷，但下半年可能因为猪肉价格等原因而上升，但 PPI 仍因为产能过剩而比较低迷，这为货币政策的制定造成一定的困难。总之，价格方面的因素表明金融运行面临一系列的不确定因素。

三、风险度量与预测

（一）基本模型

1. 居民

设代表性的居民个体的偏好是关于消费品 C_t、实际货币余额 M_t/P_t 和闲暇 $1-L_t$，其中 L_t 表示用于就业工作的时间比例。家庭最大化的对象是效用的预期贴现：

$$E\sum_{j=0}^{\infty}\beta^j\left[\frac{C_{t+j}^{1-\alpha}}{1-\alpha}+\frac{\gamma}{1-b}\left(\frac{M_{t+j}}{P_{t+j}^C}\right)^{1-b}+\chi\frac{(1-L_{t+j})^{1-\eta}}{1-\eta}\right] \tag{8-1}$$

家庭的预算约束为：

$$\frac{M_t}{P_t}+C_t+\frac{B_t}{P_t}+\frac{P_t^I}{P_t}K_t=\frac{M_{t-1}}{P_t}+\frac{B_{t-1}(1+i_{t-1})}{P_t}+(r_{t-1}-\delta)K_{t-1}+\frac{W_t}{P_t}L_t \tag{8-2}$$

我们采用三种基本产品的生产函数：中间品（如原料）、投资品（如机器设备等固定资产）、消费品，其中 W_t 表示名义工资水平，L_t 表示居民的劳动投入，K_t 表示资本存量（包括厂商发行的债券和股票），P_t 表示消费品（属于最终商品）的名义价格水平，i 表示名义利率，π 表示通胀率。

家庭选择消费、货币持有量、政府债券和资本以最大化终生效用，一阶条件满足：

$$C_t^{-\alpha}=C_{t+1}^{-\alpha}\beta(1+i_t)E\left(\frac{P_t}{P_{t+1}}\right) \tag{8-3}$$

① 2014—2015 年的利率下调本质上是为了资金供需的需要。

$$\frac{\gamma\left(\frac{M_t}{P_t^C}\right)^{-b}}{C_t^{-\sigma}}=\frac{i_t}{1+i_t} \tag{8-4}$$

$$C_{t+1}^{-\alpha}\beta(r_{t-1}-\delta)E\frac{P_t}{P_{t+1}}=C_t^{-\alpha} \tag{8-5}$$

为了描述名义工资的黏性(Erceg, 2000)，将居民的劳动考虑为异质而又有一定相互替代性，在每一期，一部分居民(比例为 φ^w) 可以选择最优化自己的名义工资水平，另一部分则只能根据预期通胀率来调整名义工资[比例为 $(1-\varphi^w)\phi^w$]，或只能将本期名义工资保留在上期的水平[比例为 $(1-\varphi^w)(1-\phi^w)$]。因此，全社会工资水平为：

$$W_t^{1-\theta^w}=\varphi^w W_t^{*,1-\theta^w}+(1-\varphi^w)\phi^w(1+\pi_t^e)W_{t-1}^{1-\theta^w}+(1-\varphi^w)(1+\phi^w)W_{t-1}^{1-\theta^w} \tag{8-6}$$

式中　θ^w ——不同劳动之间的替代弹性；

W_t^* ——最优化的工资水平(见 Erceg, Christopher J. et al,2000)。

2. 厂商(企业)的行为

我们将厂商分为三类:最终品厂商、中间品厂商和投资品厂商。

1) 最终品厂商

最终品厂商处于完全竞争状态，生产同质的最终商品。最终商品的生产函数为：

$$Y_t^{1-\theta}=\int_0^1 y_{it}^{1-\theta}dj \tag{8-7}$$

式中　θ——中间品之间的替代弹性。

中间品种类被标准化为 $i\in[0, 1]$。考虑进出口问题，则国内需求的最终品生产函数为：

$$Y_{Ht}^{1-\eta}=\rho Y_{Ht}^{d,1-\eta}+(1-\rho)Y_{Ft}^{f,1-\eta} \tag{8-8}$$

式中　η——最终品的国际替代弹性；

Y_{Ht}^d ——国内最终厂商销售由国内中间品厂商生产的复合商品；

$Y_{Ft}^{f,1-\eta}$ ——进口的复合商品；

ρ——国内对国内复合商品的需求比例。

2) 中间品厂商

中间品厂商处于垄断竞争地位。假设在每一期都有部分厂商不能调整价格，采用 Calvo (1983)的价格黏性模型，在每一期，三种厂商分别有比例 φ 会保持原有的价格；剩余的 $(1-\varphi)\phi$ 的比例则会对价格按预期通胀率进行调整，$(1-\varphi)(1-\phi)$ 比例的中间厂商维持上期价格。

首先，厂商会考虑成本最小化，即在生产 $Y_t^i=F^i(K_t^i, L_t^i)$ 的前提下，使得工资支付和中间品成本最小化，转化为最优化问题：

$$\min_{L_t^i,K_t^i}\left\{\frac{W_t^i}{P_t^i}L_t^i+(r_t-\delta)K_t^i+\zeta_t^i[Y_t^i-F^i(K_t^i, L_t^i)]\right\} \tag{8-9}$$

式中　ζ_t^i——厂商按照第 i 类商品计价的边际成本，只有当要素配置实现厂商的利润最大化时方为 1；

r_t ——实际利率；

δ ——折旧率。

该问题的一阶条件表明：

$$\varphi_t^i = \frac{W_t^i}{P_t^i F_L^i(K_t^i, L_t^i)} \tag{8-10}$$

$$\varphi_t^i = \frac{r_t - \delta}{F_K^i(K_t^i, L_t^i)} \tag{8-11}$$

其次，厂商的定价决策问题是选择 P_t^{*d} 和 P_t^{*f}，以最大化如下问题：

$$E\sum_{j=0}^{\infty}\Delta_{t+j}\left[\frac{P_t^{*d}}{P_{t+j}}Y_{t+j}^d + \frac{P_t^{*f}e_{t+j}}{P_{t+j}}Y_{t+j}^f - \varphi_t^i Y_{t+j}\right] \tag{8-12}$$

式中　Δ ——贴现因子；

e ——名义汇率。

3）投资品厂商

投资品厂商采用本国生产的最终品，以及现有的资本存量来生产投资品，投资品的生产函数为：

$$K_t = K_{t-1}(1-\delta) + I_t - CA(I_t) \tag{8-13}$$

式中　I_t ——投资量；

CA ——调整成本。

为了引入金融的影响，我们考虑投资品厂商、中间品厂商均通过银行信贷获得融资。这样，信贷规模就成为影响投资、产品生产的因素，由此可以分析实体经济与金融风险之间的关系。

3. 金融系统与政府部门

将金融系统主要分为央行与商业银行两个层次（当然也包括居民、厂商等的储蓄、投资与融资行为。但从货币发行角度来看，可以抽象为这两个层次）。中央银行的作用是制定货币政策，主要是指货币发行，体现在其资产负债表上。中央银行主要联系着如下基本业务：外汇资产（存量），设为 F_t；购买的国债（存量），设为 B_t^M；向商业银行发放的再贷款，设为 B_t^B；收取国债利息、再贷款利息（利率设为 i_t^B）、外汇资产收益（收益率设为 i_t^F），以及高能货币，设为 H_t；中央银行发行的票据，设为 B_t^C。高能货币包括发行的现金和商业银行的准备金。中央银行的资产负债表预算应满足如下关系：

$$\begin{aligned}&(F_t - F_{t-1}) + (B_t^M - B_{t-1}^M) + (B_t^B - B_{t-1}^B)\\&\quad = i_{t-1}B_{t-1}^M + i_{t-1}^B B_{t-1}^B + i_{t-1}^F F_{t-1} + (H_t - H_{t-1}) + (B_t^C - B_{t-1}^C)\end{aligned} \tag{8-14}$$

等式左边表示中央银行的资产增量，右边表示负债与权益的增量。

商业银行的业务主要包括存贷款，设商业银行持有的外汇资产为 F_t^B，持有的国债为 $B_t^{M,C}$，各类贷款为 D_t，各类存款为 S_t，则其资产负债表预算应满足如下关系：

$$(F_t^B - F_{t-1}^B) + (B_t^{M,C} - B_{t-1}^{M,C}) + (D_t - D_{t-1}) \\ = i_{t-1}^F F_{t-1}^B + i_{t-1} B_{t-1}^{M,C} + i_{t-1}^D D_{t-1} + (S_t - S_{t-1}) \tag{8-15}$$

等式的左边表示商业银行的资产增量，右边表示负债与权益的增量。这样，$D_t - D_{t-1}$ 就表示各类贷款余额增量。

政府部门面临着如下的预算约束：

$$G_t + i_{t-1} B_{t-1}^T = T_t + (B_t^T - B_{t-1}^T) \tag{8-16}$$

等式左边表示政府在商品、劳务及转移支付上的支出与债务利息支出，右边表示税收与政府债券的发行。

由于中国中央银行的属性，我们将其与政府部门合二为一，得到两者总体的预算约束：

$$G_t + (F_t - F_{t-1}) + (B_t^B - B_{t-1}^B) + i_{t-1} B_{t-1} \\ = T_t + i_{t-1}^B B_{t-1}^B + i_{t-1}^F F_{t-1} + (H_t - H_{t-1}) + (B_t^C - B_{t-1}^C) + (B_t - B_{t-1}) \tag{8-17}$$

式中 B_t ——流通在公众和商业银行等机构的政府债券。

4. 世界经济

将除本国以外的世界经济看作一个整体，本国与世界经济之间可以进行贸易和资本流动。从商品角度看，居民既可以选择国内的消费品，也可以选择国外的消费品；厂商既可以选择国内的投资品，也可以选择国外的中间品和投资品；相似的，政府的购买也是如此。由此，本国按外币计价的净出口为：

$$EX_t = Y_{Ht}^f P_{Ht}^f - Y_{Ft}^f P_{Ft}^f \tag{8-18}$$

5. 技术冲击与货币冲击

当经济中开始出现风险积累时，实际上是经济的总供给与总需求之间出现了某种程度上的不匹配或失衡。当然，这种失衡是由许多种因素造成的。例如，若经济已经处于充分就业状态，但由于某种原因导致总需求旺盛、超过总供给时，物价就会上升，产出也会上升，此时表现为经济“过热”；当物价上升的预期已经形成，则总供给曲线左移，导致物价进一步上升，而产出下降回复到充分就业的产出水平。若经济处于充分就业状态，由于某种原因导致总需求的萎缩，则经济就会发生相反的波动。因此，经济风险或短期经济波动的分析实际上是对经济与均衡产出状态的偏离的分析。

经济中对总供给的冲击主要表现为对生产函数的冲击。原材料价格的下降、自然资源可获得性的增加、劳动力数量的增加以及劳动力教育水平的提高都会造成正面的总供给冲击；反之，原材料价格的上升、自然资源可获得性的下降、台风、霜冻、干旱、洪水、地震等自然灾害对工农业生产的破坏，以及劳动力数量的减少等，都会造成负面的总供给冲击。

总供给的冲击体现在生产函数中的 z_t。根据实际商业周期理论，我们假设它们服从如下过程：

$$z_t = \vartheta z_{t-1} + e_t \tag{8-19}$$

式中 ϑ ——常数，反映了前一期冲击对本期冲击的影响；

e_t ——白噪声。

经济中对总需求的冲击主要表现为对产品市场均衡(IS 曲线)与货币市场(或金融市场,LM 曲线)的冲击。减税、货币供应量的增加、政府支出的增加、出口需求的增加、对未来经济走势乐观的预期等都是正面的总需求冲击;反之,税收增大、政府支出减少、货币供应量下降、出口需求减少等则是负面的总需求冲击。在这些总需求冲击中,我们认为货币供给是受到宏观经济变量的影响而有所调整的,并设货币供给速率的扰动 $u_t = \mu_t - \mu_t^*$ 服从如下过程:

$$u_t = \xi u_{t-1} + \sum_i \psi z_{t-1} + e_t^M \tag{8-20}$$

式中 μ_t ——货币供应速度;

ξ、ψ ——常数;

e_t^M ——白噪声;

ψ ——反映货币当局根据总供给的冲击作出的调整。

(二) 实证研究

1. 数据处理

采用中国 1991 年以来的消费、投资、政府支出、进出口、产出、通胀率,以及包括货币供求等在内的金融指标的季度数据,先去趋,获得对趋势偏离的百分比,作为实证研究数据(部分参数则根据现有文献进行校准)。该模型包含消费者、三类商品厂商、金融机构和政府部门的行为方程,将金融系统与实体经济结合起来,以分析金融系统运行是否符合实体经济的需要,用以判别金融运行风险。

将部分季度数据(GDP)转换为月度数据,采用 Chow-Lin 法,具体处理见附录。月度数据处理中有关参数估计采用 Matlab 编程计算。

2. 参数估计

在进行参数估计之前,对各月度数据进行去趋,先进行季度调整,再采用 H-P 滤波方法去除趋势,对剩下的残差与趋势相比较,得出当期对趋势的偏离比例。

我们采用 Bayes 方法来估计模型参数。假设需要估计的模型参数向量为 $\boldsymbol{\theta}$,数据集为 $\boldsymbol{Y}$,则根据 Bayes 法则,可得参数的条件概率密度为:

$$f(\boldsymbol{\theta} \mid \mathbf{Y}) = \frac{f(\mathbf{Y} \mid \boldsymbol{\theta}) g(\boldsymbol{\theta})}{f(\mathbf{Y})} \tag{8-21}$$

式中 $g(\boldsymbol{\theta})$ ——参数的先验密度。

参数估计方法通过 Matlab 编程来实现。

(三) 金融运行风险度量与预测

1. 金融运行风险度量

我们将金融运行风险划为“高风险”“较高风险”“有风险”“风险关注”和“无风险”五个级别。2015 年总体金融运行风险在“较高风险”区间,如图 8-3 所示。

与 2014 年相比,我们认为 2015 年的金融运行风险有所上升。引起金融运行风险上升的主要原因有以下几点。

1) 国际经济、金融环境具有较大不确定性

美国和日本等主要经济体近年来采取量化宽松货币政策导致资本向新兴市场国家流入,

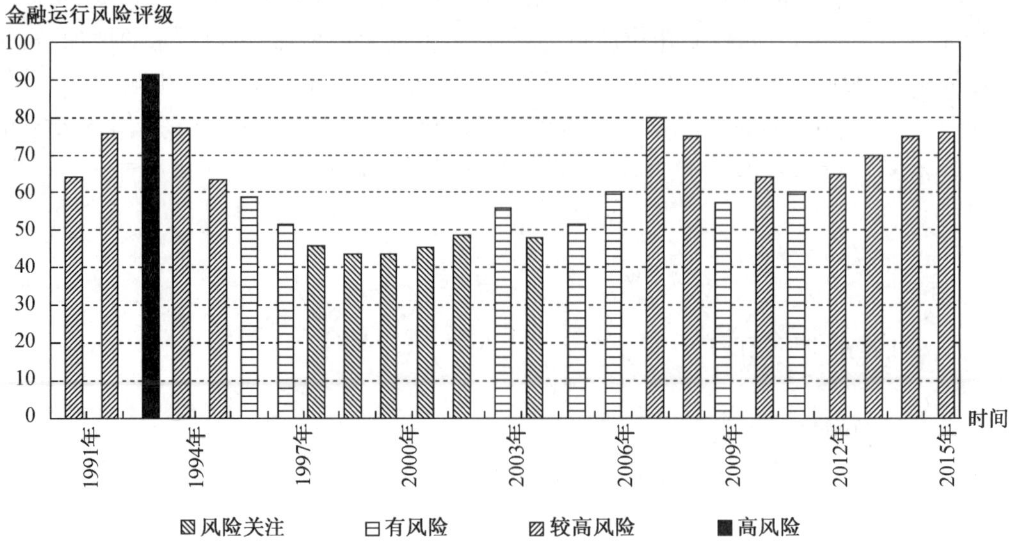

图 8-3 金融运行风险评级

中国采取了相应的应对措施，在维持了经济持续增长的同时也使经济积累了相当风险。随着美国经济逐渐好转，其量化宽松货币政策逐渐终结，资本流入势头可能产生逆转而导致资本流出，如果发生持续资本流出，则金融系统将出现流动性不足，从近期央行外汇储备和人民币汇率的变动中可以看出国际经济环境通过国际收支对中国经济和金融风险带来的压力。

国际经济和金融环境主要通过资本流动、进出口对中国经济形成影响，并由宏观经济运行反过来影响金融风险。理论上，如果形成了货币贬值的市场预期，则国际资本迅速流出，货币会发生贬值，在很短的时间内，出口贸易尚不会因为本币贬值而增大，这样，外汇储备会迅速减少，增大主权信用风险，进一步强化货币贬值的预期。为了防止这种情形出现，必然收缩货币供给（否则本国外汇储备会被耗尽），从而形成经济紧缩，发生经济衰退。此外，政府即使单纯的做空交易，在一定程度上扩大对货币的需求，使 LM 曲线左移，利率升高，也是可能引起经济紧缩的。如果资本项目完全封闭，则资本不能迅速流出，而只能通过扩大进口的方式逐渐流出，资本自由流动条件下贬值预期导致的经济紧缩（从而引起衰退）的情况就不易发生。中国资本项目没有开放，但存在热钱跨境流动的渠道。汇率制度是有管理的浮动汇率，因此若市场形成人民币贬值的预期，则资本会设法流出，而人民币贬值速度不会像完全浮动汇率时那么快速，因此资本流出会持续较长时间。如果为了防止长期的资本流出，则收缩货币提高利率成为必然，可能导致经济紧缩，这首先就会加大金融运行风险。从中国近年热钱流动数据来看，热钱主动流入基本上都伴随着人民币升值；股市相对上涨，热钱主动流出都伴随着人民币贬值，股市下跌。由此可以看出，若资本流出，资产价格将会下跌，如果流出规模足够大、时间足够长，则会对实体经济造成危害。

从美国经济复苏的态势和美元指数走势来看，美元有进一步走强的趋势，因此资本回流美国造成包括中国在内的新兴市场国家的资本外流可能性相应增大。固然，如果人民币贬值，从长期来看中国能够通过出口增加而改善国际收支，但在短期内出口对国际收支毫无意义，反而可能引起进一步贬值的预期，从而形成恶性循环。另外，国内仍然存在资产泡沫，很容易触发资本的流出。由此,国际经济与金融环境引发不确定性的可能性较大。

2) 房地产、地方政府债务和影子银行等尚未消除的风险使宏观经济政策面临两难

房地产泡沫、地方政府债务和影子银行风险是近几年来备受关注的金融风险引入。进入2015年以来,这些风险因素虽然不像前两年那样引人注目,但其风险依然存在。

房地产行业对国民经济具有广泛而深远的影响,因为房地产行业涉及许多相关行业,上游包括钢铁、水泥等建筑材料,下游包括家居装潢、五金建材、电器和家电,以及生产这些产品的化工、有色金属冶炼等,此外还有房地产相关的设计、建筑、物业、中介机构、银行和其他金融机构等。这些行业包括主要的制造业和服务业,对就业、经济增长等宏观经济指标起到非常关键的作用。特别是2012年下半年至2013年出现了一轮普涨,进一步加大了房地产泡沫化。此后国家出台了相应的抑制措施,2014年以来受到经济下行等因素的影响,房地产市场出现了较大的分化,三线、四线城市仍然面临较大的下跌压力。因为房地产贷款规模比较大,故蕴含着一定的金融风险:若房地产价格下降幅度过大,一方面可能直接引发部分个人购房者违约,另一方面也会使开发商销售收入减少而影响其偿还能力。

地方政府的财政收入有很强的土地依赖性,特别是2009—2011年,土地出让金的增速超过地方政府财政收入的增速,状况非常明显,而且土地出让金占地方政府财政收入的比重近年来也不断上升。从债务资金来源看,银行贷款和发行债券是地方政府债务资金的主要来源。由于近年来地方政府的财政收入面临困难,加上对土地出让金的依赖,而房地产泡沫又比较严重,因此,地方政府债务一旦发生违约,则会由于对居民信心带来严重影响而引发一系列金融风险。

此外,大量的影子银行资金流向房地产,包括城投项目。一旦房价发生持续性下跌,投向房地产的影子银行资金就面临违约风险。考虑到20万亿元左右影子银行规模较大(占银行贷款余额的25%左右),违约事件一旦蔓延,必然形成系统性的金融风险,再通过金融对宏观经济的影响,甚至有形成新的经济危机的可能。

由此可以看出,房地产、地方政府债务、影子银行之间相互关联交错,积累的风险在短期内难以消除,这也为宏观经济政策带来难题。

当前经济运行实际上伴随着主动去杠杆化的过程。目前的金融运行风险是过去经济问题长期积累的结果,特别是2008年以来的大规模刺激性政策,导致各地的投资急剧扩张、货币供给也迅速扩大,从而出现物价上涨、成本上升,在解决短期问题的时候,却逐渐积累了各种问题、各种风险。金融作为实体经济的支持部门,其自身运行面临风险是正常的,如果总是通过改善其外部环境而长期忽视其自身建设,忽视其自身风险管理能力的培养,则这样的金融系统的稳定性始终得不到提高,在面临不确定性和冲击时甚至可能放大风险。

就目前中国的经济状况而言,如果采取刺激性政策,对财政政策来说,因为地方政府债务已经有了较大规模,而如果放任地方政府进一步举债,可能诱发较大风险;对货币政策来说,由于当前的货币存量已经很高,而且当前国际上还存在着做空中国的言论,因此,扩大货币有可能引发资本外逃,从而引起进一步的金融风险。目前宏观经济政策存在着两难:如果继续从紧,特别是货币从紧,则经济下行压力比较大;而如果放松,则很可能重新回到原来发展模式,原有风险暂时潜伏但长期积累。因此,政策须在经济下行与促进改革之间权衡,找到合理的均衡点。但问题是这种均衡点的把握比较难,稍不注意就可能偏向某一边,即或者经济快速下行,或者重新回到原路。因此,维持这种均衡的成本较大,只能寻找新的改革着力点。其中,国

企改革应该是相对合理的抓手，起助推作用的则是金融市场，而金融市场本身也是主要的风险因素。

3）金融市场剧烈波动存在引发系统性风险的可能性

从 2014 年下半年以来，中国的金融市场特别是股票市场(二级市场)持续上涨，而 2015 年 6 月下旬和 7 月又发生了剧烈回调。其中，利用融资融券、股指期货设计的交易策略尤其扮演了重要角色。

我们知道，长期以来，中国的融资结构是以银行贷款为代表的间接融资为主，直接融资所占比例比较小，加上软融资约束，在多年的经济发展中，这种模式使金融系统积累了大量的风险。另外，国有企业的改革也需要利用资本市场等形式的外部治理来实现提高效率的目标。因此，发展完善高效的金融市场是解决这两个问题的关键，而促进从 2008 年以来就长期低迷的股票市场有序地走向繁荣，则是重要的措施，因为只有繁荣的二级市场，才有助于催生繁荣的一级市场，才有利于企业获得足够的直接融资。

然而，与世界上所有的金融市场一样，中国金融市场中也充斥着投机者、套利者。在认识到金融市场繁荣对宏观经济的重要性之后，大量的资金(包括来自毫无专业知识的群体的资金)涌入股市，投机心理促使融资交易，高倍杠杆积累了大量风险。当杠杆交易比较普遍时，处于另一方向的投机、融券卖空的交易也开始逐步增多。同时，借助股指期货本身的杠杆作用，金融市场中的投机性交易被逐渐扩大，泡沫越来越大，稳定性也就会越来越差。在这种情况下，只要外部有一点负向冲击，金融市场就可能发生剧烈的波动。由于杠杆交易自身的特点，价格剧烈下跌会形成恶性循环，即价格下跌—平仓—出售—下跌，依此循环下去。

股票的流通市场如果出现持续下跌，一方面，会导致企业的直接融资成本剧烈上升，从而只能回到银行融资，但如前文分析，银行融资渠道已经积累了较多问题和风险；另一方面，短期内的金融市场剧烈波动影响投资者预期，从而为国际、国内做空中国资产的力量带来机会。金融市场的严重衰退同样会导致银行惜贷、国内投资者货币需求相对金融资产需求上升、资本通过各种渠道流出等一系列后果，这种系统性风险为宏观经济带来的冲击后果往往很严重，1929—1933 年的经济大萧条就是最典型的例子。

目前中国金融市场的问题是投机气氛太重，杠杆率偏高。在暴涨过程中政府适度的打压和暴跌过程中政府的托市(或救市)，都很容易被投机者和套利者利用而抵消政策效果。此外，过多地干预市场，也会为人民币国际化进程带来不利的影响。

2. 金融运行风险的压力测试与仿真结果

1）信用(货币)创造的仿真结果

信用(货币)创造是金融运行动力的最基本来源，我们对有关指标进行了压力测试和仿真，以刻画其对经济运行的影响。我们的模型中影响信用创造的外生冲击包括基础货币投放、居民的现金偏好(流动性偏好)、对金融市场的直接投资比例、存款比例、存款准备金比率以及银行的风险偏好(贷款意愿)等。图 8-4、图 8-5、图 8-6 是给定部分外生冲击后信用创造中各指标(状态变量)在各期(月)的响应①，表 8-1 是各主要外生冲击对金融运行风险的影响。

---

① 从指标对冲击的响应能够看出冲击的影响多大及持续多长。限于篇幅，后面各部分压力测试与仿真的冲击响应不再列出。

图 8-4、图 8-5、图 8-6 中，B 为基础货币，M 为现金，Sq 为流入资本市场的资金，S_b 为银行存款，R 为存款保证金，L 为贷款余额，其他是模型的辅助性状态变量。

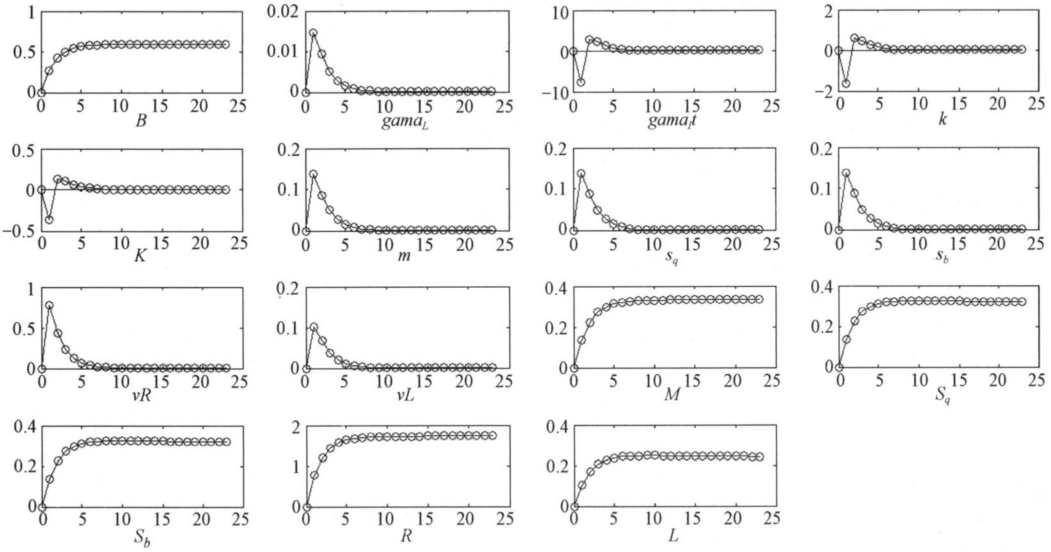

图 8-4　基础货币冲击的结果

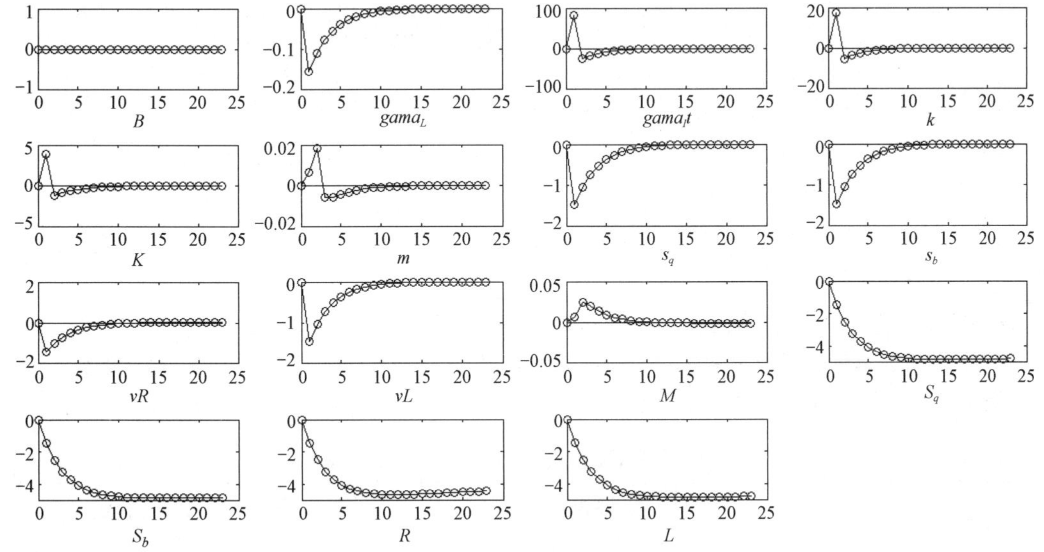

图 8-5　现金偏好正向冲击的响应

表 8-1　**信用创造外生冲击对金融运行风险的仿真结果**

基础货币冲击	金融运行风险变化	经济运行风险
－0.5%	上升，维持现级别	<0.2%
－1%	上升至上一级别中部	*GDP* 下降 0.3%～0.8%
－5%	上升至上一级别上部	*GDP* 下降 1%～2%

（续表）

流动性偏好冲击	金融运行风险变化	经济运行风险
1%	上升，维持现级别	<0.2%
5%	上升至上一级别中部	*GDP* 下降 0.3%～0.8%
10%	上升至上一级别上部	*GDP* 下降 0.8%～1.5%
银行风险偏好冲击	金融运行风险变化	经济运行风险
1%	上升，维持现级别	<0.2%
5%	上升至上一级别中部	*GDP* 下降 0.3%～0.8%
10%	上升至上一级别上部	*GDP* 下降>1.5%

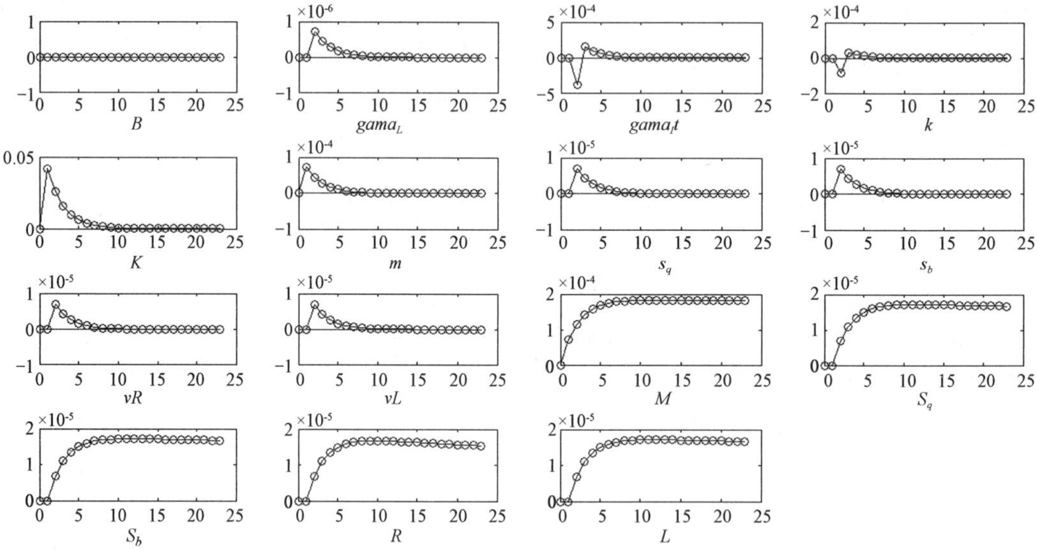

图 8-6 银行放贷意愿正向冲击的响应

2）实体经济下行的仿真结果

假设制造业（我们的模型中采用中间品企业的 60%来替代）的需求分别萎缩 1%、5%、10%和 15%，不考虑政策干预，则测试结果如表 8-2 所示。

表 8-2 **制造业需求萎缩对金融运行风险的仿真结果**

需求下降	金融运行风险变化	经济运行风险
1%	上升，维持现级别	<0.2%
5%	上升至上一级别中部	*GDP* 下降 0.3%～0.8%
10%	上升至上一级别上部	*GDP* 下降 0.8%～1.5%
15%	上升至上一级别顶部	*GDP* 下降 2%～3%

制造业若面临需求萎缩会导致产出和投资需求下降、资产价格下跌，特别是在价格黏性下，产出下降的幅度比价格弹性条件中下降幅度更大。制造业萎缩会对就业产生很大影响，失

业率上升会进一步导致消费需求的紧缩，如果萎缩持续时间较长，则制造业相关的固定投资也会萎缩，从而进一步导致制造业的需求萎缩，由此导致金融运行风险上升。制造业萎缩最直接、最主要的原因是金融危机导致内外两个市场需求都大幅萎缩，制造企业普遍陷入困境，影响了资金的周转效率，降低资金的流动性，造成企业资金占用增加、还款难度加大、不良贷款增多。

模型目前尚不能综合考虑制造业萎缩对地方政府债务、影子银行等的影响，但它们之间有一定的相关性，制造业负向冲击导致宏观经济下行，居民收入减少，信心下降，资本也会流出，房价可能进一步下跌，地方政府的偿债能力降低，影子银行脆弱性会进一步增加。模型可以刻画制造业需求萎缩对资本市场的影响，对资本的相对价格会带来负向冲击，在不考虑其他因素的影响下，不会反过来对制造业造成影响；但若考虑到融资因素，则会进一步加剧制造业的萎缩①。

从目前来看，制造业需求萎缩超过 5％的概率很小，因此，实体经济下行对金融运行风险的预期影响仍然可控。

3）资本跨境流动的仿真结果

国际经济环境对短期金融风险的影响渠道主要是资本跨境流动。资本的净流出必然导致金融系统的流动性紧张：资本流出将减少外汇储备，从而减少基础货币。在存款准备金保持不变的情况下，商业银行的货币创造也将缩小，从而表现为 M2 的紧缩，通过货币与产出之间的联系，对经济运行产生冲击。

我们假设资本净流出规模分别占中国外汇储备的 1％、5％、10％和 15％几种情况进行测试，不考虑宏观政策干预，人民币汇率维持正负 5％的波动区间，结果如表 8-3 所示。

表 8-3　**资本流出对金融运行风险的仿真结果**

资本流出/外汇储备	*M2* 紧缩	金融运行风险变化	经济运行风险
1％	0.2 万亿～0.7 万亿元	上升，维持现级别	—
5％	1.2 万亿～1.4 万亿元	上升至上一级别底部	*GDP* 下降 0.2％～0.5％
10％	2.5 万亿～3 万亿元	上升至上一级别中部	*GDP* 下降 0.8％～1.5％
15％	3.5 万亿～4.5 万亿元	上升至上一级别顶部	*GDP* 下降 1.7％～2.2％

从仿真结果可以看出，当外汇储备突然减少 5％时，短期内金融运行风险就将上升一个级别，并导致经济运行风险上升；当外汇储备突然减少 10％时，则短期内 GDP 受到的冲击折算为年计将达到 1.2％左右，风险上升非常明显。此外，如果外汇储备减少是脉冲式的而非持续性的，则其影响不超过 2 个季度；但是如果考虑到人们预期改变带来的影响，则持续时间难以确定（经济有可能发散而非恢复初始均衡状态）。

我们再假设资本流出规模占外汇储备的比重分别为 1％、5％和 10％几种情况进行仿真，不考虑宏观政策干预，结果如表 8-4 所示。

---

① 在这种情况下，政府会出台相应的措施。

表 8-4 **资本流入对金融运行风险的仿真结果**

资本流入/外汇储备	*M*2 扩张	金融运行风险变化	经济运行风险
1%	0.5 万亿～0.9 万亿元	上升,维持现级别	—
5%	1.4 万亿～1.6 万亿元	上升至上一级别底部	GDP 上升 0.2%～0.5%
10%	2.5 万亿～3 万亿元	上升至上一级别中部	GDP 上升 0.8%～1.5%

资本流入过大也会导致金融风险,主要原因是资本流入会导致资产价格升高、通货膨胀等结果。需要说明的是,我们的模型显示在资本流入或流出中,货币乘数也会发生相应的变化:资本流出时货币乘数相应减小,资本流入时货币乘数相应增大,货币乘数的不稳定也因此成为金融运行风险的一个重要环节。

从历史数据来看,近年来大多数情况下,月度资本流出(以热钱表示)基本上属于 1%～5%的范围(所以,金融运行风险仍然可控。尽管如此,目前国际上部分金融机构在做空中国经济,虽然其本质属于投机性交易,但这些金融机构为了实现自己投机成功的目的,可能散发中国经济下行论调从而实现影响与中国相关资产价格、影响金融市场预期,有可能成为资本流出的重要驱动力量。正如我们在仿真过程中发现的,一旦金融市场的预期受到影响,则资本流出对金融运行风险的影响可能很大。因此,总体上应对资本净流出给予足够重视。

4) 股市波动的仿真结果

截至 2015 年 7 月底,中国股票市场交易结算金余额超过 3 万亿元人民币,而沪深 300 指数出现 2014 年以来快速上涨,2015 年 6 月下旬以来又发生剧烈下跌的情况。通常,股市的短期波动不会直接对实体经济造成影响,但如果下跌幅度过大、持续时间过长,在短期内会对实体经济造成冲击,因而其对金融运行风险的影响不容忽视。

我们对股市冲击的仿真考虑了如下几个因素:一是居民持币意愿,即股票价格持续下跌的预期导致居民持币意愿增强;二是银行信贷中流入股市的资金缩水,造成银行的风险厌恶程度上升,从而放贷意愿下降;三是股票价格剧烈下降的预期会导致资本的流出。这几方面的因素导致企业融资成本上升,形成经济受到负向冲击的预期,反过来进一步恶化居民和银行的风险厌恶程度,由此影响实体经济运行。特别是,由于历史原因,中国股市中的融资主体主要是关系国计民生的国有企业,因此,负向的冲击带来的影响更值得重视。我们基于 2015 年第二季度数据的仿真结果如表 8-5 所示。

表 8-5 **股市单月暴跌的仿真结果**

沪深 300 指数下降	金融运行风险变化	经济运行风险
10%	上升,维持现级别	<0.5%
30%	上升至上一级别底部	*GDP* 下降 0.3%～0.8%
50%	上升至上一级别上部	*GDP* 下降 0.8%～1.5%
70%	上升至上一级别顶部	*GDP* 下降>2%

从仿真结果可以看出,股市剧烈下跌对实体经济的影响需要谨慎对待。由于金融市场往往是预期推动和自我实现的,所以在监管中应注重引导市场的预期。

此外,影响金融运行风险还有其他因素,如房价波动、地方政府债务、影子银行等,但由于近年来中国已经采取了相应的措施，这几个方面风险爆发的概率相对较小，因此，我们把相应的仿真结果置于附录。

四、结论与建议

2015 年金融运行风险比前两年有一定提高，其中的突出因素是货币余额较大、实体经济面临下行压力、资本外流、股市剧烈波动等。过去我们有充分的政策空间，对于基建、房地产、出口、股市，可以一个接一个地加杠杆，但现在这些空间已被陆续透支。基于此我们作出如下建议。

（一）维持适度的货币供给和贷款增速，提高金融效率

从货币规模上看，中国已成为全球最大的货币供应经济体①，过高的货币余额带来的风险不言而喻，因此应尽力控制货币供给过快，但由于中国央行的独立性相对较弱，因此，控制货币供给速度需要其他多方面的措施相配合。

在短期内，需要忍受适度的经济下行带来的不利影响，不能简单地对经济进行刺激，否则就会继续扩大货币供给，使已有的风险进一步积累。当然，这种忍受是有一定限度的，如果经济下行压力超过一定限度，则需采取必要的刺激措施，货币供给扩大也成为必然，这也是维护适度货币供给和贷款增速面临的难题。

从长期来看，应进一步提高金融效率，避免只能依赖粗放、低效的货币投放来刺激经济发展的境况。提高金融效率，需要大力发展中国债券市场，深入推进股票市场上市制度改革，提高直接融资比例，转变社会融资方式，减轻对银行信贷方式的过度依赖，这既能形成银行体系利率市场化改革的外在压力，又能缓解银行体系改革的内在风险；改变以调控手段为主的货币政策思路，而逐渐过渡为以利率价格手段为主；主动适时调整国家产业政策与财政投资进度，控制国内基础设施等固定投资的过快增长，避免信贷配给手段造成的不公平；鼓励发展服务于中小企业的地方性小型金融机构，打破金融领域与实体经济领域的市场垄断，为发挥市场在资源配置中的主导作用提供制度基础。总之，应设法让资金流入边际效率（或边际产出）最高的实体经济部门，提高金融效率。

（二）防止出现剧烈的资本流出

资本流出（甚至外逃）的重要因素是国内经济政策扭曲和制度缺陷，因此从长期来看，应从体制和政策环境等深层次上采取措施加以解决。

（1）加强政府的宏观调控力度。推进国内金融改革的深化，减少在利率管理、市场准入、投资限制等方面的直接管制和行政干预，深化外汇市场改革，逐步放松外汇需求管理，逐步采用市场手段进行间接调控汇率和利率；将利率和汇率形成机制市场化，维持稳定而合理的实际汇率和实际利率；有效地化解银行不良资产，推出套期保值、规避风险的金融工具，减少居民的风险预期；改善投资环境，减少交易成本来增强投资的吸引力。

（2）监督和防范资本流动。加快建立现代企业制度，建立适应市场经济要求的国有资产管理体系，加强对国有资产运营状况的监督，完善公司治理结构。规范企业对外直接投资、借壳上市以及国际并购中的资产评估和财务管理，加强对金融机构及境外国有资产存量运营的监督和管理；强化对涉外投资行为的监管力度，截堵资本外逃中通过贸易和资本项目的转移渠

① 截至 2015 年 6 月，中国的 M2 已经超过 133 万亿元人民币，M2/GDP 比率 200%。

道，制订严格的收付汇规范，实行严格审批手续，加强对进出口重点部门、重点种类交易行为的管理；还应该推进税制改革，完善本国的税制，防止出于逃避税收为目的的资本外逃。

(3) 加强资本管制的国际协调。与资本转移的目的国建立信息共享协议，共同制定一套全面的资本逃避衡量体系，为资本管理提供有效及时的预警。将境外资产征税的属地原则与居民原则结合起来，改进境外资产的管理，加强与其他国家对突发性的资本外逃的共同防御。

当然，防止资本短期剧烈流出的关键还在于国内的经济发展和投资机会是否足够，只要解决好国内的经济发展问题，再加上合适的监管制度，短期资本剧烈流出的可能性就可以大大降低。

(三) 进一步消化房地产、地方政府债务等风险

目前房地产业面临的仍然是三线、四线城市供过于求而导致的房价下行压力，鉴于房地产行业对中国经济的影响，必须采取措施防止泡沫破裂，同时也应防止未来进一步的泡沫扩大。

第一，加强对房地产市场的宏观监控和管理。房地产兼有资产和消费品两重性，正因为如此，房地产市场的投资才十分活跃，在容易产生房地产泡沫时，我们就必须加强对房地产市场的管理。首先，要加强对房地产建设的投资管理，根据收入的水平来确定投资规模，使房地产的产与销基本适应，不至于过多积压；其次，要加强房地产二级市场的管理，防止过分炒高楼市，使房地产泡沫剧增；最后，加强分类指导，对房价下行压力较大的地区应积极支持改善型需求，避免房价发生断崖式下跌。

第二，在长期中，建立全国统一的房地产市场运行预警预报制度。加强和完善宏观监控体系应当通过对全国房地产市场信息的及时归集、整理和分析，就市场运行情况作出评价和预测，定期发布市场分析报告，合理引导市场，为政府宏观决策作好参谋。加快建立和完善房地产业的宏观监控体系，通过土地供应、税收和改善预售管理等手段进行必要的干预和调控。强化土地资源管理，根据房地产市场的要求，保持土地的合理供应量和各类用地的供应比例，控制地价。加强金融监管力度，合理引导资金流向。健全金融监管体系，增加监管手段，增强监管能力，提高监管水平；加强信用总规模的控制，不使社会总信用过度脱离实质经济的要求而恶性膨胀；加强投资结构的调控，通过利率、产业政策等，引导资金流向生产经营等实质经济部门；加强外资和外债的管理，尽可能引进外资的直接投资和借长期外债。此外，推动房地产泡沫产生的资金绝大部分从银行流出，因此要加强对银行的监管，从源头上控制投机资本。

除了严格控制地方政府债务规模的快速扩大，还应该从如下方面给予解决。

加快经济体制改革，健全完善财政体制。转变地方政府的职能，实现经济分权，加快经济建设，进一步增强可用财力，解决地方政府显性债务问题。加快基础配套设施建设，改善投资环境，促进个体私营经济和外向型经济的发展。

建立、健全地方政府债务管理体系。建立地方政府债务信息公开披露制度，实行严格的债务投资决策责任制。各级地方政府应该建立严格的债务投资决策审核制度，规范贷款资金的运行程序，严格核准项目的可行性和必要性。

完善地方政府融资体系。应借助成熟的资本市场的运行模式和经验，在考虑本国经济发展特点的同时，汲取发达国家好的经验，完善中国地方政府债务融资体系。

完善分税制财政体系，明确中央与地方事权。明确界定政府间的事权划分，分清偿债责任。合理界定各级政府间的事权与支出职责的划分，必须按照决策责任与筹资责任一致性的原则，解决目前的事权错位问题。对各级地方政府之间的事权范围和支出职责的进一步划分，

能够促进各级政府之间财权与事权统一，明确地方政府的财政债务责任，创造规范各级政府举债行为的条件。

（四）抑制股市暴涨暴跌

鉴于当前股票市场对经济改革的作用，维持市场健康稳定的重要性不言而喻，而暴涨暴跌都是应努力避免的市场行为，即应努力抑制市场中过度的投机交易。

从抑制暴涨的角度来看，应加强对融资交易的控制，特别是场外高杠杆的配资，杠杆率越高，收益放大倍数越高，因此配资交易极易推高某些股价，加上证券投资基金等机构投资者相互"抱团"，某些股票的市盈率甚至被推高到上千倍，即使考虑到上市公司未来收益的成长，这种股票的价格泡沫成分也足够大①。因此，控制市场中的杠杆率，挤出过多的投机资金，才有助于抑制市场泡沫。

从避免暴跌的角度来看，首先，如果市场中杠杆率控制在合理范围内，因价格下降导致强行平仓、从而导致价格恶性循环的机制就能够受到抑制；其次，应采取措施防止市场中恶意做空的交易，特别是在价格下跌中，通过股指期货买空甚至卖空等交易形式促使价格下跌从而形成暴跌的市场预期。这对市场监管者有较高的要求。

附　录

1. 居民的一阶条件

家庭选择消费、货币持有量、政府债券和资本以最大化终生效用，一阶条件满足：

$$C_t^{-\alpha}=C_{t+1}^{-\alpha}\beta(1+i_t)E\left(\frac{P_t}{P_{t+1}}\right)$$

$$\frac{\gamma\left(\dfrac{M_t}{P_t^C}\right)^{-b}}{C_t^{-\sigma}}=\frac{i_t}{1+i_t}$$

$$C_{t+1}^{-\alpha}\beta(r_{t-1}-\delta)E\frac{P_t}{P_{t+1}}=C_t^{-\alpha}$$

2. 中间品厂商一阶条件

最优时的一阶条件满足：

$$\varphi_t^i=\frac{W_t^i}{P_t^iF_L^i(K_t^i,\ L_t^i)}\qquad \varphi_t^i=\frac{r_t-\delta}{F_K^i(K_t^i,\ L_t^i)}$$

3. 月度数据插值处理

假设需要产生 T 个月度观察向量 $\boldsymbol{x}_m$，如 GDP，且 $\boldsymbol{x}_m$ 与一组月度观察 $\boldsymbol{X}_m$（如消费、投资、进出口等）相关，并具有关系 $\boldsymbol{x}_m=\boldsymbol{X}_m\boldsymbol{\alpha}+\boldsymbol{e}_m$，其中 $\boldsymbol{X}_m$ 包含一系列经济指标，如月度消费、投资、进出口、货币余额等；$\boldsymbol{e}_m$ 为 0 均值的残差，且具有自回归形式：

$$e_{mt}=\rho e_{mt-1}+v_{mt}$$

① 2015 年 6～7 月期间部分高价创业板股票发生的暴跌已是证明。

v_{mt} 是独立同分布的，具有 0 均值，方差为 σ^2，因此 $\boldsymbol{e}_m$ 的协方差为 $\Sigma_e = \dfrac{1}{1-\rho^2}\boldsymbol{V}_m$，其中：

$$\boldsymbol{V}_m = \begin{bmatrix} 1 & \rho & \cdots & \rho^{T-1} \\ \rho & 1 & \cdots & \rho^{T-2} \\ \vdots & & & \vdots \\ \rho^{T-1} & & \cdots & 1 \end{bmatrix}$$

$\boldsymbol{x}_m$ 与其季度观察 $\boldsymbol{x}$ 之间具有如下关系：

$$\boldsymbol{x} = \boldsymbol{C}\boldsymbol{x}_m = \boldsymbol{C}\boldsymbol{X}_m\boldsymbol{\alpha} + \boldsymbol{C}\boldsymbol{e}_m = \boldsymbol{X}\boldsymbol{\alpha} + \boldsymbol{e}$$

式中 $\boldsymbol{X}$——$\boldsymbol{C}\boldsymbol{X}_m$；

$\boldsymbol{e}$——$\boldsymbol{C}\boldsymbol{e}_m$。

矩阵 $\boldsymbol{C}$ 为：

$$\boldsymbol{C} = \begin{bmatrix} 1 & 1 & 1 & 0 & & & \cdots & & 0 \\ 0 & 0 & 0 & 1 & 1 & 1 & 0 & \cdots & 0 \\ \vdots & & & & & & & & \vdots \\ 0 & & & \cdots & & 0 & 1 & 1 & 1 \end{bmatrix}$$

采用广义最小二乘估计，可生成月度数据：

$$\boldsymbol{x}_m = (\boldsymbol{X}^T\hat{\boldsymbol{V}}^{-1}\boldsymbol{X})^{-1}(\boldsymbol{X}^T\hat{\boldsymbol{V}}^{-1}\boldsymbol{x}) + \hat{\boldsymbol{V}}_m\boldsymbol{C}^T(\boldsymbol{C}^T\hat{\boldsymbol{V}}_m^{-1}\boldsymbol{C})^{-1}\boldsymbol{e}$$

式中 $\hat{\boldsymbol{V}}$ ——与 $\boldsymbol{V}_m$ 对应的矩阵，将通过季度观察 X 的自回归系数估计出来。

4．风险度量方法

风险指标权重描述影响该风险指标的下一级指标的影响，反映了各下级指标的重要程度，我们的确定思路如下。

首先，根据前文建立的基本模型，获得稳定均衡状态下各经济变量的稳定值，如稳定的人均产出、人均现金持有量、通胀预期等；其次，对经济中各个需要考察的状态变量，给定 1%的变动，则根据动态模型，可以计算出未来重新达到均衡前各状态变量的动态变化，因而也就能够确定各状态变量对其稳定值的偏离的大小。下面进行详细说明。

设稳定均衡下各状态构成的向量为 $\boldsymbol{x}^* = (x_1^*, \cdots, x_N^*)^T$，那么一旦发生对稳定均衡的偏离，则各状态变量的动态方程可以在稳定均衡附近展开为：

$$x_{i,t+1} - x_{i,t} = \left.\frac{\partial\varphi_i(\boldsymbol{x})}{\partial x_1}\right|_{x_i=x_i^*,\ i=1,\cdots,N}(x_{1,t} - x_i^*) + \cdots + \left.\frac{\partial\varphi_i(\boldsymbol{x})}{\partial x_N}\right|_{x_i=x_i^*,\ i=1,\cdots,N}(x_{N,t} - x_N^*)$$

显然 $\left.\dfrac{\partial\varphi_i(\boldsymbol{x})}{\partial x_i}\right|_{x_i=x_i^*,\ i=1,\cdots,N}$ 为常数，因此

$$\boldsymbol{x}_{t+1} - \boldsymbol{x}_t = \boldsymbol{\Psi}(\boldsymbol{x}^*)(\boldsymbol{x}_t - \boldsymbol{x}^*)$$

式中 $\boldsymbol{\Psi}(\boldsymbol{x}^*)$——$\left(\left.\dfrac{\partial\varphi_i(\boldsymbol{x})}{\partial x_i}\right|_{\boldsymbol{x}=\boldsymbol{x}^*}\right)_{N\times N}$。

这样，由这些状态变量构成的动态系统就在稳定均衡状态附近波动。为了将波动转换为无量纲形式，设任一状态变量 x_i 偏离其稳定值的百分比为 u_i，那么：

$$u_{i,t}=\frac{x_{i,t+1}-x_{i,t}}{x_i^*}$$

$$\frac{x_{i,t+1}-x_{i,t}}{x_i^*}=u_{i,t+1}-u_{i,t}$$

因此状态变量的线性动态可以转化为：

$$u_{i,t+1}-u_{i,t}=\sum_{j=1}^{N}\frac{x_j^*}{x_i^*}\frac{\partial\varphi_j(\boldsymbol{x})}{\partial x_j}\bigg|_{\boldsymbol{x}=\boldsymbol{x}^*}u_{j,t}$$

这是一组关于各状态变量对各自稳定状态的偏离百分比的变动线性方程，描述了我们所关注的经济在某些变量受到冲击后的动态调整过程。显然，各状态变量对其稳定值的偏离就是由 u_i 来描述的，若 u_i 越大，则该变量偏离稳定的程度越大，改变量对应的风险指标也越大；反之越小。

考虑各风险指标的权重。若以各经济变量的稳定值为参照(原点)，$\boldsymbol{u}_t=(u_{1,t},\ \cdots,\ u_{N,t})^T$ 反映了第 t 期的经济状态相对于稳定经济状态的位置，而 $\rho(\boldsymbol{u}_t)=\sqrt{\sum_{i=1}^{N}u_{i,t}^2}$ 则反映了第 t 期的经济状态相对于稳定经济状态的“距离”，该“距离”越大，经济运行风险也越大。

给各个经济变量(或风险指标)指定权重的主要根据，是看该变量每变动 1%，对其他经济状态的影响程度如何。如果经济系统线性化已经完成，并且有关的系统参数也已经校准确定完毕，则该基本系统已经确定。若在期初人为地赋予某个 $u_{i,0}=1\%$，而 $u_{j,0}=0,\ j\neq i$，即经济在稳定状态时人为地给予某个变量 1%的外生冲击，那么该经济系统就开始逐期调整直到重新稳定。当然，很可能该冲击的影响还没有消除时，现实中新的冲击又已出现。但是在认识中，我们可以识别出每一次冲击的“纯粹”的影响。而方程组 $u_{i,t+1}-u_{i,t}=\frac{\partial\varphi_i(\boldsymbol{x})}{\partial x_i}\Big|_{\boldsymbol{x}=\boldsymbol{x}^*}u_{i,t}$ 描述的是各个经济指标如何逐期变化，当经济重新稳定时，可能是在第 T_i 期之后，那么在这 T_i 期内，经济一直处于失衡(有风险)的状态。我们采用 $\gamma_i=\sum_{j=0}^{T_i}\rho(\boldsymbol{u}_{t+j})$ 表示此 1%的外生冲击对经济造成的总体影响，而采用 $\omega_i=\frac{\gamma_i}{\sum_{i=1}^{N}\gamma_i}$ 表示第 i 个经济变量(对应于某个或某些风险指标)对总体风险的贡献，因此我们采用 ω_i 作为各指标的风险权重。这样，一旦给出了各主要的风险指标，则风险总体指标对应的值就是以 ω_i 为权重的加权。

外生地给定经济变量 1%的冲击后，经济重新稳定所需要的时间不同，因此不同的 i 对应于不同的 T_i，而 T_i 的确定则完全通过对经济系统的计算机模拟来确定。很显然，T_i 越大表明该状态变量的影响时间越长。当经济重新稳定的时候，T_i 可能未必是整数，我们采用“四舍五入”的方式来近似代替，否则 γ_i 无法计算。我们主要以月度为时间单位，因此总体来说误差在可接受范围内。

5. 房价波动的仿真结果

房价下行压力是当前中国金融运行风险很重要的一个影响因素①，因为房价波动的效应

① 实际上可能是最重要的影响因素。

不仅仅影响房地产贷款风险，还影响影子银行系统和地方政府债务，此外，房地产业还带动了中国几十个相关行业，因此，房价波动将通过影响房地产业和其他行业影响中国经济，带来持续的金融运行风险。相对于购买力来说，目前的关键问题是，中国的房价偏高。假设中国房价分别下跌5%、10%、15%和20%，在不考虑宏观经济政策措施的情况下，通过本项目建立的模型对金融运行风险进行估计，结果如附表1所示。

附表1　　**房价波动对金融运行风险的仿真结果**

房价下跌	金融运行风险变化	经济运行风险①
5%	—	—
10%	上升，维持现级别	GDP下降0.5%～1.5%
15%	上升至上一级别底部	GDP下降1.5%～2%
20%	上升至上一级别中部	GDP下降2%～2.5%

需要说明的是，我们考虑了房地产与银行贷款、影子银行和地方政府债务之间的相关性，在仿真中分别设定它们的相关性如附表2所示。

附表2　　**房价波动与银行贷款、财政收支和影子银行的相关系数设定**

	房价波动	银行贷款	财政收支	影子银行
房价波动	1	0.1～0.2	0.5～ 0.7	0.4～0.6
银行贷款		1	—	—
财政收支			1	—
影子银行				1

由此可以看出，房价波动对金融运行风险具有较强的影响，特别是当房价下跌15%以上时，金融运行风险的级别将上升，宏观经济运行风险的影响也将变得不可忽略。

如果我们再考虑到房价波动对居民信心的影响，即居民预期也受影响、易形成恐慌性的羊群效应，则在一定时期内（政策干预出台前），金融系统可能出现发散式的动态演化，房价加速下跌，金融风险急剧上升，只有政府出台强硬的干预措施，才可能改变居民预期，防止金融风险的进一步恶化。

此外，房价下跌还对当前金融运行风险的另一个重要因素，即地方政府债务形成叠加效应。如果房价出现剧烈下跌，中央政府不采取措施，则财政预算严重依赖土地出让金的许多地方政府将面临严重的财政危机，加剧已经积累的金融运行风险。

6. 地方政府债务违约的仿真结果

地方政府债务在近年来因为其规模而备受关注，特别是部分地方政府为了地方经济的发展大肆举债，并且，近年来部分地方政府的财政收支严重依赖于土地出让金。地方政府债务发生违约，对经济造成的冲击主要在于居民信心，并且导致金融风险上升、流动性紧张。我们对地方政府债务违约比例分为1%、5%、10%和15%几种情况进行风险测算，结果如附表3

① 按月最大值折算为年计。

所示。

附表 3 地方政府债务违约金融运行风险的仿真结果

地方政府债务违约比例	金融运行风险变化	经济运行风险
1%	上升至本级顶部	GDP 下降 0～0.3%
5%	上升至上一级底部	GDP 下降 0.5%～0.8%
10%	上升至上一级中部	GDP 下降 0.8%～1.5%
15%	上升至上一级中上部	GDP 下降 1.5%～2%

事实上，地方政府债务存在违约风险已经引起市场的警觉，但如果地方政府债务违约一旦发生，对居民信心产生冲击要比其他冲击可能更大，因此金融风险上升会比较明显，在中央政府不出台措施的情况下，这种冲击有可能进一步放大，从而影响实体经济。如果违约比例逐渐增大，则即使中央政府不出台措施，居民对出台措施的预期也会有所增加。因此，当地方政府债务违约比例逐渐上升时，金融风险和经济运行风险比例的上升并非非常剧烈，但这时候的居民预期并不稳定，很容易形成经济衰退的恶性循环。

需要说明的是，我们尚无法从模型中考虑地方政府债务违约对房价波动的影响，但直观来看，如果地方政府债务违约，具有投资属性的房产价格肯定会发生波动，而这种波动反过来又会进一步刺激包括政府债务违约等行为在内的金融风险的进一步加剧。

7. 影子银行风险的仿真结果

影子银行资金的期限相对较短，融资成本相对较高，基本上是银行融资渠道紧缩后的一种替代或“创新”。为了简化，我们将影子银行当作一种直接融资来处理，并假设违约率分别为0.5%、1%、5%和10%几种情况，不考虑“刚性兑付”，仿真结果如附表 4 所示。

附表 4 影子银行不同违约率对金融运行风险的仿真结果
（不考虑与房价和地方政府债务的相关性）

需求下降	金融运行风险变化	经济运行风险
0.5%	维持现级别	<0.05%
1%	上升，维持现级别	GDP 下降<0.2%
5%	上升至上一级别中部	GDP 下降 0.5%左右
10%	上升至上一级别上部	GDP 下降 0.5%～1%

从仿真结果来看，影子银行的违约对金融风险的影响相对不算大，但这是我们没有考虑其与房价波动和地方政府债务之间的相关性的结果①。如果考虑到它们之间的相关性，其对应的风险应该更大一些。

参 考 文 献

［1］唐海燕，贾德奎. 中国宏观经济运行季度指数[M]. 上海：上海人民出版社，2015(2).

① 与地方政府债务相似，较难确定影子银行反过来对房价和地方政府债务的影响。

[2] GOODHART C A E, SUNIRAND P, TSOMOCOS D P. A Time series analysis of financial fragility in the UK banking system[J]. Annals of Finance, 2006(2).

[3] TSOMOCOS D P. Equilibrium analysis, banking, and financial instability[J]. Journal of Mathematical Economics, 2003(3).

[4] HOGGARTH G, SAPORTA V. Costs of banking system instability: some empirical evidence[J]. Financial Stability Review, 2001(6).

[5] LAGUNOFF R, SCHREFT S. A model of financial fragility[J]. Journal of Economic Theory, 2001(2).

[6] GOODHART C A E, SUNIRAND P, TSOMOCOS D P. A model to analyse financial fragility[J]. Economic Theory, 2006(1).

[7] HALDANE A, HALL S, SAPORTA V and TANAKA M. Financial stability and macroeconomic models[J]. Bank of England Financial Stability Review, 2004(6).

[8] HOGGARTH G, WHITLEY J. Assessing the strength of UK banks through macroeconomic stress tests[J]. Bank of England Financial Stability Review, 2003(6).

[9] FENDER L, JACOB G. Overview: global financial crisis spurs unprecedented policy actions [J]. BIS Quarterly Review, 2008(9).

[10] ALLEN F, GALE D. Bubbles and crises[J]. The Economic Journal, 2000(1).

[11] ERCEG, CHRISTOPHER J, DALE W H, ANDREW T L. Optimal monetary policy with staggered wage and price contracts[J]. Journal of Monetary Economics, 2000(46).

[12] DAVID N D, CHETAN D. Structural Macroeconomics[M]. Princeton University Press, 2007.

[13] YANNICK K. Financial Fragility in Emerging Market Countries: Firm Balance Sheets and the Productive Structure. PSE Working Papers, 2005.

第九章 财税风险

一、绪论

（一）研究背景

自从1998年中国房地产发展模式改革以来，中国房地产业迎来了蓬勃发展的良机。房地产业迅速发展，成为国民经济的支柱产业，对中国GDP增长率贡献显著上升。与此同时，它也给中国各级地方政府带来了丰厚的财政收入：土地出让金、各项税收以及行政性收费。在某些地区，房地产行业带来的财政收入甚至占地方政府全年财政收入的一半左右，成为某些地方政府"第一大"财政收入来源产业。巨大的财政收入来源，也增加了政府的财政风险和危机感。究竟房地产业还能否继续快速发展？如果房地产业出现下滑，会对政府的财政收入带来什么样的影响？这些问题成为亟待研究和迫切需要解决的问题。

中国中央政府于2012年开始推行"营业税"改"增值税"，并计划2015年完成。由于建筑业以及不动产销售目前属于征收营业税行业，因此，"营改增"必然会对房地产业发展产生影响。并且，由于近年来房地产行业的快速发展，房价空前持续上涨，中国社会要求调节房价、遏制房价过快上涨的呼声不断加强。2011年1月28日，沪、渝两市试点征收房产税后，将房产税推向全国，使其成为地方主体税种的呼声此起彼伏。但因沪、渝两市房产税试点存在较大争议，中央已确定停止房产税试点扩围，转向推进房地产税立法。2013年11月12日，中共十八届三中全会《中共中央关于全面深化改革若干重大问题的决定》中提出要"加快房地产税立法并适时推进改革"。但是，在房价快速上涨之后又出现了暂时的停滞，各项房地产的政策变得扑朔迷离。

房地产业的兴衰已经不仅仅是事关房地产行业自身发展的问题，而是事关整个国民经济能否健康发展的全局性问题，更是关系到国家财政安全与否的问题。因此，本章以中国房地产业的发展为主线研究中国财政风险就显得具有重要的现实意义。

（二）文献综述

近几年，国内外学者对房产税功能的研究多集中在房产税的收入分配效应方面。如爱德华·格莱泽(Edward L. Glaeser, 1996)认为：当地方政府想大幅度提高自己的收入时，只要居民对住房的需求缺乏弹性，房产税对地方政府的吸引力就远超一次性税收。国内也有学者认为房产税可以成为地方政府的主体税种。如马思(2013)通过对房产税收入进行测算后发现：房产税改革初期，地方财政缺口较大，但在房产税改革成熟后，房产税收入会稳定增长，能够成为地方政府稳定的税收来源。另外，曲卫东等(Weidong Qu, etc, 2014)认为：如果不同类型的房地产采取不同的税率，就可以解决地方财政收入主要依靠土地财政的问题。江婷(2013)则以广州2005—2010年数据为例，通过对广州房产价值进行科学评估，在综合考虑税负等因素后，给出了一个相对合理的房产税税率。当税率为2%时，房产税收入占财政收入的比重为64.08%；当税率为1%时，房产税收入占财政收入的比重在25%以上。靳正

(2013)在沪、渝两市现有改革成果的基础上，重新设计了房产税。他认为：在健全房产价值评估体系后，通过进一步推动房产税立法改革，房产税有可能成为地方主体税种。但是，郭玲和刘跃(2011)通过研究却发现：按照沪、渝两市房产税试点方案，房产税对地方财政的影响很小。按上海方案估算，2010 年可征到的房产税占地方本级财政收入的比重仅为 0.65%；按重庆方案估算，则这一比重可分别达到 6.15%(税率为 0.5%)、12.3%(税率为 1.0%)和 14.7%(税率为 1.2%)。

从前人的文献可以看出：学者通过赋予一定的税率水平，或认为通过改革沪、渝两市试点政策，房产税就可以成为中国地方政府的主体税种，也有学者认为在现行试点政策基础上，房产税不具有成为地方政府主体税种的可能性。前人的研究具有重要的价值，但很少见到从地方政府财政收支缺口、地方政府债务负担等宏观方面来同时研究这一问题。与前人的研究不同，本研究则同时从地方政府房地产税收、财政收支缺口、债务负担和对土地出让金依赖程度四个方面研究房产税能否成为中国地方政府主体税种。本章内容不仅切合了地方税制结构调整的大背景，研究视角也比较全面，同时可以填补部分研究空白。

二、风险因素识别

(一) 地方政府财政收支缺口较大

理论上，地方政府的财政缺口越大，地方政府就越需要有充足的财源作为保证来维持政府的正常运转。房产税能否成为地方政府的主体税种，为其提供充足的财政收入，与地方政府的财政收支缺口密切相关。财政收支缺口从财政收入与财政支出之比就可见端倪。

1999 年以来，中国 31 个省级地方政府财政收入与财政支出之比数据见表 9-1。

从表 9-1 可以看出，近几年，在北京、天津、上海、江苏、浙江、广东等经济比较发达的省市，财政收支缺口维持在 20%以内。其余地区，财政收支缺口还是比较大的。尤其是一些经济不发达的省份，如宁夏和西藏等财政收支缺口在 80%甚至 90%以上。在各地财政收支缺口如此大的情况下，房地产税收收入就很难成为地方政府的主体税种。除了财政收支缺口外，地方政府债务的负担如果比较重的话，依靠房地产税来满足财政需要就更不可能了。

(二) 地方政府债务负担过重

中国《预算法》和《担保法》对地方政府举债进行了严格限制。《预算法》规定，地方各级政府预算按照量入为出、收支平衡的原则编制，不列赤字，地方政府不得发行地方政府债券。《担保法》规定，国家机关不得为保证人。但是，地方政府为了基础设施建设和地方经济发展而设立了不少公司，而这些公司则可以发行债务，地方政府对其做名义上的担保，但并无法律支持。如果地方政府处理不好这些债务，地方政府债务负担就会变得越来越重。除了具有担保责任的城投债，地方政府还承担了具有一定救助责任的债务。

国际上关于政府显性债务的统计，大多数是按照世界银行经济学家汉娜(Hana)提出的财政风险矩阵法，具体见表 9-2。目前，中国地方政府债务主要包括省、市、县、乡镇四级政府的负债。地方政府债务是指由地方政府或其职能部门直接借入、提供担保、欠账等形成的最终必须由政府偿还的债务。

表 9-1 中国 31 个省市财政收入与财政支出之比(1999—2014 年)

地区＼年份	1999	2000	2001	2002	2003	2004	2005	2006	2007	2008	2009	2010	2011	2012	2013	2014
北 京	79.21%	77.88%	81.23%	84.98%	80.64%	82.88%	86.86%	86.14%	90.49%	93.78%	79.22%	86.63%	92.64%	89.95%	97.87%	97.75%
天 津	71.66%	71.43%	69.73%	64.79%	65.54%	65.64%	75.06%	76.79%	80.15%	77.86%	60.09%	77.63%	81.01%	82.12%	82.92%	82.84%
河 北	63.65%	59.87%	55.14%	52.43%	51.93%	51.92%	52.67%	52.57%	52.38%	50.36%	40.36%	47.22%	49.13%	51.09%	48.56%	52.75%
山 西	58.91%	50.87%	45.86%	45.12%	44.76%	49.39%	55.08%	63.72%	56.95%	56.88%	47.90%	50.21%	51.33%	54.95%	55.94%	51.51%
内蒙古	43.33%	38.43%	31.14%	28.67%	31.01%	34.88%	40.69%	42.28%	45.49%	44.73%	33.77%	47.06%	45.39%	45.33%	46.70%	46.28%
辽 宁	61.07%	57.06%	58.30%	57.85%	56.99%	56.87%	56.07%	57.47%	61.37%	62.97%	50.56%	62.73%	67.67%	68.12%	64.25%	62.87%
吉 林	43.17%	39.83%	37.10%	36.26%	37.63%	32.75%	32.82%	34.13%	36.29%	35.83%	28.58%	33.71%	38.61%	42.14%	42.15%	41.40%
黑龙江	50.18%	48.53%	44.67%	43.60%	44.05%	41.49%	40.39%	39.94%	37.10%	37.49%	30.80%	33.53%	35.70%	36.68%	37.91%	37.88%
上 海	78.71%	79.76%	86.07%	82.21%	81.42%	80.01%	86.10%	87.78%	95.09%	90.93%	78.90%	87.00%	87.61%	89.48%	90.75%	93.14%
江 苏	70.85%	75.82%	78.41%	74.83%	76.18%	74.73%	79.04%	82.29%	87.63%	84.11%	67.99%	83.02%	82.76%	83.39%	81.34%	85.43%
浙 江	71.35%	79.48%	83.83%	75.59%	78.79%	75.82%	84.28%	88.20%	91.29%	87.54%	72.87%	81.31%	82.00%	82.68%	80.26%	79.88%
安 徽	60.39%	55.25%	47.59%	43.82%	43.50%	45.66%	46.84%	45.52%	43.71%	43.99%	33.83%	44.42%	44.31%	45.26%	47.68%	47.56%
福 建	74.82%	72.21%	73.50%	68.64%	67.37%	64.55%	72.94%	74.27%	76.81%	73.25%	59.03%	67.93%	68.31%	68.11%	69.32%	71.57%
江 西	50.59%	49.92%	46.52%	41.17%	44.01%	45.32%	44.85%	43.87%	43.07%	40.38%	31.28%	40.46%	41.56%	45.44%	46.76%	48.46%
山 东	73.54%	75.63%	76.04%	70.90%	70.63%	69.64%	73.19%	73.97%	74.07%	72.36%	59.89%	66.33%	69.09%	68.75%	68.13%	70.05%
河 南	58.12%	55.32%	52.65%	47.16%	47.17%	48.73%	48.17%	47.16%	46.09%	44.22%	34.72%	40.44%	40.52%	40.75%	52.82%	45.32%

（续表）

地区＼年份	1999	2000	2001	2002	2003	2004	2005	2006	2007	2008	2009	2010	2011	2012	2013	2014
湖 北	57.79%	58.12%	47.88%	47.60%	48.07%	48.04%	48.22%	45.47%	46.22%	43.07%	34.00%	40.43%	47.50%	48.49%	57.81%	59.95%
湖 南	53.17%	50.90%	47.58%	43.37%	46.82%	44.56%	45.25%	44.90%	44.70%	40.94%	32.70%	40.03%	43.09%	43.27%	43.65%	72.24%
广 东	79.32%	84.29%	87.83%	79.00%	77.58%	76.55%	78.95%	85.36%	88.17%	87.61%	76.37%	83.32%	82.16%	84.32%	85.60%	88.24%
广 西	59.37%	56.89%	50.81%	44.48%	45.91%	46.85%	46.29%	46.96%	42.48%	39.97%	31.97%	38.45%	37.23%	39.06%	41.25%	40.91%
海 南	63.65%	61.14%	55.44%	50.12%	48.69%	44.84%	45.41%	46.87%	44.17%	40.47%	29.80%	46.62%	43.67%	44.91%	47.62%	50.74%
重 庆	51.07%	46.49%	44.67%	51.62%	47.30%	50.70%	52.70%	53.47%	57.67%	56.85%	50.71%	55.71%	57.91%	55.92%	55.36%	58.17%
四 川	58.18%	51.74%	45.64%	41.60%	46.00%	43.10%	44.32%	45.10%	48.37%	35.32%	32.71%	36.68%	43.74%	44.42%	44.90%	45.08%
贵 州	43.50%	42.28%	36.25%	34.19%	37.48%	35.68%	35.05%	37.14%	35.85%	33.01%	25.35%	32.72%	34.37%	36.80%	38.92%	38.57%
云 南	45.67%	43.65%	38.53%	39.24%	38.99%	39.68%	40.80%	42.52%	42.87%	41.77%	31.45%	38.11%	37.93%	37.46%	39.32%	38.25%
西 藏	8.59%	8.98%	5.84%	5.30%	5.59%	7.49%	6.49%	7.27%	7.31%	6.54%	5.29%	6.65%	7.22%	9.56%	9.37%	8.42%
陕 西	51.52%	42.31%	38.80%	37.12%	42.40%	41.63%	43.09%	43.98%	45.09%	41.40%	32.12%	43.19%	51.19%	48.16%	47.66%	47.72%
甘 肃	39.49%	32.56%	29.71%	27.82%	29.22%	29.18%	28.77%	26.72%	28.27%	27.36%	21.26%	24.08%	25.13%	25.27%	26.28%	26.48%
青 海	25.44%	24.30%	19.57%	17.77%	19.70%	19.66%	19.92%	19.68%	20.10%	19.68%	14.70%	14.83%	15.69%	16.08%	17.94%	18.45%
宁 夏	38.03%	34.23%	29.47%	23.11%	28.39%	30.46%	29.78%	31.76%	33.09%	29.27%	21.97%	27.54%	31.16%	30.54%	—	33.98%
新 疆	42.89%	41.41%	36.11%	32.25%	34.80%	36.98%	34.74%	32.35%	35.95%	34.08%	26.81%	29.46%	31.54%	33.42%	36.80%	38.60%

数据来源及说明：①“财政收入”与“财政支出”指地方公共财政收入和全部公共财政支出；②“财政缺口”一般用“财政收支比减 100”表示；③1999—2009 年除重庆和四川外 29 个省市数据见李梦娟：《中国宏观税负与经济增长》，中国税务出版社，2012 年版，第 168 页；④2013 年、2014 年数据依据各省级政府财政厅（局）的《2013 年预算执行情况及 2014 年预算草案的报告》《2014 年预算执行情况及 2015 年预算草案的报告》，2010—2012 年重庆和四川以外的其他省市数据、重庆和四川历年数据依据国家统计局（http://www.stats.gov.cn/tjsj/）公布的数据资料计算整理所得。

表 9-2 政府负债风险矩阵

政府债务	直接负债(在任何情况下都存在的负债)	或有负债(在特定事件发生时产生的负债)
显性负债:法律或合同所确定的政府负债	1. 国外和国内主权借款(中央政府的合同贷款和其发行的有价证券) 2. 预算法律规定的支出 3. 受长期法律约束的预算支出(公务员工资和公务员养老金)	1. 政府对非主权借款和地方政府、公共部门和私营部门实体(如开发银行)债务的担保 2. 对不同类型贷款(如抵押贷款、对学习农业的学生的贷款和小型企业贷款)的保护性政府担保 3. 对贸易与汇率、国外主权政府借款、私人投资的政府担保 4. 有关存款、私营养老金基金最低收益、农作物、水灾、战争风险的政府保险体系
隐性负债:主要反映公众期望和利益集团压力的政府道义上的债务	1. 法律未作规定的未来公共养老金(而不是公务员的养老金) 2. 法律未作规定的社会保障计划 3. 法律未作规定的未来医疗保健筹资 4. 公共投资项目的未来经常性费用	1. 对私营化实体负债的清理 2. 银行倒闭(处于政府保险的范围之外) 3. 非担保养老金基金、就业基金、社会保障基金(对小投资者的社会保护)的投资失败 4. 中央银行不能履行其职责(外汇合约、保卫币值、国际收支稳定) 5. 私人资本流向改变而采取的紧急救援行动 6. 环境灾害后果的清理、救灾、军事筹资等 7. 地方政府和公共或私营实体的非担保债务和其他负债的违约

数据来源:Hana Polackova Brixi、马骏主编:《财政风险管理:新理念与国际经验》,中国财政经济出版社 2003 年版,第 46～47 页。

地方政府举债与个人、企业的借债一样,借债规模必须控制在其经济承受范围之内,即政府债务规模必须与当时经济发展水平、财政支出和财政收入水平相匹配。也就是说,债务依存度(当年债务收入/当年财政支出)、偿债率(当年还本付息额/当年财政收入)、债务负担率(当年债务余额/当年 GDP)这三个指标要适度。否则,就会加剧财政困境,导致债务风险。

据国家审计署给出的数据,地方政府债务负担已经非常重。2013 年 8～9 月,审计署对中央、31 个省(自治区、直辖市)和 5 个计划单列市、391 个市(地、州、盟、区)、2 778 个县(市、区、旗)、33 091 个乡(镇、苏木)的政府性债务情况进行了审计。审计结果显示了中国地方各级政府债务负担情况,具体数据见表 9-3 和表 9-4。

表 9-3 **2013 年 6 月底地方各级政府性债务规模情况表** 单位:亿元

政府层级	政府负有偿还责任的债务	政府或有债务	
		政府负有担保责任的债务	政府可能承担一定救助责任的债务
省级	17 780.84	15 627.58	18 531.33
市级	48 434.61	7 424.13	17 043.70
县级	39 573.60	3 488.04	7 357.54
乡镇	3 070.12	116.02	461.15
合计	108 859.17	26 655.77	43 393.72

数据来源:审计署:《全国政府性债务审计结果》,2013 年 12 月 30 日,第 5～9 页。

从表 9-3 可以看出，在政府负有偿还责任的债务中，市县级政府是主要债务人，在政府或有债务中，省市级政府是主要负债人。可见，市县级地方政府负债规模比较大。另外，政府在 2014 年以后需要偿还的债务规模也比较大。这就需要地方政府，尤其是市县级政府必须有充足的财源来偿还未来几年到期的债务。

表 9-4　**2013 年 6 月底地方政府性债务余额未来偿债情况表**　单位:亿元

偿债年度	政府负有偿还责任的债务		政府或有债务	
	金额	比重	政府负有担保责任的债务	政府可能承担一定救助责任的债务
2013 年 7 月～12 月	24 949.06	22.92%	2 472.69	5 522.67
2014 年	23 826.39	21.89%	4 373.05	7 481.69
2015 年	18 577.91	17.06%	3 198.42	5 994.78
2016 年	12 608.53	11.58%	2 606.26	4 206.51
2017 年	8 477.55	7.79%	2 298.60	3 519.02
2018 年及以后	20 419.73	18.76%	11 706.75	16 669.05
合计	108 859.17	100.00%	26 655.77	43 393.72

数据来源:审计署:《全国政府性债务审计结果》,2013 年 12 月 30 日,第 5～9 页。

2010 年 6 月 10 日，中央政府下发了《国务院关于加强地方政府融资平台公司管理有关问题的通知》〔2010〕19 号文，其核心就是要治理和清理地方政府负债问题。但是，多年来各级地方政府仍以各种名义举借了大量债务，如果不及时加以控制和管理，风险不断积聚，一旦地方财政收入增长减缓，不能承载还本付息的压力，就会造成银行贷款出现大量坏账，同时将引发金融、经济和政府信任危机。地方政府债务现实风险和潜在风险已经威胁到社会经济的健康发展。

（三）地方政府对土地出让金过度依赖

分税制改革后，地方政府税收体系建设速度趋缓，尤其是 1998 年商品房制度改革以来，省市县三级政府对土地出让金的依赖程度不断增加。2012 年 12 月底，11 个省级、316 个市级、1 396 个县级政府承诺以土地出让收入来偿还的债务规模高达 34 865.24 亿元，占三级地方政府负有偿还责任债务余额 93 642.66 亿元的 37.23%。地方政府对土地出让金依赖程度很强。具体数据见表 9-5。

表 9-5　**中国 23 个省份土地财政依赖度排名**　单位:亿元

省份	统计口径(承诺以土地出让收入为偿债来源的各级政府)	土地偿债规模	土地偿债规模排名	土地偿债在政府负责偿还责任任务中占比	占比排名
浙江	省、市、县政府	2 739.44	2	66.27%	1
天津	市政府	1 401.85	10	64.56%	2
福建	省本级、8 个市本级、67 个县级政府	1 065.09	11	57.13%	3
海南	省级、2 个市级、12 个县级政府	519.54	20	56.74%	4

（续表）

省份	统计口径（承诺以土地出让收入为偿债来源的各级政府）	土地偿债规模	土地偿债规模排名	土地偿债在政府负责偿还责任任务中占比	占比排名
重庆	市本级及36个区县政府	1 559.81	8	50.89%	5
北京	市本级、14区县政府	3 601.27	1	50%～60%	6
江西	11个市级、90个县级政府	1 022.06	12	46.72%	7
上海	市级和16个区县政府	2 222.65	3	44.06%	8
湖北	13个市级、72个县级政府	1 762.17	6	42.99%	9
四川	18个市级、111个县级政府	2 125.65	4	40.00%	10
辽宁	13个市级、49个县级政府	1 983.2	5	38.91%	11
广西	自治区、市、县政府	739.4	16	38.09%	12
山东	14个市本级、81个县本级政府	1 437.34	9	37.84%	13
江苏	13个市级、73个县级政府	—	—	37.48%	14
安徽	16个市级、78个县级政府	901.99	14	36.21%	15
黑龙江	8个市级、18个县级政府	652.88	17	36.10%	16
湖南	14个市级、96个县级政府	942.42	13	30.87%	17
广东	19个市级、63个县级政府	1 670.95	7	26.99%	18
陕西	10个市级、32个县级政府	631.86	18	26.73%	19
吉林	6个市级、18个县级政府	586.16	19	22.99%	20
甘肃	10个市级、28个县级政府	206.54	22	22.40%	21
河北	11个市级、59个县级政府	795.52	15	22.13%	22
山西	6个市级、10个县级政府	268.94	21	20.67%	23

数据来源及说明：①各省份审计部门审计工作公告，中国经济研究院制表；②江苏没有公布土地偿债规模数字，北京没有公布比例数字及可供清算的数据，表中数据为估值，四川测算占比的分母为“市县两级政府负有偿还责任债务余额”，其他省份测算的分母为“省市县三级政府负有偿还责任债务余额”；③数据截至2012年年底。

从表9-5可以看出，土地偿债在政府负责偿还责任任务中，占比最高的是浙江，高达66.27%，天津紧随其后，达到64.56%，北京和上海占比也非常高。比重最低的山西也达到了20.67%。这说明，无论是经济发达省份，还是经济欠发达省份，土地出让金都是地方政府偿债的重要来源。

表9-6　**中国地方政府土地出让金收入与地方税收收入之比（1999—2014年）**　单位：亿元

年份	土地出让金收入		地方税收收入		土地出让金占地方税收比重
	绝对值	增长率	绝对值	增长率	
1999	514.3	—	4 935	—	10.42
2000	595.6	16%	5 688.86	15%	10.47
2001	1 295.9	118%	6 962.76	22%	18.61

（续表）

年份	土地出让金收入		地方税收收入		土地出让金占地方税收比重
	绝对值	增长率	绝对值	增长率	
2002	2 416.8	86%	7 406.16	6%	32.63
2003	5 421.3	124%	8 413.27	14%	64.44
2004	6 412.2	18%	9 999.59	19%	64.13
2005	5 883.8	−8%	12 726.73	27%	46.23
2006	8 077.6	37%	15 228.21	20%	53.04
2007	12 216.7	51%	19 252.12	26%	63.46
2008	10 259.8	−16%	23 255.11	21%	44.12
2009	17 179.5	67%	26 157.43	12%	65.68
2010	30 108.9	75%	32 701.49	25%	92.07
2011	31 140.4	3%	41 106.74	26%	75.75
2012	26 652.4	−14%	47 319.08	15%	56.33
2013	39 073	47%	53 498.64	13%	73.03
2014	42 900	10%	58 795	10%	72.97

数据来源及说明：土地出让金收入见财政部预算司历年地方政府性基金收入决算表，税收数据见历年《中国税务年鉴》。

从表 9-6 可以看出，1999 年以来，地方政府土地出让金收入绝对规模呈现出上涨的走势，其占地方税收比重在最高年份竟达 90%以上。因此，在土地财政收入如此丰厚的情况下，地方政府也不可能放弃土地出让金这一主要财源转而依靠房产税。况且，中国各地区的税收负担已经比较重。房产税的普遍开征，也很可能引发纳税人的不满。

三、风险的传导机制

（一）地方政府债务不断加大，导致潜在财政收支危机

现在，中国地方政府债务规模已经非常大（见表 9-7）。虽然表 9-7 中的统计（或估算）数据不统一，即各部门（或科研机构）给出的数据也有差距，但有一点可以肯定的是：从这些部门给出的数据中可以看出，中国地方政府债务规模的确已经非常大了。

地方投资冲动和政府融资平台缺乏约束机制，融资金额巨大，超过政府实际可承受能力。一些地方政府依托政府融资平台等方式举债已接近地方财力承载极限，债务的现实风险和潜在风险已经威胁到社会经济的健康发展，必须想办法予以化解。

表 9-7 **中国地方债务规模情况**

机　构	日　期	地方债务规模
中国人行	2009 年 5 月	全国地方政府投融资平台 3 800 家，资产规模约 9 万亿元，总负债规模 5.26 万亿元
审计署	2009 年 12 月	对 36 个县、16 个市和 18 个省的本级财政状况调查后发现，政府债务余额约 2.8 万亿元。当年新增 1.04 万亿元，占 37.28%。政府性债务余额共计约 1.5 万亿元，分别占县、市、省本级政府债务总额的 78.0%、71.4%和 44.1%

（续表）

机　构	日　期	地方债务规模
银监会	2009 年 12 月	地方政府融资平台贷款余额 7.38 万亿元，是 2009 年全国财政收入 6.85 万亿元的 107.74%，地方本级财政收入 3.26 万亿元的 226.38%
高盛集团	2009 年 12 月	中国政府负债余额约为 15.7 万亿元，占 GDP 的 48%，包括中央政府国债 6.7 万亿元，占 GDP 的 20%；地方政府债务 7.4 万亿元，占 GDP 的 23%
财政部	2010 年 3 月	地方政府融资平台负债规模超 6 万亿元，地方债务余额超 4 万亿元，占 GDP 的比重超过 16%，占财政收入的比重超过 80%，占地方财政收入的比重超过 174%
中央财经领导小组	2010 年 3 月	地方债务总余额占 GDP 的 16.5%、财政收入的 80.2%、地方财政收入的 174.6%；直接债务相当于 GDP 的 12.9%、财政收入的 62.7%、地方财政收入的 136.4%
银监会	2010 年 7 月	中国银监会召开第三次经济金融形势通报会议，会中通报商业银行截至 6 月末的地方融资平台贷款达 7.66 万亿元
财政部	2010 年 11 月	地方政府融资平台上形成负债加上公司债等其他形式负债，地方隐形负债应该在 8 万亿元或者 8 万亿元出头，相当于年度 GDP 的 20%左右
社科院	2011 年 12 月	至 2011 年，地方债务规模将达 10 万亿～12 万亿元，至 2013 年或 2014 年，将达 20 万亿元
社科院	2012 年 12 月	至 2012 年，地方政府融资平台偿债率将超过 26%，至 2014 年才可能回落到 20%

数据来源：笔者自己整理搜集。表中日期指截止日期。其中，2011 年 12 月和 2012 年 12 月数据为预测值。

截至 2009 年年底，有统计数字的 31 个省、市、自治区中，只有黑龙江、内蒙古、新疆、西藏、山西、河南、贵州、宁夏的平台贷款债务率低于 60%，有 10 个省、市甚至超过了 100%。一些地方性融资平台的负债率达到 94%，有的地方甚至高达 400%，远高于国际上 80%～120%的平均值。地方政府举债超过了地方经济和财政承受能力。2011 年，上海、浙江、广东、深圳四个经济实力强大的地区试点开展了自行发债的工作。至 2014 年为止，有十多个城市进入了试点的行列，发债年限也从 5 年跃至 10 年。地方自主发债的金额也从 2011 年的 200 多亿元狂涨到 2014 年的 1 000 多亿元，涨了 5 倍多。另外，根据 2015 年 6 月野村中国宏观经济研究团队发布的中国风险地区分布报告，预计到 2020 年中国地方政府债券的数量将上升到 12 万亿元。该报告建立了一个地区综合信用风险评价体系，对中国 30 个省级行政区（西藏因财政情况特殊而未被纳入研究范围）和 265 个城市的风险进行定量评估，涉及 13 个指标，涵盖房地产市场、财政和金融风险以及经济基本面四大方面。野村中国首席经济学家赵扬表示，未来债券市场规模会扩大，但债务违约会增加，房地产市场、地方财政、金融以及经济基本面风险这四大因素都会影响违约风险因素。

（二）“营改增”造成地方政府营业税收入丧失，加剧财政收支矛盾

国家统计局公布的数据显示，1994 年以来，中国各地方政府的税收收入在不断地增长。从各税种之间的比重结构来看，各税种的收入结构相对稳定。营业税一直占地方政府税收收入的多数，并且呈增长趋势。排在第二位的是国内增值税，第三位则是企业所得税及城市维护建设税。但随着“营改增”的不断推进及深入，营业税将消失，地方政府的主体税种也将缺失。从这个意义上讲，“营改增”之后最紧迫的任务是重新构建地方政府的主体税种。

表 9-8 中国地方税各税种占地方税总收入比重(1994—2014 年) 单位:亿元

年份\税种	地方税规模	国内增值税	营业税	企业所得税	个人所得税	城市维护建设税	房产税	契税	土地增值税	耕地占用税	城镇土地使用税
1994	2 294.9	25.3	28.2	12.7	3.2	7.6	—	0.5	—	1.6	1.4
1995	2 832.8	23.1	29.2	12.4	4.6	7.4	—	0.6	—	1.2	1.2
1996	3 449.0	21.5	29.2	11.7	5.6	7.0	—	0.7	—	0.9	1.1
1997	4 002.0	20.6	29.0	13.5	6.5	6.7	—	0.8	—	0.8	1.1
1998	4 438.5	20.5	30.2	11.9	7.6	6.6	—	1.3	—	0.8	1.2
1999	4 934.9	19.7	29.5	12.7	8.4	6.3	3.7	1.9	0.1	0.7	1.2
2000	5 688.9	20.0	28.6	18.5	9.0	6.1	3.7	2.3	0.2	0.6	1.1
2001	6 962.8	19.3	26.6	24.2	10.3	5.5	3.3	2.3	0.2	0.6	1.0
2002	7 406.2	20.9	31.0	16.2	8.2	6.3	3.8	3.2	0.3	0.8	1.0
2003	8 413.3	21.5	32.9	14.0	6.7	6.5	3.8	4.3	0.4	1.1	1.1
2004	9 999.6	22.1	34.7	16.0	6.9	6.7	3.7	5.4	0.8	1.2	1.1
2005	12 726.7	20.8	32.2	16.8	6.6	6.2	3.4	5.8	1.1	1.1	1.1
2006	15 228.2	21.0	32.6	17.6	6.4	6.1	3.4	5.7	1.5	1.1	1.2
2007	19 252.1	20.1	33.1	16.3	6.6	6.0	3.0	6.3	2.1	1.0	2.0
2008	23 255.1	19.3	31.8	17.2	6.4	5.7	2.9	5.6	2.3	1.4	3.5
2009	26 157.4	17.5	33.8	15.0	6.1	5.4	3.1	6.6	2.8	2.4	3.5
2010	32 701.5	15.9	33.7	15.4	5.9	5.3	2.7	7.5	3.9	2.7	3.1
2011	41 106.7	14.6	32.9	16.4	5.9	6.3	2.7	6.7	5.0	2.6	3.0
2012	47 319.1	14.2	32.8	16.0	4.9	6.2	2.9	6.1	5.7	3.4	3.3
2013	53 890.9	15.4	31.8	14.8	4.8	6.0	2.9	7.1	6.1	3.4	3.2
2014	58 795.0	13.1	24.2	16.8	5.0	5.5	2.9	6.8	6.7	3.5	3.4

数据来源:①中国国家统计局(http://www.stats.gov.cn/)、《中国财政年鉴》(2013)和《地方财政研究》(沈阳,2012.6)。②地方税总收入比重在5%以下的其他税种收入未列出。其中,房产税占比4%以内;土地增值税一般在3.9%以内,只有两个年份超过5%;耕地占用税在3.5%以内;城镇土地使用税在3.5%以内;印花税在2.5%以内;车船税在1.0%以内;资源税在2.0%以内;烟叶税在0.3%以内;③2014年中央与地方共享税收入占比依据国内增值税、个人所得税和企业所得税分成比例计算所得;2014年营业税为房地产营业税、建筑业营业税和金融业营业税三个行业之和所占比重。

(三)房地产类税收规模小,无法担当地方主体税种责任

目前,中央没有将房产税试点扩大到其他城市的计划,而是专注于起草房地产税法。由于属于地方政府的、与房产和土地密切相关的税种包括房产税、城镇土地使用税、土地增值税、耕地占用税和契税5个税种,本研究对房地产税的统计包括这5个税种。中国1998年实行商品房改革,所以数据以1999年为起点。

1999 年以来,中国涉及房地产的税收收入数据见表 9-9。

表 9-9 **中国地方政府房地产税收收入及其在地方收入中的比重(1999—2014 年)** 单位:亿元

年份	房产税	城镇土地使用税	土地增值税	耕地占用税	契税	地方税收收入	"五税"占地方税比
1999	183.36	59.06	6.81	33.03	95.99	4 935.00	7.67%
2000	209.38	64.76	8.39	35.32	131.07	5 688.86	7.90%
2001	228.42	66.15	10.33	38.33	157.07	6 962.76	7.19%
2002	282.38	76.83	20.51	57.34	239.07	7 406.16	9.13%
2003	323.86	91.57	37.28	89.90	358.04	8 413.27	10.71%
2004	366.32	106.23	75.04	120.09	540.10	9 999.59	12.08%
2005	435.96	137.34	140.31	141.85	735.14	12 726.73	12.50%
2006	514.85	176.81	231.47	171.12	867.69	15 228.21	12.88%
2007	575.46	385.49	403.10	185.04	1 206.26	19 252.12	14.31%
2008	680.34	816.90	537.43	314.41	1 307.53	23 255.11	15.72%
2009	803.66	920.98	719.56	633.07	1 735.04	26 157.43	18.40%
2010	894.07	1 004.01	1 278.29	888.64	2 464.85	32 701.49	19.97%
2011	1 102.39	1 222.26	2 062.61	1 075.46	2 765.71	41 106.74	20.02%
2012	1 372.49	1 541.71	2 719.06	1 620.71	2 874.00	47 319.08	21.40%
2013	1 581.50	1 719.00	3 294.00	1 808.00	3 844.00	53 890.88	23.16%
2014	1 722.50	1 993.00	3 914.00	2 059.00	3 986.00	58 795.00	23.26%

数据来源:①中国国家统计局网站(http://data.stats.gov.cn/workspace/index? m=hgnd)、中国财政部网站(http://www.mof.gov.cn/index.htm)、《中国财政年鉴》(2010);②2014 年房产税收入为 2014 年 1～11 月收入数据。

从表 9-9 可以看出,中国地方政府房地产税收收入占地方政府税收收入的比重仍比较低。2014 年最高值达到 23.26%。因此,即使房产税推向全国以后,房产税收入也是比较少的,不可能满足地方政府的支出需要,尤其是在中国地方政府财政收支缺口比较大的情况下,房产税就更不可能成为地方政府的主体税种了。

在中国,地方政府要员一般任期为 5 年。因此,市县级政府官员一般只关心自己任期内的财政收入,而对未来继任官员任期的财政收入一般不关心。因此,在债台高筑、偿债压力比较大的情况下,地方政府更想依靠一次性获取的 50 年或 70 年的土地出让金,而不愿依靠具有可持续性的房产税。

四、风险度量

(一) 全国房地产行业发展概况

自 20 世纪 90 年代以来,中国实行货币化分房改革以来,房地产市场呈现蓬勃发展的趋势，我们可以从三个方面的指标反映中国房地产市场的快速发展趋势。

1. 房地产企业数量稳步增加

国家统计局公布的数据显示，2000 年全国房地产企业数量不足 3 万家，而到 2013 年，全国房地产企业数量有 9 万多家，房地产开发企业数量呈现稳步增长的态势。房地产开发企业在稳步增长的过程中，却表现出了结构性差异，除内资房地产开发企业以外，国有房地产开发企业，集体房地产开发企业，中国港、澳、台投资房地产开发企业，外商投资房地产开发企业数量近几年来都呈现下降的趋势，尤其是集体房地产开发企业下降趋势最为明显。表 9-10 显示了中国房地产企业数量的变化情况。

表 9-10 **中国房地产企业数量** 单位：家

年份	房地产开发企业		内资房地产开发企业		国有房地产开发企业		集体房地产开发企业		中国港、澳、台投资房地产开发企业		外商投资房地产开发企业	
	绝对数	增长率	绝对数	增长率	绝对数	增长率	绝对数	增长率	绝对数	增长率	绝对数	增长率
2000	27 303	—	23 277	—	6 641	—	3 492	—	2 899	—	1 127	—
2001	29 552	8%	25 509	10%	5 862	−12%	2 991	−14%	2 959	2%	1 084	−4%
2002	32 618	10%	28 657	12%	5 015	−14%	2 488	−17%	2 884	−3%	1 077	−1%
2003	37 123	14%	33 107	16%	4 558	−9%	2 205	−11%	2 840	−2%	1 176	9%
2004	59 242	60%	53 495	62%	4 775	5%	2 390	8%	3 639	28%	2 108	79%
2005	56 290	−5%	50 957	−5%	4 145	−13%	1 796	−25%	3 443	−5%	1 890	−10%
2006	58 710	4%	53 268	5%	3 797	−8%	1 586	−12%	3 519	2%	1 923	2%
2007	62 518	6%	56 965	7%	3 617	−5%	1 430	−10%	3 524	0%	2 029	6%
2008	87 562	40%	81 282	43%	3 941	9%	1 520	6%	3 916	11%	2 364	17%
2009	80 407	−8%	74 674	−8%	3 835	−3%	1 361	−10%	3 633	−7%	2 100	−11%
2010	85 218	6%	79 489	6%	3 685	−4%	1 220	−10%	3 677	1%	2 052	−2%
2011	88 419	4%	83 011	4%	3 427	−7%	1 023	−16%	3 565	−3%	1 843	−10%
2012	89 859	2%	84 695	2%	3 354	−2%	904	−12%	3 451	−3%	1 713	−7%
2013	91 444	2%	86 379	2%	1 739	−48%	570	−37%	3 391	−2%	1 674	−2%

数据来源：中国国家统计局网站。

2. 房地产开发企业平均从业人数稳步增长

从总体来看，数据显示房地产开发企业平均从业人数呈现稳步增长态势，近年来一直维持在 6%左右。在总体不断增长的同时也出现了结构性的分化，除内资房地产开发企业及港、澳、台投资房地产开发企业平均从业人数有所增长之外，国有房地产开发企业、集体房地产开发企业及外商投资房地产开发企业平均从业人数都在下降，出现了不同性质企业之间的分化。表 9-11 显示了中国房地产开发企业平均从业人数变化情况。

表 9-11 **中国房地产开发企业平均从业人数** 单位:人

年份	房地产开发企业平均从业人数		内资房地产开发企业平均从业人数		国有房地产开发企业平均从业人数		集体房地产开发企业平均从业人数		港澳台投资房地产开发企业平均从业人数		外商投资房地产开发企业平均从业人数	
	绝对数	增长率	绝对数	增长率	绝对数	增长率	绝对数	增长率	绝对数	增长率	绝对数	增长率
2000	971 942	—	862 245	—	292 252	—	116 416	—	79 066	—	30 631	—
2001	1 062 319	9%	949 580	10%	257 695	−12%	109 826	−6%	81 668	3%	31 071	1%
2002	1 134 009	7%	1 014 254	7%	208 722	−19%	89 739	−18%	85 449	5%	34 306	10%
2003	1 205 355	6%	1 086 923	7%	179 614	−14%	72 400	−19%	79 397	−7%	39 035	14%
2004	1 585 428	32%	1 429 291	31%	163 495	−9%	58 514	−19%	95 646	20%	60 491	55%
2005	1 516 150	−4%	1 366 743	−4%	140 106	−14%	40 978	−30%	90 674	−5%	58 733	−3%
2006	1 600 930	6%	1 442 158	6%	132 259	−6%	38 367	−6%	97 688	8%	61 084	4%
2007	1 719 666	7%	1 541 336	7%	121 137	−8%	34 498	−10%	100 398	3%	77 932	28%
2008	2 100 362	22%	1 906 029	24%	127 511	5%	29 602	−14%	109 246	9%	85 087	9%
2009	1 949 295	−7%	1 763 867	−7%	123 866	−3%	29 049	−2%	109 965	1%	75 463	−11%
2010	2 091 147	7%	1 908 969	8%	155 156	25%	25 428	−12%	105 846	−4%	76 332	1%
2011	2 256 964	8%	2 075 474	9%	135 420	−13%	21 237	−16%	112 990	7%	68 500	−10%
2012	2 386 772	6%	2 199 815	6%	123 593	−9%	20 398	−4%	116 849	3%	70 108	2%
2013	2 529 978	6%	—	—	—	—	—	—	—	—	—	—

数据来源:中国国家统计局网站。

3. 房地产销售以住宅商品房为主

从房地产的销售面积分析,房地产的销售主要是以住宅类商品房为主。住宅类商品房销售面积占 90%左右,成为商品房销售的主力军。其他商品房主要包括别墅、高档公寓及办公楼和商业营业用房等,但总共占据商品销售面积的 10%左右,是商品房销售的次要部分。数据显示,商品房的销售面积基本连年增长,有些年份甚至呈现 2 位数的增长速度,但 2014 年又出现了回落,增长率仅为−8%。表 9-12 表现了 2000 年以来全国商品房销售面积及其结构情况。

表 9-12 **全国商品房销售面积及其结构** 单位:万平方米

年份	商品房销售面积		住宅商品房销售面积		别墅、高档公寓销售面积		办公楼商品房销售面积		商业营业用房销售面积		其他商品房销售面积	
	绝对值	增长率	面积	占比	面积	占比	面积	占比	面积	占比	面积	占比
2000	18 637	—	16 570	89%	641	3%	437	2%	1 399	8%	231	1%
2001	22 412	20%	19 939	89%	878	4%	503	2%	1 696	8%	274	1%
2002	26 808	20%	23 702	88%	1 241	5%	539	2%	2 219	8%	348	1%
2003	33 718	26%	29 779	88%	1 450	4%	630	2%	2 833	8%	475	1%

（续表）

年份	商品房销售面积		住宅商品房销售面积		别墅、高档公寓销售面积		办公楼商品房销售面积		商业营业用房销售面积		其他商品房销售面积	
	绝对值	增长率	面积	占比	面积	占比	面积	占比	面积	占比	面积	占比
2004	38 232	13%	33 820	88%	2 323	6%	693	2%	3 100	8%	619	2%
2005	55 486	45%	49 588	89%	2 818	5%	1 096	2%	4 081	7%	721	1%
2006	61 857	11%	55 423	90%	3 672	6%	1 231	2%	4 338	7%	865	1%
2007	77 355	25%	70 136	91%	4 581	6%	1 465	2%	4 645	6%	1 109	1%
2008	65 970	−15%	59 280	90%	2 865	4%	1 157	2%	4 206	6%	1 326	2%
2009	94 755	44%	86 185	91%	4 626	5%	1 544	2%	5 328	6%	1 698	2%
2010	104 765	11%	93 377	89%	4 219	4%	1 890	2%	6 995	7%	2 503	2%
2011	109 367	4%	96 528	88%	3 730	3%	2 005	2%	7 869	7%	2 965	3%
2012	111 304	2%	98 468	88%	3 476	3%	2 254	2%	7 759	7%	2 823	3%
2013	130 551	17%	115 723	89%	3 632	3%	2 883	2%	8 469	6%	3 475	3%
2014	120 649	−8%	105 182	87%	—	—	—	—	—	—	—	—

数据来源：中国国家统计局网站。

4. 房地产销售平均价格逐年提高

房地产平均销售价格的变化趋势表明，除2008年出现−2%的略微下降以外，房地产平均销售价格呈现逐年增长的趋势，个别年份，如2009年竟增长了23%。从所有销售的商品房类型来分析，所有类型的商品房平均销售价格都在增长，增长的趋势基本相似，围绕在8%～9%周围振荡。表9-13显示了2000年以来全国房地产销售数量、金额及平均价格情况。

表9-13 **全国房地产销售数量、金额及平均价格** 单位：万元/平方米

年份	商品房		住宅商品房		别墅、高档公寓		办公楼商品房		商业营业用房		其他商品房	
	价格	增长率	价格	增长率	价格	增长率	价格	增长率	价格	增长率	价格	增长率
2000	2 112	—	1 948	—	4 288	—	4 751	—	3 260	—	1 864	—
2001	2 170	3%	2 017	4%	4 348	1%	4 588	−3%	3 274	0%	2 033	9%
2002	2 250	4%	2 092	4%	4 154	−4%	4 336	−5%	3 489	7%	1 919	−6%
2003	2 359	5%	2 197	5%	4 145	0%	4 196	−3%	3 675	5%	2 241	17%
2004	2 778	18%	2 608	19%	5 576	35%	5 744	37%	3 884	6%	2 235	0%
2005	3 168	14%	2 937	13%	5 834	5%	6 923	21%	5 022	29%	2 829	27%
2006	3 367	6%	3 119	6%	6 585	13%	8 053	16%	5 247	4%	3 131	11%
2007	3 864	15%	3 645	17%	7 471	13%	8 667	8%	5 774	10%	3 351	7%
2008	3 800	−2%	3 576	−2%	7 801	4%	8 378	−3%	5 886	2%	3 219	−4%
2009	4 681	23%	4 459	25%	9 662	24%	10 608	27%	6 871	17%	3 671	14%
2010	5 032	7%	4 725	6%	10 934	13%	11 406	8%	7 747	13%	4 099	12%
2011	5 357	6%	4 993	6%	10 994	1%	12 327	8%	8 488	10%	4 182	2%

(续表)

年份	商品房		住宅商品房		别墅、高档公寓		办公楼商品房		商业营业用房		其他商品房	
	价格	增长率	价格	增长率	价格	增长率	价格	增长率	价格	增长率	价格	增长率
2012	5 791	8%	5 430	9%	11 460	4%	12 306	0%	9 021	6%	4 306	3%
2013	6 237	8%	5 850	8%	12 591	10%	12 997	6%	9 777	8%	4 907	14%
平均	—	9%	—	9%	—	9%	—	9%	—	9%	—	8%

数据来源：中国国家统计局网站。

(二) 房地产行业对全国财政收入贡献因素分析

房地产行业对国家财政收入的贡献主要来自三个方面：①土地出让金；②各项税收；③各项行政收费项目。首先分析土地出让金。土地出让金是政府在初级市场上收取的一次性土地使用费，具有一次性。但一般会随着房价的波动而波动，即随着房价的不断增长，土地出让金也会不断地攀升。其次分析房地产行业税收。现行房地产行业税收主要以营业税、土地增值税、契税及企业所得税为主。这些税种具有共同的特点，即它们的计税依据基本上都以房地产的销售价格为主。因此，对房地产行业税收最直接的影响来自房价，房价发生波动必然引起房地产行业税收发生波动。所以，要分析房地产行业税收的波动必先分析房地产价格的波动。最后分析房地产各项行政性收费。房地产各项行政性收费是指政府行政机关依据各项行政性收费条例而进行的收费项目。由于国家正在大力清理各项行政性收费项目，因此，估计在不久的未来该费用将会出现不断萎缩。故从总体情况来看，房地产行业对国家财政收入的贡献将主要集中在土地出让金与各项税收收入。从土地出让金及各项税收收入的性质来看，这又基本都与房地产的销售额紧密挂钩。因此，要分析房地产行业对国家财政收入的贡献就不得不分析房地产行业的未来发展趋势及房地产价格的变化趋势。那么，导致房地产的价格发生波动的因素有哪些呢？可以从两个方面进行分析：其一，需求；其二，供给。当然，除了房地产需求及供给等方面的因素可能导致房地产价格发生变化，从而引起房地产行业税负发生波动之外，房地产行业相关税收制度的变化同样也会给房地产行业税收收入带来影响。

1. 房地产行业价格变化与发展趋势

1) 影响房地产需求的因素

首先，人口及城镇化趋势。人类的需求是经济发展最根本的动力，房地产业的发展也是这样的。中国目前的人口总量约 13.7 亿人，其中城镇人口近 7.5 亿人，约占 54.7%。根据美国城市地理学家纳瑟姆总结西方发达国家城市化进程演化规律所提炼出的“S”型曲线(即“纳瑟姆”曲线)，城市化分为起步阶段(城市化率低于 30%)——加速阶段(城市化率在 30%～70%之间)——成熟阶段(城市化率高于 70%)三个不同阶段。根据这一规律，中国无疑正处于城市化的加速阶段的中后期，已进入城镇化发展的关键阶段。综观中国 35 年来中国城镇化的发展历程，从人口城镇化的趋势来看，中国城镇化率不断上升，每年约提高近 1 个百分点，每年有 1 000 多万人的农村人口转移到城市居住。

根据《国家新型城镇化规划(2014—2020 年)》制定的目标，到 2020 年常住人口城镇化率将达到 60%，户籍人口城镇化率达到 45%，户籍人口城镇化率与常住人口城镇化率差距缩小 2 个百分点左右，努力实现 1 亿左右农业转移人口和其他常住人口在城镇落户。面对如此巨大的城镇化要求，中国房地产的需求必将还有巨大的缺口。图 9-1 反映了 2000 年以来中国城镇化人口比重情况。

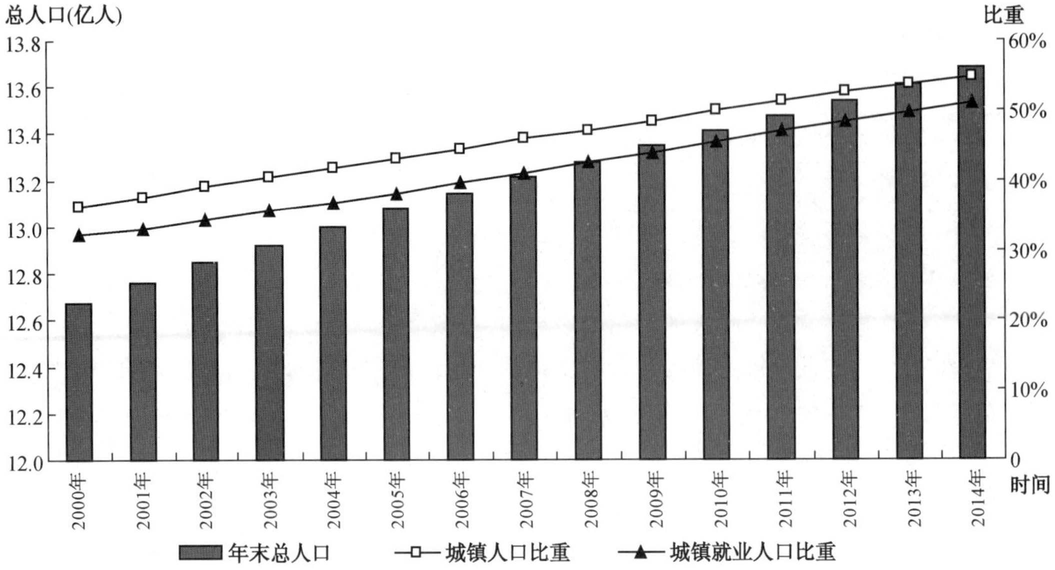

图 9-1 中国城镇化人口比重

数据来源:中国国家统计局网站。

其次,国家经济发展趋势。伴随着中国城镇化的过程必然要求国家经济有长足的增长,经济增长是支持中国城镇化建设的一个必要条件。吸引人们进城的一个重要条件必然要使得人们可以在城市找到更合适的工作。一般来讲,某地区经济形势较好,该地区的就业率也就会相对较高,较高的就业也就会吸引更多的人。对人口最具吸引力的是该地区的经济发展潜力和就业水平。因此,地区经济发展与区域人口流动之间存在十分强烈的正相关关系。

综观中国近十几年来的经济发展水平,经济增长率一直呈现不断增长的势头。不管是从国民生产总值、人均国内生产总值,还是从国民总收入的口径进行统计,都表现为不断增长的态势。2007 年的增长率甚至高达 20%以上,近两年来虽然有所下降,但最终还是能够维持在 8%的增长率水平之上。即使从全世界的范围来看,这样的增长速度也还是名列前茅的,当前中国的经济增长正处于快速增长时期。表 9-14 显示了 2000 年以来全国房地产销售数量、金额及平均价格。

表 9-14 **全国房地产销售数量、金额及平均价格**

年份	国民总收入(亿元)		国内生产总值(亿元)		人均国内生产总值(元)	
	绝对值	增长率	绝对值	增长率	绝对值	增长率
2000	98 562.2	—	99 776.3	—	7 902	—
2001	108 683.4	10%	110 270.4	11%	8 670	10%
2002	119 765	10%	121 002	10%	9 450	9%
2003	135 718.9	13%	136 564.6	13%	10 600	12%
2004	160 289.7	18%	160 714.4	18%	12 400	17%
2005	184 575.8	15%	185 895.8	16%	14 259	15%

（续表）

年份	国民总收入(亿元)		国内生产总值(亿元)		人均国内生产总值(元)	
	绝对值	增长率	绝对值	增长率	绝对值	增长率
2006	217 246.6	18%	217 656.6	17%	16 602	16%
2007	268 631	24%	268 019.4	23%	20 337	22%
2008	318 736.7	19%	316 751.7	18%	23 912	18%
2009	345 046.4	8%	345 629.2	9%	25 963	9%
2010	407 137.8	18%	408 903	18%	30 567	18%
2011	479 576.1	18%	484 123.5	18%	36 018	18%
2012	532 872.1	11%	534 123	10%	39 544	10%
2013	583 196.7	9%	588 018.8	10%	43 320	10%
2014	634 367.3	9%	636 462.7	8%	46 652	8%

数据来源：中国国家统计局网站。

再次，城镇人均可支配收入。除了人口增长、城镇化率及经济增长之外，对房地产需求具有直接影响的因素就是人均可支配收入。一般来讲，人均可支配收入越高，对房地产的需求就会越大；反之，则会较小。因此，考查中国人均可支配收入变化和发展的趋势对研究中国房地产需求的影响具有重要意义。从全国人均可支配收入的统计数据中可以发现，近年来全国城镇居民家庭可支配收入和农村居民家庭人均纯收入都在增长(见表 9-15)，虽然增长的幅度略低于全国 GDP 的增长幅度，但还是有不小的增长，这对于刺激房地产需求是一件好事。

表 9-15 **全国城镇居民可支配收入** 单位：元

年份	城镇居民家庭人均可支配收入		农村居民家庭人均纯收入	
	绝对值	增长率	绝对值	增长率
2000	6 280	—	2 253	—
2001	6 860	9%	2 366	5%
2002	7 703	12%	2 476	5%
2003	8 472	10%	2 622	6%
2004	9 422	11%	2 936	12%
2005	10 493	11%	3 255	11%
2006	11 760	12%	3 587	10%
2007	13 786	17%	4 140	15%
2008	15 781	14%	4 761	15%
2009	17 175	9%	5 153	8%
2010	19 109	11%	5 919	15%
2011	21 810	14%	6 977	18%
2012	24 565	13%	7 917	13%
2013	26 467	8%	9 430	19%
2014	28 844	9%	10 489	11%

数据来源：中国国家统计局网站。

2）影响全国房地产供给因素

首先，土地购置及待开工面积。土地供应量是房地产供应的重要制约因素。中国是一个土地资源的大国，但也是一个人口大国，从人均土地资源的角度来讲，中国并不是一个人均资源大国。在有众多人口需要供养的前提下，国家设立了 18 亿亩土地红线。18 亿亩土地红线的划定，也就为城市建设的土地资源设立了上限。当然，即使设立了一定的土地使用量，由于原来的城市规划和建设并不科学，经过科学的规划和设计之后通过拆迁等方式还是可以"推陈出新"的。因此，土地供应不会因为 18 亿亩红线的设定而有显著的影响。从房地产开发企业购置土地面积分析，其出现了较大的波动，2012 年下降了 20%，2014 年又比上年下降了 14%(见表 9-16)。

表 9-16 **全国房地产开发企业待开发及土地购置面积** 单位：万平方米

年份	房地产开发企业待开发土地面积		房地产开发企业购置土地面积	
	绝对值	增长率	绝对值	增长率
2000	14 754.77	—	16 905.24	—
2001	14 582.13	−1%	23 408.99	38%
2002	19 178.65	32%	31 356.78	34%
2003	21 782.58	14%	35 696.48	14%
2004	39 635.3	82%	39 784.66	11%
2005	27 522	−31%	38 253.73	−4%
2006	37 523.65	36%	36 573.57	−4%
2007	41 483.97	11%	40 245.85	10%
2008	48 161.07	16%	39 353.43	−2%
2009	32 816.54	−32%	31 909.45	−19%
2010	31 457.95	−4%	39 953.1	25%
2011	40 220.76	28%	44 327.44	11%
2012	40 195.99	0	35 666.8	−20%
2013	42 280.47	5%	38 814.38	9%
2014	—	—	33 383.03	−14%

数据来源：中国国家统计局网站。

其次，房地产开工及竣工面积。在经过近十几年的快速增长之后，近年来，房地产开发企业新开工房屋面积有所波动，2012 年较上年下降 7%，在 2013 年较上年增长 13%之后，2014 年又下降了 11%。从各种房源的结构分析，这种波动主要源于住宅类商品房新开工面积的波动，办公楼及商业营业等其他用房新开工的面积并没有下降，反而是逐年增长(见表 9-17)。

表 9-17 **全国房地产开发企业新开工房屋面积** 单位：万平方米

年份	新开工总面积		住宅新开工面积		别墅、高档公寓新开工面积		办公楼新开工面积		商业营业用房新开工面积		其他用途新开工面积	
	绝对值	增长率	绝对值	增长率	绝对值	增长率	绝对值	增长率	绝对值	增长率	绝对值	增长率
2000	29 583	—	24 401	—	1 169	—	899	—	3 035	—	1 248	—
2001	37 394	26%	30 533	25%	1 457	25%	1 073	19%	4 105	35%	1 683	35%

（续表）

年份	新开工总面积		住宅新开工面积		别墅、高档公寓新开工面积		办公楼新开工面积		商业营业用房新开工面积		其他用途新开工面积	
	绝对值	增长率	绝对值	增长率	绝对值	增长率	绝对值	增长率	绝对值	增长率	绝对值	增长率
2002	42 801	14%	34 719	14%	2 278	56%	1 254	17%	4 926	20%	1 900	13%
2003	54 708	28%	43 854	26%	2 349	3%	1 467	17%	6 707	36%	2 680	41%
2004	60 414	10%	47 949	9%	2 976	27%	1 704	16%	7 791	16%	2 970	11%
2005	68 064	13%	55 185	15%	2 835	−5%	1 671	−2%	7 675	−1%	3 533	19%
2006	79 253	16%	64 404	17%	4 058	43%	2 135	28%	8 473	10%	4 241	20%
2007	95 402	20%	78 796	22%	4 914	21%	2 141	0%	9 094	7%	5 371	27%
2008	102 553	7%	83 642	6%	4 337	−12%	2 472	15%	10 041	10%	6 399	19%
2009	116 422	14%	93 298	12%	3 650	−16%	2 861	16%	12 415	24%	7 848	23%
2010	163 647	41%	129 359	39%	5 080	39%	3 668	28%	17 473	41%	13 147	68%
2011	191 237	17%	147 163	14%	5 653	11%	5 399	47%	20 731	19%	17 944	36%
2012	177 334	−7%	130 695	−11%	4 228	−25%	5 986	11%	22 007	6%	18 645	4%
2013	201 208	13%	145 845	12%	4 455	5%	6 887	15%	25 902	18%	22 574	21%
2014	179 592	−11%	124 877	−14%	—	—	—	—	—	—	—	—

数据来源：中国国家统计局网站。

比较全国房地产开发企业竣工房屋面积我们发现，全国房地产新竣工面积有缓慢下降的趋势，2011 年达到了最大值 18%之后便开始下降，2014 年出现 26%的较大幅度下降。而住宅类商品房则从 2011 年就开始出现微量下降，2014 年则出现了 44%的下降速度。这从事实上说明房地产企业放慢了建设的速度，房地产市场较前些年出现的过热现象有所降温（见表 9-18）。

表 9-18 **全国房地产开发企业竣工房屋面积** 单位：万平方米

年份	房屋竣工面积		住宅房屋竣工面积		商品住宅房屋竣工面积	
	绝对值	增长率	绝对值	增长率	绝对值	增长率
2000	181 974	—	134 529	—	20 603	—
2001	182 437	0	130 420	−3%	24 625	20%
2002	196 738	8%	134 002	3%	28 525	16%
2003	202 644	3%	130 161	−3%	33 775	18%
2004	207 019	2%	124 881	−4%	34 677	3%
2005	227 589	10%	132 836	6%	43 683	26%
2006	212 542	−7%	131 408	−1%	45 472	4%
2007	238 425	12%	146 283	11%	49 831	10%
2008	260 307	9%	159 405	9%	54 334	9%
2009	302 117	16%	184 210	16%	59 629	10%
2010	278 565	−8%	174 604	−5%	63 443	6%
2011	329 073	18%	197 452	13%	74 319	17%
2012	335 504	2%	195 103	−1%	79 043	6%

（续表）

年份	房屋竣工面积		住宅房屋竣工面积		商品住宅房屋竣工面积	
	绝对值	增长率	绝对值	增长率	绝对值	增长率
2013	349 896	4%	193 328	−1%	78 741	0
2014	257 305	−26%	107 501	−44%	—	—

数据来源：中国国家统计局网站。

从全国房地产销售价格及销售面积来分析，尽管房地产的销售面积存在逐年波动，但房地产销售的价格基本呈现稳健的增长趋势。因此，通过房地产销售的价量关系可以初步判断全国房地产销售基本处于以刚性需求为主的阶段。估计在中国城镇化的大背景下，这样的刚性需求并不会很快消失，仍将维持一段时间（见图 9-2）。

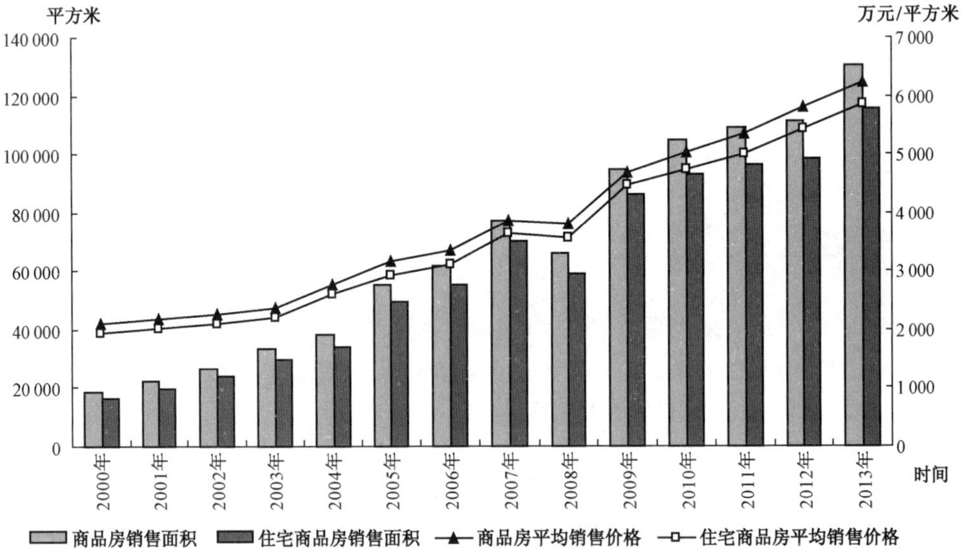

图 9-2　全国房地产销售量价关系图

2. 房地产行业相关税制变化

1）“营改增”对房地产行业宏观税负影响较小

当前，中国正在推行营业税改增值税。2015 年是“十二五”规划的最后一年，当前，中国正在推行营业税改增值税，根据 2015 年国家税制改革的总体思路，房地产行业营业税改增值税不能增加企业的税负，而能够实现平稳过渡，并能够降低房地产行业税负。在对个别企业进行实地走访调研与收集相关数据之后，我们对“营改增”等政策变化对房地产企业的影响进行了相应的测算。从测算结果的比较分析中发现：在房地产行业进行营业税改增值税之后，房地产行业的整体税负并不会提高，反而可能略有下降。并且仍然能够维持当前房地产行业宏观 24%左右的税负水平①。

① 24%的比例关系是依据上海松江区房地产销售额与房地产行业税收收入的比例关系确定，根据松江区统计相关数据（2010—2014 年上海市松江区统计年鉴）显示，房地产行业各项税收总收入约占房地产销售额的 24%，并依据这一关系确定全国房地产行业各项税收总收入约占房地产销售额的比例关系。

表 9-19 “营改增”对房地产企业增值税实际税负影响情况分析(11%税率) 单位:万元

涉税项目＼样本	S房地产企业			L房地产企业			备 注
扣除范围	大口径	中口径	小口径	大口径	中口径	小口径	—
营业收入(1)	84 342.05	84 342.05	84 342.05	416 745	416 745	416 745	(1)＝销售额(含租赁)
营业税(2)	4 217.10	4 217.10	4 217.10	20 837.25	20 837.25	20 837.25	(2)＝(1)×5%
增值税(3)	4 299.24	5 324.73	5 544.94	4 357.48	24 212.48	41 720.91	(3)＝(3.1)－(3.2)
销项税额(3.1)	9 277.63	9 277.63	9 277.63	45 841.95	45 841.95	45 841.95	(3.1)＝(1)×11%
进项税额(3.2)	4 978.39	3 952.90	3 732.69	41 484.47	21 629.47	4 121.04	按税法适用税率计算
抵扣率(3.3)	53.66%	42.61%	40.23%	90.49%	47.18%	8.99%	(3.3)＝(3.2)÷(3.1)
税收增减额(4)	82.14	1 107.63	1 327.84	－16 479.77	3 375.23	20 883.66	(4)＝(3)－(2)
营业税税负率(5)	5%	5%	5%	5%	5%	5%	
增值税税负率(6)	5.10%	6.31%	6.57%	1.05%	5.81%	10.01%	(6)＝(3)÷(1)
税负增减率(7)	0.10%	1.31%	1.57%	－3.95%	0.81%	5.01%	(7)＝(6)－(5)

说明:

(1) 上表增值税测算中,涉及的各项收支项目假定为均取得增值税专用发票,直接用金额与适用税率计算销项税额和进项税额。

(2) 销项税额计算适用税率为11%。

(3) 进项税额计算适用税率分别为:土地出让金以及土地使用金11%;前期工程费(依照现行税法按细项计算,具体含11%和6%的税率);基础设施建设费11%;建安工程款11%;公建配套设施费11%;开发期间利息6%。利息按6%增值税税率是参照目前学术界、实务界观点,并结合金融业本身特点综合考虑的结果。

(4) 表中大口径、中口径、小口径抵扣进项税分别指:大口径抵扣进项范围＝土地出让金以及土地使用金＋前期工程费(依照现行税法按细项计算)＋基础设施建设费＋建安工程款＋公建配套设施费＋开发期间利息;中口径抵扣进项范围＝前期工程费(依照现行税法按细项计算)＋基础设施建设费＋建安工程款＋公建配套设施费＋开发期间利息;小口径抵扣进项范围＝前期工程费(依照现行税法按细项计算)＋基础设施建设费＋建安工程款＋公建配套设施费;大口径全抵扣,中口径不包括土地出让金以及土地使用金,小口径不包括开发期间利息、土地出让金以及土地使用金。

(5) 相关方案可扣项目中,除土地出让金外,政府或事业单位收费均不包括在可抵扣范围内。企业实际发生的开发间接费用也不包括在可抵扣范围内。

(6) L房地产企业项目成本数据信息不全,测算数据仅供参考。

2) 房地产税刚刚进入立法调研阶段

近一段时间,中央政府正在研究推进中国房地产税的改革,将原来的房产税升格为房地产税,目前正在紧锣密鼓地推进房地产税的立法工作。这将是中国房地产税制领域的一次重大变革,但基于目前还处于立法调研结果的现实状况,预计在短期内不会有明确的政策和措施颁布。因此,房地产税对房地产行业的影响还处于预估之中,并不会形成实际的影响效应。此时考虑房地产税对中国房地产行业发展的影响还有很多不确定因素,可暂时忽略该因素的影响。

(三) 国家房地产行业宏观调控政策

除以上影响房地产市场需求和供给的相关因素之外,国家出台的相关调控政策对房地产市场的供给与需求同样也会产生若干重大影响。自 2003 年中央政府将房地产行业作为国民经济发展的支柱产业以来，房地产行业步入了快速发展的轨道。为保障房地产行业的健康发展，防止房地产市场过快增长，近年来中央政府出台了若干规范房地产市场的政策和措施，对抑制中国房地产过快、过热发展起到了非常重要的作用。

表 9-20 **2003—2014 年房地产主要宏观调控政策**

年份	主要政策
2003	《关于促进房地产市场持续健康发展的通知》，简称 18 号文件
2004	拿地"门槛"提高(831 大限)；10 月，央行上调存贷款利率
2005	房贷利率优惠政策取消；房地产税改革启动；国八条出台；新国八条；银监会(212 号)收紧房产信托；国税总局二手房缴纳个税
2006	房贷利率再次上调；《国六条》；国务院出台 90/70 套型政策；国税总局二手房营业税政策；未取得预售许可证的楼盘不得发布预售广告；建设部出台"外资限炒令"；全国范围内征收二手房转让个人所得税；央行上调贷款基准利率 0.27 个百分点；建设部出台《城镇廉租房工作规范化管理实施办法》；《国务院办公厅转发建设部等部门关于调整住房供应结构稳定住房价格意见的通知》
2007	央行连续上调存贷款基准利率；央行五次加息；二套房首付比例不得低于 50%，贷款利率上浮至 1.1 倍
2008	建设部 70/90 政策适用范围扩大到经济适用住房；央行三次上调存款准备金率；土地阀门再度把紧；商品住宅开发不得超过 3 年；企业为个人购买房产征个人所得税；小产权房不给宅基地证；新增廉租、住房保障户数 250 万户，达到 350 户；央行银监会要求严格建设项目贷款管理；央行宣布"双率"齐降；"降率免税"组合拳；土地或可转让抵押继承，小产权房有望破题；系列新政支持房地产；契税下调到 1%，免征印花税，免征土地增值税；首次购买住房和改善性普通住房提供贷款利率 7 折优惠，最低首付下调为 20%；个人住房公积金贷款利率同时下调；央行年内第三次下调利率
2009	国家税务总局制定《土地增值税清算管理规程》；研究开征物业税；营业税免征优惠政策终止；国四条
2010	《国十条》；《国十一条》；经济适用住房、廉租住房和中低价位、中小套型普通商品住房用地占住宅用地的比例不得低于 70%；国土资源部出台 19 条土地调控新政；二套住房贷款首付款不得低于 50%，贷款利率不得低于基准利率的 1.1 倍；在建及在售小产权房须停建停售；开发商买地不得贷款；引导民间资本进入政策性住房建设
2011	银监会：继续实施差别化房贷政策；新"国八条"把二套房贷首付比例提至 60%，贷款利率提至基准利率的 1.1 倍，首套房商业贷款的首付为 30%，第三套及以上住房不发放商业贷款；房产税试点：上海、重庆；住建部与地方签订保障房责任书
2012	住房信息系统联网；四大行首套房贷利率降到基准线
2013	完善稳定房价工作责任制；坚决抑制投机投资性购房；增加普通商品住房及用地供应；加快保障性安居工程规划建设；加强市场监管
2014	双向调控

可见，每次房地产销售出现较大波动之日，都是国家出台若干重大政策之时，这充分显示了国家宏观调控政策对房地产行业发展的重大影响。但从房地产销售的单价来比较，效果并不十分明显，其波动要远远小于商品房的销售面积，房地产销售单价呈现逐步上升的态势，这可以说明，现阶段中国房地产的销售基本以“刚需”为主。

（四）全国房地产行业税收收入预测及风险评估

1. 全国房地产行业税收收入预测

1）模型及变量解释

$$\begin{pmatrix} sale_t \\ \ln cinc_t \end{pmatrix} = \begin{pmatrix} \beta_0 \\ \varphi_0 \end{pmatrix} + \begin{pmatrix} \beta_1 \\ \varphi_1 \end{pmatrix} \begin{pmatrix} sale_{t-1} \\ \ln cinc_{t-1} \end{pmatrix} + \begin{pmatrix} \beta_2 \\ \varphi_2 \end{pmatrix} \begin{pmatrix} sale_{t-2} \\ \ln cinc_{t-2} \end{pmatrix} + \begin{pmatrix} \varepsilon_t \\ \mu_t \end{pmatrix} \tag{9-1}$$

式中 $sale$——全国房地产（住宅）行业年销售额；

$cinc$——全国城镇居民人均可支配收入；

ε_t 和 μ_t——分别表示误差项。

2）数据来源及统计性描述

中国国家统计局网站公布了中国 1998—2014 年中国房地产行业及国民经济等相关行业的数据资料，为本章提供了方便。本章收集了 2000—2014 年中国全国 GDP、全国城镇人均可支配收入、年房地产销售额及房地产行业税收收入等数据进行分析和研究。并且在收集数据的过程中走访了相关的企业、事业单位、政府机关及人员，以座谈及会谈等形式进行了实地调研，以对本研究的数据真实性和代表性进行初步评估。

表 9-21 全国房地产及经济增长相关统计数据

变　量	观测数	最小值	平均值	最大值	标准差
房地产销售额（亿元）	13	3 935.44	26 664.8	64 455.79	21 606.04
城镇人均可支配收入（元）	13	6 280	13 324.15	24 564.7	5 952.207

3）计量结果

将表 9-21 代入(9-1)式，通过计量软件计算得出如表 9-22 所示结果：

表 9-22 计量分析结果

	变量	系数	Z 检验值	P>[z]
sale	sale-1	−0.486 925 7	−2.03	0.042**
	sale-2	0.560 264 1	2.68	0.007***
	ln cinc-1	−96 995.4	−2.16	0.031**
	ln cinc-2	145 166	2.91	0.004***
	cons	−409 744	−4.95	0.000***
ln cinc	sale-1	1.56e-06	0.96	0.337
	sale-2	−1.63e-06	−1.15	0.252
	ln cinc-1	1.382 452	4.52	0.000***
	ln cinc-2	−0.403 867 5	−1.19	0.233
	cons	0.263 299 5	−0.47	0.640

（续表）

	变量	系数	Z 检验值	$P>[z]$
FPE	15 786.92		AIC	15.259 29
$R\text{-}sq$(ln $sale$)	0.980 8		$p>$chi2(lnsale)	0.000
$R\text{-}sq$(ln $sale$)	0.997 9		$p>$chi2(lncinc)	0.000

注：表 9-22 中－1 表示 $t-1$ 期，－2 表示 $t-2$ 期；** 表示通过 5%临界值检验，*** 表示通过 1%临界值检验。

从表 9-22 的计量分析结果可以看出，除个别方程中的个别变量外，绝大部分变量都能通过 5%的检验临界值，因此，可以初步认为方程基本描述了现实。

代入参数，(9-1)式可以写成：

$$sale_t = -409\ 744 + \begin{pmatrix} -0.486\ 9 \\ -96\ 995.4 \end{pmatrix} \begin{pmatrix} sale_{t-1} \\ \ln cinc_{t-1} \end{pmatrix} + \begin{pmatrix} 0.560\ 3 \\ 145\ 166 \end{pmatrix} \begin{pmatrix} sale_{t-2} \\ \ln cinc_{t-2} \end{pmatrix} + \varepsilon_t \tag{9-2}$$

$$\ln cinc_t = 0.263\ 3 + \begin{pmatrix} 1.56e-0.6 \\ 1.382\ 452 \end{pmatrix} \begin{pmatrix} sale_{t-1} \\ \ln cinc_{t-1} \end{pmatrix} + \begin{pmatrix} -1.63e-06 \\ -0.403\ 9 \end{pmatrix} \begin{pmatrix} sale_{t-2} \\ \ln cinc_{t-2} \end{pmatrix} + \varepsilon_t \tag{9-3}$$

4）假设检验

首先，单位根检验。图 9-3 显示，所有变量都在半径为“1”的单位圆之内，即通过了稳健性单位根检验，这说明本 VAR 系统是平稳的。

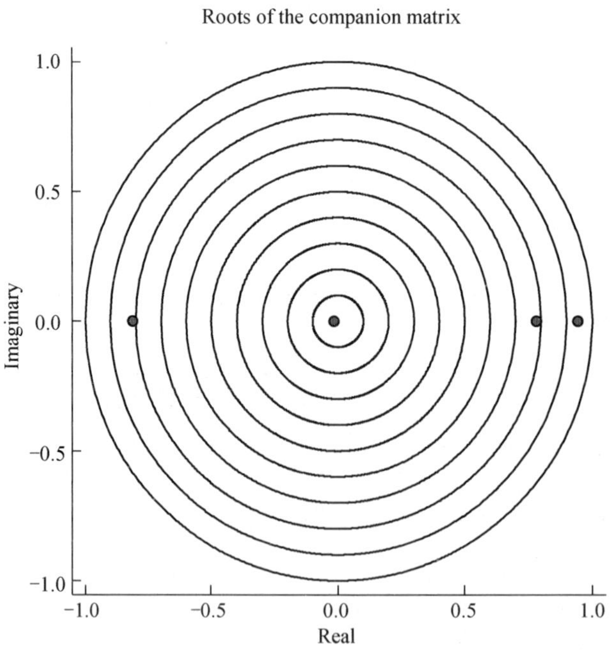

图 9-3　VAR 系统单位根检验图

其次，格兰杰因果检验。格兰杰因果检验结果显示，对房地产销售的相关因素检验 P 值都远远小于 5%的临界值。故它们是房地产销售的格兰杰因。而对城镇人均可支配收入的格兰杰因果检验 P 值都超过了 5%的临界值，故这些因素并非是城镇人均可支配收入的格兰杰因。

表 9-23 格兰杰因果检验

变量	排除	*Chi*2	*Df*	*P*>*chi*2
sale	*cinc*	25.208	2	0.000
sale	全部	25.208	2	0.000
ln*cinc*	*sale*	1.477 3	2	0.478
ln*cinc*	ln*sale*	1.477 3	2	0.478

5）未来预测

上述数据研究发现，在房地产销售、地区人均可支配收入之间存在因果的关系，即本期房地产的开发与销售及人均可支配收入对下一期的房地产销售具有较为显著的影响作用，即提高人均可支配收入可以显著地促进房地产销售。因此，可以根据本期城镇人均可支配收入的情况预测下一期的房地产销售变化趋势。

基于 2013 年及 2014 年的相关数据，代入上述模型中可以初步估计出未来几年的房地产销售额的发展和变化趋势。为了模型估计的准确性和可靠性，本研究选择 2015 年、2016 年和 2017 年的预计值，并根据 95％的置信度设置置信区间（见图 9-4）。

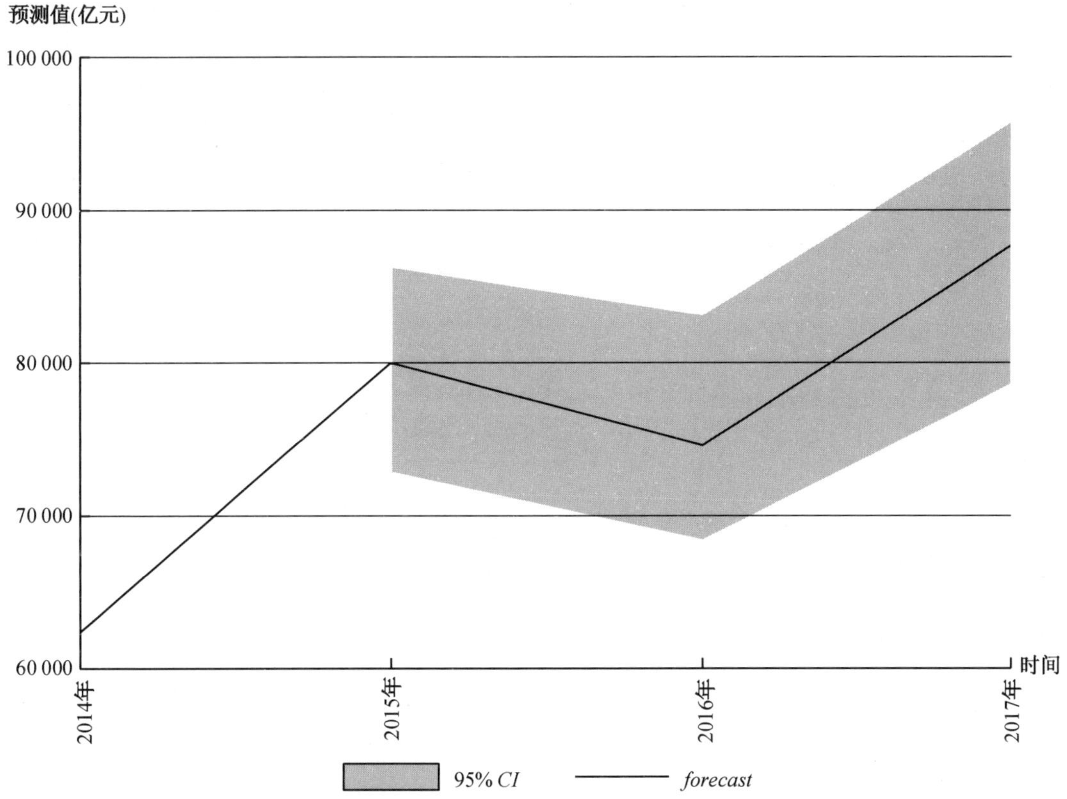

图 9-4 房地产销售额未来 3 年预测值

2. 全国房地产行业税收收入风险可控

对房地产行业税收能够直接产生影响的因素就是房地产行业的销售额，房地产销售额增长，税收贡献就会增长；反之，房地产销售额下降，税收贡献也会随之下降。那么，影响房地产销售额增长的直接因素是什么呢？是该地区的人口密度及人均居民可支配收入，而这两者又取决于国家的经济发展潜力。因此，房地产行业税收风险来自国家的经济增长潜力。对于国家经济增长潜力的分析，主要是看国家的经济增长点。如果该国家经济增长点众多，则该经济发展潜力巨大，经济运行风险就小。如果某地区经济增长点单一，则该地区的经济发展潜力就会受限，经济运行风险较大。

从三大产业的布局来看，中国的三大产业结构正在发生变化，第三产业的比重不断加大，第二产业比重有所降低，这是中国产业结构正逐步升级的一个重要标志。第三产业的发展为国家经济活力的提升提供了新的活力。包括建筑业在内的第二产业曾经是国民经济的重要支柱，在第三产业能够提供新的经济增长点的前提下，正进一步降低中国经济运行的风险（见图9-5）。

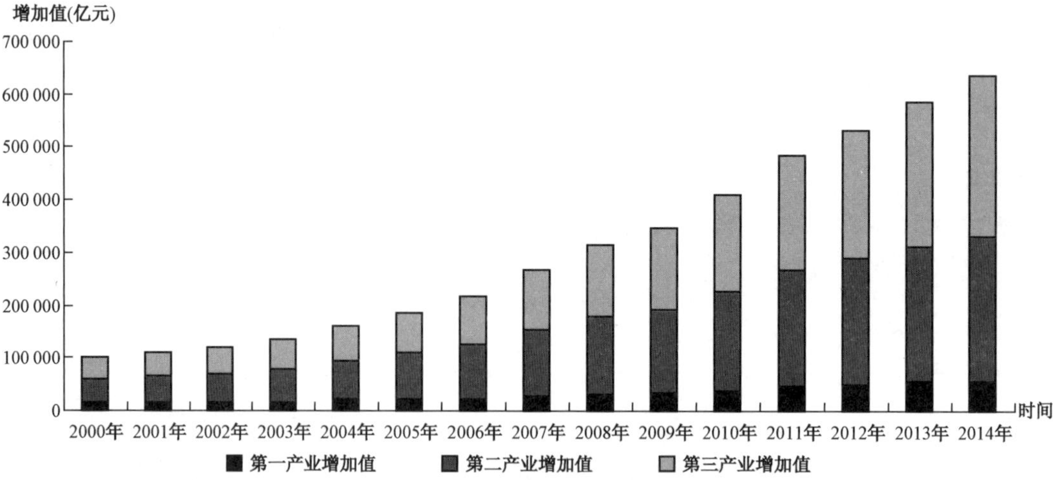

图 9-5　全国三大产业经济总量及比重

数据来源：中国国家统计局网站。

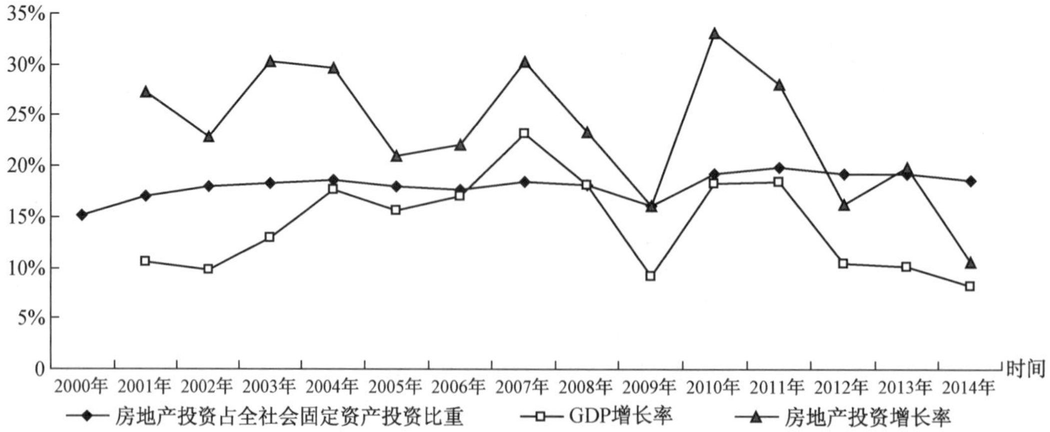

图 9-6　房地产投资增长率及其占社会固定资产投资比重

数据来源：中国国家统计局网站。

从全国房地产投资于全国全社会固定资产投资及 GDP 增长率之间的关系研究中可以发现，全国房地产投资占全社会固定资产投资的比重超过 15%，成为全社会固定资产中十分重要的一部分，而且房地产投资增长率与中国 GDP 的增长率几乎一致。伴随着房地产投资的波动，中国 GDP 增长率也出现了相应的波动，这说明中国的 GDP 对房地产投资的依赖。这种依赖对中国国民经济的健康成长具有一定的危害，GDP 过于依赖房地产投资会增加国民经济运行的风险(见图 9-6)。

五、风险应对

(一) 调整优化全国产业结构

虽然房地产市场未来依然可以给全国带来可观的税收收入和一定的经济增长，但房地产行业具有自身的局限性，房地产行业发展对其他产业的发展具有一定的依赖程度，单一的房地产发展必将遇到瓶颈。要想维持未来全国房地产市场健康稳定的发展，对全国产业结构应当进行适当的调整和优化，房地产业的发展要与全国的第二产业及第三产业保持适当的结构比例。摆脱国民经济对房地产业的严重依赖，要大力促进第三产业的发展。当前处于互联网发展的良好时期，积极响应中央政府提出的“大众创业、万众创新”号召，利用“互联网+”的技术优势为国民经济的发展形成新的经济增长点。

(二) 努力提高国民可支配收入

以上数量研究证实，现阶段城镇人均可支配收入与房地产销售额之间存在显著的正相关关系，即只要城镇人均收入在不断地提高，房地产的销售额就会不断地增长，从而可以给各级政府带来可观的税收收入。因此，要想不断地提高房地产销售额，从而能够提高各级政府税收收入，努力增加国民可支配收入是一个良方。现阶段，中国正处于城镇化建设的大背景下，所谓城镇化就是市民化。但国民只有在可支配收入不断提高下才能有能力去购房，才能够真正成为市民。国民可支配收入增长的快慢不但直接影响房地产的销售，同时还将决定中国城镇化速度的快慢。为此，当务之急应该是努力提高国民的可支配收入，并能够通过各项政策和措施缩小国民的贫富差距。

(三) 科学有序地推进房地产建设

在城镇化的大背景下，当前依然是房地产发展的黄金时期。但中国房地产的发展不能再走以前粗放式的发展道路，而应科学规划。近年来，房地产业的飞速发展已经暴露出了若干问题和弊端，折射出房地产发展过程中缺少合理规划和设计，造成了一些“鬼城”的出现，城市中遗留了大量的空置房。这些都是房地产发展过程中缺少设计与规划而留下的隐患，这些隐患也为房地产的进一步发展埋下了风险。随着房地产业的不断发展，这些风险和隐患也在不断地积累，有一个量变到质变的过程。在城市房地产的开发与建设过程中，还存在大量的拆迁与安置房。据不完全统计，在拆迁过程中平均每个拆迁户将会分得至少三套房，但这三套房的使用率并不高，基本每户家庭只使用了一套，甚至有的拆迁户一套都没有使用，产生了大量的浪费。为避免房产的大量空置，提高土地等稀缺资源的使用效率，政府在建设保障房之余，应该可以考虑对某些空置拆迁房的回购。将那些空置的拆迁房回购用于保障房，这既节省了土地资源，又可节省相关的建安成本，提高土地的利用效率。

(四) 科学合理有效地使用土地

土地资源的总量是有限的，怎样科学合理并有效地使用土地是房地产开发过程中的一个重要问题。当前，由于房地产业的快速发展，出现了许多不合理地使用土地的现象，这需要在以后的发展过程中汇总并进行纠正。如何处理好工业用地、农业用地、商业用地之间的关系，如何处理好商品房用地、保障房用地、廉租房用地之间的关系，以及如何避免重复建设、浪费用地等问题将直接关系到能否合理有效地使用土地。对全国保障房的建设速度应该采取适当的节制措施，避免大规模建设之后出现大量的空置和闲置房。同时，在建设保障房时还应避免保障房的成片建设与成片供应，避免形成贫民区给日后的社区管理带来不必要的困难。因此，在建设保障房的同时，应该谨慎地考虑是应该集中建设还是分散建设。

参考文献

[1] 李永刚，赵海益. 基于地方主体税种构建的消费税改革研究. 工作论文，2015.

[2] 李永刚. 中国地方政府债务负担及化解对策[J]. 上海财经大学学报，2011(2).

[3] 李永刚，朱紫祎. 财政收入构成与财政赤字规模——基于中国省级地方政府的分析[J]. 经济经纬，2013(6).

[4] 李永刚. 房产税能成为地方政府主体税种吗[J]. 广东社会科学，2014(5).

[5] 任寿根. 优化地方政府收入结构：以房产税为核心[J]. 财政研究，2001(8).

[6] 马海涛，李霁. 房产税可以成为西部地方主体税种[J]. 当代财经，2003(3).

[7] 严金海. 中国的房价与地价：理论、实证和政策分析[J]. 数量经济技术经济研究，2006(1).

[8] 梁云芳，高铁梅. 中国商品住宅销售价格波动成因的实证分析[J]. 管理世界，2006(8).

[9] 宋勃，高波. 国际资本流动对房地产价格的影响——基于中国的实证检验：1998—2006[J]. 财经问题研究，2007(3).

[10] 江婷. 房产税作为地方主体税种的改革方向及测算——以广州为例的模拟分析[D]. 暨南大学硕士论文，2013 年.

[11] 靳正. 建立以房产税为主体的地方税体系[J]. 商，2013(20).

[12] 郭玲，刘跃. 房产税改革对我国地方财政的影响——以沪、渝房产税改革试点方案为样本[J]. 税务研究，2011(7).

[13] 贾学智. 房产税改革的经济效应分析[J]. 北方经济，2011(4).

[14] 况伟大. 房地产投资、房地产信贷与中国经济增长[J]. 经济理论与经济管理，2011(01).

[15] 王斌，高波. 土地财政、晋升激励与房价棘轮效应的实证分析[J]. 南京社会科学，2011(05).

[16] 牛犁. 2015 年我国经济形势及政策走向判断[J]. 中国财政，2015(02).

[17] ZHANG Y B, HUA X P, ZHAO L. Exploring determinants of housing prices: A case study of Chinese experience in 1999—2010[J]. Economic Modelling, Volume 29, Issue 6, November 2012.

[18] TSAI I C. The asymmetric impacts of monetary policy on housing prices: A

viewpoint of housing price rigidity[J]. Economic Modelling, Volume 31, March 2013.

[19] MENDICINO C, PUNZI M T. House prices capital inflows and macroprudential policy[J]. Journal of Banking & Finance, In Press, Accepted Manuscript, Available online 8, July 2014.

第十章　低碳环境下中国电力消费与经济增长风险

一、绪论

众所周知，气候变化已经对全球自然生态系统和社会经济造成了深远的影响，其中人类活动导致的二氧化碳排放增加是最主要的影响因素。因此，控制二氧化碳排放成为应对全球气候变化的关键举措。然而，随着工业化和城镇化进程的加快，中国二氧化碳排放量持续快速增长，目前已经超过美国成为世界上二氧化碳第一排放国，减少二氧化碳排放面临巨大的挑战。进入21世纪以来，无论在中国还是美国，电力消费行业都是二氧化碳排放量最多的行业，占各自国家超过40%的排放总量。与此同时，中国经济社会的持续发展将导致对电能的需求继续保持增长的态势。因此，开发利用新能源、节能减排、发展智能电网已成为中国能源发展的重要战略。

进入2014年，中国能源消费总量达42.6亿吨标准煤，比上年增加1亿吨标准煤，增长2.4%，增速逐年放缓。其中，全年煤炭消费估计达24.6亿吨标准煤，同比下降0.5%，为21世纪以来首次下降。全社会用电量增速3.8%，为2009年以来最低增速。风能、太阳能等可再生能源是最具规模化开发前景的新能源。过去的10年，中国风电、太阳能发电装机分别增长了47倍和21倍。2011年，全年风力发电新增装机达1 763万千瓦，累计装机容量达到6 236万千瓦，居世界第一位。预计到2020年，中国风电装机容量将至少达到1.5亿千瓦，太阳能发电装机容量将达到2 000万千瓦。2030—2050年，按人均发电装机1.5千瓦计算，全国电力总装机容量将达到24亿千瓦，其中风电、太阳能等价装机容量为7.2亿千瓦，约占30%。

电力作为一种二次能源，无法大量储存，与此同时中国一次性能源的分布与电力需求的分布又极不匹配，这极易导致中国出现区域性电力短缺。自20世纪60年代开始，中国电力短缺现象就初现端倪。据不完全统计，1986年中国电力短缺已超过总发电量的20%；2002年以后，局部电网出现电力短缺，而后开始了区域性缺电；2004年出现结构性失衡，电力缺口超过3 500万千瓦时。2008年在浙江、江苏、安徽等省又进入继2004年大缺电以来最困难的1年，多个地方不得不拉闸限电，电力短缺正成为制约中国经济发展的瓶颈。如何解决这一经济转型过程中迫在眉睫的问题，需要对影响电力需求的因素进行深入的剖析。

（一）电力消费的评价指标

能源与人民生活密不可分，也是现代化生产的重要投入品。综观人类发展历史，人类文明程度和现代化水平越高对能源的需求量越大，能源的使用范围就越广泛。电能是人类在漫长的能源利用历史中迄今为止最为清洁、方便和广泛使用的能源种类。由于上述原因，电能消费在全部能源消费中所占的比重也日益提高。由于电能对于人类生产和生活的重要作用，电力消费与经济增长密不可分。然而，就供求关系而言，由于中国电力供应增长正处于瓶颈期，所以在需求方面，不单要从节能减排入手，也要从能源效率入手。

目前，国内外最常用的能源消费与经济增长的评价指标主要是能源强度和能源消费弹性系数。电力消费与经济增长的评价指标主要是电力消费弹性系数和用电单耗，以及两者结合的部分指标，如电气化程度和能源结构造成的电力发电结构差异。

1. 能源强度

能源强度是评价一个国家(地区)能源综合利用效率的常用指标之一，体现了一个国家地区经济发展过程中所付出的资源环境代价。根据中国经济数据库测算，中国以 2000 年价格水平计算的单位 GDP 能耗从 1985 年的 3.18 吨标准煤/万元快速下降到 2001 年的 1.4 吨标准煤/万元，随后反弹到 2005 年的 1.7 吨标准煤/万元，从 2006 年起稳步下降到 2014 年的 1.14 吨标准煤/万元。

2. 能源消费弹性系数

能源消费弹性系数反映了一个国家能源消费增长速度与国民经济增长速度之间的比例关系，是衡量一个国家能源利用效率的重要指标。这一指标可以反映能源使用中开源和节约的关系，指标大于等于 1 就意味着为满足经济增长对能源的需求全部依靠开源解决，0～1 之间则意味着开源和节能同时起作用。能源消费弹性系数的数值百分比代表开源解决的比例，开源解决的比例和节能解决的比例相加等于 1，可用来为提高、降低和稳定单位能耗服务。其中，改革开放后，中国的经济增长方式发生了根本性的变化，能源弹性系数除个别大于 1 外，其余都小于 1，进入 2010 年以来这一下降趋势逐渐平稳，2014 年尚未出现明显的反转现象。

3. 电力消费弹性系数

作为衡量经济增长与电力消费之间的相关关系的重要指标，一定时期内用电量增长率与国内生产总值(GDP)增长率的比值，被广泛运用于电力需求预测与电力工业发展规划等方面。

而电量增长率的大小主要取决于 GDP 增长率与单位产值用电量增长率这两个变量的大小。如果单位产值用电量不变，则用电量增长率与 GDP 增长率两者相等，电力消费弹性为 1；单位产值用电量的上升和下降都将使电力消费的增长率偏离 GDP 的增长率。在 GDP 正增长的条件下，单位产值用电量的上升将使用电量增长率大于 GDP 增长率，电力消费弹性大于 1；而单位产值用电量的下降将使用电量增长率小于 GDP 增长率，电力消费弹性小于 1；当单位产值用电量下降到一定程度时，将会出现 GDP 正增长而电力消费负增长的现象。

4. 单位产值用电量

单位产值用电量反映的是经济增长的电力消耗强度。自 2007 年以来，电力消耗强度有所下降，如图 10-1 所示，2014 年用电效率达到 6.7 元/千瓦时，但仍未达到历史最高期。2013 年以来，中国经济增长速度放缓，以及国家采取的结构性减税和减息政策，都是促使电价成本降低的主要原因。并且，随着能源效率的进一步提高和高耗能产业的调整，预计中国未来用电单耗还会有所降低。

5. 电气化程度

电气化是能源消费和电力消费的转换过程，因为有了这个过程从而出现以电能替代其他形式的能源。电气化是技术进步的一种表现，技术进步使得更多的生产设备采用优质高效的二次能源——电能，从而提高了生产效率。电气化与一个国家的能源资源禀赋、经济结构以及经济发展阶段、技术进步等密切相关。电气化与经济社会发展的关系可以表现为以下几个方面：经济发展促进电气化水平的提高，反过来电气化水平的提高也有利于促进经济增长；技术进步会促进电气化水平的提高，电气化水平的提高也会在一定程度上促进技术进步；电气化水平的提高有利于提升生活质量；电气化水平的提高使得电能不断替代其他能源。

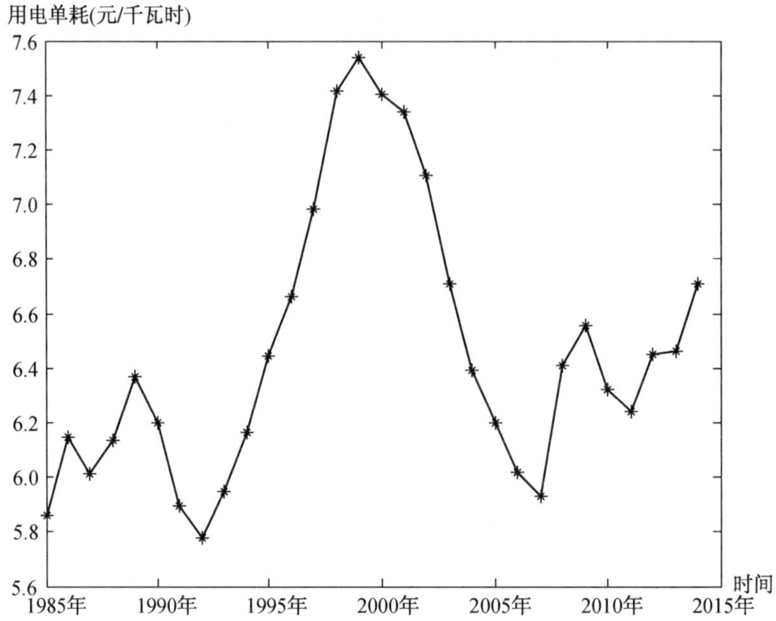

图 10-1 1985—2014 年电力消耗效率

然而,衡量电气化程度的标准有不同的指标,日本东京电力公司管理总裁 Susumu Yoda 在《电气化和未来的电力供应》一文中说:"电气化的基本概念是指能源需求向电力转化。电气化程度的第一个定义,是指用来发电的能源需求,以占一次能源总需求的百分比来表示。按照这个定义,电气化程度是指电力供应者所消费的一次能源需求的百分数,而不是电力占能源需求的百分数,因为在发电生产过程中,有 60%以上的能源要损失掉。因此,这一定义从供方观点来看,使人们对电力在能源工业中的重要性有了很好的了解。根据这个定义,经济合作与发展组织 1985 年的电气化程度为 37%,日本为 38%"(1985 年中国这一指标为 21.32%)。"按照第二个定义,电气化程度是指对电力的需求,用占各种能源最终需求的百分比来表示。这个定义用来衡量电力的消费量——最终用户耗用的二次能源的比重。根据这一定义,经济合作与发展组织 1985 年的电气化程度平均为 16%,日本为 18%。"对电气化可以给予严格和广义的定义。就严格的定义来讲,是指由于使用电力替代石油和其他形式的能源,对电力增加的需求;就广义的定义来讲,是指对电力需求的稳定增长,造成在总能源需求中对电力需求的增加。因此这里采用人均用电量、人均生活用电量和发电能源在一次能源消费中的比重这 3 个指标。

6. 能源消费结构

能源消费结构指能源总生产量或总消费量中各类一次能源、二次能源的构成及其比例关系。能源结构分为能源供给结构和能源消费结构。各类能源产量在能源总生产量中的比例,称为能源生产结构;各类能源消费量在能源总消费量中的比例,称为能源消费结构。能源结构主要通过能源总量、经济总量、产业结构、人口 4 个介质对低碳经济产生影响。近年来,能源消费结构得到明显改善。煤炭消费占一次能源消费比重比上年下降 2.1 个百分点至 63.9%,天然气所占比重比上年上升 0.5 个百分点至 6.3%,石油基本保持不变,仍为 18.5%,非化石能源消费比重则比上年上升 1.5 个百分点至 11.3%。

但是中国仍存在着能源消费结构不合理的现象,同时油气对外依存度高,而油气进口大部分消耗在工业方面。2014 年中国天然气表观消费量为 1 800 亿立方米，同比增长 7.4%，其中进口天然气 580 亿立方米，对外依存度达 32.2%。同时，根据国办印发的《能源发展战略行动计划(2014—2020 年)》，至 2020 年，中国一次能源消费总量控制在 48 亿吨标准煤，天然气消费比重达 10%以上，相当于 3 600 亿立方米；国产常规天然气、页岩气、煤层气总计目标为 2 450亿立方米。天然气对外依存度由此控制在 32%以内。

2014 年中国国内石油消费延续低速增长态势，估计全年石油表观消费量为 5.18 亿吨。剔除库存增量，实际石油消费增速约为 2.8%，与 2013 年基本持平。全年净进口石油 3.08 亿吨，石油对外依存度达到 59.5%，较上年上升 1.1 个百分点。加上中国海上石油运输通道存在一定风险，所以能源安全还存在较大脆弱性。

(二) 影响电力需求增长的主要因素

当前，中国能源消耗驱动型的经济增长方式越来越受到电力供不应求的制约。因此，影响电力需求的研究越来越受到众多学者的关注。其中，国内一些学者根据电力消费的周期波动特性，如赵文霞(2001 年)运用灰色系统理论对中国电力需求进行了中长期的预测和波动周期分析，得到的预测结果与国际能源署 IEA 报告的预测和中国科学院可持续发展研究组的预测结果基本是一致的。谢宏(2000 年)利用多元统计分析的方法取得主要特征分量，达到压缩矢量维数的目的。应用此方法处理单日负荷数据以提取日负荷数据的主要成分，并对主要成分分量进行预测，提高了预测效率。

另外，围绕经济增长下电力消费同经济增长的关系，主要研究思路是围绕电力消费和经济增长之间的因果关系展开的。无论对于发达国家还是发展中国家而言，经济增长始终是重要的经济发展目标。电力消费和经济增长，哪一个是因，哪一个是果，似乎只有利用数量经济方法才能给出令人信服的答案。明确的因果关系对于经济学家给出促进经济增长的政策建议也是至关重要的。利用各个国家和不同阶段以及不同样本区间数据，经济学家开展了大量的研究工作。

此外，国内已经运用协整理论与误差修正模型的计量经济方法，对电力消费和经济增长之间的关系进行研究。在能源与电力领域，林伯强作为中国能源研究领域的带头人，进行了许多开创性的研究，取得了比较多的研究成果。林伯强(2000 年)对 1998 年中国电力消费弹性系数过小的问题，采用计量经济的方法给予了合理的解释。在实证分析中，各经济变量之间保持着稳定的长期均衡关系，他认为随着经济体制改革的深入，当市场调节充分发挥作用的时候，影响消费量的各变量之间的关系将更加稳定和显著。当前中国处于经济高速增长，经济结构快速升级的发展时期。经济结构的变化直接对电力需求产生重大的影响，在经济结构发生深刻变革的时期，电力消费弹性系数存在较大的波动在所难免。吴玉鸣(2009)采用了 2004 年中国省域电力消费量截面数据，运用截面回归分析模型和多种检验指标，分析了经济、人口、电价及产业结构对区域电力需求的作用机制，结论是电力消费与区域经济以及人口增长之间存在密切的联系，通过经济增长方式的转变以及适当的人口规模控制从而对电力消费产生影响是可能的；电价和第二产业比重也是影响中国区域电力消费的主要因素。具体影响电力需求的因素包括如下几个方面。

1. 宏观经济增长状况

中国加入世界贸易组织以后，对外贸易水平不断增长，对外依存度不断提高，世界经济的变化必然会对中国经济增长产生冲击，加上中国经济增长过度依赖于投资，因此中国经济增长具有很大的不确定性。电力需求与经济增长具有近似相同的趋势，随着宏观经济的波动也将出现需求的波动。

在能源驱动型经济背景下，中国的三大产业对电力的依赖程度逐渐加深：首先，自动化机械的引进及农村人口的减少使得农业对电力的依赖不断加深；其次，第二产业的工业化生产对能源有着大量需求，而电力是当今用于机械驱动最常用、最方便的能源，加之劳动成本的增长使得资本有机构成不断提高，第二产业对电力的需求也不断上升；最后，第三产业多是依赖于高科技而生存的，对电力有着很大程度的依赖。三大产业之间相互影响相互促进，经济不断增长，电力需求也呈现着不断上升的趋势。

2. 人口增长及人均收入水平

人均收入和人口增长都对电力需求产生重要影响，收入水平的提高和人口总量的增加都会增加对电力的需求。中国人口基数巨大，虽然由于计划生育政策的实施，中国生育率水平一直保持在较低的水平上，但是人口绝对数的增长量还是十分可观的。2006 年，中国人口增长率只有 5.28‰，全国人口增加了 692 万人。收入的增长带来了生活水平的提高，各种家用电器进入了中国城乡家庭，居民生活用电量逐年提高。居民生活用电量占全社会用电量比重也持续上升。

人口是经济社会中最基本的因素，人口的多少直接影响着电力需求，较快的人口增长也必将带来电力需求的较快增长。同时，人口的不断增长，对经济和社会都形成了很大的压力，影响着中国现代化的进程，进而影响着中国的电力需求。因此，人口必然是影响中国电力需求的主要因素之一。

3. 用电结构重型化

经济发展的每个阶段都有与之相适应的消费结构和产业结构。中国经济正处于从重工业化向技术集约和深加工阶段升级的时期，第二产业占有很大的比重，特别是工业消费了大量的电能资源，如图 10-2 所示。重工业的增长一直是电力消费增长的重要原因。1999 年以来，以高耗能工业为主的重工业用电量快速增长，是 21 世纪初电力需求高速增长的重要原因。

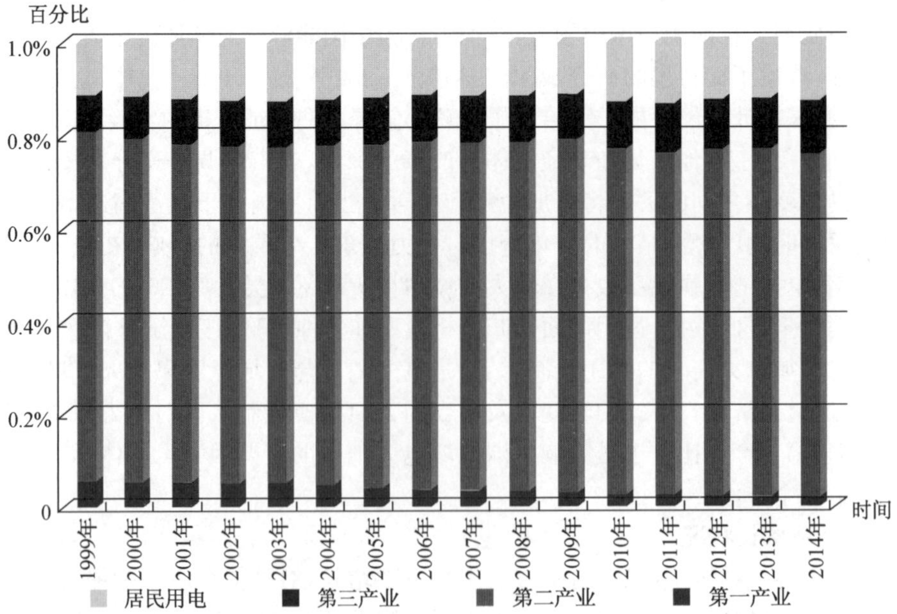

图 10-2 各产业和居民用电占社会总用电量百分比

产业结构,即构成国内生产总值各产业的比重。中国目前正处于转型阶段,以工业为主高耗能的第二产业仍占较大的比重,电力消费量不断增长的趋势较大原因是由于工业用电的强劲增长。因此,产业结构与电力消费量之间存在相关关系,第二产业比重的变化更是导致GDP 能源强度变化的一个重要原因。

4. 电力价格

价格是影响商品需求的重要因素。电力商品与其他商品一样受到价格因素的影响。一般商品的供求曲线共同决定了商品的价格。但是,电价的确定要复杂得多,原因在于电力工业具有一定的自然垄断性。虽然,随着电力市场化改革的发展,发电环节和售电环节被认为不具有自然垄断性质而引入竞争,但输电和配电环节依然具有自然垄断性质。电力的不可存储性,导致无法通过存货机制来平衡电力供需。需求的变化将导致不同边际成本的发电机组投入运行,所以电力价格也应该随着边际成本实时变化。企业为了追求效益最大化,当电价变化时,会改变电力需求水平,甚至根据电价调整生产。高耗电企业对电价更加敏感,不断从高电价地区向低电价地区转移。居民生活用电也受到价格的影响,最近推出的居民生活阶梯电价就是最好的证明。

5. 能源及相关政策

国家的能源政策对能源消费总量和结构都会产生重要影响,主要是通过影响供给和需求对消费产生影响。这些政策主要有发展政策、节能环保政策、新能源政策、能源技术政策和化石能源清洁发展政策。同煤炭和石油天然气等能源比较而言,电力产品使用方便,使用过程中对环境没有污染,因此得到了广泛的使用。由于大规模的开发,中国石油的探明储量持续下降,可开采年限相应缩减,以电能替代石油成为国家能源战略的重要内容。中国煤炭储量虽然丰富,但是一方面煤炭是不可再生能源,另一方面煤炭燃烧对环境造成严重污染。因此,无论是从环境、资源还是从可持续发展各方面来看,国家能源政策都会增加电能对其他能源的替代,从长远发展来看,电力消费还会随着经济保持快速提高。

从上述因素来看,在中国经济高速增长的宏观背景下,随之而来的产业结构快速升级、用电结构的重型化和资源与环境约束下能源政策的调整都必将带来电力消费水平迅速提高,给电力需求预测带来很大的不确定性。

(三) 能源、电力消费与经济增长的关联性分析

1. EPC-GDP 函数

全国用电量指一定时期内,全国所有行业生产用电量和居民的用电量的总和,由第一产业用电量、第二产业用电量、第三产业用电量和城乡居民用电量组成,前三者又构成了全行业用电量。近年来,中国经济的快速增长对能源的消费、用电量的需求也大幅上升,中国的总用电量由 1985 年的 0.41 万亿千瓦时增加到 2014 年的 5.55 万亿千瓦时,年均增长率 9.4%。第一产业的用电比重由 5.7%下降到 2%;第二产业比重始终保持绝对最大比重,在 75%附近徘徊;第三产业由 1997 年的 7.8%上升到 2012 年的 11.4%;居民用电比重 1997—2012 年都超过第三产业比重。以下统一使用国内生产总值(*GDP*)2000 年不变价(亿元),电力消费量(*EPC*),能源消费总量(*EC*)进行说明。

1985 年以后,图 10-3 显示了 1985—2014 年期间中国总用电量与 *GDP* 之间的关系(*EPC-GDP* 函数),这是一条相关系数为 0.99 的线性函数,即中国的 *EPC-GDP* 函数为:

$$GDP(EPC)=6.411\,2EPC+1\,271,\ 4\,000<EPC<55\,000 \tag{10-1}$$
$$AGDP(EPC)=GDP/EPC=6.411\,2+1\,271/EPC$$

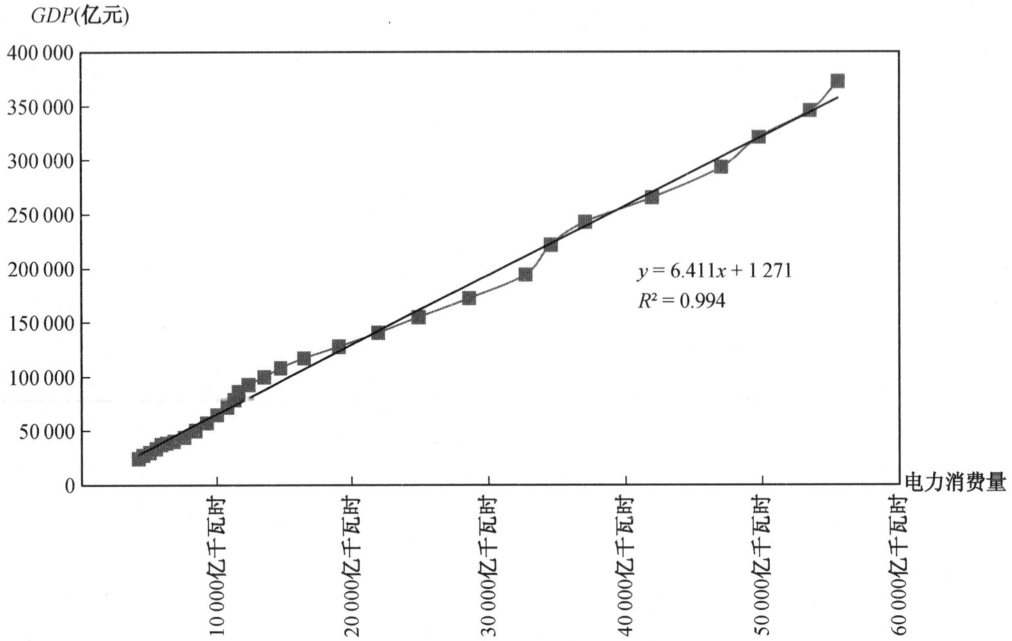

图 10-3 中国电力消费量

(10-1)式是由公布的历史数据得到的 EPC-GDP 函数，它从理论上刻画了中国总用电量 *EPC* 与经济总量 *GDP* 之间的关系，其主要特征是该函数的导数等于 6.411 2，截距等于 1 271，为正值。由此决定它是一个递减函数，1985—2014 年期间平均电能 *GDP* 是不断下降的，主要数据如表 10-1 所示。

表 10-1 **1985—2014 年能源消费、电力消费和经济增长的数据**

年份	*GDP*(亿元)	增长率	*EPC*(亿千瓦时)	增长率	*EC*(亿吨标准煤)	增长率
2014	372 399	7.7%	55 528	3.80%	42.60	2.40%
2013	345 774	7.7%	53 495	7.50%	41.60	3.48%
2012	321 053	9.5%	49 763	5.88%	40.20	3.88%
2011	293 199	10.6%	47 001	12.08%	38.70	7.32%
2010	265 099	9.2%	41 934	13.24%	36.06	7.29%
2009	242 764	9.6%	37 032	7.21%	33.61	4.83%
2008	221 500	14.2%	34 541	5.59%	32.06	2.95%
2007	193 958	12.7%	32 712	14.43%	31.14	8.73%
2006	172 101	11.3%	28 588	14.63%	28.64	9.61%
2005	154 628	10.1%	24 940	13.51%	26.13	13.61%
2004	140 444	10%	21 971	15.45%	23.00	16.75%
2003	127 676	9.1%	19 032	15.59%	19.70	16.22%
2002	117 027	8.3%	16 465	11.83%	16.95	9.00%
2001	108 058	8.3%	14 723	9.29%	15.55	5.85%

（续表）

年份	GDP(亿元)	增长率	EPC(亿千瓦时)	增长率	EC(亿吨标准煤)	增长率
2000	99 776	7.6%	13 472	9.49%	14.69	4.56%
1999	92 729	7.8%	12 305	6.09%	14.05	3.23%
1998	86 019	9.2%	11 598	2.78%	13.61	0.15%
1997	78 772	9.9%	11 284	4.83%	13.59	0.59%
1996	71 676	11%	10 764	7.39%	13.51	3.05%
1995	64 573	13.1%	10 023	8.24%	13.11	6.81%
1994	57 094	13.9%	9 260	9.90%	12.27	5.81%
1993	50 126	14.3%	8 426	11.00%	11.60	6.25%
1992	43 855	9.3%	7 591	11.58%	10.92	5.19%
1991	40 124	3.9%	6 804	9.20%	10.38	5.15%
1990	38 618	4.2%	6 230	7.05%	9.87	1.82%
1989	37 061	11.3%	5 820	7.18%	9.69	4.23%
1988	33 298	11.7%	5 430	9.48%	9.30	7.35%
1987	29 810	8.9%	4 960	11.34%	8.66	7.15%
1986	27 374	13.5%	4 455	8.19%	8.09	5.44%
1985	24 118	—	4 118	—	7.67	—

在此期间，居民用电提速主要基于多个背景：一是随着收入水平提高，居民消费能力增强，并且电网改造为家庭电器化提供了可靠的电力保障；二是城市化过程中农村集聚小区建设，使得“农民”向“市民”过渡，加速了用电量增长；三是2014年冬冷夏热的极端天气，导致空调等大功率电器用电量增加。

2. 协整技术与因果关系检验方法

为了进一步厘清电力消费与能源经济增长之间的变化关系，下面采用协整技术与因果关系检验方法进行分析。变量序列之间的协整性衡量了两个变量趋势之间的长期稳定性关系。其经济意义在于：尽管两个变量具有各自的长期波动规律，但只要它们是协整的，那么两者之间就存在长期稳定的比例关系。

根据Engle和Granger在1978年提出的协整理论，对于两个都是随机游走的变量序列，如果都是非平稳的，但都是d阶单整序列，而且这样的线性组合是稳定的，则称这两个序列为协整的。对于两个序列而言，具有相同的单整阶数，是序列之间具有协整性的必要条件。如果已经判断两个时间序列是非平稳的，但其都是d阶单整序列，则可以对两个变量进行OLS回归，得到协整回归方程，进而通过对协整方程残差是否平稳的ADF检验来判断两个时间序列之间的协整。一种变量的变化对另一种变量的影响程度的因果关系目前用Granger检验。

对于序列平稳性采用ADF单位根检验方法，在此作原假设：H_0：$\rho=1$（H_0是原假设，ρ为回归参数）。因为发散序列没有经济学含义，所以备选假设为单边假设H_1：$\rho<1$，如果$-1<\rho<1$，则序列y是平稳序列。如果$\rho=1$，则y是非平稳序列（带漂移的随机游动）。如果这一过程在某一点开始，y的方差随时间增长趋于无穷。如果ρ的绝对值大于1，序列发散。因此，一个序列是否平稳，可以检验ρ是否严格小于1。定义序列在水平值、一阶差分、二阶差分的情

况下进行 ADF 单位根检验,可以使用这个选项决定序列中单整的阶数。如果检验在水平值未拒绝检验而在一阶差分拒绝检验,序列中含有一个单位根,是一阶单整 I(1)。定义在检验回归中是否含有常数、常数和趋势,或两者都不包含。这一选择很重要,因为检验统计量在原假设下的分布随以上 3 种情况不同而变化。

考察 1985—2014 年的用电量增长率与 GDP 增长率可以发现,总体上看两者具有同周期性,特别是两者的谷底基本一致。但两者也具有较大的差异性,用电量增长率围绕 GDP 增长率上下波动,这意味着电力消费对经济增长的偏离是一种常态。同时,世界各国经济发展的历史表明:能源产生的电力风险与经济发展、环境约束之间存在着明显的关系。这里对中国电力消费、能源消费总量与经济增长的协整性与因果关系的研究,选取了 1985—2014 年的中国电力消费、能源消费总量与实际 GDP 的数据。电力、能源消费的统计数据来自中国能源统计年鉴,单位为万吨标准煤;GDP 的统计数据来自中国统计年鉴,是根据以 2000 年为基准的 GDP 指数和 2000 年的 GDP 数据计算获得,得到的 GDP 数据均为 2000 年人民币不变价计算的实际 GDP,单位是亿元人民币;图 10-4 反映了 1985—2014 年中国能源消费、电力消费和 GDP 的变动趋势。回归与检验的计算过程是借助计量经济软件 EVIEWS 5.0 完成的。

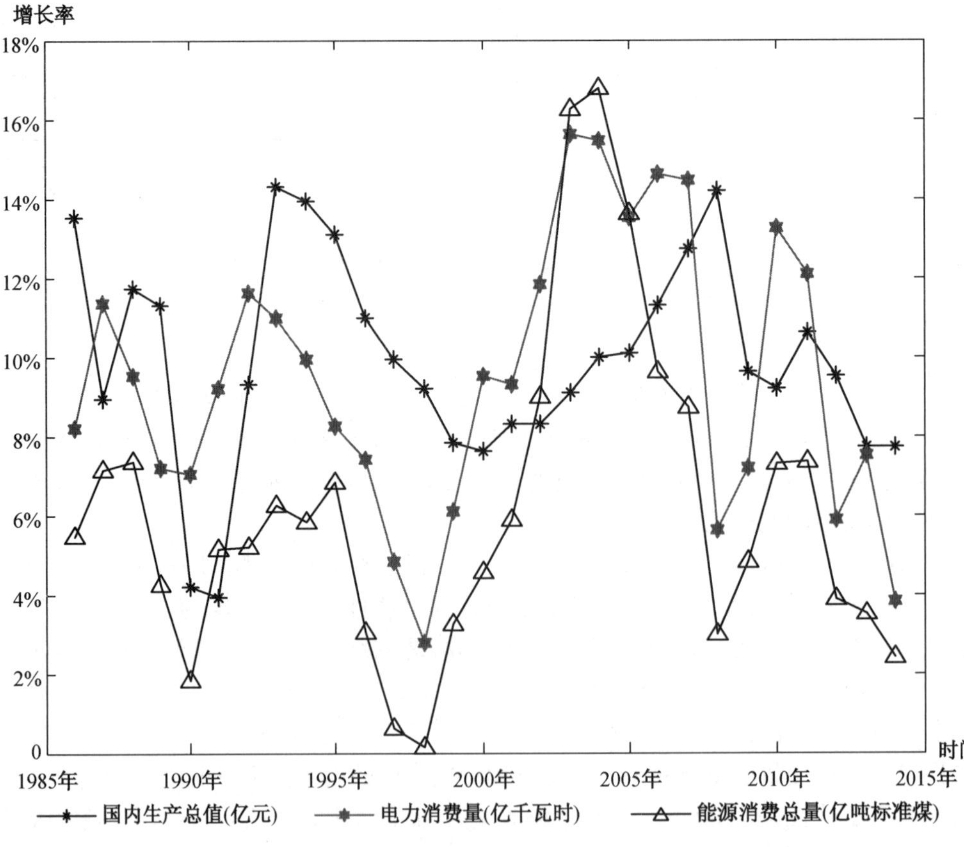

图 10-4　1985—2014 年中国能源消费、电力消费总量和 GDP 的变动趋势

根据上述方法确定 1985—2014 年电力消费序列最佳滞后长度为 1, GDP 序列最佳滞后长度为 2,这里检验方程取不含常数项和时间趋势项的限制回归方程形式时的结果。对

1985—2014 年电力消费、实际 GDP 和能源消费的原序列、一阶差分和二阶差分分别进行 ADF 单位根检验，结果如表 10-2 所示。

表 10-2　**1985—2014 年间 *ADF* 能源消费 *EC*、实际 *GDP* 和电力消费 *EPC* 单位根检验结果**

	ADF	1%显著水平	5%显著水平	判断结果
EPC	1.476 4	−3.769 6	−3.004 9	非平稳
EPC 一阶差分	−1.425 8	−3.769 6	−3.004 9	非平稳
EPC 二阶差分	−2.024 3	−3.808 5	−2.650 4	非平稳
GDP	1.536 1	−3.689 1	−2.971 9	非平稳
GDP 一阶差分	−0.084 5	−3.689 1	−2.971 9	非平稳
GDP 二阶差分	−5.434 9	−3.711 5	−2.981 0	平稳
EC	−0.276 6	−3.689 1	−2.971 9	非平稳
EC 一阶差分	−1.643 9	−3.699 9	−2.976 3	非平稳
EC 二阶差分	−4.178 0	−3.699 9	−2.976 3	平稳

注：表中给出单位根检验 1%和 5%临界值均是 MacKinnon 协整临界值。

从检验结果可以知道：*EPC* 属于非平稳序列，上述电力消费与经济增长之间的关系更为复杂，需要进一步研究。同时，*GDP* 和 *EC* 属于两阶单整序列，对 1985—2014 年的 GDP 和 *EC* 的数据进行 *OLS* 回归得到两者之间的协整性回归方程为：

$$GDP = 8\,892 \times \mathrm{EC} - 48\,215 + \varepsilon_t (R^2 = 0.987\,4 \quad F = 1\,106.7) \tag{10-2}$$

式中　R^2 ——相关系数；

F —— F 检验；

ε_t ——残差的扰动项。

对残差进行单位根检验，按照 *AIC* 定阶准则确定滞后阶数为 1，检验结果如表 10-3 所示。

表 10-3　**1985—2014 年协整方程残差单位根检验结果**

回归方程残差形式	*ADF* 检验值	1%显著水平	5%显著水平	判断结果
无常数项和时间趋势	−4.258 6	−3.752 9	−2.998 1	平稳
有常数项无时间趋势	−4.244 8	−4.416 3	−3.622 0	平稳
有常数项和时间趋势	−4.548 6	−2.669 4	−1.608 5	平稳

无论采用哪种检验方程形式，从协整方程的残差单位根检验结果来看，在 5%水平上两个残差序列都是平稳序列，因此存在协整关系，进一步进行 Granger 因果关系检验，如表 10-4 所示。

表 10-4　**1985—2014 年 GDP 和 EC 间 Granger 因果关系检验结果**

样本区间：1985—2014 年滞后期：2			
零假设	观测样本数	*F*-统计量	概率
EC 不是 *GDP* 的 *Granger* 原因	28	15.192 8	0.000 0
GDP 不是 *EC* 的 *Granger* 原因		1.438 0	0.258 0

经检验，在 1%显著水平可以接受“EC 是 GDP 的 Granger 原因”，接受了能源消费对 GDP

存在因果关系的结果。根据检验结果，可以认为 1985—2014 年间，能源消费对 GDP 的因果关系比较显著，同时中国经济对能源消费的因果关系却不是很显著。

二、风险因素识别

电力产业对于国民经济具有重要的基础性作用，因此，为了进一步研究非平稳的电力消费时间序列，下面分别采用 H-P 滤波和小波技术对中国电力消费、能源消费特征进行分析。

（一）H-P 滤波技术分析

H-P 滤波是一种时间序列在状态空间中的分解方法，它相当于极小化波动方差的线性滤波。对于时间序列 $y_t(t=1, 2, \cdots, T)$ 而言，H-P 滤波选择满足（10-3）式的趋势成分。

$$\min_{T_{y_t}} \sum_{t=1}^{T} (y-T_{y_t})^2 + \lambda (\Delta^2 T_{y_t})^2 \tag{10-3}$$

式中 y——观测变量；

T_y——趋势成分；

λ——平滑系数，趋势成分与周期成分的权重，且存在 $\lambda=\sigma_T^2/\sigma_c^2$，式中 σ_T^2 和 σ_c^2 分别是时间序列中趋势成分和周期成分的方差。

经过 H-P 滤波后得到的周期成分为：$C_y = y_t - T_y$，$t=1, 2, \cdots, T$。这里主要完成以下 3 个部分的研究，具体如下。

（1）对中国能源消费量和国民生产总值进行 H-P 滤波分解得出能源消费与经济增长序列的趋势成分与周期成分。

（2）对中国电力消费量和国民生产总值进行 H-P 滤波分解得出电力消费与经济增长序列的趋势成分与周期成分。

（3）对中国电力消费的增长率进行 H-P 滤波分解得出电力消费的周期性特征。

1）H-P 滤波后能源消费（EC）与经济增长（GDP）之间的关系分析

采用上述方法对中国能源经济的协整性与因果关系进行研究。为了更真实、科学、全面地了解中国能源与经济的关系，我们研究了能源消费总量（EC）与国内生产总值（GDP）之间的关系。由于在 1980 年以前中国经济属于封闭型经济，与后来的经济运行的环境都有较大的差别，所以本研究选取 1985—2014 年的中国能源消费总量 EC 和与此对应的中国国内生产总值 GDP。具体数据来自《中国统计年鉴》（国家统计局，1985—2014），并且根据统计原则进行了调整，均以 2000 年为不变价格的实际 GDP 基期单位亿元人民币。能源消费的数据来自相关年度的中国能源年鉴中的综合能源平衡表，单位是万吨标准煤。回归与检验的计算过程是借助计量经济软件 EVIEWS 5.0 完成的。

与此同时，为了进一步消除 GDP 数值和全国电力消费总量、能源消费总量数值或许存在的异方差性，本研究对三个原始时间序列进行了取对数。LGDP（Logarithm of GDP）为国民生产总值对数序列，电力消费对数序列即 LEPC（Logarithm of Electricity Powder Consumption），能源消费对数序列即 LEPC（Logarithm of Energy Consumption）。并且运用 H-P 滤波技术分离出 LEC、LEPC 和 LGDP 序列的趋势成分与周期成分，记 HPLGDP、HPLEC 和 HPLEPC 分别为 LEC、LGDP 和 LEPC 的周期项，CLGDP、CLEC、CLEPC 为 LGDP、LEC 和 LEPC 的周期项，结果见图 10-5 和图 10-6。

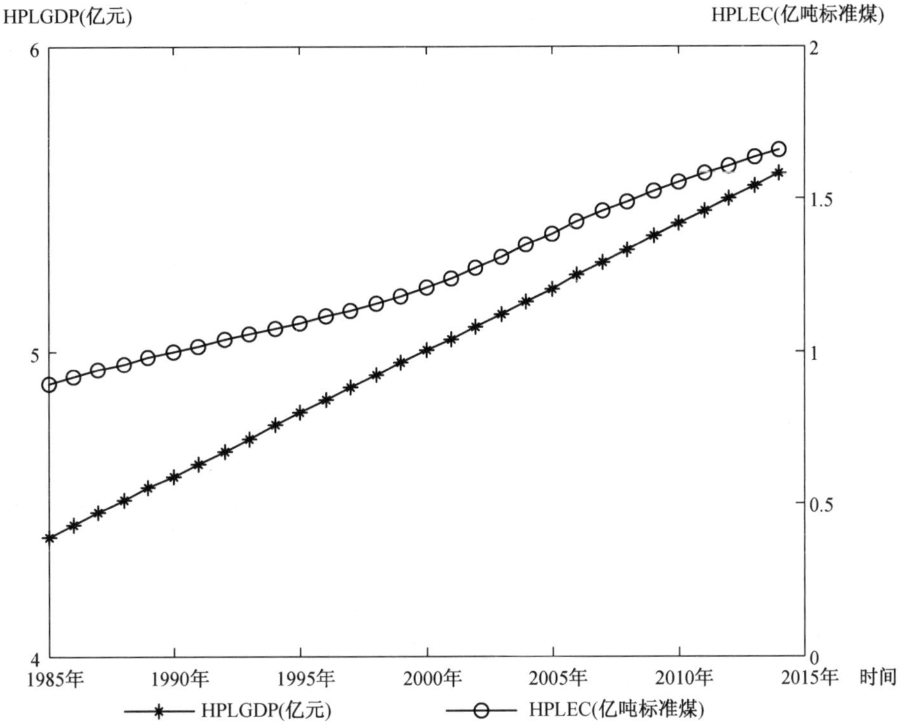

图 10-5　LEC 与 LGDP 序列 H-P 滤波后的趋势成分

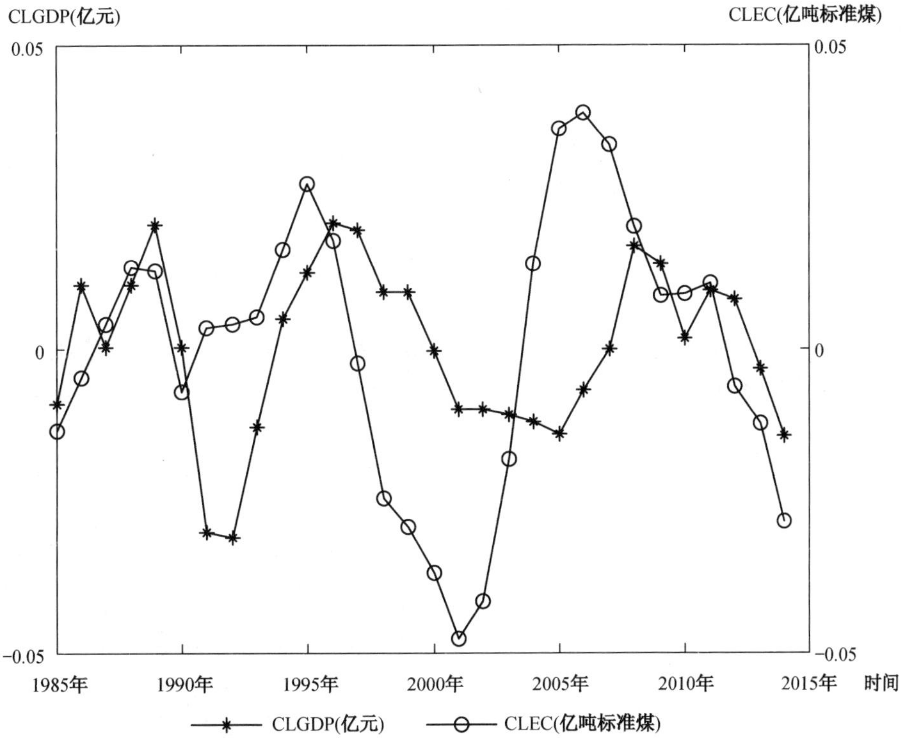

图 10-6　LCEC 与 CLGDP 序列 H-P 滤波后的周期成分

可见滤除波动成分后，LGDP 与 LEC 有着几乎一致的共同变动趋势。周期成分的峰—峰、谷—谷存在着几乎一致的对应关系，在后半段大概有 1～2 年的滞后期。在一定程度上，H-P滤波显示中国能源消费与经济增长之间具有共同的发展趋势和共同的波动特征。

经检验 LEC 与 LGDP 趋势成分均为单整序列，对 1985—2014 年的 HPLGDP 和 HPLEC 的数据进行 OLS 回归得到两者之间的协整性回归方程为：

$$HPLGDP = 1.4996 * HPLEC + 3.1228 + \varepsilon_t (R^2 = 0.9861,\ F = 1981) \qquad (10\text{-}4)$$

式中　R^2 ——相关系数；

F —— F 检验；

ε_t ——残差的扰动项。

协整方程拟和的结果及残差如图 10-7 所示：

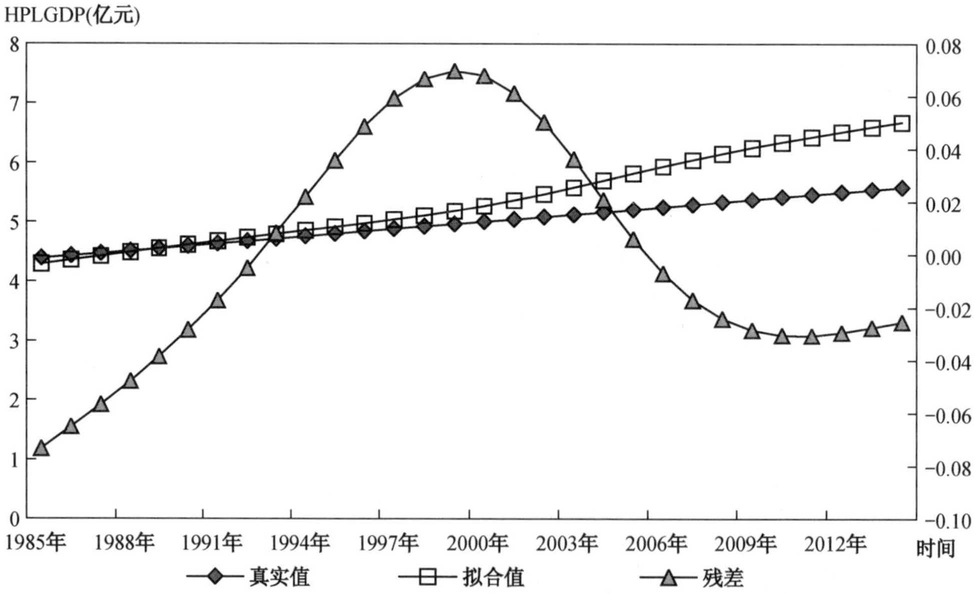

图 10-7　1985—2014 年 HPLGDP 和 HPLEC 协整方程拟合及残差

对残差进行单位根检验，按照 AIC 定阶准则确定滞后阶数为 1，同时分别按照没有常数项和时间趋势，有常数项没有时间趋势，以及同时含有常数项和时间趋势的回归方程来进行检验。检验结果如表 10-5 所示，结果仅以没有常数项和时间趋势列出。

表 10-5　　**残差平稳性检验结果**

序列	滞后期	*ADF* 检验值	1%显著水平	5%显著水平	判断结论
残差	2	−4.9079	−3.7379	−2.9818	平稳

进一步检验结果表明，HPLEC 和 HPLGDP 之间无论短期还是长期都存在着双向的因果关系，比未滤波的格兰杰因果关系检验更强的分析结论，对两者进行 Granger 因果关系检验，结果如表 10-6 所示，检验结果也说明了 GDP 是 EC 的 Granger 原因。

表 10-6　　1985—2014 年 GDP 和 EC 间 Granger 因果关系检验结果

样本区间:1985—2014 年滞后期:2			
零假设	观测样本数	F-统计量	概率
HPLEC 不是 HPLGDP 的 Granger 原因	28	7.855 7	0.002 5
HPLGDP 不是 HPLEC 的 Granger 原因		295.270	0.000 1

2) H-P 滤波后能源消费(EPC)与 GDP 之间的关系分析

经检验 LEPC 与 LGDP 趋势成分均为二阶单整序列,如表 10-7 所示。对 1985—2014 年的 HPLGDP 和 HPLEPC 的数据进行 OLS 回归得到两者之间的协整性回归方程为:

表 10-7　　LEPC 的 ADF 根检验结果

回归方程残差形式	ADF 检验值	1%显著水平	5%显著水平	判断结果
无常数项和时间趋势	−4.567 7	−3.770 0	−3.004 9	平稳
有常数项无时间趋势	−3.906 1	−4.440 7	−3.632 8	平稳
有常数项和时间趋势	−2.425 4	−2.674 2	−1.957 2	平稳

$$\text{HPLGDP} = 1.0123 * \text{HPLEPC} + 0.7123 + \varepsilon_t \quad (10\text{-}5)$$

$$(R^2 = 0.9975,\ F = 11266)$$

对残差进行单位根检验,按照 AIC 定阶准则确定滞后阶数为 1,同时分别按照没有常数项和时间趋势,有常数项没有时间趋势,以及同时含有常数项和时间趋势的回归方程来进行检验。检验结果如表 10-8 所示。

表 10-8　　残差平稳性检验结果

回归方程残差形式	ADF 检验值	1%显著水平	5%显著水平	判断结果
无常数项和时间趋势	−5.583 7	−3.7379 9	−2.991 8	平稳
有常数项无时间趋势	−4.210 2	−4.394 3	−3.612 2	平稳
有常数项和时间趋势	−5.902 2	−2.664 9	−1.608 8	平稳

检验结果表明 HPLEC 和 HPLGDP 之间比未滤波的格兰杰因果关系检验更强的分析结论,对两者进行 Granger 因果关系检验,结果如表 10-9 所示,检验结果也说明了 GDP 是 EC 的 Granger 原因。

表 10-9　　1985—2014 年 HPLGDP 和 HPLEPC 间 Granger 因果关系检验结果

样本区间:1985—2014 年滞后期:2			
零假设	观测样本数	F-统计量	概率
HPLEPC 不是 HPLGDP 的 Granger 原因	28	10.754 6	0.000 5
HPLGDP 不是 HPLEPC 的 Granger 原因		790.934	0.000 1

从检验结果可以看出:在接近 1%的显著水平上,拒绝了“HPLEPC 不是 HPLGDP 的

Granger 原因”和“HPLGDP 不是 HPLEPC 的 Granger 原因”的原假设。我们可以认为从长期趋势上来看，1985—2014 年，中国经济增长对电力消费具有显著的 Granger 因果关系，而电力消费对 GDP 的因果关系也有显著的因果关系。如果需要降低两者的因果关系，则需要从电力消费的周期波动研究入手。

3）单经济变量的滤波分析

同样，对中国电力消费增长率进行 H-P 滤波分解，得到 1986—2014 年中国电力消费周期的 H-P 滤波法划分，见图 10-8。EPC 增长率为实际电力消费增长数据。

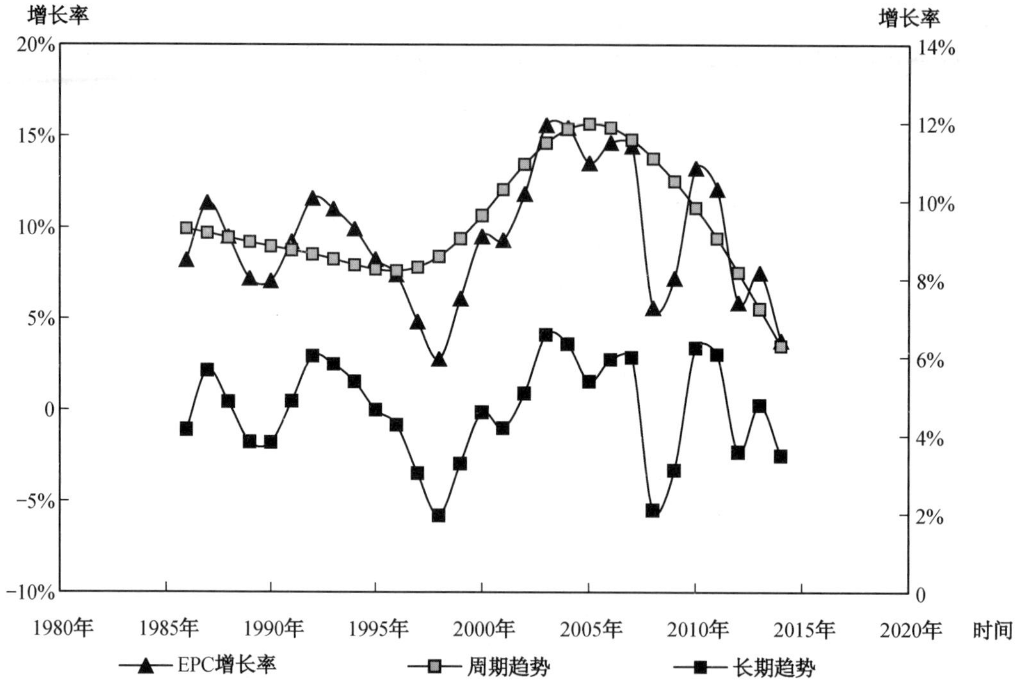

图 10-8　中国电力消费年度增长率数据 H-P 滤波分解

表 10-10　**H-P 滤波后所得的周期成分**

年份	周期	年份	周期	年份	周期	年份	周期
1986	−1.097 5	1994	1.532 3	2002	0.891 7	2010	3.408 2
1987	2.152 6	1995	−0.011 5	2003	4.105 7	2011	3.032 9
1988	0.412 3	1996	−0.821 3	2004	3.612 2	2012	−2.298 5
1989	−1.761 2	1997	−3.475 3	2005	1.546 3	2013	0.247 5
1990	−1.786 2	1998	−5.795 5	2006	2.753 0	2014	−2.504 8
1991	0.456 5	1999	−2.942 6	2007	2.859 6		
1992	2.936 3	2000	−0.149 3	2008	−5.492 9		
1993	2.490 0	2001	−1.008 9	2009	−3.291 6		

H-P 滤波后所得的周期成分，如表 10-10 所示。此外，电力消费周期成分总体特征分析

如下：扩张长度指单个周期内扩张期总的时间长度。这个指标表明单个周期电力消费扩张的时间持续性。波动范围指单个周期内增长率波动最大值与最小值之差。这个指标表明周期内电力消费波动的剧烈程度。波谷深度是指单个周期内波谷位置经济数据数值，是周期内最小数值。波动深度是电力消费增长是否具有稳定性的表现。波峰高度是单个周期内波峰位置经济数据数值，是周期内最大数值。

因此，如表 10-11 所示，从滤波以后得到的电力消费周期成分看，中国电力消费周期成分波动最明显的特点是：整体均为"古典型"周期。全社会电力消费周期成分增长率最大为 4.105 7%，最小为−5.795 5%。波谷绝对值相差较小，整体上波动较对称。按照周期类型，以上对 1985 年以来中国电力消费周期成分的划分，基本属于 5～10 年的中周期。

表 10-11　　**中国电力消费周期成分波动状态特征(1985—2014 年)**

周期序号	第一周期	第二周期	第三周期	第四周期	全时期
峰尖年份	1987	1992	2003	2010	2003
波动高度	2.152 6%	2.936 3%	4.105 7%	3.408 2%	4.105 7%
谷底年份	1990	1998	2008	2014	1998
波动深度	−1.786 2%	−5.795 5%	−5.492 9%	−2.504 8%	−5.795 5%
波动幅度	3.938 8%	8.731 8%	9.598 6%	5.913 0%	9.901 2%
扩张长度	短扩张型	长扩张型	长扩张型	待定	短扩张型

从表 10-11 数据来看，从改革开放至今，中国的电力消费周期成分处于不稳定状态。

（二）小波时间序列分析

综观时间序列分析的时域分析法和频域分析法，它们各有优劣。时域分析法直观但缺乏对原序列频率规律性的认识，频域分析法则没有时间分辨率，但两者关系紧密。当我们对在频域能量相对集中的序列进行时域方法预测时，其预测精度显然好于频域能量规律性差的序列。根本而言，时间序列法是一种线性外推技术，它将当前电力消费负荷看作先前消费负荷的线性叠加，当负荷含有很高的非线性成分(实际就是从时域而言规律性差，从频域而言频率含量丰富)时，预测精度就会下降，这就是小波变换用于时间序列的出发点。

同时，时间序列(Time Series)是经济学研究中经常遇到的问题。在时间序列研究中，时域和频域是常用的两种基本形式。其中，时域分析具有时间定位能力，但无法得到关于时间序列变化的更多信息；频域分析(如 Fourier 变换)虽具有准确的频率定位功能，但仅适合平稳时间序列分析。然而，经济学中许多现象(如经济增长率、能源消费弹性系数、电力消费等)随时间的变化往往受到多种因素的综合影响，大都属于非平稳序列，它们不但具有趋势性、周期性等特征，还存在随机性、突变性以及"多时间尺度"结构，具有多层次演变规律。对于这类非平稳时间序列的研究，通常需要某一频段对应的时间信息，或某一时段的频域信息。显然，时域分析和频域分析对此均无能为力。

因此，为了研究电力消费的周期波动作用机制，下面采用小波分析技术研究电力消费的时间序列。20 世纪 80 年代初，由 Morlet 提出的一种具有时—频多分辨功能的小波分析(Wavelet Analysis)为更好地研究时间序列问题提供了可能，它能清晰地揭示出隐藏在时间序列中的多种变化周期，充分反映系统在不同时间尺度中的变化趋势，并能对系统未来发展趋势进行定性估计。小波分析的基本思想是用一簇小波函数系来表示或逼近某一信号或函数。

1) 小波函数

小波分析的基本思想是用一簇小波函数系来表示或逼近某一信号或函数。因此，小波函数是小波分析的关键，它是指具有震荡性、能够迅速衰减到零的函数，即小波函数 $\psi(t) \in L^2(R)$ 且满足：

$$\int_{-\infty}^{+\infty} \psi(t)\,\mathrm{d}t = 0 \tag{10-6}$$

式中 $\psi(t)$ ——基小波函数。

$\psi(t)$ 可通过尺度的伸缩和时间轴上的平移构成一簇函数系：

$$\psi_{a,b}(t) = |a|^{-1/2}\psi\left(\frac{t-b}{a}\right) \quad 其中，a,\ b \in R,\ a \neq 0 \tag{10-7}$$

式中 $\psi_{a,b}(t)$ ——子小波；

a——尺度因子，反映小波的周期长度；

b——平移因子，反映时间上的平移。

需要说明的是，选择合适的基小波函数是进行小波分析的前提。在实际应用研究中，应针对具体情况选择所需的基小波函数；同一信号或时间序列，若选择不同的基小波函数，所得的结果往往会有所差异，有时甚至差异很大。目前，主要是通过对比不同小波分析处理信号时所得的结果与理论结果的误差来判定基小波函数的好坏，并由此选定该类研究所需的基小波函数。

2) 小波变换

若 $\psi_{a,b}(t)$ 是由(10-7)式给出的子小波，对于给定的能量有限信号 $f(t) \in L^2(R)$，其连续小波变换(Continue Wavelet Transform，简写为 CWT)为：

$$W_f(a,b) = |a|^{-1/2}\int_R f(t)\,\bar{\psi}\left(\frac{t-b}{a}\right)\mathrm{d}t \tag{10-8}$$

式中 $W_f(a,\ b)$ ——小波变换系数；

$f(t)$ ——一个信号或平方可积函数；

a ——伸缩尺度；

b ——平移参数；

$\bar{\psi}\left(\frac{x-b}{a}\right)$ —— $\psi\left(\frac{x-b}{a}\right)$ 的复共轭函数。

经济学中部分的时间序列数据大多是离散的，设函数 $f(k\Delta t)$，($k = 1,\ 2,\ \cdots,\ N$；Δt 为取样间隔)，则(10-8)式的离散小波变换形式为：

$$W_f(a,\ b) = |a|^{-1/2}\Delta t\sum_{k=1}^{N} f(k\Delta t)\,\bar{\psi}\left(\frac{k\Delta t - b}{a}\right) \tag{10-9}$$

由(10-8)式或(10-9)式可知小波分析的基本原理，即通过增加或减小伸缩尺度 a 来得到信号的低频或高频信息，然后分析信号的概貌或细节，实现对信号不同时间尺度和空间局部特征的分析。

实际研究中，最主要的就是要由小波变换方程得到小波系数，然后通过这些系数来分析时间序列的时频变化特征。

3）小波方差

将小波系数的平方值在 b 域上积分，就可得到小波方差，即

$$\mathrm{Var}(a)=\int_{-\infty}^{\infty}|W_f(a,\ b)|^2\mathrm{d}b \tag{10-10}$$

小波方差随尺度 a 的变化过程，称为小波方差图。由(10-10)式可知，它能反映信号波动的能量随尺度 a 的分布。因此，小波方差图可用来确定信号中不同种尺度扰动的相对强度和存在的主要时间尺度，即主周期。

4）小波分析的具体步骤

利用 Matlab 软件选用 Morlet 连续复小波变换函数，计算出中国 1986—2014 年电力消费增长率的时间序列对应的小波系数。然后借助 Suffer 软件，绘制小波系数实部、模值模方等值线图，以下为小波分析的具体结果。

(1) 小波系数实数部分等值线图分析。小波系数实部等值线图能反映电力消费增长率不同时间尺度的周期变化及其在时间域中的分布，进而能判断在不同时间尺度上，电力消费增长率的未来变化趋势。图 10-9 为小波系数中实数的等值线图。其中，横坐标为时间(年份)，纵坐标为时间尺度。当小波系数实部值为正时，代表高电力消费增长率时域；为负时，表示低电力消费增长率时域。由图 10-10 可以清楚地看到电力消费增长率演化过程中存在的多时间尺度特征。总的来说，在电力消费增长率演变过程中存在着 3～5 年和 5～8 年的两类尺度的周期变化规律。其中，在 1986—1998 年出现 3 次高—低交替的一次震荡；在 1998—2012 年存在 2 次 5～8 年时间尺度上的震荡。同时，还可以看出 5～8 年尺度的周期变化在整个分析时段表现得非常稳定，具有全域性；而 3～5 年尺度的周期变化并不全面，特别是针对未来电力消费增长率的预期不明确。

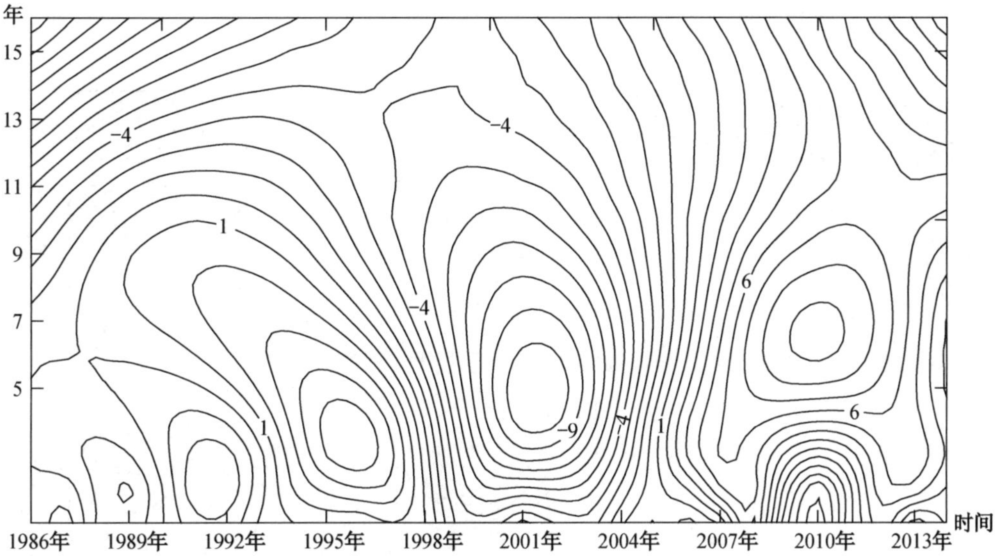

图 10-9　小波系数中实数的等值线图

(2) 小波系数模等值线图分析。小波系数的模值是不同时间尺度变化周期所对应的能量密度在时间域中分布的反映，系数模值愈大，表明其所对应时段或尺度的周期性就愈强。从图10-10 可以看出，在电力消费增长率演化过程中，5～8 年时间尺度模值最大，这说明该时间尺度周期变化最明显，3～5 年时间尺度的周期变化较小。

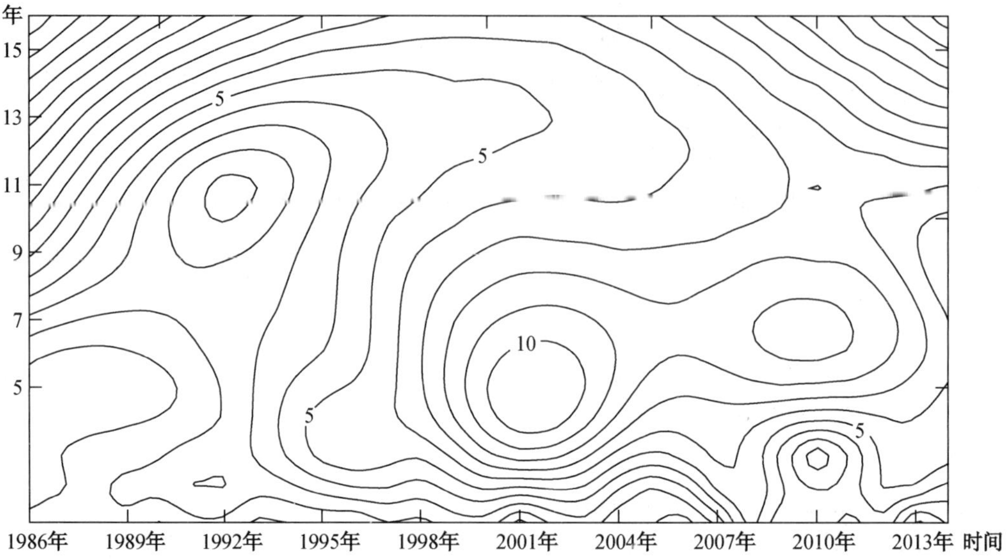

图 10-10　小波系数的模值图

(3) 小波系数模方等值线图分析。小波系数的模方相当于小波能量谱，它可以分析出不同周期的震荡能量。由图 10-11 可知，6～8 年时间尺度的能量最强、周期最显著，但它的周期变化具有局部性(1998 年前)；4～6 年时间尺度能量虽然较弱，但周期分布比较明显，几乎占据整个研究时域(主要为 1998—2014 年)。

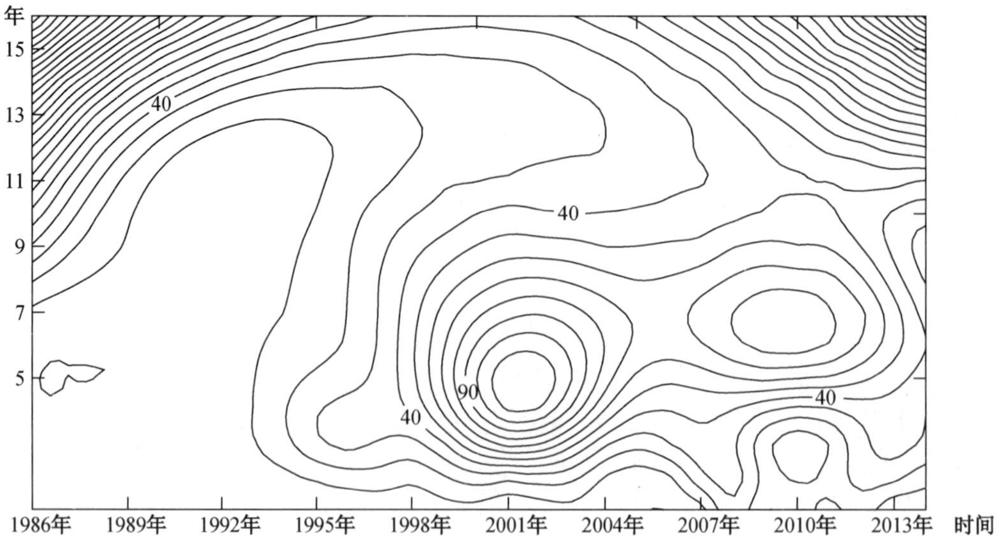

图 10-11　小波系数的模方图

三、电力—能源风险指数的实证研究

（一）中短期电力消费预警模型

在社会、经济、农业、生态、环境等各种系统中经常会遇到信息不完全的情况：农业方面，农田耕作面积往往因许多非农业的因素而改变，因此很难准确计算农田产量、产值，这是缺乏耕地面积信息；生物防治方面，害虫与天敌间的关系即使是明确的，但天敌与饵料、害虫与害虫间的许多关系却不明确，这是缺乏生物间的关联信息；一项土建工程，尽管材料、设备、施工计划、图纸是齐备的，可是还很难估计施工进度与质量，这是缺乏劳动力及技术水平的信息；一般社会经济系统，除了输出的时间数据列（比如产值、产量、总收入、总支出等）外，其输入数据列不明确或者缺乏，因而难以建立确定的完整的模型，这是缺乏系统信息；工程系统是客观实体，有明确的“内”“外”关系（即系统内部与系统外部，或系统本体与系统环境），可以较清楚地明确输入与输出，因此可以较方便地分析输入对输出的影响，可是社会、经济系统是抽象的对象，没有明确的“内”“外”关系，不是客观实体，因此就难以分析输入（投入）对输出（产出）的影响，这是缺乏“模型信息”（即用什么模型，用什么量进行观测控制等信息）。信息不完全的情况归纳起来有：元素（参数）信息不完全；结构信息不完全；关系信息（特指“内”“外”关系）不完全；运行的行为信息不完全。

电力消费的诸多数据很难度量，如价格、电力消费的分布不均等因素。因此。可以根据灰色数列预测的基本原理，运用灰色 GM(1, 1)数列预测模型，对中国电力消费量进行了预测检验。众所周知，信息部分明确，部分不明确的系统为灰色系统。灰色系统理论是以“部分信息已知，部分信息未知”的“小样本”“贫信息”的不确定性系统为研究对象，主要通过对“部分”已知信息进行开发，提取有价值的信息，达到对系统运行规律进行正确描述的目的。灰色系统理论用于数列预测的 GM(1, 1)模型的特点是利用单变量时间序列数据进行预测。

GM(1, 1)模型可令 $X^{(0)}$ 为 GM(1, 1)建模序列，这里中国电力消费的时间序列：

$X^{(0)}=(x^{(0)}(1), x^{(0)}(2), \cdots, x^{(0)}(n))$，$X^{(1)}$ 为 $X^{(0)}$ 的 1-AGO 序列，

$$X^{(1)}=(x^{(1)}(1), x^{(1)}(2), \cdots, x^{(1)}(n)),\ x^{(1)}(k)=\sum_{i=1}^{k}x^{(0)}(i),\ k=1, 2, \cdots, n$$

令 $Z^{(1)}$ 为 $X^{(1)}$ 的紧邻均值(MEAN)生成序列：

$$Z^{(1)}=(z^{(1)}(2), z^{(1)}(3), \cdots, z^{(1)}(n))$$
$$z^{(1)}(k)=0.5x^{(1)}(k)+0.5x^{(1)}(k-1)$$

则 GM(1, 1)的定义型，即 GM(1, 1)的灰微分方程模型为：

$$x^{(0)}(k)+az^{(1)}(k)=b \tag{10-11}$$

式中　a——发展系数；

　　b——灰色作用量。

设 $\hat{\alpha}$ ——待估参数向量，即 $\hat{\alpha}=(a, b)^T$，则灰微分方程(10-11)式的最小二乘估计参数列满足：

$$\hat{\alpha}=(B^TB)^{-1}B^TY_n$$

其中：

$$B=\begin{bmatrix}-z^{(1)}(2) & 1\\ -z^{(1)}(3) & 1\\ \cdots & \vdots\\ -z^{(1)}(n) & 1\end{bmatrix},\quad Y_n=\begin{bmatrix}x^{(0)}(2)\\ x^{(0)}(3)\\ \vdots\\ x^{(0)}(n)\end{bmatrix}$$

称：

$$\frac{\mathrm{d}x^{(1)}}{\mathrm{d}t}+ax^{(1)}=b \tag{10-12}$$

为灰色微分方程 $x^{(0)}(k)+az^{(1)}(k)=b$ 的白化方程，也叫影子方程。

如上所述，则有：

(1) 白化方程 $\frac{\mathrm{d}x^{(1)}}{\mathrm{d}t}+ax^{(1)}=b$ 的解也称时间响应函数，为：

$$\hat{x}^{(1)}(t)=\left(x^{(1)}(0)-\frac{b}{a}\right)e^{-at}+\frac{b}{a}$$

(2) GM(1, 1)灰色微分方程 $x^{(0)}(k)+az^{(1)}(k)=b$ 的时间响应序列为：

$$\hat{x}^{(1)}(k+1)=\left[x^{(1)}(0)-\frac{b}{a}\right]e^{-ak}+\frac{b}{a},\ k=1,\ 2,\ \cdots,\ n$$

(3) 取 $x^{(1)}(0)=x^{(0)}(1)$，则：

$$\hat{x}^{(1)}(k+1)=\left[x^{(0)}(1)-\frac{b}{a}\right]e^{-ak}+\frac{b}{a},\ k=1,\ 2,\ \cdots,\ n$$

(4) 还原值：

$$\hat{x}^{(0)}(k+1)=\hat{x}^{(1)}(k+1)-\hat{x}^{(1)}(k)$$

上式即为预测方程。

有关建模的问题说明如下：定原始序列 $X^{(0)}$ 中的数据不一定要全部用来建模，对原始数据的取舍不同，可得模型不同，即 a 和 b 不同。模型的数据取舍应保证建模序列等时距、相连，不得有跳跃出现。一般建模数据序列应当由最新的数据及其相邻数据构成，当再出现新数据时，可采用两种方法处理：一是将新信息加入原始序列中，重估参数；二是去掉原始序列中最老的一个数据，再加上最新的数据，所形成的序列和原序列维数相等，再重估参数。此外，GM(1, 1)模型的检验这里采用后验差检验，即对残差分布的统计特性进行检验。

计算出原始序列的平均值：

$$\bar{x}^{(0)}=\frac{1}{n}\sum_{i=1}^{n}x^{(0)}(i)$$

计算原始序列 $X^{(0)}$ 的均方差：

$$S_1=\left(\frac{\sum_{i=1}^{n}\left[x^{(0)}(i)-\bar{x}^{(0)}\right]^2}{n-1}\right)^{\frac{1}{2}}$$

计算残差的均值：

$$\bar{\Delta} = \frac{1}{n}\sum_{i=1}^{n}\Delta^{(0)}(i)$$

计算残差的均方差：

$$S_2 = \left(\frac{\sum_{i=0}^{n}[\Delta^{(0)}(k) - \bar{\Delta}]^2}{n-1}\right)^{\frac{1}{2}}$$

计算方差比 C：

$$C = \frac{S_1}{S_2}$$

计算小残差概率：

$$P = P\{|\Delta^{(0)}(i) - \bar{\Delta}| < 0.674\ 5S_1\}$$

令 $S_0 = 0.674\ 5S_1$，$e_i = |\Delta^{(0)}(i) - \bar{\Delta}|$，即 $P = P\{e_i < S_0\}$。若对于给定的 $C_0 > 0$，当 $C < C_0$ 时，称模型为均方差比合格模型；如对给定的 $P_0 > 0$，当 $P > P_0$ 时，称模型为小残差概率合格模型，如表 10-12 所示。

表 10-12　**后验差检验判别参照表**

P	C	模型精度
>0.95	<0.35	优
>0.80	<0.5	合格
>0.70	<0.65	勉强合格
<0.70	>0.65	不合格

若后验差检验在允许的范围内，则可以用所建的模型进行预测，否则应进行残差修正。我们采用的具体方法有以下两种。

(1) 利用 2011 年以前的数据分别建立时间序列的灰色模型进行预测；再利用 2011—2014 年的数据进行验证。

(2) 预测过程的全部计算均采用 MATLAB 计算软件编程运算。

经过计算中国电力消费的灰色预测模型的方程为：

$$x(t) = 31\ 644e^{0.1012t} - 27\ 527(1985 < t < 2015) \tag{10-13}$$

表 10-13　**1997—2014 年中国电力消费总量的真实值与拟合值(仅列出部分结果)**

年份	真实值	拟合值	相对误差	年份	真实值	拟合值	相对误差
1997	11 284	10 257	9.10%	2006	28 588	25 499	10.81%
1998	11 598	11 349	2.15%	2007	32 712	28 215	13.75%
1999	12 305	12 557	2.05%	2008	34 541	31 219	9.62%

（续表）

年份	真实值	拟合值	相对误差	年份	真实值	拟合值	相对误差
2000	13 472	13 895	3.14%	2009	37 032	34 544	6.72%
2001	14 723	15 374	4.42%	2010	41 934	38 222	8.85%
2002	16 465	17 011	3.31%	2011	47 001	42 292	10.02%
2003	19 032	18 823	1.10%	2012	49 763	46 796	5.96%
2004	21 971	20 827	5.21%	2013	53 495	51 779	3.21%
2005	24 940	23 045	7.60%	2014	55 528	57 293	3.18%

灰色模型结果如表 10-13 所示，同时误差检验为 $p=1$，$c=0.0086$，灰色模型的结果属于优，可以用于 2014 年中国电力消费数据的预警，结果为 57 293 亿千瓦时，误差概率在 3.18%，可以用于短期电力消费的预警，其真实值与拟合值的对比如图 10-12 所示。

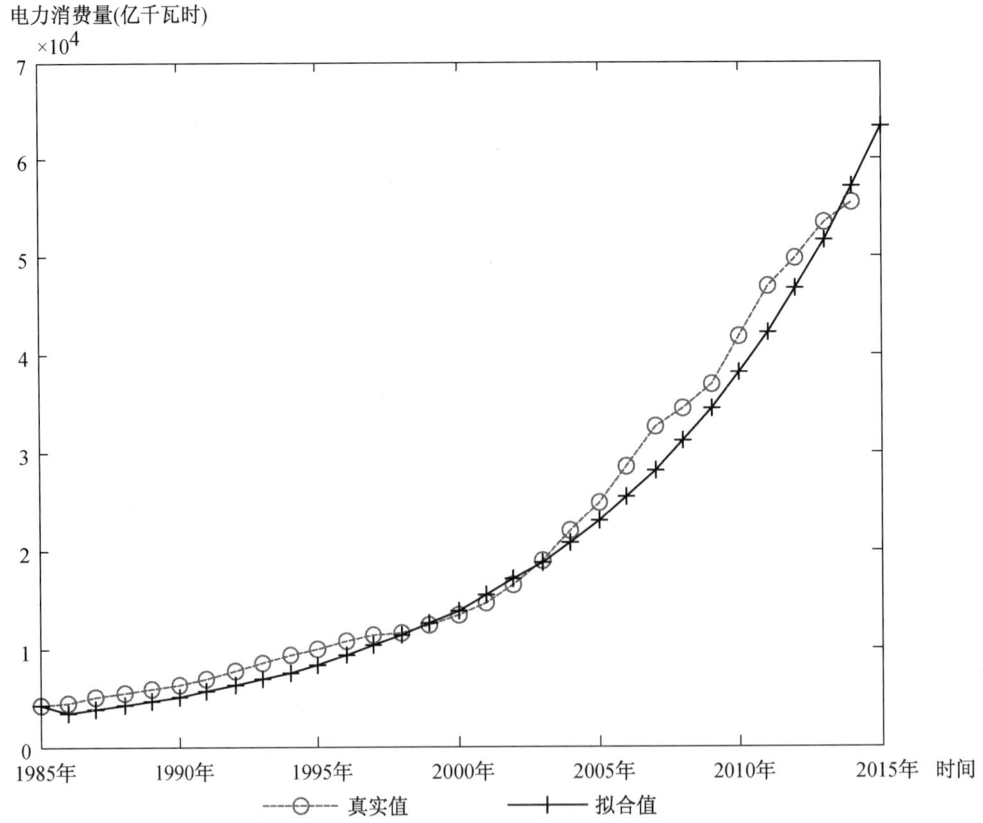

图 10-12　中国电力消费真实值与拟合值的对比图

（二）能源电力风险评估指数

本研究从由能源风险传递的电力增长与经济发展的不协调风险出发，侧重电力和能源这两个系统对经济增长产生的次风险。从电力、能源和经济三个子系统的层次选取一级指标。在指标体系设计的原则指导下，依据电力风险指数评估的功能定位，参考国内外电力和能源风险的评估指标和标准，最终构建了3个一级指标、7个二级指标和15个三级指标。

1）电力子系统

电力是处于能源阶梯高端的能源品种，具有现代、清洁及高效的特点，电力能源覆盖了居民家庭、照明和炊事所需。

（1）电力产出指标：用电单耗和电力消费弹性系数是电力子系统的两个重要评估指标。

（2）电力来源结构的低碳化：选取非火电发电量占发电量比重和生物质能占总能源消费比重。中国主要的发电形式是火力发电、水力发电和核能发电，其他能源发电形式虽然有多种，但规模相对较小。火力发电需要大量燃煤、燃油，造成环境污染。水力发电是利用水位落差，配合水轮发电机产生电力，有价格低廉、污染小的特征。核能发电是利用核反应堆中核裂变所释放出的热能进行发电，核能发电具有无二氧化碳排放、无空气污染和成本稳定的特点，它是低碳发电的一种重要方式。

（3）电气化程度是其最重要的组成部分，这里采用人均用电量、人均生活用电量和电力消费能源在一次能源消费中的比重3个指标。

2）能源子系统

（1）能源产出指标：能源强度和能源消费弹性系数是能源子系统的两个重要评估指标，还包括供电标准煤耗。我国的能源产出指标与世界先进水平仍有一定的差距。

（2）能源供应能力：能源供应能力强弱受政府指向、政府投入经费和地区基础建设等多方面影响，能源供应能力为能源服务提供保障，在居民保有消费有更现代、更清洁生活能源的意向时，能源供应能力对居民的能源消费选择起到了一定的影响，为居民消费创造条件。这里采用“能源供应能力”作为二级指标是为考察可获得性能源服务的可持续性，指标为石油、天然气的对外依存度。

（3）能源消费结构的现代化：生活能源消费品种和消费选择应该随着社会的发展变化而变化，停留在旧时的能源选择意向和持续消费无法满足人类发展需求的能源品种都是阻碍自身发展和制约社会进步的做法，是达不到现代社会需求水平的。由此，能源消费结构现代化指标仅评估现有的能源消费结构。

（4）能源消费的清洁性包括 SO_2 减排率、CO_2 排放增长率和烟尘排放增长率。

SO_2 减排率是指当年 SO_2 排放量比上一年度下降情况。SO_2 排放污染主要来自能源燃烧，这是影响中国城市空气质量和导致酸雨面积扩大的重要因素。多年来，中国各年度 SO_2 减排率波动较大，空气污染比较严重。

CO_2 排放增长率是指当年 CO_2 排放量比上一年度增长的情况。该指标是评价能源消费对全球气候变化影响的关键指标。中国是世界第二大温室气体排放大国，预计不久将超过美国位列世界第一位，面临的国际压力越来越大。过高的 CO_2 排放率不利于改善能源结构和提高能源利用效率，也不利于经济可持续增长和改善民生。

烟尘排放减少率是指当年烟尘排放量比上一年度下降情况。该指标是评价能源消费对烟尘排放影响的关键指标。数值越小，说明能源生产和消费产生的烟尘越多；反之，则越少。由于我国燃煤量大，烟尘排放量较多，需要采取有力措施加以治理。

3）经济子系统

经济产出指标主要为经济增长率。电力—能源风险评估指数的评价指标体系如表 10-14 所示。

表 10-14　　**电力—能源风险指数评估体系**

一级指标	二级指标	三级指标	指标属性
电力子系统	电力产出指标	用电单耗（千瓦时/元）	负向型
		电力消费弹性系数	负向型
	电力低碳化	火电发电量占发电量比重	负向型
	电气化程度	人均用电量（千瓦时/人）	正向型
		人均生活用电量（千瓦时/人）	正向型
		电力消费能源在一次能源中的比重	正向型
能源子系统	能源产出指标	能源消费弹性系数	负向型
		能源强度（吨标准煤/万元）	负向型
		供电标准煤耗（克/千瓦时）	负向型
	能源供应能力	石油对外依存度	负向型
		天然气对外依存度	负向型
	能源清洁性	SO_2减排率	正向型
		碳排放增长率	负向型
		烟尘减排率	正向型
经济子系统	经济增长率	经济增长率	固定型

此外，风险指数评估方法及其结果如下：由于综合评估涉及的 15 个三级指标量纲不同，并具备不同属性（正向型、负向型），在进行综合评估之前需对数据进行预处理，主要包括指标数据的无量纲化和同方向化。本研究采用下列方法同时完成上述数据（正向型、负向型）的预处理过程，对于不同指标分别采用（10-14）式和（10-15）式进行处理：

当 X_{ii} 为正向型指标时，

$$I_{ii}=\frac{X_{ii}-\min(X_{ii})}{\max(X_{ii})-\min(X_{ii})} \tag{10-14}$$

当 X_{ii} 为负向型指标时，

$$I_{ii}=\frac{\max(X_{ii})-X_{ii}}{\max(X_{ii})-\min(X_{ii})} \tag{10-15}$$

式中　$\max(X_{ii})$ ——研究年份内该指标数据的最大值；

　　　$\min(X_{ii})$ ——研究年份内该指标数据的最小值。

此外，指标体系中还包括一个特殊的固定型指标——经济增长率设定在 8%较为合适，因此其从负向越趋近这一阀值越好，而对于大于该阀值后认为与等于该阀值无差异的指标，采用（10-16）式进行处理。

$$I_{ii}=\begin{cases}\dfrac{X_{ii}-\min(X_{ii})}{\max(X_{ii})-\min(X_{ii})}, & X_{ii}<\alpha_{ii}\\ \dfrac{\alpha_{ii}-\min(X_{ii})}{\max(X_{ii})-\min(X_{ii})}, & X_{ii}\geqslant \alpha_{ii}\end{cases} \tag{10-16}$$

本研究中所有的风险指标，经过上述预处理后均变为位于 0～1 区间的指标。此时，任意指标数值越好代表该指标在风险指数维度上的风险越小。对于三级指标进行集结以获得二级评价指数，最终获得电力—能源风险评估指数。其中，采用数据驱动方法对 15 个三级指标进行赋权，为了增强评价区分度，可以根据被评价对象在某项指标下的指标值的分布离散程度(用变异系数衡量)来确定该指标的权重，离散程度越高(变异系数越大)，则该指标对于整体评价的区分度贡献越大，相应可以为该指标赋予相对较大的权重；反之，则赋予相对较小的权重。

采用经过处理的变异系数表征的三级指标权重和一级、二级指标合成权重，如表 10-15 所示。

表 10-15　**各级指标权重**

一级指标	二级指标	三级指标	权重
电力子系统(43.92%)	电力产出指标(12.90%)	用电单耗(千瓦时/元)	6.43%
		电力消费弹性系数	6.47%
	电力低碳化(8.98%)	火电发电量占发电量比重	8.98%
	电气化程度(22.04%)	人均用电量(千瓦时/人)	7.40%
		人均生活用电量(千瓦时/人)	8.00%
		电力消费能源在一次能源中的比重	6.64%
能源子系统(52.7%)	能源产出指标(17.92%)	能源消费弹性系数	4.29%
		能源强度(吨标准煤/万元)	6.71%
		供电标准煤耗(克/千瓦时)	6.92%
	能源供应能力(12.83%)	石油对外依存度	7.67%
		天然气对外依存度	5.16%
	能源清洁性(21.95%)	SO_2减排率	8.83%
		碳排放增长率	4.98%
		烟尘减排率	8.14%
经济子系统(3.41%)	经济增长率(3.41%)	经济增长率	3.41%

基于上述方法预处理后的评价指标值和选择的权重，本研究使用简单的算术加权的平均方法进行指标值的集结，形成一个电力风险评估指数。为了表述方便和与研究的科学性相符合，这里最终给出的电力风险评估指数是一个介于 0～100 的指数。即风险状况的评分采取百分制，相应地，3 个一级指标为介于相应指标的权重范围内，其数值越大代表电力风险在该指

数对应的维度越严重。设电力—能源风险指数为 EESI(Electric Safety Risk Index),依(10-17)式计算：

$$
\begin{aligned}
EESI &= M_1 + M_2 + M_3 \\
&= (43.92 - 100\omega_1 S_1) + (52.7 - 100\omega_2 S_2) + (3.41 - 100\omega_3 S_3)
\end{aligned}
\tag{10-17}
$$

式中　$\omega_1, \omega_2, \omega_3$ ——电力系统风险指数、能源系统风险指数和经济系统风险指数在电力总体风险中的权重；

M_1, M_2, M_3 ——分别代表各个子系统风险指数；

S_1, S_2, S_3 ——分别代表该子系统风险指标的集结值。

因此,可以得到电力总体风险数据,见图 10-13。其中,划分为“无风险(0～20 分)”“风险关注(20～50 分)”“有风险(50～70 分)”“较高风险(70～90 分)”“高风险(90～100 分)”五个级别。

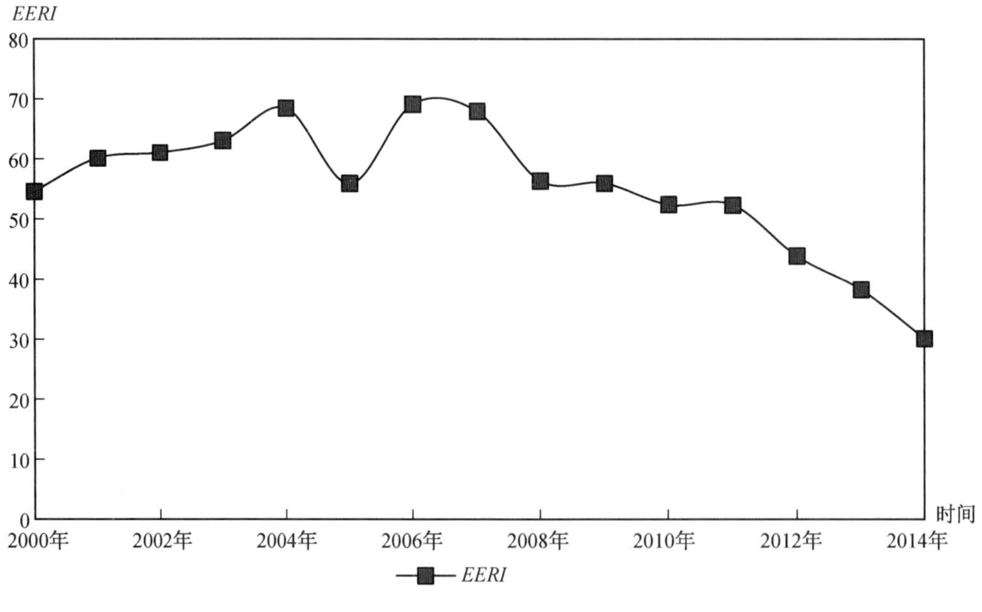

图 10-13　2000—2014 年电力—能源风险指数(*EERI*)

如图 10-13 所示,可以看出,2000—2011 年中国电力—能源风险指数(*EERI*)一直高于 50,直到 2012—2014 年才逐渐进入 30(风险关注)。但是 2006—2014 年间 *EERI* 持续下降,从 2006 年的 69 至 2014 年的 30,代表着电力系统的风险指数整体好转。

如图 10-14 所示,就电力、能源两个子系统而言,*EERI* 的下降主要是由于电力系统的风险指数的大幅下降。然而,通过将上述风险指数换算到百分制区间,得出 2008 年以前中国电力和能源风险指数(均超过 50 分)都属于有风险状态。直到近年来,电力、能源两个系统的风险指数才有所改善,电力子系统主要得益于中国电气化程度的快速提高,直接原因是人民生活水平的提高;而能源系统带来的巨大风险则是由于优质能源的大量需求带来的对外依存度的不断上升,以及环境保护的巨大压力。这些问题的解决都有待于政策的统筹规划,从而保障能源的供应。

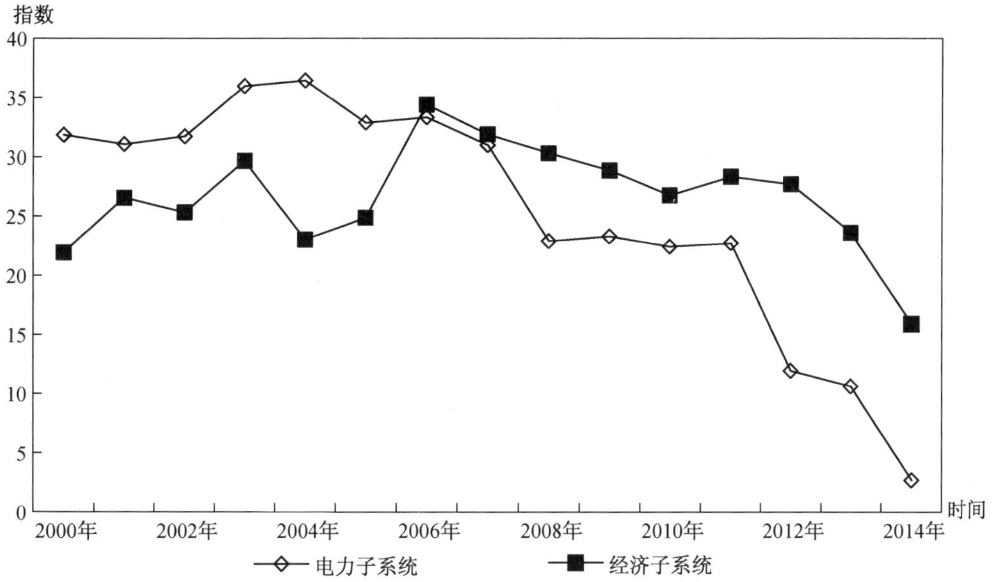

图 10-14　电力、能源两个子系统的风险指数

四、结论与建议

电能的广泛和大量使用是社会现代化程度高低的重要体现，电力产业作为十分重要的基础设施产业，对国民经济发展和人民生活水平的提高都起到不可或缺的重要作用。因此，揭示我国经济高速增长下电力消费特征，把握电力消费变化的基本规律，对电力需求作出科学准确的预测，使电力供应同经济发展相适应，不仅具有重要的理论意义也具有十分重大的现实意义。

本研究在中国电力消费的宏观和微观数据的基础上，应用经济计量方法和数学建模理论，对中国电力消费、能源消费和经济增长的内在关系、电力消费的风险特征和经济发展对电力消费的影响机制进行了系统的分析和研究。在实证分析的基础上主要得到以下结论。

(1) 电力消费量(EPC)—国民经济生产总值(GDP)函数，可以从理论上刻画 EPC 与 GDP 之间的关系，且 1985—2014 年期间平均电能 GDP 是不断下降的。

(2) 电力消费、能源消费和经济增长之间在长期趋势上都存在着双向的因果关系，而电力消费增长率的周期以 5～10 年中长周期为主，所以我们需要对电力供应有着 5～10 年的周期计划，以减少电力短缺对经济发展造成的风险损失。

(3) 构建了包含 3 个一级指标、7 个二级指标和 15 个三级指标的电力—能源风险评估体系。并得出 2000—2011 年中国电力—能源风险指数(EERI)一直高于 50，直到 2013、2014 才逐渐进入 30(风险关注)。但是 2006—2014 年间 EERI 持续下降，从 2006 年的 69 至 2014 年的 30，代表着电力系统的风险指数整体好转。其中，提高中国电气化程度有助于降低电力风险指数，合理控制能源对外依存度，可以不断提高我国能源保障能力。

综上所述，2008 年以前中国电力和能源风险指数都属于严重风险状态：近年来电力、能源两个子系统的风险指数都有所改善，电力子系统主要得益于中国电气化程度的快速提高，人民生活水平的提高;而能源系统带来的巨大风险存在是由于优质能源的大量需求带来的对外依存度的不断上升,以及环境保护带来的巨大压力。

参考文献

[1] 赵文霞.电力需求的经济预测及波动周期分析[J].电力情报,2001(4).

[2] 谢宏,陈志业,牛东晓.短期电力负荷预测的数据主成分分析[J].电网技术,2000,24(1).

[3] 韩智勇,魏一鸣,范英.中国能源强度与经济结构变化特征研究[J].数理统计与管理,2004,23(1).

[4] 魏一鸣,廖华,王科,等.中国能源报告(2014)[M].北京:科学出版社,2014.

[5] 胡兆光.电力经济学引论[M].北京:清华大学出版社,2013.

[6] 林伯强.电力短缺、短期措施与长期战略[J].经济研究,2004(03).

[7] 唐子烨,马宪国.能源供应对经济的影响分析[J].上海理工大学学报,2004,26(1).

[8] 邱阳,杨俊.全要素生产率测定方法综述[J].重庆大学学报,自然科学版,2002(11).

[9] 吴玉鸣.中国区域电力消费需求决定因素的实证研究[J].经济地理,2009,29(8).

[10] 林伯强.中国能源需求的计量经济分析[J].统计研究,2001(10).

[11] 王守荣.气候变化情景下能源效率及其平等准则的研究[J].中国人口,资源与环境,2005,15(4).

[12] 王效华.中国农村生物质能源消费及其对环境的影响[J].南京农业大学学报,2006(1).

[13] 林伯强.我国"十二五"能源政策思变[J].中国市场,2010(29).

[14] 梁巧英,魏一鸣,范英,等.中国能源需求和能源强度预测的情景分析模型及其应用[J].管理学报,2004,1(1).

[15] 韩可琦.中国能源消费的发展趋势与前景展望[J].中国矿业大学学报,2005,33(1).

[16] 唐海燕,贾德奎.中国经济运行风险研究报告 2013[M].上海:立信会计出版社,2013.

[17] 田立新,傅英,丁占文,等.能源经济系统分析[M].北京:社会科学文献出版社,2005.

[18] 唐海燕,贾德奎.中国经济运行风险指数[M].上海:上海人民出版社,2013.

[19] 郑照宁.考虑资本—能源—劳动投入的中国超越对数生产函数[J].系统工程理论与实践,2004(5).

[20] 张宗成.中国经济增长与能源消费的异常关系分析[J],上海经济研究,2004(4).

[21] 吴巧生.中国工业化进程中的能源消费变动——基于计量模型的实证分析[J].中国工业经济,2005(4).

[22] 林伯强.危机下的能源需求和能源价格走势以及对宏观经济的影响[J].金融研究,2010(01).

[23] 国涓.我国能源消费与环境污染关系的分析[J].商业经济,2008(8).

[24] 何亚群,劳国洪,左蔚然,等.基于协整性检验的中国经济增长与能源安全风险研究

[R]. 风险管理研究,2007(3).

[25] 郎一环,王礼茂,王冬梅. 能源合理利用与减排的国际经验及其对我国的启示[J]. 地理科学进展,2004,23(4).

[26] 罗万成. 大学生数学建模案例精选[M]. 四川:西南交通大学出版社,2007.

[27] GHALI K H, EL-SAKKA M I T. Energy use and output growth in Canada: amultivariate cointegration analysis[J]. Energy Economics, 2004(26).

[28] JONATHAN E S, David G F. What goes up: recent trends in China's energy consumption[J]. Energy Policy, 2000(28).

[29] PAUL C, YANRUI W. Energy consumption in China: past trends and future directions[J]. Energy Economics, 2005(27).

[30] HILLARD G H, STEPHEN P A B. Energy security and global climate change mitigation[J]. Energy Policy, 2002(32).

[31] PRANESH C S. Sustainable energy development: a challenge for Asia and the Pacific region in the 21st century[J]. Energy Policy, 2003(31).

[32] EDWARD S JOHN F. Holistic Environmental Assessment and Offshore Oil Field Exploration and Production[J]. Marine Pollution Bulletin, 2001, 42(1).

[33] PERNERA J, SEELIGER A Prospects of gas supplies to the European market until 2030-results from the simulation model[J]. Utilities Policy,2004,(12).

[34] FRANCO R. The risks of the nuclear policies[J]. Energy Policy, 2004, 26(3).

[35] YAQUN H, LAO G H, OSUCH C E, et al.. Co-integration based analysis of energy assurance of steady economic growth in China[J]. Journal of China Univ. of Mining and Tech. , 2008, 18(2).

[36] YAQUN H, HUA W, SHUZHEN W. Assessment and prediction model of china's energy assurance sustainability [C]. The 2nd international conference on bioinformatics and biomedical engineering(ICBBE). 2008.

第十一章　经济运行的微观主体风险

一、绪论

（一）研究背景

2014年，全球经济复苏的步伐弱于预期。美国、英国经济复苏势头较好，印度经济表现一枝独秀；欧元区、日本、俄罗斯和独联体经济陷入停滞甚至衰退，内需疲弱，外需不景气。新兴经济体中只有印度经济的表现较好。全球就业市场出现了积极的变化，但青年失业率水平仍较高。新兴经济体国家的通胀压力较大，全球贸易低速增长。2015年世界经济结构的调整有助于促进全球经济的复苏，经济上的表现好于2014年，经济增长速度在3.8%左右。但发达国家的高负债和主要经济体经济的增长率的下降对世界经济构成一定的不利影响。美国货币政策正常化也对新兴市场形成一定的压力。

2014年，我国GDP实现63.65万亿元，比上年同期增长了7.4%。从供给方面看，规模以上工业增加值全年累计同比增长了8.3%，同比降低了1.4%。从需求方面看，消费、投资和净出口的增长速度都有所下降，其中房地产开发投资增速下降得最快，是经济增长最大的不利因素。全部工业品生产价格指数（PPI）累积35个月负增长，消费者价格指数（CPI）累计同比增长了2.0%，城镇登记失业率为4.09%，社会保障制度的建设在不断地加快推进。跨境资本的流出有较快的增长，国际收支基本平衡。经常项目顺差占GDP的比重不足3%，其累计值为2%，外汇储备缓慢增长。新增固定资产投资完成额累计同比增长25.4%，增长速度同比下降2.9%。全国固定资产投资完成额同比增长了15.7%，增长速度同比下降3.9%。社会消费品零售总额同比增长了12%，增长速度同比下降了1.1%。餐饮业平均增长速度为9%～10%。进出口同比增长3.4%，其中，出口同比增长了6.1%，进口同比增长了0.4%，贸易顺差同比增长47.7%。全国外商投资新设立微观主体同比增长了4.4%，实际使用外资金额同比增长了1.7%（未含金融业数据）。新增对外直接投资同比增长了14.1%。工业经济运行平稳。全国规模以上工业增加值同比增长了8.3%，增长速度同比下降了1.4%。工业企业利润总额同比增长了3.3%，同比下降了8.9%；工业企业亏损达4.3万家，同比增长了7.9%；亏损金额累计同比上升了27.9%。服务业同比增长了8.1%；增加值占GDP的比重为48.2%，同比提高了2.1%。2015年，全年经济增长速度为7.1%左右，CPI增长幅度为1.8%左右。2015年的重点放在加快推进财税体制改革上，继续实施积极财政政策。适当扩大中央财政支出与赤字规模，保障地方公共服务的合理投入和公共基础设施建设稳定。降低部分消费品的进口关税，缩小高档消费品境内外价差；促进向电子信息消费、农村服务消费、绿色循环消费等转型。财政支出方面，扩大营业税改征增值税范围，继续完善转移支付功能；扩大对小微微观主体的减税力度；降低关税。继续实施稳健货币政策，保持适当的流动性，为结构调整和转型升级营造适度的金融环境。促进信贷结构进一步优化。

虽然风险管理研究日益受到重视，但由于风险研究开展时间较短，人们对风险的认识有限。在整个风险管理的研究中，微观主体风险的度量和评价研究相对较少。本研究从影响宏观经济运行的微观主体角度出发，分析微观主体风险形成的机理和传导机制，并在此基础上采用计量经济学、约束贝叶斯分类网络等方法对微观主体风险进行度量和评价，为宏观经济管理和微观风险管理研究的有效衔接搭建一个基础性的研究平台，为宏观经济决策、有效的识别、自身风险评价、降低风险提供理论指导。

（二）微观主体风险的界定

微观主体风险是指未来的不确定性对微观主体实现其经营目标的不利影响。根据风险因素的不同，国际清算银行将金融微观主体所面临的风险划分为经济风险、经营风险、市场风险、利率风险、信用风险、法律风险、交易对象风险以及流动性风险。1994 年美国发起人委员会 COSO 在《内部控制—整体框架》报告中，将内部控制理论推进到内部控制整体框架阶段。COSO 框架实现了控制要素由三要素到五要素的突破并首次将风险评估纳入内部控制整体框架之内。2004 年 COSO 对原有的内部控制报告进行了拓展，形成了新的《微观主体风险管理——整体框架》，明确提出了微观主体风险管理的概念。按照它们的定义，微观主体风险管理是一个过程，它由一个主体的董事会、管理当局和其他人员实施，应用于战略制订并贯穿于微观主体之中，旨在识别可能会影响主体的潜在事项，管理风险以使其在该主体的风险容量之内，并为主体目标的实现提供合理保证。这个定义反映了几个基本概念：微观主体风险管理是一个过程，它持续地流动于主体之内；由组织中各个层级的人员实施；应用于战略制订；贯穿于微观主体，在各个层级和单元应用，还包括采取主体层级的风险组合观；旨在识别一旦发生将会影响主体的潜在事项，并把风险控制在风险容量以内；能够向一个主体的管理当局和董事会提供合理保证；力求实现一个或多个不同类型但相互交叉的目标。

微观主体风险管理包括八个相关要素：内部环境、目标设定、事件识别、风险评估、风险应对、控制活动、信息与沟通和监督。微观主体风险管理的八个组成部分是一个有机的整体，体现的是一个动态的过程。1995 年，安德森提出管理经营风险的概念，将微观主体经营风险分为三个层面：环境流程风险、决策用资讯风险和作业流程风险。他认为环境流程风险属于政治、经济、社会等的系统性风险，此类风险影响微观主体经营，但微观主体对之几乎无影响力；决策用资讯风险主要来自竞争、信誉、政府法律法规等，此类风险影响微观主体经营活动，微观主体可以影响此类风险但无力控制；作业流程风险主要来自市场、科技、人员等，微观主体对此具有相当控制力。尽管不同的理论研究对风险的识别和分类有所差异，但综合来看，经营风险（运营风险）和财务风险是微观主体所面临的主要风险。

1. 经营风险

经营风险是指微观主体在采购活动、生产活动和销售活动中产生的风险，具体表现为采购风险、生产风险和资金回收风险。采购风险是由于采购物资的时间、数量、质量和货款支付方面的不确定性所带来的物资不能满足生产需要或积压和不能按期支付货款的可能性。生产风险是由于生产质量控制、成本控制和新产品开发方面的不确定性，所带来的资金回收的不确定性。资金回收风险是指由于微观主体在产品资金转化为结算资金、结算资金再转化为货币资金的过程中，存在时间上和金额上的不确定而导致资金不能回收的风险，主要表现为应收账款的回收在时间上和金额上的不确定所导致的风险。在时间上具体表现为无法实现由产品资金到结算资金转变的风险和结算资金的拖欠风险；在金额上具体表现为结算资金不足以弥补资金成本和应收账款无法收回而形成坏账损失的风险。外部风险输入微观主体内部后，与微观主体以价值创造为导向的治理结构发生摩擦和碰撞，而且这种碰撞波及微观主体的方方面面，这就要求微观主体在复杂的形势下作出选择，也就是微观主体管理者作出决策。经营风险在微观主体内部的传递也是可以控制的，实际上风险控制是微观主体内部控制活动的主要内容。经营风险通过微观主体的内部控制、决策机制和管理机制影响微观主体的价值创造。经营风险从产生到在微观主体内部传递，本身不会消失，而且随着决策次数的增加，经营风险也有加大的趋势。

2. 财务风险

对于财务风险的界定有两种不同的观点：第一种观点认为，微观主体财务风险是微观主体财务活动中由于各种不确定因素的影响，使微观主体财务收益与预期收益发生偏离，因此造成蒙受损失的机会和可能。微观主体财务活动组织和管理过程中的某一方面和某个环节的问题，都可能促使这种风险转变为损失，导致微观主体盈利能力和偿债能力的降低。微观主体的财务活动分为筹资活动、投资活动、资金回收和收益分配四个方面，财务风险就分为筹资风险、投资风险、资金回收风险、收益分配风险。第二种观点认为，财务风险是微观主体用货币资金偿还到期债务的不确定性。这种观点认为财务风险与负债经营相关，财务风险是因偿还到期债务而引起的。本研究采纳的是财务风险的第一种观点，即财务风险是指微观主体的筹资活动、投资活动、资金回收和收益分配四个方面的风险。

（三）微观主体风险的研究思路

本研究将严格遵循风险相关问题研究的规范思路，即：首先，对影响微观主体风险的因素进行识别，对引致的微观主体主要风险因素进行筛选，并判断中国宏观经济中的微观主体风险的类型；其次，对微观主体的风险进行量化，以反映微观主体未来所面临的风险大小；最后，提出管理或缓解微观主体风险的政策建议。

（四）主要研究内容及框架

本研究的主要内容有：中国宏观经济运行中的微观主体风险引致的因素分析、测度微观主体风险的方法综述及对微观主体风险的实证研究。在对微观主体相关的基本概念进行界定后，主要的后续研究内容具体安排如下。

第一部分，对中国宏观经济中的微观主体运行的现状进行描述，并在此基础上，来分析和识别微观主体的主要风险因素。

第二部分，对中国经济运行中的微观主体风险因素进行识别。从中国经济运行现状出发，识别出微观主体风险因素，为风险的度量奠定了分析基础。

第三部分，对微观主体风险的度量与预测分析。通过建立各行业风险预警的约束贝叶斯分类网络学习模型，构建了各行业的风险预警指标体系，进行样本的选择和指标的选取，并基于行业对微观主体的风险进行了预测与分析。

第四部分，结论与微观主体的风险管理对策。

二、风险因素识别

（一）微观主体运行的现状

2014 年全球经济面临巨大的不确定性。新兴经济体仍存在较大通胀压力；全球贸易低速增长。中国GDP增长了7.4%。消费者价格指数(CPI)累计同比增长缓慢;全部工业品生产者价格指数(PPI)连续35个月负增长。国际收支基本平衡,跨境资本流出增长加快。经常项目顺差占GDP比重不足3%。全国固定资产投资完成额同比增长15.7%。新增固定资产投资完成额累计同比增长25.4%。进出口总值4.3万亿美元,同比增长3.4%。全国规模以上工业增加值同比增长8.3%,增长速度同比下降1.4%。服务业快速发展。2015年,结构调整促进全球经济的复苏,美国经济有望继续扩张,其货币政策的正常化对新兴市场形成一定冲击,也对世界经济构成一定不利影响。经济增长速度持续创新低、人民币升值、物价上涨压力等因素,给中国经济的持续快速增长带来了一定的负面影响。综观2014年及2015年的国内外宏观环境,对中国微观主体的经营、财务等风险产生影响的因素主要集中在以下方面。

1. 全球经济增长速度下降,微观主体业绩有一定的增长

在宏观调控的背景下,中国上市公司的营业总收入、营业总成本比2013年都有所上升。从表11-1上市公司的整体情况看,2014年营业收入的增幅为5.62%;营业总成本增幅为4.21%,营业成本的增幅低于营业收入的增幅。营业利润增幅较大,达到增长11.77%;净利润增长了6.29%。

表11-1　**上市公司的整体情况**　单位:万元

	2014年	2013年	增长率
营业收入	2 896 500 286.40	2 742 334 180.37	5.62%
营业总成本	2 324 796 632.01	2 230 853 776.16	4.21%
营业利润	571 703 654.39	511 480 404.21	11.77%
利润总额	337 153 216.80	315 082 414.07	7.00%
净利润(含少数股东损益)	260 652 241.53	245 229 871.68	6.29%

数据来源:Wind数据库。

从表11-2每股收益来看,2014年每股收益行业间存在一定的差异,交通运输、仓储和邮政业,住宿和餐饮业,房地产三个行业的每股收益大幅度降低。其中:交通运输、仓储和邮政业的每股收益比2013年降低了61.69%;住宿和餐饮业的每股收益比2013年降低了40.13%;房地产行业的每股收益比2013年降低了25.08%。此外,租赁和商务服务业,卫生和社会工作,文化、体育和娱乐业,建筑业,信息传输、软件和信息技术服务业等行业的每股收益都比2013年有不同程度的降低。电力、热力、燃气及水生产和供应业,批发和零售业,农、林、牧、渔业,科学研究和技术服务业,采矿业,金融业等行业的每股收益都比2013年增加10%以上。尤其是电力、热力、燃气及水生产和供应业的每股收益比2013年增长35.01%。综合业的每股收益增长了6.43%;制造业的每股收益增长幅度最小,只增长了1.58%。

从每股经营现金流来看,行业间呈现两极分化的现象。科学研究和技术服务业,租赁和商务服务业,批发和零售业,卫生和社会工作,水利、环境和公共设施管理业,综合,建筑业,制造业,采矿业,电力、热力、燃气及水生产和供应业,信息传输、软件和信息技术服务业,文化、体育

表 11-2　　各行业主要每股指标及增长情况

证监会一级行业	每股收益			每股经营现金流量		
	2014 年	2013 年	增长率	2014 年	2013 年	增长率
采矿业	0.24	0.21	12.05%	0.32	0.26	22.47%
电力、热力、燃气及水生产和供应业	0.42	0.31	35.01%	0.53	0.46	13.85%
房地产业	0.17	0.23	−25.08%	0.23	0.29	−21.46%
建筑业	0.47	0.47	−1.36%	0.51	0.40	26.99%
交通运输、仓储和邮政业	0.14	0.36	−61.69%	0.04	0.26	−84.26%
科学研究和技术服务业	0.53	0.47	12.08%	3.24	0.64	408.06%
农、林、牧、渔业	0.36	0.32	12.89%	0.08	0.14	−47.59%
批发和零售业	0.31	0.25	23.38%	0.21	0.13	65.29%
水利、环境和公共设施管理业	0.18	0.19	−3.92%	0.30	0.20	52.55%
卫生和社会工作	0.44	0.47	−6.46%	0.26	0.16	61.71%
文化、体育和娱乐业	0.16	0.16	−0.84%	0.38	0.36	4.72%
信息传输、软件和信息技术服务业	0.54	0.55	−0.63%	0.84	0.80	6.08%
制造业	0.39	0.39	1.58%	0.47	0.39	22.77%
住宿和餐饮业	0.13	0.22	−40.13%	0.11	0.26	−58.55%
综合	0.95	0.89	6.43%	0.98	0.75	30.23%
租赁和商务服务业	0.30	0.34	−14.08%	0.35	0.17	102.03%

和娱乐业 12 个行业的每股经营现金流比 2013 年有所增长。其中，科学研究和技术服务业，租赁和商务服务业，批发和零售业，卫生和社会工作，水利、环境和公共设施管理业行业的每股经营现金流比 2013 年增加了 50%以上。尤其是科学研究和技术服务业的每股经营现金流比 2013 年翻了 4 倍；租赁和商务服务业的每股经营现金流比 2013 年翻了 1 倍。房地产业，农、林、牧、渔业，住宿和餐饮业，交通运输、仓储和邮政业 5 个行业的每股经营现金流比 2013 年有大幅度降低。其中农、林、牧、渔业，住宿和餐饮业，交通运输、仓储和邮政业三个行业的降低幅度超过 50%。

从表 11-3 可以看出，各行业毛利率、销售净利率、净资产收益率、总资产净利率均有较大幅度的增长。卫生和社会工作行业的净资产收益率最高，行业平均为 17.83%。净资产收益率在 10%以上的有卫生和社会工作，科学研究和技术服务业，租赁和商务服务业，信息传输、软件和信息技术服务业。而农、林、牧、渔业，文化、体育和娱乐业，住宿和餐饮业的净资产收益率为负，其中住宿和餐饮业的净资产收益率为−108.66%；文化、体育和娱乐业的净资产收益率为−13.39%。

表 11-3　　**2014 年各行业盈利能力**

证监会一级行业	销售毛利率	销售净利率	净资产收益率	总资产净利率
采矿业	10.10%	−20.95%	5.42%	−6.96%
电力、热力、燃气及水生产和供应业	27.91%	15.07%	8.28%	3.53%
房地产业	34.99%	4.75%	5.39%	2.15%
建筑业	17.14%	6.03%	9.85%	3.14%
交通运输、仓储和邮政业	28.12%	20.17%	3.76%	12.78%
科学研究和技术服务业	35.72%	14.78%	13.96%	7.78%
农、林、牧、渔业	20.48%	−0.16%	−3.18%	0.52%
批发和零售业	17.51%	−5.55%	6.07%	3.03%
水利、环境和公共设施管理业	40.44%	12.86%	9.13%	5.27%
卫生和社会工作	42.01%	15.98%	17.83%	13.79%
文化、体育和娱乐业	39.46%	12.94%	−13.39%	7.96%
信息传输、软件和信息技术服务业	45.84%	15.08%	11.35%	7.68%
制造业	27.41%	5.80%	6.40%	4.67%
住宿和餐饮业	57.09%	−70.04%	−108.66%	−10.97%
综合	25.46%	15.44%	1.44%	2.36%
租赁和商务服务业	32.64%	5.58%	12.91%	5.77%

图 11-1 显示，2014 年各行业净资产收益率都明显低于 2013 年的水平。2015 年第一季度各行业净资产收益率也基本上低于 2014 年的同期水平。图 11-2 显示，2014 年各行业总资产收益率都明显低于 2013 年的水平。2015 年第一季度各行业总资产收益率也基本上低于 2014 年的同期水平。

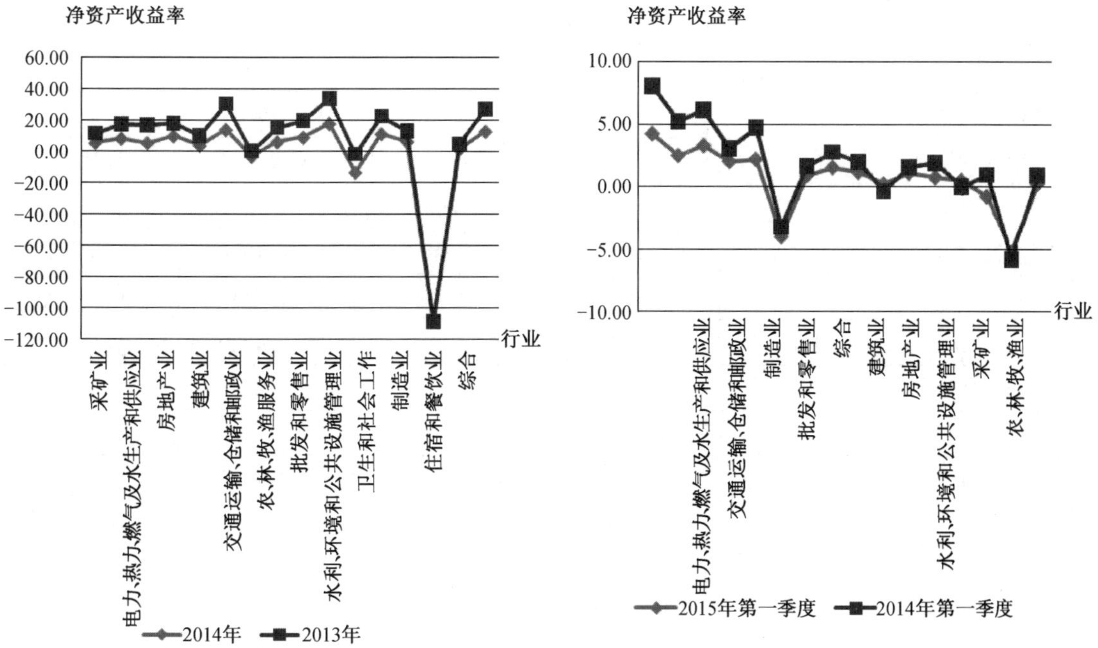

图 11-1　各行业净资产收益率的比较

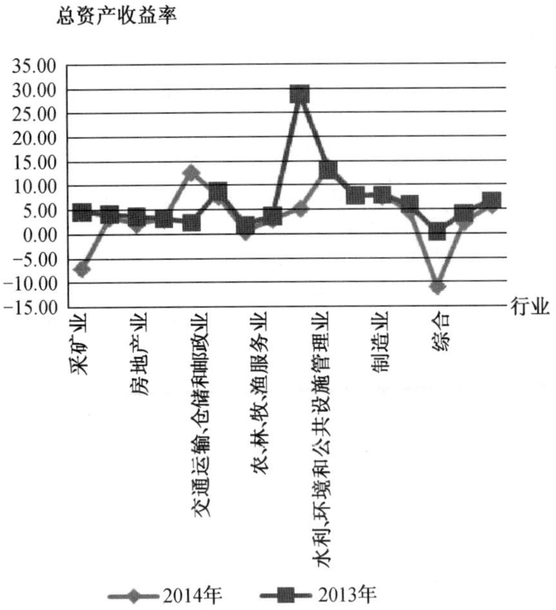

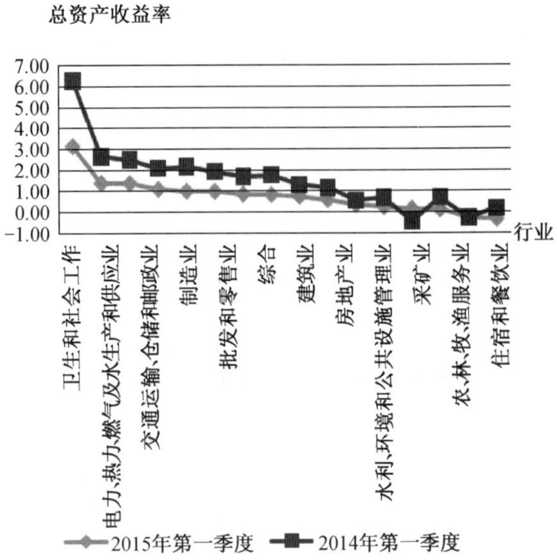

图 11-2　各行业总资产收益率的比较

表 11-4 显示，2015 年第一季度几乎所有行业的净资产收益率都在 5%以下，而采矿业，文化、体育和娱乐业，农、林、牧、渔业等行业的盈利情况更为严峻。总资产收益率也有类似的情况。

表 11-4　**2015 年第一季度各行业的盈利能力**

证监会一级行业	销售毛利率	销售净利率	净资产收益率	总资产净利率
采矿业	−42.89%	18.90%	−0.79%	0.12%
电力、热力、燃气及水生产和供应业	27.91%	16.59%	3.31%	1.38%
房地产业	35.24%	7.67%	0.74%	0.23%
建筑业	16.93%	1.50%	1.10%	0.35%
交通运输、仓储和邮政业	29.63%	17.89%	2.02%	1.10%
科学研究和技术服务业	32.52%	11.63%	2.48%	1.39%
农、林、牧、渔业	17.93%	−8.94%	−5.16%	−0.27%
批发和零售业	18.09%	−3.48%	1.53%	0.83%
水利、环境和公共设施管理业	26.07%	−20.98%	0.49%	0.16%
卫生和社会工作	41.39%	15.27%	4.24%	3.15%
文化、体育和娱乐业	34.05%	0.80%	−3.97%	0.99%
信息传输、软件和信息技术服务业	45.31%	4.84%	1.16%	0.75%
制造业	27.04%	−3.34%	0.89%	0.85%
住宿和餐饮业	62.00%	−8.44%	0.23%	−0.35%
综合	28.86%	7.47%	0.21%	0.59%
租赁和商务服务业	37.55%	10.80%	2.20%	1.00%

2. 融资结构有所改善，但偿债能力不足

2014年年末广义货币供应量(M2)余额为122.8万亿元，比上年年末增长了12.2%；狭义货币供应量(M1)余额为34.8万亿元，增长了3.2%；流通中货币(M0)余额为6.0万亿元，增长了2.9%。全年社会融资规模为16.5万亿元，比上年少8 598亿元。2014年年末全部金融机构本外币各项存款余额117.4万亿元，比年初增加了10.2万亿元，其中人民币各项存款余额113.9万亿元，增加了9.5万亿元。全部金融机构本外币各项贷款余额86.8万亿元，增加了10.2万亿元，其中人民币各项贷款余额81.7万亿元，增加了9.8万亿元。

表11-5显示，2015年第一季度社会融资规模为88 100亿元，比2014年同期减少14.22%。其中：人民币贷款增长了19.2%；非金融微观主体境内股票融资增长了3.0%；外币贷款减少了3.1%；委托贷款减少了5.5%；信托贷款减少了2.2%，未贴现的银行承兑汇票减少了7.4%，微观主体债券减少了2.2%。

表11-5　**2015年第一季度社会融资规模与结构**

	规模(亿元)	占比	增长率
社会融资	88 100		−14.22%
其中：人民币贷款	65 900	74.8%	19.2%
外币贷款	436	0.5%	−3.1%
委托贷款	5 324	6.0%	−5.5%
信托贷款	309	0.4%	−2.2%
未贴现的银行承兑汇票	300	0.3%	−7.4%
微观主体债券	9 286	10.5%	−2.2%
非金融微观主体境内股票融资	4 245	4.8%	3.0%

数据来源：《国民经济和社会发展统计公报》，中国国家统计局。

2015年第一季度，中国债券市场上主要债券品种发行规模合计29 285.84亿元，与上年第四季度基本持平，较上年同期增长38.48%。银行间市场资金面整体较为宽松。各期限贷款基准利率于3月1日再次下调0.25个百分点；1年期、5年期和7年期银行间固定利率国债到期收益率均值均延续了2014年的下降趋势，环比和同比均有进一步下降。在市场资金面持续宽松的情况下，超短融资的发行量持续快速增长。

间接融资的增长超过经济增长速度。资本市场融资中的债券类融资比重显著上升。据国家统计局发布的2014年国民经济和社会发展统计公报中显示，全年上市公司通过境内市场累计筹资8 397亿元，比上年增加了1 512亿元。其中，首次公开发行A股125只，筹资669亿元；A股再筹资(包括配股、公开增发、非公开增发、认股权证)为4 165亿元，增加了1 362亿元；上市公司通过发行可转债、可分离债、公司债、中小微观主体私募债筹资3 563亿元，比上年减少了519亿元。全年公开发行创业板股票51只，筹资159亿元。全年发行公司信用类债券5.15万亿元，比上年增加了1.48万亿元。

2014年各行业的偿债能力普遍低于上年。表11-6显示，综合，租赁和商务服务业，住宿和餐饮业，电力、热力、燃气及水生产和供应业，批发和零售业，房地产业，采矿业和金融业的资产负债率都在50%以上；而且采矿业，卫生和社会工作行业的资产负债率比2013年增加了50%以上；住宿和餐饮业的资产负债率增加了30%左右；建筑业，交通运输、仓储和邮政业的资产负债率降低了30%左右。房地产行业的平均资产负债率与2013年基本持平。

表11-6　**行业资产负债率情况**

证监会一级行业	2014年	2013年	增长率
采矿业	74.71%	44.77%	66.88%
电力、热力、燃气及水生产和供应业	57.10%	57.94%	−1.45%
房地产业	62.95%	63.08%	−0.20%
建筑业	45.41%	54.93%	−17.33%
交通运输、仓储和邮政业	45.41%	54.93%	−17.33%
科学研究和技术服务业	41.80%	41.96%	−0.37%
农、林、牧、渔业	44.93%	44.97%	−0.08%
批发和零售业	58.70%	57.11%	2.79%
水利、环境和公共设施管理业	39.95%	37.73%	5.88%
卫生和社会工作	25.10%	16.09%	55.94%
文化、体育和娱乐业	35.88%	35.19%	1.95%
信息传输、软件和信息技术服务业	30.25%	29.39%	2.93%
制造业	40.93%	40.71%	0.56%
住宿和餐饮业	53.77%	42.10%	27.72%
综合	51.51%	55.68%	−7.49%
租赁和商务服务业	51.75%	52.23%	−0.92%

根据图11-3和图11-4显示，租赁和商务服务业与科学研究和技术服务业两个行业的已获利息倍数非常好。其次是文化、体育和娱乐业以及信息传输、软件和信息技术服务业，其偿债能力较强。电力、热力、燃气及水生产和供应业，住宿和餐饮业，农、林、牧、渔业及采矿业的偿债能力较弱，尤其是采矿业的已获利息倍数为负，比2013年的偿债能力大大降低。

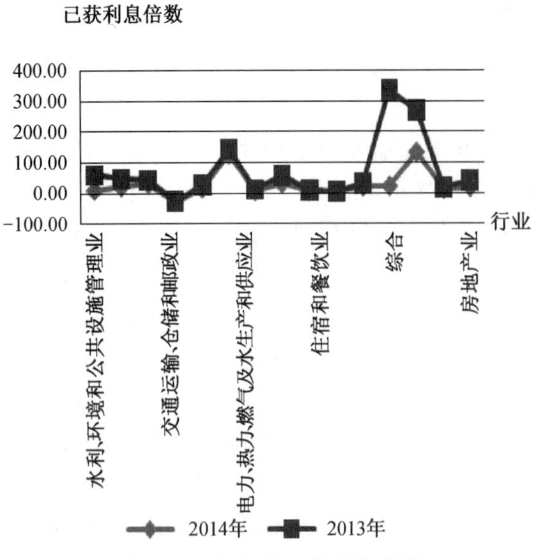

图11-3　各行业已获利息倍数

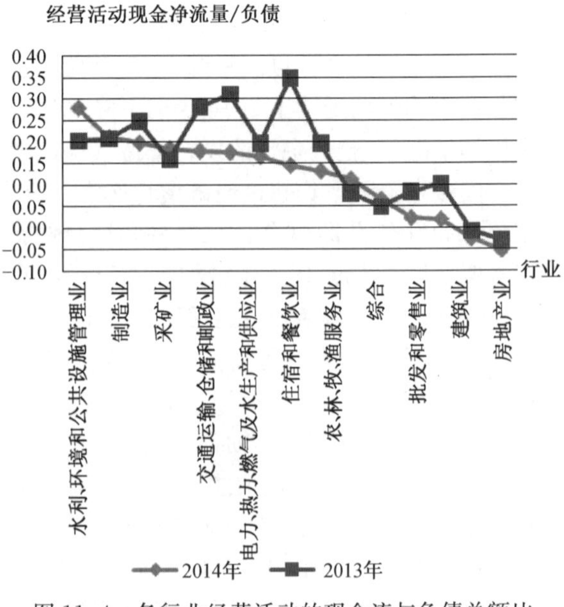

图11-4　各行业经营活动的现金流与负债总额比

从经营活动产生的现金流量净额与负债总额比这个指标上来看，普遍存在指标偏低情况，尤其以建筑业和房地产业情况最差，这说明微观主体的偿债能力在不断地弱化。

3. 要素使用效率下降，资产管理效率下降

随着国内外经济复苏过程中的不确定性和不稳定性因素的上升，要实现转方式、调结构的目标，就必须依赖经济内生增长动力的驱动，而要素使用效率是关键。由于外部需求不振、产品升级缓慢、结构性失衡、产能过剩，微观主体要素的使用效率一直呈现下降的趋势，应收账款和存货周转速度减缓。

从表 11-7 显示的 2014 年各行业的情况来看，从存货周转率上看，批发和零售业的存货周转率比 2013 年大幅度提高；制造业的存货周转率比 2013 年增长 165 倍；信息传输、软件和信息技术服务业存货周转率比 2013 年增长了近 67%。房地产业的周转率基本上与 2013 年持平；综合，文化、体育和娱乐业，租赁和商务服务业，采矿业，电力、热力、燃气及水生产和供应业，水利、环境和公共设施管理业及交通运输、仓储和邮政业 7 个行业的平均周转率都比 2013 年有所降低，存货管理效率较低。其中交通运输、仓储和邮政业的周转率比 2013 年降低了 88.5%。而采矿业，文化、体育和娱乐业，信息传输、软件和信息技术服务业的存货管理效率较高。从应收账款周转率上看，文化、体育和娱乐业，综合，建筑业，电力、热力、燃气及水生产和供应业，制造业，水利、环境和公共设施管理业，卫生和社会工作，住宿和餐饮业，信息传输、软件和信息技术服务业及采矿业等行业的应收账款周转率不如 2013 年的水平，尤其是信息传输、软件和信息技术服务业及采矿业两个行业的应收账款周转率比 2013 年降低 40%以上。批发和零售业的应收账款周转率与 2013 年持平。只有农、林、牧、渔业，房地产业，科学研究和技术服务业，租赁和商务服务业及交通运输、仓储和邮政业的应收账款周转率比 2013 年有所增长。这意味着微观主体要素的使用效率在不断降低。

表 11-7　**各行业资产管理效率**

证监会一级行业	存货周转率(次)			应收账款周转率(次)		
	2014 年	2013 年	增长率	2014 年	2013 年	增长率
采矿业	39.02	53.73	−27.37%	321.97	1 954.24	−83.52%
电力、热力、燃气及水生产和供应业	38.86	58.60	−33.69%	59.02	68.94	−14.39%
房地产业	7.87	7.59	3.69%	128.38	94.82	35.39%
建筑业	17.04	12.16	40.17%	24.76	28.23	−12.30%
交通运输、仓储和邮政业	70.23	610.16	−88.49%	79.10	65.94	19.96%
科学研究和技术服务业	6.44	6.02	6.94%	132.41	107.66	22.99%
农、林、牧、渔业	8.53	6.36	34.19%	25.20	17.50	43.99%
批发和零售业	825.44	5.50	14 901.34%	6.33	6.33	0.02%
水利、环境和公共设施管理业	24.32	41.57	−41.50%	16.52	20.97	−21.23%
卫生和社会工作	6.66	6.51	2.19%	8.64	11.27	−23.32%
文化、体育和娱乐业	3 047.05	3 156.72	−3.47%	18.95	20.30	−6.69%
信息传输、软件和信息技术服务业	118.71	71.26	66.59%	35.88	61.19	−41.37%
制造业	59.09	22.33	164.67%	198.77	236.32	−15.89%
住宿和餐饮业	13.11	12.97	1.10%	29.05	44.73	−35.06%
综合	15.74	16.13	−2.43%	24.05	26.35	−8.73%
租赁和商务服务业	8.93	9.67	−7.60%	95.28	77.60	22.78%

表 11-8 显示，房地产行业存货周转率有所改进：2014 年行业平均的存货周转率比 2013 年增长了 3.69%；应收账款的周转率也比 2013 年增长了 35.39%；总资产的周转率比 2013 年降低了 4.94%。

表 11-8 **房地产行业资产管理效率**

证监会一级行业	存货周转率(次)			应收账款周转率(次)			总资产周转率(次)		
	2014 年	2013 年	增长率	2014 年	2013 年	增长率	2014 年	2013 年	增长率
行业平均	7.87	7.59	3.69%	128.38	94.82	35.39%	0.76	0.80	−4.94%

4. 行业间收益质量的差别大

在货币政策紧缩、市场需求尚未完全释放的背景下，部分微观主体资金链遭受严重考验，各行业的收益质量差别很大。从表 11-9 可以看出，建筑业，采矿业，卫生和社会工作，租赁和商务服务等行业的经常性损益是净利润的主要来源，收益质量较高。综合，制造业两个行业的经营活动净收益为负；农、林、牧、渔业的利润主要来自价值变动净收益和营业外收支净额；而批发和零售业，住宿和餐饮两个行业来自经营活动的利润占利润总额的比例也比较低。卫生和社会工作，科学研究和技术服务业，水利、环境和公共设施管理业，建筑业，文化、体育和娱乐业，租赁和商务服务业，交通运输、仓储和邮政业，信息传输、软件和信息技术服务业等行业的经营活动净收益占利润总额的 50%以上，这说明这些行业的收益质量较高。

表 11-9 **2014 年行业的平均收益质量**

证监会一级行业	经营活动净收益/利润总额	价值变动净收益/利润总额	营业外收支净额/利润总额	扣除非经常损益后的净利润/净利润
采矿业	28.92	38.57	38.70	−0.03
电力、热力、燃气及水生产和供应业	30.77	55.95	18.67	84.56
房地产业	43.49	50.57	5.76	24.04
建筑业	76.35	17.24	9.25	72.75
交通运输、仓储和邮政业	52.58	26.92	22.17	62.81
科学研究和技术服务业	92.32	−0.20	7.83	93.04
农、林、牧、渔业	−70.11	80.64	102.07	−74.75
批发和零售业	13.71	74.74	14.85	−5.62
水利、环境和公共设施管理业	89.90	2.55	8.25	93.50
卫生和社会工作	97.47	2.87	−0.33	97.91
文化、体育和娱乐业	70.45	17.67	13.54	80.51
信息传输、软件和信息技术服务业	51.97	25.10	28.99	67.53
制造业	−53.84	39.59	121.35	15.96
住宿和餐饮业	1.30	51.00	47.70	−7.35
综合	0.01	69.46	30.53	6.22
租赁和商务服务业	63.51	33.83	7.49	81.29

据图 11-4 显示，经营活动的净收益占利润总额的比例也低于 2014 年的同期水平。农、林、牧、渔业，信息传输、软件和信息技术服务业，房地产业，文化、体育和娱乐业，制造业，电力、热力、燃气及水生产和供应业，水利、环境和公共设施管理业等行业的经营活动的净收益占利润总额的比例比 2014 年有所提高，尤其是农、林、牧、渔业，信息传输、软件和信息技术服务业两个行业表现抢眼，该指标分别比上年同期翻了 4 倍和 1 倍。

图 11-5 显示，2015 年第一季度各行业的扣除非经常性损益后的净利润占净利润的比例明显低于 2014 年的同期水平。住宿和餐饮业，信息传输、软件和信息技术服务业，综合，批发和零售业的扣除非经常性损益后的净利润占净利润的比例有比较大的增长，尤其是住宿和餐饮业的收益质量大幅度提高，比 2014 年同期翻了 1 倍。采矿业，建筑业，科学研究和技术服务业，电力、热力、燃气及水生产和供应业，卫生和社会工作等行业的收益质量也有不同程度的提高。但是水利、环境和公共设施管理业，制造业，交通运输、仓储和邮政业，租赁和商务服务业，文化、体育和娱乐业，房地产业，农、林、牧、渔业等行业的收益质量下降，尤其是农、林、牧、渔业的收益质量呈现大幅度下降趋势。

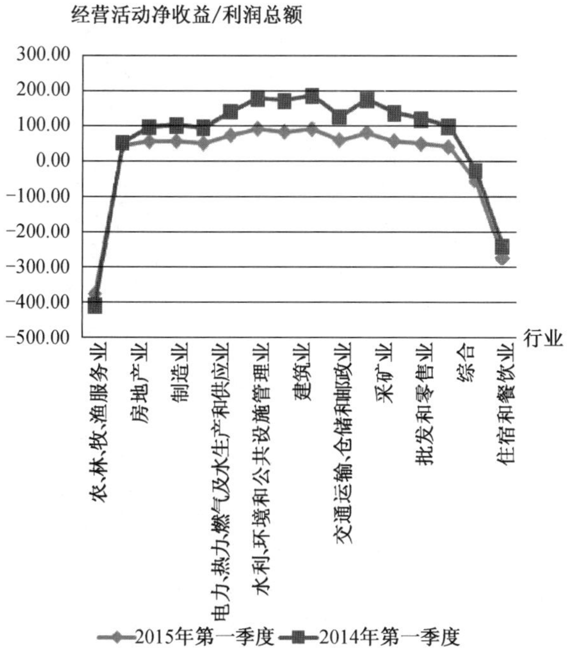

图 11-5　经营活动的净收益占利润总额的比例

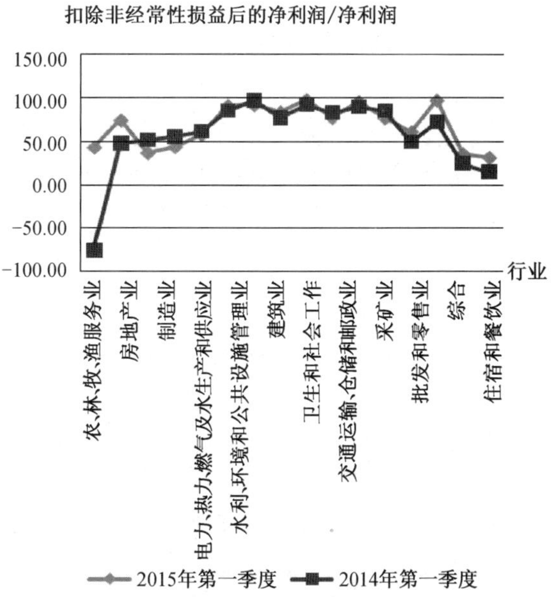

图 11-6　扣除非经常性损益后的净利润占净利润的比例

（二）微观主体所面临的风险因素的识别

1. 经营风险因素的识别

经营风险具体来说是一个微观主体内部由于在人、过程和技术等方面失败而使经营发生失败的可能性。由于在人、过程和技术等方面失败的可能性可以加以预计，因此，在制定经营计划时将这些方面的风险考虑到其中，可以从微观主体的收益质量和资产的管理效率方面来看经营风险。表 11-10 显示，2014 年，住宿和餐饮业，批发和零售业，交通运输、仓储和邮政业，采矿业，科学研究和技术服务业，建筑业及文化、体育和娱乐业等行业的营业利润增幅超过营业收入增幅，存在较小的经营风险。租赁和商务服务业，房地产业，综合，信息传输、软件和信息技术服务业，电力、热力、燃气及水生产和供应业，制造业，农、林、牧、渔业等行业的营业收入的增幅超过了营业利润的增幅，这些行业的经营风险较大。电力、热力、燃气及水生产和供应业，制造业，农、林、牧、渔业三个行业的经营风险最大。

表 11-10 **2014 年各行业收入和利润增长情况**

证监会一级行业	营业总收入增长率	营业利润增长率	净利润(含少数股东损益)增长率
采矿业	−4.42%	−16.97%	−23.98%
电力、热力、燃气及水生产和供应业	−0.68%	7.49%	9.07%
房地产业	13.84%	−2.72%	1.36%
建筑业	5.08%	14.94%	7.20%
交通运输、仓储和邮政业	1.44%	9.46%	35.80%
科学研究和技术服务业	5.39%	17.69%	5.26%
农、林、牧、渔业	−6.43%	312.57%	−26.27%
批发和零售业	−3.90%	−26.29%	−7.37%
水利、环境和公共设施管理业	7.64%	9.50%	1.63%
卫生和社会工作	30.15%	29.19%	36.41%
文化、体育和娱乐业	12.05%	23.19%	20.82%
信息传输、软件和信息技术服务业	−2.53%	21.59%	11.73%
制造业	−0.39%	6.25%	0.04%
住宿和餐饮业	−3.78%	−292.89%	−303.71%
综合	−9.76%	30.63%	19.88%
租赁和商务服务业	9.83%	0.73%	−8.60%

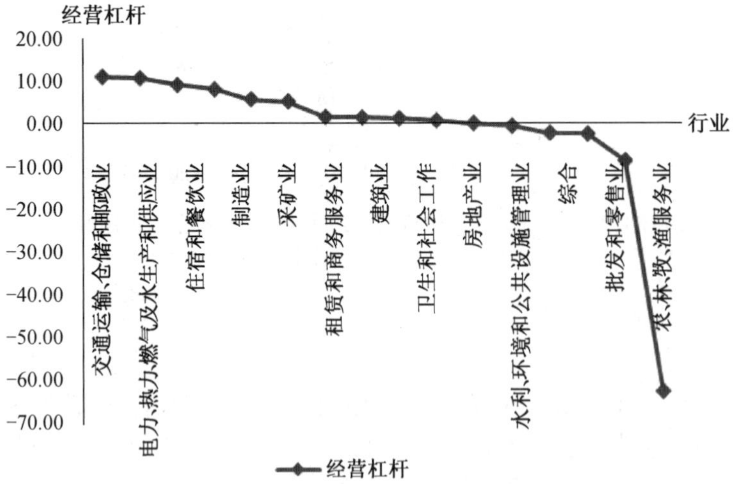

图 11-7 2015 年第一季度各行业的经营杠杆

图 11-7 显示，与 2014 年同期相比，2015 年第一季度卫生和社会工作，文化、体育和娱乐业，房地产业，水利、环境和公共设施管理业，综合，批发和零售业，农、林、牧、渔业等行业的经营风险较高。交通运输、仓储和邮政业，电力、热力、燃气及水生产和供应业，住宿和餐饮业，信息传输、软件和信息技术服务业，制造业，科学研究和技术服务业，采矿业，租赁和商务服务业及建筑业的经营风险较低。

表 11-11 中的数据显示，从行业上看，批发和零售业，制造业，信息传输、软件和信息技术服务业，建筑业，农、林、牧、渔业，科学研究和技术服务业，房地产业，卫生和社会工作及住宿和餐饮业等行业的存货周转率明显加快。综合，文化、体育和娱乐业，租赁和商务服务业，采矿业，电力、热力、燃气及水生产和供应业，水利、环境和公共设施管理业及交通运输、仓储和邮政业等行业的存货周转率明显减慢。从应收账款的周转率上看，农、林、牧、渔业，房地产业，科学研究和技术服务业，租赁和商务服务业，交通运输、仓储和邮政业，批发和零售业等行业的应收账款周期明显加快。但文化、体育和娱乐业，综合，建筑业，电力、热力、燃气及水生产和供应业，制造业，水利、环境和公共设施管理业，卫生和社会工作，住宿和餐饮业，信息传输、软件和信息技术服务业，采矿业等行业的应收账款周转明显放慢。因此，文化、体育和娱乐业，综合，电力、热力、燃气及水生产和供应业，水利、环境和公共设施管理业及采矿业等行业是经营风险较高的行业。

表 11-11　**微观主体各行业资产管理效率**

证监会一级行业	存货周转率			应收账款周转率(次)			总资产周转率(次)		
	2014 年	2013 年	增长率	2014 年	2013 年	增长率	2014 年	2013 年	增长率
采矿业	39.02	53.73	−27.37%	321.97	1 954.24	−83.52%	0.70	0.74	−5.04%
电力、热力、燃气及水生产和供应业	38.86	58.60	−33.69%	59.02	68.94	−14.39%	0.63	0.64	−1.85%
房地产业	7.87	7.59	3.69%	128.38	94.82	35.39%	0.76	0.80	−4.94%
建筑业	17.04	12.16	40.17%	24.76	28.23	−12.30%	0.81	0.91	−10.56%
交通运输、仓储和邮政业	70.23	610.16	−88.49%	79.10	65.94	19.96%	0.61	0.67	−8.56%
科学研究和技术服务业	6.44	6.02	6.94%	132.41	107.66	22.99%	0.67	0.60	12.15%
农、林、牧、渔业	8.53	6.36	34.19%	25.20	17.50	43.99%	0.64	0.69	−6.81%
批发和零售业	825.44	5.50	14 901.34%	6.33	6.33	0.02%	0.48	0.47	2.19%
水利、环境和公共设施管理业	24.32	41.57	−41.50%	16.52	20.97	−21.23%	0.65	0.69	−5.88%
卫生和社会工作	6.66	6.51	2.19%	8.64	11.27	−23.32%	0.82	0.86	−5.13%
文化、体育和娱乐业	3 047.05	3 156.72	−3.47%	18.95	20.30	−6.69%	0.73	0.69	4.93%
信息传输、软件和信息技术服务业	118.71	71.26	66.59%	35.88	61.19	−41.37%	0.68	0.74	−8.62%
制造业	59.09	22.33	164.67%	198.77	236.32	−15.89%	0.67	0.72	−6.26%
住宿和餐饮业	13.11	12.97	1.10%	29.05	44.73	−35.06%	0.34	0.39	−12.60%
综合	15.74	16.13	−2.43%	24.05	26.35	−8.73%	1.11	1.19	−6.45%
租赁和商务服务业	8.93	9.67	−7.60%	95.28	77.60	22.78%	0.73	0.77	−4.83%

2. 财务风险因素的识别

度量财务风险的因素主要与微观主体的偿债能力相关，常用的财务指标可以分为三类，第一类为流动性指标，包括流动比率和速动比率，用于反映短期偿债能力，度量的是短期财务风险。通常这些比率越低，债权人得不到保障的可能性越大，微观主体的财务风险也就越大。第二类指标反映微观主体的长期偿债能力，一般包括资产负债率、产权比率、利息保障倍数等。通常，前两项指标越低，第三项指标越高，微观主体的长期负债能力越强，财务风险越小。现金债务总额比是衡量微观主体筹资风险的第三类指标，现金流量和债务的比率可以更好地反映微观主体的偿债能力。该比率越高，表明微观主体承担债务的能力越强。

表 11-12 显示，从短期偿债能力上看，信息传输、软件和信息技术服务业，制造业，农、林、牧、渔业，卫生和社会工作，文化、体育和娱乐业，采矿业，房地产业及水利、环境和公共设施管理业等行业的短期偿债能力强，财务风险很低；批发和零售业，建筑业，住宿和餐饮业，电力、热力、燃气及水生产和供应业短期偿债能力较弱，存在一定程度的财务风险。从长期偿债能力上看，采矿业及卫生和社会工作等行业的偿债能力较弱，存在一定的财务风险。综上所述，批发和零售业，建筑业，住宿和餐饮业，电力、热力、燃气及水生产和供应业，采矿业及卫生和社会工作都存在一定程度的财务风险。

表 11-12 **2014 年各行业平均的偿债能力**

证监会一级行业	流动比率	速动比率	产权比率	经营活动产生的现金流量净额/负债合计	已获利息倍数(EBIT/利息费用)
采矿业	2.17	1.86	1.51	0.18	−31.78
电力、热力、燃气及水生产和供应业	1.03	0.90	2.22	0.17	6.83
房地产业	1.98	0.62	3.76	−0.05	17.99
建筑业	1.49	0.94	3.37	−0.02	12.38
交通运输、仓储和邮政业	1.65	1.45	1.20	0.18	16.71
科学研究和技术服务业	1.93	1.64	0.89	0.18	128.03
农、林、牧、渔业	2.59	1.63	1.98	0.11	4.16
批发和零售业	1.50	1.10	2.70	0.02	22.59
水利、环境和公共设施管理业	1.97	1.55	0.84	0.28	9.93
卫生和社会工作	2.45	2.27	0.37	0.65	
文化、体育和娱乐业	2.35	1.97	1.46	0.20	32.32
信息传输、软件和信息技术服务业	4.42	4.09	0.59	0.15	32.04
制造业	2.75	2.15	1.42	0.21	21.50
住宿和餐饮业	1.36	1.22	1.06	0.13	6.39
综合	1.81	1.22	2.00	0.07	21.54
租赁和商务服务业	1.69	1.52	3.93	0.02	133.55

表 11-13 显示，与 2014 年同期相比，2015 年第一季度有一定财务风险的行业是综合，租赁和商务服务业，交通运输、仓储和邮政业，建筑业，批发和零售业，住宿和餐饮业，电力、热力、

燃气及水生产和供应业，采矿业等。

表 11-13　　　　**2015 年第一季度各行业平均的偿债能力**

证监会一级行业	流动比率	速动比率	产权比率	经营活动产生的现金流量净额/负债合计	已获利息倍数(EBIT/利息费用)
采矿业	2.42	2.07	1.90	0.00	0.73
电力、热力、燃气及水生产和供应业	1.15	1.02	2.09	0.02	8.93
房地产业	2.03	0.60	3.00	−0.03	182.56
建筑业	1.56	0.96	3.32	−0.05	16.66
交通运输、仓储和邮政业	1.72	1.52	1.15	0.04	12.95
科学研究和技术服务业	2.28	1.96	0.77	−0.07	49.39
农、林、牧、渔业	3.44	2.49	38.31	0.00	10.46
批发和零售业	1.54	1.15	2.81	−0.05	10.69
水利、环境和公共设施管理业	2.21	1.81	0.81	−0.04	6.47
卫生和社会工作	2.81	2.61	0.35	0.11	54.56
文化、体育和娱乐业	2.68	2.27	4.17	−0.03	12.94
信息传输、软件和信息技术服务业	5.29	4.84	0.57	−0.25	29.78
制造业	2.95	2.31	2.52	−0.01	12.50
住宿和餐饮业	1.26	1.12	1.27	0.00	5.82
综合	1.94	1.31	1.98	−0.02	−234.08
租赁和商务服务业	1.79	1.60	2.21	−0.02	0.00

三、风险度量与分析

(一) 基于行业的微观主体风险度量的约束贝叶斯分类网络模型

企业风险是指由于多种因素的相互作用，使企业不能实现预期效益，从而造成损失的可能性，财务风险和经营风险是其中的两种主要风险。企业风险预警的核心是风险预测，通过科学的风险预测可使企业在危机发生之前向经营者提出警示，从而督促企业管理人员采取有效措施，避免潜在的危机演变成损失。贝叶斯网络是描述随机变量之间依赖关系的图模型，是处理不确定性问题的有力工具，在企业风险分析和预测方面具有广阔的应用前景。用于预测的贝叶斯网络通常称为贝叶斯网络分类器。我们在变量之间基本依赖关系分析和属性对类提供的信息分析的基础上，结合依赖分析方法、分类器分类准确性评价标准和贪婪搜索算法进行约束贝叶斯分类网络(Restricted Bayesian Classification Network，简记为 RBCN)学习。首先基于依赖分析方法发现与类具有直接依赖的属性，然后再将分类准确性评价标准与贪婪搜索相结合进行属性的父结点集优化，最终建立 RBCN，并使用 RBCN 进行企业财务风险和经营风险分析和预测。

用 C，X_1，…，X_n 表示类与属性，c，x_1，…，x_n 是具体的取值，D 表示数据集，N 是数据

集中的记录数量。

1. 变量之间基本依赖关系分析

变量之间基本依赖关系分析是 RBCN 学习的基础。借助贝叶斯网络信息管道模型进行属性与类之间的基本依赖关系分析，并给出属性和类之间的信息结构，为建立 RBCN 提供理论依据。

1）贝叶斯网络信息管道模型

在贝叶斯网络信息管道模型(Cheng Jie, 2002)中，把图形模式中的结点看作阀门，结点之间的边看作信息流动的管道，汇聚结点（具有汇聚箭头的结点）所表示的阀门是关闭状态，信息流不能通过，实例化后被打开。非汇聚结点所表示的阀门处于打开状态，实例化后被关闭。在贝叶斯网络中，存在两种路径：一种是不含汇聚结点的路径，称为开路，信息流能够通过，当一些结点被实例化后，信息流被阻塞；另一种是含有汇聚结点的路径，称为闭路，只有当汇聚结点被实例化和非汇聚结点不被实例化时信息流才能通过。对给定的互不相交结点集 $\boldsymbol{X}$、$\boldsymbol{Y}$ 和 $\boldsymbol{Z}$，$\boldsymbol{Z}$ d-separate $\boldsymbol{X}$ 和 $\boldsymbol{Y}$ 当且仅当 $\boldsymbol{Z}$ 中结点实例化后信息不能从 $\boldsymbol{X}$ 流到 $\boldsymbol{Y}$。

依赖分离（简记为 d-separate）是贝叶斯网络中的一个非常重要的概念，在图形模式中依赖分离，就意味着在概率模式中条件独立，在贝叶斯网络中两个结点之间不存在一条弧的充分必要条件是存在一个结点集依赖分离这两个结点。

2）属性与类之间的基本依赖关系

利用贝叶斯网络信息管道模型可形象地描述属性与类之间存在的三种基本依赖关系：①直接依赖（transitive dependencies），属性与类之间存在直接的信息流动，而且信息流不能被其他属性所阻塞，属性与类之间边缘和条件依赖，这种依赖具有不可替代性；②间接依赖（non-transitive dependencies），属性与类之间不存在直接的信息流动，而是由连接属性与类结点之间的开路产生的信息流，这种信息流可被路径中的属性结点所阻塞，属性与类之间边缘依赖，但条件独立，这种依赖可被直接依赖所替代；③导出依赖（induced dependencies），属性与类之间不存在直接的信息流动，而是由属性与类所形成的汇聚结构诱发的信息流，属性与类之间边缘独立，但条件依赖，这种依赖也具有不可替代性。

在 RBCN 中，除类的先验信息外，属性为类可以提供三种信息，它们分别是直接依赖信息、导出依赖信息和间接依赖信息，当给定直接依赖属性时，间接依赖属性可以忽略。

图 11-8 显示了属性为类提供的信息情况，其中 $X_1 \sim X_3$ 为类提供直接依赖信息，这类属性是最重要的属性；$X_4 \sim X_7$ 为类提供导出依赖信息，在分类时起到辅助和补充的作用，有时也起到很重要的作用；$X_8 \sim X_{10}$ 为类提供间接依赖信息，当直接依赖属性给定时，这类属性与类之间的依赖将被屏蔽。

2. RBCN 学习

RBCN 是一种由属性和类构成的用于分类的贝叶斯网络，它与一般贝叶斯网络的主要区别是属性与类之间，以及属性与属性之间弧的方向不具有因果含义，这种网络所突出的是属性与类之间的映射关系和属性对类的信息提供渠道与方式。RBCN 同样由结构和参数两部分构成，依据结构和训练集可估计出参数，因此结构学习仍是贝叶斯分类网学习的核心。在 RBCN 的结构中，类结点没有父结点，属性结点可分为三类，分别是直接依赖、间接依赖和导出依赖属性结点，建立 RBCN 就是发现直接和导出依赖属性结点，去除间接依赖属性结点的过程。

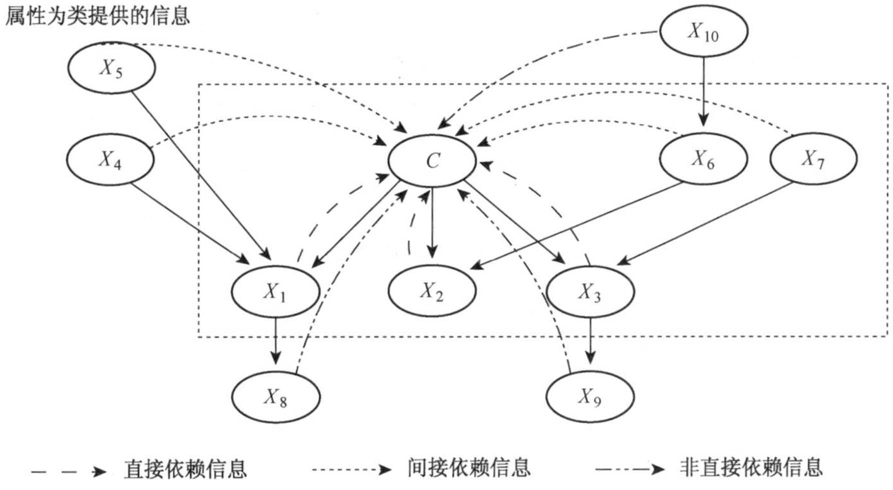

图 11-8　RBCN 中属性为类提供的信息

1) 确定直接依赖属性

采用互信息和条件互信息进行变量之间的依赖和条件独立性检验，依据属性与类之间的基本依赖关系、d-separation 标准和依赖分析方法确定直接依赖属性。

离散变量的互信息和条件互信息计算公式分别为：

$$I(X_i;\ X_j)=\sum_{x_i,x_j}p(x_i,\ x_j)\log\frac{p(x_i,\ x_j)}{p(x_i)p(x_j)} \tag{11-1}$$

$$I(X_i;\ X_j \mid X_{n_1},\ \cdots,\ X_{n_s})=$$
$$\sum_{x_i,x_j,x_{n_1},\cdots,x_{n_s}}p(x_i,\ x_j,\ x_{n_1},\ \cdots,\ x_{n_s})\log\frac{p(x_i,\ x_j \mid x_{n_1},\ \cdots,\ x_{n_s})}{p(x_i \mid x_{n_1},\ \cdots,\ x_{n_s})p(x_j \mid x_{n_1},\ \cdots,\ x_{n_s})},$$
$$n_k\neq i,\ n_k\neq j,\ k=1,\ \cdots,\ s \tag{11-2}$$

互信息具有非负性，即 $I(X_i;\ X_j)\geqslant 0$，当且仅当 X_i 和 X_j 相互独立时等号成立[X_i 和 X_j 越倾向于独立，$I(X_i;\ X_j)$ 越接近于 0]，因此可用于变量之间独立性检验。互信息也可度量两个变量之间的依赖性程度，$I(X_i;\ X_j)$ 随 X_i 和 X_j 之间依赖增强而增大[X_i 和 X_j 越趋于相同，$I(X_i;\ X_j)$ 越接近于 1]，对条件互信息也是如此。

(1) 添加直接依赖属性结点。用 G_B 表示由结点和有向边构成的有向无环图，将 G_B 初始化为只包含结点没有边的平凡图。依次进行互信息 $I(X_i;\ C)$，$i=1,\ \cdots,\ n$ 计算，如果 $I(X_i;\ C)>\varepsilon$（一般取 $\varepsilon=0.01$），在 G_B 中增加有向边 $X_i\leftarrow C$，这一过程称为属性与类之间的依赖检验，需要进行 n 次互信息计算。

(2) 去除间接依赖属性结点。在添加直接依赖属性结点的过程中会包含一些间接依赖属性结点，可通过下面的三步检验法去除间接依赖属性结点。在 G_B 中，设 X_i 和 C 之间存在边，用 $S_{X_i}^{(0)}(X_i,\ C)$ 和 $S_C^{(0)}(X_i,\ C)$ 分别表示 X_i 和 C 的邻域中在 X_i 和 C 链路(两个结点之间的无向通路)上的结点集，$S^{(0)}(X_i,\ C)$ 表示 $S_{X_i}^{(0)}(X_i,\ C)$ 和 $S_C^{(0)}(X_i,\ C)$ 中具有较少结点的结点集。

在 $S^{(0)}(X_i,\ C)$ 中搜索，如果存在 $X_{k_0}^{(i)}\in S^{(0)}(X_i,\ C)$，使 $I(X_i,\ C \mid X_{k_0}^{(i)})<\varepsilon$，在 G_B 中删除属性结点 X_i 和有向边 $X_i\leftarrow C$，修正 $S^{(0)}(X_i,\ C)$，这一过程称为一阶条件独立性检验，用

$S^{(1)}(X_i, C)$ 表示经过一阶检验后的 $S^{(0)}(X_i, C)$。

设 X_i 和 C 之间仍存在边，在 $S^{(1)}(X_i, C)$ 中继续搜索。如果存在 $X_{w_0}^{(i)}, X_{v_0}^{(i)} \in S^{(1)}(X_i, C)$，使 $I(X_i, C \mid X_{w_0}^{(i)}, X_{v_0}^{(i)}) < \varepsilon$，在 G_B 中删除属性结点 X_i 和有向边 $X_i \leftarrow C$，修正 $S^{(1)}(X_i, C)$，这一过程称为二阶条件独立性检验，用 $S^{(2)}(X_i, C)$ 表示经过二阶检验后的 $S^{(1)}(X_i, C)$。

设 X_i 和 C 之间仍存在边，如果 $I(X_i; C \mid S^{(2)}(X_i, C)) < \varepsilon$，在 G_B 中删除属性结点 X_i 和有向边 $X_i \leftarrow C$，修正 $S^{(2)}(X_i, C)$，这一过程称为完全条件独立性检验。

三个阶段条件独立性检验最多需要 $(n-1)^2+1$ 次互信息或条件互信息计算，故确定直接依赖属性的时间复杂度是 $O(n^2)$。对于无法有效进行条件依赖和独立性检验的小例子集，可通过朴素贝叶斯分类器的属性子集选择来确定直接依赖属性集，用 $\{X_{u_1}, \cdots, X_{u_s}\}$ 表示与类 C 具有直接依赖的属性结点集。

定理 1 假设依赖和条件独立性检验是可靠的，那么经过检验的 G_B 中包含所有的直接依赖属性结点，并且不存在间接依赖属性结点。

证明 由检验可靠性假设可知，经过属性和类之间的依赖性检验，将使 G_B 中包含所有的直接依赖结点和部分间接依赖结点。在清除间接依赖结点的过程中，由于间接依赖是属性和类结点之间的开路产生的信息流所导致的依赖，通过是否能阻塞这些开路测试便能识别间接依赖结点，X_i 或 C 邻域中的结点能够阻塞所有的开路，邻域中在通路上的结点也是如此。如果仍有信息流动，只能是邻域中的导出依赖结点导出的信息流，同时产生直接依赖的信息流不能被其他结点所阻塞，因此经过条件独立性检验后的 G_B 中将不存在间接依赖结点，也不会丢失直接依赖结点。

推论 当给定直接依赖属性时，间接依赖属性对类没有影响。

证明 由定理 1 可知，当直接依赖属性给定时，类与属性之间的间接依赖信息流将被阻塞，即间接依赖属性与类条件独立，因此，这时间接依赖属性对类将没有影响。

互信息和条件互信息计算是被普遍采用的变量之间依赖和条件独立性检验方法，其可靠性已得到广泛的验证。上面所给出的条件独立性检验方法适合于各种情况的离散属性分类例子集。对于较小的例子集，只需进行一阶条件独立性检验，因为二阶和完全条件独立性检验的可靠性无法得到保障，一阶检验一般情况下可清除大部分的间接依赖结点；对具有一定数量的例子集，如果不存在 k_0，可进行二阶条件独立性检验。而对于较大的例子集，如果既不能发现 k_0，也找不到 w_0 和 v_0，这时需要进行完全条件独立性检验。绝大部分的间接依赖能够被一阶或二阶条件独立性检验所识别，因此只需少量的完全条件独立性检验，而且经过一阶和二阶条件独立性检验后，完全条件独立性检验中条件属性数量也会显著减少，会使检验更加可靠。

2）确定导出依赖属性

在基于依赖分析方法所进行的用于因果分析贝叶斯网络学习中，在信息单调性假设下，变量之间的导出依赖一般通过汇聚识别来实现，即通过 V 结构检验来发现导出依赖，而 V 结构所描述的是变量之间的因果关系，不是属性对类的贡献。因此，在 RBCN 学习中，以是否提高分类器的分类准确率为标准来选择具有导出依赖的属性，其目的是使学习得到的 RBCN 具有更好的分类准确性。

（1）分类准确性评价标准。对于属性的配置 $x_1, \cdots, x_n$，使用分类器 F 对 $x_1, \cdots, x_n$ 所属的类进行识别，记 $C^F(x_1, \cdots, x_n)$ 为识别结果，$C(x_1, \cdots, x_n)$ 为真正的结果。

定义 1 将例子集 D 均匀分成 10 份，设为 $D_1, \cdots, D_{10}$，用 accuracy(F) 表示分类器 F 的 10 折交叉有效性（10-fold cross-validation）验证分类准确率，那么，$\text{accuracy}(F)=\frac{1}{10}\sum_{k=1}^{10}\text{accuracy}(F_k)$，其中 accuracy($F_k$) 是以 $D_1, \cdots, D_{k-1}, D_{k+1}, \cdots, D_{10}$ 为训练集，D_k 为测试集时 F 的分类准确率，$\text{accuracy}(F_k)=\frac{1}{|D_k|}\sum_{D_k}I\left(C^F(x_1, \cdots, x_n)=C(x_1, \cdots, x_n)\right)$，$I(C^F(x_1, \cdots, x_n)=C(x_1, \cdots, x_n))=\begin{cases}1, & C^F(x_1, \cdots, x_n)=C(x_1, \cdots, x_n)\\ 0, & C^F(x_1, \cdots, x_n)\neq C(x_1, \cdots, x_n)\end{cases}$。

Kohavi(1995)对各种分类准确性评价标准进行了综合实验与统计分析，所得出的结论是使用 10 折交叉有效性验证方法进行分类器的分类准确性计算更加可靠。

(2) 属性排序。根据属性对类的信息增益比为 $X_{u_1}, \cdots, X_{u_s}$ 排序，设排序后的属性序列为 $X_{v_1}, \cdots, X_{v_s}$。用 gain_ratio(X_i, C) 表示属性 X_i 对类 C 的信息增益比，计算方法如下：

$$\text{gain\_ratio}(X_i, C)=\frac{\text{gain}(X_i, C)}{\text{split\_in}(C)} \tag{11-3}$$

$\text{gain}(X_i, C)=\text{entropy}(X_i, C)-\text{entropy}_p(X_i, C)$，

$\text{entropy}(X_i, C)=-p(x_i, c)\log_2(1-p(x_i \mid c))$，$\text{entropy}_p(X_i, C)=\sum_j\frac{|C_j|}{|C|}\text{entropy}(X_i, C_j)$，

$\text{split\_in}(C)=-\sum_j\frac{|C_j|}{|C|}\log_2\frac{|C_j|}{|C|}$

式中 $|C_j|$——例子集中第 i 类例子数量；

$|C|$——例子集中所有例子数量。

(3) 导出依赖属性选择。采用为属性层次添加父结点的方法来发现导出依赖属性父结点集，可依据例子集的大小确定进行到哪一阶段的属性父结点选择。

导出依赖属性选择原则和范围：导出依赖属性选择的原则是最大限度地提高分类器的分类准确性，并且不产生环路，下面给出 X_i 新的导出依赖属性候选集的确定方法。

定理 2 设 Π_i 和 Ω_i 分别是 X_i 的属性父结点和子孙结点集，那么 X_i 新的导出依赖属性候选集为 $\{X_1, \cdots, X_n\}-\Omega_i\cup\Pi_i\cup\{X_i\}$。

证明 首先证明在 $\{X_1, \cdots, X_n\}-\Omega_i\cup\Pi_i\cup\{X_i\}$ 中选择 X_i 的属性父结点不会产生环路。

选取 $X_f\in\{X_1, \cdots, X_n\}-\Omega_i\cup\Pi_i\cup\{X_i\}$，假设 X_i 与 X_f 之间存在环路，那么存在属性结点序列 $X_{w_1}, \cdots, X_{w_q}$，使得 $X_f\rightarrow X_i$，$X_i\rightarrow X_{w_1}, \cdots, X_{w_q}\rightarrow X_f$，可知 $X_f\in\Omega_i$，即 X_f 既是 X_i 的父结点，又是 X_i 的子孙结点，产生矛盾，因此，X_i 与 X_f 之间不存在环路。再证明 X_i 的可选属性父结点一定在 $\{X_1, \cdots, X_n\}-\Omega_i\cup\Pi_i\cup\{X_i\}$ 中。

设 X_f 是 X_i 的任意一个可选属性父结点，那么，$X_f\in\{X_1, \cdots, X_n\}$。由于 X_f 是子孙结点又是父结点必产生环路，因此 $X_f\notin\Omega_i$，当然 $X_f\notin\Pi_i\cup\{X_i\}$，从而 $X_f\in\{X_1, \cdots, X_n\}-\Omega_i\cup\Pi_i\cup\{X_i\}$。

一阶导出依赖属性选择：用 $\text{accuracy\_}F_{SNB}(C(X_{v_1}, \cdots, X_{v_s}))$ 表示分类器 $\arg\max\limits_{c(X_{v_1}, \cdots, X_{v_s})}\left\{p(c)\prod_{i=1}^{s}p(x_{v_i}\mid c)\right\}$ 的分类准确率。按照 $X_{v_1}, \cdots, X_{v_s}$ 的顺序，以分类器的

分类准确率为评价标准，在可选择的范围内依次发现使分类器分类准确率最大化的属性作为父结点。用 $\Pi_{v_i}^{(1)}$ 表示已选择的 $\Pi_{v_1}^{(1)}$，…，$\Pi_{v_{i-1}}^{(1)}$ 的基础上，在可选择的属性中具有最高分类准确率 X_{v_i} 的单父结点集，一阶父结点的具体选择过程如下：

如果 $accuracy\_F_{RBCN\_1}(C(X_{v_1}, \cdots, X_{v_s}, \Pi_{v_1}^{(1)}, \cdots, \Pi_{v_i}^{(1)})) > accuracy\_F_{RBCN\_1}(C(X_{v_1}, \cdots, X_{v_s}, \Pi_{v_1}^{(1)}, \cdots, \Pi_{v_{i-1}}^{(1)}))$，$i = 1, \cdots, s$，选择 $\Pi_{v_i}^{(1)}$ 作为 X_{v_i} 的父结点集，在 G_B 中为 X_{v_i} 添加相应的属性父结点，否则 $\Pi_{v_i}^{(1)} = \phi$。

经过一轮选择后，得到 X_{v_1}，…，X_{v_s} 的父结点集依次是 $\Pi_{v_1}^{(1)}$，…，$\Pi_{v_s}^{(1)}$。接下来再按照属性顺序依次对 $\Pi_{v_1}^{(1)}$，…，$\Pi_{v_s}^{(1)}$ 做进一步的调整，调整过程如下：

如果 $accuracy\_F_{RBCN\_1}(C(X_{v_1}, \cdots, X_{v_s}, \Pi_{v_1}^{(1')}, \cdots, \Pi_{v_{i-1}}^{(1')}, \Pi_{v_i}^{(1')}, \Pi_{v_{i+1}}^{(1)}, \cdots, \Pi_{v_s}^{(1)})) > accuracy\_F_{RBCN\_1}(C(X_{v_1}, \cdots, X_{v_s}, \Pi_{v_1}^{(1)}, \cdots, \Pi_{v_{i-1}}^{(1)}, \Pi_{v_i}^{(1)}, \Pi_{v_{i+1}}^{(1)}, \cdots, \Pi_{v_s}^{(1)}))$，$i = 1, \cdots, s$，用 $\Pi_{v_i}^{(1')}$ 代替 $\Pi_{v_i}^{(1)}$ 作为 X_{v_i} 的新父结点集，并对 G_B 进行相应的调整。一般经过几轮调整便可趋于稳定，仍用 $\Pi_{v_1}^{(1)}$，…，$\Pi_{v_s}^{(1)}$ 表示调整后的父结点集。一阶导出依赖属性发现最多需要进行 $q_1 n^2$ 次分类准确性计算，q_1 是一个与 n 无关的常量。

二阶和多阶导出依赖属性选择：用 $\Pi_{v_i}^{(2)}$ 表示已选择的 $\Pi_{v_1}^{(2)}$，…，$\Pi_{v_{i-1}}^{(2)}$ 的基础上，在可选择的属性中具有最高分类准确率 X_{v_i} 的二阶父结点集，二阶父结点的选择过程如下：

如果 $accuracy\_F_{RBCN\_2}(C(X_{v_1}, \cdots, X_{v_s}, \Pi_{v_1}^{(2)}, \cdots, \Pi_{v_{i-1}}^{(2)}, \Pi_{v_i}^{(2)}, \Pi_{v_{i+1}}^{(1)}, \cdots, \Pi_{v_s}^{(1)})) > accuracy\_F_{RBCN\_2}(C(X_{v_1}, \cdots, X_{v_s}, \Pi_{v_1}^{(2)}, \cdots, \Pi_{v_{i-1}}^{(2)}, \Pi_{v_i}^{(1)}, \Pi_{v_{i+1}}^{(1)}, \cdots, \Pi_{v_s}^{(1)}))$，$i = 1, \cdots, s$，选择 $\Pi_{v_i}^{(2)}$ 作为 X_{v_i} 的二阶父结点集，并在 G_B 中增加 X_{v_i} 的新属性父结点，这样得到二阶父结点集 $\Pi_{v_1}^{(2)}$，…，$\Pi_{v_s}^{(2)}$，对二阶父结点集再进行调整，最后得到的二阶父结点集仍用 $\Pi_{v_1}^{(2)}$，…，$\Pi_{v_s}^{(2)}$ 表示。二阶导出依赖属性发现最多需要进行 $q_2(n-1)^2$ 次分类准确性计算，q_2 是一个与 n 无关的常量。

在所建立的二阶父结点集基础上，采用类似的方法还可进行三阶父结点，以及更高阶的父结点选择。如果有属性的父结点发生变化，便对 G_B 进行相应的调整。具有 h 阶父结点 RBCN 的表示形式为：

$$\arg \max_{c\left(x_{v_1}, \cdots, x_{v_s}, \pi_{v_1}^{(h)}, \cdots, \pi_{v_s}^{(h)}\right)} \left\{ p(c) \prod_{i=1}^{s} p(x_{v_i} \mid \pi_{v_i}^{(h)}, c, G_B) \right\} \tag{11-4}$$

式中　$\pi_{v_i}^{(h)}$ —— X_{v_i} 的 h 阶父结点集 $\Pi_{v_i}^{(h)}$ 的配置。

由于高阶父结点会导致许多高阶条件概率计算，需要大量的例子数据，这不但降低分类器归纳学习效率，而且其计算结果也往往不够可靠，因此，不宜选择高阶属性父结点，父结点的最大阶数需要限制(可限制为 $h \leqslant 3$)，可知发现属性的属性父结点集的时间复杂度是 $O(n^2)$。

（二）样本和指标的选取

1. 样本的选取

本研究选取了 2014 年和 2015 年第一季度公布财务报告的深、沪上市的 A 股公司作为研究样本。行业的划分以中国证监会 2012 年修订的《上市公司行业分类指引》为依据。《上市公司行业分类指引》(2012 年修订版)将上市公司所属行业划分为 19 个大类，本研究剔除了样本量较少的教育、金融两个行业，剩下的 17 个行业大类的样本数见表 11-14。研究中使用的财务数据来源于 WIND 和 CCER 数据库。

表 11-14　**2014 年和 2015 年第一季度样本的分布情况**

证监会一级行业	2014 年	2015 年第一季度
采矿业	159	158
电力、热力、燃气及水生产和供应业	89	89
房地产业	132	132
建筑业	72	72
交通运输、仓储和邮政业	85	85
科学研究和技术服务业	20	20
农、林、牧、渔业	43	44
批发和零售业	150	150
水利、环境和公共设施管理业	31	31
卫生和社会工作	4	4
文化、体育和娱乐业	34	34
信息传输、软件和信息技术服务业	150	150
制造业	1 697	1 691
住宿和餐饮业	11	11
综合	25	25
租赁和商务服务业	29	29
合计	2 731	2 725

2. 指标的选取

微观主体财务和经营风险指标均包含两部分：风险等级指标和影响风险等级的相关其他指标。风险等级分为四个级别，即高风险（A 级）、较高风险（B 级）、有风险（C 级）和风险关注（D 级）。影响微观主体财务风险的相关因素指标为：销售毛利率、净资产收益率、总资产净利率、每股收益、每股经营现金流量、已获利息倍数（EBIT/利息费用）、资产负债率。影响微观主体经营风险的相关因素指标为：存货周转率、应收账款周转率、总资产周转率、总资产增长率、营业总收入增长率、营业利润增长率等。

（三）基于行业的微观主体风险的预测与分析

本研究邀请了 35 位微观主体管理、财务管理和会计学等方面的专家，采用德尔菲法（Delphi Method）确定一部分微观主体的年度财务和经营风险的等级（经过三轮的专家评价，以各专家趋于一致的风险等级为最后的风险等级），以及财务和经营 A 级风险分布的参考值。

1. 各行业财务风险分布的预测与分析

基于 RBCN 进行 2014 年和 2015 年第一季度企业财务和经营风险等级预测，并分析预测结果。通过 RBCN 分类预测，获得每一个未知风险企业的风险等级，再经过简单统计得到的各行业风险分布情况如表 11-15 至表 11-18 所示。

表 11-15　**2014 年各行业的财务风险分布**

风险等级 / 行业	高风险（A 级）	较高风险（B 级）	有风险（C 级）	风险关注（D 级）
采矿业	0.285 7	0.305 2	0.214 3	0.194 8
电力、热力、燃气及水生产和供应业	0.061 7	0.623 5	0.264 3	0.050 5
房地产业	0.318 2	0.257 6	0.303 0	0.121 2
建筑业	0.275 4	0.318 8	0.289 9	0.115 9
交通运输、仓储和邮政业	0.170 7	0.243 9	0.268 3	0.317 1
科学研究和技术服务业	0.277 8	0.111 1	0.388 9	0.222 2
农、林、牧、渔服务业	0.268 3	0.292 7	0.268 3	0.170 7
批发和零售业	0.157 5	0.575 5	0.174 6	0.092 4
水利、环境和公共设施管理业	0.241 4	0.275 9	0.310 3	0.172 4
文化、体育和娱乐业	0.088 2	0.294 1	0.411 8	0.205 9
信息传输、软件和信息技术服务业	0.035 1	0.199 3	0.441 4	0.324 2
制造业	0.107 1	0.411 2	0.289 2	0.192 5
综合	0.260 0	0.440 0	0.160 0	0.140 0
租赁和商务服务业	0.120 0	0.320 0	0.400 0	0.160 0

据表 11-15 显示，2014 年批发和零售业，综合，电力、热力、燃气及水生产和供应业，建筑业，采矿业，房地产业，农、林、牧、渔服务业，制造业，水利、环境和公共设施管理业，有 50%以上的公司财务风险处于“高风险”和“较高风险”等级。信息传输、软件和信息技术服务业，文化、体育和娱乐业，租赁和商务服务业等行业的财务风险处于 C 级以上的风险等级。信息传输、软件和信息技术服务业，有近 30%的公司财务风险处于“风险关注”等级(D 级)。房地产业有 31%以上的公司财务风险处于“高风险”等级(A 级)。因此，2014 年财务风险主要集中在批发和零售业，综合，电力、热力、燃气及水生产和供应业，建筑业，采矿业，房地产业，农、林、牧、渔服务业，制造业，水利、环境和公共设施管理业等行业。

表 11-16　**2015 年第一季度各行业的财务风险分布**

风险等级 / 行业	高风险（A 级）	较高风险（B 级）	有风险（C 级）	风险关注（D 级）
采矿业	0.294 9	0.269 2	0.230 8	0.205 1
电力、热力、燃气及水生产和供应业	0.061 7	0.674 3	0.230 3	0.033 7
房地产业	0.333 3	0.265 2	0.250 0	0.151 5
建筑业	0.267 6	0.239 4	0.323 9	0.169 0
交通运输、仓储和邮政业	0.146 3	0.219 5	0.292 7	0.341 5
科学研究和技术服务业	0.250 0	0.150 0	0.400 0	0.200 0
农、林、牧、渔服务业	0.302 3	0.325 6	0.209 3	0.162 8
批发和零售业	0.134 2	0.375 8	0.315 4	0.174 5

（续表）

风险等级 行业	高风险 （A级）	较高风险 （B级）	有风险 （C级）	风险关注 （D级）
水利、环境和公共设施管理业	0.290 3	0.258 1	0.290 3	0.161 3
文化、体育和娱乐业	0.117 6	0.264 7	0.441 2	0.176 5
信息传输、软件和信息技术服务业	0.037 2	0.129 6	0.677 7	0.155 5
制造业	0.085 4	0.286 4	0.521 6	0.106 6
综合	0.280 0	0.400 0	0.280 0	0.040 0
租赁和商务服务业	0.111 1	0.296 3	0.444 4	0.148 1

据表11-16显示，2015年第一季度，电力、热力、燃气及水生产和供应业，综合，农、林、牧、渔服务业，房地产业，采矿业，水利、环境和公共设施管理业，批发和零售业，建筑业等行业，有50%以上公司的财务风险处于B级以上（含B级）风险等级。而房地产业，农、林、牧、渔服务业，采矿业三个行业有30%以上公司的财务风险处于“高风险”等级。电力、热力、燃气及水生产和供应业，综合，批发和零售业，农、林、牧、渔服务业，有40%左右的公司的财务风险处于“较高风险”等级。交通运输、仓储和邮政业，有30%左右的公司财务风险处于“风险关注”等级。因此，2015年第一季度的财务风险主要集中在电力、热力、燃气及水生产和供应业，综合，农、林、牧、渔服务业，房地产业，采矿业，水利、环境和公共设施管理业，批发和零售业，建筑业等行业。

2. 各行业经营风险分布的预测与分析

表11-17　**2014年各行业的经营风险分布**

风险等级 行业	高风险 （A级）	较高风险 （B级）	有风险 （C级）	风险关注 （D级）
采矿业	0.288 5	0.256 4	0.224 4	0.230 8
电力、热力、燃气及水生产和供应业	0.101 1	0.382 0	0.337 1	0.179 8
房地产业	0.363 6	0.242 4	0.272 7	0.121 2
建筑业	0.318 8	0.159 4	0.289 9	0.231 9
交通运输、仓储和邮政业	0.182 9	0.219 5	0.292 7	0.304 9
科学研究和技术服务业	0.333 3	0.111 1	0.333 3	0.222 2
农、林、牧、渔服务业	0.365 9	0.195 1	0.268 3	0.170 7
批发和零售业	0.102 7	0.363 0	0.397 3	0.137 0
水利、环境和公共设施管理业	0.310 3	0.241 4	0.275 9	0.172 4
文化、体育和娱乐业	0.117 6	0.323 5	0.382 4	0.176 5
信息传输、软件和信息技术服务业	0.093 5	0.187 1	0.395 7	0.323 7
制造业	0.156 1	0.405 7	0.312 1	0.126 1
综合	0.166 7	0.416 7	0.333 3	0.083 3
租赁和商务服务业	0.120 0	0.360 0	0.320 0	0.200 0

据表 11-17 显示，房地产业，综合，制造业，农、林、牧、渔服务业，水利、环境和公共设施管理业，采矿业等行业，有 50%以上公司的经营风险处于“高风险”和“较高风险”等级；电力、热力、燃气及水生产和供应业，租赁和商务服务业，建筑业，批发和零售业，科学研究和技术服务业，文化、体育和娱乐业，交通运输、仓储和邮政业等行业，有 40%以上的公司处于“高风险”和“较高风险”等级。信息传输、软件和信息技术服务业，交通运输、仓储和邮政业，有 30%以上的公司处于 D 级的经营风险等级。因此，2014 年经营风险主要集中在房地产业，综合，制造业，农、林、牧、渔服务业，水利、环境和公共设施管理业，采矿业等行业。

表 11-18　**2015 年第一季度各行业的经营风险分布**

风险等级 / 行业	高风险（A 级）	较高风险（B 级）	有风险（C 级）	风险关注（D 级）
采矿业	0.305 7	0.242 0	0.261 1	0.191 1
电力、热力、燃气及水生产和供应业	0.089 9	0.370 8	0.393 3	0.146 1
房地产业	0.378 7	0.174 4	0.431 8	0.015 1
建筑业	0.295 8	0.197 2	0.281 7	0.225 4
交通运输、仓储和邮政业	0.207 5	0.310 9	0.146 3	0.335 3
科学研究和技术服务业	0.300 0	0.150 0	0.350 0	0.200 0
农、林、牧、渔服务业	0.395 3	0.279 2	0.302 3	0.023 2
批发和零售业	0.120 8	0.389 3	0.335 6	0.154 4
水利、环境和公共设施管理业	0.274 3	0.338 7	0.322 5	0.064 5
文化、体育和娱乐业	0.090 9	0.333 3	0.393 9	0.181 8
信息传输、软件和信息技术服务业	0.104 9	0.195 8	0.454 5	0.244 8
制造业	0.121 0	0.333 9	0.363 0	0.182 1
综合	0.200 0	0.360 0	0.320 0	0.120 0
租赁和商务服务业	0.148 1	0.296 3	0.370 4	0.185 2

表 11-18 显示，2015 年第一季度，农、林、牧、渔服务业，水利、环境和公共设施管理业，综合，房地产业，采矿业，交通运输、仓储和邮政业，批发和零售业，有 50%以上的公司经营风险处于“高风险”和“较高风险”等级。建筑业，电力、热力、燃气及水生产和供应业，制造业，科学研究和技术服务业，租赁和商务服务业，文化、体育和娱乐业，有 40%以上的公司经营风险处于“高风险”和“较高风险”等级。交通运输、仓储和邮政业，有 30%以上的公司经营风险处于“风险关注”等级。因此，2015 年第一季度经营风险主要集中在农、林、牧、渔服务业，水利、环境和公共设施管理业，综合，房地产业，采矿业，交通运输、仓储和邮政业，批发和零售业等行业。

3. 微观主体风险分布的预测与分析

表 11-19　**2014 年微观主体的风险分布**

风险等级 / 行业	高风险（A 级）	较高风险（B 级）	有风险（C 级）	风险关注（D 级）
财务风险	0.190 5	0.333 5	0.298 9	0.177 1
经营风险	0.215 8	0.276 0	0.316 8	0.191 5

从风险等级来看，表 11-19 和图 11-9 显示，2014 年微观主体所面临的财务风险主要为"较高风险"的等级(B 级)；所面临的经营风险主要为"有风险"的等级(C 级)。

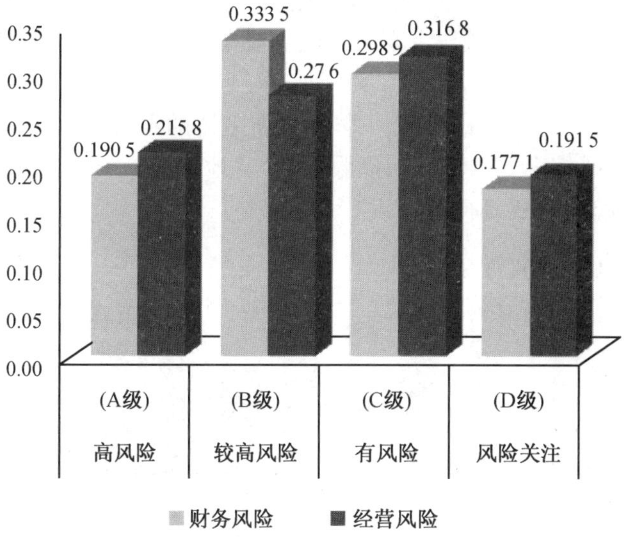

图 11-9　2014 年微观主体的风险分布

表 11-20 和图 11-10 显示，2015 年第一季度微观主体所面临的财务风险主要为"有风险"的等级(C 级)；所面临的经营风险主要为"有风险"的等级(C 级)。

表 11-20　**2015 年第一季度微观主体的风险分布**

风险等级 \ 行业	高风险(A 级)	较高风险(B 级)	有风险(C 级)	风险关注(D 级)
财务风险	0.193 7	0.296 7	0.350 5	0.159 0
经营风险	0.216 6	0.283 7	0.337 6	0.162 1

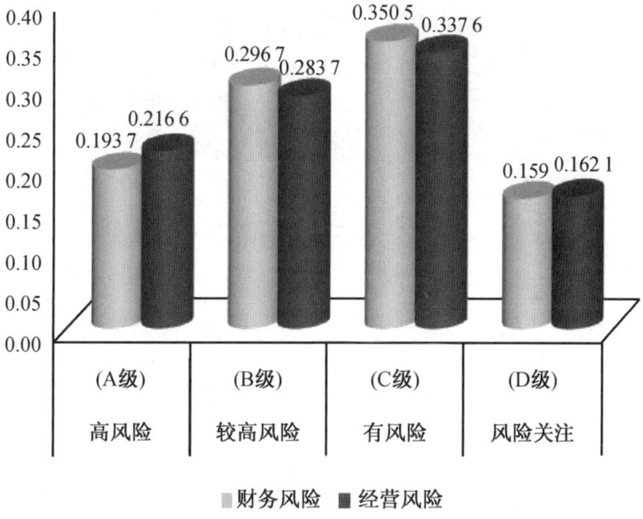

图 11-10　2015 年第一季度微观主体的风险分布

图 11-11 和图 11-12 显示的是微观主体财务风险的行业分布状态。图 11-11 显示，2014 年 B 级以上财务风险主要集中在批发和零售业，综合，电力、热力、燃气及水生产和供应业，建筑业，采矿业，房地产业，农、林、牧、渔服务业，制造业，水利、环境和公共设施管理业等行业；图 11-12 显示，2015 年第一季度 B 级以上财务风险主要集中在电力、热力、燃气及水生产和供应业，综合，农、林、牧、渔服务业，房地产业，采矿业，水利、环境和公共设施管理业，批发和零售业，建筑业等行业。可以判断，2015 年第一季度微观主体的财务风险主要集中在电力、热力、燃气及水生产和供应业，综合，农、林、牧、渔服务业，房地产业，采矿业，水利、环境和公共设施管理业，批发和零售业，建筑业等行业。

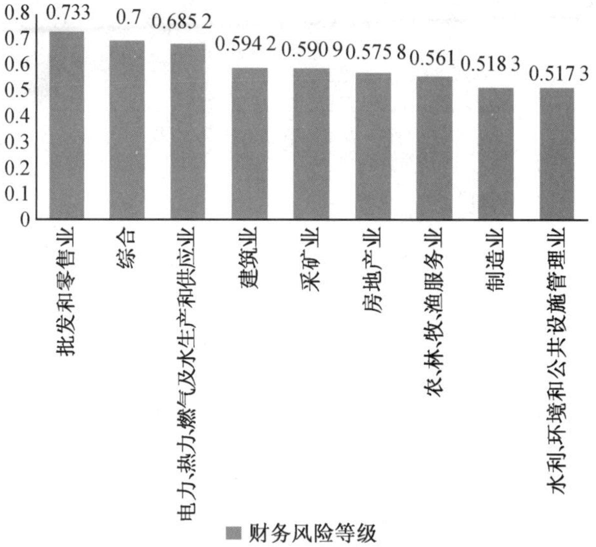

图 11-11　2014 年有 B 级以上财务风险等级的行业分布

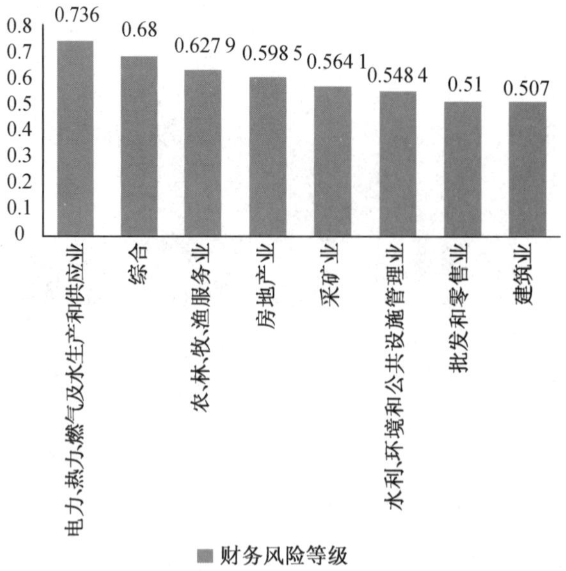

图 11-12　2015 年第一季度有 B 级以上财务风险等级的行业分布

图 11-13 和图 11-14 显示的是微观主体经营风险的行业分布状态。据图 11-13 显示，2014 年微观主体 B 级以上经营风险主要集中在农、林、牧、渔服务业，水利、环境和公共设施管理业，综合，房地产业，采矿业和制造业等行业。图 11-14 显示 2015 年第一季度 B 级以上经营风险主要集中在农、林、牧、渔服务业，水利、环境和公共设施管理业，综合，房地产业，采矿业，交通运输、仓储和邮政业，批发和零售业等行业。

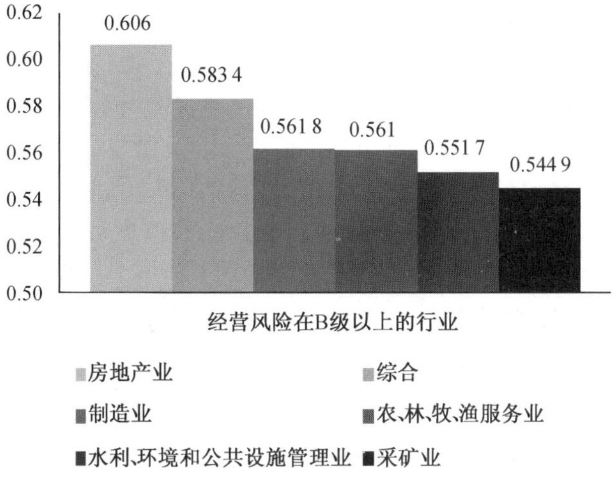

图 11-13 2014 年有 B 级以上经营风险等级的行业分布

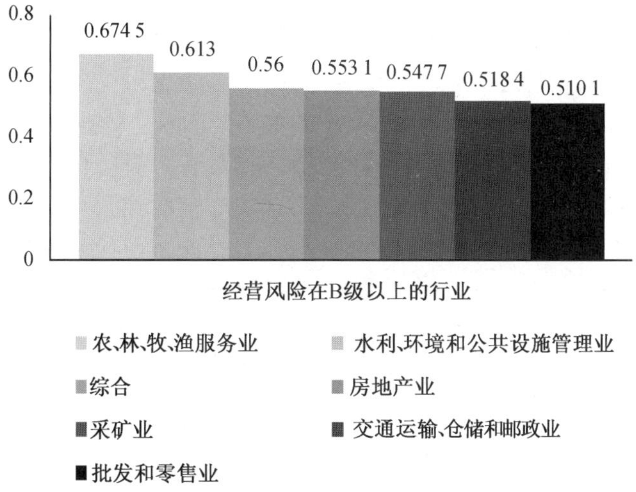

图 11-14 2015 年第一季度有 B 级以上经营风险等级的行业分布

由上可以看出，2015 年微观主体的经营风险主要集中在农、林、牧、渔服务业，水利、环境和公共设施管理业，综合，房地产业，采矿业等行业。

四、结论与对策

（一）结论

本研究分析和度量了影响中国经济运行的微观主体风险。通过建立各行业风险预警的约束贝叶斯分类网络学习模型，构建了各行业的风险预警指标体系。研究结果表明，2015 年微观主体所面临的财务风险主要为"较高风险"的等级(B 级)，所面临的经营风险主要为"有风险"的等级(C 级)。

从风险的行业分布上看，2015 年微观主体的财务风险主要集中在电力、热力、燃气及水生产和供应业，综合，农、林、牧、渔服务业，房地产业，采矿业，水利、环境和公共设施管理业，批发和零售业，建筑业等行业。2015 年微观主体的经营风险主要集中在农、林、牧、渔服务业，水利、环境和公共设施管理业，综合，房地产业，采矿业等行业。

(二) 微观主体风险的管理对策

商业总是要面对风险的。经营决策的行动过程就是风险处理过程：一切行动措施都是围绕着提高预期获益的可能性，降低损失的可能性而展开。就微观主体整体而言，一方面可以考虑全球经济环境的变化，尤其是经济增长、通货膨胀预期、就业、进出口等方面的变化趋势，作出合理的战略决策；另一方面要结合行业的特征，考虑影响该类微观主体的主要风险因素，在经营、财务安排上优先考虑相关的风险大小及控制措施，并通过公司治理结构的优化、持续有效的监控将风险控制在可接受范围之内。微观主体应把握宏观经济政策的变动趋势，在战略制定的调整、经营活动的导向、投融资活动的安排等方面作出灵活应对，在财务、经营等方面的选择更加符合国家产业政策、更符合微观主体自身风险偏好的策略，以帮助其更好地实现自身的目标。

就单个微观主体而言，可以在以下方面有所改进，以更好地管理和应对风险。

1. 培育具有自身特色的风险管理文化

风险管理是微观主体战略的重要组成部分，一个组织的风险文化将决定微观主体如何成功地进行风险管理。因此，良好的风险管理文化，是将风险管理理念贯穿于微观主体管理的整个流程，培养全体员工风险管理的自觉意识和行为习惯，确保风险管理机制有效运行，政策和制度切实贯彻执行的一种文化。由于风险管理的重心与微观主体业务的发展息息相关，因此，风险管理文化与风险管理的重心如影相随。积极培育具有自身特色的风险管理文化，充分体现微观主体特色的发展愿景、积极向上的价值观、诚实守信的经营理念、履行社会责任和开拓创新的微观主体精神，以及团队协作和风险防范意识，以此来引导和规范员工行为，形成整体团队的向心力，促进微观主体长远发展。董事、监事、经理和其他高级管理人员在微观主体风险管理文化建设中发挥主导作用。同时，微观主体还要加强风险管理文化的宣传贯彻，促进文化建设在内部各层级的有效沟通；将风险管理文化建设融入生产经营全过程，切实做到风险管理文化建设与发展战略的有机结合，使员工自身价值在微观主体的发展中得到充分体现。

2. 规范微观主体治理结构，完善监督机制

建立明晰的产权结构。只有权责明确，微观主体的生产经营活动才能顺利进行。完善董事会对微观主体经营者的监督机制，在实施委托代理制度的微观主体中，"内部人"控制的根本原因是微观主体经营者的逆向选择和信息不对称因素，因此，董事会应对经营者建立起严格的监督机制。如果发现经营者的行为可能给微观主体带来风险，应及时纠正不规范行为。

微观主体财务监督机制应该是全方位的，既要保护投资者的利益，又要保证微观主体利润的实现；既要从微观主体的内部进行监督，又要从微观主体的外部进行监督。对微观主体财务活动的监督应包括管理行业化、会计专业化和管理民主化三个方面。对微观主体财务活动从开始策划到实际运作的全过程进行全方位的监督，使股东会议和职工代表大会真正在微观主

体的管理中发挥作用。

3. 构建基于全面风险管理的组织架构

组织架构为微观主体风险管理提供了计划、执行、控制和监督其活动的框架。在建立微观主体组织架构时，应立足于形成“CEO最终负责、高层决策、专职统筹、部门支持、全员参与、董事会监督”的微观主体风险管理的运行体系，实行上级风险管理部门对下级风险管理部门负责人和同级业务部门“风险管理岗”负责人的直接管理和考核；下级风险管理人员和风险在所管辖的区域和领域内全面监控执行风险管理政策，进行全面风险整合，实现对微观主体的积极风险配置。

4. 提高微观主体财务风险管理的柔性

微观主体财务风险管理柔性是指微观主体能够灵活处理动态环境下的不确定性事件，提高管理微观主体的抗风险能力和资源的柔性。这种能力由低级到高级包括缓冲能力、适应能力和创新能力三个方面。

缓冲能力是一种以不变应万变的能力，包括人力资源、资金资源以及实物资源等。微观主体可以建立偿债资金、外汇偿债基金等就是建立缓冲能力。适应能力是微观主体财务风险管理的有效手段。以变应变的适应能力是微观主体控制财务风险传导的一种必要手段，在微观主体不能改变环境的情况下，才可以根据环境变动调整其财务行为和财务决策，在可控范围内组织财务风险传导的发生。微观主体应对财务风险的适应能力主要包括调整财务策略和财务策略组合。一旦出现财务风险，可以立即选用相应的方案去应对。创新能力是微观主体采用新行为、新举措，影响外部环境、改变内部系统的能力。创新能力是微观主体长期发展的保证。

5. 建立有效的风险防范和预警机制

构筑以“岗位牵制、合规管理和内审监督”三道内控防线为特征的风险管理架构，在此基础上制定并实施“分类管理、合理承担、全面控制”的风险管理策略。微观主体的决策部门必须增强风险防范意识，预测并估计可能产生的风险以及微观主体的承受能力，加强对微观主体管理人员的业务培训，增强他们在认识风险、分析风险和防范风险的能力，提高管理决策水平，降低决策的随意性。

不断提高财务管理人员的风险意识，做到责、权、利相统一。财务风险存在于微观主体财务管理工作的各个环节，任何环节的工作失误都可能会给微观主体带来财务风险，必须将风险防范贯穿于工作的始终。微观主体应设置高效的财务管理机构，配备高素质的财务管理人员，使财务管理人员的风险意识不断提高。在利益分配方面，应兼顾微观主体各方利益，以调动各部门参与微观主体财务管理的积极性。建立健全财务风险管理机制，确定应付风险的方案和措施。

建立财务预警组织机构，确保财务预警分析的工作能够不受其他组织机构的干扰和影响，加强信息管理。财务风险预警系统不仅包括内部财务信息，还包括外部相关信息。资料系统要不断升级，确保财务信息的及时性、准确性和有效性。高效的财务风险分析是财务预警系统的核心和关键。财务风险处理主要包括应急措施、补救方法和改进方案。其中：应急措施主要是指面对财务危机和财务风险时，应该采用何种手段规避，以控制事态的进一步恶化；补救方法主要是指如何采取有效措施尽可能减少损失，将损失控制在一定范围内；改进方案主要是指如何改进微观主体经营管理中的薄弱环节，杜绝和避免类似的财务风险再度发生。同时，还应该建立财务风险预警的计算机辅助管理系统。对于财务风险预警系统，靠人力不能达到监控的及时性、准确性和针对性的要求，必须实施微机化管理，并与会计核算软件相衔接，进行动态监控，减少数据采集与输入过程中的错误，保证信息质量。

参 考 文 献

［1］曹德芳，夏好琴. 基于股权结构的财务危机预警模型构建[J]. 南开管理评论，2005(6).

［2］陈文俊. 微观主体财务风险：识别、评估与处理[J]. 财经理论与实践，2005(3).

［3］姜秀华，任强，孙铮. 上市公司财务危机预警模型研究[J]. 预测，2002(3).

［4］马若微，KMV 模型运用于中国上市公司财务困境预警的实证检验[J]. 数理统计与管理，2006(9)

［5］孙星，邱菀华. 微观主体财务危机预警双基点距离比值法[J]. 管理工程学报，2005(3).

［6］陶萍，中长青，孙业慧. 房地产上市公司财务风险识别及处置措施研究[J]. 工程管理学报，2010(1).

［7］王双成，邵军，杜瑞杰. 微观主体风险等级预测的集成聚类方法研究[J]. 中国管理科学，2010(18).

［8］吴世农，卢贤义. 我国上市公司财务困境的预测模型研究[J]. 经济研究，2001(6).

［9］张玲，陈收，张昕. 基于多元判别分析和神经网络技术的公司财务困境预警[J]. 系统工程，2005(1).

[10] ALDEERFR C P, BIERMAN H J. Choices with risk: beyond the mean and variance[J]. Journal of Business, 1970(43).

[11] BERMEJO P, GAMEZ J A, PUERTA J M. Speeding up incremental wrapper feature subset selection with naive bayes classifier[J]. Knowledge-Based Systems, 2014(55).

[12] COATS N, PAMELA K, FANT L F. Recognizing financial distress patterns using a neural network tool[J]. Financial Management, 1993(22).

[13] CHICKERING D M. Learning equivalence classes of bayesian network structures [J]. Journal of Machine Learning Research, 2002,2(3).

[14] DEMSAR J. Statistical comparisons of classifiers over multiple data sets[J]. Journal of Machine Learning Research, 2006,7(1).

[15] FRIEDMAN N, GEIGER D, GOLDSZMIDT M. Bayesian network classifiers[J]. Machine Learning, 1997,29(2-3).

[16] HAN S J. Corporate precautionary cash holdings[J]. Journal of Corporate Finance,2007(13).

[17] HOLLENBEEK J R, ILGEN D R, PHILIPS J M, HEDLUND J. Decision risk in dynamic contexts: beyond the status quo[J]. Journal of Applied Psychology, 1994(79).

[18] PEREZ A, LARRANAGAA P, INZAA I. Supervised classification with conditional gaussian networks: increasing the structure complexity from naive bayes[J].

International Journal of Approximate Reasoning, 2006,43(1).

[19] PEREZ A, LARRANGA P, INZA I. Bayesian classifiers based on kernel density estimation: flexible classifiers[J]. International Journal of Approximate Reasoning, 2009, 50(2).

[20] PLAT T, HARLAN D, MARJORIE B. Predicting corporate financial distress: reflections on choice-based sample bias[J]. Journal of Economics and Finance, 2002(26).

[21] OHLSON J A. Financial ratios and the probabilistic prediction of bankruptcy[J]. Journal of Accounting Research. 1980(1).

[22] RICHARDSON S. Over-investment of free cash flow[J]. Review of Accounting Studies, 2006(11).

第十二章　宏观经济周期波动研究

一、中国宏观经济第10轮经济周期仍处在下行通道中

在2009年中国风险研究中，我们判断了2007年是新中国成立后第10个经济周期的转折点——峰谷。2014年中国经济仍然处在下行通道中，图12-1显示了1990—2014年GDP增长率波动轨迹。它描述了新中国成立以来第9、第10轮经济周期的运行情况。从2007年开始，第10轮经济周期达到峰顶，开始步入下行，2014年GDP增长率较2013年有所下降，为7.4%。

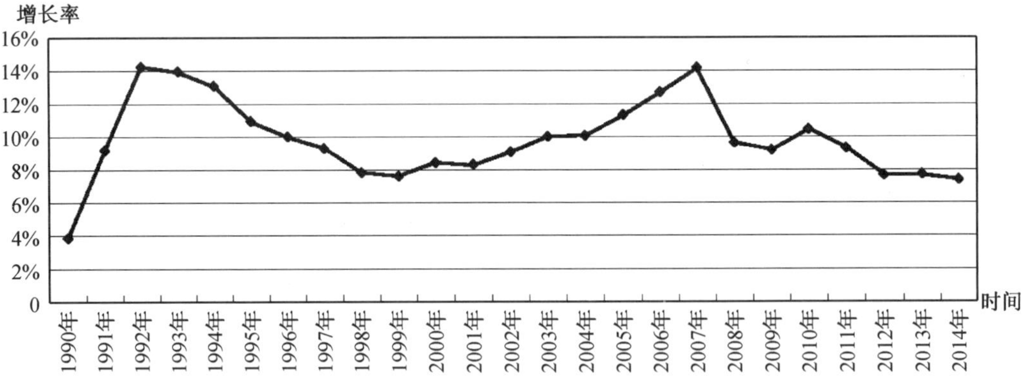

图12-1　1990—2014年GDP增长率波动轨迹

数据来源：Wind资讯。

2014年，全球经济复苏步伐弱于预期，中国经济发展进入了转型关键期。在经济增长速度换挡期、结构调整阵痛期和前期刺激政策消化期"三期叠加"的背景下，宏观经济面临较大下行压力。消费、投资、出口"三驾马车"对经济的拉动效应略显疲软，经济增长正处于一个换挡换动力的调整时期。全年GDP增长率在7.4%，略低于7.5%的经济增长目标，延续了2010年以来经济下滑的趋势，宏观政策转入了"稳增长、调结构、促转型"的调整期。从季度情况看，四个季度GDP增长率分别为7.40%、7.50%、7.30%和7.30%。

2014年，宏观经济运行的总体情况是：

1. 经济增速持续低迷

受稳健货币政策以及外部经济复苏疲软的影响，2014年中国经济增长维持回落态势。2014年四个季度的GDP同比增长率均低于2013年，四个季度GDP同比增长率分别是7.40%、7.50%、7.30%和7.30%，全年累计7.4%，呈现出"前低、中稳、后缓"的状态，全年经济增速创24年新低。经济复苏依旧处于疲软期。详见图12-2。

2. 固定资产投资增速持续回落

投资在地方投资、房地产下滑以及制造业下滑等因素的作用下大幅度下滑，固定资产投资

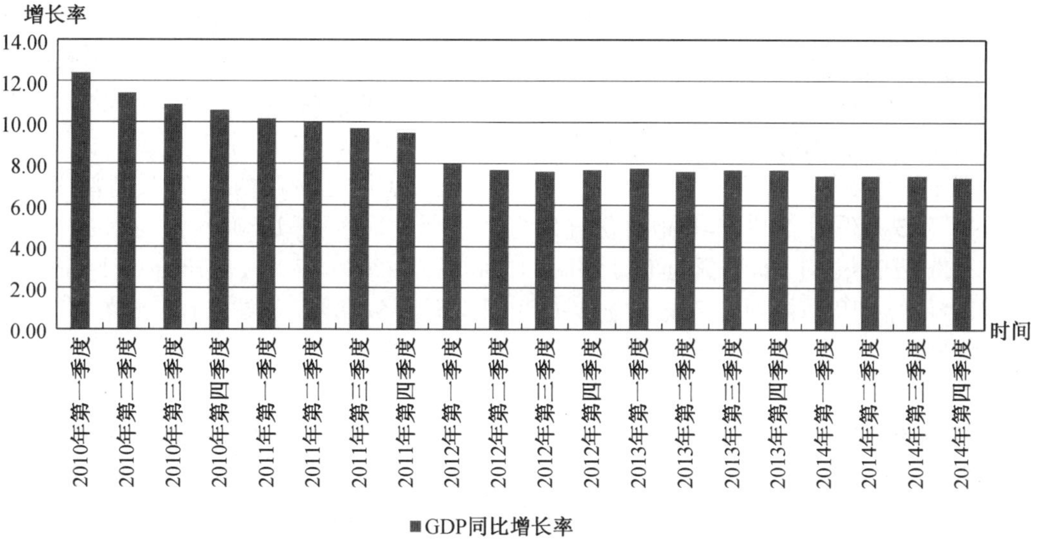

图 12-2　2010—2014 年中国 GDP 季度增速波动轨迹

数据来源：Wind 资讯。

增速持续回落。

2014 年全年全社会固定资产投资 512 761.00 亿元，同比名义增长 15.3%，扣除价格因素实际增长 14.7%，比 2013 年回落 4.2 个百分点。

分产业看，第一产业投资 11 983.16 亿元，同比增长 33.90%，第二产业投资 208 106.86 亿元，同比增长 13.20%，增速回落 4.2 个百分点；第三产业投资 281 914.89 亿元，同比增长 16.80%，增速回落 4.2 个百分点。

分地区看，同上年相比，东部地区投资增长 14.60%，中部地区增长 17.20%，西部地区增长 17.50%。中西部地区仍然高于东部地区。

2014 年全年城镇固定资产投资 512 761.00 亿元，从第一季度到第四季度，固定资产投资同比增长率分别为 17.60%、17.30%、16.10%和 15.70%，全年增长 15.30%，比 2013 年下降 4 个百分点，扣除固定资产投资价格上涨因素，实际增长 14.7%。

3. 消费需求增速减缓

2014 年全年社会消费品零售总额 262 394.00 亿元，同比增长率为 12.00%，与 2013 年相比，下降了 1.10 个百分点。扣除价格因素，实际增长 10.90%，与 2013 年的实际增长率 11.50%相比，下降了 0.60 个百分点。社会消费品零售总额名义增速波动下滑，最高曾达到 5 月份的 12.51%，最低为 10 月份的 11.52%。消费信心指数 3 月达到最高峰后持续下滑，下半年震荡回升。总体而言，在政府消费、奢侈品消费以及房地产类消费下滑的影响下，城乡居民消费需求增速回落。

4. 流动性呈现前松后紧的特点

2014 年，在稳健货币政策以及发达经济体季度宽松货币政策等因素的影响下，中国的流动性呈现前松后紧的特点。M0 余额 60 259.53 亿元，同比增长 2.90%；M1 余额348 056.41 亿元，同比增长 3.20%，比上年年末低 6.10 个百分点；M2 余额 1 228 374.81 亿元，同比增长 12.20%，比上年年末低 1.40 个百分点。M2 和 M1 增速之差已经扩大到 9 个百分点，这意味着货币流动性下降，人们消费信心降低，投资信心趋弱。全年第一季度、第二季度、第三季度、第四季度的M0同比增长率分别是5.20%、5.30%、4.20%和2.90%；M1同比增长率分别是5.40%、8.90%、4.80%和3.20%；M2同比增长率分别是12.10%、14.70%、12.90%和12.20%；金融机构贷款同比增长率分别是13.90%、14.00%、13.20%和13.60%。

在稳健货币政策下，CPI波动下降。其中，1～7月份CPI呈现震荡态势，最高曾达1月份的2.49%和5月份的2.48%，其他月份分别为1.95%、2.38%、1.80%、2.34%和2.29%，8～12月份CPI快速下滑，最低为11月份的1.44%。从2015年1月份开始CPI持续走低，2015年1月份CPI回落到0.76%。全年CPI同比下降0.58%，涨幅比上年回落0.58个百分点。

5. 工业生产增速放缓，企业效益下滑

受房地产低迷及出口增速回落的影响，工业生产平稳增长。2014年，全国规模以上工业增加值同比增长8.30%，低于2013年1.4个百分点。分季度看，第一季度同比增长8.70%，第二季度同比增长8.80%，第三季度同比增长8.50%，第四季度同比增长8.30%。分地区看，与上年相比，东部地区增长7.10%，中部地区增长8.10%，西部地区增长10.60%。2014年工业增加值同比增长率最高达到6月份的9.2%和12月份的9.7%，中间月份增速放缓，最低为8月份的6.9%。

工业企业效益有所下滑。全国规模以上工业企业实现利润64 715.30亿元，同比增加3.30%，明显低于2013年的8.85个百分点。全年多数月份工业企业总利润同比增速快速下滑，12月同比增速达到最低点3.30%，此后维持下滑态势。根据"2014·中国企业经营者问卷跟踪调查"结果，企业经营者认为2014年下半年盈利"低于正常"的企业经营者占59.9%，比上半年下降了4.2个百分点，与2013年大体相当；"正常"的占37%，"好于正常"的占3.1%。

6. 制造业经理采购指数呈现一轮波动

2014年PMI呈现一轮波动，最高到7月份的51.70%，最低到2月份的50.20%和12月份的50.10%。全年PMI均值为50.1%，低于历史均值2.7个百分点，低于2009年的最高点6.5个百分点，高于2008年金融危机时最低点11.3个百分点。从制造业PMI历史数据看，中国制造业经济整体上相较2014年有所回升。2014年PMI指数一直在51.0%左右浮动，这显示出经济增速回落趋势有所缓和，但回暖力度不大。

7. 宏观经济景气指数显示中国经济增速放缓

2014年，从先行指数、一致指数和预警指数的走势中可以看出，中国经济增速放缓。先行指数全年最高为7月份的100.20，11月份最低为99.2；一致指数全年基本在97.4左右徘徊，12月最低为96.8；而且这些指标都低于2013年同期水平，如图12-3所示。

二、2014年主要经济变量波动对宏观经济的影响分析

1. 工业增加值的波动对宏观经济的影响

按照常规的中国经济增长模式，5.1%的工业增长对应的应该是3.5%的GDP。① 由于缺少GDP的月度数据，所以我们用月度工业增加值来衡量月度经济总量。从图12-4可以看出，2014年全年工业增加值当月同比增长率在6月份达到最高值9.2%后缓慢回落，最低下滑到

① 投资仍然是拉动中国经济增长重要引擎，www.chinagate.com.cn，2009年4月21日。

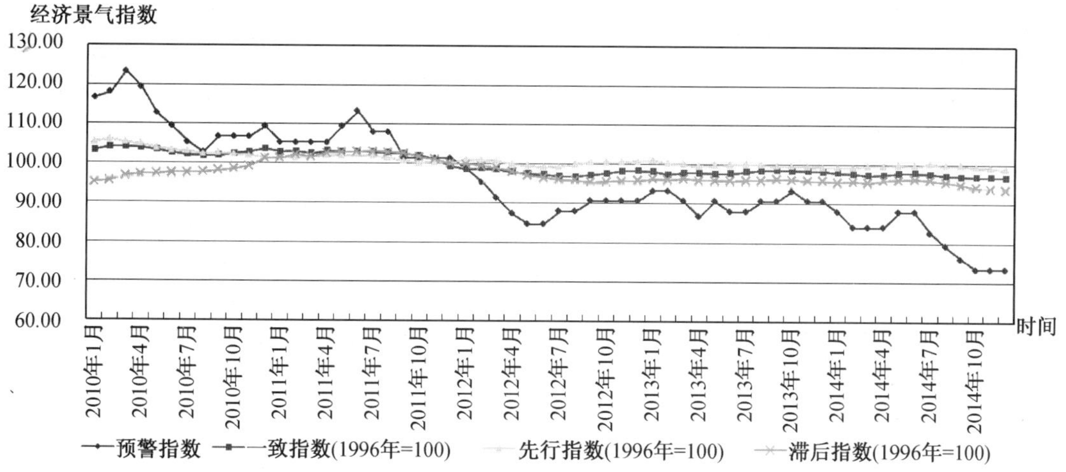

图 12-3　2010 年 1 月至 2014 年 12 月宏观经济景气指数波动轨迹

数据来源：Wind 资讯。

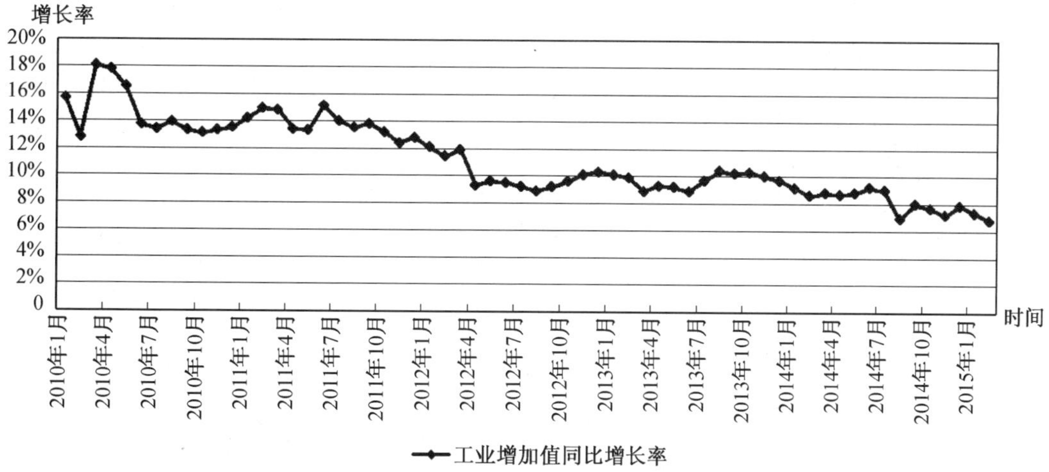

图 12-4　2010 年 1 月至 2015 年 2 月工业增加值同比增长率

数据来源：Wind 资讯，图中，各年度 1 月份工业增加值增长率的数据为前后两个月度数据的平均值

8 月份的 6.9%，9 月份略有回升后继续下滑趋势，11 月份下滑到 7.2%，2015 年 2 月下滑到 5 年内最低点 6.8%。全年累计规模以上工业增加值同比增长 8.3%，低于 2013 年 1.4 个百分点。2014 年这一数值继续下降，12 月为 8.3%。

2. 社会消费品零售总额的波动对宏观经济的影响

2014 年，经济结构调整和国际复杂多变的环境使得中国经济增长速度逐季放缓，出口增速无明显回升，进出口差额有所增加。在这种环境下，全年社会消费品零售总额实现 262 394.08亿元，比 2013 年名义增长 11.95%。名义增速比 2013 年低 1.15 个百分点。扣除价格因素，实际增长 9.95%，增速比 2013 年下降 1.90 个百分点，实际增速有所降低。消费水平逐年下滑。从图 12-5 中可以看出，2014 年各月社会消费品零售总额增长率均与 2013 年的同期水平相近，处于近年来的最低水平。

3. 居民消费价格指数、工业品出厂价格指数的波动对宏观经济的影响

落实“八项规定”“群众路线教育实践活动”和“四风整顿”等活动的持续开展，以及收入增

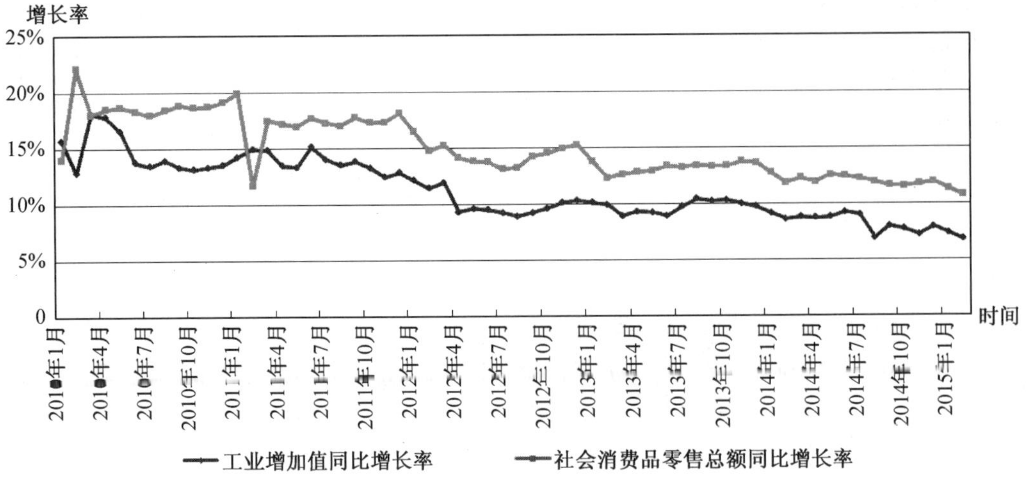

图 12-5　2010 年 1 月至 2015 年 2 月社会消费品零售总额增长率、工业增加值增长率波动轨迹

数据来源：Wind 资讯。

速的明显回落直接导致 2014 年消费疲软，增速回升幅度较小。从图 12-6 可以看出，2014 年居民消费价格指数、工业品出厂价格指数波动较平稳，居民消费价格指数各个月份基本回到了 3%的警戒线之下，与政府设定的 3.5%的目标差异很大。2014 年 12 月工业品出厂价格指数为 100.36，居民消费价格指数为 101.51。

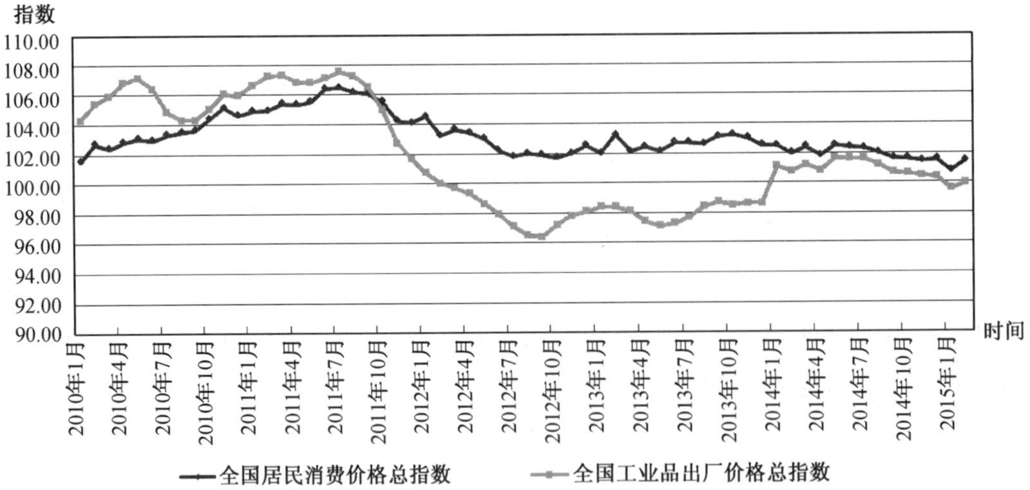

图 12-6　2010 年 1 月至 2015 年 2 月全部工业品出厂价格指数、居民消费价格指数变动轨迹

数据来源：Wind 资讯。

4. M2 的波动对宏观经济的影响

2014 年全年，在稳健货币政策的作用下，各项贷款的增长率都低于 2013 年同期水平，而 M2 同比增长率相比 2013 年略有回升。它们的增长与工业增加值的增长基本同步。

5. 出口、进口的波动对宏观经济的影响

2014 年，出口在发达国家经济小幅改善和新兴经济体持续恶化的双重作用下，呈现出“前弱后稳”“持续低迷”的态势，外部不平衡的逆转幅度有所减弱，中国仍然实现外贸进出口总值

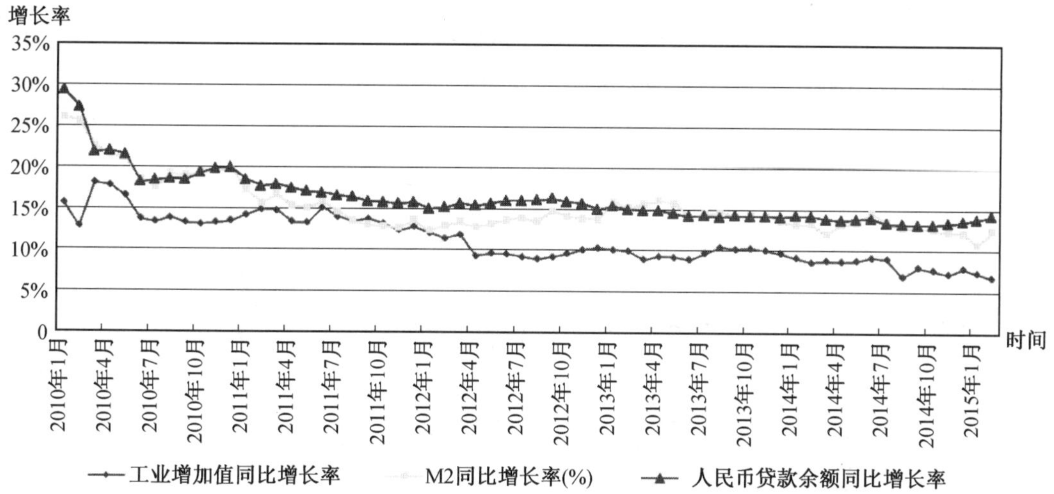

图 12-7　2010 年 1 月至 2015 年 2 月各项贷款增长率、M2 增长率与工业增加值增长率波动轨迹

数据来源：Wind 资讯，工业增加值增长率、各项贷款增长率各年份 1 月的数值是前后两个月的平均值。

43 030.380 0 亿美元，同比增长 3.46%。

从全年来看，在稳出口政策作用下，2014 年延续了 2013 年的发展态势，出口保持了低位增长，全年出口 23 427.480 0 亿美元，增长 6.05%。较以往出现明显回落，这说明中国产品的竞争力已发生重大变化。2014 年各月份出口增速存在一定波动，最低为 2014 年 2 月份的 −18.13%，最高为 9 月份的 15.27%，出口增速从 2015 年 2 月开始有明显上升，增幅达 48.3%。从图 12-8 可以看出，2014 年出口增长率的波动幅度与 2013 年的波动幅度基本持平。

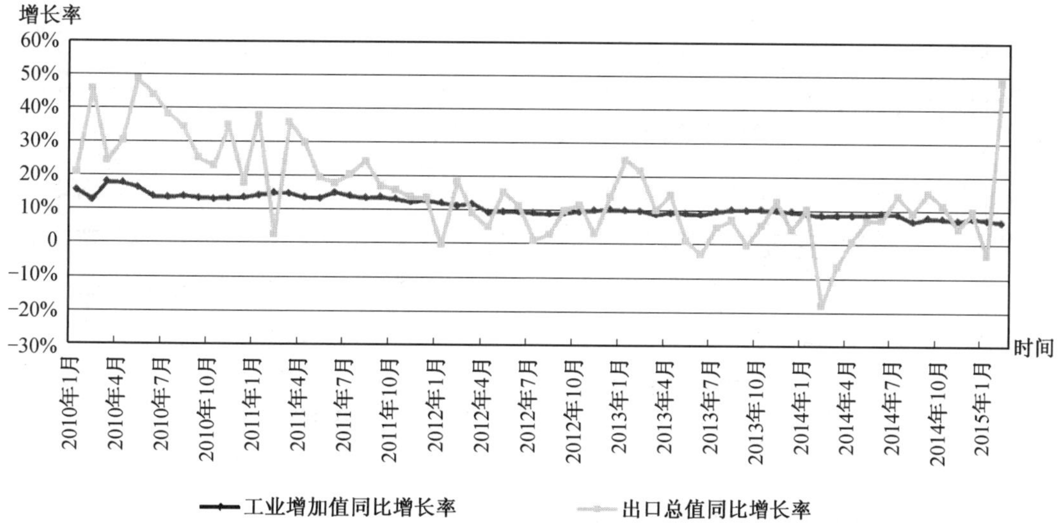

图 12-8　2010 年 1 月至 2015 年 2 月出口增长率与工业增加值增长率波动轨迹

数据来源：Wind 资讯。

虽然出台了多种扩大进口的措施，但 2014 年全年进口总值为 19 602.90 亿美元，增长 0.53%，进口增速比上年有所回落。从图 12-9 可以看出，2014 年全年至 2015 年 2 月进口增长率都低于工业增加值增长率，且增速处于下降趋势。

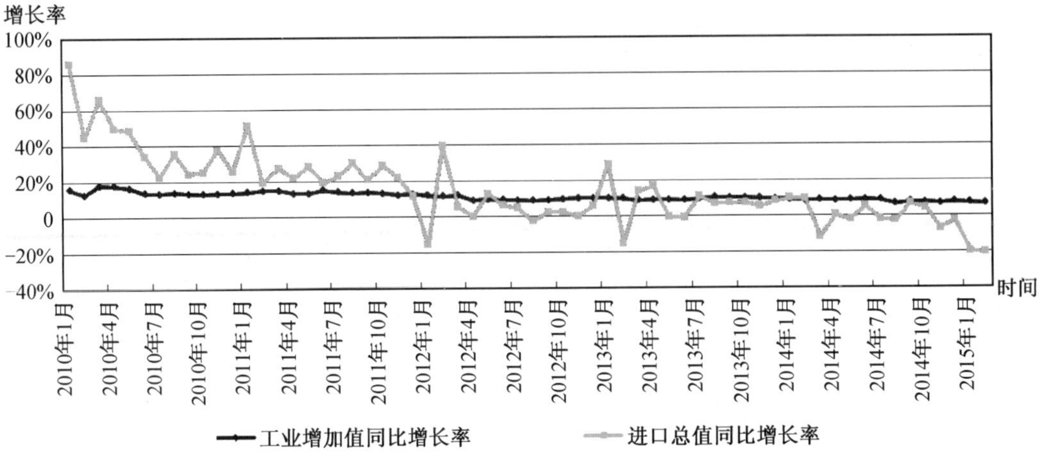

图 12-9　2010 年 1 月至 2015 年 2 月进口商品总额增长率与工业增加值增长率波动轨迹

数据来源：Wind 资讯。

2014 年中国出口增速高出同期进口增速 5.52 个百分点，进出口差额在 2013 年同比增加 12.46%的基础上，2015 年扩大为 47.71%，与进出口总值的比值为 8.89%，比 2013 年提高 2.66 个百分点。2014 年进出口差额存在上升趋势，贸易发展受出口影响较大。从图 12-10 可以看出，2014 年全年，出口增长率与进口增长率波动基本一致。从图 12-11 可以看出，2014 年，进出口差额增长率波动稳步上升。

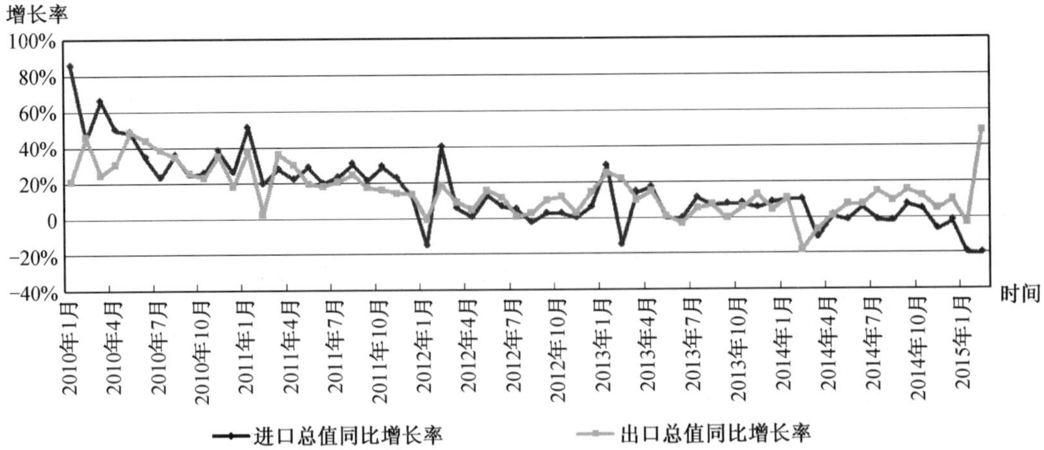

图 12-10　2010 年 1 月至 2015 年 2 月进、出口增长率波动轨迹

数据来源：Wind 资讯。

6. 固定资产投资的波动对宏观经济的影响

2014 年固定资产投资增速呈逐步放缓态势，全年固定资产投资增长率基本在 15.30%左右，最高为 2 月的 17.90%，最低为 12 月的 15.70%。2015 年 2 月固定资产投资增长率进一步

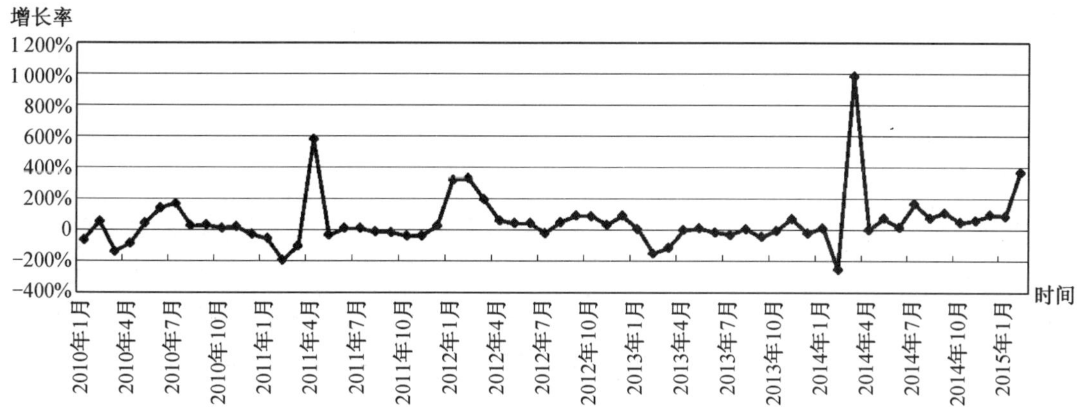

图 12-11　2010 年 1 月至 2015 年 2 月进出口差额同比增长率波动轨迹

数据来源：Wind 资讯。

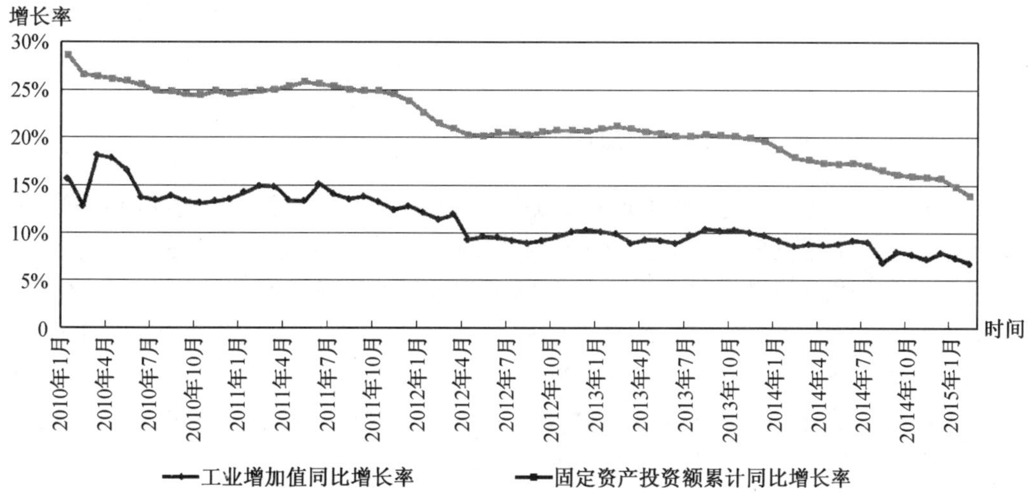

图 12-12　2010 年 1 月至 2015 年 2 月固定资产投资额增长率与工业增加值增长率波动轨迹

数据来源：Wind 资讯。各年度 1 月份的数据为前后 2 个月的平均值。

下降到 13.90%，见图 12-12。全年固定资产投资 512 761.00 亿元，比上年增长 15.30%，扣除固定资产投资价格上涨因素，实际增长 14.70%。其中，第一产业投资 11 983.16 亿元，比上年增长 33.90%，第二产业投资 208 106.86 亿元，增长 13.20%，增速下降 4.2 个百分点；第三产业投资 281 914.89 亿元，增长 16.80%，增速下降 4.2 个百分点。在密集批准基础设施投资项目以及房地产政策常态化的作用下，第四季度投资增速下滑的速度开始明显趋缓。

7. 财政收入的波动对宏观经济的影响

2014 年，全国财政收入 140 349.74 亿元，比 2013 年增长 8.60%，这是中国年度财政收入自 1992 年以来的最低点。但从月度增幅来看，增幅上半年逐月回落，但从下半年开始财政收入略有回升，见图 12-13。3 月财政收入同比增长率全年最低值为 5.16%，11 月、12 月依次为 9.07%、13.30%。2015 年 2 月财政收入同比增长率下降到 0.27。财政收入增幅回落的主要原因是经济增长放缓。

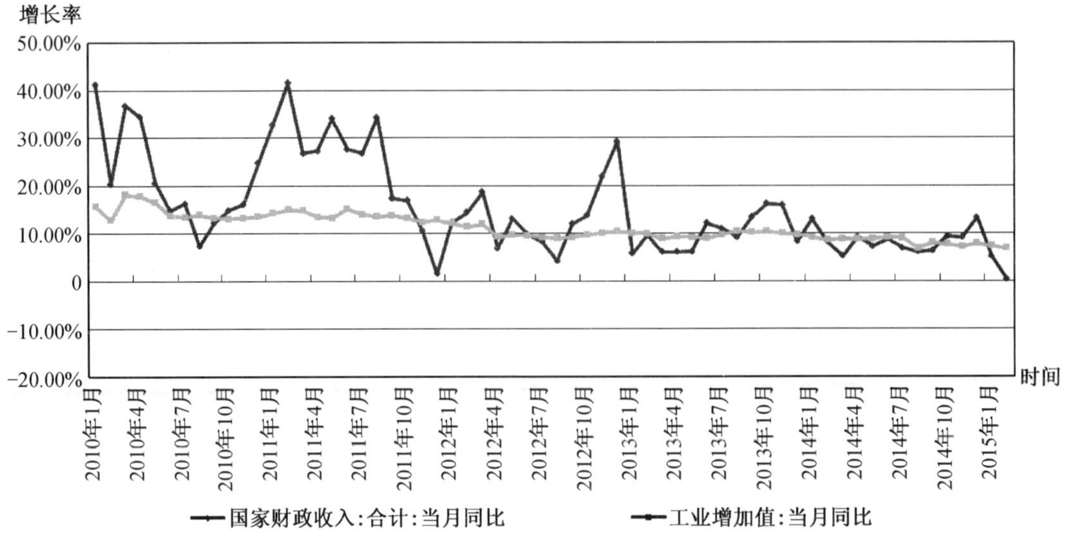

图 12-13 2010 年 1 月至 2015 年 2 月财政收入增长率与工业增加值增长率波动轨迹

数据来源:Wind 资讯。

三、2015 年中国经济面临的风险

2008—2010 年期间大规模刺激政策导致中国宏观经济在相当长一段时期内一直面临“流动性泛滥”“债务高筑”“经济泡沫化”“产能过剩”等问题。2015 年是中国全面深化改革的关键之年,也是经济结构转型的重要年份,这一年将面临着经济增长速度、增长动力、经济结构、发展方式等全方位的转型切换:一方面是中国原来的旧的经济发展方式力量在逐渐弱化;另一方面中国经济新的常态的经济驱动力还没有强大起来,再加上美元升值、全球贸易政策变动等不确定的外部环境增强。总体来看,2015 年中国宏观经济面临六大风险。

1. 国际环境的不确定性风险

2014 年,全球经济发展不平衡更加凸显。发达经济体增速差异加大,新兴经济体增速持续放缓。

2015 年,总体来看,世界经济情况好于 2014 年,外部环境有了轻度改善。但世界经济形势依然错综复杂,充满不确定性。

美国经济继续保持稳健扩张步伐,就业形势继续好转,工资收入加速增长以及财富效应带动国内消费增长加快;欧元区经济温和回暖,各主要成员国经济在宽松货币政策刺激下将逐渐摆脱疲弱走势;消费税上调对日本经济的负面影响会逐渐淡化,预计日本经济艰难走向缓慢复苏。

2014 年,欧元区 CPI 低位运行且持续回落,欧元区逼近通缩。希腊“退欧”和欧洲主权债务危机风险升高。2014 年,希腊虽实现了 0.6%左右的经济增长,但债务占 GDP 比率上升到约 175%,高于 2011 年欧债危机最严重时的水平。

地缘政治风险。2014 年存在的地缘政治风险目前仍没有减轻的迹象。

2. 产能过剩严重,实体经济持续低迷的风险

中国实体经济面临的外需环境依然非常严峻:一方面,全球经济形势会有所改善、全球贸

易量增长将有所加快，有利于中国扩大出口；另一方面，这种改善的程度有限，还存在全球贸易保护加剧、汇率波动扩大等不利因素，中国出口个位数增长可能成为新常态。同时，国内经济进入改革攻坚时期。在发展速度换挡、发展动力置换、发展体制转轨的背景下，经济运行面临较大的下行压力风险仍然较大。

根据“2014 · 中国企业经营者问卷跟踪调查”结果，企业经营者认为，在当前宏观经济和微观企业经营保持基本平稳运行的同时，影响中国经济发展的下行压力以及企业面临的困难依然不小：一是部分行业产能过剩问题更加突出，设备利用率总体偏低，企业面临的市场竞争压力明显加大；二是市场需求特别是民间投资需求和消费需求仍显不足；三是企业成本持续上升，特别是人工成本和环保支出上升较多，同时企业的税收负担和非税费用有所增加，企业经营负担加重；四是中小企业融资环境偏紧，企业应收账款有所上升，资金紧张的状况没有明显缓解。关于当前企业经营发展中遇到的最主要困难，调查结果显示，企业经营者选择比重最高的八项依次是：“人工成本上升”(76%)、“社保、税费负担过重”(54.5%)、“整个行业产能过剩”(41.4%)、“企业利润率太低”(40.8%)、“资金紧张”(35.6%)、“缺乏人才”(30.4%)、“国内需求不足”(23.7%)和“企业招工困难”(20.1%)。其中，选择“整个行业产能过剩”的比重为近5年来的最高值。调查结果还显示，近年来成本上升(包括“人工成本上升”和“社保、税费负担过重”)一直是企业发展面临的最主要困难，并且选择比重呈现上升趋势，这在一定程度上是由于“整个行业产能过剩”带来了企业竞争加剧、价格下跌并进而导致“企业利润率太低”。因此，综合来看，产能过剩问题是近年来影响我国企业发展的重要因素，并且今年以来有所加重。产能过剩不仅引发恶性竞争，造成企业效益下滑，而且产能过剩行业不良贷款的增加可能引发系统性金融风险。

如图 12-14 所示，2014 年 GDP 季度增长率持续回落，2014 年第四季度 GDP 同比增长率为 7.35%。从三大产业来看，2014 年第二、第三季度三大产业略有回升，2014 年第四季度除了第三产业同比增长率为 8.08%，比上月略有回升外，其他产业下降趋势仍在延续。

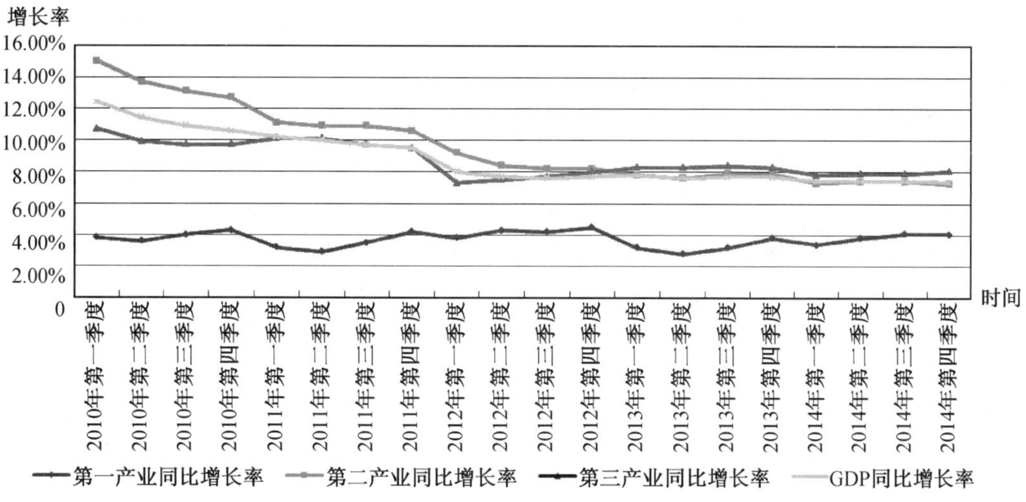

图 12-14　2010 年第一季度至 2014 年第四季度三大产业及 GDP 同比增长率

数据来源：Wind 资讯。

2014 年固定资产投资增速持续回落，制造业投资始终未见起色。

在制造业增速回落的引领下，工业增速趋缓较为明显。如图 12-15 所示，PMI 指数自 2014 年 7 月的全年最高值 51.70 下降到 2014 年 12 月的最低值 50.10。2015 年 PMI 维持下降趋势，2 月为 49.90。与此同时，规模以上工业企业增加值出现下滑，见图 12-4。2014 年全年工业增加值同比增长率在 7 月份达到最高值 9.00%后开始回落，2013 年 12 月、2014 年 2 月分别下滑到 7.90%和 6.80%。全年累计规模以上工业增加值同比增长 8.30%，低于 2013 年 1.4 个百分点。

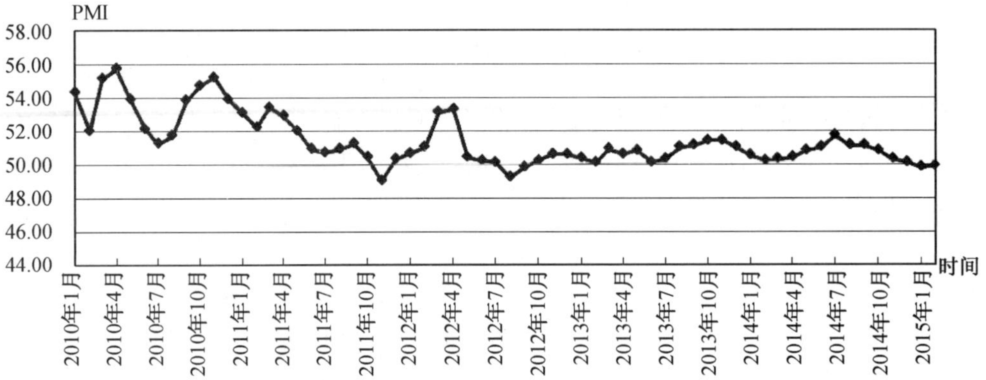

图 12-15　2010 年 1 月至 2015 年 2 月 PMI 波动轨迹

数据来源：Wind 资讯。

3. 经济通货紧缩风险

2015 年，通货紧缩压力上升并对经济增长形成威胁。物价继续保持低水平的原因主要包括：首先，从国际上看，现在主要经济体如美国、欧元区、日本基本都处于低通胀环境，有些经济体正在滑向通缩。全球低通胀环境通过国际贸易影响到中国的价格水平，对于大宗原材料严重依赖进口的中国来讲，大宗商品价格持续下跌使得中上游部门的通缩愈演愈烈，2014 年全年工业生产者出厂价格比上年下降 1.9%，12 月份同比下降 3.3%，价格下跌将由中上游部门传导到下游消费品领域。其次，经济增长进一步放缓，PPI 连续负增长传导到消费品价格领域，食品和居住价格涨幅不会较大，导致 CPI 继续走低（见图 12-6）。最后是货币信贷环境总体稳定以及产能过剩问题依然突出等。

4. 消费相对不足的风险

2014 年，中国城镇居民人均可支配收入实际增长 6.80%，较上年回落 0.2 个百分点，低于 GDP 的增长，回落幅度较大。农村居民人均纯收入实际增长 9.20%，较上年回落 0.11 个百分点。而且从财政收入、居民可支配收入和工业企业利润名义增速对比来看，2014 年国民收入初次分配仍在向政府和企业倾斜。此外，消费者信心指数和消费者预期指数较上年有所回升（见图 12-16）。“2014 · 中国企业经营者问卷跟踪调查”结果显示，企业经营者认为，从消费需求来看，认为消费需求“不足”或“严重不足”的企业经营者占 58.2%，比 2013 年略降了 3.4 个百分点；“合适”的占 29.8%，“很旺”或“较旺”的占 12%。目前，严格公务消费、反对奢侈浪费政策影响仍在延续，对消费仍然带来持续性冲击，消费提升的基础不扎实。

5. 地方政府债务风险

当前，中国地方债务的规模已十分庞大，并呈现不断扩张的趋势。根据审计署 2013 年对

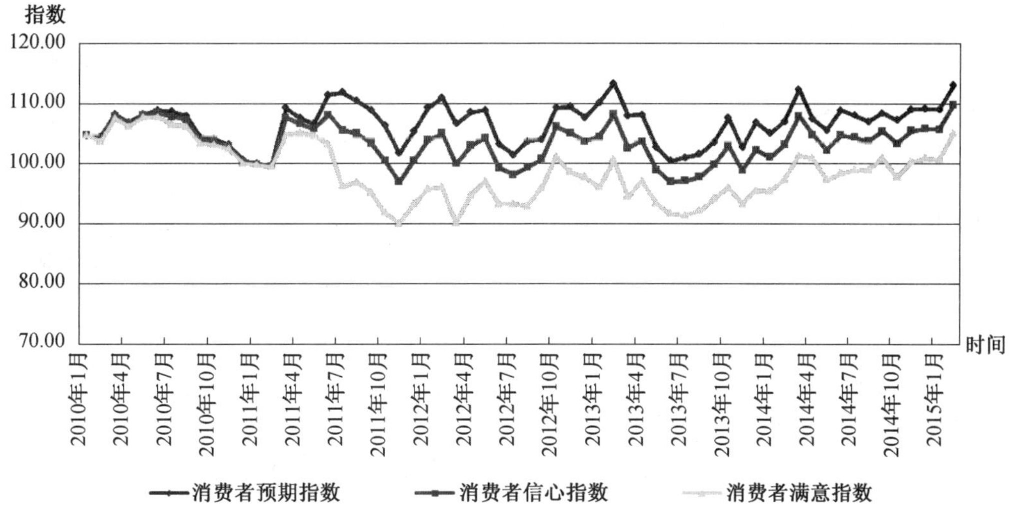

图 12-16　2010 年 1 月至 2015 年 2 月消费者三大指数波动轨迹

数据来源：Wind 资讯。

36 个地区(15 省及其所属的 15 个省会城市、3 个直辖市及其所属的 3 个市辖区)的 2012 年和 2013 年政府性债务的审计，被审计的省市区地方债务总额共计 206 988.65 亿元，比 2012 年年底增长 8.57%。不过，这显然低估了地方债务的规模，因为此次被审计的地区大多为发达地区，债务问题没其他地区严重。债务规模巨大、债务结构不合理，而且债务隐性化趋势明显、管理混乱，存在较大的风险隐患。当前，已经进入地方债的还债高峰期，考虑到经济增长放缓和房地产市场低迷带来的财政收入和土地出让金收入的下滑，2015 年的偿债压力仍然不小。中国地方债务的累积及其风险的扩张，将阻碍经济发展方式的转变，降低经济发展质量，对私人投资产生“挤出效应”，使经济保持较高的通胀率，不利于收入分配的改革，并恶化政府和金融体系的信用。

6. 房地产市场风险

2014 年房地产市场的周期性逆转是经济下滑的新因素。未来几年中，房地产周期性调整成为左右中国宏观经济“新常态”的核心力量。从需求方面来看，适婚年龄人口数量已经在 2013 年达到最高点，开始出现逆转。从供给方面来看，在原有库存的基础上，2014 年，全国房地产开发投资 95 035.61 亿元，比上年增长 10.50%，增速比上年回落 9.3 个百分点。全国商品房销售面积 120 648.54 万平方米，比上年下降 7.6%，增速比上年下降 24.90 个百分点。房地产开发资金来源合计 121 991.48 亿元，比上年下降 0.10%，增速比上年下降 26.6 个百分点。其中，银行贷款同比增速比上年增长 5.20%，资金来源中的国内贷款累计同比增长率全年逐月下降，最高为 2 月份的 24.8%，最低降到 12 月份的 8%，2014 年这一比值相比 2013 年有较大回落，2015 年 2 月这一比值降到 0.60%。房地产的市场风险在加大。图 12-17 分别描述了全国房地产开发投资增速、全国商品房销售面积增速、全国商品房销售额增速、全国房地产开发企业本年资金来源增速波动情况。这直接导致与房地产相关的建筑行业、钢铁行业以及其他建材各行业滑入了近 5 年的低谷。

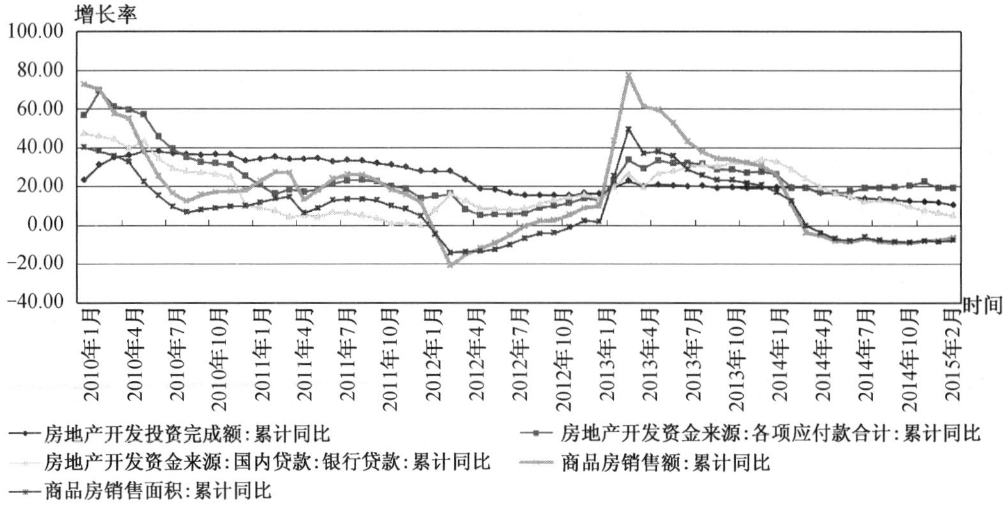

图 12-17　2010 年 1 月至 2015 年 2 月房地产开发情况

数据来源:Wind 资讯。

四、经济周期波动转折点预测

经济周期波动是宏观经济学研究的主题之一,而转折点是揭示经济周期波动规律的关键点,根据是否为转折点能够判断出下一个时期经济增长的总体走势。因此,研究建立可靠实用的经济周期波动转折点预测模型,以及基于模型对转折点的预测在理论与应用两方面均有重要意义。下面首先介绍可用于经济周期波动转折点预测的贝叶斯衍生分类器之一——基于高斯核密度的贝叶斯网络分类器,然后依据贝叶斯衍生分类器进行经济周期波动转折点预测。

(一)基于高斯核密度的贝叶斯网络分类器

1. 连续属性贝叶斯网络分类器的发展

朴素贝叶斯分类器(naive Bayesian classifiers,简记为 NBC)是重要的贝叶斯衍生分类器之一,它以简单、高效和良好的准确性分类而著称,并且能够直接处理连续属性,已被广泛用于医疗诊断、文本分类、邮件过滤和信息检索等。但这种分类器基于一个很强的假设,即当给定类时属性之间条件独立,使得属性之间的依赖信息无法得到有效的利用,而这种信息往往也是分类的重要信息。围绕这一问题,许多研究者展开了一系列的 NBC 依赖扩展研究。最早可追溯到 Chow 和 Liu(1968)所建立的依赖树分类器,Friedman(1998)在 Chow 和 Liu 算法基础上给出了著名的 TAN(Tree augmented naive Bayesian)分类器,Jing Yushi(2009)以分类准确性为标准,对 TAN 分类器进行属性选择和参数集成,王双成等(2013)建立的约束贝叶斯分类网等。这些经过依赖扩展后的分类器均能有效地提高分类准确性,但其所针对的是离散属性的情况。对于连续属性的 NBC,可采用两种处理方法:一种是离散化连续属性,最终将其转化为离散属性的分类器问题;另一种是不离散化连续属性,但要估计属性密度。用于经济周期波动转折点预测的贝叶斯网络分类器的所有属性都是连续属性,而且由于数据量小,不适合离散化,因此需要估计属性密度。在属性密度估计方面,John 和 Langley(1995)研究了使用经典的高斯函数和高斯核函数估计属性边缘密度而得到的 naive Bayes classifier 和 flexible Bayes classifier,虽然它们的分类效果并不理想(不能利用属性之间的依赖信息),但奠定了基于属性密度估计研究各种贝叶斯分类器的基础。Pérez 等(2006，2009)在 John 和 Langley 工作的基础上，通过连续属性之间的条件互信息计算、排序和选择，对 NBC 器进行依赖扩展，但在依赖扩展过程中，属性之间是否增加便主要取决于属性之间条件互信息的大小，一方面连续属性之间的条件互信息只能是基于密度估计的近似计算，而且互信息的大小往往与属性对分类的贡献不一致，这些都会影响分类器的可靠性。夏战国等(2013)将高斯过程用于具有不均衡类的半监督分类器学习，取得了较好的分类效果。Liu 等(2013)对复杂和简单的高斯过程分类器进行理论分析和实验比较，认为复杂的高斯过程分类器往往能够取得更好的分类效果。

我们使用引入平滑参数的高斯核函数来估计属性密度，结合采用 MISE(mean integrated square error)标准设置平滑参数、属性排序、分类准确性标准和属性父结点的贪婪搜索，建立扩展的朴素贝叶斯分类器(extended naive Bayes classifiers，简记为 ENBC，也就是贝叶斯网络分类器)，并基于贝叶斯衍生分类器进行经济周期波动转折点预测。

2. NBC 的依赖扩展

对 NBC 进行依赖扩展，即属性除类之外还可以具有属性父结点，依赖扩展的目的是使属性之间的条件依赖信息得到有效的利用。用 X_1，…，X_n，C 表示连续属性和类，x_1，…，x_n，c 为其值，D 是具有 N 个记录的数据集，数据随机产生于概率分布 P，x_{im} 和 c_m 表示 $X_i(1 \leqslant i \leqslant n)$ 和 C 在数据集 D 中第 $m(1 \leqslant m \leqslant N)$ 个记录的观测值。

1) 分类器结构和表示形式

NBC 具有星形结构(用 S 表示)，ENBC 一般不再具有星形结构(用 G 表示)，两种分类器的结构如图 12-18 所示。

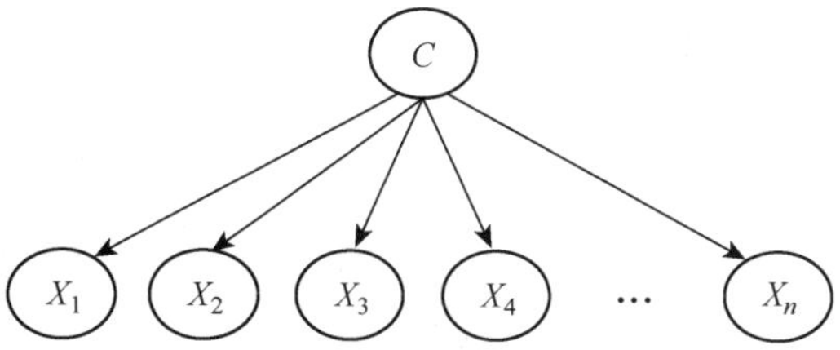

(a) NBC

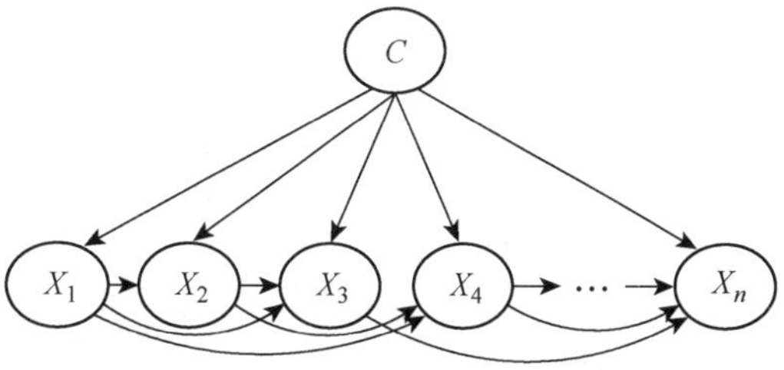

(b) ENBC

图 12-18　NBC 和 ENBC 的结构

依据贝叶斯公式、贝叶斯网络理论和图 12-18(b)中变量之间的条件独立性关系，可以得到：

$$p(c \mid x_1, \cdots, x_n) = \frac{p(c) f(x_1, \cdots, x_n \mid c)}{f(x_1, \cdots, x_n)} = \alpha p(c) \prod_{i=1}^{n} f(x_i \mid \pi_i, c, G) \tag{12-1}$$

式中　α ——与 C 无关的量；

$p(c)$ ——类先验概率；

$f(x_i \mid \pi_i, c, G)$ ——属性条件密度；

π_i ——在 G 中 X_i 的属性父结点集 Π_i 的配置。

依据分解形式(12-1)可以得到 ENBC 的表示形式为：

$$\arg \max_{c(x_1, \cdots, x_n)} \left\{ p(c) \prod_{i=1}^{n} f(x_i \mid \pi_i, c, G) \right\} \tag{12-2}$$

从分类器(12－2)式中可以看出，建立 ENBC 需要解决两个主要问题：一个是估计 $f(x_i \mid \pi_i, c, G)$（属性条件密度估计）；另一个是如何确定 Π_i（分类器结构学习）。

2）属性条件密度估计

为使所估计的属性条件密度更好地拟合数据，我们采用多元核函数方法。用 $\hat{p}(x_1, \cdots, x_n \mid c, D)$ 表示 $p(x_1, \cdots, x_n \mid c)$ 的估计，基于数据集 D 的多元核函数估计一般形式为：

$$\hat{p}(x_1, \cdots, x_n \mid c, D) = \frac{1}{N(c)h_1, \cdots, h_n} \sum_{m=1}^{N} \left[\operatorname{sign}(c_m) \prod_{i=1}^{n} K_i\left(\frac{x_i - x_{im}}{h_i} \right) \right] \tag{12-3}$$

式中 $N(c)$ ——数据集 D 中 $c_m = c$ 的情况数量；

$\operatorname{sign}(c_m) = \begin{cases} 1, & c_m = c \\ 0, & c_m \neq c \end{cases}$ ——示性函数；

$K_i(\cdot)$ —— X_i 的核函数；

$h_1, \cdots, h_n$ ——平滑参数。

我们选择 $K_i(\cdot)$ 为高斯函数，为简单起见，取 $h = h_1 = \cdots = h_n$，那么：

$$K_i\left(\frac{x_i - x_{im}}{h_i} \right) = \frac{1}{\sqrt{2\pi}h} \exp\left[-\frac{(x_i - x_{im})^2}{2h^2} \right]$$

$$\begin{aligned} \hat{p}(x_1, \cdots, x_n \mid c, D) &= \frac{1}{N(c)h^n} \sum_{m=1}^{N} \left[\operatorname{sign}(c_m) \prod_{i=1}^{n} \frac{1}{\sqrt{2\pi}h} \exp\left[-\frac{(x_i - x_{im})^2}{2h^2} \right] \right] \\ &= \frac{1}{N(c)\,(\sqrt{2\pi}h^2)^n} \sum_{m=1}^{N} \left[\operatorname{sign}(c_m) \prod_{i=1}^{n} \exp\left[-\frac{(x_i - x_{im})^2}{2h^2} \right] \right] \end{aligned} \tag{12-4}$$

设 $\Pi_i = \{X_i^1, \cdots, X_i^{t(i)}\}$，用 $\hat{p}(x_i \mid \pi_i, c, D, G)$ 表示 $p(x_i \mid \pi_i, c, G)$ 的估计，则有

$$\begin{aligned} \hat{p}(x_i \mid \pi_i, c, D, G) &= \frac{\hat{p}(x_i, \pi_i \mid c, D, G)}{\hat{p}(\pi_i \mid c, D, G)} \\ &= \frac{\dfrac{1}{N(c)\,(\sqrt{2\pi}h^2)^{t(i)+1}}}{\dfrac{1}{N(c)\,(\sqrt{2\pi}h^2)^{t(i)}}} \cdot \frac{\sum_{m=1}^{N} \left[\operatorname{sign}(c_m) \exp\left[-\frac{(x_i - x_{im})^2}{2h^2} \right] \prod_{s=1}^{t(i)} \exp\left[-\frac{(x_i^s - x_{im}^s)^2}{2h^2} \right] \right]}{\sum_{m=1}^{N} \left[\operatorname{sign}(c_m) \prod_{s=1}^{t(i)} \exp\left[-\frac{(x_i^s - x_{im}^s)^2}{2h^2} \right] \right]} \\ &= \frac{\sum_{m=1}^{N} \left[\operatorname{sign}(c_m) \exp\left[-\frac{(x_i - x_{im})^2}{2h^2} \right] \prod_{s=1}^{t(i)} \exp\left[-\frac{(x_i^s - x_{im}^s)^2}{2h^2} \right] \right]}{\sqrt{2\pi}h^2 \sum_{m=1}^{N} \left[\operatorname{sign}(c_m) \prod_{s=1}^{t(i)} \exp\left[-\frac{(x_i^s - x_{im}^s)^2}{2h^2} \right] \right]} \end{aligned} \tag{12-5}$$

3）结构学习

ENBC 的结构学习就是在 NBC 结构的基础上，发现每一个属性结点的新父结点的过程。首先，根据 Quinlan(1986)的信息增益率为属性排序，其中的属性条件密度计算采用高斯核函数，平滑参数使用 MISE 进行设置。我们通过实验发现，具有三阶父结点的属性非常少，而且三阶父结点对分类的贡献也很小，因此只进行到三阶父结点选择(如果综合考虑学习效率和分

类准确性，也可以只进行到二阶属性父结点选择）。

用 h^* 表示使用 MISE 方法设置的平滑参数，accuracy_nbc(h^*, D, S) 表示 NBC 的分类准确率，accuracy_bnc_f($j \mid D, G_j$)($j=1, 2, 3$) 和 accuracy_bnc_b($j \mid D, G_j$) 表示进行第 j 阶依赖扩展过程中父结点变化前和变化后的分类准确率(G_j是对应的 ENBC 结构)，$\Pi_i^{(1)}$、$\Pi_i^{(2)}$ 和 $\Pi_i^{(3)}$ 分别表示 X_i 的一阶、二阶和三阶属性父结点集，Γ_i 是属性 X_i 的父结点候选集，具体的属性父结点选择算法如表 12-1 所示。

表 12-1　　属性父结点选择算法

1	输入：D、h^* 和 accuracy_nbc(h^*, D, S)	15	If accuracy_bnc_b($j \mid D, G_j$) > accuracy_bnc_f($j \mid D, G_j$)
2	设置 $\Pi_i^{(1)}=\Pi_i^{(2)}=\Pi_i^{(3)}=\phi$ 和 $\Gamma_i=\{X_1, \cdots, X_{i-1}\}$	16	accuracy_bnc_f($j \mid D, G_j$) = accuracy_bnc_b($j \mid D, G_j$)
3	for j=1, 2, 3	17	$s=k$
4	If $j=1$	18	If $s \neq 0$
5	accuracy_bnc_f($j \mid D, G_1$) = accuracy_nbc($A \mid D, G_1$)	19	If $\Pi_i^{(1)}=\phi$
6	用 S 初始化 G_1	20	$\Pi_i^{(1)}=\{X_s\}$，更新 Γ_i 和 G_1
7	else	21	If $\Pi_i^{(1)} \neq \phi$ 且 $\Pi_i^{(2)}=\phi$
8	accuracy_bnc_f($j \mid D, G_j$) = accuracy_bnc_b($j-1 \mid D, G_j$)	22	$\Pi_i^{(2)}=\{X_s\}$，更新 Γ_i 和 G_2
9	用 G_{j-1} 初始化 G_j	23	If $\Pi_i^{(1)} \neq \phi$ 且 $\Pi_i^{(2)} \neq \phi$ 且 $\Pi_i^{(3)}=\phi$
10	For i=1, 2, …, n	24	$\Pi_i^{(3)}=\{X_s\}$，更新 Γ_i 和 G_3
11	计算 Γ_i，让 $s=0$	25	If $j>1$ 且 accuracy_bnc_b($j \mid D, G_j$) = accuracy_bnc_b($j-1 \mid D, G_j$)
12	For k=1, 2, …, $i-1$	26	退出 j 循环
13	If $X_k \in \Gamma_i$	27	输出：accuracy_bnc_b($j \mid D, G_j$)($j=1, 2, 3$)、G_j 和 G
14	计算 accuracy_bnc_b($j \mid D, G_j$)		

属性父结点选择是 ENBC 学习的主要部分，也是运算的主体。在属性父结点选择的过程中，所进行的主要运算又是分类器的分类准确率估计，一阶、二阶和三阶依赖扩展的属性父结点选择需要进行最多 $3(n-1)n$ 次的分类准确率运算。因此，属性父结点选择算法关于分类准确率运算的时间复杂度是 $O(n^2)$。

3. 分类准确性比较与分析

选择 28 个分类数据集(UCI 数据集)和 13 个分类器进行分类准确性比较实验与分析，其中前三个是离散属性分类器(采用基于熵的方法对连续属性进行离散化)，后 10 个是连续属性分类器。用于比较实验的分类器是：离散属性 NBC(DNBC)；离散属性 TAN(DTAN)；结合 MDL(minimal description length)标准、属性排序(使用信息增益率)和贪婪搜索建立的离散属性约束贝叶斯网络分类器(RBNC);使用高斯函数估计属性边缘密度的 NBC(GNB);John 和 Langley (1995)给出的 Flexible Bayes classifier(FBC);使用具有平滑参数的高斯核函数估计属性边缘密度,并基于 Wrapper 方法优化平滑参数的 NBC(ONBC);使用具有平滑参数的高斯核函数估计属性联合密度,并基于 MISE 标准设置平滑参数的完全贝叶斯分类器(JGK);Pérez et al. (2009)给出的 Flexible naive Bayes classifier(FNBC);采用 Pérez (2006, 2009)方法,分别基于高斯函数和高斯核函数估计属性密度,对 NBC 进行一阶依赖扩展的分类器(OGNB, OKNB); Quinlan (1986)的决策树分类器;支持向量机分类器(SVM);使用具有平滑参数的高斯核函数估计属性条件密度,并结合属性排序、分类准确性标准与贪婪属性父结点选择而建立的扩展的 NBC(ENBC)。

采用 10 折交叉有效性验证方法进行分类器的分类错误率估计,并使用 Wilcoxon Signed-Ranks Test 和 Friedman Test with post-hoc Bonferroni test(Demsar 2006)对进行两个分类器分类错误率之间差异的置信打分,其中※表示 ENBC 和用于比较的分类器相对于给定的检验方法差别显著。12 个分类器与 ENBC 的分类错误率实验结果如表 12-2 所示。

表 12-2 **分类错误率实验结果**

数据集	DNBC	DTAN	RBNC	GNB	FBC	ONBC	JGK	FNBC	OGNB	OKNB	C4.5	SVM	ENBC
Arabic_Digit	0.2740	0.2795	0.2357	0.3494	0.3220	0.2973	0.3713	0.3494	0.2631	0.2789	0.3233	0.2327	0.2151
Breast_cancer	0.0358	0.0486	0.0406	0.0372	0.0315	0.0272	0.0529	0.0272	0.0386	0.0272	0.0601	0.0431	0.0229
Breast_tissue	0.2900	0.3200	0.3114	0.3700	0.6000	0.3600	0.4300	0.5600	0.3350	0.4550	0.3491	0.3225	0.3100
Cardiotocography	0.2542	0.2389	0.2604	0.5420	0.6759	0.3417	0.4806	0.5820	0.3993	0.4734	0.2118	0.5026	0.2073
Cmc	0.3285	0.3270	0.3458	0.3504	0.3402	0.3402	0.3446	0.3475	0.3336	0.3402	0.3176	0.3080	0.3149
Bench	0.4039	0.3866	0.3000	0.3385	0.4731	0.1847	0.0289	0.2635	0.1875	0.2645	0.2102	0.4135	0.0289
Echocardiogram	0.6385	0.5154	0.3539	0.4385	0.3385	0.3385	0.4385	0.3539	0.4006	0.3385	0.4470	0.3754	0.3385
Ecoli	0.1035	0.1000	0.0794	0.0794	0.1035	0.0483	0.0587	0.0587	0.0621	0.0759	0.0994	0.0515	0.0483
Glass	0.3429	0.3000	0.2879	0.5096	0.5381	0.2905	0.4381	0.4620	0.4096	0.4048	0.3599	0.3012	0.2715
Heart_disease	0.1334	0.1445	0.1519	0.1408	0.1704	0.1630	0.2445	0.1667	0.1611	0.1555	0.2260	0.1719	0.1408
Horse_colic	0.2834	0.2834	0.2834	0.3400	0.3300	0.3167	0.3334	0.3400	0.3350	0.2867	0.3134	0.3100	0.1767
Segmentation	0.1450	0.1350	0.1126	0.2300	0.3000	0.1550	0.1750	0.2300	0.3587	0.2050	0.1145	0.1172	0.1100
Ionosphere	0.2572	0.2858	0.2943	0.5372	0.3200	0.3200	0.4343	0.3258	0.4386	0.2729	0.2349	0.2209	0.2172
Iris	0.0400	0.0400	0.0467	0.0400	0.0534	0.0334	0.0467	0.0467	0.0334	0.0434	0.0467	0.0400	0.0334
Japanese_vowels	0.2650	0.2624	0.2598	0.2039	0.2364	0.2013	0.0988	0.1962	0.1208	0.2033	0.2076	0.0562	0.0975
Liver_disease	0.3000	0.2883	0.2677	0.4471	0.4265	0.3442	0.3942	0.3530	0.3853	0.3751	0.3276	0.2874	0.3236
MAGIC_Gamma	0.2522	0.2817	0.2930	0.3709	0.2612	0.2459	0.3000	0.2862	0.3057	0.2452	0.1894	0.1907	0.1894
New_thyroid	0.0455	0.0455	0.0455	0.0500	0.1410	0.0546	0.0591	0.0864	0.0500	0.0933	0.0931	0.0562	0.0455
Parkinsons	0.1650	0.1200	0.1500	0.3050	0.2100	0.0950	0.2200	0.1600	0.1781	0.1400	0.1283	0.0515	0.0700
Pima	0.2390	0.2356	0.2315	0.2481	0.2455	0.2390	0.3442	0.2403	0.2356	0.2403	0.2657	0.2329	0.2299

（续表）

数据集	DNBC	DTAN	RBNC	GNB	FBC	ONBC	JGK	FNBC	OGNB	OKNB	C4.5	SVM	ENBC
Red_wine	0.425 0	0.451 3	0.428 2	0.472 5	0.435 0	0.435 0	0.557 5	0.435 0	0.418 8	0.430 4	0.378 4	0.472 0	0.418 8
Sensor_readings	0.155 6	0.124 5	0.148 9	0.393 4	0.337 8	0.180 0	0.340 0	0.306 7	0.353 3	0.224 5	0.057 1	0.190 2	0.111 2
Statlog	0.165 7	0.123 0	0.116	0.176 4	0.128 3	0.070 3	0.039 0	0.093 2	0.114 9	0.082 1	0.049 6	0.041 2	0.034 4
Transfusion	0.241 4	0.204 0	0.201 4	0.250 7	0.240 0	0.230 7	0.272 0	0.234 7	0.274 0	0.234 7	0.230 0	0.220 7	0.229 4
Wdbc	0.044 7	0.037 5	0.053	0.066 1	0.066 1	0.059 0	0.050 0	0.057 2	0.047 4	0.054 5	0.073 9	0.017 6	0.005 9
Wine	0.141 2	0.129 5	0.046 3	0.029 5	0.053 0	0.029 5	0.058 9	0.041 2	0.011 8	0.029 5	0.101 2	0.025 0	0.029 1
Wpbc	0.420 0	0.365 0	0.173 7	0.425 0	0.250 0	0.230 0	0.365 0	0.275 0	0.201 6	0.240 0	0.303 1	0.228 7	0.230 0
Yeast	0.454 8	0.400 7	0.389 2	0.408 8	0.501 4	0.404 1	0.416 9	0.411 5	0.385 7	0.451 4	0.396 3	0.389 2	0.365 8
平均	0.244 5	0.231 2	0.211 0	0.291 1	0.290 3	0.215 5	0.264 0	0.260 4	0.244 3	0.238 1	0.218 4	0.209 6	0.172 0
Wilcoxon SR test	※−3.96	※−3.91	※−3.34	※−4.50	※−4.58	※−4.25	※−4.62	※−4.59	※−3.94	※−4.41	※−3.71	※−2.50	ENBC
Friedman/Bonferroni test	※−4.98	※−4.45	※−3.55	※−8.27	※−8.20	※−3.86	※−6.73	※−6.73	※−4.98	※−5.11	※−5.13	※−2.91	ENBC

在表 12-2 中，使用 Wilcoxon Signed-Ranks Test 和 Friedman Test with post-hoc Bonferroni test 的检验结果显示，ENBC 与 12 个分类器在错分率方面差异显著。再考察总体平均值，ENBC 优于其他 12 个分类器的程度依次是 9.61%、7.70%、4.94%、16.80%、16.67%、5.54%、12.50%、11.95%、9.57%、8.68%、5.94%和 4.76%，可见 ENBC 具有优势的程度也非常明显。

ENBC 与其他分类器，在 28 个数据集的错分率具体比较情况如图 12-19 所示。图中每一个点的坐标是用于比较的两个分类器的分类错误率，在 45 度线上方和下方的点分别表示 ENBC 的分类错误率小于和大于用于比较的分类器。

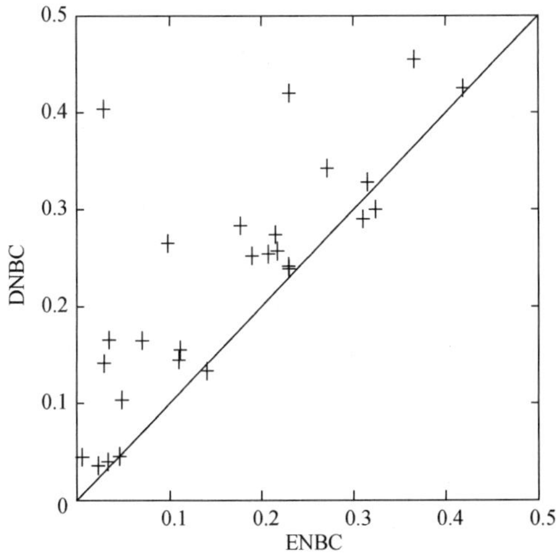

(a) ENBC 与 DNBC

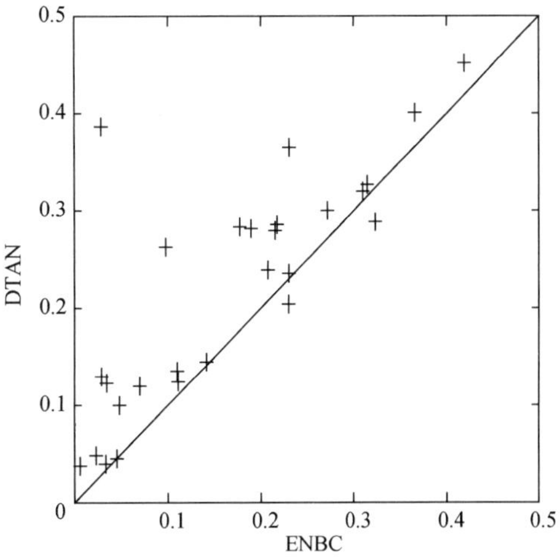

(b) ENBC 与 DTAN

图 12-19 分类错误率散点图

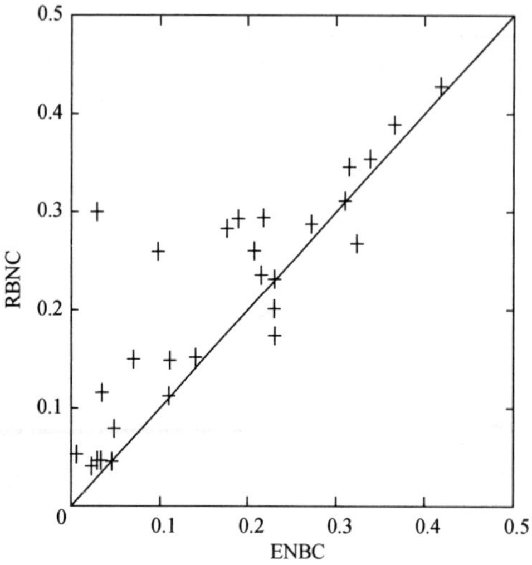

(c) ENBC 与 RBNC

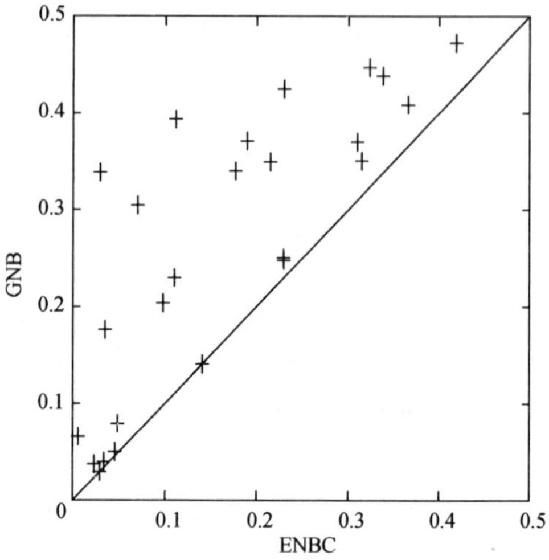

(d) ENBC 与 GNB

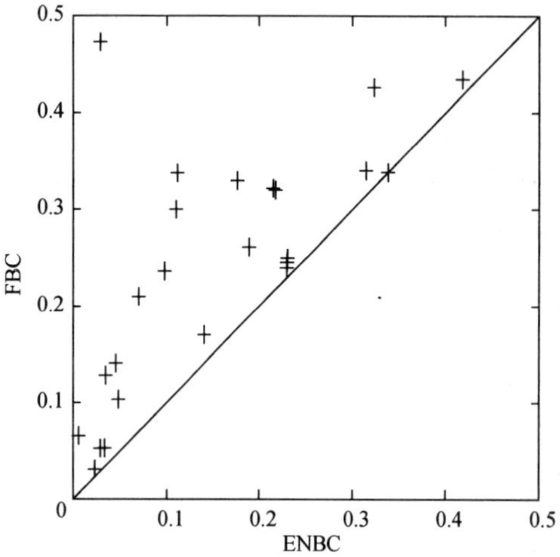

(e) ENBC 与 FBC

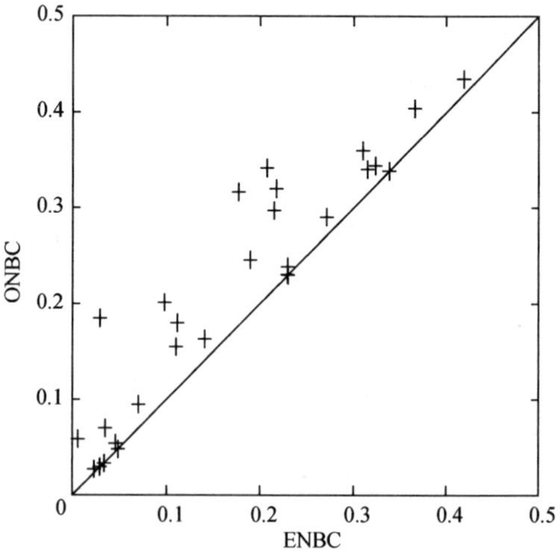

(f) ENBC 与 ONBC

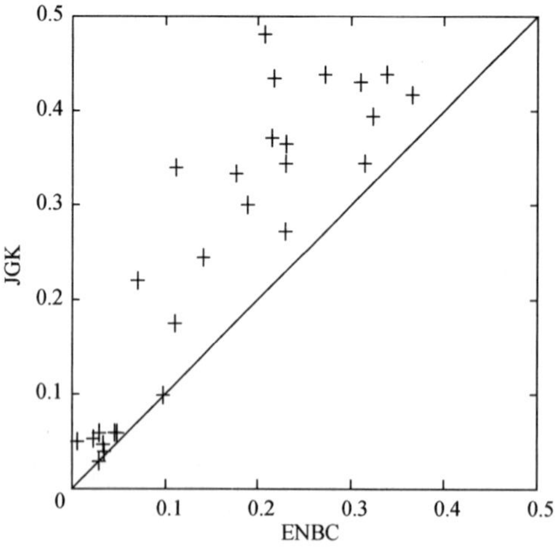

(g) ENBC 与 JGK

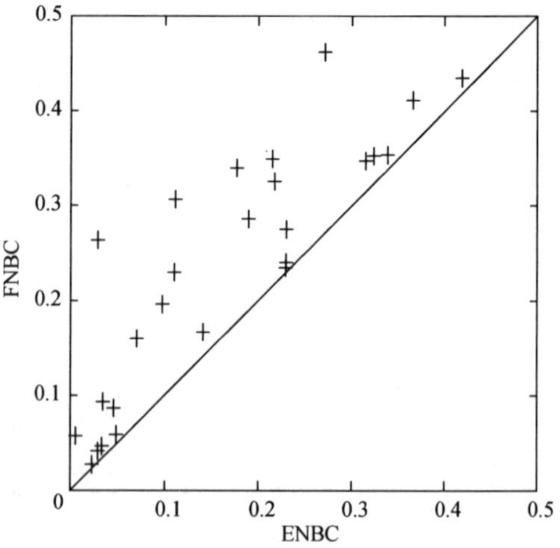

(h) ENBC 与 FNBC

图 12-19 分类错误率散点图

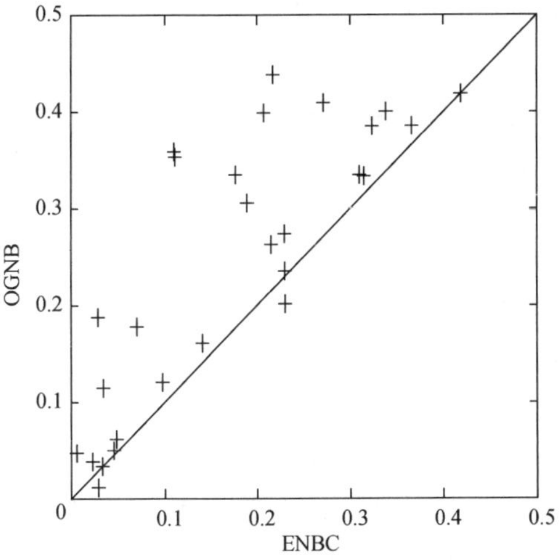

(i) ENBC 与 OGNB

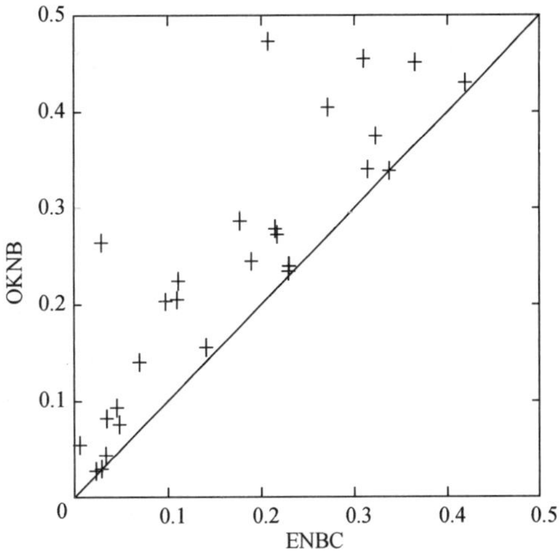

(j) ENBC 与 OKNB

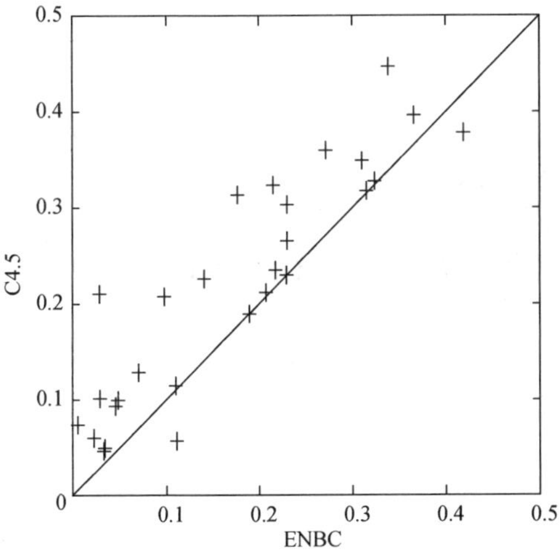

(k) ENBC 与 C4. 5

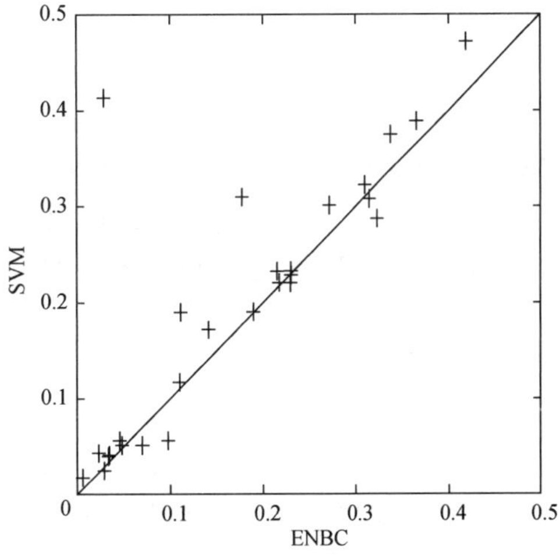

(l) ENBC 与 SVM

图 12-19 分类错误率散点图

从图 12-19 中的 12 个散点图来看,ENBC 的分类准确性明显优于其他分类器。在 28 个数据集中,ENBC 相对于其他 12 个分类器,分类准确率之差大于或等于 0.5%(用区间[0.5, ∞)表示)、大于−0.5%且小于 0.5%[用区间(−0.5, 0.5)表示]、小于或等于−0.5%[用区间(−∞, −0.5)表示]的三方面的百分比情况如表 12-3 所示。

表 12-3 **ENBC 和其他分类器的分类准确性差异百分比**

Relation	DNBC	DTAN	RBNC	GNB	FBC	ONBC	JGK	FNBC	OGNB	OKNB	C4. 5	SVM
[0.5, ∞)	85.72%	85.72%	75.00%	89.28%	96.44%	75.00%	89.28%	96.44%	82.14%	89.28%	71.42%	60.71%
(−0.5, 0.5)	3.56%	7.14%	10.72%	10.72%	3.56%	25.00%	10.72%	3.56%	10.72%	10.72%	21.44%	21.43%
(−∞, −0.5]	10.72%	7.14%	14.28%	0.00%	0.00%	0.00%	0.00%	0.00%	7.14%	0.00%	7.14%	17.86%

综合分类器之间的分类准确性差异的显著性检验、分类准确性平均值比较和分类准确性差异百分比计算 3 方面的结果,显示了 ENBC 相对于其他 12 个分类器在分类准确性方面具有

明显的优势。

（二）GDP 增长率波动转折点预测

选择对 GDP 有较大影响的 16 个宏观经济指标，从国家统计局和相关数据源获取这些宏观经济指标的年度时序数据，通过建立贝叶斯衍生分类器模型来对 GDP 波动转折点进行预测。

1. 影响 GDP 增长率的相关指标

选择下面的指标作为动态完全贝叶斯分类器的属性：第一产业同比增长率（$X_1[t]$），第二产业同比增长率（$X_2[t]$），第三产业同比增长率（$X_3[t]$），M0 同比增长率（$X_4[t]$），M1 同比增长率（$X_5[t]$），M2 同比增长率（$X_6[t]$），储蓄存款同比增长率（$X_7[t]$），各项贷款总额同比增长率（$X_8[t]$），社会固定资产投资总额同比增长率（$X_9[t]$），社会消费品零售总额同比增长率（$X_{10}[t]$），居民消费价格总指数（$X_{11}[t]$），全国商品零售价格指数（$X_{12}[t]$），出口商品总额同比增长率（$X_{13}[t]$），进口商品总额同比增长率（$X_{14}[t]$），财政预算收入同比增长率（$X_{15}[t]$）和财政预算支出同比增长率（$X_{16}[t]$），GDP 同比增长率（$X_{17}[t]$）。

2. GDP 增长率波动转折点预测结果

从国家统计局和相关数据源获取 1990—2014 年 17 个宏观经济指标的年度时间序列，通过转换数据集构建获得用于建立贝叶斯衍生分类器的数据集。使用经过优化的贝叶斯衍生分类器模型对 GDP 波动转折点进行预测。对 2014 年 GDP 波动转折点的预测结果：是转折点的概率为 0.138 6，不是转折点的概率为 0.861 4。这意味着 2015 年 GDP 的增长率相对于 2014 年，以 0.861 4 的可能性会下降。

五、政策建议

根据上述预测结果，建议主要从以下几方面进行政策的完善。

1. 实施积极的财政政策和稳健偏宽松的货币政策

近几年，中国一直实施的是稳健的货币政策。2015 年，在常规的货币政策仍然有空间的情况下，注重预调、微调，更好地实行定向调控。从积极的财政政策看，需要加大结构性减税力度，激发企业活力，帮助企业渡过难关。同时，创新投融资方式，积极推进公私合营平台，采取市场化方式运作，使民间资本、政府部门、社会组织在市场原则下互利合作，这不仅可以解决建设资金问题，还可以改善国家治理体系，增强社会凝聚力。

2. 充分发挥市场的作用

加大力度推进市场化改革，推动市场资源配置，推进政府简政放权，强化政府的市场监管职能。

3. 深化金融体制改革

积极稳步推进利率市场化改革和汇率浮动机制改革，充分发挥市场的力量，推动金融机构对实体经济的服务，增强金融市场功能；加快资本市场发展，创新资本市场融资工具，加快推进注册制改革，鼓励企业更多地从资本市场获得资金。

4. 深化科技创新体制改革

完善财税、金融、贸易政策，完善知识产权保护，充分发挥市场在科技创新中的作用，提高科技创新效率，使企业成为创新的主体。

5. 资源要素和公共服务价格改革

利用市场的力量，抓住低通胀的市场环境，积极推进各类生产要素价格的改革，让参与市场的各类要素获得应有的收入分配，调动参与各方的积极性和消费能力。

参考文献

[1] 投资仍然是拉动中国经济增长重要引擎. www. chinagate. com. cn. 2009 年 4 月 21 日.

[2] 中国企业家调查系统. 2015 · 中国企业经营者问卷跟踪调查报告.

[3] 中国人民大学课题组. 中国宏观经济分析与预测(2015—2016).

[4] 郑嘉伟. 2015 年中国宏观经济形势分析与展望[J]. 海南金融，2015(2).

后　　记

经过《中国经济运行风险研究报告 2015》(以下简称本报告)项目研究团队的辛勤工作,作为集体智慧的结晶,本报告终于定稿付梓,这是我们自《中国经济运行风险研究报告 2007》以来,连续公开出版的第九本关于中国宏观经济运行风险的研究成果。

作为中国立信风险管理研究院的标志性科研成果之一,本报告以校内学术骨干为主体,并整合了校外研究学者的力量;无论报告框架的构建和研究思路的确定,还是研究主题的选择和具体内容的撰写,无不凝结着本报告项目组全体成员的辛勤耕耘和智慧。

在本报告出版之际,要特别感谢上海市教委及相关部门的资助和支持,同时也对学校各位领导的关心支持及为报告研究工作所创造的良好环境表示诚挚的谢意;学校学科办、科研处和财务处等职能部门对本报告的研究工作也提供了莫大的帮助,这些支撑和帮助都是本报告得以顺利完成的根本保证。另外,立信会计出版社的领导及编辑为本报告的顺利出版、发行付出了大量卓有成效的劳动,他们的工作态度和敬业精神尤其值得尊敬,在此一并表示最诚挚的谢意。

本报告的出版,是我们继 2014 年工作的进一步探索,欢迎风险管理领域的同仁批评指正,也非常希望风险管理研究领域的专家学者们提出宝贵建议和提供无私帮助。我们希望本报告的出版,能为有志于风险管理研究和实践的同行们提供一个交流平台,也非常愿意看到我们的工作能够使得越来越多的人关注中国宏观经济运行中的风险问题,关心风险管理相关领域的学术研究工作。